本书编委会

主　　编：王季明
副 主 编：吴光垚　毕亚博　陆紫微
编　　委：姜　晨　周　游　周　霞　王勤原　程明皓
编写人员：张　鲲　张　草　刘　麟　张爻晟　曹凤国
　　　　　杨琳琳　杨美美　庄洁蕾　谭　熠　吴　桐
　　　　　王　晨　李瀚鸥　毕　涛

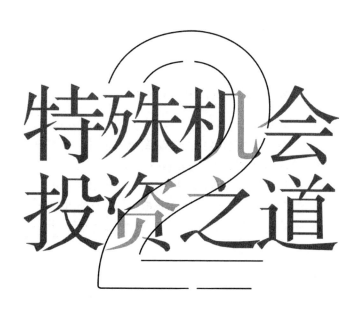

特殊机会投资之道 2

金融资产管理公司法律实务精要

中国东方资产管理股份有限公司 | 编

北京大学出版社
PEKING UNIVERSITY PRESS

图书在版编目(CIP)数据

特殊机会投资之道：金融资产管理公司法律实务精要. 2 / 中国东方资产管理股份有限公司编. -- 北京：北京大学出版社，2025.5
ISBN 978-7-301-34565-8

Ⅰ.①特… Ⅱ.①中… Ⅲ.①金融法—研究 Ⅳ.①D912.280.4

中国国家版本馆 CIP 数据核字(2023)第 204057 号

书　　　名	特殊机会投资之道——金融资产管理公司法律实务精要 2 TESHU JIHUI TOUZI ZHI DAO——JINRONG ZICHAN GUANLI GONGSI FALÜ SHIWU JINGYAO 2
著作责任者	中国东方资产管理股份有限公司　编
责 任 编 辑	王　晶　张新茹
标 准 书 号	ISBN 978-7-301-34565-8
出 版 发 行	北京大学出版社
地　　　址	北京市海淀区成府路 205 号　100871
网　　　址	http://www.pup.cn
新 浪 微 博	@北京大学出版社　@北大出版社法律图书
电 子 邮 箱	编辑部 law@pup.cn　总编室 zpup@pup.cn
电　　　话	邮购部 010-62752015　发行部 010-62750672　编辑部 010-62752027
印 刷 者	涿州市星河印刷有限公司
经 销 者	新华书店
	720 毫米×1020 毫米　16 开本　45.25 印张　912 千字 2025 年 5 月第 1 版　2025 年 5 月第 1 次印刷
定　　　价	149.00 元（精装）

未经许可，不得以任何方式复制或抄袭本书之部分或全部内容。
版权所有，侵权必究
举报电话：010-62752024　电子邮箱：fd@pup.cn
图书如有印装质量问题，请与出版部联系，电话：010-62756370

序　言

党的十八大以来，中国东方资产管理股份有限公司（以下简称"中国东方"）以习近平新时代中国特色社会主义思想武装头脑、指导实践，准确把握中央金融企业政治属性，深刻认识新时代金融资产管理公司职责使命，立足功能定位，坚决响应落实中央防范化解金融风险精神，在持续深耕不良资产收购业务主战场、大力拓展收购来源的同时，积极参与中小银行等金融机构改革化险工作；坚持服务实体经济，依托集团协同和投研一体化两大体系优势，加大对国家战略性产业、现代化行业、供给侧结构性改革、国企深化改革等方向领域的重点投放；践行金融工作的政治性、人民性与专业性，全力支持保交楼、保就业、保稳定，综合运用实质性重组、破产重整等手段支持困境企业脱困重生。

在不良资产领域，法律的重要性不言而喻。金融民商事立法的持续供给为行业的健康发展提供了坚实的制度保障。特别是《民法典》的颁布实施，将保障水平提升到了前所未有的高度，对不良资产业务产生了深远影响。

面对不断变化的法律环境，中国东方高度重视法律工作在公司展业过程中的支持保障作用。我们持续打造一支心怀"国之大者"、能担当、能斗争的法律工作队伍。这些法律工作人员在众多重要项目中精准把握司法政策与立法脉络的变迁趋势，与金融监管、金融司法保持同频共振，坚持底线思维，统筹市场化法治化手段，灵活运用各种法律工具，结合项目经验创作了近百篇相关法律实务研究成果。

这些文章涵盖了金融资产管理公司常见业务类型以及实务中的重点难点法律问题，回应了中国东方聚焦主责主业的关切，体现了中国东方法律工作人员助力提高金融体系抵御风险和服务实体经济的扎实专业本领与丰富实践经验。

本书是继 2018 年 5 月出版的《特殊机会投资之道——金融资产管理公司法律实务精要》一书之后，集中展现中国东方法律工作成果的又一新作。

在立意与研究方法上，本书追求理论联系实际，通过调查研究、规范研究、实证分析、比较分析等方法，总结近年来金融民商事法律法规的新变化、新趋势。

特殊机会投资之道 2

特别是将民法典等民事法律的一般规定与金融法律法规的特殊规定结合起来系统把握，充分关注不良资产收购处置、破产重整、诉讼清收等"大不良"视域下金融司法审判的最新动态。在体例上，本书包括不良资产业务、破产法律实务、担保及风控措施、权益投资、争议解决与司法执行等多方面内容。

2025年既是金融资产管理公司资本集中管理和资源整合能力的提升年，亦是中国东方主业提质增效的跨越年，更是我们坚定不移加快回归主责主业、不断加大服务实体经济力度、积极防范化解金融风险、强化改革政治担当的关键之年。

本书的付梓出版，不仅是对过去几年中国东方法律成果的系统总结，更是彰显中国东方踔厉奋发、笃行不怠，全面贯彻新发展理念，迈向高质量发展新阶段的生动注脚。同时，我们也希望本书能够为关注特殊机会投资领域和金融资产管理公司发展的读者提供参考与助益。

中国东方资产管理股份有限公司董事长

2025 年 3 月

目 录

一、不良资产业务

003 | 不良债权收购及债务重组交易模式的法律风险控制研究/陆紫微
017 | 发挥金融资产管理公司职能修复企业资产负债表/戚健明
022 | AI 发展对不良资产行业法律工作的影响及应对/陆紫微
029 | 不良资产处置中法律工具的实践运用/姜　晨
038 | 新《公司法》视角下不良资产处置思路拓展/周　霞
045 | 资产保全业务中若干法律问题探析/王愉乐
053 | 债权人代位权法律问题及实务操作/刘　麟
061 | 债权人撤销权法律问题及实务操作/程明皓
073 | 金融资产管理公司接收抵债资产法律问题研究/李沐函
086 | 债务追偿中公司人格否认制度适用规则研究/周　游
094 | 合同约定解除法律要点分析/程明皓
102 | 出资未缴足情形下股权转让方的债务责任简析/陶亚南
112 | 浅析保理不良债权投资相关法律问题/周　霞
130 | 对解散后公司的债务人债权追索的路径浅析/刘　麟
137 | 浅析网络司法拍卖业务的风控要点/秦静静
141 | 股东借款义务强制履行的法律问题研究/许泽阳
155 | 建设工程不良债权收购业务法律风险研究/周　霞
177 | 建设工程领域违法招投标行为对合同效力的影响再探析/许泽阳

二、破产法律实务

207 | 金融资产管理公司投资破产重整企业法律实践研究/姜　晨
223 | 共益债融资中"超级优先权"的域外经验探寻/王　晨
231 | 上市公司破产重整业务发展趋势与重整投资的思考/刘利斐
241 | 上市公司破产重整法律实务之出资人权益调整/周　霞
252 | 上市公司破产重整法律实务之以股抵债/周　霞
268 | 上市公司破产重整法律实务之大股东占用资金/周　霞
280 | 预重整实务研究
　　　　——基于各地规则的解析/谭　熠
291 | 共益债投资的法律难点与风险控制
　　　　——破产程序中新增借款的性质及清偿顺位/杨　芮
303 | 破产程序中共益债务的法律问题探析/亢雪莲
308 | 浅析破产程序中债权的申报与确认/何洁涵
317 | 浅析破产撤销权对债权人的影响/王勤原
329 | 破产法中个别清偿例外规则实践研究
　　　　——以《破产法司法解释（二）》第15条为研究对象/庄洁蕾
340 | 浅析债权人视角下的破产债权异议程序/张璐璐
351 | 出售式重整在破产实践中的运用/王勤原
357 | 破产重整中债权人以股抵债的清偿率认定方式/周　霞

三、担保及风控措施

363 | 民法典框架下金融机构债权人面临的担保风险及其对策研究/许泽阳
381 | 上市公司对外担保的审查与瑕疵风险/王勤原
394 | 债权人对公司担保决策机制的审查义务研究/刘丽娜
405 | 债权人保护视角下已婚自然人担保法律实务问题研究/杨琳琳
416 | 《民法典》视野下流动质押相关规则解析/徐瑞阳

428 | 浅析债权人视角下的股权让与担保运用/张璐璐
439 | 民办学校担保法律风险及应对措施/许泽阳
458 | 浅析混合共同担保相关法律问题/周　霞
475 | 不动产抵押权与租赁权权利冲突与风险防范实务研究/刘　珊
482 | 房产租金担保相关问题研究/余焕章
491 | 不动产抵押预告登记效力的法律问题探析/吴晨鹏
501 | 差额补足的法律性质及风险防范/庄洁蕾
511 | 差额补足函是否构成保证的判断标准
　　　——以一则典型案例分析切入/吴　桐
517 | 浅议不良资产业务中建设工程价款优先受偿权法律规则/周　霞

四、权益投资

535 | 关于市场化债转股业务的几点思考/刘利斐
546 | 公司资本公积相关法律规则解析/徐瑞阳
554 | 股东债权居次受偿问题研究/史肖建

五、争议解决与司法执行

565 | 浅析债权追索类案件诉讼请求的确定/刘　麟
572 | 司法确认调解协议程序的规则与实践/周　霞
581 | 浅析刑民交叉对民事案件的若干影响/王勤原
590 | 不良资产处置之实现担保物权特别程序实务要点/周　霞
596 | 债权人视角下关于公证债权文书执行受理条件的案例研究/刘亚馨
604 | 不予执行公证债权文书申请的审查程序可参照执行异议审查程序
　　　——以一则借款合同纠纷执行审查案为例/王勤原
609 | 执行管辖规则与实践运用/周　霞
617 | 执行程序中查封财产的处置权移送与债权清偿顺序/周　霞
623 | 行为保全适用分析/程明皓
630 | 不良资产处置之第三方债权保全与执行/周　霞

638 | 产能指标财产保全及变价处置法律问题探析 / 王勤原
643 | 不良资产业务中执行和解法律实务要点 / 周　霞
652 | 民事执行程序中以物抵债裁定规则研究 / 周　霞
666 | 浅析案外人权利救济制度及救济路径选择 / 刘　麟
675 | 执行异议之诉对金融机构债权实现影响的实证研究 / 杨美美
688 | 支付令运用指南 / 程明皓
694 | 金融机构债权追偿之参与分配制度 / 周　霞
702 | 调查令的实践运用 / 程明皓

一

不良资产业务

不良债权收购及债务重组交易模式的法律风险控制研究

陆紫微

在我国目前经济下行趋势下，不良资产规模呈现出不断扩大的趋势。金融资产管理公司（Asset Management Companies，本书以下简称 AMC）为化解金融风险、优化金融生态，积极开展各类不良资产业务。其中，AMC 通过对危机企业所涉不良资产进行整体收购并重组，是 AMC 专注主业、化解存量不良资产风险的主要手段之一。而前述危机企业救助项目的复杂性决定了其在操作过程中存在较多需要关注与研究的法律问题。笔者拟从法律风险控制的角度，以项目开展流程为序，对此类项目的不良债权收购及债务重组交易模式中的重要法律问题进行分析研究，以期对 AMC 危机企业救助项目的安全开展有所助益。

一、AMC 危机企业救助项目概述

（一）AMC 危机企业救助项目特点

AMC 所开展的危机企业救助项目一般具有以下特点：（1）危机企业陷入短期资金周转困境、无法兑付多笔到期债务，但该危机企业仍存在盘活可能性；（2）以危机企业（债务人）摆脱短期资金困境、恢复正常经营，AMC 实现安全性和效益性退出为目标；（3）AMC 或其合作方通过不良资产收购等方式帮助该危机企业解决到期无法清偿的债务，并通过对债务人进行债务重组、债转股、资产出售等重组安排盘活企业；（4）一般配套以危机企业主要资产抵质押、股权控制等风险控制措施。

（二）单户不良项目交易模式概述

需要特别说明的是，基于危机企业救助项目本身情况的复杂多样性，其具体交易形态及交易结构也各不相同，具有极强的非标准化特点。考虑到通用性和文章篇幅，本文仅对危机企业尚未进入破产程序、① AMC 主导的②以收购单户多笔不良债权并进行债务重组为基本交易模式的危机企业救助项目（以下简称为"单户不良项目"）③ 进行分析研究。从基本交易流程和基础法律关系方面看，单户不良项目与单笔不良资产收购重组项目基本相同，基本交易流程一般均包含不良债权收购和债务重组两部分（见图1），法律关系均为债权收购的买卖合同关系及债务重组合同所形成的债权债务关系。

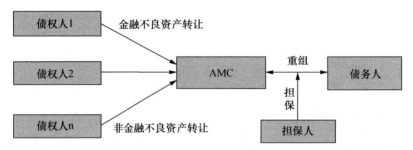

图1 危机企业救助项目不良债权收购及债务重组基本交易流程图

但较之单笔不良资产收购重组项目，单户不良项目的不同之处在于其涉及对危机企业笔数众多的不同性质、不同状态的债权债务的综合统一处理，债权债务关系更复杂、利益相关方更多且需达成盘活企业的目标。单户不良项目操作上的难点在于在复杂局面中统筹协调众多利益主体达成统一方案；而法律上的难点则在于债权复杂多样所带来的核查与重组困难，具体到项目开展的各流程中就是：如何全面准确掌握债权信息，如何选取拟收购债权并做好不宜收购债权的债务解决安排，如何根据拟收购债权的情况及重组担保情况选择整体重组或分别重组方

---

① 如危机企业已进入破产程序等特别程序，则除需要考量非破产程序中的各种问题外，还需要考虑破产程序的特殊性和复杂性，可以理解为非破产程序接盘项目的升级版，需另文专门研讨。

除由 AMC 主导的单户不良项目外，单户不良项目还存在由并购方主导、AMC 主要为并购方提供资金的交易；以为并购方提供并购资金为交易目的的并购项目因其交易逻辑的不同，风险控制核心更侧重于核查评估并购方的资信及锁定并购方的还款或担保义务，而其对于单户不良的核查及重组安排方面，基本上与 AMC 主导的接盘项目并无不同，可参照关注本文所述相关问题。

② 除由 AMC 主导的单户不良项目外，单户不良项目还存在项目开展之初即由并购方主导、AMC 主要为并购方提供资金的交易；以为并购方提供并购资金为交易目的的并购项目因其交易逻辑的不同，风险控制核心更侧重于核查评估并购方的资信及锁定并购方的还款或担保义务，而其对于单户不良的核查及重组安排方面，基本上与 AMC 主导的接盘项目并无不同，可参照关注本文所述相关问题。

③ 重组目前并无统一定义。从目前观点看，广义重组包括兼并、收购、剥离、资产置换、债务重组等各类并购重组行为；狭义的重组也包括有不伴随控制权转移的资产负债的形态、数量结构的内部调整。事实上，除了 AMC 通常采用的债务重组模式外，相关重组安排根据项目实际情况也可能涉及追加投资、债转股、资产置换等其他重组安排。但鉴于债转股等重组安排仅为项目的或有安排且均应分别做专题研究，限于篇幅，本文仅分析论述危机企业救助中债权收购与债务重组这两项核心基础交易流程。

案,如何做好重组的担保安排及其他风险控制安排。本文的分析也将主要围绕前述难点展开。

二、单户不良项目相关法律理论及基本风险控制原则

(一)基础法律理论

单户不良债权收购及债务重组的相关法律理论问题众多,本文仅对与项目安全最为密切的相关理论予以简述,以明确项目安全开展所应遵循的基本原则及项目具体开展过程中所应关注的要点。

1. "恶意抵押"无效或可撤销

"恶意抵押"无效或可撤销是基于诚实信用、公序良俗原则将恶意抵押认定无效或其他债权人可行使撤销权对抵押予以撤销的一种情况。《中华人民共和国民法典》(以下简称《民法典》)第154条规定"行为人与相对人恶意串通,损害他人合法权益的民事法律行为无效",第539条规定"债务人……为他人债务提供担保,影响债权人的债权实现,债务人的相对人知道或应当知道该情形的,债权人可以请求人民法院撤销债务人的行为"。在具体认定标准上,根据既往司法实践,判断抵押是否无效的重点在于认定是否属于"事后恶意抵押"情形,而判断是否属于"事后恶意抵押"情形的重点在于该债权人是否已知悉债务人已陷入支付危机且该债权人知悉债务人陷入支付危机后是否串通设定抵押为债务人逃废其他债务,导致其他债权人无法以相应财产实现债权。单户不良项目方案安排一般债务人均已陷入支付危机且重组债权人一般通过尽职调查即已知悉该事实,而在债务重组过程中要求债务人对重组债权提供抵押担保亦为较常见的安全保障措施安排,基于重组债权(尤其是多笔债权一并重组情况下)新旧债认定的不确定性,即使原债权已设有抵押,仍可能被认定为对新债权的事后抵押。在构成"恶意串通"的问题上,司法实践上一般对抵押权人偏严苛。且即使未被认定为"恶意串通",只要符合《民法典》第539条"影响债权人的债权实现,债务人的相对人知道或应当知道",其他债权人亦可请求人民法院撤销债务人的行为。

具体到单户不良项目,虽商业逻辑上一般均以整体收购危机企业全部债务为原则,但在实操中仍可能存在AMC不宜直接收购的或未核查发现的部分债权未能及时解决的情况,若遗留有任何未解决的到期债权,则根据"恶意抵押"无效或可撤销规则,在法律上将存在重组债权的抵质押权①被撤销的风险。据此,不唯从商业逻辑,从法律风险防控角度也应确定"债务整体解决原则"。

---

① 根据法律法规及司法实践,质押无明文规定的,一般比照抵押相关规定处理。

2. 债权的合法有效性

中国法律不承认债权让与的无因性且债务人"无异议承诺"的切断效力在我国存疑。① 简单而言，一方面我国债权权利归属转移这一结果的效力与债权转让协议的效力是无法切断的；另一方面即使债务人对债权及债权转让予以确认，也可能无法产生债务人不得以对抗让与人的事由再对抗受让人的效果。综上，如标的债权合法有效性或真实性存在问题或标的债权不符合可转让/收购的相关规定，则可能导致基础合同、债权转让协议、债务重组协议及相关担保协议的一并无效。由此确定风险防控的"债权可收购原则""债权的分类处理原则"。

（二）基本风险控制原则

如前文所析，从法律风险控制的角度来看，单户不良项目一般应遵循以下三项原则，即债务整体解决原则、债权的可收购原则、债权的分类处理原则。

1. 债务整体解决原则

债务整体解决原则指为达成盘活标的企业的交易目的并防范被认定为"恶意抵押"的风险，需要全面解决企业全部债务。具体而言，即无论资金来源是AMC、合作方（含后续引进的并购方等）或债务人股东或其他关联方等，无论各方是通过收购、清偿、追加投资或与其他债权人达成延期安排等方式进行重组，收购重组方案应可基本解决危机企业外围重大债务及盘活所需资金，避免重组后因部分债务问题未解决使得危机企业再次陷入债务纠纷影响盘活目标的达成，甚至陷入抵质押担保被认定为"恶意抵押"而无效或被撤销的风险。这一原则的落实需要深入全面的尽职调查及通盘考虑的重组方案设计。

2. 债权的可收购原则

债权的可收购原则指所收购债权应符合AMC的可收购标准，防范重组债权的减损或无效风险。概言之，可收购标准分两个维度，其一是所拟收购的各笔债权须真实准确、合法有效、洁净；② 其二是须符合法律法规及监管规定对债权可转让性及AMC收购不良债权的相关规定。符合可收购标准是开展单户不良项目的基本前提，后文"债权的可收购性及相关问题解决"将详述相关标准及对策。

3. 债权的分类处理原则

债权的分类处理原则系基于此类项目中债权的复杂多样性需对各债权进行识别、分类，并根据债权的不同情况设计不同的收购重组方案，以防范重组债权无

---

① 韩海光、崔建远：《论债权让与和对抗要件》，载《政治与法律》2003年第6期。
② 本文所述债权"洁净"，指《金融资产管理公司开展非金融机构不良资产业务管理办法》（以下简称《非金管理办法》）第8条对债权"洁净"的定义，即"资产权属关系能够得到交易相关方的认可，原权利人已经履行完毕约定给付义务，不存在履约纠纷，不存在不可转让、其他优先受偿权、超过诉讼时效约束等权利瑕疵"。

法实现的风险。在尽职调查阶段体现为分类标识，在债权收购阶段体现为是否收购，在债务重组阶段则体现为整体重组或分别重组、分别重组中如何具体分笔及如何设定各笔担保。这一原则的落实是单户不良项目的重难点，后文将在"债务重组相关法律问题分析"部分予以具体探讨分析。

三、单户不良项目法律尽职调查要点

不良资产业务本身为高风险业务，而单户不良项目的复杂疑难程度更是加大了业务的风险等级，全面深入的尽职调查在此类项目中的重要性自不待言。考虑到此类项目的复杂性及高风险性，此类项目应当聘请专业的财务中介机构和法律中介机构进行全面深入的尽职调查。基于其不良资产项目的基本属性及债务整体解决并救助盘活的目标，对此类项目的尽职调查要求不仅应符合不良资产收购中的尽职调查要求且还应参照并购重组项目的尽职调查标准。业界对不良资产的尽职调查及对并购重组的尽职调查的相关文章已经很多，故本文不再赘述尽职调查的基本方法和流程，仅对单户不良项目尽职调查过程中最需关注的问题进行简要说明。

1. 对债务人负债的核查

如前所述，单户不良项目的成功需要建立在对债务人整体负债情况进行梳理的基础上，否则无法对后续企业盘活计划进行妥善规划，进而可能导致项目的失败。因此对债务人负债的核查结果务求全面、准确。其中财务尽职调查应当至少核查清楚债务人的全部负债金额及各笔债务的金额，而法律尽职调查应当至少核查清楚债权的真实有效性及诉讼状态等。就债务人负债进行的法律尽职调查而言，需要注意以下要点：

（1）全面核查。鉴于企业融资形式的多样性和结构的复杂性，法律尽职调查在参考比对财务尽职调查结果的同时，还应全面核查除借款合同外的其他各类大额合同，特别关注债务人是否存在名股实债或名为买卖实为借贷等形式的隐藏债务的情况，防范遗漏债务的风险。

（2）准确甄别。如前所述，为防范重组债权的减损风险，需全面了解拟收购债权是否符合可收购性。故而，法律尽职调查应对相关债权金额的真实准确性、债权的有效洁净性、可转让性、相关担保的有效性、诉讼时效是否经过、是否已进入诉讼程序、是否存在被抗辩风险等状况进行详尽调查，力求信息的翔实准确。

（3）分类标识。在全面性及准确性基础上，为便于后续收购重组等交易结构的设计及流程安排，还应当对所涉债权进行分类标识。首先需要对债权是否属于不良资产进行区别；如属于不良资产，则需进一步根据债权性质及状况对不良债权按照金融不良、非金融不良进行分类标识；同时还需要对处于诉讼程序中的债

权进行标识并标明审理/执行法院及所处诉讼环节。在此过程中，需要注意准确识别和分类，如应注意以金融机构受托管理形成的资产属于非金融不良资产等，后续方案设计及项目实施应注意遵循相应的监管规定。

2. 对债务人重大资产及经营资质的核查

除对负债情况进行全面准确核查之外，对于债务人（未来）还款来源的核查也至关重要。从财务尽职调查的角度来说，需要进行财务分析及预测，判断债务人在重组期限内是否可以获得足够的现金流用于偿还对 AMC 的债务。而从法律尽职调查的角度来说，则需要对债务人的重大资产及经营资质（尤其是对作为还款来源主要支撑的核心资产状况及具有核心竞争力的经营资质）的有效性及可持续性进行重点核查，用以进行风险分析及判断其债务清偿的可行性。根据尽职调查结果，发现重大资产及经营资质存在对盘活企业具有实质性障碍的、重大瑕疵的，则不宜开展此项目。

需要注意的是，对于不同资产性质和不同行业，需核查资产、业务资质的重点也有所不同，需对所涉不同的法律法规、规范性文件及行业规范等进行搜集整理，了解资产及经营资质取得所需履行的程序及需核查的重要文件。如核心资产为在建工程时，应根据其建设进度核查其五证[①]是否合法有效、施工前六手续[②]是否按程序履行审批、是否存在权属瑕疵或已被抵押查封等权利负担等；又如，如危机企业为民营医院，其核心竞争力在于肿瘤科，对其经营资质进行核查则需要核查《医疗机构执业许可证》是否合法有效、执业许可范围是否涵盖肿瘤科专业、是否具有合法有效的《放射诊疗许可证》《辐射安全许可证》、医疗人员是否具备执业资格及如许可证有效期在重组期限内将届满延期是否存在实质障碍等。

3. 对债务人股东所持债务人股权的核查

如前所述，单户不良项目一般配套以股权控制措施，AMC 一般需要通过收购危机企业原股东股权的方式取得危机企业的股权。涉及股权收购，则需要对危机企业股权的历史沿革进行核查，重点关注股权归属的稳定性、是否存在出资不实等瑕疵、是否存在已被冻结或已被质押等权利负担及股权是否具有可转让性和转让程序等。

---

① 指《国有土地使用权证》《建设用地规划许可证》《建设工程规划许可证》《建筑工程施工许可证》《商品房预售许可证》。

② 指环境影响评价及环境影响审查、人防建设标准审查、消防审核、质量监督、建筑节能备案、安全监督备案。

四、不良债权收购法律问题分析

（一）债权的可收购性及相关问题解决

单笔不良资产或不良资产包收购中所需要重点关注的每一笔债权的真实准确、合法有效及洁净性问题，在单户不良项目中也都需予以关注，甚至应给予更高程度的重视。限于篇幅，本文仅对此类项目中需要特别注意的几项常见问题进行提示。

1. 债权的可收购性核查

在债权真实准确、有效、洁净的基础上，收购前还应逐项就拟收购债权的可转让性及 AMC 的可收购性进行核查。一方面，AMC 所收购的不良资产应符合法律法规及监管规定对不良资产的基本定义及要求，如金融不良资产应为按照程序和标准认定的次级、可疑、损失类；非金融机构不良资产应为非金融机构所有的价值贬损的资产等。另一方面，还需要重点关注除法律法规及监管规定明确规定不得收购或限制收购的资产，重点如《民法典》第 545 条，《金融企业不良资产批量转让管理办法》第 7 条、第 8 条，《非金管理办法》第 9 条等。此外，提示关注非金融机构不良资产不包括个人债权或非金融境外债权这一容易被忽略的问题。根据《非金管理办法》对非金融机构的定义，非金融机构仅为三会监管外的境内法人、事业单位、社会团体或其他组织，而并不包括个人债权或非金融境外债权，故 AMC 无法直接收购前述债权。

2. 对 AMC 不宜直接收购债权的安排

对于存在瑕疵或其他不宜为 AMC 直接收购范围的债权，基于债务整体解决原则，仍需通过补正债权瑕疵或作出其他安排的方式予以解决。

（1）瑕疵债权及其安排

如前文所述，需对拟收购债权的真实、有效、洁净性进行重点核查，如某债权真实有效性存在问题，则该笔债权不具备可收购基础，但可预留部分资金以备后续偿付。若洁净性存在问题，则可根据实际情况尝试通过义务履行、责任豁免等方式补正债权瑕疵，使之成为稳定无抗辩的债权再行收购。双务合同中的洁净性问题一般较多，以通过资产转让及回购进行融资的信托业务为例，对双务合同洁净性问题的核查及解决进行分析。前述融资业务所形成的债权一般应界定为《股权回购协议》《特定资产收益权回购协议》等资产回购协议项下义务人（危机企业）支付义务所形成的债权，则：首先需核定支付义务是否构成有效稳定的债权（回购协议项下的支付义务是否确定等）；其次需要核查资产回购协议中的资产转让方（即拟向 AMC 进行债权转让的债权人）在回购协议中是否存在交付股权或其他资产等尚未履行的义务；如存在，则应要求资产转让方在 AMC 支付价款前履行完毕相关资产交付义务；如该等资产除构建债权功能外还兼具担保功能（让与担保），也可考虑在 AMC 价款支付前由三方书面确认，由债务人指示将该等资产指示交付予 AMC 作为对后续债务的担保，资产交付至 AMC 即视为资产转让方在资产回购协议项下的交付义务已履行完毕。

（2）瑕疵补正不能债权及其安排

对于通过转化补正仍无法满足 AMC 收购要求的 AMC 不宜直接收购的债权，在交易结构设计时应当注意 AMC 不可作为收购主体对该等债权进行收购，但可根据项目实际情况尝试以下路径：① 安排危机企业或其股东、实际控制人等关联方自筹资金清偿该部分债务（对于真实有效性存疑的债权，应由前述主体预留资金以备清偿所需）；② 如其自有资金不足以清偿该部分债务，则可由 AMC 寻找其他不受前述规定限制的合作方对前述 AMC 无法收购的债权进行收购或做代偿安排；③ 也可尝试与该部分债权的债权人协商延长债务清偿期限以不影响重组期限内整体盘活安排。

此外，因此类项目危机企业已陷入债务危机，部分或全部债务可能已进入诉讼程序。诉讼程序中债权的收购重组安排具有其特殊性（详见后文"诉讼程序中债权收购重组的特别安排"），在收购前还应根据处于诉讼中债权的金额比例及该部分债权对整体重组的影响等因素考虑处于诉讼中的部分债权是否纳入 AMC 收购范围内，是否可以前文所建议的路径解决该部分债务。

（二）协议的签署及债权转让价款的支付

1. 债权转让协议及其他交易文件的签署

如"债务整体解决原则"所述，为达成盘活目标，需防范因部分债务未解决带来的危机企业再次陷入危机的风险。具体到协议签署环节上，最优安排应当是全部交易文件的同步签署以锁定各相关方后续的权利义务，包括两个方面：一是应尽量同步签署债务解决（债权收购、债务清偿、债务展期等）相关文件；二是应尽量在债权转让协议签署的同时签署重组协议及相关担保协议。当然，单户不良项目实际情况的复杂性决定了前述最优方案可能无法实现，在这种情况下，应至少保证收购重组方案已基本谈定且所签署的第一批债权转让协议已可覆盖主要债权人及绝大多数债权，并应在债权转让价款支付安排（详见后文"债权转让价款的支付安排"）等方面尽量防控风险。

2. 债权转让价款的支付安排

（1）各笔债权之间转让价款支付安排

如前文所述，协议签署顺序的最优方案是全部交易文件的一并签署。债权转让价款的支付安排上也是同理，最优是交易文件全部签署生效且债权保障措施全部落实到位作为各笔债权的支付前提，满足后一并支付。但实际情况可能确有部分债权需先行支付价款方可取得债权,则有必要对该部分债权的价款支付先后(对债权取得的先后)进行排序。此时建议的排序原则为:尽可能优先解除AMC拟取得的危机企业股权及对核心资产的查封或冻结,以尽早取得股权、核心资产(或以核心资产作为担保物),加强对债权的安全保障;再以获取核心资产或核心资产的担保权利作为后续其他债权价款支付的前提,后续以资产重要性为序类推进行后续其他债权转让价款的支付安排。

(2) 单笔债权转让价款的支付前提安排

就单笔债权的转让价款支付前提而言,应根据项目的实际情况,尽可能将相关重组保障措施落实到位设置为价款支付前提,以尽量降低风险。如以相应重组协议项下的担保的办理完成作为债权转让价款支付的前提;又如涉及对诉讼中债权进行收购重组的,应尽量要求将符合AMC要求的执行和解协议已提交法院作为债权转让价款支付的前提。此处的价款支付前提的具体设定,可根据实际情况相对平衡AMC与前手债权人之间的风险,将相关条件的落实作为债权转让价款支付的前提条件(条件达成后AMC才需履行付款义务)或将相关条件的落实作为债权转让价款最终可由债权转让方支配的前提(虽AMC在条件落实前已付款,但款项进入双方共管账户,单方无法划付资金,条件落实后AMC解除共管,否则债权转让协议解除,AMC有权收回款项)。

五、债务重组相关法律问题分析

(一)债务重组及重组担保的一般性安排

单户不良项目中债权性质及状况复杂多样,这一复杂多样性将对重组安排的稳定有效性造成较大影响,故在交易结构设计时应对重组债权及相关担保权利的稳定有效性和可执行性进行审慎论证,对各债权进行分类识别并根据不同债权情况对收购重组进行差异化的安排,尤其应关注诉讼中债权重组的特殊性。

首先需要考量的是,对所拟收购的多笔债权是进行整体重组还是分别重组。在实际情况允许的情况下,考虑到担保办理的便利性及诉讼执行的便利性,以优先选择整体重组为宜。但整体重组要求的前提是全部拟收购债权均已取得且拟收购债权适宜一并重组。此类项目可能存在客观上仅可分步收购多笔债权的情况,也可能涉及部分或全部债权处于诉讼程序中的情况,如出现部分拟收购债权尚未取得、仅部分债权进入诉讼程序(部分债权未进入诉讼程序)或诉讼程序中的债权分布在不同法院且无法协调至同一法院管辖/执行等情形时,则将面临无法整体重组的问题。在无法整体重组的情况下,如实际情况允许,可考虑采前文"债权的可收购性核查"及"对不宜直接收购债权的安排"中相关建议,在AMC债权收购、债务重组体系外解决该部分债务。如实际情况无法实现,则在分别重组过程中需要特别注意重组担保权利的分配及担保登记的问题，人保部分可由保证人同时对多笔重组债权一并进行保证，但物保部分如需对应多笔重组债权，则可能需要进行多顺位担保安排。AMC需提前与登记机关沟通协调多笔重组债权作为主合同时担保顺位登记的可行性和可办理性（部分地区可能不允许进行顺位登记，部分地区虽允许顺位登记但将以担保物评估值为主债权总金额上限决定是否允许多顺位登记），提前做好各笔重组债权的顺位安排及顺位登记无法满足全部债权时担保物在各笔债权之间的分配。

其次，需要关注重组担保，尤其是既有担保承继的问题。重组担保中可能涉及既有担保的承继和新增担保两类。一般的新增担保仅需按照《民法典》相关规定签署以重组合同为主合同的担保合同、取得有效担保决议并办理担保登记手续（如需）。但在既有担保的承继问题上，则相对复杂，对单笔债权要素变更后的新旧债性质认定尚存争议，而此类项目多涉及多笔债权一并重组，重组后债权金额、性质等均可能发生较大变化，且既有担保的担保范围确定也将存在不确定性，存在全部或部分脱保风险。为降低脱保风险，建议做如下安排。（1）若实际情况允许，建议尽量要求原担保人一并签署重组协议确认对重组债权的担保义务、签署担保协议并取得担保人提供担保的有效决议文件。（2）如为物权担保、涉及担保登记的，建议提前与相关登记机关做好沟通协调，了解具体登记政策及操作实务，尽量进行变更登记（包括担保权利人及主合同）；若无法直接变更登记，但能进行重新登记的，建议考虑先以重组协议作为主合同办理二顺位担保登记，再行解除原担保登记，以防范衔接过程中的脱保风险。（3）若无法办理担保的变更登记且无法就重组担保进行重新登记，则应注意物权担保的优先受偿范围可能被限制在担保登记金额（或担保登记对应的原主合同债权金额）范围内、而无法覆盖全部重组债权金额，并应注意多笔债权一并重组后重组债权获部分清偿后担保范围不明而脱保的风险。基于此，建议应在担保人签署的重组协议中明确"如标的债权基础文件项下为多笔债权，债权人有权单方决定前述各笔债权的清偿顺序，即有权决定债务人所清偿款项所对应的具体债权"。（4）若无法取得原担保人对重组债权担保的任何书面确认文件，则原有担保全部或部分脱保的风险较大，一方面应做好对原担保权利的时效维护工作，另一方面若原有担保为重要担保措施，建议同时论证分别重组的新增担保可覆盖性问题后考虑是否选用对该等债权进行分别重组以尽量降低重组债权变动较大而被认定为新债进而脱保的风险。

（二）诉讼程序中债权收购重组的特别安排

单户不良项目中，危机企业的债务一般已全部或部分处于诉讼或执行程序中，由于进入了公力救济轨道，诉讼程序中的债权收购重组安排较之未进入诉讼程序的债权收购重组的一般安排又有所不同，涉及诉讼程序中债权的收购重组时在考虑前文一般性安排的前提下，需要考虑对诉讼程序中债权进行重组的特殊性。下文将对其特殊性进行具体分析。

以是否取得生效判决为分界，① 将诉讼中债权分为已诉讼未执行债权及执行中债权（已取得生效判决而未进入执行程序的按照执行中债权重组）。对于已诉讼未执行债权，可按照民事调解制度相关规定，将债务重组相关内容约定在调解协议中，并取得法院制作的调解书，并由债权人、债务人及担保人等各方当事人签收调解书使之具备法律效力。如债务人后续不履行调解协议约定，则AMC可以调解书为依据直接申请强制执行。但需要注意的是，多个诉讼无法并案处理时，将面临多笔债权无法整体重组及相关新增担保无法覆盖全部债权的风险及实践中部分法院可能对新增担保不予认可的问题。全面权衡新增担保的重要性、项目时效性、执行便利性等因素，也可考虑通过各方当事人确认、尽快获得生效判决，进入执行程序，通过执行和解制度达成债务重组。

《最高人民法院关于执行和解若干问题的规定》（以下简称《执行和解规定》）于2018年3月1日正式施行，2020年修正，赋予了债权人执行和解后救济路径的选择权，明确申请执行人可以就执行和解协议提起诉讼，即"被执行人一方不履行执行和解协议的，申请执行人可以申请恢复执行原生效法律文书，也可以就履行执行和解协议向执行法院提起诉讼"；② 且明确肯定了执行和解协议中担保条款的效力和可执行性，"执行和解协议中约定担保条款，且担保人向人民法院承诺在被执行人不履行执行和解协议时自愿接受直接强制执行的，恢复执行原生效法律文书后，人民法院可以依申请执行人申请及担保条款的约定，直接裁定执行担保财产或者保证人的财产"。③ 基于以上，对于诉讼中债权的收购重组安排，建议如下：

首先，相关重组安排应通过诉讼程序进行，即使之成为执行内和解，以产生诉讼法上的效果。为保障债权效力的稳定性及实现的便利性，建议对执行中债权的重组均通过执行和解方式予以确定，即由债权人与债务人、担保人在签署和解协议后共同提交执行法院。此种安排下，AMC可根据《执行和解规定》，在债务人违反重组安排相关约定时，选择直接执行原生效判决文书项下债权或就执行和解协议进行另诉。而不存在私下庭外和解情形下因司法机关对重组债权新旧债性质认定不统一的问题，债务人抗辩原债权（重组前债权）已经重组消灭、执行机构因此不予执行原债权要求对重组债权进行另诉、而审判机构根据一事不再理原

---

① 根据《最高人民法院关于人民法院民事调解工作若干问题的规定》，民事调解应在裁判作出前进行。
② 《执行和解规定》第9条。
③ 《执行和解规定》第18条。

则又不予受理新诉的风险。

其次，需重视执行和解协议及相关担保协议的担保条款安排。《执行和解规定》第18条虽规定了可直接裁定执行担保物或保证人财产，但应注意直接裁定执行需具备两个前提条件，一是担保人在担保条款中确认在被执行人不履行执行和解协议时自愿接受直接强制执行，二是恢复执行原生效法律文书。这里的问题依然是，在重组债权新旧债权性质不确定的情形下，为保障债权人在后续债权实现时可对担保权利也同样享有前述选择权，在担保条款安排上，应当考虑到担保对应的主合同的可选择性。基于以上，建议在执行和解协议的担保条款及相关担保合同中明确以下两方面的内容：（1）在被执行人不履行执行和解协议时自愿接受直接强制执行；（2）担保范围包括原生效法律文书及执行和解协议项下被执行人所应履行全部义务。并建议将原生效法律文书及执行和解协议一并作为担保的主合同，如需办理担保登记，则将前述两份主合同均作为主合同一并递交登记机关。如新增担保为保证担保则建议进一步明确约定保证期间。

再次，需要妥善选择被执行人不履行执行和解协议时的救济路径。由于《执行和解规定》并未直接赋予执行和解协议执行力，申请执行人如不选择恢复执行原生效法律文书，则需要就执行和解协议另行提起诉讼。则债权人在选择救济路径时需要考量债权实现金额及债权实现的确定性及便捷性两方面。具体来说，需要考量原生效法律文书的债权总金额是否可覆盖重组后债权金额，如可覆盖，则应选择明显更具有确定性和经济快捷优势的申请恢复执行原生效法律文书。如若不可完全覆盖，则需在选择申请恢复执行原生效法律文书所需承受的经济损失（根据原生效法律文书所计算确定的债权金额与根据执行和解协议所计算确定的债权金额的差额，并应注意同时考量另诉期间的资金成本损失）与另诉结果的不确定性及时间成本、诉讼成本之间进行利弊衡量。

最后需要注意的是，在此类项目中，可能会面临多笔执行中的债权分布在不同执行法院的问题，此种情况下，需要提前协调相关各方将执行中的债权统一至同一执行法院，否则将面临无法将多笔债权整体重组及相关新增担保无法覆盖全部债权的风险，需要对是否收购该债权及是否进行分别重组进行安排，具体在"债务重组及重组担保的一般性安排"部分已有论述，在此不再赘述。

六、其他风险控制措施

单户不良项目的高风险性及 AMC 整体债务解决的特殊性要求 AMC 对危机企业具有较高的控制力，以督促危机企业按照既定目标及重组方案脱困，若项目出现问题时也可自行接盘或引进其他并购投资方以维护权益。为实现前述目标，对危机企业的阶段性控制具有必要性，常见安排则为 AMC 获取并在债权实现前阶段性持有危机企业的控股权，并辅以有效的资金、财务及业务监管措施。

（一）阶段性控股权

在获取控股权的方案安排上应注意以下要点。（1）在股权取得方式上，从法律上来看，既可通过股权收购方式也可采增资方式获取控股权。但实操中一般采股权收购方式，① AMC 应在收购前督促相关方尽量补正、解决尽职调查过程中所发现的股权瑕疵或负担问题，再由 AMC 或其可控制的适格主体进行股权收购。（2）在取得时间上，应尽早取得危机企业控股权，从整体项目交易流程设计上，该时间应当尽量不晚于债权转让价款（最终）支付的时间；但如拟收购股权存在已被司法冻结等无法在债权转让价款支付前即取得的情形，则应在交易流程的安排上尽量先解决股权查封，取得控股权后再行支付后续债权转让价款。从具体股权获取操作上，鉴于此类项目不确定风险大的特性，应尽量在股权权属转移至债权人或债权人可实际控制实体后（协议约定交割时点届至、股东名册变更及工商变更登记均已完成）支付股权转让价款。（3）在所收购股权数量及定价方面，应结合危机企业章程规定的表决机制，以取得对重大事项的决策权为目标获取控股权（一般应超过 51% 的股权比例），并应充分考量危机企业资产负债及经营情况科学合理确定转让价格。（4）在控制权落实方面，应注意配套以章程的修改及三会一层的调整，结合所取得股权比例对危机企业公司章程中的决策机制及董监事构成进行调整，以保障 AMC 方实现对包括重大投融资、重大交易（含重大资产收购与处置）、重大经营计划变更等的决策权。（5）在股权退出安排方面，如仅就债权实现而言，股权的阶段性持有实质以监管及违约救济为主要目的，而非以股权投资收益为主要目的。在此交易逻辑下，一般会与已确定的危机企业后续实际操盘方（原实际控制人或已确定的接盘并购方）进行股权远期收购的安排。为保障远期收购安排明确且可执行，应在收购重组协议文件签署的同时签订远期股权转让合同之本约，明确当 AMC 债权如约得到实现时，AMC 有权要求受让方按照约定价格购买该部分股权，在重组债权全部实现及股权转让价款全部支付后交割股权；但如债务人或担保人发生违约，则转让方有权单方解除远期股权转让合同、处分股权或转让该远期股权转让合同项下全部权利及义务。（6）在责任承担方面，还应注意在股权持有过程中依法履行股东、董事、监事及高管责任，避免责任承担。同时建议就股权取得会计科目、资本占用、并表及税务等问题与专业机构做好事前沟通以对股权持有主体、股权比例及定价等作出最优结构安排。

---

① 此类项目采用增资模式可能存在实操障碍，即危机企业的所有者权益小于注册资本的情况，根据等价投资原则，可能出现增资价格每股小于 1 元的情形，在此情形下，工商部门可能因资本充足原则等不予进行工商变更登记。后文均按照采股权收购方式进行分析。

（二）监管控制措施

控股权的取得及公司章程的修改奠定了 AMC 对危机企业的管理决策权的基本公司制度基础，但制度的具体落实及实际控制力的实现最终仍需落实在具体的人、事、财上，概述之则主要包括：（1）人：除董事、监事及高级管理人员的监督管理外，专业监管人员（财务管理人员及业务管理人员）的派驻也至关重要；（2）事：虽公司章程中规定了股东及董事对重大事项的决策权，但决策的前提是对重大事项的知悉，信息的掌握还是需要依靠监管人员全面了解资金计划及实际使用情况、所投项目的计划与实际进度、销售计划及实际销售情况等企业财务及运营情况；欲达此目的，需提前了解企业的各项审批流程、制度并获取企业全部内部系统的实时查询权，并管控企业的重要章证及印鉴（公章、法定代表人名章、财务专用章及三证合一后的工商营业执照、开户许可证、核心资产证照及业务资质证书、具最高复核权的网银 U 盾及企业内部审批所需各印鉴等）；（3）财：对企业账户的管控及对企业资金流转的审核控制权，具体措施包括在核清企业现存全部账户基础上及时将各账户的预留印鉴变更为债权人方印鉴以管控现有账户；管控前述与财务相关的章证、印鉴以管控账户的新开；并对照经董事会或股东会审批通过的预算计划严格审批资金的流转。

（三）债务人股东、实际控制人对或有负债及未披露负债的责任承担承诺

如前所述，鉴于此类项目债权债务的复杂性，此类项目的开展必须以最为审慎的尽职调查为前提和基础。但考虑到危机企业账务的规范性、部分债务的隐蔽性等不确定因素，即使最审慎的尽职调查可能也不能完全排除存在未发现的债务或者或有负债。基于此，应当要求债务人的（原）股东及实际控制人就危机企业的或有负债及未披露负债的责任承担进行书面承诺，即由危机企业（原）股东及实际控制人对其提供的负债及或有负债清单进行书面确认并承诺如有未披露债务，则由其对该等债务进行责任承担、并对因此给 AMC 造成的损失进行全额赔偿。

七、结语

危机企业救助项目的情况复杂，本文重点就其中债权收购及债务重组交易安排进行了法律实务方面的简要分析，强调此类项目在债务整体解决原则下对多笔不同性质、不同状况债权收购并进行债务重组时所需特别注意的问题，如基于债权情况的不同拟收购全部债权可能无法一并重组为一笔债权、对诉讼中的债权进行重组需进行特别安排等。实际上，危机企业救助的交易模式及所涉问题远复杂于本文所讨论的内容，如破产重整中的危机企业救助、以债转股为路径的危机企业救助等课题均值得专题予以研究。但无论以何种模式开展危机企业救助，均应关注与重视其高风险性和复杂性，妥善设计交易方案，做好风险控制。

发挥金融资产管理公司职能修复企业资产负债表

戚健明

2016年中央经济工作会议提出,当前的主要工作任务要打好防范化解重大风险、精准脱贫、防治污染三大攻坚战,其中防范化解重大风险中着重要做好防范系统性金融风险。当前,企业杠杆率过高,房地产泡沫积聚,不良资产比率攀升,地方政府债务风险日显,互联网金融风险频发等,所有这些都有可能成为系统性金融风险的导火索。2017年全国金融工作会议提出,当前的核心工作是将防范系统性风险放在首位,通过强监管引导经济降杠杆,推动资金重新脱虚向实,最终构建普惠金融体系。

在此环境下,AMC应充分发挥自身优势,回归本源、聚焦主业,发挥金融资源配置对实体经济的引导和促进作用,提高资源配置效率,在经济降杠杆的过程中,防范企业由于降杠杆导致的流动性枯竭,帮助产品有市场、经营有前途的企业稳健缩表,避免因降杠杆造成优质企业被错杀,充分发挥AMC在金融改革中的稳定器和调节器的作用。

一、企业资产负债表出现恶化的主要原因

自2016年以来为防止发生系统性风险,降杠杆力度逐步加大,在降杠杆的过程中,由于力度大,速度快,部分企业的负债收缩过快,造成企业资产负债表恶化,恶化的原因是多方面的,既有企业内部主观原因,也有外部的客观原因。主观原因方面,由于前几年的融资环境过于宽松,企业容易借到钱,企业内在存有扩大投资的冲动,存在盲目投资的情况,容易推高企业的负债率。客观原因方面,近几年的金融工具的创新,为企业多形式多层次融资提供了便利,从有形资产抵押融资,到商标权、排污权等无形资产抵押融资,从股权质押融资到应收账款质押融资,从互保贷款再到企业发债,多样性的融资工具帮助企业获得大量资金。

除此以外，地方政府有 GDP 考核要求，通过各种优惠政策鼓励企业扩大投资，宽松的融资政策环境和投资环境造成了企业普遍高负债经营的状况。

企业的高负债经营，存在的问题各有不同，基本可以做以下简单的分类：

1. 企业产品已经没有竞争力，全面停产或部分停产，企业实际已经出现资不抵债情况，金融机构的贷款明显出现不良。

2. 企业盲目扩张，市场发生变化未及时应对，出现了产能过剩，并且存在技术落后，污染环境等问题，可能被市场出清。

3. 企业主业经营正常，但是在融资环境宽松时加杠杆投资了很多和主业无关的项目，企业盲目扩张，从事房地产或其他非主业投资，只讲求盲目转型，不研究自身升级，造成非主业资产占用大量现金流，一旦收缩，容易出现流动性困难。另外，前期大量企业片面追求降低融资成本，通过错配方式融资，存在普遍的短贷长用的情况，一旦流动性收缩就会出现问题。

4. 企业自身经营正常，但是牵涉担保链，担保或被担保企业出现问题，影响到企业的正常生产经营。

二、甄别资产负债表恶化的不同情况

企业资产负债表出现恶化，虽然原因是多方面的，但归纳起来，资产负债不匹配是客观现状，要解决这个问题，最直接的就是资产负债表的收缩。理想状态下的缩表，应该是企业将流动性最差、现金流最差、收益率最差的资产端项目进行去化和变卖，通过变卖资产还债来降低负债率。但企业一旦遭遇流动性危机的时候，现金流是最重要的，因此，将最容易变现的资产进行变现是最有效的措施。由于企业从不同金融机构获得融资，不同资产又抵押给不同的金融机构，在出现流动性危机的前兆时，各金融机构对企业的态度、判断是不一样的，造成企业想变现的资产由于抵押无法变现，想剥离的项目由于相互担保等情况无法剥离，往往贻误最佳的资产处置时机。而当企业出现债券违约等公开信用危机时，金融机构往往从救火队变成逃命人，出现流动性踩踏，造成企业迅速出现恶性的流动性危机。

在这个过程中，作为 AMC 首先要迅速且准确识别哪些是应该去化的企业，哪些是融资结构不合理、存在短贷长用的企业，也就是必须通过深刻理解国家宏观调控政策来判断哪些企业是不该救的，而是应该通过处置其资产或破产清算实现市场出清；哪些企业可以通过逐步去化非主业资产，降低其资产负债率，让其回归主业，专心发展实体经济。

对流动性困难企业也要进行甄别和判断，有的企业本身没有什么问题，主业突出，现金流正向，只是短时间遇到流动性困难，只要适当补充流动性即可；有的企业通过高负债，盲目投资，形成大量低效或无效资产，无法产生正向现金流，逐步造成流动性枯竭；有的企业本身主业尚可，但是由于盲目扩张造成产能过剩，融资成本侵蚀利润。总之问题企业碰到的问题各种各样，作为 AMC 只有甄别清楚了，才能因企施策、对症下药。

三、修复资产负债表的基本方法和手段

帮助问题企业修复资产负债表，既是 AMC 作为专业的不良资产处置公司的职责所在，也是 AMC 回归主业，专注主责的现实要求。对一些需要救助的企业，AMC 应运用相对复杂的技术帮助企业走出困境。为此，中国东方资产管理股份有限公司（以下简称"中国东方"）提出 AMC 要从过去传统的"三打"处置模式，即打包、打折、打官司，转型升级到"三重"模式，即通过重组、重整、重构的方式，实现企业重生，"三重"是方法是手段，其最终目的是帮助企业修复资产负债表，实现企业的良性发展。通过几年的摸索和实践，我们总结出一些基本的方法和手段，特别是在企业主业质地还不错，多元化投资影响到企业的流动性的情况下，通过流动性修复、信用修复和估值修复，帮助企业最终实现资产负债表的修复。

（一）流动性修复

企业出现流动性的问题很多，既有外部融资环境的原因，也有企业内部的原因，对企业流动性修复方法也很多，最简单的是给予企业直接的流动性支持，但是在企业出现流动性危机苗头的时候，往往是很多金融机构争相抽贷避险的时候，这个时候 AMC 在同样考虑经营风险的同时，需要做到"艺高人胆大"，要迅速甄别风险并充分运用 AMC 存量盘活的手段。由于 AMC 主要以收购已出现不良的存量债权为主，可以通过收购已经出现不良的金融债权或非金债权，通过重组的方式，对金额、期限、利率、还款条件等重新约定，帮助企业延缓到期资金偿还压力，纾解流动性困难。

当然企业要解决流动性问题，在资产负债表的两端必须同时操作，即前述的在负债端的纾解之外，企业要积极考虑如何在资产端加大处置力度，特别是对与主业无关的、低效的资产进行快速处置，从资产端和负债端进行同时压降，以达到瘦身并降低资产负债率的目的，修复自身的流动性问题。

另外，AMC 也可以通过帮助企业在剥离资产过程中提供金融服务，以帮助企业快速剥离非主业资产，增加现金流，实现流动性修复。例如，为配合并帮助企业度过流动性危机，中国东方多次发挥不良资产增值运作经验，通过收购企业逾期债权、债务重组等方式，帮助企业缓解流动性紧张的问题。

（二）信用修复

企业在经营活动过程中，由于各种原因，出现信用不良的记录，如果任由其扩展，将会影响到投资人和金融机构对企业的信心，容易爆发信用危机，进而出现流动性收缩，造成企业的危机。企业出现信用危机有多方面的原因，既有可能是企业资产的流动性不足造成金融机构对企业的看法出现分歧，也有可能由于担保链的原因，企业的担保企业由于经营恶化而被金融机构诉讼，造成企业被牵连，从而出现连锁反应，企业的正常融资也会受到影响。因此针对这类企业，AMC 要认真甄别企业出现信用危机到底是什么原因造成的，是由于自身经营问题还是担保链的引火烧身，如果企业自身主业经营正常，只是因为担保问题，那 AMC 可以通过帮助企业修复信用来恢复其流动性，修复资产负债表。

例如，中国东方曾为 J 公司信用修复提供过帮助。J 公司主营业务经营正常，但互保企业的破产和倒闭，对 J 公司自身的生产经营产生了巨大的影响，并引起连锁反应，严重阻碍了企业正常的融资、原料采购及其他正常的生产经营活动。主要反映在以下几个方面：一是为破产企业承担保证责任，银行担保贷款平移，严重增加了企业的财务负担；二是因担保债务的诉讼查封，造成自身正常贷款的转贷不畅，形成不良贷款；三是金融机构的危机恐慌，对 J 公司自身债务采取行动，形成了不良贷款；四是金融机构压缩贷款规模，公司失血严重。部分金融机构面对当前形势，对处于弱势地位的 J 公司采取了强硬的措施，如下调评级、压贷、司法诉讼等。基于上述情况，J 公司迫切希望中国东方能阶段性地施以援手，帮助其修复信用，恢复正常的融资环境。中国东方经过近一年的尽调和酝酿，运用多种工具，形成一套组合方案，协助 J 公司解决其主债务、担保债务问题，并通过资产盘活、资产瘦身、可交换债、IPO 退出等多种手段帮助 J 公司尽快摆脱融资困境。

（三）估值修复

估值修复主要是针对当前资本市场上股票质押融资业务中出现的，由于估值下行造成股票质押融资触碰到警戒线或平仓线，出现的"爆仓"式的流动性危机，通过对上市公司或其大股东的纾困解围，帮助上市公司修复估值偏离。

对股票质押融资业务出现的可能存在的爆仓风险，AMC 是否应该介入救助以及如何救助，需要综合进行判断，首先要分析上市公司的基本面，对质地优良、主业突出、产品有竞争力的上市公司，如果确实因为大盘原因出现的估值下行严重偏离，存在错杀可能的，AMC 要结合上市公司的实际情况，通过与上市公司进行战略合作，为优质但被错杀的上市公司提供背书，恢复投资者信心，帮助上市公司向上修正估值，同时对出现爆仓或触及平仓警戒线的股权质押业务，在控制风险的前提下，可以收购并重组，帮助上市公司修复估值。

　　围绕近期频繁爆发的债券违约事件和上市公司股票质押风险问题，一些上市公司数量较多的地区的地方政府如深圳、杭州都相继成立了以政府产业引导基金牵头的纾困基金，帮助上市公司纾解流动性困难，修复估值。各大 AMC 也都开始探索针对上市公司股权质押风险的类似救助措施。在选择所要救助的公司时，AMC 看中的是上市公司的核心资产和竞争力，一些公司虽然出现了股权质押风险，但经营能力仍是很强的，只是暂时出现了现金流困境，这个时候 AMC 就应该进行救助。

AI 发展对不良资产行业法律工作的影响及应对

陆紫微

准备写这篇关于 AI 对不良资产法律工作影响的"命题作文"时，我并未预料到立刻就会迎来 DeepSeek R1 的横空出世以及全民对 AI 这个新物种的热议。这让我更深刻地感受到，AI 正在以令人难以置信的速度发展，其边界不断扩展，正在深刻重塑人类社会生活的方方面面。在这样的形势下，我们有必要及早评估不良资产行业法律工作未来的变化及法律人应当如何做好准备应对变化。

一、AI 对不良资产行业法律工作的影响

（一）AI 对人类工作的整体影响

Anthropic 根据对 Claude.ai 平台上数百万次匿名对话的分析，于 2 月 10 日发布了经济指数报告，深入探讨了 AI 和人类工作之间的关系，这份报告为我们提供了目前关于 AI 融入现实经济活动的最清晰图景。根据该报告，57% 的 AI 使用是在增强人类能力而非替代，43% 的人类工作正在被自动化。报告认为：至少在目前，AI 在超过一半的情况下并没有被用来取代人们完成任务，而是被视为一个好用的助手。尽管 AI 正在改变工作方式，但尚未导致大范围的工作流失。未来的挑战不仅在于衡量这些外部变化，还在于为之做好准备。如果 AI 继续扩大其在劳动力中的作用，那么学会如何有效利用它的企业和员工将会获得很好的发展，忽视它的人可能会被淘汰。

（二）不良资产行业法律工作 AI 替代评估模型

不良资产行业相对小众，能查询到的相关 AI 应用资讯较少，在准备这篇文章的过程中，我向 DeepSeek 提出了我最为关心的问题并进行了多角度的追问：AI 是否会在不远的将来取代不良资产行业法律工作者？DeepSeek 的多次回答核心结论一致，未来 3—5 年，AI 将承担 60%—70% 的基础工作，但复杂法律判断仍需人类

主导。在与 DeepSeek 的多轮问答中，DeepSeek 提及我非常感兴趣的替代评估模型，在这个评估模型中，DeepSeek 列举了部分法律工作中 AI 的优势和人类的优势。优劣势及可替代性的全面分析是选择正确应对措施的基础，可以帮助我们识别哪些方面的工作应当尽快启用 AI 工具以提高工作效能，哪些方面的能力我们应当着重打磨提升以获得更大的不可替代性。参考 DeepSeek 给出的评估模型框架及相关资料，将替代评估模型要点总结如下：

表 1 替代评估模型要点

替代性等级	领域分类	具体工作内容	AI 核心能力	人类核心优势
高替代性	程序性事务处理	① 法律法规及基础案例检索 ② 简单文书的自动化生成 ③ 合同文件初步审查	① 基于 NLP 的模板化输出 ② 结构化数据匹配 ③ 规则引擎决策	① 行业特定风险判断 ② 复杂条款谈判意图解读 ③ 特殊交易结构定制
高替代性	数据标准化作业	① 资产数据清洗与分类 ② 抵押物权属链验证 ③ 诉讼执行案件流程监控	① 自动化数据清洗 ② RPA 流程机器人 ③ 区块链存证验证	① 非结构化信息逻辑串联 ② 行业经验驱动的风险权重评估 ③ 法律权属争议人工判定 ④ 异常数据复核
中替代性	分析型业务	① 交易对手信用评估 ② 资产包估值模型构建 ③ 投资方案法律审查	① 机器学习预测模型 ② 多维度数据交叉验证 ③ 动态参数调整	① 复杂交易结构风险评估 ② 市场动态敏感性分析
中替代性	策略性规划	① 处置方案设计 ② 诉讼策略设计 ③ 破产重整计划模拟	① 蒙特卡洛模拟算法 ② 历史案例模式识别 ③ 合规边界计算	① 制度空白突破 ② 政策落地影响预判 ③ 法官自由裁量权博弈 ④ 债务人反制措施预测
低替代性	关系协调类工作	① 非标资产处置谈判 ② 政商关系协调运作 ③ 危机事件多方斡旋	① 人类情感智能 ② 非结构化场景应对 ③ 即时博弈策略调整	① 情绪感知 ② 非正式沟通
低替代性	创新性解决方案	① 创新交易结构设计 ② 特殊主体风险化解 ③ 新型金融工具法律适配	① 跨领域知识重组能力 ② 蒙特卡洛模拟算法	① 特殊交易结构定制 ② 政策落地影响预判 ③ 制度空白突破

我理解，以上可替代性分析更多是基于 AI 目前技术能力角度做出的理论分析，具体到实践中，整体或部分替代仍需要具备很多政策、成本、安全论证等前提，并非可一蹴而就，举例而言，即使是被标明为高替代性的诉讼执行案件流程监控，如果无法实现与司法系统的对接，其作用其实也是很有限的；又如合同文件审查或制定中，多元目标、特定目的的审查，很难单纯通过 AI 去完成。不良资产行业本身就是非标程度较高的领域，其中的很多法律问题存在着规则空白或争议，交易特殊性和定制化要求较高，这些特征将缓冲 AI 对我们工作的替代。

但表格所反映的 AI 技术能力的飞速发展是需要我们关注的，我们应对此保持职业危机感，迭代工作方式和自身能力以跟上 AI 大潮。同时，表格所反映的可替代程度规律可以帮助我们制定相关的策略。通过分析总结，规则越明确、数据结构化程度越高、结果可量化程度越高，则 AI 的替代性越强，典型如法律信息检索、通用型合同文件的审核及生成等规则明确、重复度高的工作，此类工作未来可根据实际情况逐步实现自动化。而对于非标准化程度越高（规则存在冲突或空白、创新和定制程度越高）、越需要情绪感知和人际关系处理的工作，越不易被 AI 替代，典型如诉讼策略、谈判调解、特殊交易结构定制、新型金融工具法律适配等需要依赖行业经验、人际智能等高阶综合能力的工作，需要我们投入更多的资源在实践中反复锤炼，不断提高水平。可替代性也是动态发展变化的，随着 AI 的能力不断增强、成本进一步下降后，势必迎来更迅猛的发展，而可替代的前提条件也并非一成不变，成本、政策、安全问题等，相信也会随着 AI 的全面发展而有所变化，需要实时关注技术渗透速度，与 AI 共同进步。

二、塑造人机协同思维模式

基于前述替代分析，面对 AI 发展，我们首先需要的是思维和意识方面的转变，塑造人机协同思维模式。对于 AI 具有绝对优势的领域，及早掌握 AI 运用方法，条件具备的，及早开展 AI 工具的规模化落地应用，努力发挥 AI 和不良资产法律工作的最大协同效应。

（一）先用起来

人机协同首先需要在心态上接受和拥抱科技变化，有驾驭运用 AI 提升自身能力和工作效率的意识和意愿，然后就是得用起来。DeepSeek、ChatGpt、Kimi、秘塔、豆包……大模型们其实各有所长……网上已经有太多的分析比较和使用指南，都可以去参照体验。但不管如何，最重要的是先用起来。任何工具，看再多理论，不上手操作等于零。带着真实问题多去用，才能寻找出自己在不同场景下最合适的"AI 伙伴"，才能找到适合自己的使用方法和路径，与 AI 在真实工作场景中共同进化。

（二）决策在人

人机协同的主导权和最终判断仍应在人，不能过分依赖 AI。狙击手和观察员可谓对这组关系一个很好的比喻。人类作为狙击手，运用 AI 这个观察员来观察环境、校准偏差、保障安全，但最终"扣动扳机"的人仍应是人类自己。我们借助 AI 来扩展认知的边界以提升能力和效率，但不能形成机器"依赖"，反而弱化了自身的专业能力和思考能力。AI 做基础辅助工作，人类做最终的决策，在法律工作中更应如此。虽然多家法律科技公司正致力于通过垂直领域的知识赋能先进推理模型，有效还原"幻觉"，但 AI 的"幻觉"问题、偏见问题、数据更新及时性问题依然存在，自身的专业判断能力及校验流程设置不可或缺。

（三）取长补短

协同在于优势互补和互相学习。AI 在设计时，本身就借鉴了人脑的工作原理，而目前的脑科学研究也经常会关注 AI 算法的进展，互相借鉴、取长补短。DeepSeek 的"强化学习"（RL）技术让它具备了根据人类反馈不断优化自己的能力。相应的，法律人也应当去学习和借鉴 AI 的"绝技"：

1. 学习"思维链推理"（COT）

最直观的，DeepSeek R1 的"深度思考"过程中漂亮的逻辑链推理惊艳了我，严谨清晰全面，其"自言自语"中所展现的逻辑推理能力、综合考虑问题的能力、多次尝试不断优化解法的方法都是非常值得我们法律人去学习的。以近年来规则已相对明晰的担保决议问题提问 DeepSeek，"作为不良资产行业资深法律专家及风险控制专家，在某不良资产收购项目中，标的债权的抵押担保决议缺失，请分析该决议的缺失对投资安全性的影响？是否有相应风险控制及补救措施？"Deepseek "自言自语"的深度思考过程文字内容较长，我将其"思维链"提炼如下：准确认识理解问题——法律效力分析（法律法规—案例—不同法院的裁判倾向）——具体投资风险分析（优先级—回收—资产价值）——风险控制及补救措施（事前措施包括取得决议文件或可证明决议存在的文件、法律论证是否符合"善意相对人"情形、调整价格、设计分期付款、转让方增信、与其他投资者分担风险等交易结构；事后补救包括协商程序补正、诉讼确权、追究担保人过错责任、联合其他债权人整体债务重组提高受偿比例等）——业务模型和机制优化（在尽职调查系统中就担保决议建立"三重验证机制"，在动态风险评估模型中将该效力风险量化为修正系数，并纳入资产定价模型）。我尝试向 DeepSeek 提出的多个专业问题，其思考过程中多会出现"首先，我需要确定自己对这个问题的理解是否正确""还要考虑其他可能性""除了法律手段，还可以探讨商业上的应对策略"这么几句话，我想这也是我们在处理法律工作时，应该反复多问自己几遍的。

2. 学习"会倾听"和"说人话"的能力

DeepSeek 震撼我的另一点在于它的"读心术"和"共情能力", DeepSeek 似乎总能秒懂用户的需求,并借助其超强的表达能力给出不仅能让用户理解还能提供情绪价值的绝佳答案。之所以将这一点列为法律人需要学习的绝技,是因为法律人容易因为专业原因在意见表达和工作沟通时不自觉地"不说人话",不自觉地和非专业人士形成沟通隔阂和信息壁垒。所以法律人应当向 DeepSeek 学习"读心术"和"说人话"的能力,这当然不是说我们可以植入 AI"强化学习""微调"等技术或是超强算力,但相较于 AI,我们本身就具备情绪感知能力,去借鉴学习 DeepSeek 对问题的解构能力,对用户"精准画像"的能力,良好的表达能力,再借鉴"强化学习"的方法论去迭代自身,相信我们能不断做得更好。

三、构建防御能力矩阵

依然基于替代评估模型对工作可替代性程度的分析,参考 DeepSeek R1 给出的一些思路,根据个人从业经验及思考,认为不良资产行业法律从业人员防御能力矩阵应当包括三项核心能力:动态知识管理能力、跨域问题解决能力和生态构建能力。

(一)动态知识管理能力

建立动态知识管理系统的目标是构建一个具备自我进化能力的知识体系,形成 AI 难以复制的经验壁垒。首先需要厘清一个误区,有了 AI,并不意味着个人知识库里法律法规这些结构化知识就不重要了,AI 的法律信息检索能力虽强,但如果我们自身不能融会贯通法律法规、典型案例和不良资产行业知识这些基础专业知识,是无法发现 AI 因数据质量等原因造成的结果偏差,也无法进行理论实践结合的高阶运用的。所以,对于结构化知识,对我们的记忆理解要求其实是更精深更及时了。再者,对于我们以往容易忽视的非结构化知识,我们应当着手系统化积累,简单说就是要把散落的实务经验及时总结归拢起来,比如建立处置日志系统,分析记录区域资产特征、债务人心理特征等隐形经验;又如利用 AI 工具对政策、行业数据进行跟踪研究,定期生成知识更新报告,根据以上积累尝试建立自己独有的处置策略模型甚至可量化的决策模型。

(二)跨域问题解决能力

如前文可替代评估模型所展现,在 AI 发展的倒逼之下,打造跨领域问题解决能力,突破 AI 的线性思维局限也是我们亟需提升的能力。不良资产法律工作的本质是"法律+金融+商业"的交叉博弈,专业的不良资产法律工作者追求的目标应当是能够通过法律手段实现资产价值修复与风险隔离,同时需灵活运用跨领域知识设计安全的交易结构,比如设计一揽子的企业重组方案,实现投资收益的同时盘活企业；根据资产特点设计资产证券化等资产组合模式加速资金回流。要达到这个目标需要我们在懂规则（法律）的基础上，算清账（财务）、看趋势（行业）、会谈判（实务）。要具备跨域问题的解决能力，除了对财务、税务、金融、心理等专业知识的学习掌握，还需要我们在日常学习和工作中注意养成思考和知识迁移的习惯。

（三）生态构建能力

如前文所分析，生态构建能力是我们在 AI 时代不被替代的重要护城河，不良资产行业尤其如此。如果想在不良资产业务中持续创造和实现价值，需要我们能够识别关键参与方、分析各方需求、整合各类资源、协调多方利益、搭建合作网络，形成可持续的资产处置和价值修复体系，这也就是不良资产行业所需要的生态构建能力。不良资产行业的法律人虽然不直接操作具体交易，但是依然可以通过构建良好的法律生态圈有力助推不良资产业务的发展，法院、律所、法律专家、同业法律人都是生态圈重要的成员，加强沟通、搭建网络，在专业领域构建合作联盟，都可以为司法政策争取、重整业务的获取、处置业务的推进奠定良好的基石。这种能力不仅需要懂法律和交易，还要具备战略思维、资源整合及长期关系维护的视野，是不良资产行业法律人需要长期修炼的"艺术"。

四、发挥人机协同效应

如果已经具备了人机协同思维，并开始构建起了自身的防御能力矩阵，那么接下来就该思考如何发挥 AI 和不良资产法律工作的最大协同效应了。在可保障信息安全的前提下，个人对基础运用、进阶及高阶运用的初步设想（未经过技术可行性论证）如下：

1. 基础运用

在未整体部署相关 AI 系统的情况下，个人对法律问题研究、信息查询、通用型事务合同的生成和审查、其他可标准化的程序性事务处理可运用 AI 提速增效。

2. 进阶运用

一方面，梳理法律工作模块和流程，对技术含量较低、可标准化程度较高的程序性工作或重复性工作逐步开发智能系统来提升整体效率，如开发智能合同审查系统对一般通用型合同进行审查、智能案件管理系统对案件全流程管理并可进行数据分析及生成可视化报告等；更进一步，可以集成专业知识、实务经验及非结构化信息，打造部署法律策略智能系统，如"处置法律工具箱"（输入背景信息资料，生成可适配的法律工具）、"诉讼策略模拟器"（根据案件数据、法律法规、债务人信息、行业数据等生成可供选择的诉讼策略或提出优化策略）等。

3. 高阶运用

帮助公司开发打造行业特有的综合分析系统，提升决策判断的科学性及时效性。如"资产包CT扫描仪"（整合司法、工商、抵押登记、税务多维度数据源，设置资产包健康度指标，自动生成法律权属、现金流、担保物价值三维透视图）、"处置方案生成器"（输入资产相关信息后生成处置可匹配的基础方案及对应法律工具）、"价值重构实验室"（分析资产包的组成结构，识别低效或高风险的资产，提出重组建议，模拟不同重组方案的效果，帮助用户选择最优策略）等。

五、结语

AI技术发展的不确定性依然存在，具体到法律领域，算法"幻觉"的干扰、技术黑箱的困惑、数据安全的隐忧与法律专业要求的严谨精准性的冲突问题也尚未解决。但当我们感受过DeepSeek的强大，当我们目睹AI以惊人速度解析千页卷宗，当智能合约在金融领域掀起效率革命，当AI法律顾问在深夜仍能秒回专业意见，谁能否认这场变革已势如破竹？我们当然无法预测未来AI的发展到底会走到多远，但相信AI技术在包括法律在内的各领域的应用已成不可阻挡之势。那些在技术黎明时便学会与AI共舞的人，终将成为重塑行业规则的开创者。当未来的法律人回望此刻，我们究竟是会被定义为固守旧轨的"末代马车夫"，还是引领新纪元的"智能领航员"？答案，就在此刻的选择。

不良资产处置中法律工具的实践运用

姜 晨

在金融资产管理公司开展不良资产业务的二十余年历程中,灵活运用法律工具的能力始终是核心竞争力的重要体现。当前,随着经济形势的变化,不良资产业务在收购、管理、处置全周期中面临更多疑难复杂的法律问题。如何妥善解决这些问题,并充分利用现行法律规范体系下的创新工具实现资产增值变现,已成为新形势下不良资产业务的重要课题。法律工具如何赋能不良资产处置?本文尝试以资产处置难点化解为视角展开,以期为业务实践提供参考。

一、传统不良资产业务中法律工具的实践意义

政策性不良资产业务时期,四大 AMC 通过诉讼追偿、资产转让、债务重组、破产受偿、债转股、资产证券化等多种方式灵活处置不良资产,法律工具在不良资产处置过程中体现出实践价值和意义:

(一)资产处置常规手段——诉讼执行促进处置回收

"打官司"在资产处置工作中占据较大的比重,一方面 AMC 可通过诉讼、执行直接取得处置回收,另一方面通过司法确权、资产保全实现以诉促谈,或间接促进资产在二级市场流转。传统不良资产包内债权多为银行贷款债权,法律关系较为清晰,诉讼阶段难点往往出现在基于证据材料产生的事实争议,及基于债权转让产生的衍生纠纷。诉讼执行追偿作为常规处置手段为不良资产回收奠定了基础力量。

(二)资产处置司法探索——特殊司法政策演变和吸纳

传统不良资产的司法处置,为债和担保、债的流转等民商事基础法律问题的司法实践带来了诸多案例和启示。最高人民法院(以下部分简称"最高法院")通过司法解释、座谈会纪要等方式在基础法律规则之上给予 AMC 特殊司法政策,

在债权转让通知、诉讼主体变更、担保权利转移、财产保全担保、诉讼费用等问题上充分总结实践经验并出台特殊政策支持，为不良资产批量流转和处置回收提供了极大的便利性。其中大部分特殊政策逐步演化为一般民商事主体普遍适用的法律规定，并纳入以《民法典》为代表的民商事法律体系，也是大量不良资产的司法实践经验对我国民商事法律实践的反哺。

（三）资产处置高阶探索——破产制度价值体现和发展

在常规的诉讼执行之外，AMC 参与破产程序处置资产的路径不断发展升级，从申请破产、被动参与破产分配，逐渐发展为参与破产重整及其投资，AMC 在不良资产处置业务中逐步发展形成参与破产程序的各种角色和维度。与此同时，AMC 承接的托管清算任务，圆满地完成了复杂破产重整程序下中间业务的角色转变，在法律要素较为集中的破产程序中体现出 AMC 金融稳定器的价值。

此外，在债务重组、债转股、资产证券化等不良资产处置多元途径中，法律工具亦发挥了不可磨灭的价值和作用，也为新时期不良资产业务的发展创新奠定了良好基础。

二、新时期不良资产业务的特点和挑战

近年来，内外部经济环境错综复杂，金融行业面临着风险加速暴露、竞争愈发激烈的严峻形势，不良资产业务外部环境也发生了巨大变化：

（一）严峻市场形势下的资产争夺

随着经济下行，以房地产行业为首的市场环境经历了深度调整和转型，严峻的市场形势对不良资产行业产生了深远影响。

一是不良资产处置面临重要挑战。因交易市场不活跃、资产价值波动和分歧加大、处置周期拉长等原因导致不良资产在处置过程中因各种原因难以流动或变现，无法有效盘活，不仅影响处置效率，更是加重企业的财务压力。

二是资产转移和争抢导致金融机构合法权益被侵蚀。近两年，因债务人违约情形频发、资产不断贬值，各方利益主体配合转移资产逃避债务，通过司法程序及非常规路径抢夺资产已逐渐成为常态，大幅提高债务追偿难度。债权人的合法权益因"保交楼"等政策因素、地方保护等特殊原因被不断侵蚀。甚至金融机构成为部分市场主体的追偿目标，在复杂交易背景下可能承担额外责任。

（二）金融审判理念变化对司法实践的影响

与不断下行的经济趋势相一致，金融案件总量持续增长，2017 年全国法院审理金融纠纷案件 80 万件左右，2021 年案件数量达到 150 余万件，2023 年金融纠纷案件数量高达 300 万件。与此同时，金融交易创新引发的新型争议也不断显现，司法理念和实践情况发生了重大变化：

一是各方利益平衡导致法外因素对金融债权追偿产生影响。以房地产企业为例，涉及房地产企业、债权人、工程方、购房人、政府等主体，各方利益平衡成为影响金融机构债权回收的重要因素。最高法院通过司法政策持续强化购房人权益保障，在生存权至上和保护弱者利益的司法理念影响下，司法实践进一步扩大小业主优先权利范围。地方政府以"保交楼"为名，通过涂销抵押登记、违规网签、扩大限制处置范围等行为阻碍金融机构司法处置进程。工程方通过虚增工程款、工抵房等方式影响金融机构抵押权实现。在复杂利益平衡背景下，保护弱势群体的司法理念一定程度影响不良资产处置进程。

二是案件多、周期长、执行难等司法实践情况制约处置效率。法院积案重重导致诉讼执行周期不断拉长，面对债务人或相关方在诉讼、评估、拍卖各个阶段的竭力对抗，司法追偿周期甚至需要三年及以上。另一方面，债务人或其他利益相关方通过多种方式隐匿资产、转移资产，如何发现财产线索并顺利强制执行也成为不良资产处置破局的重要因素。

三、不良资产处置法律工具的实践运用

新时期不良资产业务面临重大挑战，如何在严峻经济形势下高效推动不良资产处置成为一个重要课题。随着法律环境的变化，新法新规给予债权人的法律工具也不断推陈出新，在不良资产处置工作中可以发挥重要作用，解决新时期不良资产处置面临的部分难题。

（一）如何快速实现司法确权？

司法程序周期长是当下不良资产处置工作面临的普遍问题，尤其在面对债务人转移资产、各利益主体抢夺资产、企业破产风险加剧的市场环境下，冗长的诉讼流程为资产处置带来了不小的压力，快速实现司法确权并进入执行程序能够在处置过程中抢占一定先机。

随着社会经济发展，诉讼案件激增，法院面临"案多人少"、司法资源不足的压力，最高法院借鉴国际经验推广矛盾纠纷"多元化解机制"。在这样的背景下，灵活运用法律工具可一定程度实现快速确权取得执行依据。实践中常见的有：债权文书强制执行公证、司法确认调解协议制度、实现担保物权特别程序、诉讼/仲裁调解机制、支付令等。这些法律工具的特点和适用情形各有不同：

表1　快速确权法律工具的比较

法律工具	特点	适用范围	是否需要债务人配合	执行法院
强制执行公证	公证机关赋予债权文书强制执行效力，违约可直接申请法院强制执行	债权债务合同及相应担保措施	需要	被执行人住所地或被执行财产所在地法院
实现担保物权特别程序	债权人通过特别程序快速实现担保物权	仅适用于实现抵质押等担保物权	不需要	担保财产所在地或担保物权登记地基层法院
司法确认调解协议	经调解组织达成调解协议并由法院裁定确认	各类民事纠纷	需要	作出司法确认裁定（当事人住所地、标的物所在地、调解组织所在地法院）或被执行财产所在地法院
民事调解	民事诉讼中经法院主持达成调解书	各类民事纠纷	需要	作出民事调解书的法院或被执行财产所在地法院
支付令	债权人向法院申请支付令，债务人在法定期限内未提出异议，具有强制执行力	债权债务关系明确、无争议的金钱债权	不需要	被执行人住所地基层法院

如何选择合适的法律工具实现快速确权并取得执行依据？可根据项目所处阶段、交易对手配合程度、地方司法实践情况、处置核心资产情况进行灵活选择。首先，在项目投放签署协议时，如债务人配合且当地司法实践不存在明显障碍的情况下，可优先对债权文书办理强制执行公证，待出现违约情形时可通过向公证机关申请执行证书的方式取得执行依据。其次，对于项目发生违约，且债务人配合的情形下，可通过司法确认调解协议或诉讼调解的方式尽快取得执行依据，可在调解协议中落实与债务人的重组安排，法院确认调解协议的裁定或民事调解书后续可作为执行依据。在债务人不配合的情形下，如主要处置目标为抵质押资产，项目法律关系较为清晰，可尝试实现担保物权特别程序尽快取得裁定。对于债权债务关系明确、无争议的金钱债权，可批量采取支付令手段，简化维权流程。

这些法律工具在具备快速取得执行依据的优势上，还可以结合实际需求取得一些其他方面的优势。一是灵活运用法律工具创设司法管辖连接点，实现调整管辖法院的目的。基于便利性或地方保护等因素，债权人有时对执行法院有一些倾向性的选择，尤其 AMC 收购大量存量债权，基础合同中的约定管辖条款可能无法更改，法律工具的综合运用可能突破协议管辖的限制。如采取司法确认调解协议法律工具，可选择合适的调解组织并作出确认裁定，实现在调解组织所在地申请执行；可通过在特定地区开立银行账户灵活调整被执行财产所在地，实现银行账户所在地申请执行。二是可规避部分法院或部分司法趋势带来的诉讼不确定性。在司法政策持续变化的背景下，复杂交易结构在司法审判中的不确定性增加，通过非诉法律工具取得执行依据，当事人的抗辩路径相比于诉讼有所减少，有利于规避一定司法审判风险。三是降低资产处置成本。强制执行公证、实现担保物权特别程序、司法确认调解协议等法律工具在费用上均显著低于法律规定的诉讼费，并且在相关流程被驳回另行起诉时，部分费用可予以扣减，因此在降低成本方面优势明显。

但是快速确权法律工具在运用过程中也应注意以下事项：一是注意与诉讼程序的衔接。部分法律工具运用过程中与诉讼流程可能存在互斥的关系，法院可能以此为由拒绝受理案件的普通诉讼程序。由于司法路径选择涉及被执行人和责任财产的取舍，如何与普通诉讼程序衔接，同时通过诉讼程序主张剩余权利可能需要提前予以考量。二是法律工具的运用与交易结构的复杂程度、地方的司法实践情况存在密切关联。如运用过程中受阻后再回到诉讼流程，可能增加额外的时间成本。法律工具的运用需要综合考虑债权资产法律关系、地方司法实践、处置思路等多重因素。建议在项目投放之处就处置方案提前予以部署，在交易结构设计、地方司法渠道搭建等方面做好前置工作，方可提升资产风险处置效率。

（二）如何扩大债务追偿范围？

经济下行时期，资产普遍发生贬值，在项目投放时较为充足的押品在司法执行中可能无法覆盖债权本息。通过法律工具扩大追偿范围，将原本不属于交易当事方的主体和资产纳入司法执行，可有效提升处置回收可能性。

1. 基于股东出资责任追偿债务人股东

2024 年修订实施的新《公司法》进一步强化了公司股东的责任和义务，并适度加强了对外部债权人的保护，因此在债务追偿过程中可尝试主动关注债务人的股东和历史股东，基于股东出资责任规则扩大债务追偿范围。

一是关注债务人的股东是否已完全履行实缴出资义务，将债务追偿范围扩大至未实缴出资股东。除一般意义上登记的认缴出资金额是否缴足之外，还包括非货币出资财产是否估值过高等瑕疵出资情形。如未足额实缴，债权人可以请求债务人股东在未出资范围内对公司债务不能清偿的部分承担补充赔偿责任。司法程序上可以通过诉讼或在执行程序中直接追加股东为被执行人的方式扩大追偿范围。值得注意的是，即使股东出资期限尚未届满，根据《公司法》规定，"有限责任公司不能清偿到期债务的，公司或者已到期债权的债权人有权要求已认缴出资但未届出资期限的股东提前缴纳出资"。债权人只要能够举证债权到期未能获得清偿，可以直接要求股东提前出资，不再受限于股东出资的期限利益。

二是在股东存在认缴出资尚未实缴完毕的情形下，将债务追偿范围扩大至前手股东和发起股东。《公司法》规定未届出资期限股权转让后的出资责任由受让人承担，前手股东承担补充责任。已届出资期限但未实缴出资的股权转让后的出资责任，由转让人和受让人承担连带责任。公司发起存在出资不实的情况，设立时的其他股东与该股东承担连带责任。在债务追偿过程中，在现有股东未实缴出资情形下，可根据股权和出资变动情况，将前手股东、发起股东追加至债务追偿范围。

三是关注是否存在股东抽逃出资情形，将债务追偿范围扩大至抽逃出资股东及其他协助抽逃出资的股东或自然人。债权人可以请求抽逃出资的股东在抽逃出资本息范围内对公司债务不能清偿的部分承担补充赔偿责任，同时还可以主张协助抽逃出资的其他股东、董监高、实际控制人承担连带责任。在债务追偿过程中，可关注股东是否存在违法抽取公司资金的行为，如存在，则抽逃资金的股东，及协助划付资金或主要承担资金监管责任的其他股东、董监高人员、实际控制人均可能被纳入债务追偿范围。

四是关注是否存在违规减资情形。如发现债务人、担保人曾经进行过减资行为，需进一步关注减资程序是否合规，是否以法律规定形式通知债权人、是否未编制资产负债表和财产清单等。债权人可以要求减资股东在减资范围内就债务承担连带责任。

2. 运用法人人格否认制度追偿债务人关联企业

法人人格否认制度是指公司股东滥用公司法人独立地位和股东有限责任，逃避债务，严重损害公司债权人利益的，应当对公司债务承担连带责任。司法实践中法人人格否认制度不仅适用于母子公司，同样适用于兄弟公司。实践中集团企业的母子公司、兄弟公司之间往往存在频繁的资金往来，业务和人员存在一定程度的混同，在债务追偿过程中，可有意识地收集各公司之间财务、经营、人员的混同情况，通过法人人格否认制度将股东、关联企业纳入债务追偿范围，对债务承担连带责任。

3. 基于董监高未尽责履职追偿债务人董监高

随着《公司法》修订，公司治理从股东会中心主义转向董事会中心主义，在重构董事职权的同时，也扩大了董事的义务和责任。包括但不限于：股东未按时出资、抽逃出资、公司违法分配利润、违法减资、未依法清算等情形，负有责任的董监高应承担赔偿责任。实践中，债务缠身的企业往往难以避免存在董监高履职不当的行为，发生出资不实、抽逃出资、违法分红等情形，在相关董事会决议上签字，或参与相关资金划付工作的董监高不免存在履职不当之嫌。在债务追偿过程中，债权人将债务追偿范围扩大至董监高等自然人，不仅可将责任财产扩大至其个人财产，更可能通过司法手段进行施压，促使债务获得清偿取得转机。

4. 通过债务人的外部债权实现代位追偿

资产管理维护和处置过程中，发现债务人存在对第三方的债权，如政府补偿款、第三方欠付账款等，债权人可以尝试将追偿范围扩大至次债务人，以进一步实现处置回收的有效补充。在法律路径上，债权人可以通过代位权诉讼和债权资产的保全和执行实现对次债务人的追偿。

代位权诉讼是指因债务人怠于行使其债权或者与该债权有关的从权利，影响债权人的到期债权实现的，债权人可以向法院请求以自己的名义代位行使债务人对相对人的权利。资产管理维护或处置过程中，债权人发现债务人存在怠于行使对外债权的情形，影响了债权人实现自身债权，即可通过诉讼方式行使代位权，如代位权诉讼获得法院支持，可直接执行次债务人实现处置回收。

债权的保全与执行是指债权人在执行程序中向法院申请保全和执行债务人对第三方享有的债权，如次债务人在 15 日内未提出异议且不履行清偿义务，法院可以强制执行次债务人。相比于代位权诉讼，直接保全和执行债权资产效率高、成本低，法院不对债权进行实质性审理。但如次债务人在 15 日内提出异议，对于未经法律文书确认的第三方债权，法院一般不再继续执行，债权人可回归代位权诉讼主张权利。

（三）如何应对资产转移和恶意负债？

经济下行期，债务人通过无偿或低价处分财产、无偿对外担保或债务加入、虚构债务等行为减少责任财产、逃避债务清偿的情形屡见不鲜，如何积极应对并防范债务人逃废债是亟待解决的问题之一。

债权人可以通过行使撤销权诉讼应对债务人转移资产的行为。实践中可以被债权人撤销的行为包括债务人无偿或以低价处分责任财产、恶意延长到期债权的履行期限、为他人的债务提供担保、债务承担或债务加入等行为，对于隐藏在复杂交易结构之下变相进行的上述行为也可以通过行使撤销权予以对抗。值得注意的是，债权人行使撤销权有期限限制，应当在知道撤销事由之日起 1 年内行使撤销权，并且最长不超过行为发生之日起 5 年。撤销权的行使期限为除斥期间，不适用任何中止、中断和延长的情形。

债权人可以主张恶意串通逃避债务的法律行为无效。相较于撤销权，无效之诉不受 1 年除斥期间的限制，在债权人知道或应当知道该行为超过 1 年后，可以尝试以恶意串通逃避债务为由主张法律行为无效。但另一方面，相较于撤销权诉讼，无效之诉对于举证责任要求较高，需要证明行为人与相对人之间具有恶意串通的故意和行为，司法实践中获得支持的难度更大。

债权人可以主张股东借款、关联方借在破产程序中劣后受偿。如债务人进入破产程序，对于股东借款、关联方借款，根据"深石原则"在我国破产实践的情况，债权人可以通过债权确认之诉主张其劣后于普通债权受偿。"深石原则"又称"衡平居次原则"，即债务人股东滥用股东权利或者不当利用关联关系形成的债权，应当劣后于其他普通债权顺序清偿，且该劣后债权人不得就其他关联企业成员提供的特定财产优先受偿。实践中存在以下情形，债权人可以尝试提出劣后受偿主张：（1）公司股东未全面履行出资义务、抽逃出资而对公司负有债务，其债权在未履行出资或抽逃出资范围内应当劣后受偿；（2）公司注册资本明显不足以负担公司正常运作，公司依靠向股东或实际控制人负债筹集资金，股东或实际控制人因此形成的债权应当劣后受偿；（3）公司控股股东或实际控制人为了自身利益，与公司之间因不公平交易而产生的债权应当劣后受偿。

（四）如何灵活运用法律工具进行重组？

债务重组是不良资产的重要处置方式之一，在经济下行周期可以适当缓释风险。破产重整作为重组的高阶产品，其商业和法律要素则更为复杂，包括资产、负债、人员、经营等全方面的重构。随着司法实践的探索和演变，创新法律工具在重组实践中不断崭露头角。

1. 司法程序中的债务重组

漫长的司法追偿周期严重制约不良资产处置效率，在当下司法环境中实施债务重组，应当对极端情形下的司法处置路径提前进行考量。将司法程序嵌入债务重组安排中，通过民事调解、执行和解等程序落实重组方案，在重组债权发生违约时直接进入司法执行程序，可大幅压缩资产二次处置周期。通过执行和解实施债务重组，在向法院明确作出承诺的前提下，追加的担保措施可在恢复执行时直接纳入执行范围。值得注意的是，通过司法程序实施重组方案，一定程度上可以降低债务人破产时管理人行使撤销权的风险，通过司法程序进行的债务清偿、追加担保、以物抵债安排能否被管理人撤销存在一定争议，相较于当事人自行协议实施上述安排，被撤销风险一定程度上有所降低。

2. 破产重整中的法律工具运用

破产重整业务是法律工具综合运用的体现，尤其在相关法律规定较为框架，司法救济程序较为有限的背景下，是在各方利益主体角逐中呈现出较高自由度的一项制度。破产程序中的法律工具综合运用，可能为实现重整目标提供有效支持。近年来，在实践中不断创新并取得良好成效法律工具包括预重整、共益债等制度。

预重整制度是在庭外重组与破产重整两种制度基础上，融合国外经验产生的新机制。尽管在我国法律中尚无明确定义，但已在各地法院的实践中取得良好的成效。预重整制度是指在法院裁定受理破产申请前，将债权确认、资产评估、引入投资人、重整计划的制定和表决工作前移，各方就重整方案提前达成一致，在正式进入破产程序后由法院按照破产重整流程赋予法律强制力。预重整制度有效缓释了破产程序"无法回头"的压力，充分发挥"府院联动"机制，各方当事人在破产前充分实现沟通协调，达成取得多数认可的重整方案，有效提升了破产重整的成功率。

共益债是破产法中由来已久的概念，而"共益债投资"则是近些年在实践中逐渐被推广适用的破产重整投资模式。《最高人民法院关于适用〈中华人民共和国企业破产法〉若干问题的规定（三）》（以下简称《破产法司法解释（三）》）明确了经债权人会议决议通过，或者第一次债权人会议召开前经人民法院许可，为债务人继续营业形成的借款债权可参照共益债优先于普通债权受偿，但不得优先于有财产担保债权受偿。实践中，共益债投资在法律给予的优先顺位下，进一步探索出通过重整计划或各方协议等方式取得超出有财产担保债权的"超级优先权"地位，由于法无明文规定且暂未出现争议无司法裁判案例可参考，上述"超级优先权"能否得到法院支持存在一定不确定性。共益债"后进先出"机制与经济下行趋势下存量资产亟待盘活的需求十分契合，随着司法实践不断创新发展、破产法逐步修订完善，共益债制度在破产重整程序中的运用值得期待。

（五）法律工具箱的综合运用

法律"工具箱"是不良资产处置的"武器库"，在资产处置过程中，法律工具并不一定是独立运用的，债权人通过"组合拳"的方式往往能够取得更好的效果。例如债权人在发现债务人转移资产的行为，在初步举证后可通过申请法院调查令进一步获取交易价款、主体等具体证据，以有效辅佐诉讼主张。又如债权人在发现债务人的董事存在侵权行为应当对公司承担赔偿责任时，可通过代位权诉讼将损失赔偿纳入处置回收等。掌握法律"工具箱"中各个工具的特点和实践情况，通过灵活选取、组合运用，能够发挥更大的效能。

四、结语

如何加快不良资产处置是当前经济形势下不良资产行业需要面对的重要课题。持续关注立法和司法变化情况，主动掌握各类法律工具，不断充实资产处置的"工具箱"和"武器库"，灵活运用法律工具推动资产处置，是不良资产主业能力的重要体现。AMC在经济下行周期承担着盘活存量资产、化解金融风险的重要使命，资产处置法律工具充分赋能不良资产处置工作，为金融资产管理公司高质量发展贡献生产力。

新《公司法》视角下不良资产处置思路拓展

周 霞

新《公司法》于 2024 年 7 月 1 日正式生效，本次《公司法》修订力度空前强大，实质性修订的条文多达 112 条，不仅引进很多新制度，同时对一些原有制度进行了实质性改变。新制度为不良资产机构债务追偿提供了新的法律工具，修订条款进一步完善了不良资产处置路径，新《公司法》将对不良资产处置产生非常深远广泛的影响，利好不良资产机构债务追偿，盘活存量，化解债务风险。

一、不良资产机构基于股东资本充实义务的债务追偿

（一）不良资产机构基于非货币出资瑕疵向股东主张责任

新《公司法》第 48 条明确将股权和债权作为非货币出资的形式。实践中，股权和债权出资早已获得市场和司法的认可，本次公司法修订将股权和债权出资上升到法律层面，一方面是鼓励投资，另一方面是强化股东出资形式，不得高估或者低估非货币财产的作价。

如不良资产机构在债务追偿过程中发现债务人存在非货币出资情形（包括资本公积转增股本），应当核实非货币财产是否真实存在及其价值是否存在高估或低估的情形，股东是否已经向债务人交付出资财产，如不动产仅交由债务人使用但未办理权属登记，视为未交付[①]。如非货币财产存在价值高估，股东应承担瑕疵出资责任。如非货币财产未完成交付，则视为未实缴，股东应承担未实缴出资的责任。

（二）股东出资义务加速到期的条件空前宽松，不良资产机构有权直接要求逾期债务人的股东提前出资并承担连带责任

新《公司法》第 54 条规定，有限责任公司不能清偿到期债务的，公司或者已到期债权的债权人有权要求已认缴出资但未届出资期限的股东提前缴纳出资。新

[①] （2021）最高法民申 7454 号民事裁定书。

《公司法》在《全国法院民商事审判工作会议纪要》（以下简称《九民纪要》）和《企业破产法》的基础上，降低了股东出资义务加速到期的门槛。在注册资本认缴制度下，股东在出资义务方面依法享有期限利益，但新《公司法》规定股东出资义务加速到期的唯一前提条件是公司不能清偿到期债务。最高法院刘贵祥专委认为，股东出资义务加速到期应以公司未清偿到期债务的事实状态作为判断标准，包括：权利人能够证明公司丧失清偿能力或财产不足以清偿全部债务，债权人多次催收，公司以无清偿能力为由不予履行，以强制执行仍无法实现全部债权等。实践中，债权人对执行不能的举证较为容易些，只要证明任何以公司为债务人的执行案件不能得到执行，或因无财产可供执行而终结本次执行，即完成举证责任，而无需以自身执行案件不能执行或终本为限①。因此，一旦债务人出现债务逾期未能清偿，不良资产机构可以直接要求股东提前出资，不再受限于股东的认缴期限以及债务人存在破产原因或被受理破产等条件，并可同时主张股东在未实缴范围内承担连带责任，或者在执行程序中追加股东为被执行人。

（三）发起股东对其他发起股东出资的连带责任更加明确，不良资产机构可利用发起股东连带责任制度向已出资股东主张责任

新《公司法》第50条规定，有限责任公司设立股东货币出资不足或非货币出资不实情况下，公司设立时的其他股东与该股东承担连带责任。旧《公司法》仅规定发起股东的连带责任仅限于非货币出资，新《公司法》将发起股东的连带责任扩大至货币出资。新《公司法》进一步明确，发起股东的连带责任仅限于公司成立需要实际缴纳出资但出资不足或出资不实的部分，不包括设立时股东认缴在公司成立后才需要实缴的部分②。对于股份公司而言，新《公司法》第99条规定，股份公司发起人对其他发起人的连带责任同样适用。

不良资产机构在债务追偿过程中可以核查发起股东在设立时是否存在应实缴而未实缴的出资，如是，不良资产机构既可以向未实缴股东主张责任，也可以同时向其他发起股东主张连带责任。对于不良资产机构而言，接收债权往往发生在债务人经营多年之后，债务人的发起股东可能已经退出，但只要存在公司设立时未按照公司章程实缴的发起股东，不论其他发起股东是否已经退出公司，不良资产机构一般仍可以追究其他发起股东的连带责任③。

---

① 刘贵祥：《关于新公司法适用中的若干问题（上）》，载《法律适用》2024年第6期。
② 《全国人民代表大会宪法和法律委员会关于〈中华人民共和国公司法（修订草案四次审议稿）〉修改意见的报告》，http://www.npc.gov.cn/c2/c30834/202401/t20240102_434036.html，2024年6月30日访问。
③ （2019）皖18民初84号民事判决书。

（四）股权转让方责任拨云见日，不良资产机构可要求前手股东对后手股东的出资义务承担连带责任或补充责任

新《公司法》第88条对股权转让后的出资责任在转让方与受让方之间进行了分配。一是未届出资期限股权转让后的出资责任是由受让人承担缴纳该出资的义务，受让人未按期足额缴纳出资的，转让人对受让人的出资责任承担补充责任。二是瑕疵出资股权和已届出资期限但未实缴出资股权转让后的出资责任，由转让人和受让人承担连带责任，但受让人可以自证"善意"免责。

不良资产机构在债务追偿过程中，应注意核查债务人股权变动和实缴情况，如发现债务人的股东未实缴出资，既可以向现有股东追偿，也可以向前手股东追偿，并结合公司法中的其他债权人保护规则（如发起股东责任），向上追溯至发起股东的责任。

实践中，债务人股权可能发生多次股权转让，涉及众多的责任主体。对于瑕疵出资股权和已届期股权转让，转让人和受让人原则上需要承担连带责任，不良资产机构可以选择将股权转让交易链条上的所有主体一并起诉并要求承担连带责任，不存在责任先后顺位问题，责任范围上也不存在差别，执行程序可以申请将全部主体列为被执行人。

对于未届期的股权转让，转让人仅在受让人无法履行出资义务的范围内承担补充责任，前手转让人实际上享有先诉抗辩权，不良资产机构可能需要由近及远向前手转让人依次主张补充责任；就追偿程序而言，在诉讼阶段，不良资产机构可以选择股权转让的前手和后手一并起诉，可能无法在未起诉后手股东的情形下径直起诉前手股东，在执行阶段，不良资产机构可能要先申请执行后手股东的财产，在后手股东无法清偿的情况之下，才可以申请对前手股东的财产强制执行。

（五）不良资产机构可利用股东失权制度向原始股东或继受股东或其他现有股东主张责任

新《公司法》第52规定的股权失权制度适用于有限责任公司和股份分公司。股东未按照公司章程规定实缴出资的，经公司书面催缴后仍不实缴的，将丧失相应的股权，丧失的股权应在6个月内依法转让，或者相应减少注册资本并注销，否则，其他股东应按照比例补足缴纳出资。

股东失权制度将成为不良资产机构债务追偿的新工具，若发现债务人存在股东失权的，如该部分股权已经对外转让，则可以依据新《公司法》第88条规定的未实缴股权转让出资责任制度追究原始股东和受让人的责任。如该部分股权已经减资注销，则可以进一步探究减资程序是否合法，如存在减资程序违规情形，仍可以原始股东的出资责任。尤其值得注意的是，如果该部分股权在6个月内既未对外转让，也未减资注销，其他股东应承担补缴义务，如其他股东未能补缴，不良资产机构可以同时向现有其他股东以及原始股东主张责任。

（六）不良资产机构有权主张股东在减少注册资本中的责任

新《公司法》第 224 条对公司减少注册资本做出了新规定，通常要求公司减资应当以同比例减资为原则，以定向减资为例外，有限责任公司的定向减资应当经全体股东同意，股份公司的定向减资应当按照公司章程规定进行。同时，新《公司法》明确了股东违规减资的法律责任，股东违规减少注册资本不仅应退还收到的资金，恢复原状，还应对公司的损失承担赔偿责任。

不良资产机构债务追偿过程中，如发现债务人曾经进行过减资，应当进行特别关注。一是减资程序是否合规，比如跳过通知债权人程序，而直接以登报公告形式代替通知义务，或者减资过程中未编制资产负债表和财产清单，这些行为通常认为是违反减资程序，不良资产机构可以要求减资股东在减资范围内就债务承担连带责任。二是是否存在定向减资情形，如果存在定向减资，不仅要注意减资程序的合法性，还应当注意减资决议是否经全体股东一致同意，否则，不良资产机构也可以向减资股东主张责任。

从追偿方式来看，不良资产机构通常需要通过诉讼程序向减资股东主张责任，但根据部分地方法院的司法实践，不良资产机构也可以尝试在执行程序中申请直接追加违规减资股东为被执行人①。

二、不良资产机构基于滥用股东权利的债务追偿

（一）新《公司法》正式确认横向人格否认制度，不良资产机构通过横向人格否认追究兄弟公司责任

新《公司法》第 23 条明确了股东滥用法人独立和股东有限责任的行为规制，即人格否认。新《公司法》下的人格否认制度不仅适用于母公司与子公司之间，也适用于兄弟公司之间，进一步填补了人格否认制度。实践中，人格否认包括三种情形，正向人格否认、逆向人格否认以及横向人格否认：

正向人格否认的法律后果是母公司对子公司的债务承担连带责任，目前法律规定和司法实践已经非常明确。逆向人格否认的法律后果是子公司对母公司的债务承担连带责任，目前尚无明确法律规定，司法实践中支持和否认裁判均有存在，不良资产机构可以根据各地司法实践尝试利用逆向人格否认制度追偿债务。新《公司法》新增的横向人格否认的法律后果是兄弟公司之间对彼此的债务承担连带责任。

值得注意的是，对于只有一个股东的公司，人格混同的举证责任适用责任倒

---

① （2021）京民终 967 号民事判决书。

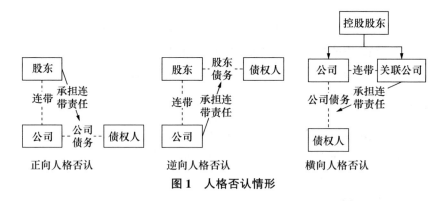

图 1 人格否认情形

置,即股东不能证明公司财产独立于股东自己的财产的,应当对公司债务承担连带责任。但是,非一人公司的人格混同举证责任并不当然适用责任倒置,需先由债权人初步举证达到合理怀疑后,举证责任才能有条件地转移至被诉股东。新《公司法》生效后,横向人格否认是不良资产机构债务追偿的新型"进攻武器",在债权人之间争夺资产的趋势下,不良资产机构不仅可以尝试向债务人的股东或子公司追偿,也可以尝试向债务人的兄弟公司追偿。

不良资产机构在债务追偿过程中如发现债务人的关联方有偿还能力,可以搜集初步证据证明债务人可能存在人格混同,证据材料一般应包括人员混同、业务混同和财产混同的相关材料,不良资产机构向法院提供初步证据后,可以向法院申请调查令或申请法院主动调查,进一步强化人格混同证据,要求关联方承担连带责任。

(二)不良资产机构通过事实董事和影子董事制度既可追究董事责任,也可向上穿透至双控人的责任

针对公司控股股东或实际控制人占据优势支配地位,实际操控公司或躲在幕后管理公司的现状,新《公司法》第180、192条分别规定了事实董事/高管和影子董事/高管。事实董事/高管是指公司控股股东、实际控制人(以下合称双控人)不担任公司董事/高管但实际执行公司事务的,应当同公司董事/高管一样承担忠实勤勉义务。影子董事/高管是指实际控制人、控股股东指示董事/高管从事损害公司或者股东利益的行为的,应当与该董事、高管承担连带责任。因此,事实董事和影子董事制度是债权人在资本充实原则之外向双控人主张责任的另一条路径。

不良资产机构在债务追偿过程中,如果发现债务人的董事和高管存在损害公司利益的行为应向公司承担赔偿责任,可以另辟蹊径,进一步调查债务人是否存在影子董事/高管或事实董事/高管的情形,董事和高管的损害行为是按照双控人指示行事,不良资产机构不仅可以追究董事和高管的责任,也可以要求双控人承

担连带责任。

三、不良资产机构基于董事侵权责任的债务追偿

本次修订《公司法》的另一目标是公司治理以股东为核心转向以董事为核心，明确董事的公司经营中心地位，因此新《公司法》对董事职权、义务及责任体系进行了再构造，扩大董事责任。总体而言，董事在新《公司法》下责任的变化主要体现为董事维护资本充实义务，债权人可以违反基于违反维护资本充实义务对董事主张责任。通常而言，新《公司法》下董事赔偿责任的对象主要为公司，作为不良资产机构作为债权人需要以其利益受到侵害或者行使代位权为由提出主张。

（一）不良资产机构有权基于董事催缴义务向董事主张责任

新《公司法》第 51 条规定，董事会应当核查股东的出资情况，公司有义务对股东出资发出书面催缴书，如未及时核查和催缴股东出资，由董事承担赔偿责任。

不良资产机构在债务追偿过程中，如发现债务人存在届期未实缴的情形，不仅可以向未实缴股东主张责任，如果董事和公司未能证明其已经及时履行核查和催缴义务，不良资产机构还可以要求债务人的董事承担责任。

（二）不良资产机构有权主张董事在股东抽逃出资、违规减资和违法分配利润中的责任

新《公司法》第 53 条规定股东抽逃的，负有责任的董监高应当与股东承担连带赔偿责任。在新《公司法》下，董监高对股东抽逃出资的责任与股东本身的责任同等严重，董监高承担责任的情形不仅包括董监高以积极行为协助股东抽逃出资，还包括董监高消极不作为放任股东抽逃出资。

新《公司法》第 226 条规定违法减资的，负有责任的董监高应当承担赔偿责任。旧《公司法》下，公司和股东违反减资程序，董事不一定负有责任，董事责任的关键在于是否协助其他股东进行了违法减资，但在新《公司法》下，董事是公司的经营核心，勤勉忠实义务进一步强化，董事消极放任股东和公司违法减资也可能需要承担赔偿责任。新《公司法》第 211 条规定公司违法分配利润，负有责任的董监高应当承担赔偿责任。

与前述两种行为类似，董事积极协助违法分配利润行为和消极放任违法分配利润行为均违反勤勉忠实义务，应当承担赔偿责任。按照新《公司法》对债权人利益保护的精神以及对董监高的角色定位，一旦公司存在抽逃出资、违规减资和违法分配利润的行为，董监高自证免责的难度会进一步加大。不良资产机构在债务追偿过程中，如发现债务人存在抽逃出资、违规减资和违法分配利润，既可以向股东主张责任，也可以向董监高主张责任。如不良资产机构向董监高主张责任，应注意搜集相关证据，例如董事会召开的记录文件、董事会决议签署情况等，均

有利于不良资产机构向董监高主张责任。

（三）不良资产机构有权主张董事在违规财务资助中的责任

新《公司法》第163条规定，股份公司不得为他人取得本公司或者母公司的股份提供赠与、借款、担保及其他财务资助，在特定额度范围内，公司对外提供财务资助应经过股东会或董事会决议，公司违规提供财务资助的，负有责任的董监高应当承担赔偿责任。

不良资产机构在债务追偿过程可以关注债务人是否存在违规财务资助的情形，例如为新进投资人提供借款或担保、差额补足、兜底责任等。一旦发现违规财务资助，董监高作为经营主体，不良资产机构可以向董监高主张责任。此外，不良资产机构可以结合撤销权等法律工具主张撤销财务资助，也可以向法院对财务资助行为提出效力质疑，以达到追回债务人财产或恢复债务人偿债能力的目的。同时，不良资产机构还可以结合财务资助事实调查是否构成影子董事/高管和事实董事/高管，进一步向董监高背后的股东进行追偿。

（四）不良资产机构有权主张董事的清算责任

旧《公司法》下，董事的清算义务仅限于股份公司，新《公司法》时代，有限责任公司和股份公司的清算义务均由董事承担。

不良资产机构在债务追偿过程中，如发现债务人早已满足清算条件，但董事未履行清算义务，包括未提出清算议案、未积极组建清算组等，导致债务人未及时进行清算，不良资产机构可以直接向董事主张赔偿责任，并结合影子董事/高管和事实董事/高管制度，向董监高背后的双控人进行追偿。

四、小结

新《公司法》的修订，为不良资产处置提供或进一步明确了新型债务追偿的法律工具。不同的追偿对象，适用的法律工具会存在差异，但各类法律工具并不一定是独立适用，债务追偿过程中，不良资产机构可以打出组合拳，例如出资义务加速到期可以和股东在认缴范围的连带责任结合使用，发起股东责任可以和股权转让后的出资责任结合使用。不良资产机构向股东追偿适用的法律工具基础在于资本充实和滥用股东权利，向董事追偿适用的法律工具基础是维护资本充实的义务，董事责任还可以通过影子董事或事实董事制度向上穿透追偿。不良资产机构如能充分利用好新《公司法》带来的新契机，在债务追偿中另辟蹊径，将迎来不良资产行业一片新蓝海，引领经济周期未来之路。

资产保全业务中若干法律问题探析

王愉乐

商业银行中的资产保全业务与法律实践关系是密不可分的,传统的资产保全业务一般就概括为"打折、打包、打官司",打官司似乎仅占资产保全业务的三分之一,但是实际上的比例远不止如此。

一方面诉讼作为商业银行资产保全业务的常规手段,贯彻着诉讼则移交、移交就诉讼的工作方针,另一方面债权转让、债权重组等更像是在诉讼之上衍生出来的资产保全业务,就债权转让而言,诉讼执行可以实现债权的司法确权,而司法确权后更有利于债权转让;另外债权重组在资产保全业务中更多体现为执行和解或诉讼和解,这更是诉讼执行中止或终结的一种具体形式。除了诉讼外,在催收、谈判、处置方案或交易结构设计等过程中,也是离不开法律上的支持,毫不夸张地说,诉讼外的不良资产处置手段本身就是一种非诉的法律实践。

当然资产保全业务中诉讼和非诉的法律实践比重在不同的阶段是有较大差异的。商业银行顺周期时,财务资源相对丰富,处置手段也多且相对缓和,非诉手段占比更多;逆周期时财务资源有限,处置手段反而少,且更多的为硬碰硬,诉讼执行、破产重整等司法诉讼手段应用的也就更多。

资产保全业务作为一种法律实践,其面临的法律问题更多的是落脚于司法领域,也就是法律适用领域,看似规范严谨的法律规定,在具体适用过程中,基于纷繁复杂的法律事实及背后的不同价值考量等原因,仍存在各种不尽相同的解释。现就笔者碰到的几个典型问题讨论如下。

一、关于立案管辖

在法律允许的框架内,选择有利于自身的管辖法院是诉讼执行顺利进行的良好开端,虽然银行一般在合同中约定诉讼管辖由银行住所地法院管辖,但银行住所地并不一定是好的选择，尤其是银行住所地为案件集中的区域，如北京朝阳区或海淀区等。

目前在北京区域执行公证已经大为普及，而执行公证领域关于执行立案的管辖司法解释有专门的规定，根据《最高人民法院关于公证债权文书执行若干问题的规定》（以下简称《公证债权文书执行规定》）第2条规定："公证债权文书执行案件，由被执行人住所地或者被执行的财产所在地人民法院管辖"。但实践中关于被执行人住所地及被执行的财产所在地的理解存在较大差异，而相关司法解释及司法案例也在不同历史阶段存在不同的理解。

（一）关于被执行人住所地

1. 法律依据

《最高人民法院关于适用〈中华人民共和国民事诉讼法〉的解释》（以下简称《民诉法司法解释》）第3条规定："……法人或者其他组织的住所地是指法人或者其他组织的主要办事机构所在地。法人或者其他组织的主要办事机构所在地不能确定的，法人或者其他组织的注册地或者登记地为住所地。"

《民法典》第63条规定："法人以其主要办事机构所在地为住所。依法需要办理法人登记的，应当将主要办事机构所在地登记为住所。"

2. 具体分析

实践中，被执行人住所地经常存在主要办事机构所在地与注册地不一致的情形，如有一些被执行人在办理注册地变更的过程中，虽然主要业务和人员已经离开原注册地，但原注册地仍留有1—2人作为邮件接收人员，这时如何确定被执行人住所地就存在不同的理解。

经过检索，有的案例[①]认为如果能提供证据证明原注册地已不办公，且能提供如租赁合同、对外通讯信息等可以证明实际主要办公所在地的，可以认定实际主要办公所在地为住所地从而确定管辖法院；有的案例[②]认为仅仅提供租赁合同等还不足以证明实际主要办事机构所在地，必须还要提供工商登记、税务登记等官方认可的证据。

而就上述案例而言，由于实际主要办公所在地管辖法院案件量相对原注册地管辖法院少很多，最初银行现倾向于在实际办公所在地申请立案管辖，并提供了如公司招牌、租赁合同等。但实际办公地管辖法院执行法官亲自赴原注册地核实，发现原注册地仍有留守人员办公，便对银行提供的证据不予认可，作出了不予立案的裁定，后银行无奈之下赴原注册地法院立案成功。

---

① 如（2022）沪0101民初21472号民事裁定书。
② 如（2022）沪02民辖终524号民事裁定书。

通过梳理相关判例及司法解释，随着公司登记制度的完善，公示公信效力的逐渐确立，实际上关于法人住所地的确认，法院更加倾向于采用注册地原则，这样既确保了法律的统一性，也有利于节约司法资源。

（二）关于被执行的财产所在地

《公证债权文书执行规定》中提及的"被执行的财产所在地"虽然与"被执行人的财产所在地"进行了明确的区分，该条落脚于财产而非被执行人，但在法律实践中实际同样也存在一些争议。

通常情况下，一笔贷款会存在数笔担保财产，一个被执行人会存在多条财产线索，如果仅看法律规定的字面意思，《公证债权文书执行规定》并未区分该笔财产是主要财产，还是次要财产，只要有财产线索即可。但在目前法院案件大量积压的背景下，实践中存在部分法院进行一定的限缩解释的情况，认定只有主要财产所在地才同意立案。另外对于财产的界定，也存在一定的模糊地带，像不动产、股权、知识产权、到期债权等的所在地可以根据《人民法院办理执行案件规范》等规定较容易确定，但就"车辆""银行账户"等就较难界定：车辆作为动产可以不断转移地点，很难实际控制；而银行账户从权属上应属于银行资产，只是开户人具有一定期限内的使用权，如果没有冻结，则账户内资金很容易转移，且如果账户内没有资金或者只有少量资金能否被认定为财产所在地就存在更大的解释空间。

当然，另一方面债权人也可以充分利用这一模糊区域，争取与法院沟通选择符合自身利益的法院管辖。

二、关于罚息、复利、迟延履行金

在借款合同纠纷中，由于合同约定的不明确或者考虑的情形不周延等原因，关于罚息、复利的主张在法律实践中也存在较多容易产生争议的地方。

（一）关于罚息

就罚息而言，贷款本金逾期是债务人需要支付罚息的一种情形，该种情形一般承担正常利率上浮50%的罚息，但是罚息的具体含义实际并不明确。法律实践中有的认为所谓罚息应该是仅指上浮50%的部分，其余正常利息部分不应叫作罚息；但有的认为本金逾期后，计收的全部150%都是罚息。这在具体的催收谈判中可能会产生争议，需要予以明示。但就司法案例而言，法院更多的支持本金逾期前为利息、本金逾期后全部150%都为罚息的观点。

另外一种容易对罚息的承担产生争议的情形为，借款人及贷款人都有部分违约情形。比如在贷款合同中约定了贷款人的授信金额及对应的借款人的分期还本计划，但在实际履行中由于一些原因贷款人未能足额发放贷款，而借款人以此为理由拒绝按照原分期还本计划履约，如果合同约定不周延，双方就会产生争议。

贷款人意图以借款人未履行分期还本计划导致本金违约为理由，主张罚息；而借款人则以原分期还本计划是对应于原授信金额，现在贷款人未足额发放贷款，原分期还本计划不能执行，也就不存在本金违约、承担罚息的情形。该种情况下，如果贷款合同能明确约定如实际放款金额不足额，则实际分期还本金额同比例减少，可能就可以避免争议的发生。

（二）关于复利

复利在法律实践中也是容易产生歧义的地方。很多贷款合同对于复利的约定都比较笼统，比如贷款人有权对逾期利息部分收取复利，但对如何收取，即复利计收的计算基数及适用的利率并不明确。这在法律实践中对于复利收取的对象就至少存在两种理解：一是仅对本金到期前的欠付利息部分计收复利，一是既对到期前的欠付利息、也对到期后的罚息部分计收复利，而适用的具体利率也存在按照罚息利率计收及按照正常利率计收两种观点。在法律实践中，在约定不明确的情况下，法院一般倾向于作出不利于贷款人的解释。

（三）关于迟延履行金

迟延履行金作为法定的惩罚性利息，其自身适用的利率也在不断下调，在法律实践中法院的把握尺度也更为灵活。有的认为迟延履行金也属于主债权的利息，只要合同有约定就可以对相关担保财产享有优先受偿权；有的认为迟延履行金属于当事人未能按时履行生效法律文书时，法院所给予的惩戒措施，不属于私权领域，不应具有优先受偿权。虽然司法实践中一般支持第二种观点，但法院在制作抵押财产变现后的分配方案时其实较为灵活，如果无相关利害关系主体提出异议且具有足额的可分配现金，则法院有可能在分配方案中考虑债权人对于偿还迟延履行金的主张；反之，法院就不大会支持债权人的主张。

三、关于执行异议、执行异议之诉、评估异议

执行异议等可谓是法律实践中债权人快速实现其债权的最大障碍。现在法院推行善意文明执法，对于被执行人及相关利害关系人的权利做到了全方位的保障。

就执行异议而言，即使非常不合理，只要异议人尤其是案外人提出异议申请，法院都会进行审查，相应地就会导致相关执行程序的中止。由于提出执行异议并不收取相关费用，这就导致现在的执行异议如管辖权异议一样，成为迟滞债权人实现权利的重要手段。虽然法院也在通过引入保险及保函等制度提高执行效率，但该种模式会大大加重申请执行人的负担。而执行异议之诉作为正常的诉讼审判流程，需要经过一审、二审，更是耗时、耗力，但如果不是异议人抱有必胜的信心，对于标的额较大的项目，需要预缴大额的诉讼费确实是对于非法异议人的一种有效阻却。

而评估阶段的异议基于询价和评估性质不同，在实际操作中对于执行的不利影响也存在较大区别。因为询价属于一种通过大数据平台快速取得的客观结果，所以相关主体对于询价结果提出异议的空间不大。相对而言，询价中申请执行人地位更优，但询价所适用的对象要求较高、且询价结果基于不同平台可能相互间差异较大。而针对评估则可以由不同的主体对评估报告、评估机构的回复等多次多阶段提出异议，直至最终可以进入到专家评审阶段，而专家评审相当于重新评估，虽然最终结论可能变化不大，但期间的耗时可能会很漫长。同时由于评估行为不属于执行行为，所以也无法适用申请执行人提供保函或引入保险等来进行规避。另外，对于标的额较大的项目，专家评审也需支付一笔大额评估费，对于非法异议人也是一种阻却。

四、关于私售行为

（一）私售行为的法律性质

私售行为，并非法律术语，顾名思义，一般是指未经抵押权人的同意抵押人私自销售抵押房产的行为，该种处分行为性质如何界定基于实体法律规定的不同也有所不同。

根据《物权法》第191条规定："抵押期间，抵押人经抵押权人同意转让抵押财产的，应当将转让所得的价款向抵押权人提前清偿债务或者提存。转让的价款超过债权数额的部分归抵押人所有，不足部分由债务人清偿。抵押期间，抵押人未经抵押权人同意，不得转让抵押财产，但受让人代为清偿债务消灭抵押权的除外。"根据该条规定，抵押期间，抵押人未经抵押权人同意不得转让抵押财产，而私售行为的性质应属于无权处分行为，原则上未经抵押权人的追认，该无权处分行为应为无效。

而根据《民法典》第406条规定："抵押期间，抵押人可以转让抵押财产。当事人另有约定的，按照其约定。抵押财产转让的，抵押权不受影响。抵押人转让抵押财产的，应当及时通知抵押权人。抵押权人能够证明抵押财产转让可能损害抵押权的，可以请求抵押人将转让所得的价款向抵押权人提前清偿债务或者提存。转让的价款超过债权数额的部分归抵押人所有，不足部分由债务人清偿。"而根据该条规定，抵押人可以转让抵押财产，仅需通知抵押权人即可，私售行为应属于有权处分行为，只是处分行为发生后，并不影响抵押权的效力，从法律上确认了抵押权的追及效力。即使不通知抵押权人，既然认可抵押权的追及效力，私售行为仍应属于有权处分，除非通过登记禁止转让，才能实际影响到私售行为的效力。但在未通知抵押权人情况下如何保障抵押权人的权利仍存在较大的法律解释空间。

（二）程序性司法解释对于实体法的突破

而2015年颁布的《最高人民法院关于人民法院办理执行异议和复议案件若干问题的规定》（以下简称《执行异议和复议规定》）对于《物权法》的规定进行了较大的突破。第28条规定："金钱债权执行中，买受人对登记在被执行人名下的不动产提出异议，符合下列情形且其权利能够排除执行的，人民法院应予以支持：（一）在人民法院查封之前已签订合法有效的书面买卖合同；（二）在人民法院查封之前已合法占有该不动产；（三）已支付全部价款，或者已按照合同约定支付部分价款且将剩余价款按照人民法院的要求交付执行；（四）非因买受人自身原因未办理过户登记。"第29条规定："金钱债权执行中，买受人对登记在被执行的房地产开发企业名下的商品房提出异议，符合下列情形且其权利能够排除执行的，人民法院应予支持：（一）在人民法院查封前已签订合法有效的书面买卖合同；（二）所购商品房系用于居住且买受人名下无其他用于居住的房屋；（三）已支付的价款超过合同约定总价款的百分之五十。"

上述司法解释虽然没有明确规定买受人享有对于抵押权人的优先权利，但是实务操作中，案外第三人往往以上述规定为依据提出执行异议或执行异议之诉以对抗抵押权人的强制执行。在实际操作中不同法院对于上述司法解释的把握尺度有所区别：（1）有的认为该司法解释属于对于物权法定及公示公信等法律制度的突破，从法治统一的角度应该从严把握；（2）有的认为该司法解释属于买受人的程序性权利，只能排除强制执行，但是不能以此确认买受人的实体权利；（3）有的认为既然该司法解释赋予买受人足以对抗抵押权人强制执行的权利，就是赋予了商品房消费者的物权期待权的超级优先权利，不仅仅可以排除强制执行，也可以对买受人的物权进行确认，直至判决抵押权人注销抵押登记以配合买受人房产过户。

而在目前的法律实践中，基于执行异议案件争议大、维稳等原因，人民法院越来越多的倾向于第（3）种观点，甚至对于第（3）种观点也有任意扩张解释的倾向，比如即使处分房产的主体非产权登记人，价款也未支付于产权登记人，本属于无权处分，如果"结合涉案房地产项目定向开发背景、交易现状及其他客观情况"也可以认定无处分权的主体处分行为合法有效；商品房消费者的认定不论其购买的房产属于刚需还是豪宅，都认可该买受人基于生存权的超级优先权。

司法实践中的上述过分保护买受人的倾向虽然不利于法治的统一稳定及定分止争，且随着《民法典》已经允许抵押期间抵押财产的转让，上述司法解释的存在也没有存在的必要，实际可以通过《民法典》进行规范或者颁布新的司法解释对上述规定进行调整，但据了解由于争议很大，数次征求意见的关于执行异议和复议的新的司法解释又胎死腹中，这对于作为抵押权的金融机构的合法权益造成很大的损害。

（三）关于"抵押权人同意"的扩张解释

虽然根据现行《民法典》规定抵押财产转让已经无需抵押权人的同意，转让不影响抵押权，但《物权法》为了保护抵押权人的权益，明确规定抵押财产未经抵押权人同意不得转让，所以在过往的实践中对于抵押权人同意的形式、对象及法律效力等如何认定就成为法律适用的关键。

在房地产开发项目中，作为办理预售许可或现房销售备案的必备文件之一，房管部门一般要求抵押权人出具同意办理预售许可或者现房销售备案的声明，对于该声明的效力实践中经常发生争议。

从出具声明的抵押权人的角度来看，一是出具该声明是基于房管部门的行政管理要求、为了房产能上市交易所出具的法律文件，出具对象为房管部门；二是出具该声明同意预售或销售的通常为整栋楼，而非具体某一套房产，抵押权人并非同意抵押人对某套房产进行销售，更不能被认为出具该声明即表示抵押权人放弃抵押权；三是出具该声明的前提是相关房产并未销售，并不是对于已出售房产行为的追认，因为根据《民法典》和《物权法》规定，抵押人还需要将销售价款支付给抵押权人。

但房产买受人却会以该声明为依据主张抵押权人出具该声明即意味着同意该房产销售，甚至可以被认为是对于之前发生的买受人与抵押人私售行为的追认，并且出具该声明即意味着抵押权人放弃了抵押物的物上追及效力。

而在实际的案例中，人民法院基于保护作为房产消费者的房产买受人的权益等的价值考量，并不过多考量抵押权人的真实意思表示及具体案件情况，习惯性认定抵押权人出具上述声明即意味着同意该房产的销售，进而直接认定抵押权人已放弃对抵押物的物上追及效力，优先权仅及于房屋价款。

五、关于执行和解

执行和解在资产保全业务中较为常见，但在法律实践中不同法院基于不同的原因对于执行和解业务的理解存在一定差异。

如就庭内和解报备法院而言，有的法院要求执行和解协议备案就可以，无需安排谈话；有的法院要求提交执行和解协议和谈话同时进行。

就和解主体而言，有的法院要求涉及的全部被执行主体必须在执行和解协议上全部签字且每个被执行主体都要向法院邮寄一份签署的和解协议原件及相关的授权文件；有的法院不仅允许部分被执行人签字即可达成执行和解，且仅申请执行人一方提交和解协议原件即可，而且还同意虽达成执行和解但不影响继续对于某项被执行财产的执行。

就后续履约而言，有的法院在各方达成执行和解协议后即终结本次执行或中止执行，并未提及后续履约情况；有的法院则要求执行和解协议履行完毕后要及时通知法院，并要求被执行人缴纳相应的被执行费。

由于各个法院的把握尺度不尽相同，所以在实际办理执行和解业务时，提前与法院进行沟通就尤为必要。

六、结语

商业银行资产保全业务中涉及的法律实践问题不胜枚举，本文只是选取了几个常见的问题进行粗浅的探讨。司法的核心功能之一是定分止争。然而，法律实践的错综复杂，加之立法天然存在的滞后性，使得司法机关时常面临法律法规尚未覆盖的"灰色地带"。在此情况下，司法机关不得不依据法律背后的法理内核以及当下社会的价值导向，作出司法裁判。这一现实状况，致使类似案件在不同时间、不同地域，呈现出裁判倾向各异的现象。

商业银行资产保全业务中的法律工作必须立足于以上法律实际，紧跟不同时期和不同地区的司法裁判动态发展。以担保制度为例，其发展趋势从最初侧重于交易安全，逐渐向注重效率和促进流通转变。这就导致司法实践中的保护对象也从单纯的抵押权人，逐渐向抵押人以及相关房产买受人等案外人倾斜，在该种趋势下，该类案件中的资产保全工作不能将目光局限在依靠法院执行回收，而是需统筹多种非诉手段实现处置回收目标。

债权人代位权法律问题及实务操作

刘 麟

《民法典》在沿袭《合同法》的基础上对债权人代位权制度进行了规定。债权人代位权聚焦于债务人怠于行使权利的消极行为，在满足法定条件情况下，债权人得向债务人的相对人主张债权，实现债权清偿。债权人代位权是债权人拓展偿债责任财产的重要法律工具，本文立足《民法典》及相关司法解释的规定，对债权人代位权进行了梳理，以期为资产管理公司等主体的债权实现提供借鉴。

一、债权人代位权案例一则

A 资产管理公司从 B 银行受让一笔经法院生效判决确认的债权，法院判定 C 公司应向 B 银行偿还贷款 1000 万元及相应利息。A 资产管理公司受让债权后发现，C 公司曾与 D 公司签订《项目转让合同书》，且 D 公司欠付 C 公司的 1700 万元转让对价一直未实际支付。其后，A 资产管理公司对 D 公司提起代位权诉讼。法院认为，C 公司与 D 公司债权关系合法有效且未清偿，C 公司一直未通过诉讼方式或者仲裁方式向 D 公司主张债权，致使 A 资产管理公司到期债权无法实现。法院认定 A 资产管理公司行使代位权符合法律规定，判定 D 公司向 A 资产管理公司清偿债权，债权金额以 C 公司对 D 公司享有的债权为限。

二、债权人代位权的性质

基于合同的相对性，债权人仅得向债务人请求给付，债务人责任财产是债权实现的基础保障。如债务人怠于行使到期权利，仍坚守合同相对性原则无疑会置债权人于不利地位，也变相鼓励了不诚信的逃债行为，有违民法公平原则。为防止因债务人怠于行使权利导致的债务人责任财产不当减少，确保无特别担保的一般债权得以清偿，《民法典》合同编规定了债权人代位权，明确在法定情况下，债权人得向债务人的相对人主张债权或与该债权有关的从权利，恢复或维持责任财产，使债权得以保全。债权人代位权是合同保全制度，也是债权实现的有效工具。

三、债权人行使代位权的条件

根据立法机关释义，债权人行使代位权应当符合以下条件：一是，债务人享有对外债权；二是，债务人怠于行使债权或与该债权有关的从权利；三是，债务人怠于行使权利已影响债权人到期债权的实现；四是，债务已陷于迟延履行。①

（一）债务人享有对外债权

当事人对自己提出的主张，有责任提供证据。债权人提起代位权之诉，亦应就债务人享有对外债权承担举证责任。但如债务人或债务人的相对人认为债权人主张的债权不存在或未怠于行使的，实际上是主张积极事实，债务人或债务人的相对人亦应对其主张承担举证责任，提供证据予以反驳。② 有法院认为，债权人代位权之诉中债权人的举证无需达到证明债务人对外债权清晰明确无争议的标准，只需举证其可以行使代位权的债权合同等初步证据即可。如债务人或债务人的相对人不能完成举证，同时又不能证明债务已经履行完毕，则应由债务人或债务人的相对人承担举证不能的不利后果。③

（二）债务人怠于行使债权或与该债权有关的从权利

1. "怠于行使"的认定

司法实践中"怠于行使"采"行使诉权说"，即债务人不以诉讼或者仲裁方式向相对人主张权利，致使债权人的到期债权未能实现的，可以认定债务人怠于行使其债权或者与该债权有关的从权利。需要注意的是，这里的"诉讼"包括诉讼程序，也包括确认调解协议、实现担保物权等特别程序和督促程序等非诉程序。另外，债权人对相对人提起诉讼后又撤诉，仍可视为其怠于行使权利④。

2. "与该债权有关的从权利"的外延

《民法典》在《合同法》基础上，将债权人代位权的客体由"债务人对相对人的债权"扩展为"债务人对相对人的债权或者与该债权有关的从权利"。根据立法机关释义，"与该债权有关的从权利"主要是指担保物权和保证等担保权利，

---

① 黄薇主编：《中华人民共和国民法典合同编解读》（上册），中国法制出版社 2020 年版，第 253 页。

② 最高人民法院民二庭、研究室编著：《民法典合同编通则司法解释理解与适用》，人民法院出版社 2023 年版，第 379 页。

③ （2023）辽 01 民终 4928 号。

④ 最高人民法院民二庭、研究室编著：《民法典合同编通则司法解释理解与适用》，人民法院出版社 2023 年版，第 380 页。

不包括债务人所享有的合同解除权、因意思表示瑕疵所产生的合同撤销权等形成权[1]，并且该裁判观点已被多数法院采纳[2]。

3. "专属于债务人自身的权利"的外延

债权人代位权将抚养费、赡养费、人身损害赔偿请求权等具有特定人身属性的权利排除在行使范围之外。《最高人民法院关于适用〈中华人民共和国民法典〉合同编通则若干问题的解释》（以下简称《民法典合同编通则解释》）对《最高人民法院关于适用〈中华人民共和国合同法〉若干问题的解释（二）》（以下简称《合同法司法解释（二）》）中的"专属于债务人自身的权利"的范围作了两处修改，一是将"养老金、人寿保险"修改调整为"请求支付基本养老保险金、失业保险金、最低生活保障金等保障当事人基本生活的权利"；二是未再明确列举"基于继承关系产生的给付请求权、退休金、安置费请求权"等权利。需要注意的是，《民法典合同编通则解释》第34条第4项"等"字可以涵盖上述未再明确列举的权利，最高法院认为司法解释无需再予规定，可交由审理法院依据同质性考量因素适用处理。[3]

（三）债务人怠于行使权利已影响债权人的到期债权实现

1. "影响到期债权实现"是否以对债务人强制执行不能为前提

对债务人强制执行后仍未实现债权清偿，一般可以认定债务人怠于行使权利，影响债权人到期债权实现。因此有观点认为，"影响到期债权实现"应以对债务人强制执行不能为前提。但最高法院认为，虽然强制执行更有权威性和公信力，但不宜将强制执行不能作为认定影响债权人债权的实现的必要条件，否则将会使得债权人代位权制度功能大受影响，也会引发大量诉累，并且"影响到期债权实现"是事实认定问题，应当通过举证责任分配来解决。[4]

2. "影响到期债权实现"的认定标准

目前，法律及司法解释并未对"影响到期债权实现"的认定标准予以明确。最高法院认为以下情形可资参照：一是一般保证中保证人责任承担的例外情形，即"债务人下落不明，且无财产可供执行；人民法院已经受理债务人破产案件；债权人有证据证明债务人的财产不足以履行全部债务或者丧失履行债务能力；保证人书面表示放弃本款规定的权利"。二是，债权人行使不安抗辩权的情形，即"经营状况严重恶化；转移财产、抽逃资金，以逃避债务；丧失商业信誉；有丧

---

[1] 黄薇主编：《中华人民共和国民法典合同编解读》（上册），中国法制出版社2020年版，第251页。

[2] （2021）豫0191民初5246号、（2021）闽02民终1874号、（2021）豫01民终12174号。

[3] 最高人民法院民二庭、研究室编著：《民法典合同编通则司法解释理解与适用》，人民法院出版社2023年版，第392页。

[4] 同上注，第383页。

失或者可能丧失履行债务能力的其他情形"。最高法院认为，发生债权人行使不安抗辩权的情形时，尚未履行对待给付义务的债权人可以中止履行，由此来认定这些情形属于债务人影响债权人债权实现的情形，其本质上是共通的。再结合"债务人的财产不足以履行全部债务或者丧失履行债务能力"的兜底规则，通过举证责任分配，可以作为认定影响债权人债权实现的有益路径。① 需要注意的是，《民法典合同编通则解释》的最终稿并未对此予以规定，该观点仍有待司法实践检验。

（四）债务已陷于迟延履行

债务人的相对人的债务履行期限届满且陷于迟延履行，债权人方可行使代位权。实践中，债权人可根据掌握的债务人对外债权的类别，有针对性的搜集相关证据，以印证夯实债权履行情况。例如，买卖类债权的标的转让及付款情况，租赁类债权中租赁物占有使用及租金支付情况，建工类债权发包转包及结算情况、工程质保金债权是否达到返还条件，民间借贷债权是否存在多笔债权交叉清偿关系以及各类双务合同的对待给付情况等。需要注意的是，债权人代位权诉讼过程中，"相对人对债务人的抗辩，可以向债权人主张"，并且这里的"抗辩"，既包括程序法上的抗辩，如管辖异议、主体资格异议、证据异议等，也包括实体法上的权利不发生或消灭、债权未到期或者抵销、权利存在瑕疵等抗辩。② 债权人也应当就诉讼过程中可能出现的上述抗辩做好应对安排。

四、债权人行使代位权的实践要点

作为合同保全制度，债权人代位权赋予债权人干预债务人处分责任财产的权利，是保障债权实现的一种特别安排。法律和司法解释对代位权行使范围、行使方式、诉讼当事人及诉讼管辖等予以了规定。

（一）债权人行使代位权的范围

债权人代位权的行使范围，应以债权人的到期债权为限。债权人行使代位权的必要费用，由债务人负担。这里的必要费用，包括律师代理费、差旅费、诉讼费、执行申请费等。③

（二）债权人行使代位权的方式

根据《民法典》的规定，债权人可以向法院请求以自己的名义代位行使债务人对相对人的权利。即债权人原则上应通过"诉讼"方式行使代位权。

---

① 最高人民法院民二庭、研究室编著：《民法典合同编通则司法解释理解与适用》，人民法院出版社2023年版，第382页。
② 同上注，第377页。
③ 黄薇主编：《中华人民共和国民法典合同编解读》（上册），中国法制出版社2020年版，第252页。

但当债务人的债权或者与该债权有关的从权利，存在诉讼时效期间即将届满或者未及时申报破产债权等情形，影响债权人的债权实现的，即使债权人的债权尚未到期，债权人可以代位向债务人的相对人请求其向债务人履行、向破产管理人申报债权或者作出其他必要的行为。即在上述特定情况下，债权人可以通过作出请求履行、申报债权等"保全行为"的方式行使代位权。

（三）债权人代位权之诉的当事人

债权人提起代位权之诉，应以债务人的相对人为被告，债务人为第三人。债权人未将债务人列为第三人的，法院应当追加债务人为第三人。

（四）债权人代位权之诉的管辖

债权人提起代位权之诉，由被告即债务人的相对人住所地法院管辖，但依法应当适用专属管辖规定的除外。

1. 债务人与相对人订有仲裁协议时的诉讼管辖

根据司法解释的规定，债务人或者相对人以双方之间的债权债务关系订有仲裁协议为由对法院主管提出异议的，法院不予支持。但是，债务人或者相对人在首次开庭前就债务人与相对人之间的债权债务关系申请仲裁的，法院可以依法中止代位权之诉。因此，债权人代位权之诉首次开庭前，如债务人未对相对人申请仲裁，即使债务人与相对人就债权债务关系订有仲裁协议，也不影响法院对债权人代位权之诉的管辖。

2. 债务人与相对人订有管辖协议时的诉讼管辖

债权人代位权制度源于法律规定，而非由当事人约定，其行使应当不受债务人与其相对人之间的协议管辖约束。最高法院认为，如债权人行使代位权诉讼仍要受到有过错的债务人及其相对人之间管辖协议的约束，一则增加了债权人的诉累，二则为债权人合法行使权利增设了障碍，有违公平。① 因此，债务人或者相对人以双方之间的债权债务关系订有管辖协议为由提出管辖异议的，法院不予支持。

（五）债权人行使代位权的效果

根据《民法典》规定，法院认定债权人代位权成立的，由债务人的相对人直接向债权人履行义务，债权人可"直接受偿"。债权人接受履行后，债权人与债务人、债务人与相对人之间相应的权利义务终止。相较于传统民法将代位行使所得财产"入库"归属于债务人，然后所有债权人再从债务人处平等受偿，"直接受偿"的规定有利调动了债权人行使代位权的积极性，强化了债权实现的保护力度。

---

① 最高人民法院民二庭、研究室编著：《民法典合同编通则司法解释理解与适用》，人民法院出版社2023年版，第450页。

五、债权人代位权之诉与相关诉讼或执行程序

（一）对债务人的诉讼与债权人代位权之诉

1. 对债务人的债权债务关系未经法院确权，是否影响债权人提起代位权之诉

根据司法解释的规定，债权人的到期债权是否经生效法律文书确认，并不影响债权人提起代位权之诉。债务人的相对人仅以债权人提起代位权之诉时，债权人与债务人之间的债权债务关系未经生效法律文书确认为由，主张债权人提起的诉讼不符合代位权行使条件的，法院不予支持。

2. 债权人提起代位权之诉时，对债务人的债权债务关系未经法院确权，是否影响后续对债务人的诉讼

最高法院认为，如在代位权诉讼中已对债务人的债权债务关系进行抗辩，且法院认定债权债务关系不合法或不存在，则代位权之诉对债权人发生既判力，即便债权人对债务人另行起诉，法院对其诉讼请求也不应支持。如法院认定对债务人的债权债务关系存在，但尚不符合代位权的行使条件，则不影响债权人对债务人另行提起诉讼。

在代位权诉讼程序中，法院不可避免地需首先查明并认定债权人对债务人的债权债务关系情况，如法院认定债权人对债务人的债权债务关系不合法或不存在，按照最高法院的上述裁判观点，债权人后续也无法对债务人债权债务关系另行提起诉讼。① 因此，对债务人的债权债务关系未经法院确权情况下，债权人是否提起代位权之诉，需要结合债权具体情况审慎做好诉讼安排。

3. 债权人能否同时提起对债务人的诉讼和代位权之诉

债权人起诉债务人后，又向同一法院对债务人的相对人提起代位权之诉，属于该法院管辖的，可以合并审理，但在起诉债务人的诉讼终结前，代位权诉讼应当中止。

根据司法解释规定，并不限制债权人同时提起对债务人的诉讼和代位权之诉，但在债务人的诉讼终结前，代位权诉讼将中止审理。因此，实践中债权人可根据诉讼及保全的紧迫性、诉讼管辖地、诉讼的经济成本等情况，做好两个诉讼程序的协调安排，妥善确定最有利于债权实现的诉讼方案。

4. 债权人提起代位权之诉后债权未获清偿，能否对债务人提起诉讼

法院审理后认定债权人代位权成立的，债务人的相对人向债权人履行清偿义

---

① 最高人民法院民二庭、研究室编著：《民法典合同编通则司法解释理解与适用》，人民法院出版社2023年版，第450页。

务，债权人与债务人、债务人与相对人之间的债权债务关系即予消灭。因此，相对人向债权人履行清偿义务是债权人与债务人债权债务关系消灭的前提，相对人未实际履行或者法院未执行到相对人的财产，债权人与债务人债权债务关系并未消灭。另外，从诉讼当事人、诉讼标的、诉讼请求等方面看，代位权诉讼与对债务人的诉讼并不相同，债权人与债务人债权债务关系并未消灭情况下，债权人可以对债务人提起诉讼，不构成重复起诉，不违反"一事不再理"原则。①

（二）债务人破产与债权人代位权之诉

债权人代位权之诉胜诉后，债务人的相对人向债权人履行清偿义务，债权人与债务人、债务人与相对人之间的债权债务关系即予消灭。值得探讨的是，债权人通过代位权之诉实现债权清偿，该清偿并非由债务人直接向债权人履行方式实现，如企业债务人进入破产程序，此种情况下能否排除破产法关于破产撤销权的适用。

根据《民法典》的规定，债权人提起代位权之诉时，企业债务人破产的，依照相关法律的规定处理。立法机关释义认为，债权人提起代位权之诉实现债权清偿，虽然并不是由债务人直接向债权人履行债务使债权得到清偿，但也并不能排除破产撤销权的适用，符合《企业破产法》第32条情形的，破产管理人仍然可以请求法院撤销债务人的相对人对债权人的清偿。②

但《最高人民法院关于适用〈中华人民共和国企业破产法〉若干问题的规定（二）》（以下简称《破产法司法解释（二）》）也规定了"债务人经诉讼、仲裁、执行程序对债权人进行的个别清偿，管理人依据《企业破产法》第32条的规定请求撤销的，人民法院不予支持"③，似乎立法机关释义并未结合该司法解释，对这一问题做全面考量。但司法解释毕竟不是"法律"，债权人提起代位权之诉时，企业债务人破产的，能否排除破产撤销权的适用，仍有待司法实践予以检验。

（三）债务人对相对人的债权或与该债权有关的从权利被采取保全、执行措施与债权人代位权之诉

根据《民法典》规定，债权人提起代位权之诉时，债务人对相对人的债权或者与该债权有关的从权利被采取保全、执行措施，依照相关法律的规定处理。即债务人对相对人的债权或者与该债权有关的从权利被采取保全、执行措施，应当依照民事执行的相关规定处理。具体而言，即使债权人代位权之诉得到法院支持，但如代位行使的债权或相关从权利被其他债权人保全或执行，则需要按照《民事

---

① 最高人民法院第167号指导案例。
② 最高人民法院民二庭、研究室编著：《民法典合同编通则司法解释理解与适用》，人民法院出版社2023年版，第264页。
③ 参见《破产法司法解释（二）》第15条。

诉讼法》及其司法解释的规定，按照保全或执行措施的先后顺序受偿或者按照债权占全部债权数额的比例申请参与分配。

六、小结

作为合同保全制度，债权人代位权赋予债权人将债务人怠于行使的对相对人的债权或有关从权利纳入偿债责任财产的权利，通过代位权之诉实现债权直接受偿，拓展了债权人清偿债权的路径。债权人行使代位权需要符合《民法典》规定的法定条件，并且在诉讼当事人、管辖等方面也应符合《民事诉讼法》的相关要求。尤其需要注意的是，债权人提起代位权之诉，需要妥善安排对债务人的诉讼，并且在债务人进入破产程序，或者债务人对相对人的债权或与该债权有关的从权利被采取保全、执行措施时，应当一并参照《企业破产法》《民事诉讼法》以及相关司法判例做好诉讼安排。

债权人撤销权法律问题及实务操作

程明皓

在当前背景下,债权实现的重点从以债务人为中心,逐渐转向以财产为核心。资产管理公司等金融机构主要业务地位为债权人,实践中越来越常见的是,其债务人为了逃避偿债责任,通过实施无偿处分财产、恶意延长到期债权期限、低价转让、高价受让与提供担保等行为,减损自身责任财产,使得债权人债权实现陷入迟延。防范债务人逃废债是机构债权人的必要命题,也是司法关注的焦点。债权人撤销权制度作为一种债的保全方式,可以恢复债务人责任财产,维护债权人的合法利益。

一、债权人撤销权的法律关系

(一)债权人撤销权的性质:债的保全

债务人与相对人处置财产,本身是一种两方关系,理论上独立法人具有充分的行动自由,债务人若正常买卖资产,其他人无权干涉。债权人撤销权制度,是当债务人恶意减少其财产等行为危害到债权实现时,债权人为保全债权可要求法院撤销该行为的权利。债权人撤销权与债权人代位权(应对债务人怠于行使对第三人权利)共同构成债的两大保全方式。

(二)撤销之诉的效果

法律规定债权人撤销权必须以诉讼方式行使,撤销权又称撤销诉权或废罢诉权。依据《民法典》规定,撤销权遵从"入库规则",即若仅依据撤销诉讼,返还的财产首先进入债务人的总体资产,而非直接偿还债权人,行使撤销权的债权人无优先受偿权,全体债权人按照数额比例分受清偿。

不过这不意味着债权人撤销权诉讼胜诉后,离实现自身债权还是隔着一道,《民法典合同编通则解释》规定了明确的财产保全与执行路径。在提起撤销权诉讼后，债权人可对相对人的财产进行保全。债权人获得债权确认之诉与撤销权胜诉裁判后，或者在一个诉讼中请求债权确权与债权人撤销，可对相对人持有的财产进行强制执行，以直接实现自身债权。

二、可撤销的行为类型

债权人仅可对债务人影响偿债的诈害，即恶意减损责任财产的行为进行撤销。债权人行使撤销权的关键，是在债务人的种种经营行为中准确、及时识别可撤销行为。

（一）法律规定的可撤销具体行为

根据《民法典》第 538 条、第 539 条与《民法典合同编通则解释》，可撤销情形分为无偿处置责任财产和有偿处置责任财产两大类：

（1）债务人无偿处分责任财产：债务人放弃其债权、放弃债权担保、无偿转让财产、恶意延长到期债权的履行期限等。

（2）债务人有偿（不合理价格）处置责任财产：以明显不合理的低价转让财产、以明显不合理的高价受让他人财产或者为他人的债务提供担保；债务人以明显不合理的价格，实施互易财产、以物抵债、出租或者承租财产、知识产权许可使用等行为。

（二）学理上的其他可撤销行为

但是法律与司法解释罗列有限，债务人则想象无限，实践中面临的损害财产行为难以穷举。结合案例检索与学界讨论，可撤销的行为还有以下表现形式：

1. 无偿处分财产权益

免除债务、无偿遗赠[①]、离婚赠与[②]、无偿设定抵押使用权[③]、无偿/变相无偿以物抵债[④]、以零对价互易财产[⑤]、无偿出租；无偿债权让与[⑥]；在诉讼和解过程中进行相关实质无偿抵债、债务承认等。

2. 明显不合理的价格转让或受让财产

不合理对价设定用益物权、债权让与；通过设立公司、合伙企业等行为以不

---

① 参见（2022）鄂 0103 民初第 11772 号民事判决书。
② 参见（2022）京 0102 民初第 12767 号民事判决书。
③ 参见（2022）渝 0105 民初第 11786 号民事判决书。
④ 参见（2019）最高法民申第 2666 号裁判文书。
⑤ 参见（2021）最高法民申第 6628 号裁判文书。
⑥ 参见（2019）最高法民申第 6198 号裁判文书。

合理对价处置财产等①；在诉讼和解过程中进行不合理对价的相关抵债、债权承认等②。

2. 其他无偿或有偿行为

债务承担或债务加入③等。

（三）不可撤销的行为

一些行为可能符合债务人恶意损害自身财产的标准，但依据法规或法理，不可以或实际上不能被撤销的行为主要有以下6种类别：

1. 没有主张自己权益的行为：没有积极向自己的债务人主张债权（可通过代位权实现）。

2. 无效行为：以禁止扣押的财产权为标的的行为，如死亡赔偿金、产业工会经费、国有企业下岗职工基本生活保障金转让等。

3. 不以财产为标的，但对财产权益发生间接影响的行为：身份行为，结婚、离婚与收养行为本身等（离婚协议赠与财产可被撤销）。

4. 直接产生后果的行为：财物丢弃。

5. 债务人拒绝取得利益的行为：如拒绝继承。

6. 债务人就现存自身其他债务进行清偿、抵销、设立抵押与无权处分承认等。④

三、撤销权的实现条件与实践要点

（一）可撤销前提：合法有效债权

1. 合法有效债权的条件

有效的债权是撤销权的前提和基础，债权人对债务人须存在合法有效的债权，是撤销权构成的首要要件。按照最高院审判指导⑤及相关司法裁判，债权人合法有

---

① 参见（2021）最高法民申第6701号裁判文书。

② 准法律行为是否属于可撤销的标的，《民法典》没有明确，学说和观点也争论不一，但最高院明确属于可撤销范围，参见《中华人民共和国民法典合同编理解与适用》（一），最高人民法院民法典贯彻实施工作领导小组主编，人民法院出版社2020年，第526页。

③ 对于债务加入的行为存在一定争议，最高院在司法审判指引中将其归类为可撤销行为，但部分裁判则认为债务加入，与其直接处分财产或财产利益行为存在一定区别，不属于债权人撤销权的对象。参见浙江省衢州市中级人民法院（2023）浙08民终660号判决书。

④ 对于债务人为自身其他债务提供担保是否可撤销，实践中存在一定的争议。不过结合立法本意与实际交易来看，债务人为新的债权人提供担保，新债权人将支付相应的对价，如果支付对价相对合理并符合交易习惯，并不属于可行使撤销权的情形。

⑤ 最高人民法院民法典贯彻实施工作领导小组主编：《中华人民共和国民法典合同编理解与适用》（一），人民法院出版社2020年版，第524页。

效债权应具注意以下几点：

（1）合法性。

（2）既存性。债权人合法有效的债权，应当是既存的而非已经消灭或者尚未发生的。如尚未获得求偿权的担保人一般不得行使撤销权。①

（3）无需届期。

（4）数额无需确定。撤销权只是撤销债务人减损责任财产的行为，不能要求相对人向债权人给付，无需对债权人的准确数额进行审理认定。

（5）债权种类不限。不限于金钱债权，如因侵权损害和不当得利造成的金钱追索权。

（6）无需前期司法确权。不过在撤销权的审理过程中，法院也会对债权的上述（1）—（5）特征进行实质性审理。

2. 债权发生时点：诈害行为发生后

一般司法要求诈害行为发生在债权发生之后，常见的实践情况是担保人未代偿债权时，法院不支持其对债务人提出撤销权之诉。②

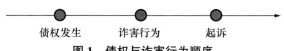

图 1　债权与诈害行为顺序

依据公平和诚信原则，若债权发生在诈害行为之后，债权人仍可以争取行使撤销权。如在"江西华章汉辰融资担保集团股份有限公司、江山市日升工贸有限公司等债权人撤销权纠纷"案③中，法院认为担保人在起诉时，若担保人已实际取得求偿权，则虽然反担保人无偿处分其财产等诈害行为发生于担保人代偿主债务之前，但基于担保人对反担保人进行反担保有较强期待，且反担保债务发生的高度可能性，因此担保人拥有撤销权。

（二）可撤销行为：恶意减损自身财产

具体可撤销行为在本文第二部分已列举，需要讨论的是实践中被撤销行为如何发觉及证据搜集问题，以及在有偿处分行为中"主观恶意"要件的具体内容和

---

① 如（2018）北京高院京民终第552号案件中裁判认为，对尚未确认存在及数额的担保债权不能行使债权人撤销权。且司法主流观点认为，债权需要为诈害行为成立前的债权。参见（2023）浙江省衢州市中级人民法院浙08民终第660号判决书。

② 参见（2020）鲁01民终第11528号判决书，法院认为李某甲仅为涉案借款的担保人，而非主债务人，其转让房屋时涉案借款尚未到期，主债务人是否能够自行清偿借款尚不清楚，对李某甲来说，该笔债务仅为或有债务，而非已存在的当然债务。相应地，对债权人来说，涉案房屋转让时，其对李某甲并不当然享有债权。

③ （2023）浙08民终第660号判决书。

证明方式，然后对不合理价格和对外提供担保这两个事项进行说明。

1. 可撤销行为的发现

债权人能否在日常管理中发现并识别债务人的无偿或有偿诈害行为至为重要，搜集证据向法院主张诈害行为更是胜诉的关键。债权人可运用的发现诈害行为并搜集证据的途径如下：

（1）日常通过债权维护，在公示平台查询债务人不动产、动产与知识产权信息等，关注相关财产的权属变更；

（2）积极运用司法手段，在主债权案件执行中获得线索；

（3）关注债务人公开信息，通过公开裁判文书、公司年报、警方通报与相关新闻等，发现债务人资产变动事实；

（4）有合理怀疑后，可由律师向法院申请对债务人的调查令，进行进一步搜集转让价格、相关合同等证据。

2. 债务人与相对人存在主观恶意

因撤销权涉及对交易自由的干预，成立撤销权还需要债务人与相对人存在主观恶意，即知其交易行为会对债权人实现债权产生负面影响，仍实施该行为的认知。

在无偿处置情况下主观恶意可凭借一般认知被推定，行使撤销权不需证明主观恶意。

在有偿处置情形下，因为行为本身存在一定对价，因此需要证明债务人与相对人存在恶意，以区别于正常交易。法院也可能通过推定方式来判断债务人与相对人的主观恶意。具体如下：

（1）对于债务人延长到期债权的履行期限问题，虽本质是无偿行为，但可能符合商业交易安排或者具有其他正当理由，并不当然对债权的实现造成实质性损害，故需要债权人证明债务人主观上存在恶意。对于债务人的主观恶意，法院也可能通过逻辑推定的方式来判断。如在湖北省黄冈市中级人民法院（2022）鄂11民终第1152号判决书中，法院认为债务人未按照商业逻辑主张结算和确认工程款，使得债务人债权实现受到影响，因此推断债务人具有主观恶意。

（2）债务人以不合理低价转让财产、以不合理高价受让财产时，若与转让市场价格相差较大，一般人都会对该行为损害自身财产有认知，一般而言可以直接认定债务人主观上有恶意。对相对人而言，也显然应当知道这并非正常交易，应认识到异常价格源于债务人逃避债务的意图。实践中只需要债务人的行为有害于债权，且依当时具体情形相对人应当对此是能够知晓的，据此可推定相对人具有恶意。

（3）在债务人为他人债务提供担保情形，无论是有偿还是无偿，很大可能均并非合理对价。证明债务人在无法清偿其他债权的情况下仍提供新担保，相对人应当知道其获得的担保将影响债权人的债权实现，或相对人知道被担保方无偿债能力，则债务人与相对人的主观恶性也可获证。

3. 有偿处分中如何证明不合理高价或低价

在有偿诈害行为中，需要债权人证明债务人交易实施的行为为不合理价格。按照司法解释，低于当时交易地市价的70%一般为明显不合理的低价，高于市价的30%一般为明显不合理的高价。

交易价格是否合理，应结合其他相关因素综合考虑，若部分交易价格偏差虽未突破70%、30%标准，但涉及金额巨大，也属于不合理价格。司法解释也注明，债务人与相对人存在亲属关系、关联关系的，不受上述价格区间限制。

注意法院可能结合市场变动、迅速变现要求、季节条件等因素，认定交易为合理价格。

实践中，债权人可通过选聘评估机构出具评估报告、搜集市场交易案例与援引政府交易指导价等方式，证明交易价格偏离正常市场价值。此外，也可以通过论证交易本身对价的不合理，例如股权转让价格远低于对应股份的股权注册资本，权益转让价格远低于累计投资额等。

4. 可被撤销的对外提供担保

在为他人提供担保的情形下，担保多是无偿担保，即使是有偿担保也大概率未获得合理对价。因此如果债务人自身偿债不能还为他人提供担保可被撤销。[1] 实践中，债务人为其他方提供的执行担保，也可能被判决撤销。[2]

若债务人为他人债务提供担保，理论上需证明债务人在无法清偿其他债权的情况下仍提供新担保，且相对人知道主债务人无清偿能力。

（三）可撤销要件：影响债权人债权实现

1. 诈害影响性判断

债务人的行为是否影响债权人债权的实现，是判断撤销权能否成立的关键问题。例如若债务人资力雄厚，则即使债务人的行为客观上减损了自身财产，但是仍有充足的偿债能力，完全可以保证债权人的债权利益，也不能对此进行撤销。

通说将债务人财产状态"无资力"作为影响债权人实现的重要判定标准。对无资力的判断标准，司法实践中会通过"债务超过""支付不能"等形式进行标准审查，债权人可举证债务人资不抵债进入破产程序、列为失信被执行人、资产负债表异常，或者因财产不足已有其他终本执行等，证明债务人符合"无资力"

---

[1] 参见（2020）最高法民申第2757号判决书。
[2] 参见辽宁省葫芦岛市中级人民法院（2023）辽14民终第1548号判决书。

条件。不过通过结合案件其他要件,部分裁判观点将影响程度降低为"客观上降低了其偿债能力"①。

2. 影响时点判断

对债务人诈害行为的时点判断,最高院明确采用诈害行为时和撤销权行使时均导致债务清偿不能的双重标准。② 即债务人在行使减损自身财产行为时,和债权人提出撤销权之诉时,均需要满足"影响债权人的债权实现"的条件。

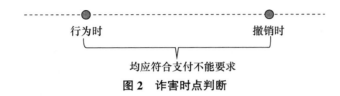

图 2　诈害时点判断

(四) 可撤销范围

根据《民法典》第 540 条规定,撤销权的行使范围以债权人的债权为限。若债权人主张撤销的范围大于债权数额存在不会被全部支持的可能。③ 但该范围并非绝对,如在最高院(2017)最高法民申 910 号案中,最高院认为债权人行使撤销权恢复债务人责任财产是保全全体债权人的利益,行使撤销权的范围故应以保全全部一般债权人的总债权额度为限。

被撤销行为的标的可分的,撤销范围为受影响的债权范围;被撤销行为的标的不可分,债权人可主张将债务人的行为全部撤销。

理论上,受影响的债权范围并不完全等于债权人债权额,因为可能存在其他债权人按比例分配等问题,同时还有撤销产生的人力成本等,这些均会摊薄积极行权的债权人的受偿份额。对于债权人,撤销更多异常行为显然有利于自身债权安全,因此在主张撤销范围时,债权人可积极与法院沟通,争取扩大自身债权的安全边界。

(五) 撤销期间时效

1. 法律对撤销权的行使期限规定

《民法典》第 541 条规定,撤销权人自知道或应当知道撤销事由之日起 1 年内行使撤销权;自债务人的行为发生之日起 5 年内没有行使撤销权的,该撤销权消灭。撤销权的行使期间为除斥期间,除斥期间经过则实体权利消灭④,撤销将无法

---

① 参见最高人民法院(2020)最高法民终第 261 号判决书。
② 最高人民法院民法典贯彻实施工作领导小组主编:《中华人民共和国民法典合同编理解与适用》(一),人民法院出版社 2020 年版,第 538 页。
③ 同上书,第 540 页。
④ 参见最高人民法院(2017)最高法民申第 4765 号裁定书。

被法院支持，不适用中止、中断和延长的规定。①

2. 知道或应当知道的审慎注意义务

根据法律规定，1年的行使期间计算起始日为债权人"知道或应当知道撤销权事由"。

对"知道或应当知道"的判断标准，对于法人债权人，特别是金融机构债权人实践中往往有更严苛的注意要求。如在最高人民法院（2020）最高法民申316号民事判决中，最高院认为凤凰公司作为药科公司的债权人，应当履行审慎的注意义务。凤凰公司在仲裁时查询过药科公司的工商登记档案，因此法院认为其通过工商登记机构查询到《8.6股权转让协议》并不存在客观障碍，最终以工商查询时间作为"知道或应当知道"的起算时点。

甚至有法院对资产管理公司的注意义务标准，提高到了要求资产管理公司具有联想和推断能力，法院在（2017）苏0412民初7304号民事判决书中认为，即使债务人的工商登记材料未显示其持有相对人的相应股权，但相对人的工商登记材料中披露了债务人的股东身份，且债务人的唯一股东是相对人的法人代表，因此资产管理公司未注意到该不合理处置资产的关联交易属于怠于行使权利，1年除斥期间消灭。

（六）诉讼主体资格

根据《民法典合同编通则解释》，撤销权诉讼中债务人和债务人的相对人应为共同被告。

（七）撤销的管辖

根据司法解释，债务人或相对人住所地法院均有管辖权。被告系境外当事人时，撤销权诉讼应按《民事诉讼法》涉外条款确定管辖法院。管辖不受债务人与相对人的合同约定管辖限制。

（八）撤销之诉中的保全与执行

目前司法解释规定了明确的财产保全与执行路径。提起撤销权诉讼后，债权人即可保全相对人持有的原债务人财产。

若要执行相对人财产，分为两种情况：

1. 债权人另已获得与债务人的主债权诉讼裁判文书，根据《民法典合同编通则解释》第46条第3款，在撤销权胜诉后可依据两个胜诉判决对相对人持有的财产进行强制执行，以直接实现自身债权。

2. 若在提起债权人撤销权诉讼时尚未对主债权提起诉讼，可同时要求法院审

---

① 参见崔建远：《合同法》，法律出版社2021年版，第141页；参见最高人民法院民法典贯彻实施工作领导小组主编，同上注11所引书，第546页。

理债权债务关系，在同一个诉讼程序中，实现对债权的确权和撤销请求，然后据此进入对相对人的执行，执行价款偿还债权人。不过如果受理撤销权诉讼的法院对债权确认诉讼没有管辖权，债权人应另行起诉。未对主债权确权的撤销权诉讼进入执行后，理论上可能只能要求相对人向债务人返还财产。

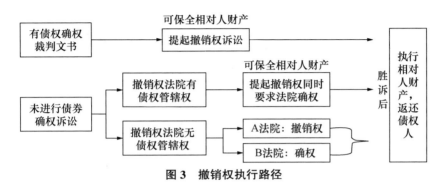

图 3　撤销权执行路径

（九）诉讼费用问题

撤销权之诉是按照非财产案件收费，还是财产案件收费，至今司法无明确答案。经过检索，资产管理公司提起的债权人撤销权诉讼，最终按件收费的案件比例为 56.25%。

非财产案件与财产案件诉讼费差异巨大。按照《诉讼费用交纳办法》，非财产案件每件交纳 50 至 100 元，但财产案件每件按照财产标的阶梯收费。使用财产案件作为诉讼费缴纳标准的法院，往往以债权人提出撤销的标的价值作为计算标准。

关于其他必要费用，《民法典合同编通则解释》明确债权人行使撤销权所支付的合理的律师代理费、差旅费等费用，可以认定为必要费用由败诉债务人承担。

四、实践中影响撤销权的因素

（一）转让物被设置担保或善意取得

实践中，债务人不当处置其财产后，相对人可能会将该财产再次转让或者设定抵押担保。若受让人不知情且交付合理对价并实际获得该财产则属于善意，此时应要求相对人折价补偿给债务人。① 如果受让人不属于善意取得，债权人可请求债务人、债务人的相对人以及非善意取得的受让人承担原物返还的责任。②

---

① 参见广东省佛山市顺德区人民法院（2022）粤 0606 民初第 33907 号判决书。
② 刘贵祥：《关于金融民商事审判工作中的理念、机制和法律适用问题》，载《法律适用》2023 年第 1 期。

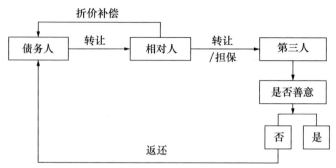

图 4　是否善意取得对撤销权影响

（二）既存诉讼与执行对债权人行使撤销权的影响

1. 第三人撤销之诉救济已被司法确权的诈害行为

若债权人申请撤销的事由已被生效判决确认，债权人大概率不能继续通过债权人撤销权之诉解决问题。① 在此情形下，债权人可对生效判决提起第三人撤销之诉，债权人在知道或应对知道该事由后 6 个月内，对债务人和相对人的司法确权行为提起诉讼。②

2. 已经完成的执行可通过执行回转返还

从法理上来看无论执行是否已完成，都并不影响债权人继续行使债权人撤销权。若执行的依据确有错误的，《民事诉讼法》规定通过执行回转程序获得财产的返还。

此外需要说明的是，根据《最高人民法院关于执行和解若干问题的规定》，执行和解协议③可通过诉讼进行撤销④。实践中，常见的是债务人在和另债权人的诉讼执行中，通过签订执行和解协议低价转让或变相无偿转让自身财产。此时债权人可作为利害关系人提起诉讼，撤销债务人通过和解协议转让的权利义务。

（三）债务人未通知债权人而私下返还财产

在撤销权之诉判决后，受让人可能在未通知债权人的情况下向债务人返还财产。这种情形主要是指，债权人撤销权诉讼已判决撤销债务人的不当处分财产行为，并判令受让人返还财产。受让人未通知债权人而私下向债务人返还财产。如果该私下返还最终导致债务人转移财产而致使债权人的债权无法获得清偿的，不能因此认为受让人履行了债权人撤销权诉讼判决，且受让人还应当赔偿债权人因

---

① 参见山东省胶州市人民法院（2022）鲁 0281 民初第 5443 号裁定书。
② 参照（2023）辽 0212 民撤第 1 号判决书。
③ 根据《最高人民法院关于执行和解若干问题的规定》（法释〔2020〕21 号）规定，和解协议为当事人协商变更生效法律文书确定的权利义务关系的协议，其核心特征为变更生效法律文书确定的权利义务关系。
④ 参见（2023）云 25 民终第 1571 号裁定书。

此受到的损失。①

五、撤销之诉与其他法律制度的协调与衔接

（一）与合同无效之诉的路径选择

对于债务人减损财产权益损害债权人利益的诈害行为，如果债务人与相对人具有串通逃避债务的恶意，除违反债权人撤销权的规定，亦可能违反《民法典》第154条民事法律行为无效的规定。两项制度虽然在权利主体范围、主客观因素、权利客体范围等构成要件上有较大区别，不过法律后果基本相同：无效的或者被撤销的民事法律行为自始没有法律约束力；民事法律行为无效、被撤销或者确定不发生效力后，行为人因该行为取得的财产，应当予以返还；不能返还或者没有必要返还的，应当折价补偿。

某些时候债务人的诈害行为会在两项制度上发生竞合，此时债权人可以根据实际情况选择权利救济路径。②

相较于无效撤销，债权人撤销权对主观恶意的证明力要求较低。无效撤销在主观要件上，要求债权人应证明行为人与相对人之间具有恶意串通的故意和行为。而债权人主张撤销权，主观要件上只需要债权人证明诈害行为影响其债权实现。

相较于债权人撤销权，无效撤销的期限限制更为宽松。合同无效之诉并没有类似债权人撤销权"知道可撤销情形一年内应及时行权、事实发生五年不得撤销"的期限限制，对债权人行使诉讼更为有利。

（二）与破产撤销的异同

破产撤销权与债权人撤销权在文义上具有相似性，二者的法理基础也是相同的。但破产撤销权仅适用于破产程序中，由破产管理人依职权代为行使。破产撤销权不考虑当事人的主观过错，仅考虑客观上行为是否损害全体债权人的公平清偿，且无明确的除斥期间。

二者存在竞合时优先适用破产撤销权。但在管理人怠于行使破产撤销权时，债权人可依据《民法典》的规定依法行使债权人撤销权。

（三）与代位权之诉的衔接

在部分情况下，债权人想要终局性地解决问题可能还需借道债权人代位权制度，从而适用代位权制度中的一系列规则。

司法实践观点认为，债权人撤销权成立后，债务人与相对人之间已经成立的法律关系自始没有约束力，责任财产应当恢复原状，也即债务人应当要求相对人

---

① 参见最高院第118号指导案例。
② 参见最高人民法院民法典贯彻实施工作领导小组主编，同上注11所引书，第534页。

返还相应财产；若债务人怠于行使权利追回相应财产，且债权人撤销权诉讼裁判文书并未明确相对人返还，执行法庭不能对相对人强制执行的，债权人可依法行使代位权。① 关于债权人涉及的代位权相关法律问题，将在后续专门文章解释。

六、启示与建议

（一）密切关注债务人状况

债权人在项目投放前后，应密切关注债务人财产现状与动态，尽到审慎注意义务。若发现债务人任何侵害自身责任财产事项，可能危及自身债权实现的，债权人应及时在法定期限内提出撤销权之诉。

（二）有意识搜集相关证据

根据法律规定，债务人侵害自身责任财产、债务人与相对人具有恶意等应由债权人举证，债权人应注意搜集相关证据，以确保获得胜诉判决。

债权人如发现债务人不当处分财产行为，建议书面通知第三人或相对人，使其知道债务人尚存有其他债权债务关系，为证明相对人存在恶意保留证据。

（三）善于运用多种法律手段

若债务人与相对人转让关系已由生效判决确认，应通过第三人撤销之诉撤销；若破产管理人怠于行使破产撤销权，作为债权人应积极主动进行撤销权之诉；若债务人怠于向相对人主张权利，应通过向相对人执行撤销权判决，或者通过代位权实现。

（四）在诉讼中注意相关细节

为顺利进入执行，应在诉请中明确撤销债务人与相对人交易，并明确要求相对人承担返还或折价赔偿责任，以方便执行庭按照明确判决事项进行执行。

若查明财产已抵押给第三人，可在诉讼请求中请求法院撤销抵押权，争取为财产返还原状获得更大空间。

（五）防范项目受撤销权影响

不合理低价或高价交易、为他人债务设立担保均为可撤销标的，债权人应在尽调中充分考虑交易对手方情况，避免自身交易或担保措施被撤销。

（六）做好收益与成本衡量

应了解债务人是否还有其他被诉案件或强制执行案件，判决财产返还后自己的受偿比例并决定是否提起撤销权之诉。

应在撤销权之前或同时提起给付之诉，要求债务人偿还债务，以保证对债务人的生效判决进入强制执行程序并在执行程序中获得利益。

---

① 参见浙江省温州市龙湾区人民法院（2023）浙0303民初第1884号判决书。

金融资产管理公司接收抵债资产法律问题研究

李沐函

问题的提出

AMC 作为活跃在不良资产市场上的专业机构，在开展业务过程中常会涉及以物抵债或收购抵债资产相关事项。鉴于在现行的民事法律规范中无法找到有关以物抵债的明确规定，司法机关对于以物抵债的裁判观点和态度存在变化。如何保障自身权益实现债权，或顺利处置抵债资产获取收益，已成为 AMC 在开展经营业务中应当关注的问题。本文将通过对于以物抵债这一实践中普遍存在但存在争议的行为所产生的法律效力进行归纳和总结，分析其内在规律，以帮助 AMC 在接收抵债资产过程中妥善解决相关问题，尽量避免风险。

一、以物抵债的概念

实践中对于"以物抵债"称谓的使用已经非常普遍，但以物抵债并不是传统民法上的概念，在我国现行法上也很难找到明确的定义，较为正式的表述也主要出现在一些规范性文件中，比如 2005 年财政部印发的《银行抵债资产管理办法》。2015 年发布的《民诉法司法解释》中第 493 条关于执行中以物抵债裁定的规定则是权威法律规范中第一次明确使用"以物抵债"这一用语，但仍然并未就其具体概念进行揭示。

学者往往也很少就以物抵债的概念进行详细论述，有些直接表述为"以物抵债，即代物清偿"[1]。相较于以物抵债，代物清偿在传统民法中具有更加成熟的理论研究，但在《合同法》中同样无明文规定。关于代物清偿，通说认为，"是指当

---

[1] 刘琨:《以物抵债协议不宜认定为流质契约》，载《人民司法》2014 年第 2 期。

事人之间约定由债务人以其他的给付代替合同约定的给付,债权人予以受领,从而使合同关系消灭"①。长期以来,司法实践对于传统代物清偿制度一直持谨慎态度,法院裁判以及当事人约定,一般使用以物抵债进行表述,而不愿使用代物清偿。② 可见,实践中有一类以物抵债是作为人们对于代物清偿的替代性称谓而逐渐形成。这一类以物抵债,需以他种给付已经受领完成作为构成要件。实践中仍存在另一类型的以物抵债,即仅有当事人合意而未完成他种给付受领,这类以物抵债的形成主要源自当事人解决债务纠纷的现实需要。这一类以物抵债在实践中最为常见,也是司法实践中争议最大的,本文稍后也将针对此问题进行讨论。

一般认为,单纯代物清偿合意之目的在于消灭既存债之关系,而非创设新债之关系。③ 当变更给付内容的意思表示发生于原定给付履行期限已经届满时,当事人之目的在于通过抵债行为清偿旧债务,与传统理论中关于代物清偿合意之目的相一致。然而,实践中同样存在当事人达成以物抵债合意在于消灭旧债务而负担新债务的情况。对于以上两种法律行为,在传统民法理论中存在新债清偿和债的更改两种与之相对应的制度。综上所述,当事人双方达成合意的以物抵债的行为目的而言,以物抵债涵盖了传统民法制度中关于代物清偿、新债清偿、债的更改等概念。

表1　以物抵债概念辨析

	生效条件	合同类型	法律效果
代物清偿	代物清偿合意+实际履行	实践性合同	旧债消灭
新债清偿	达成新债清偿合意	诺成性合同	在新债务未履行前,原债务并不消灭,当新债务履行后,原债务同时消灭
债的更改	变更合意	诺成性合同	新债产生,旧债消灭

实践中,实施以物抵债主要通过以下两种方式:(1)与债务人、担保人或第三人协议以物抵债;(2)通过法院、仲裁机构出具的法律文书确定的以物抵债。AMC可通过上述两种方式作为债权人接收债务人用以抵债的资产,亦可作为收购方收购转让方通过上述两种方式实施以物抵债后所获取的抵债资产。接下来本文将对于以上几种确定以物抵债的方式进行逐一讨论。

---

① 史尚宽:《债法总论》,中国政法大学出版社2000年版,第273页。
② 崔建远:《以物抵债的理论与实践》,载《河北法学》2012年第3期。
③ 陈自强:《无因债权契约论》,中国政法大学出版社2002年版,第290页。

二、协议抵债

在协议抵债中，AMC 与债务人、担保人或第三人协商一致，由债务人、担保人或第三人拥有所有权或处置权的资产作价，偿还债务。这是通过当事方约定所形成的以物抵债，当事人双方达成以他种给付替代原定给付的合意，是产生以物抵债最常见的方式。一般而言，以物抵债的合意既可以发生在原定给付履行期限届满前，也可发生在届满后。对于债务履行期限届满前设立的以物抵债协议，当事人双方关于以物抵债协议中变更给付内容的约定并不需要立即执行，而是约定待将来原定给付发生履行障碍或者设定条件时才付诸实践，此种情形下的当事人目的虽然没有明示为"质押、抵押"，但往往隐含着担保的意味。根据《九民纪要》，在债务履行期届满前达成以物抵债协议的，其应当根据原债权债务关系提起诉讼，人民法院释明后当事人仍拒绝变更诉讼请求的，人民法院应当驳回其诉讼请求，但不影响其根据原债权债务关系另行提起诉讼。

对于已经明确抵押权人或者质押权人在债务履行期届满后要求以抵押物或者质押物抵债的，根据《民法典》第 401 条，抵押权人在债务履行期满前，与抵押人约定债务人不履行到期债务时抵押财产归债权人所有的，只能依法就抵押财产优先受偿。同理，《民法典》第 428 条对于质权人在债务履行期限届满前，与出质人约定债务人不履行到期债务时质押财产归债权人所有的，只能依法就质押财产优先受偿。

根据以上现行的法律及相关解释，金融资产管理公司在日常经营中最稳妥的风险保障措施仍为以物提供有效的抵押或者质押。在债务履行期满前约定以物抵债，如出现法律纠纷，相关以物抵债约定难以得到司法实践支持。因此本文将重点讨论债务履行期间届满后设立的以物抵债协议。

（一）诺成性合同说与实践性合同说之争

诺成性合同指合同主体之间就合同内容达成一致的意思表示，那么合同即成立。实践性合同则指合同双方不仅要形成一致的意思表示，而且仍需债务人实际履行交付义务，债权人实际地受领标的物才成立的合同。对于债务清偿期届满后当事人之间仅达成以物抵债合意，而债权人未现实受领给付的以物抵债协议的成立问题，其解决的问题核心在于诺成性合同说与实践性合同说之争。

关于以物抵债协议究竟属于诺成性合同还是实践性合同，司法实践中，无论在各地高级人民法院还是最高人民法院，对以物抵债协议认识均存在一定变化，具体如下：

1. 部分地方法院观点变化

根据江苏省高级人民法院于 2014 年 4 月 14 日印发的《关于以物抵债若干法

律适用问题的审理纪要》，债务清偿期届满后当事人达成以物抵债协议的，应当按照是否办理物权转移手续区分进行认定与处理。对于尚未办理物权转移手续的，债务人反悔不履行抵债协议，债权人要求继续履行抵债协议或者要求确认所抵之物的所有权的，人民法院应驳回其诉讼请求，当事人要求继续履行原债权债务合同的，人民法院应当继续审理。如若已经按照以物抵债协议办理完成物权转移手续后，一方反悔，要求认定以物抵债协议无效的，人民法院不予支持。

而后，江苏省高级人民法院民一庭在《商品房买卖合同案件审判疑难问题研究——施行十五年回顾与展望》一文中则提到，债务清偿期届满后当事人达成以物抵债协议，尚未办理物权转移手续前，在不存在虚假诉讼的前提下，该以物抵债行为应认定为有效。① 这意味着江苏省高级人民法院关于债务到期后的以物抵债规则的观点发生了变化，从2014年的实践性转变为如今的诺成性。

2. 最高人民法院观点变化

最早出现以物抵债纠纷时，最高人民法院审判此类案件不会过多考虑以物抵债协议的法律性质，审判中更多关注的是以物抵债协议成立的原因和目的。比如在"某工程公司与某 AMC 办事处等借款合同纠纷上诉案"中，最高人民法院认为该 AMC 办事处与工程公司签订的《以物抵债协议书》及《以物抵债补充协议书》均系双方真实意思表示，不违反法律、法规禁止性规定，应为有效，工程公司经多次催告仍未将抵债房产过户给 AMC 的行为已构成根本性违约，AMC 要求解除《以物抵债协议书》《以物抵债补充协议书》两份协议书的诉讼主张成立。②

最高人民法院民一庭曾认为当事人在到期后约定以物抵债，其本质为代物清偿，属于实践性法律行为。债务清偿除了要有债务人的给付行为之外，还需有债权人的受领并取得所有权和占有权，才能发生给付的效果。代物清偿只是给付标的发生改变，作为清偿之目的，仍需实际履行后才能发生清偿，以物抵债同样如此，目的在于用其他资产抵原债，抵债行为并未改变原债的同一性。因此仅有合意，而未实际履行物权转移的，债务并未消灭，抵债的目的也未实现。③ 对此相对应的，在公报案例"成都市国有土地资源局武侯分局与招商（蛇口）成都房地产开发有限责任公司、成都港招实业开发有限责任公司、海南民丰科技实业开发总公司债权人代位权纠纷案"一案中，最高人民法院在审判中认为成都港招公司与

---

① 江苏省高级人民法院民一庭：《商品房买卖合同案件审判疑难问题研究——〈商品房买卖合同司法解释〉施行十五年回顾与展望》，载杜万华主编、最高人民法院民事审判第一庭编：《民事审判指导与参考》总第70辑，人民法院出版社2017年版，第228页。

② 最高人民法院（2004）民二终字第168号。

③ 夏正芳、潘军锋、仲伟珩：《债务清偿期届满后当事人达成以物抵债协议但未履行物权转移手续，该协议效力如何确定》，载《民事审判指导与参考指导性案例》2014年第58辑，第121页。

招商局公司双方协议以土地作价清偿的约定构成了代物清偿法律关系，依据民法基本原理，代物清偿作为清偿债务的方式之一，是以他种给付代替原定给付的清偿，以债权人等有受领权的人现实受领给付为生效条件，在新债务未履行前，原债务并不消灭，当新债务履行后，原债务同时消灭。① 这意味着最高人民法院曾认为，债务履行期届满后的以物抵债性行为，本质上为代物清偿，签订的以物抵债协议属于实践性合同。

在2016年11月30日颁布的《第八次全国法院民事商事审判工作会议纪要》中，最高人民法院在"四、关于房地产纠纷案件的审理（三）关于以房抵债问题"部分，提到"当事人在债务清偿期届满后达成以房抵债协议并已经办理了产权转移手续，一方要求确认以房抵债协议无效或者变更、撤销，经审查不属于合同法第五十二条、第五十四条规定情形的，对其主张不予支持"。最高人民法院在该纪要中确定了债务清偿其届满后达成的以房抵债协议在办理完毕产权转移手续后的法律效力，但仍未进一步明确关于债务清偿其届满后达成的以房抵债协议在办理完毕产权转移手续前是否成立。

而后，2017年最高人民法院发布的第15批指导性案例之案例72号《汤龙、刘新龙、马忠太、王洪刚诉新疆鄂尔多斯彦海房地产开发有限公司商品房买卖合同纠纷案》中已经将以物抵债协议确认为诺成性合同。该案例案情简介如下。汤龙等四人与彦海公司于2013年先后签订多份借款合同，取得对彦海公司合计2.6亿元借款的债权。为担保该借款合同履行，四人与彦海公司分别签订多份商品房预售合同，并办理了备案登记。上述债权到期后，双方经对账确认彦海公司尚欠汤龙等四人借款本息361398017.78元。随后双方重新签订商品房买卖合同，约定彦海公司将其名下房屋出售给汤龙等四人，上述欠款本息转为已付购房款，剩余购房款待办理完毕产权转移登记后支付给彦海公司。双方对账表显示，借款利息分别按照月利率3%和4%、逾期利率10%计算，并计算复利。汤龙等四人向新疆维吾尔自治区高级人民法院起诉称：彦海公司应按约于2014年9月30日向四人交付房屋，但彦海公司至今拒不履行房屋交付义务。故请求判令：彦海公司向汤龙等四人支付违约金6000万元，以及主张权利过程中的损失41.63万元。最高人民法院在判决中明确表示该商品房买卖合同并非为双方之间的借款合同履行提供担保，不属于《民间借贷规定》第24条规定的情形，而是借款合同到期彦海公司难以清偿债务时，双方协商通过将彦海公司所有的商品房出售给汤龙等四位债权人的方式，来实现双方权利义务平衡的一种交易安排。当事人的上述交易安排，并未违反法律、行政法规的强制性规定，亦不属于《物权法》第186条规定禁止的

---

① 最高人民法院（2011）民题字第210号。

流押情形，商品房买卖合同具有法律效力。① 最高人民法院以该案例作为指导性案例确认了以物抵债属于诺成性合同。针对债务履行期限届满的以物抵债协议，最高人民法院的裁判观点逐渐发生着变化，在 2012 年的公报案例中曾确认该类型以物抵债协议为实践性合同，而通过 2017 年指导案例的发布，最高人民法院很大程度上尊重了当事人的意思表示，将以物抵债协议确认为诺成性合同，这种裁判思路对于 AMC 处理以物抵债协议时，具有极为重要的参考价值。

根据《九民纪要》第 44 条，当事人在债务履行期限届满后达成以物抵债协议，抵债物尚未交付债权人，债权人请求债务人交付的，人民法院要着重审查以物抵债协议是否存在恶意损害第三人合法权益等情况，避免虚假诉讼的发生。经审查，不存在以上情况，且无其他无效事由的，人民法院依法予以支持。

（二）以物抵债协议所形成的法律关系

当事人与债务清偿期届满后达成以物抵债协议，在当事人之间形成的法律关系的性质是新债替代了旧债，还是与旧债并存，这也是 AMC 在实践中处理此类纠纷难以回避的问题。

从理论上讲，当事人达成以物抵债协议，可能构成债的更改，即成立新债务，同时消灭旧债务；亦可能属于新债清偿，即新债务与旧债务并存。最高人民法院在处理"某投资公司与某市政公司金融借款合同纠纷执行复议"一案中，认为"市政公司与投资公司签订的《协议》，是双方当事人自行达成的和解协议，其实质是新债清偿协议，由债权人与债务人协商一致，由债务人负担新的债务以履行原有的债务，如新债务不履行，则旧债务不消灭，如新债务履行，则旧债务随之消灭"。② 最高人民法院在 A 公司与 B 房地产公司建设工程施工合同二审民事判决书对于债务清偿期届满后达成以物抵债协议所形成的法律关系有着更为明确的说明，最高人民法院认为基于保护债权的理念，债的更改一般需有当事人明确消灭旧债的合意，否则当事人于债务清偿期届满达成的以物抵债协议一般属于新债清偿。换言之，债务清偿期届满后，债权人与债务人所签订的以物抵债协议，如未约定消灭原有的金钱给付债务，应认定系双方当事人另行增加一种清偿债务的履行方式，而非原金钱给付债务的消灭。③ 在本案中，双方当事人签订了《房屋抵顶工程款协议书》，但并未约定因此而消灭相应金额的工程款债务，故协议性质属于新债清偿协议。

旧债务在新债务履行完毕之前不消灭，旧债务与新债务并存，债权人可通过主张新债务抑或旧债务履行以实现债权。若新债务届期不履行，致使以物抵债协

---

① 最高人民法院（2015）民一终字第 180 号。
② 最高人民法院（2015）执复字第 30 号。
③ （2016）最高法民终字第 484 号。

议目的不能实现的，债权人有权请求债务人履行旧债务，该请求权的行使，并不以以物抵债协议无效、被撤销或者被解除为前提。

最高人民法院法官司伟在《债务清偿期届满后以物抵债协议的性质与履行》一文中提到，法院认定当事人于债务清偿期届满后达成的以物抵债协议的法律性质即新债务与旧债务之间的关系时，应遵循以下基本原则。首先，应尊重当事人的意思自治，若当事人在以物抵债协议中明确约定债务人以某物所有权抵偿所欠债务，自该协议生效时就债权债务关系归于消灭，则该以物抵债协议属于债的更改；若当事人在以物抵债协议中约定债务人以某物所有权抵偿所欠债务，但在债务人就新债务履行完毕前，旧债务并不消灭，则该协议就属于新债清偿。其次，在当事人就旧债务是否于新债务成立时消灭未作约定或约定不明时，人民法院在审判过程中应探究当事人的真实意思，结合当事人就以物抵债进行磋商过程中做出的意思表示，对当事人的真意加以推断。最后，在证据不足以推断当事人是否就新债务成立时消灭旧债务达成合意时，应作出有利于债权人的解释，以保护债权为基本立足点，将以物抵债协议法律性质认定为新债清偿。[1]

（三）风险防范与应对措施

综上，最新司法动态表明债务履行期限届满后设立的以物抵债协议属于诺成性合同，且除非双方当事人明确约定原债权债务关系自抵债协议生效后消灭，否则一般应将其认定为新债清偿，即新、旧债务并存。这对于 AMC 开展相关业务增加了一定的法律保障，但风险仍不容忽视，AMC 仍要对经营中涉及以物抵债的方案进行权衡和调整，最大程度保障自身的权益并规避相应的风险。

1. 在抵债协议中明确约定原债权债务关系不消灭

即使有上述的论证结果，本文仍然建议 AMC 在抵债协议中明确约定原债权债务不消灭，并在抵债完成前做好对于原债权债务的维护工作。

2. 抵债资产交付或完成过户手续前，不解除原债权债务的担保

虽然以物抵债协议自签署即成立，但尚未办理过户登记（动产需交付）则抵债行为尚未完成。换言之，若涉及以不动产抵债，则需要办理过户手续后，方可认定抵债完成，原债权债务才随之消灭。因此 AMC 的业务人员在设计以物抵债方案时需要格外注意，避免出现以物抵债协议一经签署完毕即停止计息、网签备案后则解除抵、质押等安排。

3. 优先选择以非抵押资产来抵债

在 AMC 经营活动中，往往抵债资产就是抵押物。在这种情况下，难免会在实践操作中遇到需要先解除抵押，才能办理抵债资产的网签备案的矛盾。在无法避

---

[1] 司伟：《债务清偿期届满后以物抵债协议的性质与履行》，载《人民司法》2018 年第 2 期。

免抵债资产为抵押物时，应注意分批解押、分批抵债，维持一定的抵押率，充分保障自身权益。

4. 关注抵债行为是否损害他人权利

AMC在进行以物抵债过程中，往往会留有一定的安全边际，按评估值的一定折扣来抵债。当债务人可能还存在其他债权人，但唯一可变现财产被抵债，这种情况势必会导致其他债权人利益受损。根据《民法典》第539条的规定，债务人以明显不合理低价转让财产，对债权人造成损害，且受让人知道该情形的，债权人可以请求人民法院撤销转让协议。因此，AMC需注意被其他债权人主张撤销的风险。

另外，当抵债资产上还存在其他权利人的权利时，也会增加以物抵债的风险。以在建工程为例，债务人往往可能还拖欠着工程款。根据《民法典》第807条，债务人无法偿还工程款时，施工方可以要求拍卖、变卖在建工程，并以所得价款优先受偿，且工程款债权要优先于抵押权人的债权。如果在建工程被抵债给某个债权人，会导致工程款优先权无处实现，这显然损害了施工方工程款的优先权，该以物抵债行为的效力均存在不稳定性。

三、通过法院、仲裁机构出具的法律文书确定以物抵债

《民法典》第229条规定："因人民法院、仲裁委员会的法律文书或者人民政府的征收决定等，导致物权设立、变更、转让或者消灭的，自法律文书或者人民政府的征收决定等生效时发生效力。"通过法院、仲裁机构出具的法律文书确定的以物抵债，焦点问题在于关于以物抵债的各类法律文书是否可以直接引起物权发生变动的效力。下面本文将对于法院、仲裁机构出具的法律文书确定的以物抵债分类逐一进行讨论。

（一）法院、仲裁机构出具的以物抵债判决书或裁决书

由于仲裁委员会出具的裁决书与法院作出的判决书具有相同的效力，本文为简化表述，后文以人民法院作出的判决书作为本小节所讨论情况的法律文书代表进行讨论。以物抵债判决书是在审判程序中，法院依照当事人间的以物抵债协议判决以物抵债。一般认为，能够直接引起物权变动的判决书限于法院作出的形成判决，给付判决、确认判决以及各种命令、通知等均不能发生直接引起物权变动的效力。给付判决是指法院认可原告请求权的存在，判令被告履行的判决。例如，张三购买李四的房子，双方签订房屋买卖合同，后因房价上涨，李四在订立买卖合同后不愿履行合同，张三起诉至法院，请求法院判决李四继续履行合同，法院最终判决李四继续履行合同，协助张三办理过户手续。该情形下，法院仅以判决明确以物抵债协议的效力，并以判决的拘束力督促债务人履行以物抵债协议，此

类给付判决并不直接发生物权变动效力。而确认判决为确定某种法律效果或法律关系是否存在的判决。在该情形下,法院以判决的确定力确认当事人间以物抵债协议有效,同样不发生物权变动的效力。在取得上述两种判决后,仍需要债务人将抵债资产所有权变更至债权人名下,以物抵债才得以履行、原债得以消灭。

形成判决是指变更、消灭当事人之间原来存在且没有争议的民事法律关系的判决,法院应债权人行使形成权的需要,以形成判决的形成力直接变动抵债资产所有权。比如重大误解或显失公平的民事行为的撤销权、债的保全撤销权等。然而,我国实体法并未明确规定在审判程序中债权人享有以物抵债处分权的情况,实践中以形成判决确认以物抵债的情况十分罕见。

因此,在几种类型的判决中,只有形成判决具有自动发生物权变动的效力,但在实务中,以形成判决确定以物抵债的情况十分罕见。当 AMC 在拿到以物抵债给付判决或确认判决后,应尽快督促债务人履行判决中的相应义务,如若债务人拒不履行则应及时依据法院判决申请法院强制执行,以保障自身权益。

(二)执行阶段法院出具的以物抵债裁定书

对于以物抵债裁定是否能够直接发生物权变动的效力这一问题,《最高人民法院关于适用〈中华人民共和国民法典〉物权编的解释(一)》第7条已经明确规定,拍卖成交裁定书、以物抵债裁定书是导致物权设立、变更、转让或者消灭的人民法院、仲裁委员会的法律文书。根据最高法院相关司法解释、通知、批复,不动产、有登记的特定动产或者其他财产权成交或者抵债后,该不动产、特定动产的所有权、其他财产权自拍卖成交或者抵债裁定送达买受人或者承受人时起转移。

执行阶段中的以物抵债,是指被执行人的财产折价给申请执行人,用以抵偿已被生效法律文书所确定的原债务。早在1992年,按照已经失效的《关于适用〈中华人民共和国民事诉讼法〉若干问题的意见》第301条和302条以及《最高人民法院关于适用〈中华人民共和国民事诉讼法〉的解释(2022修正)》第489、490条,分别对应两种以物抵债情形分别可称为自愿性以物抵债和强制性以物抵债。①

其中,强制性以物抵债对于被执行人财产无法拍卖或变卖的,经申请执行人同意的,法院可以将执行财产强制以物抵债给申请执行人。根据该规定人民法院以房抵债的前提是被执行人的房屋无法拍卖或变卖,当其财产被查封、扣押后,不能直接用于强制抵债,而应先进行拍卖或变卖,只有无法拍卖或变卖,或者拍卖或变卖不成后,才可以强制性抵债。执行法院已经到相关登记部门办理的查封

---

① 王文静:《民事执行中自愿性以物抵债问题研究》,载《法制博览》2017年第7期。

登记手续及执行法院的拍卖公告等操作方式本身也具备了一定的公示作用,但该公示作用并不能替代办理过户登记手续。

而另一种自愿性以物抵债是指双方当事人不经过拍卖、变卖程序,自愿以被执行人的财产折价给申请执行人以抵偿已经生效法律文书所确定的原债务。根据《最高人民法院、国土资源部、建设部关于依法规范人民法院执行和国土资源房地产管理部门协助执行若干问题的通知》第 26 条规定:"经申请执行人和被执行人协商同意,可以不经拍卖、变卖,直接裁定将被执行人以出让方式取得的国有土地使用权及其地上房屋经评估作价后交由申请执行人抵偿债务,但应当依法向国土资源和房地产管理部门办理土地、房屋权属变更、转移登记手续。"

无论是否经历过上述查封、拍卖公告等特殊程序,债权人所取得的以物抵债裁定书均能带来物权变动的效力。但值得注意的是,在尚未完成物权变动登记的情况下,仍存在一定风险,譬如无法对抗善意第三人。实践中也存在类似案例,最终法院判决第三人善意取得抵债资产所有权。① 由此可见,AMC 在接收以执行阶段法院出具的裁定书确定的抵债资产时,要注意以下问题:

执行阶段所取得的以物抵债裁定书可直接导致物权变动的效力,以物抵债随之完成,原债权债务关系消灭,如发生抵债资产因无权处分被第三人善意所取得的情况,那么 AMC 能够主张的是对于无权处分人请求损害赔偿的权利。

为避免上述情况的发生,AMC 在实际情况允许的情况下,应及时办理不动产变更登记,确保抵债资产的公示效力,避免他人无权处分,从而保障后续对于抵债资产的顺利处置以及收益实现。

在无法办理物权过户手续的情形下,AMC 应采取譬如根据当地不动产登记政策去办理相关备案手续或要求执行法院向相关登记机关发送协助执行文件或其他相关文件等措施,尽可能在物权登记上设置一定保护,以避免第三人善意取得类似事件的发生。比如,在具体实践中广东地区可持以物抵债裁定书和执行通知书去相关登记机关备案。

(三) 关于以物抵债的民事调解书

除了在上述强制执行阶段当事人可能自愿达成以物抵债外,在诉讼过程中,当事人也可能达成以物抵债的合意。若当事人在法院主持下达成以物抵债的调解协议并由法院制作的调解书,该调解书是否属于《民法典》第 229 条规定的能够直接引起物权变动的法律文书?

根据《民法典》第 229 条的表述,调解书并没有被明确排除在外,故实践中不少人认为以物抵债调解书可以发生物权变动的效力。最高人民法院研究室答复:

---

① 最高人民法院(2015)民申字第 419 号判决书。

"《物权法》第28条规定的'法律文书'包括判决书、裁定书和调解书。但以物抵债调解书是对当事人签订的以物抵债调解协议的合法确认,并非具有变动物权权属的形成性质。经确认的调解协议仍然需要债务人履行清偿行为,因此,以物抵债调解书并非能够直接引起抵债资产物权变动。"[1]

本文赞同最高人民法院研究室的观点,认为以物抵债调解书不具有引起物权变动的效力。调解书是对于当事人之间已经达成的调解协议的确认或者作为一种调解的结果,其在当事人之间产生约束力,只能解决当事人之间的争议,调解书不能对第三人产生不利的影响,最高人民法院在《最高人民法院关于适用〈中华人民共和国民法典〉物权编的解释(一)》第7条明确规定,关于分割共有的不动产或者动产案件中作出的调解书是能够引起物权发生变动的。这也间接表明能引起物权发生变动的调解书范围仅限于此。以物抵债调解书不应具备确认权属关系的效力,更不应具备能够直接引起物权发生变动的效力,否则就可能会影响到第三人的利益。为防止上述情形的发生,最高人民法院关于适用《中华人民共和国民事诉讼法》的解释第355条规定:"当事人申请司法确认调解协议,有下列情形之一的,人民法院不予受理:……(五)调解协议内容涉及物权、知识产权确认的。人民法院受理申请后,发现有上述不予受理情形的,应当裁定驳回当事人的申请。"

那么经人民法院审查并且经当事人签收的以物抵债调解书究竟具有何种效力?调解书在当事人之间具有类似判决书的法律效力,在性质上调解书只存在为一种形式即确认调解书。[2] 以物抵债调解书是法院对以物抵债调解协议的确认,AMC在接收以法院出具的调解书确定的以物抵债资产时可参照本文第二部分协议抵债中"(三)风险防范与应对措施"作同类处理。

四、AMC 收购抵债资产

AMC 开展的不良资产包收购业务中,不乏资产包中包含原债权人已实施以物抵债的资产。本文将分别讨论金融资产公司收购抵债资产时所需注意的法律问题。当抵债资产为无需办理过户登记的动产时,抵债资产的所有权自交付起转移,AMC 在实践中应要求转让方及时交付动产,以保障对于抵债资产的后续顺利处置,在此不做分类讨论,以下分类主要针对房地产等不动产形式的抵债资产。

---

[1] 张军主编、最高人民法院研究室编:《最高人民法院研究室关于以物抵债调解书是否具有物权变动效力的研究意见》,《司法研究与指导》(总第2辑),人民法院出版社2012年版,第138—142页。

[2] 吴光荣:《也谈依法律文书发生的物权变动——兼评〈物权法司法解释一〉第7条》,载《法律适用》2016年第5期。

（一）抵债资产转让方已经取得抵债资产权属并办理过户登记的

在接收此类抵债资产商业目的在于取得抵债资产长期持有增值的情况下，AMC 应及时办理抵债资产过户登记，及时成为抵债资产的权利人。

在接收此类抵债资产商业目的在于近期对外转让获取收益的情况下，AMC 应及时根据当地不动产登记中心政策进行备案，确保在登记层面留痕，避免他人一物二卖，从而保障后续对于抵债资产的顺利处置以及收益实现。

（二）抵债资产转让方已经取得抵债资产权属但并未办理过户登记的

对于转让方已取得抵债资产权属但并未办理过户登记手续的情形，比如抵债资产转让方已经取得法院出具的以物抵债裁定，但转让方未办理抵债资产过户登记的，AMC 应注意以下问题：

对于接收此类抵债资产商业目的在于取得抵债资产长期持有增值的情况，AMC 可要求转让方办理过户登记手续完毕后再行收购。或 AMC 在抵债资产名义权利人的配合下将抵债资产从名义权利人直接过户至 AMC 名下，且与转让方在资产转让协议等相关协议文本中明确约定过户税费的承担方式。为确保名义权利人届时配合办理相关过户手续，具体操作可采取将名义权利人纳入转让协议签署主体或取得其出具的相关书面承诺。

对于接收此类抵债资产商业目的在于后续通过处置抵债资产获取收益的情况，AMC 在支付转让价款前，应确保转让方已根据当地不动产登记政策对于抵债资产进行了相关备案手续，从而尽量降低第三人从债务人处善意取得的可能性。

另外，在后续处置抵债资产过程中可能涉及多道过户税费，AMC 对于抵债资产过户税费及相关所欠费用同样需要在与转让方签署的资产转让相关协议及后续处置过程中与受让方签署的资产转让相关协议中根据商业安排明确约定。同理，由于 AMC 上述安排下并未实际取得抵债资产所有权，AMC 在处置该类型抵债资产时应要求转让方即抵债资产权利人对于抵债资产的处置进行追认，避免无权处分所产生的法律责任，或是充分披露上述瑕疵和风险，取得买受人放弃抗辩的承诺。

（三）抵债资产转让方未取得抵债资产权属

AMC 在收购抵债资产时需注意，当转让方通过协议或调解书的方式实施以物抵债，但尚未取得抵债资产所有权时，其无权以物权转让形式对外转让抵债资产，其对外转让的为以物抵债协议或调解书项下的请求权。当 AMC 拟收购转让方以物抵债协议项下的请求权时，应注意以物抵债协议中是否存在关于旧债是否消灭的约定，如未约定旧债消灭，则需在资产转让协议中明确约定转让方在基础债权协议及以物抵债协议中的一切权利一同转让，AMC 有权在旧债与新债之间择一要求债务人履行。当 AMC 收购转让方调解书项下的请求权后，在债务人不履行调解书相关约定的情况下，应注意及时向法院申请执行。另外需要注意的是，AMC 从转让方收购以物抵债协议或调解书项下的请求权虽无需经过债务人的同意，但请求权的转让涉及债务人向谁履行债务有效的问题。因此 AMC 在与转让方签署相关转让协议时，与转让方约定明确有关通知债务人的义务也是 AMC 在实际推进业务过程中不容忽略的细节。

AMC 在收购不良资产过程中，常会遇到转让标的中包含转让方通过协议抵债方式确定的抵债资产或不良资产包内抵债资产已经多次流转的情况，转让方及转让方前手均未办理过户登记手续，且在流转过程中，抵债资产权属未曾发生转移，上述两种情况下转让方以物权形式对外转让抵债资产均属于无权转让。比如，债权人 A 取得债务人的抵债资产，A 将抵债资产协议转让给 B，但 B 在未办理抵债资产的过户登记手续的情况下，将抵债资产协议转让给 C，C 又转让至 D，D 现在拟转让该抵债资产，某 AMC 拟收购该抵债资产。在这种情况下，D 转让抵债资产属于无权处分，AMC 拟收购抵债资产，需应注意追溯至抵债资产的权利人 A，要求抵债资产的权利人 A 对于 B 的转让行为进行追认，B 对于 C 的转让行为进行追认，同理 C 对于 D 转让行为进行追认，这一系列追认完成确保转让方不属于无权处分后，AMC 方可收购该抵债资产。

五、结论

根据梳理，最高人民法院目前对于债务履行期届满后设立的以物抵债协议的态度逐渐趋于尊重当事人的意思自治，认为该类以物抵债协议为诺成性合同，除非当事人双方明确约定原债权债务关系自协议生效后消灭，否则一般应认定为新债清偿。对于以物抵债相关的法律文书，只有拍卖成交裁定书、以物抵债裁定书具有直接引起物权变动的效力，以物抵债确认判决、给付判决以及调解书均不具备引起物权变动的效力。因此，AMC 在实施以物抵债时应厘清上述各种方式所形成的法律关系，并充分防范风险。

AMC 在收购抵债资产过程中，由于基础债权实施以物抵债的方式各异，且基础债权可能已经过多次流转，应充分考虑各个交易环节中抵债资产权属及以物抵债所形成的法律关系的变化过程，避免因转让方无权处分、转让方未办理过户登记手续、抵债资产多次流转所可能导致的包括第三人善意取得在内的一系列风险。

以物抵债虽然是 AMC 的老业务，但其中的风险不容忽视。对于司法机关对以物抵债产生的新观点、新态度，AMC 需及时掌握，防范风险。

债务追偿中公司人格否认制度适用规则研究

周 游

公司人格否认，是指公司股东滥用公司法人独立地位和股东有限责任来逃避债务，严重损害债权人利益时，债权人可以越过公司的法人资格，直接请求滥用公司人格的股东对公司债务承担连带责任的法律制度。公司人格独立和股东有限责任是公司法的基本原则。否认公司独立人格并适用否认制度，是股东有限责任的例外情形。

旧《公司法》第 20 条、第 63 条对公司人格否认进行了概括性规定。但其模糊性以及案件的复杂性，[①] 常常造成"标准把握不严而滥用这一例外制度的现象，同时也存在因法律规定较为原则、抽象，适用难度大，而人民法院不善于适用、不敢于适用的现象"。为统一裁判思路、规范法官自由裁量权，最高院《九民纪要》对公司人格否认制度进行了全面、细致的规定，不仅回应了实践中适用情形的争议，也明确了具体的适用标准。2024 年 7 月 1 日施行的新《公司法》在《九民纪要》以及最新司法实践的基础上，将人格否认制度的适用范围由原本的纵向人格否认扩张至横向人格否认，进一步加大了对债权人利益的保护。

一、公司人格否认的适用情形

以偿债主体为区分标准，适用人格否认的情形包括正向否认、横向否认与逆向否认。其中，正向否认由新《公司法》第 23 条第 1 款规定，意在否认公司人格而追究其背后股东的连带责任；该条第 2 款则规定了横向否认制度，即否认关联公司各自的独立人格，将其视为一体，对任一公司的债务承担连带责任；逆向否认尚无法律规定，其强调由公司替其股东承担责任，或母子公司中由子公司替母公司承担责任。

---

① 朱慈蕴：《公司法人否认：从法条跃入实践》，载《清华法学》2007 年第 2 期。

（一）正向否认

该情形包括一人公司股东对公司债务承担连带责任，也包括非一人公司的部分或全部股东对公司债务承担连带责任，比如：

河南高院在（2018）豫民再168号民事判决书中认为，于某与D公司符合人格混同的条件。从主体上看，于某对D公司的经营管理具有实质控制能力。从行为上看，于某作为D公司的股东不按法定方式行使其权利，而是任意将个人行为代替公司的经营行为，使公司丧失经营自主性，这已经完全背离了财产分离的原则。从结果上看，由于财产与经营的混同导致于某与D公司人格混同，并且也已实际造成债权人权利落空的后果。故债务人股东于某应当对债务承担连带责任。可见，正向否认通常应从主体、行为及结果等三个方面予以证成。

在（2018）鄂民终1270号案中，债务人Q公司股东登记虽为二人，"但二人为夫妻，且Q公司设立于双方婚姻存续期间。二人未举证证明双方对其婚前财产或婚后所得财产归属进行了约定，而债务人公司设立于双方结婚后，故应认定其注册资本来源于夫妻二人的共同财产。其后，二人均实际参与了Q公司的管理经营，Q公司实际由夫妻双方共同控制"，据此，应认定Q公司系实质意义上的"一人公司"。其次，从公司财产混同角度看，"Q公司在为同一所有权实际控制的情况下，难以避免公司财产与夫妻其他共同财产的混同"。在此情况下，二人应当对债务承担连带责任。

（二）横向否认

横向否认指公司债权人诉请该公司的关联公司对该债务承担连带责任。除新《公司法》第23条第2款对该制度有所规定外，最高人民法院也对此发布了第15号指导案例。

指导案例中，连带责任主体之间存在人员上的混同关系：J公司与R公司的股东相同，均为王某等人。虽然C公司股东与之不同，但拥有90%股份的控股股东张某系王某之妻。C公司的其他股东均为J公司的高级管理人员。此外，三者财务负责人及出纳均为同一人，其他高级管理人员存在交叉任职，且重要部门任职人员相同，构成人员混同。

除存在人员混同外，还存在业务混同：三公司登记的经营范围均涉及工程机械且基本重合。在实际经营中，三公司均经营工程机械相关业务。另有证据显示三公司在对外进行宣传时信息混同、未作区分。

最后，三公司存在以账户共用、资金共同支配为重要表现的财务混同情况。基于上述，三公司无视各自独立之人格，随意混淆业务、财务、资金，相互之间界限模糊，无法严格区分，使得交易相对人难以区分准确的交易对象。三公司还刻意安排将业务成本统计于C公司名下，客观上削弱了C公司偿债能力，有滥用公司独立人格以逃废债之嫌疑。据此，三公司构成人格混同，损害了债权人的利益，应对 C 公司的债务承担连带责任。

（三）逆向否认

逆向否认是指公司对股东的债务承担连带责任，在具体案件中适用的成功率并不高，裁判逻辑大都认为该情形突破了新《公司法》第 23 条（旧《公司法》第 20 条）有关"公司股东滥用公司法人独立地位"的限制，如山东省高级人民法院在（2017）鲁民终 1536 号民事判决书中认为：《公司法》在明确否认法人人格的条件下，只规定了"股东对公司债务承担连带责任"，而没有规定公司对股东债务承担连带责任，吉某请求 J 公司对吕某个人债务承担连带责任不符合上述法律规定，对其请求事项不予以支持。

二、公司人格否认的司法现状

目前看，最高人民法院适用公司人格否认的态度较为审慎。作为例外情形，该制度在程序上，应以当事人主张为前提，人民法院不得依职权主动适用。在实体上，须同时具备新《公司法》第 23 条所规定的主体要件、行为要件和结果要件，避免因滥用该制度而动摇法人人格独立原则的基石。

长期以来，各级法院同样秉持以"慎用"态度，如《陕西省高级人民法院民二庭关于公司纠纷、企业改制、不良资产处置及刑民交叉等民商事疑难问题的处理意见》规定："……在公司法人人格独立和公司法人人格否认的关系上，前者始终属于本位的主导性规则，后者仅为适用于特定场合和特定事由的例外性规定而已。在审判实践中一定要审慎适用，防止滥用……"

通过检索发现：2017 年至 2024 年间，最高人民法院及各高院以"人格否认""刺破公司面纱""连带责任"为主文关键词的案例共 92 则。[①] 其中，法院判决支持否认公司人格的案例共 39 则，占比 42%；法院不支持否认公司人格的案例共 53 则，占比 58%。换言之，取样样本中人格否认率比较低。不同适用情形中，样本案例反映出较为类型化的裁判规则，现分而述之：

（一）正向否认

取样案例中，正向否认的适用情形占比较大，其适用条件与认定标准也较为

[①] 案例筛选规则如下：（1）中国裁判文书网公布的案件；（2）2017 年至 2019 年间，最高人民法院、各高级人民法院所做出的判决、裁定；（3）裁判文书主文中含有"人格否认""刺破公司面纱""连带责任"等关键词。通过上述规则检索出案例共个 92 个（剔除掉基于同一事由不同主体提起的相似案件），包括（2019）最高法民终 569 号、（2019）赣民中 123 号、（2019）云民申 201 号、（2019）冀民终 629 号、（2018）川民再 687 号、（2019）沪民申 2362 号、（2018）赣民终 401 号、（2018）湘民再 149 号、（2016）最高法民终 819 号、（2018）鄂民终 1270 号、（2018）甘民申 1651 号裁定、（2017）最高法民申 2889 号、（2017）最高法民申 4065 号、（2017）鲁民终 1536 号等。

统一。其中不予否认的案件有 26 例，以下为代表性案例：

1. 关于主体要件。在（2017）川民申 5625 号、（2017）鲁民终 1536 号案中，在股权让与担保情形下，名义股东非公司实质意义上的股东，不满足适用条件中的主体要件。

2. 关于混同特征的同时证成。在（2018）最高法民申 656 号、（2017）最高法民申 4065 号、（2016）最高法民再 306 号等案件中，公司债权人无法"同时"证明公司与公司股东在人员、业务、财务三方面存在混同。

3. 关于滥用行为①的主观故意。在（2018）鄂民申 1313 号等案中，若股东没有逃避其参股公司债务的故意，亦不能否认公司人格。

4. 关于滥用行为与债权人损失之间的因果关系。在（2017）川民申 5625 号、（2019）冀民终 629 号案中，法院认为股东滥用权利的行为与债权人损失之间须存在因果关系，且唯有否认法人人格方能保护债权人的利益。若因果关系无法证成，则不能否认公司人格。

5. 关于举证责任。在一人公司的正向否认适用情形中，应明确适用举证责任倒置规则，由一人公司的股东承担举证责任，如（2018）鄂民终 1270 号案。在其他正向否认案件中，尽管无明文规定，但法院倾向于主张人格否认的债权人承担初步的举证责任，证明存在混同情形，如（2018）辽民终 216 号、（2017）川民申 5625 号案等。

（二）横向否认

新《公司法》颁布出台之前，指导案例为该情形提供了较为明确的裁判依据，但需要注意：尽管指导案例所确定的规则在过往实践当中获得了高度认可与广泛运用，但法官用以说理的依据仍存在较大差异。如在（2017）最高法民申 2889 号案中，法官认为"《公司法》第 20 条第 3 款规定了在一定法律条件下排除股东的有限责任，但若关联公司构成人格混同的，且严重损害债权人利益，可参照该条规定由关联公司相互之间对外部债务承担连带责任"。而在（2017）最高法民申 1162 号、（2018）湘民申 2627 号案中，法官则直接援引适用了第 15 号指导案例。未来，新《公司法》将会为此类案件统一裁判标准提供坚实的法律依据。

（三）逆向否认

对于逆向否认的适用情形，法院支持和反对立场差异较大。值得注意的是，不予否认的法院大都认为逆向否认突破了新《公司法》第 23 条（原 20 条）公司人格否认的主体限制；而适用逆向否认时，法院说理理由则各有不同：如在

---

① 《公司法》第 20 条第 3 款规定的滥用行为，实践中常见的情形有人格混同、过度支配与控制、资本显著不足等。

（2017）新民终267号案中，法院认为：对一人公司适用法人人格否认，可以发生两种结果：一是导致一人公司股东的无限责任，即由股东承担公司的责任；二是在否认公司拥有独立人格的情况下，将本应作为相互独立的公司及其背后的股东视为同一主体，由公司为其单独股东负担责任，以保护债权人的合法利益。

三、新《公司法》对制度适用的影响

如前所述，新《公司法》第23条第2款首次吸纳了横向人格否认规则，解决了司法实践中长期以来裁判依据缺位的困境，与既有的正向否认规则一同构建起公司债权人保护的城墙。然而，横向人格否认制度并非新概念，无论是最高院公报案例还是指导案例，均一定程度上为司法裁判提供了思路与参照。此后的《九民纪要》对滥用行为种类与具体特征进行了规定。

对比来看，新《公司法》第23条遵循主体、行为、结果三要件立法技术，即公司股东或者股东利用其控制的两个以上公司滥用公司法人独立地位和股东有限责任，逃避债务，严重损害公司债权人利益的，应当对公司债务承担连带责任。显见，"滥用公司法人独立地位和股东有限责任，逃避债务"这一行为要件的证成是此类案件审理的关键。

新《公司法》并未对该行为的具体情形进行列举，规则适用时，仍需借助《九民纪要》中的裁判规则予以判断，即该纪要第11条规定，控制股东或实际控制人控制多个子公司或者关联公司，滥用控制权使多个子公司或者关联公司财产边界不清、财务混同，利益相互输送，丧失人格独立性，沦为控制股东逃避债务、非法经营，甚至违法犯罪工具的，可以综合案件事实，否认子公司或者关联公司法人人格。结合检索到的案例，其判断标准主要包括如下三点：

首先，公司人格否认最根本的判断标准在于公司是否具有独立意思和独立财产，最主要的表现是公司的财产与股东的财产是否混同且无法区分。在认定是否构成人格混同时，应当综合考虑以下因素：（1）股东无偿使用公司资金或者财产，不作财务记载的；（2）股东用公司的资金偿还股东的债务，或者将公司的资金供关联公司无偿使用，不作财务记载的；（3）公司账簿与股东账簿不分，致使公司财产与股东财产无法区分的；（4）股东自身收益与公司盈利不加区分，致使双方利益不清的；（5）公司的财产记载于股东名下，由股东占有、使用的；（6）人格混同的其他情形。

在样本案例中，绝大多数法官在说理时均同时提及财产混同、人员混同、业务混同。但不乏只对人格混同进行论证的案例，如（2018）甘民申1651号。《九民纪要》对此进行了明确："在出现人格混同的情况下，往往同时出现以下混同：公司业务和股东业务混同；公司员工与股东员工混同，特别是财务人员混同；公

司住所与股东住所混同。"人格混同是人民法院审查时的关键,而其他方面的混同往往只是人格混同的补强,无需同时具备。

其次,"过度支配与控制"标准较大程度上暗合了逆向否认、横向否认的适用情形。正如《九民纪要》指出的:公司控制股东对公司过度支配与控制,操纵公司的决策过程,使公司完全丧失独立性,沦为控制股东的工具或躯壳,将会严重损害公司债权人利益。而实践中常见情形包括:(1)母子公司之间或者子公司之间进行利益输送的;(2)母子公司或者子公司之间进行交易,收益归一方,损失却由另一方承担的;(3)先从原公司抽走资金,然后再成立经营目的相同或者类似的公司,逃避原公司债务的;(4)先解散公司,再以原公司场所、设备、人员及相同或者相似的经营目的另设公司,逃避原公司债务的;(5)过度支配与控制的其他情形。

在出现控制股东或实际控制人控制多个子公司或者关联公司,滥用控制权使多个子公司或者关联公司财产边界不清、财务混同,利益相互输送,丧失人格独立性,沦为控制股东逃避债务、非法经营,甚至违法犯罪工具的,子公司或者关联公司法人人格或将被否认进而被判令承担连带责任。该条文则从正面回应了实践中逆向否认、横向否认的可适用性问题,具有重要意义。

最后,资本显著不足是指公司设立后在经营过程中,股东实际投入公司的资本数额与公司经营所隐含的风险相比明显不匹配。股东利用较少资本从事力所不及的经营,表明其没有从事公司经营的诚意,实质是恶意利用公司独立人格和股东有限责任把投资风险转嫁给债权人。

就资本显著不足这一情形来看,人民法院借此否认公司法人人格的司法判例相对较少。样本案例均不涉及此类型行为,在非样本案件中,债权人主张债务人资本显著不足而股东应对公司债务承担连带责任的案件大都以法院未能支持其主张告终,如(2010)陕民再字第00013号、(2011)皖民二终字第00111号等。在我国公司资本改革不断深入的当下,尤其是法定资本制的取消以及认缴资本制的确立,公司资本"充足"与"不充足"的简单区分无法为公司法人人格否认制度确定适用的尺度。进一步讲,对股东通过滥用行为侵害债权人权益的主观故意,公司资本与偿债能力的相对关系,通过高分红、高工资抽逃出资等主客观相统一的因素进行通盘考虑更为稳妥。

尽管《九民纪要》根据不同情形确定了当事人的诉讼地位,但相关规则并未对逆向否认、横向否认情形中子公司、关联公司处于何种诉讼地位作出规定,该情况值得进一步关注。

四、对不良资产业务债务追偿的启示

面对债务人企业大股东滥用控制权导致多个子公司或者关联公司财产边界不清、财务混同,各主体间利益相互输送,不当贬损债务人偿债能力的窘境,债权人如何最大限度保障自身债权权益?公司人格否认制度在以下方面能够为此提供解答:

(一)利用公司人格否认制度扩大偿债主体范围

如前所述,正向否认具有明确的法律依据,债权人可根据具体案情适用如下规则:(1)债权人对债务人公司享有的债权已经由生效裁判确认,可另行提起公司人格否认诉讼并请求股东对公司债务承担连带责任的,此时列股东为被告,公司为第三人;(2)债权人对债务人公司享有的债权提起诉讼的同时,可一并提起公司人格否认诉讼,请求股东对公司债务承担连带责任。此时可列公司和股东为共同被告;(3)若债权人对债务人公司享有的债权尚未经生效裁判确认的,直接提起公司人格否认诉讼应以追加公司为共同被告为前提。

尽管《九民纪要》未明确逆向否认、横向否认情形中各方主体的诉讼地位。但样本案例显示,债权人不妨将实施滥用行为公司的子公司或关联公司列为共同被告,请求法院认定前两者与债务人公司之间人格混同,进而由子公司或关联公司对债务承担连带责任。

(二)利用公司人格否认制度证据规则对人格否认予以证成

鉴于公司人格否认的证据多为公司内部信息,由债权人承担全部举证责任事实上是不可行的。故此类案件中,举证规则通常为:由主张人格否认的债权人承担初步的举证责任,再由债务人举证证明其不存在滥用公司人格的情形。[1]

(三)利用公司人格否认制度扩大诉讼管辖法院范围

样本案例显示,公司人格否认所涉及案例的案由通常为公司股东侵害公司债权人权益纠纷。但该类案件中债权人也可以采取侵权索赔方式提出主张。在(2018)湘08民初52号案中,法官认为:"L公司与Y公司虽然在工商登记部门登记为彼此独立的企业法人,但在实际经营、管理过程当中,存在人员混同、财务混同、业务相同,已经构成人格混同,导致法人独立人格丧失。该行为削弱了Y公司对外清偿债务的能力,损害了Y公司债权人的利益。……因此,债权人主张L公司与Y公司人格混同,导致其财产权益即债权受到侵害,请求L公司承担侵权责任,法律依据充分。"此外,(2018)最高法民辖162号案中也持类似观点,即"《最高人民法院关于适用〈中华人民共和国公司法〉若干问题的规定(二)》

---

[1] (2017)新民终267号民事判决书。

第十八条第一款规定,'有限责任公司的股东、股份有限公司的董事和控股股东未在法定期限内组成清算组开始清算,应对债权人主张的债权在造成公司财产损失减少的范围内承担赔偿责任'。本案中,K公司以债务人股东为被告提起诉讼,属于上述司法解释规定的股东损害公司债权人利益责任之诉。根据《中华人民共和国民事诉讼法》第二十八条关于'因侵权行为提起的诉讼,由侵权行为地或者被告住所地人民法院管辖'的规定,和《最高人民法院关于适用〈中华人民共和国民事诉讼法〉的解释》第二十四条关于'民事诉讼法第二十八条规定的侵权行为地,包括侵权行为实施地、侵权结果发生地'的规定,本案侵权结果发生地即K公司住所地,和两名被告住所地,均可以作为确定案件管辖法院的连接点。"鉴于此,在该类案件中,债权人可提起侵权责任之诉,以扩大管辖法院的范围,充分利用管辖优势。

(四)利用公司法人人格否认制度扩大被执行人范围

《最高人民法院关于民事执行中变更、追加当事人若干问题的规定》第20条规定"作为被执行人的一人有限责任公司,财产不足以清偿生效法律文书确定的债务,股东不能证明公司财产独立于自己的财产,申请执行人申请变更、追加该股东为被执行人,对公司债务承担连带责任的,人民法院应予支持"。该规定意味着一人公司的债权人不仅可以在诉讼阶段依据《公司法》直接向股东主张权利,也可以在仅以公司为被告完成诉讼后,执行程序中再申请追加股东为被执行人。同时,执行程序中追加股东为被执行人的,财产未混同的举证责任仍由股东承担。

合同约定解除法律要点分析

程明皓

金融机构业务以合同为载体，无论是约定还是法定的合同解除可让双方脱离"法锁"约束，因此"交易不成可恢复原状"或是部分业务人员对交易的最低预期。但实践中，合同约定解除面临系列挑战：发生了合同中约定的合同解除情形，但法院仍不支持合同被解除；因对方违约获得合同解除权后，为缩小损失进行的补救措施却让自己丧失了解除权；向对方送交解除通知后，合同却可能并未成功解除等。

尚未履行完毕的合同自不容许随意解除，这是交易稳定和交换正义的应有之意。因此约定合同解除应符合法定前提，履行必要程序。此外约定解除权的实践应用还有诸多需格外关注的甚至可能反直觉的细节条件。

为明确业务过程中涉及的合同解除问题，本文简要介绍合同解除的类型，重点分析影响合同约定解除权的事项，列示约定解除权的实践要点，对金融机构展业提出相关建议。

一、合同解除的类型及解除方式

（一）约定解除

顾名思义，约定解除是指双方意思一致地解除合同。约定解除可以分为合意解除与约定解除权两种情形。

合意解除，又称协商解除，即原合同当事人之间成立一个新的合同，意在解除当事人原订立的合同，使原先的债权债务关系归于消灭。合意解除是协商一致的结果，除了当事人另有约定外，解除协议生效的时间即为原合同解除的时间。

约定解除权，即当事人以合同条款的形式约定合同解除事由，在合同成立以后未履行、或未完全履行之前，发生约定解除合同的事由时，合同约定的一方则获得合同解除权,并通过行使该权利从而使原合同关系归于消灭。

（二）法定解除

法定解除是指合同生效后未履行或者未履行完毕前,当事人在法律规定的解除事由[①]出现后获得合同解除权,后续通过行使解除权而使合同关系归于消灭。出现不能实现合同目的、根本违约和经催告后仍迟延履行等法定事项,守约方可获得法定解除权。

此外持续履行的不定期合同,如租赁合同、保管合同、借用合同等,当事人可以随时解除合同,但是应当在合理期限之前通知对方。[②]

法定解除依法而行,但约定解除也以法为尺。本文以下重点论述实务中被广泛运用,但也衍生问题较多的约定解除权。

二、导致不能实现约定解除权的因素

在业务过程中,在合同中约定合同解除条款,以期未来发生约定事由后获得约定解除权,是一种常见的规避风险、摆脱交易的方式。如在资产转让合同中约定"甲方违反本协议约定的义务或声明、保证、承诺,则乙方有权单方解除本协议"。但是实际上约定解除权受到各类限制。

（一）是否属于"不能实现合同目的"

在实务中,合同强势方可能约定宽泛的解除条款,如若合同相对方产生任何违约行为,合同另一方均有权解除合同。这一类解除条款往往难以达成预定目的。

《全国法院民商事审判工作会议纪要》第47条明确规定,合同的解除条件成就时,守约方以此为由请求解除合同的,人民法院应当审查违约方的违约程度是否显著轻微,是否影响守约方合同目的实现,根据诚实信用原则确定合同是否应当解除。

也就是说,约定解除看似是"两方商量着来",但仍不能绕开法律对违约程度的要求,实务中约等于法定解除"不能实现合同目的"的标准。

司法实践中,法院判断是否实现合同目的,往往通过合同本身的性质来分析,而非严格审查是否满足合同中约定解除的条件。例如在债权转让合同中,如果双

---

① 《民法典》第563条规定的解除事由如下:
(1) 因不可抗力致使不能实现合同目的;
(2) 在履行期限届满前,当事人一方明确表示或者以自己的行为表明不履行主要债务;
(3) 当事人一方迟延履行主要债务,经催告后在合理期限内仍未履行;
(4) 当事人一方迟延履行债务或者有其他违约行为致使不能实现合同目的;
(5) 法律规定的其他情形。
② 《民法典》第563条第2款:"以持续履行的债务为内容的不定期合同,当事人可以随时解除合同,但是应当在合理期限之前通知对方。"

方约定若后续无法办理完毕资产抵押事项，则解除合同。该条款本意为转让方对资产质量的保证条款，与双方对于转让价格的判断紧密关联。但法院认为债权转让是该合同的主要目的，未办理完毕部分抵押不属于"不能实现合同目的"，合同不应被解除。

经过检索，其他司法实践中虽符合合同解除约定，但被认定为"违约事项显著轻微"，因而判决不支持合同解除的部分案例如下：

1. （2023）晋民申 1493 号

甲乙双方在购房合同中约定：合同第十三条约定逾期交房超过 30 日，被申请人有权解除合同，且应当书面通知申请人。至诉讼时逾期已超过合同约定的 30 日。

法院裁判认为，山西某房地产开发有限公司虽是逾期取得了案涉房屋的《工程竣工验收备案表》存在违约行为，但违约程度轻微，并不足以影响案涉房屋的质量和交付使用，尚不足以影响双方合同目的实现。

2. （2023）京民申 2644 号

甲乙双方合同约定，乙方（普天公司）接受甲方（京东公司）任何原因的退货，即甲方可随时解除买卖合同。

法院裁判观点认为，甲方京东公司并未举证证明乙方普天公司存在违约行为，足以导致合同目的无法实现。京东公司主张乙方接受因其他原因导致的退货，并扣除相应货款，实质上系将案外商业因素转由乙方普天公司承担，而非善意行使解除权。因此法院不支持该合同如约解除。

3. （2024）民 08 民终 409 号

在该案例中，法院严格审查已发生的事项是否与约定事由相配，并判断是否达到合同目的不能实现的结果。双方合同约定在合同履行期内，如遇国家重大政策及建设等其他不可抗拒等原因征用、占用该土地，本合同自动解除。法院观点认为因政策原因受影响的土地仅占 16.67%，剩余土地并不影响合同的继续履行，不支持合同解除。

（二）合同解除权是否超过除斥期间

合同解除权作为一种权利受到除斥期间的限制，为防止交易持续处于不确定状态，且"法律不保护躺着睡觉的人"，权利过期即消灭。超过约定或法律规定的期限，除非发生新的解除理由，否则合同无法依原约定解除。

第一类期限是当事人约定，或者具体法律规定。如《最高人民法院关于审理商品房买卖合同纠纷案件适用法律若干问题的解释》第 11 条规定，经催告后当事人行使解除权的合理期限为 3 个月。

第二类期限是法定的 1 年。法律没有规定或者当事人没有约定解除权行使期限的，自权利人知道或者应当知道解除事由之日起 1 年内不行使，或者经对方催告后在合理期限内不行使的，该权利消灭。

在诸多案例中，获得解除权超过 1 年后守约方才通知对方，或通过诉讼主张解除合同的，不能得到法院支持。

（三）合同解除权是否已被放弃

如果在合同解除权条件成就后，解除权人仍然接受对方继续履行合同，司法实践一般认为这意味着其用默示的方式放弃解除权。[①]

如在（2019）最高法民终 1798 号案件中，双方因合同解除于 2015 年进入诉讼，但原被告认为诉讼程序冗长，"基于共同利益避免损失进一步扩大"，双方 2017 年就电站恢复运营签订了临时协议。法院认为，该协议的签订属于恢复对合同的履行，最终不是以发出解除通知，而是以一审判决生效之日作为合同解除之日，两个日期相隔两年有余。

在（2019）京 0105 民初 50479 号案件中，法院认为房屋出售方在房屋购买方逾期支付价款后获得合同解除权，但出售方仍接受了购买方支付的部分价款，意味着出售方放弃合同解除权，因此后续发送解除通知并不发生合同解除的效果。

注意，若合同相对方违约后（1）仍就合同履行事项进行磋商或回复[②]，或（2）在违约后未催促履行[③]，或（3）接受交付部分租金、利息的[④]，司法一般认为上述情况属于通过默示或接受履行的方式放弃解除权。

不过并非获得解除权后与相对方的任何交往都会丧失解除权。如享有合同解除权的一方要求相对方履行非合同主要义务，如要求提供相关文件材料的，最高院案例认为不属于对解除权的放弃。[⑤]

（四）是否行使解除权

发生合同中约定的解除事由后，合同不会自动解除。约定解除权为形成权，必须使对方当事人经通知或诉讼、仲裁知悉合同解除的意思。可以通过两种方式让对方知悉意思表示：一是通知对方当事人，二是直接向法院起诉或向仲裁机构申请仲裁。

选择通知解除的，可以选择口头通知、纸质信件、电子邮件、微信或手机短信等方式，不以书面形式的通知为限。通知若载明债务人在一定期限内不履行债

---

① 参见（2022）豫 1502 民初 4111 号、（2018）京 0105 民初 45869 号、（2020）苏 0391 民初 2419 号民事判决书。
② 参见（2022）粤 06 民终 10795 号民事判决书。
③ 参见（2022）鲁 1082 民初 5106 号民事判决书。
④ 参见（2021）桂 0302 民初 1242 号民事判决书。
⑤ 参见（2019）最高法民申 2963 号。

务则合同自动解除，债务人在该期限内未履行债务的，合同自通知载明的期限届满时解除。对解除合同有异议的，任何一方当事人均可以请求人民法院或者仲裁机构确认解除行为的效力。

选择直接以提起诉讼或者申请仲裁的方式主张解除合同，人民法院或者仲裁机构确认该主张的，合同自起诉状副本或者仲裁申请书副本送达对方时解除。

（五）其他

此外，约定解除可能受到其他基于自由裁量的挑战。如在（2023）云0127民初2445号案件中，法院将合同相对方的违约归因于不可抗力，并因此不支持原告解除合同的诉讼请求。

在本案中，合同约定若逾期交房超过180日，则原告有权解除合同。法院观点认为"但因疫情等不可抗力导致被告迟延交付房屋，被告的行为并非其主观故意……新冠肺炎疫情的发生是双方当事人均不能预见、不能避免且不能克服的客观情况，属不可抗力的范畴，基于该特殊情形，应适当延长被告的交房期限。"法院还认为双方签订合同时系疫情防控期间，原被告双方对房屋交付情况均应有所预判。

不可抗力属于法定解除事由，但法院将其作为不支持约定解除的依据，体现出司法实践上不同法院对约定解除权的理解不同，其受自由裁量的影响较大。

三、合同解除的后果

（一）债务未履行的：终止履行

根据法律规定，合同解除后，尚未履行的，终止履行。根据最高院观点，此所谓"终止履行"，应理解为债务免除。①

（二）债务已履行的：恢复原状或赔偿损失

1. 恢复原状

一般来说，合同解除具有溯及力，即合同解除有溯及既往的效果，当事人双方财产关系可以恢复到合同订立之前的状态，此即恢复原状。原物还存在的，应当返还原物，原物已经不存在或返还不能的，可以按照解除合同时的价格进行折价返还。

恢复原状还包括：

（1）返还财产所产生的孳息；

（2）支付一方在财产占用期间为维护该财产所花费的必要费用；

---

① 参见《中华人民共和国民法典合同编理解与适用》（一），最高人民法院民法典贯彻实施工作领导小组主编，人民法院出版社2020年，第526页。

（3）因受领并保管标的物所支出的必要费用；

（4）因返还此前受领的标的物所支出的必要费用。

合同解除后选择返还或者折价补偿，应根据合同性质和标的属性来判断。继续性的合同决定了解除效力只能向前发生，如供电供水合同和劳务合同等已经履行的部分应当继续有效。

2. 赔偿损失

我国法律上合同解除与债务不履行的损失赔偿责任可以并存。解除权人通过"恢复原状请求权"收回自己已经给付物外，对于不能涵盖的损失可以要求对方赔偿。但是当事人另有约定的除外。

主张赔偿的一方，不仅限定为解除权人，也包括相对人。比如在双方违约场景下，一方行使解除权后，另一方有权要求解除合同方就违约责任进行赔偿。

3. 赔偿范围

合同已经履行的，根据履行情况和合同性质，当事人可以请求恢复原状或者采取其他补救措施，并有权请求赔偿损失。

赔偿范围依不同情形而定。

（1）如果是因根本违约而解除合同的，其赔偿范围应为履行利益的损失，但应当不超过违约一方订立合同时预见到或者应当预见到的因违约可能造成的损失。根据《民法典合同编通则解释》第60条规定，确定合同履行后可以获得的利益时，可以在扣除非违约方为订立、履行合同支出的费用等合理成本后，按照非违约方能够获得的生产利润、经营利润或者转售利润等计算。第62条第2款规定，除合同履行后可以获得的利益外，非违约方有权主张对第三人承担违约责任应当支出的额外费用等其他因违约所造成的损失，并请求违约方赔偿

（2）持续履行合同的任意解除，其范围一般限于信赖利益的赔偿。信赖利益损失的赔偿范围包括直接损失和间接损失。其中，所受损失包括：缔约费用、准备履行所需费用、已给付金钱的利息等。信赖利益的损失一般不包括错失的机会损失等间接损失。

主合同解除后，担保人对债务人应当承担的民事责任仍应当承担担保责任，但是担保合同另有约定的除外。

（三）担保合同不因主合同解除而当然解除

担保合同具有从属性，通常来讲除当事人另有约定外，主合同无效担保合同也无效。但在合同解除后担保合同的效力上，担保有效是常态而无效是例外。

根据《民法典》第566条第3款，"主合同解除后，担保人对债务人应当承担的民事责任仍应当承担担保责任，但是担保合同另有约定的除外。"最高院观点明确，在合同解除后，无论主合同是法定解除还是约定解除，除当事人另有约定，

如担保合同约定合同解除后担保人免责,或者明确承担担保责任的范围,此外均不影响担保合同的效力。[①] 如在(2016)吉08民再6号案例中,法院认为"主合同解除后,担保合同并不随之解除,而是继续就因主合同解除而发生的债权债务提供担保。"最终法院判令抵押人在抵押房屋价值范围内承担担保责任。

四、合同解除的其他法律要点

(一) 合同解除权消灭后的解除路径:司法解除

若发生约定解除权或法定解除事由后,因合同解除权行使期限届满或放弃合同解除权而合同解除权消灭,若合同履行已进入僵局状态,可通过司法解除走出合同困局。经检索,可参考如下合同解除案例,均为重获解除权:

(1)(2022)鲁07民终82号判决:本院认为,殷某的合同解除权虽因除斥期间的经过而消灭,但是,张某协助殷某办理房产过户登记手续,属于履行非金钱债务,目前属于法律上不能履行,根据《民法典》第580条之规定,应当认定殷某仍可以解除合同的方式终止双方之间的合同权利义务关系。

(2)(2021)粤19民终11834号判决:因刘某未在法定期限内行使该项权利,故《租赁合同》仍应继续履行。但是,鉴于尹某已于2019年3月17日与案外人另行订立租赁合同将案涉鱼塘出租,刘某与尹某之间的《租赁合同》事实上已无法继续履行。……但是,刘某仍未在知悉该新的事实之日起1年内解除合同。虽然如此,基于《租赁合同》在2019年尹某向案外人交付案涉鱼塘后已不能履行的客观事实,且刘某已不能实现合同目的,在法定的合同解除期间(除斥期间)届满后,刘某仍有权请求终止合同权利义务关系,否则会陷入合同僵局。

(二) 合同解除的异议期

根据《民法典合同编通则解释》第53条,一方以通知方式解除合同的,另一方若有异议应在约定异议期或其他合理期限内提出异议。

不过异议逾期只是导致非解约一方当事人的异议权消灭,即无权提起"解除合同行为效力"的确认之诉或仲裁。若异议权消灭,解约一方当事人的解除权并不自动成立,解约行为也不因此有效,还必须满足《民法典》规定的解除合同的实质要件。

(三) 合同解除权不随主债权转让

司法实务中,一般认为解除权为专属于债权人自身的从权利。在(2022)苏02民终2329号民事裁定书中,法院认为解除权是和与它有关的法律关系中的人和

[①] 参见《中华人民共和国民法典合同编理解与适用》(一),最高人民法院民法典贯彻实施工作领导小组主编,人民法院出版社2020年,第526页。

法律地位结合在一起的，专属于合同当事人，不属于可让与的债权范畴。在（2016）豫1602民再3号民事裁定书中，法院认为，专属于债权人的权利如合同的解除权是不能随主债权移转而移转的。

因此，解除权为专属于债权人自身的从权利，不随债权让与移转。

（四）破产中未履行完毕合同的解除

如果企业进入破产流程，合同解除的主动权则从合同当事人转移到了管理人手中。

根据《企业破产法》规定，法院受理破产申请后，管理人对破产申请受理前成立，而债务人和对方当事人均未履行完毕的合同有权决定解除或者继续履行，并通知对方当事人。

如果管理人自破产申请受理之日起2个月内未通知对方当事人，或者自收到对方当事人催告之日起30日内未答复的，视为解除合同。管理人决定继续履行合同的，对方当事人应当履行；但是，对方当事人有权要求管理人提供担保。管理人不提供担保的，视为解除合同。

五、实践建议

（1）业务中签订合同约定解除条款时，应确保解除条款具体明确，保证解除事项构成"不能实现合同目的"的事由，防止解除条款在司法中不被支持。

（2）注意根据需求明确约定合同解除期限、合同解除异议期，并在获得合同解除权或合同异议权后及时行权。

（3）约定解除权在进入司法程序后可能遇到意想不到的挑战，除约定解除权外应在商业安排中综合考虑其他风险控制措施，不能"一约了之"。

（4）注意发生约定解除或法定解除事由后，合同并不自动解除，获得解除权处理合同解除事宜时，应注意以通知或诉讼的方式告知对方合同解除意思，并关注合同解除的除斥期间。

（5）在获得合同解除权后，注意接受债务人履行、磋商合同新履行方式或不积极主张解除事项等可能被认定为放弃解除权，若希望解除合同应在获得解除权后及时作出相应动作。

（6）合同解除权可能不随主债权转让而转让，接收资产时注意明确权利义务范围。

（7）若解除权除斥期间已过或以其他方式放弃解除权，可在发生新违约或约定事由后重新获得解除权。

（8）如果合同相对方进入破产程序，由破产管理人解除合同时，存在相关债权债务不能抵销的风险，因此需要密切关注债务人的经营状况，以作出应对策略。

出资未缴足情形下股权转让方的债务责任简析

陶亚南

一、问题的提出

我国 2018 年《公司法》实行公司资本认缴制，取消了实缴数额及期限的限制，① 认缴期限完全由公司章程自治。2024 年施行的《公司法》立足实行公司资本认缴制的同时，明确了有限责任公司实缴期限。全体股东认缴的出资额由股东按照公司章程的规定自公司成立之日起五年内缴足。认缴资本制度极大地推动了投资发展，给予了出资人较大的自治权，增强了出资人出资期限的灵活性。在股权自由转让制度的施行下，势必会出现未缴足出资股东转让股权的情况，产生的现实问题之一便是未缴足出资股东转让股权后对公司债权人的责任承担问题。我们可以通过相关法律条文及案例对未缴足出资的出资人在股权转让中应承担的义务与责任进行分析讨论。

二、法律依据及案例分析

（一）认缴出资到期未缴即转让股权

在现行法律及司法解释框架下，认缴期限届满后未缴足出资的出资人在股权转让后的债务责任承担问题上存在明确的法律规定。

《最高人民法院关于适用〈中华人民共和国公司法〉若干问题的规定（三）》（以下简称《公司法司法解释（三）》）② 第 18 条第 1 款规定了有限责任公司的股东未履行或者未全面履行出资义务情形下，股权转让方对公司债权人应承担的义务与责任："有限责任公司的股东未履行或者未全面履行出资义务即转让股权，受

---

① 特定公司仍有最低资本额要求。
② （二）（四）（五）简称亦同，不再标注。

让人对此知道或者应当知道，公司请求该股东履行出资义务、受让人对此承担连带责任的，人民法院应予支持；公司债权人依照本规定第十三条第二款向该股东提起诉讼，①同时请求前述受让人对此承担连带责任的，人民法院应予支持。"第18条第2款规定了股权受让方的追索权："受让人根据前款规定承担责任后，向该未履行或者未全面履行出资义务的股东追偿的，人民法院应予支持。但是，当事人另有约定的除外。"

为更好理解《公司法司法解释（三）》第18条的适用情形，我们结合最高人民法院观点，对法律条文进行剖析并关注相关要点。

1. 关于"未履行出资义务""未全面履行出资义务"的理解。在《最高人民法院关于公司法解释（三）、清算纪要理解与适用》一书中，最高人民法院对于未履行或者未全面履行出资义务的股东有比较明确的定义。未履行出资义务是指股东根本未出资，具体包括拒绝出资、不能出资、虚假出资等。未全面履行出资义务包括未完全履行和不适当履行，其中未完全履行是指股东只履行了部分出资义务，未按规定数额足额出资。不适当履行是指出资的时间、形式或手续不符合规定，包括迟延出资、瑕疵出资等。由此可见，"认缴期限届满仍未缴足出资"属于此条规定的条件情形之一。

2. 关于"受让人对此知道或者应当知道"如何判断的问题。如何判断受让人是否知情，法律以及司法解释中均没有明确、统一的标准。通过笔者归纳总结，在司法实践中，如果存在以下情形之一，则法院一般会认定受让人对未履行或未全面履行出资义务的事实知道或者应当知道：（1）受让人为公司设立或增资时的股东；（2）受让人无偿受让股权的；（3）公司其他股东对转让人对外转让股权出具书面意见时陈述未履行或未全面履行出资事实或善意提醒第三人未履行或未全面履行出资的事实；（4）可通过公司登记档案、银行资信证明、会计师事务所出具的验资报告、审计报告等公开资料获悉出资事实的；（5）转让人、其他股东或公司已明确告知或在股权转让协议中已涉及此方面安排的；（6）其他通过合理推断和商业惯例能够认定受让人知情的情况。同时，在司法实践中，②受让方作为商事主体，应具备相应的商业常识，在与出让股东进行商事交易时应尽到自身的谨慎、注意义务，充分审查出让股东在公司登记机关登记的材料，查阅公司章程，查看公司营业执照，查看公司相应会计账簿等，作出合理判断，作出是否受让股

---

① 《公司法司法解释（三）》第13条第2款：公司债权人请求未履行或者未全面履行出资义务的股东在未出资本息范围内对公司债务不能清偿的部分承担补充赔偿责任的，人民法院应予支持；未履行或者未全面履行出资义务的股东已经承担上述责任，其他债权人提出相同请求的，人民法院不予支持。

② （2016）青民终181号民事判决书。

权的决定。因此如无确切证据证明，在受让方作为商事主体时，受让方理应知晓所受让的股权存在瑕疵，不得以重大误解为由申请撤销合同。

3. 关于股权受让方的追索权利。除非股权转让协议中有明确约定，否则股权受让方在承担连带责任后，有权向转让方追偿。[1] 由此可进一步明确，股权受让方追索股权转让方的权利有规可依，但协议约定优先。据此规定，作为股权转让方，为防范股权受让方的债务追索风险，可以在股权转让协议中明确约定股权受让方因公司债务承担连带责任后，无权向股权转让方进行追索。

4. 关于股权转让方的赔偿范围。若公司章程规定的出资认缴期限已届满，而股东仍未履行或者未全面履行出资义务即转让股权，未缴足出资的出资人应在未出资本息范围内对公司债务不能清偿的部分承担补充赔偿责任。

2024年施行的《公司法》第88条对《公司法司法解释（三）》第18条进行了完善和补充：股东转让已认缴出资但未届出资期限的股权的，由受让人承担缴纳该出资的义务；受让人未按期足额缴纳出资的，转让人对受让人未按期缴纳的出资承担补充责任。未按照公司章程规定的出资日期缴纳出资或者作为出资的非货币财产的实际价额显著低于所认缴的出资额的股东转让股权的，转让人与受让人在出资不足的范围内承担连带责任；受让人不知道且不应当知道存在上述情形的，由转让人承担责任。2024年施行的《公司法》全面升级股权转让后出资责任承担规则，一是认缴期限未届满的股权转让后，由受让人承担出资义务，转让人承担补充责任。二是认缴期限已届满但未实缴的股权转让后，要求由转让人和受让人承担连带责任，受让人免责需要自证"善意"。三是删除了关于转让人与受让人追偿权的规定，交由当事人自治。

（二）认缴出资未到期的股权转让

1. 一般原则

未缴足出资的义务由受让人承担，受让人未按期足额缴纳出资的，转让人对受让人未按期缴纳的出资承担补充责任，且司法实践通常不支持出资期限"加速到期"规则的适用。

案例一　最高人民法院关于邢台自然人SXK与安徽K等企业借贷纠纷案[2]

基本案情：2010年7月21日，北京YT向SXK借款2100万元，借款期限一个月，月利率1.7%。2012年7月13日，AT为北京YT向SXK的借款提供连带还款

---

[1] 《公司法司法解释（三）》第18条第2款规定：受让人根据前款规定承担责任后，向该未履行或者未全面履行出资义务的股东追偿的，人民法院应予支持。但是，当事人另有约定的除外。

[2] （2016）最高法民再301号民事判决书。

保证。安徽 K 作为 AT 的股东之一，对其认缴出资 9900 万元，已实缴 2970 万元，剩余资金实缴期限为 2015 年 2 月 1 日。2013 年 5 月 28 日，安徽 K 与 ZN 签订《股权转让协议》，将其持有的 AT 99% 的股权转让给 ZN。2013 年 7 月 15 日，SXK 向法院起诉要求安徽 K 在未出资范围内承担补充赔偿责任。

法院判决：最高人民法院支持了二审河南省高级人民法院的判决，"AT 是案涉借款的担保人之一，AT 在成立时，安徽 K 虽然是 AT 的大股东，认缴出资 9900 万元，有 6930 万元未出资到位，展期到 2015 年 2 月 1 日出资完毕。但 2013 年 5 月 28 日，安徽 K 与 ZN 签订《股权转让协议》，安徽 K 将其持有的 AT 99% 股权转让给 ZN，并将股东的权利义务一并转让，即出资义务已由 ZN 承担。故，一审法院在查明该事实的情况下仍然判令安徽 K 在对 AT 未出资到位的 6930 万元内承担补充赔偿责任缺乏事实和法律依据，处理不当。"

裁判要点：原股东在出资义务尚未到期的前提下转让股权，且该股权转让行为已将原股东的权利义务一并转让，① 原股东无需在出资资金不到位的范围内对债权人承担补充赔偿责任。

2024 年《公司法》施行前，在实践中，针对认缴期限未届满的股权转让，未缴足出资的出资人是否承担债务赔偿责任，因法律及司法解释未有明确规定，故学术界及司法界意见尚未统一。理论界有人持否定观点，认为公司章程所记载的出资期限尚未到期，如果追究原出资人的出资责任及赔偿责任，一方面否定了公司章程的效力，对原出资人不公平，另一方面，有将出资期限"加速到期"之嫌，而此时的"加速到期"并无法律明文规定。有人持肯定观点，主张公司在无力偿还债权人到期债务时，应当加快未出资股东的履行期限，让债权人可以径行向所有股东主张其债权，而无论该股东的出资义务期间是否期满。②

在司法实务中，多数判决认为原出资人不应承担出资义务及赔偿责任，如前文所述案例——最高人民法院关于邢台 SXK 与安徽 K 等企业借贷纠纷案、浙江省南湖区人民法院关于嘉兴市 RJMY 与嘉兴市 TTNZH 股东出资纠纷案、③ 四川省内江市市中区人民法院关于原告成都 HSD 与被告自然人 ZW、Z 和第三人成都 TWBZ 股东损害公司债权人利益责任纠纷案；④ 但四川省高级人民法院在自然人 TY、ZMH 间借贷纠纷再审案⑤中认为根据《公司法司法解释（二）》第 22 条第 2

---

① 虽然原股东权利义务的转让依据为《股权转让合同》，但合同转让不具备对抗第三人的效力。
② 周珺：《论公司债权人对未履行出资义务股东的直接请求权》，载《政治与法律》2016 年第 5 期。
③ （2018）浙 0402 民初 2276 号民事判决书。
④ （2018）川 1002 民初 3782 号民事判决书。
⑤ （2018）川民申 5155 号民事判决书。

款规定，① 股东履行出资义务与股东认缴的出资期限没有必然联系。广东省深圳市中级人民法院在自然人 WLX、WWX 房屋租赁合同纠纷案中认为认缴期限未届满的股权转让，② 属于《公司法司法解释（三）》第 13 条第 2 款的规定中"未出资"情形，应在其未出资的本息范围内对公司债务不能清偿的部分承担补充赔偿责任。四川省高级人民法院在成都 TMY 因与自然人 TCZ、SYX、TKN、ZSY、一审被告四川省 YB、自然人 HY、CZJ 民间借贷纠纷案中认为无论转让时出资期限是否届期，③ 转让人和受让人仍需在认缴出资差额本息范围内对债权人在公司未能清偿时承担连带责任。

2024 年《公司法》施行后，明确了有限责任公司未届出资期限和瑕疵出资股东转让股权的责任。股东转让已认缴出资但未届出资期限的股权的，由受让人承担缴纳该出资的义务；受让人未按期足额缴纳出资的，转让人对受让人未按期缴纳的出资承担补充责任。未按照公司章程规定的出资日期缴纳出资或者作为出资的非货币财产的实际价额显著低于所认缴的出资额的股东转让股权的，转让人与受让人在出资不足的范围内承担连带责任；受让人不知道且不应当知道存在上述情形的，由转让人承担责任。

2. 出资期限"加速到期"规则的适用问题

如前所述，如适用出资期限"加速到期"规则，则未缴足出资的出资人应承担出资及债务补充赔偿责任。除破产程序④、清算程序⑤以及《九民纪要》第 6 条⑥之外，出资期限"加速到期"规则在 2024 年《公司法》施行前并无明文规定，部分法院判决不支持出资期限"加速到期"规则，《九民纪要》中对该规则如何适用也有过较完整的论述。但 2024 年《公司法》施行后第 54 条有了明文规

---

① 《公司法司法解释（二）》第 22 条第 2 款规定：公司财产不足以清偿债务时，债权人主张未缴出资股东，以及公司设立时的其他股东或者发起人在未缴出资范围内对公司债务承担连带清偿责任的，人民法院应依法予以支持。
② （2018）粤 03 民终 18028 号民事判决书。
③ （2016）川民再 232 号民事判决书。
④ 《企业破产法》第 35 条规定：人民法院受理破产申请后，债务人的出资人尚未完全履行出资义务的，管理人应当要求该出资人缴纳所认缴的出资，而不受出资期限的限制。
⑤ 《公司法司法解释（二）》第 22 条第 1 款规定：公司解散时，股东尚未缴纳的出资均应作为清算财产。股东尚未缴纳的出资，包括到期应缴未缴的出资，以及依照公司法第二十六条和第八十条的规定分期缴纳尚未届满缴纳期限的出资。
⑥ 《九民纪要》第 6 条：在注册资本认缴制下，股东依法享有期限利益。债权人以公司不能清偿到期债务为由，请求未届出资期限的股东在未出资范围内对公司不能清偿的债务承担补充赔偿责任的，人民法院不予支持。但是，下列情形除外：
（1）公司作为被执行人的案件，人民法院穷尽执行措施无财产可供执行，已具备破产原因，但不申请破产的；
（2）在公司债务产生后，公司股东（大）会议决或以其他方式延长股东出资期限的。

定，即公司不能清偿到期债务的，公司或者已到期债权的债权人有权要求已认缴出资但未届出资期限的股东提前缴纳出资。

（1）针对出资期限"加速到期"规则的合理性问题，浙江省杭州市中级人民法院在自然人 YJ、JH 等与香港 CMR 案外人执行异议之诉纠纷案中进行过详细阐释。

案例二 **自然人 YJ、JH 等与香港 CMR 案外人执行异议之诉纠纷案**①

基本案情：自然人 YJ、JH、LYH 作为 Z 的股东，在 Z 登记成立后，到目前为止对 ZYM 的实缴出资为零，认缴期限为 2046 年 12 月 31 日。争议焦点为在 Z 没有清偿案涉债务且实缴出资为零的情况下，原告作为其股东是否应在尚未届满缴纳期限的出资范围内对本案的债务依法承担责任。

法院判决：（2018）浙 01 执 243 号之一执行裁定书已经查明被执行人 Z 公司名下无可供执行的财产，还欠债务 976549.98 元及相应利息，已穷尽执行措施。在此种情形下，可以认定 Z 公司财产不足以清偿生效法律文书确定的债务，但本案不适用《最高人民法院关于民事执行中变更、追加当事人若干问题的规定》第 17 条②的规定，理由如下：第一，《公司法》第 26 条确定了有限责任公司注册资本认缴制，加速到期出资无疑是对认缴制的突破，加重了股东个人的责任，也侵犯了股东的期限利益；第二，股东姓名、出资时间、出资方式、认缴出资额及出资比例等情况均记载在 Z 公司的章程及股东（发起人）出资情况表中并予以公示，债权人 C 公司在与 Z 公司交易时应当知晓或者能够知晓以上公示的事实，并对交易中产生的风险予以预见；第三，股东认缴出资的期限未届满，如果允许个别债权人通过追加股东为被执行人获得个别清偿、优先清偿，将会造成对其他债权人的不公平，无法平等保护所有债权人的利益；第四，从目前的立法分析，《企业破产法》第 35 条规定在破产程序中股东认缴的出资不受出资期限的限制，《公司法司法解释（二）》第 22 条③规定公司解散时，股东到期应缴未缴的出资

---

① （2018）浙 01 民初 3055 号民事判决书。
② 《最高人民法院关于民事执行中变更、追加当事人若干问题的规定》第 17 条规定：作为被执行人的营利法人，财产不足以清偿生效法律文书确定的债务，申请执行人申请变更、追加未缴纳或未足额缴纳出资的股东、出资人或依公司法规定对该出资承担连带责任的发起人为被执行人，在尚未缴纳出资的范围内依法承担责任的，人民法院应予支持。
③ 《公司法司法解释（二）》第 22 条规定：公司解散时，股东尚未缴纳的出资均应作为清算财产。股东尚未缴纳的出资，包括到期应缴未缴的出资，以及依照公司法第二十六条和第八十条的规定分期缴纳尚未届满缴纳期限的出资。
公司财产不足以清偿债务时，债权人主张未缴出资股东，以及公司设立时的其他股东或者发起人在未缴出资范围内对公司债务承担连带清偿责任的，人民法院应依法予以支持。

和分期缴纳尚未届满缴纳期限的出资均应作为清算财产。也就是说，债权人可以通过法律明确规定的破产程序或者清算程序来实现股东出资义务加速到期予以权益救济。因此在法律没有明确规定的前提下，以诉讼方式通过突破认缴制来主张股东作为被执行人承担连带责任，法律依据不足。

裁判要点：针对认缴期限的加速到期，部分法院的态度是不认可的。加速到期情形的出现，必须要有明文规定的支撑，这也是目前的主流观点。江苏省泰州市中级人民法院关于自然人 WHB 与江苏省 GXKJ、自然人 JPC 等合同纠纷二审民事判决书[1]、北京市第一中级人民法院关于自然人 LSZ、LPX 等与自然人 ZP 合同纠纷二审民事判决书[2]中的相关阐述也印证了这种观点。

（2）前期最高院法官会议纪要意见

值得强调的是，最高人民法院民二庭第七次法官会议纪要中，关于认缴出资能否加速到期事项，形成的法官会议意见为："公司不能清偿到期债务时，单个或者部分债权人诉请股东以其认缴但未届出资期限的出资承担清偿责任的，人民法院一般不应支持。某项债权发生时，股东的相关行为已使得该债权人对股东未届出资期限的出资额产生高度确信和依赖，在公司不能清偿该债权的，法院可以判令特定的股东以其尚未届出资期限的出资额向该债权人承担清偿责任。"会议意见中的例外情形，最高人民法院作了如下解释：如果单个债权人在债权成立时，对股东的出资有充分的确信和信赖，而且股东在很大程度上也向债权人强化了这种确信和依赖，此时可以参照撤销权的相关规则（《合同法》第74条[3]、《合同法司法解释（二）》第18条[4]）确认股东出资加速到期。不过在适用前述规则时，必须严格把握法律要件，其中最主要的是对"恶意"的理解。最高人民法院认为，在公司对特定的债权人负担债务时，如果股东就其尚未到期的出资向债权人提供了安慰、支持或不改变出资期限的承诺，该债权人基于此与公司缔结了债权债务关系，此时可以视为债权人对股东的（在特定期限）出资具有了确信和依赖。此后股东随意延长出资期限的，就可以考虑对该债权人具有"恶意"并会产生损失。

---

[1] （2016）苏12民终2111号民事判决书。
[2] （2017）京01民终3562号民事判决书。
[3] 《合同法》第74条规定：因债务人放弃其到期债权或者无偿转让财产，对债权人造成损害的，债权人可以请求人民法院撤销债务人的行为。债务人以明显不合理的低价转让财产，对债权人造成损害，并且受让人知道该情形的，债权人也可以请求人民法院撤销债务人的行为。
撤销权的行使范围以债权人的债权为限。债权人行使撤销权的必要费用，由债务人负担。（注：《民法典》第538条）
[4] 《合同法司法解释（二）》第18条规定（已失效）：债务人放弃其未到期的债权或者放弃债权担保，或者恶意延长到期债权的履行期，对债权人造成损害，债权人依照合同法第七十四条的规定提起撤销权诉讼的，人民法院应当支持。

在该债权人起诉请求该股东的出资加速到期时，法院可以基于上述撤销权的法理予以支持。①

（三）股权变更登记对债务责任承担的影响

股权变更登记与否影响着股权转让方能否对抗债权人的请求权，如果股权转让行为未办理工商变更登记，则股权转让方不能对抗债权人。债权人仍有权要求未出资或未全面履行出资义务的原股东在未出资本息范围内对公司债务不能清偿的部分承担补充赔偿责任。

案例三 深圳市 PGT 与深圳市 NT、深圳市 KH 撤销权纠纷案②

基本案情：NT 是由南山区政府出资设立的全资国有公司。KH 为南山区政府成立的第二家区级资产经营公司。2000 年 1 月 30 日，南山区政府决定将 NT 参股的 SNSY 35.88%股权转让给 KH。2001 年 2 月 27 日，NT 与 KH 签订《转让协议书》；2001 年 3 月 19 日，南山区国资委批准股权转让；2001 年 4 月 6 日，工商行政管理部门办理股权变更登记。后因 NT 的债权人 PGT 以 NT 无偿转让 SNSY 股权逃避债权为由行使撤销权，双方对 NT 转让 SNSY 35.88%股权行为生效时间产生争议。NT 认为股权转让行为生效时间为 2001 年 3 月 19 日，而 PGT 则认为生效时间为 2001 年 4 月 6 日。广东高级人民法院及最高人民法院经审理，均认为是否进行工商变更登记对股权转让行为的效力不应产生影响，仅产生当事人的是否违约以及是否具备对抗第三人效力的问题。

法院判决：我国公司法并未明确规定股权转让合同是否以工商变更登记为生效条件。尽管《公司法》第 32 条规定"登记事项发生变更的，应当办理变更登记"，《公司登记管理条例》（现已失效）第 35 条规定"有限责任公司股东转让股权的，应当自转让股权之日起 30 日内申请变更登记"，但并不能从上述规定中得出工商登记是股权转让的效力要件。就股权转让行为的性质而言，股权转让实质上是在公司内部产生的一种民事法律关系，股权转让合同签订后，是否办理工商变更登记，属于合同履行问题。就股权转让行为的外部效果而言，股权的工商变更登记仅为行政管理行为，该变更登记并非设权性登记，③ 而是宣示性登记，④ 旨

---

① 贺小荣主编：《最高人民法院民事审判第二庭法官会议纪要——追寻裁判背后的法理》，人民法院出版社 2018 版，第 153—154 页。
② （2017）民二终字第 32 号民事判决书。
③ 设权登记，又称绝对登记，即登记是设定权利的基础，非经登记，不动产物权的设定、变更和消灭不发生法律效力，https://wiki.mbalib.com/wiki/设权登记，2022 年 7 月 31 日最后访问。
④ 宣示登记，是指登记不作为权利得丧变更的依据，其作用仅在于向外宣示标的物的权利状态，https://wiki.mbalib.com/wiki/%E5%AE%A3%E7%A4%BA%E7%99%BB%E8%AE%B0，2022 年 7 月 31 日最后访问。

在使公司有关登记事项具有公示效力。因此，是否进行工商变更登记对股权转让合同的效力问题不应产生影响，工商登记并非股权转让合同效力的评价标准。质言之，股权转让合同签订后，是否办理工商变更登记，不应导致股权转让行为是否生效或有效问题，仅应产生当事人的是否违约以及是否具备对抗第三人效力的问题。

裁判要点：股权变更登记既不是股权转让合同的生效要件，也不是股权变动的生效要件，[①] 但会影响股权转让方能否对抗债权人的请求权。根据《公司法》第32条规定，公司登记事项发生变更的，应当办理变更登记，未经登记或变更登记的，不得对抗第三人。如果股权转让行为未办理工商变更登记，则股权转让方不能对抗债权人。债权人仍有权要求未出资或未全面履行出资义务的原股东在未出资本息范围内对公司债务不能清偿的部分承担补充赔偿责任。

三、总结与建议

股权转让方与受让方之间、股东与公司之间的约定原则上不能对抗公司的债权人。原股东是否能有效抗辩，实践中，以原股东出资义务期间是否届满区分，有所不同。一方面，如果股权转让时，公司章程约定的认缴期间已届满，股东便应当履行未缴部分的出资义务。由于公司章程在工商部门已备案，所以原股东的出资义务对外是公示的，难以抗辩债权人主张的补充赔偿责任。另一方面，2024年《公司法》施行后，原股东在出资义务尚未到期的前提下转让股权，原股东无需履行出资义务，由受让人承担缴纳该出资的义务；受让人未按期足额缴纳出资的，转让人对受让人未按期缴纳的出资承担补充责任。未按照公司章程规定的出资日期缴纳出资或者作为出资的非货币财产的实际价额显著低于所认缴的出资额的股东转让股权的，转让人与受让人在出资不足的范围内承担连带责任；受让人不知道且不应当知道存在上述情形的，由转让人承担责任。同时，出资期限"加速到期"规则也在2024年施行的《公司法》有了明确规定。此外，股权变更登记既不是股权转让合同的生效要件，也不是股权变动的生效要件（除非股权转让合同明确约定），但会影响股权转让方对抗债权人的请求权。若未及时变更工商登记信息，债权人仍有权要求未出资或未全面履行出资义务的原股东在未出资本息范围内对公司债务不能清偿的部分承担补充赔偿责任。

综上，作为未实缴出资且未届认缴期限的股权转让方，建议从以下几个方面防范相关风险：

---

① 股权于股权转让合同生效时或者按照股权转让合同约定发生变动。

1. 关于股权受让方的追索权。在股权转让协议中，明确约定股权受让方因公司债务承担连带责任后，无权向转让方进行追索。

2. 关于出资义务及债务承担的约定。明确约定公司、股权受让方认可受让方作为未出资部分的出资义务人（如公司有出资协议，及时变更相应出资义务人条款），转让方不再承担未完成的出资义务，并披露股权转让前后的出资金额、实缴出资期限等内容。同时，建议约定股权转让后，若债权人因公司债务问题对转让方进行追索或转让方承担任何与出资义务相关的补缴责任，受让方应赔偿转让方相应损失并承担违约责任。

3. 关于股东名册及工商变更。建议签订完毕股权转让协议后，及时变更股东名册，修改公司章程，并办理股权变更工商登记，确保股权转让行为对内生效，对外可以对抗第三人。

4. 关注出资期限"加速到期"风险。密切关注公司经营情况，尽早处理化解与债权人债务关系，避免破产、清算或债权追偿等出资期限"加速到期"风险。

浅析保理不良债权投资相关法律问题

周 霞

继 2012 年商务部出台《关于商业保理试点相关工作的通知》以来，国家在政策层面逐步扩大商业保理试点范围，并且保理在当前行政许可制下不需要取得金融牌照，① 大量的商业保理公司陆续成立，商业保理得到了快速的发展，2012 年全国仅有 91 家商业保理公司，到 2019 年 6 月，全国商业保理公司的数量上升至 12,817 家，② 除此之外，还有银行和融资租赁公司开展保理业务。随着保理业务的进一步发展和规范，保理成为企业融资的重要渠道之一，保理所形成的不良债权逐渐进入特殊机会投资者的视野。本文将立足于保理业务的基础法律关系，梳理和研究保理业务模式和相关法律风险问题，为保理不良债权投资提供参考。

一、保理概述

（一）保理的概念和分类

保理业务是以债权人转让其应收账款为前提，集应收账款催收、管理、坏账担保及融资于一体的综合性金融服务。③ 根据《民法典》规定，保理合同是应收账款债权人将现有的或者将有的应收账款转让给保理人，保理人提供资金融通、应收账款管理或者催收、应收账款债务人付款担保等服务的合同。

根据保理业务的具体情况，保理可以分为不同类型，按照保理人对债权人是否享有追索权可分为有追索权保理和无追索权保理。按照是否将应收账款转让通知债务人可分为公开型保理（明保理）和隐蔽型保理（暗保理）。此外还有其他保理类型，如银行保理和商业保理，国际保理和国内保理等。实践中，有追索权

---

① 李阿侠：《保理合同原理与裁判精要》，人民法院出版社 2020 年版，第 17 页。
② 天逸智库：http://www.vteamgroup.com.cn/view.php?aid=492，2021 年 6 月 10 日访问。
③ 《商业银行保理业务管理暂行办法（2014 年第 5 号）》第 6 条。

保理（公开型）是较为常见的保理业务，其中公开型的有追索权保理亦是较为复杂的保理安排，本文将主要围绕有追索权保理（公开型）展开分析。

（二）保理的常见安排

保理关系一般至少涉及三方当事人，债权人（保理申请人）、保理人（银行或商业保理公司）以及债务人，实务操作中，保理人通常还会要求债权人或第三方提供相应的担保，保理各方关系（以有追索权保理为例）如下图：

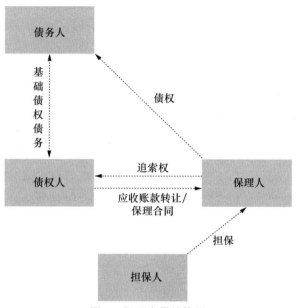

图 1　保理交易结构图

1. 债务人与债权人：债务人与债权人之间为基础债权债务关系，债权人向债务人提供货物或服务，债务人向债权人支付货款，该债权债务关系一般被认为是保理的基础。

2. 债权人与保理人：债权人与保理人通过签署保理合同将基础债权转让至保理人，保理人向债权人发放保理融资款项。在有追索权保理业务中，保理合同通常会约定在债务人无法偿还应收账款的情况下，保理人有权向债权人追索，该种追索权通常是指保理人要求债权人返还保理融资款本息或者回购应收账款债权的权利。同时，保理合同通常还会对保理融资的期限、利息、保理费用等进行约定，由债权人按照保理合同约定的方式向保理人支付保理融资款、利息和保理费用等。

3. 债务人与保理人：保理人通过签署保理合同取得应收账款后，债权人和/或保理人将应收账款转让事宜通知债务人，保理人则可以依据基础合同向债务人追偿。保理业务中，保理人通常会设立一个保理专户，债务人将基础交易合同项下的货款支付至保理专户，以作为保理融资款本息的还款。

4. 担保人与保理人：实践中，保理人一般会要求债权人或第三方进行增信，担保的主合同一般为保理合同，被担保的主债权一般为应收账款债权人在保理合同项下应向保理人支付保理融资款本息和全部费用以及其他全部应付款项。

二、有追索权保理的性质

目前实务界和理论界对有追索权保理的性质存在一定的争议，其主要争议焦点在于有追索权保理的担保功能，一种观点认为保理的担保功能体现在应收账款转让，即让与担保，另一种观点认为保理的担保功能体现在追索权。

有追索权保理的担保功能体现为应收账款转让的观点实质上是将保理认定为一种让与担保，其核心观点在于将有追索权保理理解为"借贷+债权让与担保"，保理人向保理申请人提供融资，保理申请人将基础债权让与保理人作为一种担保措施，保障保理融资款本息的返还，其中保理融资款本息作为借贷本息是保理业务中的主法律关系，基础应收账款作为让与担保是从法律关系。对外关系上，应收账款已转让至保理人，对内关系上，应收账款转让只是一种非典型担保，应收账款回款优先用于偿还保理人对债权人享有的债务，多收取部分仍应当返还至债权人。司法实践中，以福州中院的（2015）榕民初字第1096号民事判决为代表的部分法院持有该种观点，① 此外，广东和江苏的部分法院亦持该观点。

其他部分法院则认为有追索权保理中的追索权是一种担保，基于保理法律关系的特征，保理的基础和核心仍在于应收账款转让，例如在（2020）最高法民终155号民事判决书中，② 最高人民法院则认为，保理中的转让应收账款是为融资提供对价，而非担保，与让与担保有质的区别，保理合同约定保理人对保理申请人的追索权，在不能及时回收应收账款时给保理申请人施加了回购义务，此种设计相当于由保理申请人对债务人的清偿能力提供担保，在有追索权保理业务模式下，应收账款债务人应作为本案主债务人。

《民法典》施行后，部分学者更倾向于认为有追索权保理实际上是一种让与担保，例如，最高人民法院刘贵祥专委在《民法典关于担保的几个重大问题（下）》（2021年）一文中认为在有追索权的保理中，应收账款虽然名义上已经转让给保理人，但其目的在于担保保理人对应收账款债权人所享有的保理融资款本息。但是最高法院丁俊峰法官在《民法典保理合同章主要条文的适用》（2021）一文中似乎并不完全认同让与担保说。丁俊峰法官认为，《民法典》未对其法律性质作出

---

① （2015）榕民初字第1096号民事判决书。
② （2020）最高法民终155号民事判决书。

认定，有追索权保理业务因具体的合同条款设计以及案件事实不同，并不能当然得出一个普遍定性，追索权本身并不对保理合同法律性质的认定产生影响，抛开追索权而言，有追索权保理和无追索权保理并无本质区别。另外最高人民法院民事审判第二庭在《最高人民法院民法典担保制度司法解释理解与适用》①一书中在分析《民法典》第766条时认为应收账款转让在于担保保理人对应收账款债权人所享有的保理融资款本息，在分析最高人民法院《关于适用〈中华人民共和国民法典〉有关担保制度的解释》（以下简称《担保制度司法解释》）第66条时则认为，有追索权的保理实质上是应收账款债权人为保理人从应收账款债务人处收回约定的债权而提供的担保，这也是有追索权的保理被认为"其他具有担保功能的合同"的原因。

业务实践中，保理性质的认定会影响保理中主从关系的认定，若应收账款虚假，对保理人以及后手投资人回收融资款项及相应收益可能会产生截然相反的后果，司法实践中，采用不同观点的法院所作出的判决亦是相反。《民法典》施行后，保理合同作为有名合同单列一章，保理本身具有综合性和复杂性，其具体法律性质的认定亦待司法实践进一步明确。

三、保理业务中的常见法律风险

保理业务中，保理人面临常见法律风险主要包括应收账款虚假、保理关系无效或不成立以及应收账款债务人提出的抗辩事由（应收账款虚假除外）等。

（一）应收账款的真实性

根据《民法典》第763条，应收账款债权人与债务人虚构应收账款作为转让标的，与保理人订立保理合同的，应收账款债务人不得以应收账款不存在为由对抗保理人，但是保理人明知虚构的除外。根据该条规定，应收账款的真实性问题不会影响保理人对债务人享有的权利，但保理人明知应收账款虚构，债务人可以此对抗保理人。而"明知"的判断，法院一般以保理人是否具有善意、是否履行合理审查义务、是否履行审慎注意义务以及是否可以合理信赖应收账款真实性等标准进行判断。

在（2019）最高法民申1533号民事裁定书中，最高人民法院认为，对于并非基础合同当事人的第三人建行二支行而言，其已经尽到了审慎的注意义务，其有理由相信债权人对债务人享有相应的债权。

在（2018）吉民再111号民事判决书中，吉林省高级人民法院认为，债务人

---

① 参见最高人民法院民事审判第二庭：《最高人民法院民法典担保制度司法解释理解与适用》，人民法院出版社2021年版。

在粮食采购合同、发票收妥确认函、应收账款转让通知书上均加盖了公章，作为保理人有理由相信案涉应收账款真实存在，故债务人应当在其确认的应收账款金额范围内，向保理商履行偿还债权人保理融资款本息的责任。

在（2018）粤0391民初4001号民事判决书中，深圳前海合作区人民法院认为保理人对案涉基础交易是否真实存在并未尽合理审查义务，应当认定其对案涉交易并非真实交易具有明确认知，此种情况下，应认定原告与被告之间系以保理合同之名行借贷之实，二者之间系借贷法律关系。

前述案例实际上对保理人是否已经对应收账款真实性履行审查义务做出了原则性认定，实务操作中，保理人具体审查何种交易文件或尽职调查到何种程度才能予以免责？通过北大法宝平台司法案例检索发现，保理人的审查范围一般包括基础合同、交易发票及真伪验证、货物清单、订单、货款支付凭证/对账单、货运凭证/物流凭证、货权转让和货物交付证明、产品检验合格证明等，除此之外，保理人提供保理融资服务过程中，一般还会取得债务人对应收账款的确认或付款承诺、货物交付凭证和或合同履行确认，谨慎的保理人还可能会实地调查基础交易的真实性。保理人是否必须审查前述全部基础交易文件并无定论，但根据前述案例，即使不对全部基础交易文件进行审查，相关审查也应达到"合理""审慎"的标准，如保理人已对主要文件进行审查，相关文件足以令保理人相信基础交易为真实的程度。

因此，应收账款真实性问题对保理人权利是否会产生实质性不利影响，应当从以下两个维度进行分析。

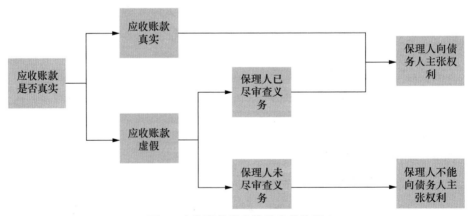

图2 应收账款真实性认定结构图

若应收账款为真实，保理人权利不受任何影响，可以直接向债务人主张权利；若应收账款为虚构，则应进一步分析保理人对应收账款是否履行了审查义务或注意义务：若保理人对应收账款未履行审查义务或注意义务，则保理人不能向债务人主张权利；若保理人对应收账款已履行合理审查义务或注意义务，即便应收账款虚假，保理人的权利与应收账款真实的情况并无差别，保理人依然可以向债务人主张权利。

（二）保理关系的效力

保理关系的有效性对保理人向债权人和债务人主张权利至关重要，若保理关系无效或不成立，则保理人可能无法收回保理融资款本息和其他费用。实践中，影响保理关系效力的常见因素主要包括应收账款虚假、保理人资质、保理融资期限与应收账款期限错配等，此外，保理关系无效或不成立后，保理人如何收回款项以及如何主张权利，亦值得探讨。

1. 应收账款虚假对保理关系效力的影响

根据前述分析，保理人对应收账款的真实性具有审查义务，若应收账款虚假且保理人未履行合理审查义务，那么保理人不能向债务人主张应收账款债权。根据保理的定义，保理通常是以应收账款转让为前提，在应收账款虚假的情况下，应收账款未发生转让，保理关系是否依然有效？总体而言，在保理法律性质的不同观点之下，保理关系的效力会出现截然相反的后果。

根据民法理论，双方当事人通谋所为的虚伪意思表示，在当事人之间发生绝对无效的法律后果，但在虚伪意思表示的当事人与第三人之间，则应视该第三人是否知道或应当知道该虚伪意思表示而发生不同的法律后果，当第三人知道该当事人之间的虚伪意思表示时，虚伪意思表示的无效可以对抗该第三人，当第三人不知道当事人之间的虚伪意思表示时，该虚伪意思表示的无效不得对抗善意第三人。因此，债权人与债务人之间虚构应收账款的行为，在其二者之间发生绝对无效的法律后果，但在与第三人保理人之间，则应视保理人是否知道或应当知道虚构应收账款而确定不同的法律后果。司法实践中，保理人是否知道或应当知道的认定标准依然是以保理人是否具有善意、是否履行合理审查义务、是否履行审慎注意义务以及是否可以合理信赖应收账款真实性等标准进行判断。在（2017）最高法民再164号民事判决书中，最高人民法院认为，债务人关于案涉应收账款虚假的诉讼理由能否对抗H银行，取决于H银行在受让债权时是否善意，本案中H银行已经尽到审慎的注意义务，有理由相信债权人对债务人享有债权，因此，保理合同有效。

根据《民法典》第146条，行为人与相对人以虚假的意思表示实施的民事法律行为无效；以虚假的意思表示隐藏的民事法律行为的效力，依照有关法律规定处理。若保理人知道或应当知道应收账款虚假依然签署保理合同，则应当按照保理人与债权人隐藏的真实意思认定二者的法律关系。在（2020）沪74民终111号民事判决书中,上海金融法院并经上海市高级人民法院支持认为,保理公司并未就该应收账款做核实调查,双方签订涉案《保理合同》及《应收账款转让明细表》等一系列材料,系以保理合同为名实现融资目的,故认定保理公司与保理申请人之间为借款合同法律关系,本案亦无其他无效情形,该借款合同的效力予以确认。在(2018)粤0391民初4001号民事判决书中,深圳前海合作区人民法院认为保理人对案涉基础交易是否真实存在并未尽合理审查义务,应当认定其对案涉交易并非真实交易具有明确认知,因此,原告对案涉基础交易并未尽到一般合理审查义务,如前所述,原告在负有更为严格审慎审查义务的情况下,应当对案涉交易并非真实具有明知,因案涉保理合同约定转让的应收账款并非真实存在,且原告对此明知,此种情况下,应认定原告与被告之间系以保理合同之名行借贷之实,二者之间系借贷法律关系。

因此,若应收账款虚假且保理人对此已履行合理审查义务,不知道或不应当知道应收账款虚假,则保理关系有效,若应收账款虚假且保理人对此未履行合理审查义务,知道或应当知道应收账款虚假,则保理关系一般不成立,按照实际的法律关系对保理合同的性质进行认定,结合司法实践,保理关系一般构成借贷法律关系。前述司法观点虽未明确有追索权保理中的应收账款债权为主债权,但与该观点的内在逻辑是一致的,在应收账款虚假且保理人未尽合理义务的,那么应收账债权作为主权利不存在,从权利亦不存在,整个保理关系不成立。

在有追索权保理为让与担保的观点之下,有追索权保理的实质就是"借贷+债权让与担保",应收账款转让仅是一种担保措施,作为一种从权利,其真实性问题并不会对保理关系的效力产生实质性的影响,而应当按照主合同有效而担保无效中担保人过错规则对案件进行认定。在(2018)粤0391民初2996号民事判决书中,法院认为,对于让与担保中,因担保物虚假造成让与担保目的无法实现的法律后果,参照质押合同无效的规定处理。根据法律规定,主合同有效而担保合同无效,债权人、担保人有过错的,担保人承担民事责任的部分,不应超过债务人不能清偿部分的二分之一。本案中,Z人民医院(债务人)向保理公司出具《回款确认函》中确认的应收账款金额及形成日期,与S公司(债权人)、Z人民医院此前出具的《企业往来对账函》中载明的应收账款金额及形成日期存在矛盾,保理公司对此疏于审核,亦存在过错,综合本案情况,法院判决Z人民医院对公司保理融资款本息不能清偿部分的二分之一承担赔偿责任,法院并不因应收账款虚假以及保理人对基础应收账款未尽审查义务而否认保理关系。

2. 保理业务资质对保理关系效力的影响

保理人必须是经过主管部门批准可以开展保理业务的金融机构和商业保理公司。司法实践中,法院通过查明保理人营业执照载明的经营范围以及保理人是否经金融主管部门批准设立认定其是否具备商业保理业务经营资质。在（2020）鲁01民终1614号民事判决书中，二审法院认为X保理公司是经济南高新区管委会地方金融监督管理局认定具有经营保理业务资质的保理公司，认定X保理公司具有经营保理业务资质，因此，构成保理法律关系。在（2019）沪民终469号民事判决书中，上海市第一中级人民法院认为并经上海市高级人民法院支持，原告的主营范围为融资租赁业务，根据其营业执照载明的经营范围，其可兼营与主营业务相关的商业保理业务，原告与被告开展了与原告主营业务无关的保理业务，该交易行为已超出原告的特许经营范围，经营商业保理业务必须获得相应的行政许可，原告不具有本案系争的保理融资交易的经营资质，故对其关于双方系保理融资关系的主张不予支持，按照民间借贷关系处理原告与被告（应收账款债权人）之间的债权债务关系。

因此，若保理人不是经主管部门批准可以开展保理业务的金融机构和商业保理公司，则其与债权人不构成保理关系，法院进而可能按照借贷法律关系处理。

3. 融资期限与应收账款期限错配对保理关系效力的影响

通常，保理融资的第一还款来源为应收账款的回款，对于有追索权保理，在无法回款的情况下，保理人可以向保理申请人行使追索权。因此，正常的保理融资期限一般应与应收账款期限相关联，这种关联性体现为保理融资期限与应收账款期限的关联性以及保理融资款偿还方式与应收账款回款时间相对应。保理融资期限与应收账款期限的关联性一般是指保理融资到期日一般与其对应的应收账款到期日相同或相近，在特定情况下，保理融资到期日可以稍微晚于应收账款到期日，以便给予保理申请人和债务人一定的宽限期，但该宽限期一般也不会过长。此外，保理融资款的偿还方式应当与应收账款的回款时间相对应，而不是按照固定期限偿还。司法实践中，法院在认定保理关系有效性的过程中通常会考虑这种关联性。

在（2020）沪74民终111号民事判决书中，上海金融法院查明《销售合同》规定的装运时间（2016年12月至2017年5月）与融资期限（2016年12月7日起至2017年5月15日）基本一致，而付款时间则为海运提单日期180天内，应收账款的到期日远远超过融资期限，并在否定保理关系有效性时考虑了该因素。另外在（2016）津0116民初2864号民事判决书和（2015）滨民初字第1882号民事判决书中，天津滨海新区人民法院查明保理申请人实际上依照固定的融资期限而不是依照应收账款的履行期限偿还本息，融资期限与基础债权债务关系的履行期限不具有关联性，并综合考虑其他因素，认定保理关系不成立。

另外，在（2019）最高法民终1449号民事判决书中，最高人民法院认为，X工程公司转让给D航空融资租赁公司的债权并未约定具体的债权到期日，D航空融资租赁公司亦未举证应收账款到期后无法从 H 公司处收回,且 X 工程公司在 D 航空融资租赁公司支付 15000 万元融资款后,随即按月向其支付利息并约定按期归还本金,而非在应收账款到期后无法收回时归还融资本息,X 工程公司实际上是依照固定的融资期限而非依照应收账款的履行期限偿还本息,融资期限与基础债权债务关系的履行期限不具有关联性,亦不符合保理法律关系的基本特征。

前述司法案例中,法院依据查明的事实,将双方实际约定的权利义务内容与应收账款的法律特征进行比较,进而将双方之间的关系认定为借贷法律关系。

4. 保理关系不成立或无效后的法律后果

《最高人民法院关于当前商事审判工作中的若干具体问题》(2015)规定,实务中确实有部分保理人与交易相对人虚构基础合同,以保理之名行借贷之实,对此,应查明事实,从是否存在基础合同、保理人是否明知虚构基础合同、双方当事人之间实际的权利义务关系等方面审查和确定合同性质,如果确实是名为保理、实为借贷的,仍应当按照借款合同确定案由并据此确定当事人之间的权利义务,另外,在(保理)合同效力上,只要不具有《合同法》第 52 条规定的合同无效情形,均应当认定有效。另外,根据前述案例分析,若保理人与债权人之间不构成保理法律关系,法院可能会根据事实认定双方之间的实际法律关系,实践中出现这种情况的主因在于保理人与债权人之间以保理合同之名行借贷之实,因此,法院一般会认定二者之间系借贷法律关系。保理关系被认定为借贷关系后,一般不会影响保理合同本身的效力,在法律允许的范围内,法院通常会尊重当事人在保理合同中的约定,但保理人将依然面临借款本金和收益以及保理合同项下担保效力不稳定等法律风险。

(1) 保理关系被认定为借贷关系后借款本金和利息的确定

保理法律关系实质为借贷法律关系后,若保理人已经向保理申请人发放保理融资款,法院一般会认定保理申请人为债务人承担还款义务,借款本金即为保理人实际发放的融资款金额。保理合同中关于利率的约定仍为当事方的意思自治范围,在不超过国家法律规定的上限或不违背强制性法律规定的情况下,一般应予支持,对于利息之外的其他费用,法院一般按照保理人是否实际提供相关服务判决是否支持该费用。①

(2) 保理关系被认定为借贷关系后保理合同项下担保的效力

保理法律关系被认定为借贷关系后,保理合同项下的担保是否有效,理论和实务中均存在分歧。担保依然有效的观点认为,对于担保人就保理申请人在保理合同项下的还款义务承担担保责任,虽然保理合同性质发生变化,但并不影响合

---

① (2020)沪 74 民终 111 号民事判决书和(2019)沪民终 469 号民事判决书。

同的效力，也不会加重担保人的责任，因此，担保依然有效。① 担保无效的观点则认为，担保人担保的债务系保理法律关系项下的债务，并非借贷法律关系项下的债务，法律关系转变后，担保人的风险亦加大，如果担保人知道该法律关系系借贷关系，很可能不会提供担保，故担保人不应承担责任。通过检索暂未发现类似观点的保理纠纷案例，但类比融资租赁案件亦可见一斑。在（2019）最高法民再81号民事判决书中，最高人民法院认为，由于相关方没有购买《融资租赁合同》项下租赁设备，因此认定名为融资租赁实为借贷，N公司愿意为Z造船公司与Y租赁公司签订的融资租赁合同提供保证，且Y租赁公司未举证证明N公司明知租赁设备买卖合同未履行、租赁设备不存在以及委托购买、融资款项直接进入Z造船公司账户后改变用途等事实，其真实意思是对《融资租赁合同》项下产生的有关债务及责任提供担保，而非为企业间融资行为产生的债务和责任提供担保，N公司在本案中不应承担保证责任。

前述的分析均建立在保理人与债权人构成借贷法律关系的基础之上，若保理人为商业银行，商业银行本身是具有放贷资质的金融机构，则这种借贷法律关系为金融借贷法律关系。若保理人商业保理公司，则法院一般认定这种借贷法律关系为《最高人民法院关于审理民间借贷案件适用法律若干问题的规定》（以下简称《民间借贷规定》）项下的民间借贷法律关系。根据2021年1月1日起施行的《最高人民法院关于新民间借贷司法解释适用范围问题的批复》，商业保理公司属于经金融监管部门批准设立的金融机构，其因从事相关金融业务引发的纠纷，不适用新民间借贷司法解释。因此，从2021年1月1日起，商业保理公司作为不具有放贷资质的非银行金融机构，保理关系认定为借贷关系后，则涉嫌未经批准从事贷款业务，法院则可能根据《银行业监管法》第19条规定："未经国务院银行业监督管理机构批准，任何单位或者个人不得设立银行业金融机构或者从事银行业金融机构的业务活动。"认定该借贷关系无效②，由此可能导致相关担保无效，保理人则可能不能按照合同约定收取利息，其救济方式可能是按照《民法典》关于合同无效后法定返还之债的相关规则要求债权人返还保理融资本金和一定的资金占用费。

综上，尽管将有追索权保理认定为让与担保有利于保障保理人权益，但考虑到该司法实践在《民法典》施行后尚未明确和统一，在应收账款不真实且保理人对未履行合理审查义务的情况下，保理人依然可能面临脱保的法律风险。为避免脱保风险，建议在担保协议中约定，担保人除对保理合同项下保理申请人的还款

---

① （2020）沪74民终111号民事判决书和（2019）最高法民申4065号民事判决书。
② （2020）最高法民终537号民事判决书。

义务承担担保责任外,亦将应收账款真实性纳入担保范围,这种安排可能会更为安全。①

(三)应收账款债务人的其他抗辩事由

保理具有较强的综合性和复杂性,即使保理人履行真实性审查义务且债权本身亦为真实,在其向债务人主张应收账款债权时,其依然可能面临应收账款债务人的抗辩,结合司法案例检索情况,应收账款债务人的抗辩事由主要包括债权转让未通知债务人,应收账款与在先权利存在冲突,基础合同项下债务人享有的抗辩权,基础合同变更或终止以及保理纠纷管辖权冲突等。

第一,有效的债权转让通知。主流观点认为债权转让通知并非保理关系有效成立的必要条件,在暗保理业务中,保理人和债权人不会将应收账款转让事实通知债务人,在明保理业务中,向债务人有效地送达债权转让通知是保理人要求债务人向其履行付款义务的前提,若未将债权转让事实通知债务人或者未有效通知债务人,债权转让对债务人不产生效力。实务操作中,为避免债务人的抗辩,通常由保理人和债权人共同向债务人送达债权转让通知,并取得债务人确认债权转让的回执和付款承诺。值得注意的是,保理人办理保理业务后,通常会在中国人民银行征信中心动产融资统一登记公示系统办理转让登记并对收款账户进行变更,但司法实践中债权转让登记和收款账户变更通知并不会产生有效的债权转让通知效力,债务人仍可以未收到债权通知向主张抗辩。②

第二,应收账款转让与在先权利的冲突。实践中,债权人可以将应收账款多次转让或将已质押的应收账款转让,进而使得受让人之间或受让人与其他权利人之间的权利产生冲突。应收账款重复转让遵循登记优先和通知优先,根据《民法典》第768条规定,应收账款重复转让的,登记优先于未登记;均进行登记的,登记在先的优先;均未登记的,通知最先达到债务人的优先;既未登记也未通知的,按照保理融资款或者服务报酬的比例分配。应收账款转让与质押冲突按照登记优先原则确认,应收账款转让和质押均在中国人民银行征信中心进行登记,而中国人民银行征信中心一般不会对应收账款质押和转让登记申请进行实质性审查,实践中会出现同一笔应收账款重复登记的情况,因此投资人在收购保理不良债权前应对应收账款的登记情况进行查询,以避免该应收账款在先存在的转让或质权与保理产生冲突,若投资人发现应收账款并未登记,建议投资人及时办理补登记。

第三,债务人在基础合同项下的抗辩权。根据《民法典》548条,债务人接到债权转让通知后,债务人对让与人的抗辩,可以向受让人主张。因此,债务人

---

① (2017)最高法民申3796号民事裁定书。
② (2012)沪二中民六(商)终字第147号民事判决书和(2014)鄂武汉中民商初字第00698号民事判决书。

对在基础合同项下对债权人的抗辩可以向保理人主张。实践中，保理人可以要求债务人放弃其向保理人主张其在基础合同项下的任何抗辩权，该种安排通常可以得到法院的支持。①

第四，基础合同变更或终止。根据《民法典》第765条，应收账款债务人接到应收账款转让通知后，基础合同变更或终止受到一定的限制，一是需有正当理由，二是客观上不得对保理人产生不利影响。从《民法典》规定可以推知，应收账款债务人接到应收账款转让通知后，应收账款债权人和债务人仍有变更或终止基础合同的可能性，此外，应收账款债务人接到应收账款转让通知前的基础合同变更或终止应当对保理人具有约束力。因此，建议保理人在提供保理融资的过程中，要求债权人承诺在债务人签署保理合同后、收到债权转让通知前不得变更或终止基础合同，同时要求债务人承诺在收到债权转让通知后无论因任何理由对基础合同的变更或终止应当取得保理人的书面同意。

第五，管辖权异议。因保理合同履行产生的纠纷，保理人往往会通过诉讼方式向债权人和债务人主张权利，在将债权人和债务人作为共同被告起诉时，若保理合同与基础合同关于管辖的约定不一致，且三方并无特别约定，债务人往往会在诉讼中提出管辖异议，目前尚无明确法律规定保理合同与基础合同对管辖约定不一致时的处理方式，各法院的处理方式存在不一致，而法院在不同案例中所产生的争议，部分论述似乎与保理法律性质的界定同出一源，即何种关系为主法律关系，各法院主要有以下处理方式：

按照保理合同的约定确定管辖法院。该规则背后的逻辑在于应收账款的债权转让与保理合同的订立构成一笔完整的保理业务，涉及保理人、债务人、债权人三方权利义务主体以及相互之间的权利义务关系，而《应收账款债权转让通知书》为保理合同附件的一部分，与保理合同具有同等法律效力，构成完整的保理合同项下的双方权利义务内容。债务人在《应收账款债权转让通知书》上加盖公章是其真实意思表示，应当视为其接受保理合同相关条款的约束，因此，应当按照保理合同的约定确定管辖法院，最高人民法院、上海市高级人民法院、湖北省高级人民法院分别在（2015）民二终字第98号民事裁定书、（2019）沪民辖终16号民事裁定书和（2017）鄂民辖终68号民事裁定书中采用这一观点。

按照基础合同的约定确定管辖法院。法院采用这一规则的主要理由在于，根据保理合同的性质，基础合同与保理合同相互独立，又相互关联，并非主从关系，共同构成保理法律关系，但保理人作为新债权人应当受基础合同的约束，保理合同约定的管辖条款对基础合同债务人没有约束力，保理纠纷一般由于债务人未履

---

① （2018）最高法民再129号民事判决书和（2018）最高法民终31号民事判决书。

行基础合同项下的付款义务而引起，法院审理的重点在于基础合同的履行，因此依基础合同确定管辖法院，最高人民法院在（2019）最高法民辖终355号民事裁定书以及重庆市高级人民法院在（2020）渝民辖终66号民事裁定书中采用这一观点。另外，根据（2020）渝民辖终66号民事裁定书和（2020）渝民辖终114号民事裁定书，保理法律关系的实质是应收账款债权转让，基础合同的存在是保理合同缔约的前提，应收账款债务人依据基础合同享有的抗辩权，可以对抗保理人，这种抗辩包括程序上的抗辩，因此，若保理人若按照保理合同起诉债务人，债务人有权提出管辖权抗辩。

基础合同和保理合同以及多份基础合同关于管辖和/或争议解决方式约定存在冲突的，按照一般管辖原则确定管辖法院。在无法根据基础合同和保理合同管辖约定确定管辖法院的情况下，部分法院可能直接按照一般管辖原则确定管辖法院。在（2016）最高法民辖终38号民事裁定书中，两份基础合同分别约定仲裁条款和协议管辖条款，保理人根据保理合同协议管辖起诉债务人和债权人，最高人民法院认为基础合同和保理合同协议管辖条款或仲裁条款均对保理人有效，三份合同中的协议管辖条款和仲裁条款内容相互矛盾冲突，分别指向不同的主管机关或管辖法院，保理合同与两份基础合同之间也不存在主从关系，无法根据协议管辖条款或仲裁条款确定案件的主管与管辖，因此，不予适用三份合同中的协议管辖条款和仲裁条款，应依据《民事诉讼法》第23条关于合同纠纷的一般管辖原则确定管辖法院。

综上，在保理合同与基础合同对管辖约定不一致的情况下，司法实践尚未形成统一裁判规则，即使是在最高人民法院层面，亦存在不一致的裁判规则。

四、保理不良债权投资的常见法律风险

（一）保理不良债权的投资交易结构

在一般的不良债权收购业务中，投资人首先需要确定主债权和担保权利，投资人收购主债权后，担保权利附随自动转移至投资人。有追索权保理不良债权收购业务则与此不同，保理并不包括明确的主合同和从合同，其中主从关系在司法实践中亦存在争议，应收账款的追偿权和对债权人的追索权均约定在保理合同当中，保理人对债务人的请求权基础在于保理人签署保理合同后，从债权人处取得其依据基础合同对债务人享有应收账款，而保理人对债权人的请求权基础在于保理人向债权人提供融资并依据保理合同约定对债权人享有的追索权，投资人通过取得保理人在保理合同项下的权利，进而取得向债务人追偿应收债款的追偿权和对债权人的追索权。实践中，投资人在收购保理不良债权时，债务人和债权人一般均已违约，投资人既可以向债务人追偿，也可以向债权人追偿，也可以同时

向债权人和债务人追偿,一般不涉及主次和先后问题。两种权利也不是割裂的,而是通过保理合同而相互联系在一起,因此,本文不建议投资人收购保理不良债权时仅收购部分权利,建议投资人通过取得保理人在保理合同项下的全部权利进而取得对债权人和债务人的权利。总体上,保理不良债权投资常见交易模式如下:

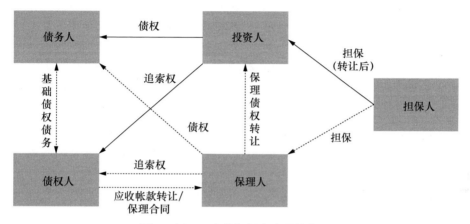

图3 保理不良债权投资交易结构图

投资人收购保理债权后可以通过直接清收和重组的方式回收投资。若投资人通过直接清收的方式收回投资,如前所述,其既可以向债权人主张权利,也可以向应收账款债务人主张权利,或者同时向债权人和债务人主张权利,在债权人未足额退还应退保理融资本金并足额支付相应利息前,投资人仍有权向债务人要求付款及收取债务人支付的应收账款,① 但是投资人从债务人处取得的全部应收账款,超过保理融资款本息和相关费用的部分仍应当返还给债权人。投资人收购保理债权后通过重组方式收回投资的,则可以与债权人或债务人重组,或者同时与债权人和债务人重组,并增加新的担保,不同的重组方式,保理性质的认定亦会对重组产生不同的影响。

若投资人收购保理债权后主要依赖债权人偿还债务,或与债权人重组,在有追索权保理为让与担保的观点下,只要应收账款不是投资人所看重的核心担保措施,对投资人而言,应收账款转让作为一种担保措施,应收账款虚假与否以及是否履行审查义务与否并非核心关注点,通常情况下,即使应收账款虚假以及投资人/保理人未履行审查义务,保理关系的效力一般不受影响,债权人仍应按照保理合同的约定承担还款责任。

---

① (2018)京03民终12067号民事判决书。

在追索权为担保的观点下，应收账款债权为主债权，投资人应重点关注应收账款的真伪以及保理人/自己是否已经履行审查义务足以自我保护，若应收账款虚假且保理人/投资人未履行审查义务，则可能导致保理关系无效或不成立，进而导致投资人向债权人主张债权的合同依据和法律依据以及债权的金额和性质都将具有不确定性，且若应收账款确实虚假，法院在认定保理人/投资人是否履行审查义务具有较大的裁量权和不确定性，投资人收购此类债权具有较大法律风险，建议投资人放弃收购该类债权。在应收账款真实的情况下，投资人与债权人重组实际为投资人与担保人进行债务重组，投资人应当注意行使追索权（担保债权），并根据保理合同的约定，判断追索权行使的前提条件和方式，在重组协议中对标的债权的性质以及标的债权的范围进行准确详细地界定；此外，值得注意的是，保理合同对追索权行使前提条件的约定可能比较宽泛，除应收账款债务人违约之外，可能还包括应收账款虚假、保理融资期限届满等，即使存在类似约定，投资人在收购保理债权时亦应严格评估应收账款虚假所产生的法律后果，谨慎对待应收账款虚假的保理债权的收购。

若投资人收购保理债权后将应收账款债权作为回收投资的重要来源，或者与债务人重组，不论有追索权保理是何种性质，若应收账款虚假且未履行审查义务，投资人都将面临无法向债务人主张回收债权的风险，投资人在收购保理债权之前，应当对应收账款真实性予以高度注意，进行严格审查，若发现应收账款虚假，建议投资人放弃收购此类保理债权。

总体而言，投资人在考虑对保理债权进行重组时，首先应确定重组对象，在此基础上结合司法态度分析应收账款真实性对重组效力可能造成的不利影响以及应收账款在重组债权回收中的重要程度，对应收账款真实性开展严格的尽职调查，确保重组债权的稳定性。

（二）保理中的法律风险对不良债权投资的影响

投资人收购保理不良债权后，承继保理人在保理合同的权利，保理业务中的法律风险亦将对投资人回收投资产生不利影响，以下结合不良债权投资和保理债权的特殊性风险分析保理不良债权投资的法律风险。

1. 保理债权的真实性

不良债权的真实性通常是指债权客观存在且对应的基础经济行为真实发生，本文中的保理债权是指保理人在保理合同项下对债权人享有的债权，对于保理债权的真实性而言，主要是指债权人与保理人之间债权真实发生，具体而言，保理人已实际向债权人发放了保理融资款，应收账款已发生转让。为确保保理债权的真实性，投资人通常需要核查保理合同、转让通知、保理融资款支付凭证以及债务人偿债凭证等材料，此外，投资人还可以通过中国人民银行征信中心动产融资统一登记公示系统查询保理融资项目的登记情况，辅助验证保理不良债权的真实性，若投资人发现保理债权本身真实性存在问题，例如保理融资款未支付，那么整个保理合同的法律基础不存在，投资人将无法依据保理合同取得其对债权人和债务人的权利。

2. 保理债权的有效性

影响保理债权有效性的主要因素在于保理关系的有效性，而影响保理关系有效性最为关键的因素在于应收账款的真实性以及是否履行审查义务。投资人作为保理不良债权的承继者，若应收账款虚假，能否以前手保理人已对应收账款履行审查义务或保理人具有善意而进行抗辩呢？结合司法实践，无论保理人对应收账款是否履行审查义务，其仍需要关注保理人在办理保理业务过程中对基础交易和应收账款真实性负有的注意和审查义务，投资人在收购保理不良债权时，对于应收账款的真实性的审查，通常需要履行与保理人同样程度或者更高的审慎审查义务，投资人不能认为保理人已审查应收账款真实性而不再另行审查。在发生纠纷时，投资人将承担证明基础合同实际履行以及基础交易关系真实性的义务，保理人未尽合理审查义务的不利后果也将由其保理不良债权的受让人承担。① 此外，投资人在收购保理债权时还需关注保理人的资质（尤其在保理人为非银行机构的情况下）和保理融资期限与应收账款期限错配等影响保理关系效力的问题。

根据前述分析，若保理关系无效或不成立，法院可能会按照借贷关系处理保理人与债权人之间的关系，对保理债权将产生不同程度的不利影响。就投资人而言，保理关系认定为借贷关系后，投资人不仅可能无法向应收账款债务人主张权利，对保理融资款的回收也将面临一定的困难。若保理人为银行金融机构，保理关系被认定为借贷关系后，投资人虽然不能向债务人主张权利，但一般依然可以向债权人主张保理合同约定的保理融资款本息，但保理合同项下的其他担保效力存在不确定性。若保理人为非银行金融机构，由于保理人不具有贷款资质，保理关系认定为借贷关系后，借贷关系具有被认定为无效的法律风险，此时，投资人可能既无法对债务人和相关担保人主张权利，其对债权人享有债权的性质发生变化，保理合同项下利息亦可能无法得到法院的支持。

因此，若投资人在尽调中发现应收账款可能虚构、保理人不具有经营保理业务的资质或者保理融资期限与应收账款期限明显错配等等，则应充分分析保理关系的效力，确保保理债权的有效性，若这些因素直接影响保理关系的效力，则保理关系可能认定为借贷关系，投资人则会面临借贷关系效力和本息金额的极其不确定性，建议投资人放弃收购该类保理债权。

---

① （2020）陕民终772号民事判决书。

3. 保理债权的洁净性

不良债权的洁净性通常是指债权权属关系能够得到交相关方的认可，原权利人已经履行完毕约定给付义务，不存在履约纠纷和其他优先权等权利瑕疵。就保理债权而言，投资人需要关注的保理债权洁净性通常包括保理合同本身履约情况以及应收账款债权的洁净性。

对于保理合同本身履约情况，投资人主要应当关注保理人在保理合同项下的义务履行情况，保理人是否已经按照保理合同的约定发放全部保理融资款，保理人是否存在预扣利息的情况、是否存在保证金以及其他保理费用等，投资人应当以保理人实际发放的保理融资款为基础收购保理债权；若保理人预扣利息，投资人则应当在保理融资款本金中做相应的扣减；对于保理合同保证金而言，投资人在收购保理债权时亦应当在确定保理融资款本金或收购价款时予以相应的调整；此外，保理业务中，保理人通常会收取保理手续费或咨询调查费等，投资人应当注意关注保理人收取相关费用的同时是否向债权人提供了相应的服务，否则投资人应当在确定保理融资款本金或收购价款时予以相应的调整。

对于应收账款的洁净性而言，投资人首先应当确保前手已经将债权转让有效通知债务人，应收账款已实际发生转让。其次，投资人应当查询相关登记信息，确保应收账款不存在被重复转让或被另行质押的情况，投资人收购保理债权后，及时办理应收账款转让登记。最后，投资人还应当对基础合同进行实质性审查，判断债务人的潜在抗辩权、基础合同是否发生变更或终止以及违约救济方式等，确保投资人可以顺利地向债务人主张基础合同项下的应收账款债权。若投资人发现债务人可能享有抗辩权，则可以考虑要求债务人放弃该等抗辩权；考虑债务人和原权利存在变更或终止基础合同的可能性，建议投资人确认在收购时点的基础合同变更或终止情况，并要求债权人承诺在债务人在债权收购后不得变更或终止基础合同，同时要求债务人承诺无论因任何理由对基础合同的变更或终止应当取得保理人的书面同意；对于保理合同与基础合同关于管辖的约定不一致的，为避免债务人在诉讼中提出管辖异议，建议投资人与债权人和债务人三方重新就管辖约定达成一致，若无法就管辖约定达成一致，在可行的情况下，投资人可以考虑分别起诉应收账款债权人和债务人。

五、总结

保理作为一种舶来品，其基础在于应收账款转让，在无特别规定的情况下，可以适用债权转让的一般规则，但保理是一项综合性的金融服务，亦具有其特殊性和复杂性。当前，保理相关的立法和司法实践均待进一步完善和明确，法院对保理纠纷案件裁判规则的把握尚未统一，司法实践更新较快，投资人在收购保理不良债权时应做好尽职调查，并实时关注法院的裁判动态。

1. 投资人在收购保理不良债权前应核实保理人是否已经发放保理融资款，若保理融资款未实际发放，则意味着保理债权不存在，投资人无法实际享有保理合同项下的任何权利。此外，投资人在审查保理合同时，应确保保理融资款本金的准确性，妥善处理预扣利息、保证金、咨询调查费用等对保理融资款本金存在潜在影响的款项。

2. 投资人在收购保理不良债权前应严格审查基础应收账款的真实性，履行审查义务，避免因债权人或债务人以应收账款虚假而主张相关的抗辩。投资人应结合尽职调查的具体情况判断应收账款虚构或真实的可能性，并结合管辖法院对有追索权保理法律性质的认定倾向进行压力测试，分析应收账款转让为让与担保以及追索权为担保两种情形下，投资人收回投资的法律风险和可能性。在应收账款虚假的情况下，若投资人主要依赖于债务人的偿还能力，或者管辖法院倾向于有追索权保理中的应收账款债权为主债权的，建议投资人放弃收购该类保理债权。

3. 投资人结合尽职调查情况，分析保理关系的稳定性，若保理关系不成立或无效，建议投资人放弃收购该保理债权。

4. 若应收账款是投资人回收投资的重要渠道，除应收账款的真实性之外，还应当关注应收账款的洁净性，应收账款是否有效转让、应收账款之上是否存在在先权利、债务人的抗辩权以及基础合同对管辖法院约定是否统一等。在条件允许的情况下，投资人可以结合尽调中遇到的问题，对保理相关交易文件进行改造或采取相关补救措施，例如，及时进行债权转让通知并办理应收账款转让登记、要求债务人放弃相关抗辩权以及统一管辖约定等。

对解散后公司的债务人债权追索的路径浅析

刘 麟

公司解散后应当依法清算,但在现实生活中有相当数量的公司应当清算而不清算,甚至故意借解散逃废债务,严重损害了债权人利益。资产管理公司在不良资产处置过程中,可能遇到公司债务人出现解散事由但未依法清算的情形,导致债权无法实现。本文根据法律规定和相关司法案例,对公司解散后债权追索的路径进行了梳理,以期能为债权人实现债权提供帮助。

一、公司解散、公司清算与公司终止

公司解散是指因公司章程或法律规定的,除破产以外的解散事由,而停止业务活动并进行清算的状态和过程。[①] 公司解散并不导致公司人格的消灭,而是停止其经营活动,其办理注销登记前,仍具有民事主体资格。

公司清算是公司依据法定程序,清理债权债务,分配剩余财产,终止公司的活动。[②] 市场主体注销登记前依法应当清算的,清算组应当自成立之日起10日内将清算组成员、清算组负责人名单通过国家企业信用信息公示系统公告。清算组应当自清算结束之日起30日内向登记机关申请注销登记。[③]

由此,公司解散是使公司人格消灭的原因和必要步骤,公司解散不等于公司人格的灭失和公司终止。公司清算完毕是公司终止的实质要件,经公司登记机关注销登记是公司终止的形式要件。

[①] 赵旭东主编:《商法学》(第三版),高等教育出版社2015年版,第251页。
[②] 公司清算分为破产清算和非破产清算,根据《公司法》(2023年修正,下同)第242条,公司破产清算适用企业破产的有关法律规定。本文中提及的公司清算,均为非破产清算。
[③] 参见《市场主体登记管理条例》第32条。

二、申请强制清算和参与清算

公司解散后，可能存在应当清算而没有清算或正在清算两种情形，下文将分别针对这两种情形展开。

（一）申请强制清算

1. 提起主体、事由

公司解散后应在15日内成立清算组组织清算。逾期不成立清算组或者虽成立清算组但故意拖延清算、违法清算，可能严重损害债权人或股东利益的，债权人可以申请人民法院指定清算组，进行强制清算。

债权人未提请法院进行强制清算的，公司股东可以向法院提出清算申请。即债权人行使请求权优先于公司股东行使请求权。

2. 审理期限

强制清算的前提是公司资产不足以偿还债务，因此法院在强制清算案件中，相较于破产清算案件而言，介入程度较为有限，其主要职责是指定、更换清算组成员，确认清算方案和清算报告，延长清算期限，裁定终结清算等程序性工作。公司清算案件属于非诉讼案件，因而其没有审理期限限制，案件终结的时间取决于公司清算组的具体情况。因此，申请法院强制清算的时间成本是债权人需要首要考虑的问题。

（二）参与清算

1. 主张公司股东履行出资责任

"公司解散时，股东尚未缴纳的出资应当作为清算财产，包括到期应缴未缴的出资，以及依照公司法第二十六条和第八十条的规定分期缴纳尚未届满缴纳期限的出资。"① 在参与公司清算前，债权人应当认真查验工商登记载明的出资信息与股东出资验资报告的一致性，对于未实际缴纳的股东出资，应当要求该股东履行出资义务。

2. 接收债权申报的通知

清算组应当自成立之日起10日内将公司解散清算事宜书面通知全体已知债权人，并于60日内根据公司规模和营业地域范围在全国或者公司注册登记地省级有影响的报纸上或者国家企业信用信息公示系统公告。②

---

① 参见《公司法司法解释（二）》（2020年修正，下同）第22条。其中"第二十六条和第八十条"为新《公司法》第47条和96条。
② 参见《公司法》235条、《公司法司法解释（二）》第11条。

在浙江某房地产开发集团有限公司诉陈某香清算责任纠纷一案中，① 法院认为"清算组应当同时履行书面通知全体已知债权人和在相应级别报纸公告两方面义务，仅履行书面通知或登报告知义务不构成对债权人的有效通知"。

因此，当清算组出现不履行通知公告义务或者公告的媒体级别不符合法律规定、只通知不公告、只公告不通知等不适当履行行为，导致债权人未申报债权且因此受有损失时，债权人可以向清算组成员主张赔偿责任。

另外，如果债权通知和公告的内容不够详尽，导致债权人未申报债权而受有损失的，清算组成员是否应当赔偿相应损失？目前，《公司法》及司法解释未予明确。但司法解释对债权的公告和通知等形式要件进行了详细明确的要求，其公告的内容如果缺失债权申报时间、地点、申报方式、需要提交的材料等关键性内容，理应认定清算组未适当履行通知和公告义务。

3. 对核定的债权提出异议

债权人对公司清算组核定的债权有异议的，可以申请重新核定。清算组不予核定或者核定后仍有异议的，可以向人民法院申请确认。②

关于债权确认的管辖法院，《公司法》及其司法解释未予以明确。根据《最高人民法院关于〈企业破产法〉施行时尚未审结的企业破产案件适用法律若干问题的规定》第9条"债权人对债权表记载债权有异议，向受理破产申请的人民法院提起诉讼的，人民法院应当依据企业破产法第二十一条和第五十八条的规定予以受理"的规定，由于企业破产法中的异议债权诉讼是公司清算中的异议债权诉讼的原型，该条准用于公司清算中的异议债权诉讼。③

但若债权人对其他债权人申报的债权有异议是否可以向清算组申请重新核定，或者向法院申请确认呢？笔者认为司法解释虽然未对债权异议的范围做明确界定，但法律赋予债权人对核定债权提出异议的权利，其本质是平等保护各债权人，若其他债权人核定的债权不准确，势必会影响该债权人的利益，因而司法裁量时应当予以考虑。

4. 债权的补充申报

债权人应当自接到通知之日起30日内，未接到通知的自公告之日起45日内，向清算组申报其债权。④ 债权人错过规定的债权申报日期，仍可以向清算组补充申报。但因错过清算组规定的债权申报时间，补充申报的债权受到以下限制：

---

① （2015）民申字第2249号。
② 参见《公司法司法解释（二）》第12条。
③ 最高人民法院民二庭编：《最高人民法院关于公司法司法解释一、二的理解与适用》，人民法院出版社2008年版，第256页。
④ 参见《公司法》第235条。

（1）时间限制

债权人最晚应在公司清算程序终结前，即清算报告经股东会、股东大会或者人民法院确认完毕前，向清算组补充申报。①

（2）受偿财产范围限制

补充申报的债权可在公司尚未分配的财产中依法清偿。若公司尚未分配的财产无法全额清偿的，可以就股东在剩余财产分配中已经取得的财产予以受偿。但债权人因重大过错未在规定期限内申报债权的，不得就股东在剩余财产分配中已经取得的财产予以受偿。②

（3）禁止申请破产清算

在公司尚未分配的财产、股东在剩余财产分配中已经取得的财产中仍不足以清偿全部补充申报债权时，债权人不得向法院提出破产申请，也不得要求已经受偿的债权财产获得受偿。③

因此，公司一旦进入清算程序，债权人应当随时关注清算组有关债权申报的公告和通知，防止因重大过失导致贻误债权申报。

三、主张相关义务人的清算及赔偿责任

《公司法》第232条明确将公司董事作为清算义务人，公司清算义务人不履行或不适当履行清算义务的，应当承担相应的民事责任。

（一）清算责任

公司出现解散事由时，清算义务人未在法定期间内组织清算组对公司进行清算或者未及时开始清算，是对清算义务的违反，产生清算责任。

因此，清算责任是清算义务人未按照法定的程序和期限实施清算，应当承担强制履行清算义务的民事责任。清算责任的履行依赖于清算义务人的行为，若其不履行，法院无法强制其履行，因而只能通过指定清算人强制清算或者支持权利人的损害赔偿请求权来实现。

公司法赋予了债权人向法院申请对债务人进行强制清算的请求权，《公司法司法解释（二）》则确认了公司清算义务人不履行清算义务应当承担的赔偿责任。从一定意义上看，清算责任依托于清算赔偿责任的实现而实现。

（二）清算赔偿责任

因实施下列行为导致公司债权人损失的，清算义务人应当承担的相应赔偿责

---

① 参见《公司法司法解释（二）》第13条。
② 参见《公司法司法解释（二）》第14条第1款。
③ 参见《公司法司法解释（二）》第14条第2款。

任。因公司实际控制人造成损失的，公司实际控制人亦应承担相应的赔偿责任。

1. 消极的侵权行为

即未在解散事由出现之日起 15 日内成立清算组并开始清算或者虽然成立清算组但拖延清算，以及违法清算可能严重损害债权人或股东利益，导致公司财产贬值、流失、毁损或者灭失。①

2. 积极的侵权行为

（1）恶意处置公司财产②

此处所说的恶意，是指清算义务人及实际控制人存在故意或重大过失，即知道或者应当知道其行为会对公司财产造成损失并导致债权人的利益受到侵害而作出该行为，其行为一般表现为侵占、私分或以明显不合理的价格出售公司财产等行为。

（2）欺诈注销登记③

实践中，部分法人主体违背诚实信用原则，利用虚假编造或伪造的清算文件，骗取公司登记机关办理注销登记，严重侵害了债权人利益，由此导致债权人损失的，应当承担相应的赔偿责任。

（3）违反法律法规或公司章程清算④

清算过程中，公司为清算组所控制，清算组实施违反法律、行政法规和公司章程的清算行为给公司造成损失的，清算组一般不可能主动以公司名义向自己主张权利的情形。因此，司法解释赋予了公司股东和债权人主张赔偿的权利。

（4）执行未经确认的清算方案

公司自行清算的，清算方案应当报股东会或者股东大会决议确认。人民法院组织清算的，清算方案应当报人民法院确认⑤。

但在许多地方早期制定且目前仍在适用的清算条例⑥中，公司董事会、审批机构、业务主管部门或者同级财政部门仍是清算方案的审批机关。但从法律位阶上看，《公司法》及其司法解释的法律效力应当大于地方条例的法律效力，在目前这些地方条例未修改或废止前，清算方案应当经《公司法》及其司法解释规定的有权机关确认后方可执行。

---

① 参见《公司法》第 232 条、《公司法司法解释（二）》第 7 条。
② 参见《公司法司法解释（二）》第 19 条。
③ 参见《公司法司法解释（二）》第 20 条。
④ 参见《公司法司法解释（二）》第 23 条第 1 款。
⑤ 参见《公司法司法解释（二）》第 15 条第 1 款。
⑥ 例如《海南经济特区有限责任公司条例》《长春市外商投资企业清算条例》《青岛市中外合资经营企业清算条例》等。

(5) 未经清算即办理注销登记，注销时股东承诺对公司债务承担责任①

实践中，不少公司登记机关仅凭公司股东向公司登记机关作出未发生债权债务或者已将债权债务清偿完结的承诺，即办理了公司注销登记。同时，《市场主体登记管理条例》亦明确"市场主体未发生债权债务或者已将债权债务清偿完结，未发生或者已结清清偿费用、职工工资、社会保险费用、法定补偿金、应缴纳税款（滞纳金、罚款），并由全体投资人书面承诺对上述情况的真实性承担法律责任的……②市场主体应当将承诺书及注销登记申请通过国家企业信用信息公示系统公示……市场主体可以于公示期届满之日起 20 日内向登记机关申请注销登记"的规定，也为上述操作提供了依据。

因此，公司股东作出对公司债权债务承担责任的未发生债权债务或者已将债权债务清偿完结的承诺后在登记机关办理了注销登记，债权人因此受有损失的，有权向股东或者第三人主张对公司债务承担相应的赔偿责任。

（三）连带清偿责任

公司股东因怠于履行清算义务，导致公司主要财产、账册、重要文件等灭失，公司无法进行清算或者公司未经清算即办理注销登记，③ 导致公司无法进行清算的，④ 债权人得向公司清算义务人或实际控制人主张对公司债务的承担连带清偿责任。

1. 连带清偿责任的法理基础

清算组发现公司财产不足清偿债务的，应当依法向人民法院申请破产清算，⑤在公司债务人资不抵债的情况下，公司股东可以通过破产清算制度，对既存债权进行清算。债权人的债权虽不能全部受偿，但至少可以就债务人全部财产公平受偿，公司债务人亦可破产免责。同时，基于公司责任的有限性，公司债务人的股东亦免于对公司债务承担清偿责任。

但因清算义务人积极或消极侵权行为导致公司的清算程序无法启动或者没有必要继续启动的，应当依据《公司法》第 21 条第 2 款的规定，责令清算义务人对公司债务承担连带清偿责任。

在某银行诉林某洋、林某清算责任纠纷一案⑥中，法院认为"林某洋、林某作为 K 公司和 Y 公司股东，在自行清算的过程中违法清算，导致债权人某银行因

---

① 参见《公司法司法解释（二）》第 20 条第 2 款。
② 《市场主体登记管理条例》第 33 条。
③ 参见《公司法司法解释（二）》第 18 条第 2 款。
④ 参见《公司法司法解释（二）》第 20 条第 1 款。
⑤ 参见《公司法》第 237 条。
⑥ (2015) 民申字第 916 号。

债务清偿主体消灭而无法主张债权，其行为实质是对法人独立地位和股东有限责任的滥用。既不应产生债务人免于清偿部分债务的法律后果，股东亦不应再受股东有限责任原则的保护，应当对公司债务承担连带清偿责任"。

2. 无法清算的认定

无法进行清算应当指公司的财产和负债范围无法确定，无法按照法律规定的程序对公司的债权债务进行正常的清理，债权人的债权无法得以清偿的状态。债权人负有证明"公司确已无法清算"的举证义务。

从C贸易公司诉蒋某某、王某某等买卖合同纠纷一案[1]来看，若公司确已无法清算，且清算义务人未履行清算义务的，债权人向清算义务人追偿之前，无需向法院申请强制清算。

但若债权人无确切证据证明公司主要财产、账册、重要文件等公司清算的基础材料灭失等公司确已无法清算的事实，强制清算程序是债权人请求清算义务人承担清算责任的前提。

在李某某诉某交通运输局生命权、健康权、身体权纠纷一案[2]中，法院认为"某承担连带清偿责任的前提是某小客车出租公司无法进行清算。李某某在未申请法院组成清算组进行清算，且没有证据证明该公司存在上述情形无法进行清算的情况下，直接要求同安区交通局承担连带清偿责任缺乏法律依据"。

四、小结

公司解散后应当自行组织清算，当公司无法自行清算时，债权人应依法申请法院对公司债务人进行强制清算。公司清算过程中，债权人应当关注清算组的通知和公告，及时申报债权，遗漏申报时应当及时补充申报，积极关注公司清算组核定的债权数额。当公司债务人的清算义务人不履行或不适当履行清算义务时，应当积极主张清算义务人的赔偿责任或连带清偿责任，依法维护自身债权。

---

[1]（2010）沪一中民四（商）终字第1302号。
[2]（2015）闽民申字第1366号。

浅析网络司法拍卖业务的风控要点

秦静静

随着"互联网+"的发展，互联网对于 AMC 不良资产收购及处置业务均产生广泛的影响。在处置端，AMC 通过网络竞价的方式公开、高效的处置存量不良资产；在收购端，AMC 通过参与网络司法拍卖项目（以下简称"法拍项目"），寻找基于不良资产收购的增值运作机会，法拍项目的兴起为不良资产业务提供更多的想象空间。本文梳理参与法拍项目的尽职调查及交易结构设计要点，以期达到促进法拍项目有序开展之目的。

一、网络司法拍卖概述

法拍即网络司法拍卖，是指人民法院依法通过互联网拍卖平台，以网络电子竞价方式公开处置财产的行为。[①]

自 2012 年浙江省高级人民法院试水淘宝网拍模式以来，网络司法拍卖因对原有拍卖制度及执行制度的挑战及变革而引发诸多争议。同时，网络司法拍卖因其公开、高效、低成本地精准解决司法执行难问题而迅速在各地法院得到推广。2016 年 8 月出台的《最高人民法院关于人民法院网络司法拍卖若干问题的规定》（以下简称《网拍规定》）让网络司法拍卖模式的探索尘埃落定，《网拍规定》首次界定"网络司法拍卖"的概念，对网络司法拍卖的平台准入规则、运行模式、各主体之间的权责划分、具体的竞拍规则进行了全面而系统的梳理和规范，以司法解释的形式确认了法院进行自主的网络拍卖是处置被依法查封、扣押、冻结的财产应当优先采用的方式。[②]

法拍的参与主体包括法院、网络服务提供者、辅助机构、竞买人及相关中介

[①] 《关于人民法院网络司法拍卖若干问题的规定》（法释〔2016〕18 号）第 1 条。
[②] 何东宁：《网络司法拍卖司法解释九大亮点解读》，载《人民法院报》2016 年 8 月 4 日第 4 版。

服务机构等。根据《网拍规定》第 14 条,竞买人应当具备完全民事行为能力,法律、行政法规和司法解释对买受人资格或者条件有特殊规定的,竞买人应当具备规定的资格或者条件。特殊情况下法院会对竞买人资质有限制性要求,如要求买受人具备房地产开发一级资质、符合采矿权受让条件等。

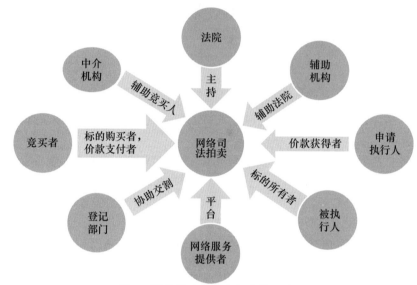

图 1 网络司法拍卖参与主体示意图

一次成功的司法竞拍包括如下流程:拍卖前准备、注册及缴纳保证金、出价拍卖、办理交割等。

图 2 网络司法拍卖流程图

二、法拍类项目尽职调查重点

夯实的尽职调查是不良资产投资风险控制的基础,法拍类项目亦同。

对拍卖标的资产的尽职调查是法拍类项目风险防控的核心。根据《网拍规定》第 6 条,实施网络司法拍卖的,人民法院应当履行下列职责:查明拍卖财产现状、权利负担等内容,并予以说明。《最高人民法院关于人民法院确定财产处置参考价若干问题的规定》(法释〔2018〕15号)第3条规定,人民法院确定参考价前,应当查明财产的权属、权利负担、占有使用、欠缴税费、质量瑕疵等事项。上述相关规定有利于竞买人更好地了解标的资产,但实务中不同地区法院的瑕疵披露程度不一,部分法院仅笼统地公告资产存在瑕疵。根据《网拍规定》第14条之规定,拍卖财产以实物现状为准,在拍卖财产的文字说明、视频或者照片展示以及瑕疵说明严重失实,致使买受人产生重大误解的情况下,方可申请撤销。鉴于网络司法拍卖是执行行为的延伸,不具备可诉性,故在参加网络司法拍卖之初,宜应通过详细的尽职调查查明财产的权属、权利的负担、占有使用、欠缴税费、质量瑕疵等情况。

(一)关于标的资产欠缴税费情况

网络司法拍卖的标的物作为实物资产,其欠缴税费负担高于传统的债权交易,故欠缴税费的承担主体应作为尽职调查的重要内容。目前不同法院拍卖公告中对欠缴税费承担主体的表述不同,若执行法院未明确表述不得由买受人承担全部税费,仅笼统地表述为相应主体各自承担,① 甚至明确买受人承担的② 均应审慎判断欠缴税费对资产价值的影响。

目前上海、浙江、江苏、广东等地法院在明确欠缴税费由相关主体各自承担的基础上,还明确了具体税费垫付的操作路径,为买受人后续资产过户扫清障碍。如上海高院要求"执行法院不应在拍卖公告和特别提示中作出规定,也不应载明由买受人承担";③ 浙江高院执行局明确"被执行人应负担的本次变价产生的税费,由执行法院在拍卖款中扣划后直接交付税务部门,也可由买受人先行缴纳后向执行法院申请退还垫付的税费"。④

(二)标的资产的占有使用情况

标的资产的占有使用情况将直接影响到标的资产的后期运作、处置情况。根据《浙江省高级人民法院执行局关于规范不动产网络司法拍卖、变卖工作指引》第8条规定,执行法院裁定拍卖不动产后,一般应及时腾退后再拍卖。但实务中不同地区法院做法不一,故尽职调查过程中应关注区域内实操情况,审慎判断是否存在标的资产被出租、被占有的情况。

(三)影响标的资产价值的其他因素

与传统不良资产相同,法拍类项目亦需关注标的资产所在区位、交通、规划、

---

① 如湖北、河南地区,实务中仅笼统约定相关主体各自承担的,存在因被执行人(卖方)未缴纳税费,而造成买受人资产过户障碍。
② 如北京、湖南、甘肃等地区的一些法院在拍卖公告中直接明确由买受人承担全部税费。
③ 《上海市高级人民法院关于进一步规范司法拍卖中有关事项的指导意见》(沪高法〔2019〕25号)第4条。
④ 《浙江省高级人民法院执行局关于规范不动产网络司法拍卖、变卖工作指引》(浙执〔2020〕6号)第7条。

过户政策等影响资产价值的其他因素。

三、法拍类项目交易结构设计要点

基于前期尽职调查情况，妥善的交易结构设计是项目投放并安全退出的关键。在合作参与法拍的业务中，应当关注以下要点：

（一）选择适格参拍主体

根据法院公告，需确定适格的参拍主体并在竞买成功后运营拍卖标的资产。根据《网拍规定》，除法律法规另有规定外，参与网络司法拍卖的主体并无特殊限制。鉴于某些标的资产的开发运作对企业准入存在限制，如房产开发、矿产开采等，为方便项目投后的开发运作，交易结构设计中应通过引入合作方等方式选择适格主体参拍。

（二）妥善落实风控措施

根据不同项目的商业逻辑，可以提前通过风控措施落实退出安排。风控措施包括：一是有实力合作方的保证担保或承诺收购，此风控措施看重合作主体的资质和实力；二是承诺以法拍标的资产提供抵押担保，此风控措施看重底层资产的价值及对项目的控制力。

（三）加强交易主体的控制

通过对交易主体（SPV）治理结构设计，如合伙企业 GP 的选择、决策机构表决机制设置、合伙份额处置规则的设置，项目公司决策机构表决机制设置、投票表决规则设置等环节，确保对合伙企业及项目公司及标的资产处置的控制权。

当然基于不同项目的商业逻辑，交易结构中对相关交易主体的控制程度也不同，实务中需要通过商业谈判综合交易主体资质、底层资产价值等因素进行考量及判断。若项目合作方资质一般，主要还款来源为底层资产的，应加强对交易主体的控制，把握项目主动权。

（四）寻求专业力量，引入行业内合作方

部分法拍项目行业壁垒较高，如房地产开发、矿产开发、精密机械设备的使用等，需要专业主体的专业技能来运作、经营。通过引入标的资产所在行业的合作方，一方面有利于尽职调查的开展，充分了解标的物的价值；另一方面通过合作方的共同投资，有利于增加项目的安全垫。

四、小结

法拍项目为 AMC 回归主业，基于不良资产精耕细作提供新的机遇与挑战，为不良资产收购业务提供了更稳定、高效、经济的选择。同时，亦存在税费负担未明、标的资产被占用、评估价格不能准确反映标的资产价值等风险。通过法拍项目可以参与到新一轮的不良资产投资中。当然，如何丰富尽职调查方法、完善交易结构设计、守住法拍类项目的商业风险，会是不良资产业务面临的持久课题。

股东借款义务强制履行的法律问题研究

许泽阳

问题的提出

股东借款①是合作开发项目中常见的融资方式。各股东设立项目公司进行投资活动，但由于新设项目公司难以获得银行融资，各股东通常约定在项目公司资金不足时，由各股东按照出资比例提供股东借款，并约定利息。这既能降低股东实缴风险，又能通过收息方式获取经营利润，以此节税。但实践中，在有约定或章程规定的情况下，股东拒绝提供借款的情况时有发生，由此可能导致项目停滞甚至失败。该等情况下，守约股东、项目公司及参与合作的第三方如何维权？违约股东提供借款的义务能否强制履行？甚而在以股权或"股+债"等方式开展的投资业务中，能否将被投资公司的原始股东提供股东借款作为保障措施之一？这些问题均值得研究。

一、强制履行及相关概念的辨析

（一）强制履行的概念

强制履行也称为实际履行、继续履行。作为违约后的补救方式之一，强制履行是指一方违反合同时，另一方有权要求其依据合同的规定继续履行。②《民法典》第577条规定："当事人一方不履行合同义务或者履行合同义务不符合约定的，应当承担继续履行……等违约责任。"强制履行和合同正常履行的结果类似，但本质上有所区别：强制履行属于违约责任，而不是单纯的合同债务的履行。③前

---

① 本文讨论的股东借款仅为股东向公司提供借款的情况，不包括公司向股东提供借款。
② 王利明：《合同法研究（第二卷）》，中国人民大学出版社2011年版，第573页。
③ 崔建远：《合同责任研究》，吉林大学出版社1992年版，第171页。

者借助了司法机关的强制力，不以违约方的意志为转移，通常发生在履行期限届满后；后者则是当事人自愿按照合同的约定履行义务，通常发生在履行期限届满前。

强制履行是有效实现当事人订约目的的补救方法，一般认为它是我国《合同法》中首要的救济方式。[①] 但是，首先采用并不意味着必须采用。一则因为强制履行需满足3个构成要件：（1）存在违约行为；（2）守约方请求违约方继续履行合同债务行为；（3）违约方能够继续履行合同。[②] 二则取决于强制履行与其他违约责任的关系。通常而言，强制履行可与支付违约金、赔偿损失和没收定金等违约责任并用，但不能与解除合同的方式并用。[③]《民法典》第179条[④]亦印证了前述观点：该条第2款规定，"本条规定的承担民事责任的方式，可以单独适用，也可以合并适用"。至于适用顺序，民法学界普遍认为，虽然《民法典》并列规定了强制履行、赔偿损失、支付违约金等责任方式，但其适用的先后次序仍需根据个案进行确定。[⑤]

（二）强制履行与强制执行的区别

在实践中，强制履行和强制执行的概念经常混淆。强制执行是指负有义务的一方当事人不自动履行生效的法律文书所确定的义务，人民法院根据另一方当事人的申请或依据职权强制其履行义务。[⑥] 二者的区别在于：（1）强制履行是民法上的补救措施，而强制执行是民事诉讼法上强制执行民事判决和裁定的措施。当一方违约时，守约方可在向法院起诉前直接要求违约方履行义务，而不适用强制执行措施；（2）强制履行旨在强制债务人履行原合同规定的义务，而强制执行是为了保证法院生效裁判得以实现；（3）强制履行可由当事人向法院和仲裁机构申请采取，而强制执行只能由法院执行。[⑦]

（三）金钱债务和非金钱债务强制履行的区别

"金钱债务不发生不能履行问题"，此为各国和地区通例，故理论上金钱债务总能适用强制履行。而非金钱债务则可能构成不能履行：明文律法方面，《民法

---

① 王卫国：《论合同的实际履行》，载《法学研究》1984年第3期。
② 崔建远：《合同法》（第六版），法律出版社2016年版，第255页。
③ 王利明：《合同法研究（第二卷）》，中国人民大学出版社2011年版，第575页。
④《民法典》第179条：承担民事责任的方式主要有：（一）停止侵害；（二）排除妨碍；（三）消除危险；（四）返还财产；（五）恢复原状；（六）修理、重作、更换；（七）继续履行；（八）赔偿损失；（九）支付违约金；（十）消除影响、恢复名誉；（十一）赔礼道歉。法律规定惩罚性赔偿的，依照其规定。本条规定的承担民事责任的方式，可以单独适用，也可以合并适用。
⑤ 王利明：《合同法研究（第二卷）》，中国人民大学出版社2011年版，第258页。
⑥ 王宝发：《中国民事诉讼理论与实务》，天津人民出版社1993年版，第413页。
⑦ 王利明：《合同法研究（第二卷）》，中国人民大学出版社2011年版，第579页。

典》第 579—580 条（《合同法》第 109—110 条）①明确规定非金钱债务有以下 3 种情形不适用强制履行：（1）不能履行；（2）债务的标的不适于强制履行或履行费用过高；（3）债权人在合理期限内未要求强制履行。学理研究方面，民法学者认为不适用强制履行的情形还应包括 2 种情形。（1）法律明文规定不适用强制履行而违约方只承担违约金责任或赔偿责任。例如，货运合同中，承运人对运输过程中货物的毁损、灭失承担损害赔偿责任（参照《民法典》第 832 条前段），而不负强制履行责任。（2）因不可归责于当事人双方的原因致使合同履行实在困难，若实际履行则显失公平。例如，适用情势变更原则时，往往不成立强制履行。②

二、普通借款能否要求强制履行

根据《民法典》第 502 条第 1 款③和第 679 条④，除自然人之间的借款合同外，一般的借款合同⑤属于诺成合同，合同自成立时生效，因此，当贷款人拒绝提供贷款则构成违约时，借款人可以要求贷款人承担违约责任。此时的违约责任是否包括强制履行呢？

（一）贷款人违约未提供贷款的裁判情况

如果将贷款人提供贷款理解为金钱债务，则根据民法理论，金钱债务原则上不存在不能继续履行的情况，因此若借款人提出继续履行的诉讼请求，则贷款人应当继续提供贷款。但司法实践却并非如此：当贷款人拒绝提供贷款时，常见法院判决贷款人承担赔偿损失等违约责任，少见判决继续履行，可参见如下判决。

---

① 《民法典》第 579 条：当事人一方未支付价款、报酬、租金、利息，或者不履行其他金钱债务的，对方可以请求其支付。
《民法典》第 580 条：当事人一方不履行非金钱债务或者履行非金钱债务不符合约定的，对方可以请求履行，但是有下列情形之一的除外：（一）法律上或者事实上不能履行；（二）债务的标的不适于强制履行或者履行费用过高；（三）债权人在合理期限内未请求履行。有前款规定的除外情形之一，致使不能实现合同目的的，人民法院或者仲裁机构可以根据当事人的请求终止合同权利义务关系，但是不影响违约责任的承担。
② 崔建远：《合同责任研究》，吉林大学出版社 1992 年版，第 187 页。
③ 《民法典》第 502 条：依法成立的合同，自成立时生效，但是法律另有规定或者当事人另有约定的除外。
④ 《民法典》第 679 条：自然人之间的借款合同，自贷款人提供借款时成立。
⑤ 本文所述的借款合同均指的是法人主体之间签署的借款合同。

案例 1

在（2019）湘民申 292 号案件中，借款人刘某以其房产作抵押向贷款人 Y 银行申请最高额为 260 万元的贷款，双方签订合同后，刘某前两次分别支用 260 万元和 80 万额度并按约分期偿还本息，在第三次申请循环贷款时，贷款人以借款人经营状况恶化为由未予批准。刘某因此不再继续偿还借款本息。

湖南省高院认为，贷款人 Y 银行与借款人刘某签订合同，约定借款人在授信期内依据额度向贷款人提出贷款申请，贷款人在最高额抵押范围内与借款人订立合同并发放贷款。在抵押物未发生任何变化，借款人亦无任何违约或不诚信之处，且申请额度低于最高额度时，贷款人负有与被申请人订立贷款合同的义务，但贷款人拒不履行订立贷款合同义务，且拒不发放贷款。遂认定贷款人在合同约定的授信额度支用期内不再向借款人发放贷款的行为构成违约并应承担一定违约责任，判令贷款人不得就借款人违约部分主张罚息。

案例 2

湖南省高院指令娄底市中级人民法院再审的案件结果与案例 1 如出一辙：该案中，借款人谢某、刘某（注：二人系夫妻关系）以其共有房产作抵押向贷款人 Y 银行申请最高额为 288 万元的贷款。法院认为，Y 银行在没有充足证据证实谢某未按贷款用途使用其贷款、还款能力下降的情况下，在合同约定的 288 万元额度支用期内，不再向谢某发放贷款，构成违约，应当承担一定的违约责任，判令贷款人不得就借款人违约部分主张罚息。

案例 3

在（2019）京 02 民终 9981 号案件中，贷款人 Z 银行与借款人 B 公司签订贷款合同，约定贷款额度金额为 340 万元；期限自 2014 年 3 月 21 日至 2017 年 3 月 20 日；在额度有效期内，B 公司可循环使用该额度；提款敞口金额不得超过 300 万元。实际履行时，B 公司按约偿还利息和部分本金，但 Z 银行两次拒绝 B 公司使用剩余授信额度。2017 年 3 月 20 日，B 公司未按期足额偿还剩余贷款本金 110 万元，并要求 Z 银行承担违约责任。Z 银行随即起诉、B 公司反诉。一审法院认为，Z 银行的行为构成违约，承担自 2017 年 3 月 21 日起至贷款实际清偿之日止借款人应承担的贷款利息、罚息、复利。北京市第二中级人民法院维持原判。

此外，截至 2021 年 2 月 25 日，在无讼案例数据库（仅限中级、高级、最高人民法院判例）中，通过全文检索关键词"不发放贷款"（179 件）、"未全额发放贷款"（6件）、"拒绝发放贷款"（180件）、"不提供借款"（146件）、"最高额+发放贷款+最高人民法院"（共337件），以及检索《合同法》第201条第1款（注：《民法典》第671条）的引用案例（64件），发现对于贷款方未按照贷款合同约定履行放贷义务的判例中，法院判决结果包括：贷款方承担违约金、赔偿损失或解除合同（部分典型判决如下表）；借款人对自身损失举证不足的，则贷款人不承担违约责任。但均未发现支持强制履行出借义务的判例。

表1　部分类型判决

案号	审判法院	判决结果
（2019）兵11民初1号	新疆生产建设兵团第十二师中级人民法院	鉴于借款人并未提供证据证实因出借人未按照约定提供借款给其造成实际损失，故赔偿请求不予支持。
（2015）成民终字第183号	成都市中级人民法院	出借人张某未按约履行出借款项的义务，已构成违约，应当承担违约责任，双倍返还定金，解除借贷合同。
（2019）吉01民终2472号	长春市中级人民法院	贷款人N银行未予发放贷款构成违约，承担违约对借款人Y公司造成的损失，解除借贷合同。

（二）贷款人违约未提供贷款的判决结果法理分析

综上可知，金融借款或（非自然人之间的）民间借贷合同中，贷款人违约的，司法机关通常不会强制要求贷款人继续提供借款，而是要求其承担赔偿损失等违约责任。

1.《民法典》第671条的理解与适用

根据《民法典》第671条规定："贷款人未按照约定的日期、数额提供借款，造成借款人损失的，应当赔偿损失。"这是否意味着贷款人未提供贷款时，借款人仅能要求其赔偿损失？该规定与《民法典》第577条、第579条之间如何适用？

王利明教授在《合同法研究》一书中给出了答案："合同法总则和分则之间构成普通法和特别法的关系，合同法总则是普通法，合同法分则是特别法……涉及特别法所针对的情形，则不应适用普通法，而应适用这些专门制定的特别法……合同法分则是合同法总则的确定性规定……合同法总则和分则就同一事项都作出了规定，但总则仅是基于其普通法的地位作出了抽象的、一般性规定，其中具体的内容还有待于分则加以确定。例如，我国《合同法》第107条（注：《民法典》第577条）规定：'当事人一方不履行合同义务或者履行合同义务不符合约定的，应当承担继续履行、采取补救措施或者赔偿损失等违约责任。'该条是总则中的一般性规定，但本条中的'当事人''合同义务'如何认定，如何承担'继续履行、采取补救措施或者赔偿损失等违约责任'，还有待合同法分则就各类有名合同作出确定性规定。……例如,《合同法》第 201 条(注:《民法典》第 671 条)规定:'贷款人未按照约定的日期、数额提供借款,造成借款人损失的,应当赔偿损失。'这就实现了合同法总则中关于违约责任规定的具体化。"① 可见,《民法典》第 671 条与第 577 条、第 579 条是特别法与普通法的关系,因此,借款合同的放贷义务即属于前文所述"法律明文规定不适用强制履行"的情形,即贷款人违约未提供贷款时,借款人只能主张赔偿损失,而不能要求继续履行。

2. 关于放贷义务不能强制履行的法理分析

《合同法研究》只解决了"借款合同是否不能强制履行"的问题,而对于"借款合同为什么不能强制履行"的问题,浙江大学法学院的张谷教授在《借款合同分析》一文中作了更为明晰的论述:贷款人的债权能否实现完全取决于借款人的资产和信用,因此,如何决定是否放贷、如何确保贷款人的返还请求权,应成为借款合同规范的重点。② 如果将借款合同定性为实践合同,则相当于赋予贷款人毁约权——银行有权随时拒绝放款。③ 但现行法律将借款合同定性为诺成合同,且鉴于借款合同的授信、金钱之债以及继续性之债的特点,④ 银行从货币所有人降为债权请求权人,自担货币贬值风险。因此,为平衡借贷双方利益,进一步引申出借款合同中关于放款义务的软化、义务违反时救济手段的限制以及终止事由的规范等内容。

其一,关于放款义务的软化。《借款合同分析》认为,"借款合同特别注重借款人的个人信用度,因此,即便采取诺成合同说,也必须采取措施软化贷款人的贷款义务,以免发生不合理风险"。且列举了各国关于"放款义务的软化"之规定,以此证明放款义务违反时不得请求实际履行亦是各国通例。

其二,关于义务违反时救济手段的限制。贷款人不放款时,借款人能否诉请贷款人实际履行?《借款合同分析》认为答案是否定的。原因在于,一方面,借款人要求贷款人实际履行放款义务时,意味着借款人愿意负担到期还本和支付利息的义务。而在充分竞争的资本市场里,借款人转而寻求替代性借款并不困难,由此多支出的费用完全可以从违约贷款人处获得赔偿。另一方面,实际履行的救济

---

① 王利明:《合同法研究(第三卷)》,中国人民大学出版社 2012 年版,第 23—24 页。
② 张谷:《借款合同分析》,载《金融法苑》2005 年第 2 期。
③ 黄茂荣:《债法各论》,中国政法大学出版社 2004 年版,第 107 页。其实,实践性合同也会赋予借款人以悔约权,从而,在承认借款预约的法制下,就与防止借款方反悔的贷与预约(属于片务预约)或防止双方反悔的双务预约区别开来。
④ 张谷:《借款合同分析》,载《金融法苑》2005 年第 2 期。文中认为,(1)"授信特点"即借款合同的成立基于债务人的信用;(2)"金钱之债的特点"系由于金钱的特殊性,因此借款需要转移金钱所有权。贷款人从货币所有权人降为债权中给付返还请求人,还承担货币贬值风险,因此贷款人的风险较高;(3)"继续性之债"是指借款合同的还款履行期限较长,而非一次性履行。

方式违背了借款合同授信的特点,会迫使银行真实地面对一种预想不到、无法控制的危险。①

《借款合同分析》对借贷双方利益的平衡亦为最高人民法院之关切:在(2019)最高法民申 3272 号案件中,再审申请人 L 公司与被申请人何某签订《借款协议》,并约定 1600 万元借款数额,但此数额究竟应为确定的借款数额抑或最高限额,双方当事人存在争议。最高法认为,无论该数额为确定数额或最高限额,L 公司据此主张何某因未足额支付借款而应承担违约责任均缺乏法律依据或合同约定。因为"在民间借贷法律关系中,出借人所借出的款项面临着资金能否足额收回的经营风险,如果在当事人之间没有明确约定违约责任的情况下,再苛求其未按约支付款项则应向用款人承担违约责任,在当事人之间将造成利益的显著失衡"。

由上可知,普通借款中不支持强制提供借款是司法实践和民法理论的主流观点。

三、股东借款强制履行的裁判规律与法理分析

股东借款是股东向项目公司提供借款,与普通借款类似,股东和项目公司之间也是借贷关系,那二者关于强制履行诉讼请求的裁判规律是否一致呢?

(一)股东借款强制履行相关判例整体情况

一是最高法的态度。截至 2024 年 8 月 18 日,在无讼案例数据库中全文检索关键词"股东借款+最高人民法院",结果显示,最高法相关案例数量共 192 件,其中有且仅有 2 件判例系股东拒绝提供借款纠纷,判决结果均支持违约股东继续履行提供借款义务。具体如下:

案例 4

在(2019)最高法民申 4523 号案件中,H 公司(项目公司股东)、YH 集团(项目公司股东)及董某签订协议确定 Y 公司(项目公司)欠付 YH 集团 22999 万元借款,并约定若 Y 公司不能如期返还当期借款,则由 H 公司借款给 Y 公司,用于返还 YH 集团及董某的借款。实际履行时,H 公司拒绝提供上述股东借款。YH 集团将 H 公司和 Y 公司诉至法院。H 公司主张其对 Y 公司只是出借款项,不构成债务加入,归还委托贷款及股东借款的主体始终是 Y 公司。

最高人民法院经审理后认为:"在 Y 公司未还款的情况下,H 公司负有提供款项的义务。H 公司主张'属于借款''债务主体仅为 Y 公司'的抗辩理由,仅是

---

① 王利明:《合同法研究(第三卷)》,中国人民大学出版社 2012 年版,第 23—24 页。

债务履行方式问题，不能否定 H 公司的款项支付义务……在 Y 公司未还款的情况下，H 公司未履行支付款项行为，原审判决据此认定 H 公司构成违约，并无不当。"遂维持二审判决，由 H 公司承担借款给 Y 公司的责任，并与 Y 公司共同向 YH 集团偿还借款。

与该案的另一关联案件中，① Y 公司、K 合伙企业与 H 地产公司、董某签订协议，约定由 H 地产公司向 Y 公司提供借款，确保 Y 公司资金充足并得以返还 7500 万元借款给 K 合伙企业，否则应承担违约金。沈阳市中级人民法院和辽宁省高级人民法院均认定，协议明确约定由 H 地产公司借款给 Y 公司偿还股东借款，在 Y 公司未偿还案涉借款，H 地产公司未向 Y 公司提供案涉借款款项的情况下，判令 H 地产公司履行协议约定的款项支付义务，偿还案涉借款。

案例 5

在（2016）最高法民终 202 号案件中，W 公司、S 公司和 F 公司（合作协议中甲乙丙三方）签订合作协议，共同设立 N 公司（项目公司）进行房地产开发，各方协议和项目公司章程中均约定，如除注册资金外，公司开发项目建设仍需继续投入资金且公司自身尚无法融资或无法足额融资的，由总经理办公会议向股东会提交用款计划，甲乙丙三方应根据实际开发需要按股权比例向公司投入后续开发资金，具体出资时间及数额由股东会以普通决议决定。同时约定违约股东逾期出资应向垫付股东支付违约金和赔偿损失。实际履行时，S 公司拒绝提供股东借款 10465 万元，W 公司垫付 9565 万元。

一审法院认为："案涉后续投资与一般的法人之间借贷不同，不应单纯从合同是否诺成的角度要求股东在任何情况下均无条件向公司付款，而应该从相应的融资需求是否得到满足的角度，来认定 S 公司是否应当继续投入。"由于 W 公司已垫付部分股东借款，因此判令 S 公司在 N 公司资金缺口范围内向 N 公司支付 900 万元股东借款。

最高人民法院认为，"股东根据实际开发需要投入的资金虽属借款，但投入条件、金额、利息等由股东会决定，具有不同于普通借款的特点……该笔款项属于股东根据公司章程需要投入的后续投入资金，而不是普通借款。……关于原审法院要求 S 公司提供借款是否有法律依据的问题。……合作协议与 N 公司章程是股东之间的真实意思表示，各股东均应按照合作协议和公司章程履行义务。"遂维持原判。

二是部分省级高院的选择。例如，山西省高级人民法院在（2015）晋民终第

---

① （2019）辽民终 1529 号民事判决书。

254 号（案例 6）判决中对股东借款强制履行的依据作了更加明晰的阐释。

案例 6

　　YM 集团与 G 投资公司共同出资设立 Y 煤业公司，其章程中约定：在 Y 煤业公司的自有资金不能满足公司新上项目建设所需时，Y 煤业公司可通过贷款或由股东按其出资比例向 Y 煤业公司提供借款。Y 煤业公司经营过程中，自有资金不足以支付欠付的工程款，承包方遂起诉 Y 煤业公司及其股东。

　　山西省高级人民法院二审时认为："公司章程向外公开申明的公司宗旨、营业范围、资本数额以及责任形式等内容，为投资者、债权人和第三人与该公司进行经济交往提供了条件和资信依据，便于相对人了解公司的组织和财产状况，便于公司与第三人间的经济交往。因此，上诉人 YM 集团虽可以依据 Y 煤业公司的公司章程规定按其在 Y 煤业公司的股份比例向 Y 煤业公司提供借款，但对于 Y 煤业公司的其他股东应按其在 Y 煤业公司的股份比例履行向 Y 煤业公司提供借款的义务，上诉人 YM 集团仍应与 Y 煤业公司的其他股东共同对外承担连带责任。只有这样，才能体现公司章程在对外承担民事责任方面的意义，才能符合我国公司法关于公司章程是确定公司权利、义务关系的基本法律文件的立法本意。"遂判决 Y 煤业公司应当偿还所欠工程款，二股东 YM 集团与 G 投资公司就 Y 煤业公司所欠工程款应按照出资比例承担补充责任，但二股东对外互负连带责任。

（二）股东借款裁判结果的法理分析

　　将股东借款与普通借款判决结果进行对比后可知，同为借贷关系，但在是否支持强制履行方面，司法机关对股东借款与普通借款的整体态度截然不同：大概率支持股东继续向项目公司提供借款，但鲜有判例要求金融机构继续向借款人发放借款或续贷，导致二者差异的原因为何？

1. 第三人对于贷款方的出借承诺是否具有信赖利益的不同

　　股东借款和普通借款在交易的利益相关方数量上存在明显差异：普通借款通常只有借贷双方，但股东借款往往涉及第三方。普通借款中贷款方违反出贷承诺，仅损害了借款人的利益，在"借款人的利益"与"贷款人免于承担难以收回资金的风险"的法益之间，法律和司法机关更倾向于保护后者；但股东借款则不然，股东未按约提供股东借款，有可能损害第三人的信赖利益，该等情形下的法益冲突转化为"借款人的利益+第三人的信赖利益"与"贷款人免于承担难以收回资金的风险"之间的冲突。

　　第三人信赖利益保护是我国民法诚实信用这一"帝王原则"的重要体现，蕴含于民商法的诸多规定中，亦被司法机关普遍认同。例如，最高人民法院在

（2017）最高法民再 164 号案件中认为，"债权人和债务人虚构债权债务关系签订合同的行为称为通谋虚伪表示，通谋虚伪表示的效力认定分为绝对无效和相对无效两种：当第三人知道该当事人之间的虚假意思表示时，虚假表示的无效可以对抗该第三人；当第三人不知道当事人之间的虚假意思表示时，该虚假意思表示的无效不得对抗善意第三人"。具体到案例 4，H 公司承诺借款给 Y 公司系约定在 H 公司、Y 公司与 YH 集团、董某所签署的协议中，因此，YH 集团对此具有信赖利益。退一步讲，即便股东（H 公司）和项目公司（Y 公司）之间的借款承诺系通谋虚伪表示，但是对于善意第三人（债权人 YH 集团）而言，该虚假意思表示的无效不具有对抗效力。因此，二审法院判决 H 公司承担向 Y 公司提供借款的责任，并共同偿还 Y 公司对 YH 集团的债务。可见，第三人信赖利益的存在将一定程度上影响司法机关的天平向"借款人的利益+第三人的信赖利益"的法益倾斜。

在股东出贷承诺有效的前提下，支持违约股东强制履行不仅保护了项目公司（借款人）本身的利益，而且保护了项目公司的债权人、其他守约股东、潜在投资人等第三人的信赖利益，该等选择也更加符合合同法的经济效益原则与价值取向。[①] 因此，第三人对于股东提供借款的信赖利益，是法院支持强制履行的重要原因之一。

2. 公司章程中约定股东借款具有公示效力

"外观主义与信赖保护互为表里，系同一制度的两个侧面。"[②] 外观主义作为商法的基本原则之一，其目的在于降低交易成本、维护交易安全。恰如案例 6 所言，"公司章程向外公开申明的公司宗旨、营业范围、资本数额以及责任形式等内容，为投资者、债权人和第三人与该公司进行经济交往提供了条件和资信依据，便于相对人了解公司的组织和财产状况，便于公司与第三人间的经济交往"。因此，在公司章程中约定股东借款，相当于股东为公司的履约能力进行了背书，第三人有理由相信当公司不具备履约能力时，股东将提供股东借款。这与前述司法机关保护第三人信赖利益的情形有异曲同工之妙。

此外，由于股东借款系股东额外向公司投入的资金，并具备保障公司偿债能

---

① "学界通常将合同法的主要目标概括为三个方面，即保护当事人合法权益、维护交易秩序、促进经济效益。……在保障当事人合同自由和维护交易秩序的同时，实现交易主体既定的交易目的，各种资源得到有效配置和利用，即达到所谓的经济效益。合同法作为市场经济的基础性法律，特殊的角色定要求它既要追求公平正义，又要讲究效率。"引自赵杰强：《合同法的经济效益原则与价值取向》，载《消费导刊（法制园地）》2008 年第 22 期。

② 彭友来：《外观主义与信赖利益保护刍议》，https://mp.weixin.qq.com/s?src=11&timestamp=1658719544&ver=3941&signature=64I80B7CbCCaVrNG-4buRW0XiLMzy9ko9qVIwYIPLP0nK7kEfY8sUn*q3K0E4ETUqHa3fLfvsFV3qCVSnHGkl98z2E4sfz0932Tmn4kM64q7R5KdmRtXfNu37bB6A8ZN&new=1，2021 年 04 月 01 日访问。

力的功能，一定程度上起到与"公司资本公积金"相似的作用。根据（2013）民提字第226号案件，① 最高人民法院认为，除特别约定外，股东额外投入公司的资金（包括股东借款）将被纳入资本公积金，遂判决股东强制履行提供额外出资的义务，即承担额外出资的"实缴"义务。

虽然最高人民法院的上述判决系基于2014年之前《公司法》对公司注册资本采取实缴登记制背景下作出的，② 而2014年之后《公司法》已将公司注册资本修改为认缴登记制，但股东借款具有增强公司偿债能力的功能仍被司法领域普通认可。③ 具体到案例6中，山西省高级人民法院判决股东违反出贷义务应当承担补充责任，与《公司法司法解释（三）》第13条规定的股东未履行实缴义务的法律后果类似，④ 亦体现了司法机关对于股东借款应当"实缴"态度的延续。

综上，公司章程中约定股东借款具有公示效力，将对第三人的信赖利益产生影响。而且，基于历史原因，认缴登记制下的股东借款仍具备与公司资本公积金类似的保障公司偿债能力的功能，由此也增加了法院支持股东借款强制履行的可能性。

3. 是否具备不安抗辩权的行使条件不同

正如前文《借款合同分析》所述，"贷款人的债权能否实现完全取决于借款人的资产和信用"。因此，借款人的偿债能力出现任何风险或预兆，都将引起贷款人的"不安"，继而可能导致贷款人拒绝放贷。其原因在于：普通借款的贷款人与借款人之间一般不存在股权关系或投资关系，贷款人提供借款的前提假设是借款人始终具备偿还能力，并能按期收回借款。当贷款人发现借款人清偿能力不足或存在风险时，贷款人将拒绝提供借款或宣布借款提前到期。即便贷款人未掌握借款人履行能力不足的实质证据，本着防微杜渐的审慎态度，其亦可能中止发放贷款，以此降低违约风险。

因此，实践中，贷款人有权行使不安抗辩权的情形十分普遍，司法机关对此

---

① （2013）民提字第226号民事判决书。法院认为，J公司章程规定各股东"应按工程进度及各方相应的出资额按期投入资金"。但对于股东在注册资本之外的出资属于何种性质，章程并未明确规定。最高法认定，根据《公司法》（1994年）第178条（国务院财政主管部门规定列入资本公积金的其他收入，应当列入公司资本公积金。）规定，股东对公司的实际出资大于应缴注册资本部分的，应属于公司的资本公积金。因此，股东林某对J公司的额外出资不是借款，而属于资本公积金。

② 《公司法》（2005年）第26条：有限责任公司的注册资本为在公司登记机关登记的全体股东认缴的出资额。公司全体股东的首次出资额不得低于注册资本的百分之二十，也不得低于法定的注册资本最低限额，其余部分由股东自公司成立之日起两年内缴足；其中，投资公司可以在五年内缴足。

有限责任公司注册资本的最低限额为人民币三万元。法律、行政法规对有限责任公司注册资本的最低限额有较高规定的，从其规定。

③ 2024年7月1日新《公司法》已将"完全认缴制"修改为"限期认缴制"。

④ 《公司法司法解释（三）》第13条第2款：公司债权人请求未履行或者未全面履行出资义务的股东在未出资本息范围内对公司债务不能清偿的部分承担补充赔偿责任的，人民法院应予支持……

亦持肯定态度。例如，在（2019）最高法民申 1215 号案件中，贷款人 B 公司向借款人 C 公司提供 1500 万元借款后发现借款人 C 公司被列为失信被执行人，因此未继续提供剩余的 3500 万元借款。之后，C 公司主张 B 公司未继续提供 3500 万元借款构成违约，B 公司则明确主张其未继续提供借款系行使不安抗辩权。最高法再审时认为，二审法院认定 B 公司享有不安抗辩权，其未向 C 公司提供剩余 3500 万元借款不构成违约。

可见，银行若发现借款人清偿能力不足，则有权依据《民法典》第 527—528 条之规定行使不安抗辩权，① 即便其暂时不能提供确切证据，但由于借款合同具有授信、金钱之债、继续性之债的特点，② 强制履行放款义务可能导致银行错失行使不安抗辩权的机会，如后期借款人确实发生了风险，对于银行而言为时已晚，由此将导致坏账的增加，亦不符合民法的公平原则和合同履行的经济合理原则。③ 这与前文所述"放款义务的软化"有殊途同归之意。④

反观之，股东借款则有不同：股东在设立项目公司时，明知项目公司融资能力不足，极有可能出现资金缺口，进而约定以股东借款的形式对项目公司进行追加投资。"因为不安抗辩权的行使，必须是在订立合同时对相对人可能不履行合同处于不明知状态，如已知相对人可能不履行合同而仍与之订立合同，是甘愿冒险，先履行义务一方已无权行使抗辩权，应对由此产生的后果承担责任。"⑤ 因此，股东借款非基于项目公司的资产和信用，项目公司清偿能力不足并不能作为股东拒绝履行借款义务的事由，股东自始无法行使不安抗辩权。

4. 强制履行和赔偿损失的后果不同

虽然对于借款人或第三人而言，法院判决借款人继续履行提供借款或承担相

---

① 《民法典》第 527 条：应当先履行债务的当事人，有确切证据证明对方有下列情形之一的，可以中止履行：
（一）经营状况严重恶化；
（二）转移财产、抽逃资金，以逃避债务；
（三）丧失商业信誉；
（四）有丧失或者可能丧失履行债务能力的其他情形。
当事人没有确切证据中止履行的，应当承担违约责任。
《民法典》第 528 条：当事人依据前条规定中止履行的，应当及时通知对方。对方提供适当担保的，应当恢复履行。中止履行后，对方在合理期限内未恢复履行能力且未提供适当担保的，视为以自己的行为表明不履行主要债务，中止履行的一方可以解除合同并可以请求对方承担违约责任。
② 王利明：《合同法研究（第三卷）》，中国人民大学出版社 2012 年版，第 23—24 页。
③ 崔建远：《合同法》（第六版），法律出版社 2016 年版，第 89 页。
④ 同上注②所引书。
⑤ 褚红军：《经济合同履行中的抗辩权及其适用》，载《法律适用》1994 年第 9 期。王利明教授在《合同法研究（第二卷）》中亦有类似论述："因为如果订约时已经出现了上述事实，表明先履行的一方在订约时就已经知道或应当知道上述事实的存在，因此法律就没有必要对其提供特别保护。"

应赔偿责任（如连带责任）后，守约方所获得利益或弥补的金额可能相差无几，但对于贷款人而言则存在天壤之别，其原因在于：由于强制履行和赔偿损失两种违约责任之间存在明显差异，因此在股东借款和普通借款中适用不同的违约责任亦是违约行为和违约后果相适应原则的体现。

"完全的损害赔偿是指通过赔偿使受害人达到合同被严格履行的状态。"[①] 据此，国外有观点认为损害赔偿可以替代实际履行。但我国民法领域的主流观点则认为，实际履行确实与损害赔偿具有密切联系，但两者可替代的观点混淆了实际履行和金钱赔偿的概念，未能指出实际履行的性质和特点。[②]

具体到本文，若法院要求贷款人强制履行"提供借款"的义务，基于借款合同"继续性之债"的特点，则银行收回贷款需待借款合同还款期限届满后，在借款人不具备足额清偿旧贷的情况下，银行续贷后其续贷本金及期间利息大概率亦难以获得清偿。相反，在承担赔偿责任（包括连带责任、债务加入）的情况下，银行有权依据《民法典》第519条[③]或第700条[④]径直向债务人行使追偿权，更有利于保护银行的期限利益。因此，在普通借款中，选择"赔偿损失"能够更好地平衡贷款人和借款人之间的利益，正如《借款合同分析》所述，"借款人转而寻求替代性借款并不困难，由此多支出的费用完全可以从贷款人处获得赔偿。由此可见，损害赔偿的救济可以充分地保护借款人的利益。"[⑤]

而股东借款则不同，股东与项目公司之间关系密切，股东持有项目公司股权，因此，项目公司的利益本质上也属于股东的利益，特别是对大股东而言，其对项目公司具有控制权，在项目公司具有可分配收益的情况下，股东仍然可以通过控制项目公司获得还款，包括还款的金额、期限等，因此不涉及股东期限利益和追偿权的问题。如案例5，最高法认为，"关于股东投入的后续开发资金如何返还，N公司章程没有约定，只能由各股东与公司协商确定"。因此，相较于赔偿损失而言，判决股东借款实际履行并未对股东造成更不利的影响。

---

① 王利明：《合同法研究（第二卷）》，中国人民大学出版社2011年版，第576页。
② 同上书，第576—577页。
③ 《民法典》第519条：连带债务人之间的份额难以确定的，视为份额相同。实际承担债务超过自己份额的连带债务人，有权就超出部分在其他连带债务人未履行的份额范围内向其追偿，并相应地享有债权人的权利，但是不得损害债权人的利益。其他连带债务人对债权人的抗辩，可以向该债务人主张。被追偿的连带债务人不能履行其应分担份额的，其他连带债务人应当在相应范围内按比例分担。
④ 《民法典》第700条：保证人承担保证责任后，除当事人另有约定外，有权在其承担保证责任的范围内向债务人追偿，享有债权人对债务人的权利，但是不得损害债权人的利益。
⑤ 张谷：《借款合同分析》，载《金融法苑》2005年第2期。

此外，根据《民法典》第 584 条①和相关司法解释②，违约损害的赔偿范围通常由守约方（本文的借款人、其他守约股东、债权人等）举证确定，但实践中，守约方因举证不足而败诉的情况不在少数（如前文（2019）兵 11 民初 1 号案例），因此，相较而言，贷款人承担"赔偿损失"的违约责任将低于强制履行。

四、结论

综上，由于普通借款中贷款人能否实现债权完全取决于借款人的资产和信用，且由于借款合同具备的授信、金钱之债和继续性之债的特点，因此，放贷义务的软化、义务违反时的救济手段的限制已成为各国通例。我国的司法实践和民法学界的主流观点亦不支持贷款人放贷义务的强制履行。但是，由于股东借款与普通借款在第三人对于贷款方的放贷承诺是否具有信赖利益、能否行使不安抗辩权、是否具备公示效力、违约责任造成的后果如何等方面均有不同，因此实践中股东借款相比于普通借款更易获得法院对强制履行的支持。然而，由于股东借款的强制履行尚未有明确法律或司法解释进行规范，且各地法院裁判尺度可能存在差异，即便采取以上完善措施，仍存在不被法院支持的风险。因此，提示投资人应当审慎采用该类交易安排。

---

① 《民法典》第 584 条：当事人一方不履行合同义务或者履行合同义务不符合约定，造成对方损失的，损失赔偿额应当相当于因违约所造成的损失，包括合同履行后可以获得的利益；但是，不得超过违约一方订立合同时预见到或者应当预见到的因违约可能成的损失。

② 《最高人民法院关于当前形势下审理民商事合同纠纷案件若干问题的指导意见》（法发〔2009〕40 号）。

建设工程不良债权收购业务法律风险研究

周 霞

近年来国内基建业务快速发展,建设工程所形成的不良债权受到包括金融机构在内众多投资人的关注。由于建设工程法律问题的复杂性,投资人在收购建设工程不良债权过程中面临着复杂的法律风险。本文拟从建设工程的角度出发,梳理并分析收购建设工程不良债权过程中可能存在的重大法律问题。

一、建设工程不良债权概述

实践中,收购建设工程不良债权的交易模式通常是"收购—重组"模式和"收购—催收"模式。在"收购—重组"模式下,投资人从承包人处收购其对发包人的工程款债权,并与发包人就债权提供增信措施并重组。在"收购—催收"模式下,投资人收购债权后不会与发包人进行债务重组,而是直接向发包人催收。两种模式的交易结构图如下:

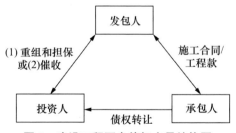

图1 建设工程不良债权交易结构图

与其他类型不良债权收购业务不同的是,投资人受让工程款债权后,承包人不会直接退出其与发包人的施工合同,承包人仍应当承担合同相关义务,比如,移交竣工资料、培训和质保义务等,为保证工程款债权的洁净性,投资人在收购

特殊机会投资之道 2

债权过程中通常会要求仅享有收取工程款的权利,而不承担施工合同项下任何义务。

实践中,由于建设工程施工耗时长,承包人义务履行期限长,施工过程涉及不同的关键时间节点,投资人在不同时间阶段收购工程款债权,其所面临的法律风险均存在一定的差异,但法律风险的分水岭通常在于竣工验收合格。建设工程施工大致流程如下:

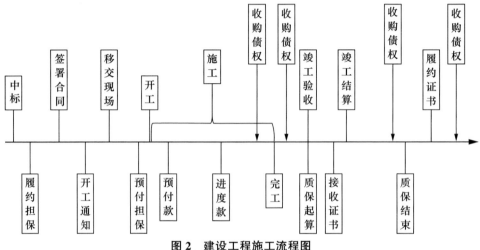

图 2　建设工程施工流程图

从上图可以得知,投资人收购工程债权可以发生在完工前、完工后但竣工验收前(现实中竣工验收和结算通常同步进行或发生的间隔时间较短)、竣工验收后但质保期届满前(质保期间)以及质保期届满后四个阶段,实践中投资人收购债权主要发生在前三个阶段。

就投资人在工程完工前收购工程款债权而言,在此阶段,建设工程施工合同项下的进度款可以形成工程款应收债权,司法实践中,进度款作为工程款的一部分通常可以作为转让的标的债权,① 基于建设工程施工合同将会产生的工程款将来债权一般也可以作为转让标的,② 但由于建设工程并未竣工,承包人的主要义务尚

---

① 最高人民法院(2007)民一终第 10 号民事判决书。最高人民法院认定:承包人履行了部分合同义务,取得了向发包人请求支付相应工程款的权利。转让行为发生时,承包人的此项权利已经形成,债权数额后被本案鉴定结论所确认。发包人接到承包人的《债权转移通知书》后,并未对此提出异议,法律、法规亦不禁止建设工程施工合同项下的债权转让,债权转让毋需征得债务人同意……故对发包人关于承包人转让债权的行为无效的主张不予支持。

② (2020)湘 01 民终 3267 号民事判决书。二审法院认定基于《装饰装修工程施工合同》项下的未确定的将来债权签署《债权转让协议》,该协议系合同当事人的真实意思表示,内容未违反法律、行政法规的强制性规定,合法有效。

未履行完毕，建设工程始终面临无法竣工验收合格、工期延误和合同解除的风险，无法保证债权的洁净性。首先，在建设工程无法完工或验收合格的情形下，无法进行工程款最终结算，承包商最终可能无权取得工程款或者只能取得部分工程款，由此可能导致投资人所收购的债权成为空债权，这或许将成为收购建设工程不良债权中的最大法律风险之一。其次，由于工程尚未竣工，无法判断工程是否存在工期延误，若发生工期延误，承包人则需要向发包人支付工期延误赔偿款，通常情况下，发包人会要求将工期延误赔偿款从工程款直接抵销，尤其在竞争激烈的工程建设市场，部分承包人采取"低价+压缩工期"的策略获取工程，这可能直接导致工期延误赔偿款在应付工程款中的比例较大，进一步可能导致受让的工程款债权金额大幅减少。最后，在建设工程竣工验收合格之前，建设工程施工合同的主要义务尚未履行完毕，当事人（尤其是发包人）通常可以主张解除施工合同，由此导致投资人收购的债权的基础合同将不复存在，导致债权存在较大争议。

就投资人在完工后但验收合格前收购工程款债权而言，在此阶段，当事方一般不会解除合同，工期是否延误的情形业已基本明朗，但由于工程尚未验收合格并完成竣工结算，即使采用固定总价的计价方式，工程质量和工程款的准确性仍存在不确定性。

就投资人在质保期间收购工程款债权而言，在此阶段，工程质量相对确定，工程款金额已经确认，工期延误和索赔问题一般已经得到解决，投资人在此期间收购工程款债权的确定性较高，法律风险较低，但仍需考虑不良资产的真实性、有效性和洁净性问题。

就投资人在质保期后收购工程款债权而言，在此阶段，从法律上来说，投资人回收债权的安全更高，此时建设工程通常已经完工2年左右，投资人一般也无需考虑出现质量问题导致质保金减少的问题，而是应当考虑发包人拖欠工程款2年的原因和发包人的信用风险。

因此，在竣工验收合格前，工程款处于一种非常不完整和不确定的状态，收购进度款债权之后，可能会出现标的债权灭失或减少的风险，投资人收购该类不良债权将面临巨大的风险，必须保持非常谨慎的态度。尽管如此，正如世界上没有无风险的生意，收购竣工验收合格的建设工程所形成的工程款债权也并非没有任何法律风险，但如上所述，由于建设工程竣工验收合格后，承包商的主要义务已经履行完毕，建设工程完工情况和结算后的工程款数额处于一种确定性的状态，投资人对债权收购的风险基本上可以通过尽调发现并在交易中进行防控，因此，建议投资人收购竣工验收合格后的建设工程所形成的工程款债权。

本文拟从非金不良资产的真实性、有效性和洁净性角度出发，以工程款债权的特殊性为视角，分析收购建设工程不良债权中面临的潜在法律风险。

二、建设工程不良债权的真实性

不良债权的真实性是指不良债权的真实发生，通常是不良债权转让的基础。由于建设工程的特殊性，在收购不良债权时，一般应当注重从两方面入手核实债权的真实性，一是建设工程的真实性，二是债权的真实性，为核实建设工程和债权的真实性，一般可以考虑以下因素。

（一）建设工程的核准文件

投资人可以通过现场尽调核实建设工程，而书面审查可以从建设工程的不动产登记证明、土地权属证明、建设用地规划许可、建设工程规划许可、建设工程施工许可、项目核准文件、项目设计文件、施工图等入手核实建设工程的真实性及合法性。

（二）建设工程施工相关合同文件

建设工程施工是一个非常复杂的交易安排，其合同文件通常包括施工合同、设计合同、勘查合同、监理合同、招标投标文件，投资人在收购工程款债权时应当核实各个合同文件的勾稽关系，核实合同文件是否为虚构。司法实践中，这些交易文件尤其是施工合同对于认定债权真实存在具有关键作用，在最高人民法院（2013）民二终字第 61 号民事判决书中，最高人民法院认为，工程款债权受让人向发包人主张工程款债权，应当提交建设施工合同和/或其他直接证明承包人参与了施工并享有工程款债权。

同时，投资人还可以从交易的上下游入手，核实承包方的设备采购合同、转包或分包合同、材料设备的运输单据等，以此佐证建设工程施工的真实性。此外，除建设工程相关合同之外，建设工程施工过程中，承包人、监理单位与发包人之间往往会有大量的沟通和协商，这类沟通和协商一般会以函件、会议纪要、签证等书面形式进行，这些文件往往也可以作为债权真实性的证明材料。最后，近年住建部要求取消建设工程施工合同备案，各地陆续取消了施工合同备案要求，对于备案制度取消以后开工的建设工程，债权受让人可能无法对施工合同备案进行核查，但对于备案制度取消以前的建设工程施工合同，通常可以通过当地住建部门查询，以便核实其真实性。

（三）建设工程相关款项支付证明

建设工程合同的支付方式通常包括按月计量计算和界面付款，界面付款通常分为阶段付款、形象付款、节点付款、目标付款、里程碑付款，通常而言，在建设工程施工过程中必然涉及进度款支付，投资人可以要求承包人提供相关的银行流水以证明债权的真实性。即使在大量欠付工程款的情况下，也会存在进度款申请单、监理审核和发包人审核文件。此外，施工过程中会涉及水电等费用，一般承包人会有水电费的支付证明。最后，发包人通常会要求承包人提供投标保证金、履约保证金、预付款担保、质保金等担保方式，这些文件也可以作为债权真实性的佐证材料。

（四）竣工验收材料

竣工验收合格后的竣工报告和结算报告是债权真实性最有力的证明文件之一，一般是收购建设工程不良债权尽调中不可或缺的材料。通常而言，建设工程完工后，可能会在主管部门进行竣工备案，竣工备案可以作为尽调的官方权威材料，但值得注意的是，主管部门出具的竣工报告不能完全作为实际竣工验收合格的依据，建设工程竣工验收仍应当遵守相关程序，由发包人、承包人和监理等相关方见证和确认。①

（五）工程款的真实准确性

在收购建设工程款不良债权的过程中，通过结算确定工程款的准确性是不良债权收购的重要保障，而建设工程的计价方式通常是工程款结算的关键因素之一。在《建设工程施工合同（示范文本）》（2017版）中，建设工程合同主要分为单价合同、总价合同和其他计价合同。工程实践中，建设工程计价方式一般包括固定价格（固定总价、固定单价）、可调价格、成本加酬金价格三种方式，与之相对应，则形成了固定价格合同（固定总价合同、固定单价合同）、可调价格合同、成本加酬金价格合同。实践中使用成本加酬金价格方式较少，固定价格计价方式与可调价格计价方式是建设工程施工合同中常见的计价方式。

通常而言，固定总价合同是指合同当事人约定以施工图、已标价工程量清单或预算书及有关条件进行合同价格计算、调整和确认的建设工程施工合同，在约定的范围内合同总价不作调整。② 固定单价合同通常是指合同当事人约定以工程量清单及其综合单价进行合同价格计算、调整和确认的建设工程施工合同，在约定的范围内合同单价不作调整。可调价格计价方式下，工程价款的总数是不确定的，但计算工程价款的因素是确定的，或者说它的标准是确定的。

从上述定义可知，可调价格计价方式不确定性较大，固定单价合同中总价随着工程量的变化而变化，而固定总价方式一般不可以对总价进行调整，对建设工程不良债权的投资人而言，固定总价合同是比较安全的选择，其确定性程度较高。根据《关于审理建设工程施工合同纠纷案件适用法律若干问题的解释（一）》（法释〔2020〕25号）（以下简称《建设工程司法解释（一）》）第28条规定，当事人约定按照固定价结算工程价款，一方当事人请求对建设工程造价进行鉴定的，

---

① 最高人民法院（2010）民提字第210号民事判决书。
② 《建设工程施工合同（示范文本）》（2017版）。

人民法院不予支持。当事人一般不得对固定总价合同中的工程款总额进行调整，但事实上也并非一成不变，当发生工程范围变更、工程设计变更、提前终止合同等情况时，固定总价很可能会被突破，由当事人按照约定或协商对固定总价进行变更。实践中大多数工程在适用固定总价约定工程价款时，工程本身并不具备相应的条件或者当事人对工程价款没有进行精准的测算，故而在约定固定总价后，往往可能在最终结算时无法适用固定总价进行结算，从而不得不对簿公堂。

不论在哪种计价方式下，在司法实践中，结算协议或结算文件在建设工程款结算中扮演着至关重要的角色，不管是以签订结算协议的形式还是以结算审定单的形式，通常都是施工单位和业主之间多次协商和相互妥协的结果。根据《建设工程司法解释（一）》第29条规定，当事人在诉讼前已经对建设工程价款结算达成协议，诉讼中一方当事人申请对工程造价进行鉴定的，人民法院不予准许。《北京市高级人民法院关于审理建设工程施工合同纠纷案件若干疑难问题的解答》第7点规定：当事人在诉讼前已就工程价款的结算达成协议，一方在诉讼中要求重新结算的，不予支持，但结算协议被法院或仲裁机构认定为无效或撤销的除外。因此，在司法实践中，法院通常会支持当事人按照已经达成的结算协议或结算单等结算文件确定工程款。结算协议或结算条款具有一定的独立性，即使在合同无效的情形下，结算协议仍具有法律效力（下文详细分析）。基于此，为确保债权的确定性，债权受让人在收购不良债权之前，应当要求承包人与发包人对建设工程进行结算，形成结算协议或结算单等结算性质的文件，并作为双方工程款支付的合同依据。

三、建设工程不良债权的有效性

不良债权的有效性通常是指债权的可转让性，根据《民法典》第545条，债权人可以将债权的全部或者部分转让给第三人，但是有下列情形之一的除外：（1）根据债权性质不得转让；（2）按照当事人约定不得转让；（3）依照法律规定不得转让。目前司法实践中已经就建设工程债权的可转让性形成了较为一致的意见，即法律法规并不禁止建设工程施工合同项下的债权转让，只要建设施工合同的当事人没有约定合同项下的债权不得转让，债权人向第三人转让债权并通知债务人的，债权转让合法有效，债权人无须就债权转让事项征得债务人同意。[①] 实践中，合同效力问题通常是影响建设工程不良债权转让有效性的主要焦点问题，根据《建设工程司法解释（一）》，建设工程纠纷中影响建设工程合同效力的常见因素主要包括招标程序问题、承包商资质问题、建设工程的审批许可问题等。由于

---

① 最高人民法院（2007）民一终第10号民事判决书。

中国建设工程市场有待进一步完善,在建设工程施工合同纠纷中,建设工程合同无效争议大量存在,经过笔者在北大法宝以"建设工程施工合同纠纷"进行标题检索,共有建设工程施工合同纠纷民事案件80万件,其中涉及合同无效纠纷大约10万件(截至2021年3月),合同无效风险可能是收购建设工程不良债权的常见风险之一。

(一)建设工程招标程序导致建设工程合同无效

从实际案件反映的情况看,建筑市场中借用资质承揽工程、违反《招标投标法》等情形较多。① 根据《建设工程司法解释(一)》,建设工程合同无效的原因通常包括必须进行招标而未招标和中标无效。

1. 必须进行招标而未招标导致合同无效

实践中,必须进行招标而未招标主要是指属于必须招标范围的工程未经招标程序即进行发包。根据《招标投标法》规定,大型基础设施、公用事业等关系社会公共利益、公众安全的项目,全部或者部分使用国有资金投资或者国家融资的项目以及使用国际组织或者外国政府贷款、援助资金的项目三类属于必须招标范围内的项目,其中"全部或者部分使用国有资金投资或者国家融资的项目"包括(1)使用预算资金200万元人民币以上,并且该资金占投资额10%以上的项目以及(2)使用国有企业事业单位资金,并且该资金占控股或者主导地位的项目。而对于大型基础设施、公用事业等关系社会公共利益、公众安全的项目,例如电力、新能源、公路等项目,无论其是否使用国有资金,均属于必须招标范围内的项目。国家发展改革委2018年发布的《必须招标的工程项目规定》和《必须招标的基础设施和公用事业项目范围规定》以及国家发展改革委2020年10月发布的发改办法规〔2020〕770号通知,对于属于必须招标范围内的项目,其勘察、设计、施工、建立以及与工程建设有关的重要设备、材料等的采购达到规定标准(施工单项合同超过400万,货物采购单项合同超过200万,服务采购单项合同超过100万)的必须招标。②

---

① 关丽:《建设工程施工合同的效力认定及处理径路》,载于微信公众号"建领城达",https://mp.weixin.qq.com/s?src=11&timestamp=1685430977&ver=4559&signature=m3Q8uXXVa6CmysL3Lle1BiNHZ-2u930DMuAIQJwSwiVPDrKdiiBreRfJbXDpoetJePn2AYJA4EGHjNY8QNJUMDCOHSDRwBbV8pvAfM568x2ht56TO5eo2HblX1iLsSC4&new=1,最后访问时间:2022年7月2日。

② 《必须招标的工程项目规定》第5条规定本规定第2条至第4条规定范围内的项目,其勘察、设计、施工、监理以及与工程建设有关的重要设备、材料等的采购达到下列标准之一的,必须招标:(一)施工单项合同估价在400万元人民币以上;(二)重要设备、材料等货物的采购,单项合同估算价在200万元人民币以上;(三)勘察、设计、监理等服务的采购,单项合同估算价在100万元人民币以上。同一项目中可以合并进行的勘察、设计、施工、监理以及与工程建设有关的重要设备、材料等的采购,合同估算价合计达到前款规定标准的,必须招标。

特殊机会投资之道 2

值得注意的是，除国家发展改革委的规定，地方立法机关可能也会对必须招标范围进行规定，可能会与国家发展改革委的《必须招标的工程项目规定》存在冲突。例如，《深圳经济特区建设工程施工招标投标条例》明确规定全部由外商或者私人投资的工程项目，可以由投资人自行决定发包方式。这一规定与《必须招标的工程项目规定》中的大型基础设施、公用事业等关系社会公共利益、公众安全的项目必须招标不一致。在司法实践中，国家发展改革委制定的《必须招标的工程项目规定》是由《招标投标法》授权制定并经国务院批准，违反《必须招标的工程项目规定》可能会导致建设工程合同无效。在（2020）川民中419号民事判决书中，四川省高级人民法院认为涉案工程属于《工程建设项目招标范围和规模标准规定》（《必须招标的工程项目规定》的前身）规定的必须招投标的大型工程建设项目，涉案合同未经招标程序的行为明显违反《招标投标法》的强制性规定，因而涉案合同无效。同样，（2020）鄂民终131号民事判决书中也作出了类似的认定。

对于地方政府对必须进行招标的规定与国家发展改革委规定不一致的情况，根据《招标投标法》，按照国家有关规定需要履行项目审批、核准手续的依法必须进行施工招标的工程建设项目，其招标范围、招标方式、招标组织形式应当报项目审批部门审批、核准。因此，投资人通常依项目核准部门的规定决定是否进行招标，若项目本身由地方政府部门核准，一般以地方规定为准，若项目本身由国家发展改革委核准，则会以国家发展改革委规定为准，这种操作并不一定会导致主管部门的行政处罚，但若发生法律纠纷，法院则可能仍会依据国家发展改革委规定认定建设工程合同的效力。同时国家发展改革委在发改办法规〔2020〕770号通知中明确规定各地方不得另行制定必须进行招标的范围和规模标准，也不得作出与16号令、843号文和本通知相抵触的规定。因此，在审查建设工程是否履行招标投标程序时，也可以视项目审批情况而审查主管部门的招标方案核准文件，由此验证该建设工程是否履行了招标程序以及招标程序的正当性。

2. 中标无效导致合同无效

发包人实施了招标，但若中标无效，建设工程施工合同也可能会被认定为无效。实践中，"明标暗定"是导致中标无效的常见行为。根据《招标投标法》第55条，依法必须进行招标的项目，招标人违反本法规定，与投标人就投标价格、投标方案等实质性内容进行谈判的，给予警告，对单位直接负责的主管人员和其他直接责任人员依法给予处分，前款所列行为影响中标结果的，中标无效。"明标暗定"的主要表现形式为中标前进行实质性谈判和中标前签订合同。在（2020）最高法民终482号民事判决书中，最高人民法院认为，因案涉工程为必须招标工程，虽J公司按照相关规定组织了招投标程序，但在之前其已与B公司就案涉工程进行了实质性磋商,双方签订的五份备案《建设工程施工合同》因违反法律强制性规定应属无效。在(2019)最高法民终1925号民事判决书中,最高人民法院认为,在合同中标前,双方已就整个工程项目的价款承包范围及方式等实质性内容进行谈判,并签订了协议,违背了法律、行政法规强制性规定,涉案《建设工程施工合同》及《补充协议》亦违背了法律、行政法规强制性,应属无效。在(2019)最高法民终347号民事判决书中,最高人民法院认为,虽然双方在招投标前进行了谈判并达成合作意向,签订了《建筑施工合作框架协议书》,违反《招标投标法》的规定致使中标无效,但该违法违规行为是否影响了中标结果,当事人未予以证明,因此《建设工程施工合同》真实有效。因此,对于标前签订的施工合同,一般无效;对于标前实质性谈判,部分法院要求当事人证明该谈判影响中标结果,才可以认定施工合同无效,但对于影响中标结果的判断标准尚不明确,司法实践中很多法院或判决认为只要投标人与招标人进行了标前实质性谈判,则直接认定该行为影响了中标结果或直接认定中标无效,进而认定合同无效。

对于不属于必须招标的项目,招标人与投标人在确定中标前就实质性内容进行谈判的,中标后签署的合同也可能被认定为无效,但司法实践中存在不一致的观点,各法院以及最高法院的不同判决之间存在截然相反的判决。

因此,在收购建设工程不良债权时,对于必须招标的建设工程项目,应当着重审查其是否履行了招标程序以及招标程序的正当性,核实是否存在明标暗定的情形。对于不属于必须招标的项目,也应当注意发包人与承包人是否约定进行招标,并结合当地的司法观点进行谨慎审查。

(二)承包商资质问题导致建设工程合同无效

根据《建设工程司法解释(一)》,承包人未取得相关资质,承包人超过资质等级承包工程以及资质挂靠或借用都会导致建设工程施工合同无效。

1. 双资质要求对合同效力的影响

根据住建部2020年3月1日生效的《房屋建筑和市政基础设施项目工程总承包管理办法》,工程总承包单位应当同时具有与工程规模相适应的工程设计资质和施工资质,或者由具有相应资质的设计单位和施工单位组成联合体。该条确定的"双资质"要求,彻底改变了以往"单资质"企业承接房屋建筑和市政基础设施工程总承包项目的现状,对仅具有单资质的施工/设计企业提出了挑战重大。由于该规定刚刚生效,且作为部门规章,司法实践中尚未对单资质作为总承包商签订的建设工程合同是否有效作出明确认定。从以往的司法案件来看,住建部颁布的系列管理办法在各级法院的审判实践中多次作为判决的法律依据,如(2018)最高法民申5595号民事裁定书中,最高人民法院依据《房屋建筑和市政基础设施工程施工分包管理办法》第 15 条第 2 款规定①对挂靠行为作出认定，进而认为建设工程合同违反《建筑法》的强制性规定而无效。《房屋建筑和市政基础设施项目工程总承包管理办法》作为对《建筑法》的细化，其性质与《房屋建筑和市政基础设施工程施工分包管理办法》相同，法院也可能认定单资质总承包单位签订的合同违反《建筑法》的强制性规定而无效。因此在收购建设工程不良债权时，除审核承包人的施工资质外，还应当结合施工合同以及承包人的工作范围审核其是否具有相应的设计资质。

2. **超越资质等级导致合同无效**

超越资质等级签订的建设工程施工合同也可能会被法院认定无效。根据《建筑法》第 13 条，从事建筑活动的建筑施工企业……按照其拥有的注册资本、专业技术人员、技术装备和已完成的建筑工程业绩等资质条件，划分为不同的资质等级，经资质审查合格，取得相应等级的资质证书后，方可在其资质等级许可的范围内从事建筑活动。而《建筑企业资质标准》规定每种类型的资质都有对应的标准和从业范围，每一等级的资质所能从事的业务范围在合同金额或工程规模方面都会有所差异，投资人在审核承包人资质时应当结合项目的具体情况，判断承包人资质是否与建设工程规模相符合。

3. **资质挂靠导致合同无效**

资质挂靠是建筑行业的惯常操作，也是建筑行业的常见风险。资质挂靠是指被挂靠方经过出租、出借资质证书等方式，允许他人以本单位名义承接工程，并收取管理费。由于被挂靠企业往往不是实际施工人，资质挂靠不仅会导致建设工程施工合同无效，还会涉及被挂靠企业对工程款债权是否具有处置权利的问题。因此，投资人在收购工程款债权时应严格注意资质挂靠问题，尤其在建设工程的实际施工人和管理人与施工合同签署单位不一致时，应当进一步探究是否存在资质挂靠的问题。

（三）建设工程审批程序对合同效力的影响

通常而言，建设工程在签订施工合同或开工之前应当取得"四证"，即土地使用权证、建设用地规划许可证、建设工程规划许可证和施工许可证，若建设项目"四证"不齐，往往会涉及建设项目本身是否合法及施工合同是否合法有效的问题，审判实践中，各地法院对于未取得上述权证是否影响施工合同效力一直存在不同理解。

---

① 《房屋建筑和市政基础设施工程施工分包管理办法》第 15 条第 2 款规定："分包工程发包人没有将其承包的工程进行分包，在施工现场所设项目管理机构的项目负责人、技术负责人、项目核算负责人、质量管理人员、安全管理人员不是工程承包人本单位人员的，视同允许他人以本企业名义承揽工程。"

根据《建设工程司法解释（一）》，最高法院规定未取得建设工程规划许可证所签订的施工合同无效，起诉前已经取得建设工程规划许可证的除外。因此，建设工程规划许可证的缺失将导致施工合同无效。此外，司法实践中，未取得施工许可证和土地使用权证的施工合同通常被认定为有效。

对于建设工程未取得建设用地规划许可证签订施工合同的，各地法院对施工合同的效力仍存在一些不同的解释。在《北京市高级人民法院关于审理建设工程施工合同纠纷案件若干疑难问题的解答》（2012年8月6日京高法发〔2012〕245号）中规定，发包人就尚未取得建设用地规划许可证、建设工程规划许可证等行政审批手续的工程，与承包人签订的建设工程施工合同无效，但在一审法庭辩论终结前发包人取得相应审批手续或者经主管部门批准建设的，应当认定合同有效。发包人未取得建筑工程施工许可证的，不影响施工合同的效力。在《浙江省高级人民法院民事审判第一庭关于审理建设工程施工合同纠纷案件若干疑难问题的解答》中规定，发包人未取得建设用地规划许可证或建设工程规划许可证，与承包人签订建设工程施工合同的，应认定合同无效；但在一审庭审辩论终结前取得建设用地规划许可证和建设工程规划许可证或者经主管部门以竣工核实的，可认定有效；发包人未取得建设用地使用权证或建筑工程施工许可证的，不影响建设工程施工合同的效力。

因此，在建设工程不良债权的收购过程中，尤其应当注意对建设工程审批许可文件的审核，未取得建设工程规划许可证签署的建设工程施工合同通常会被认定为无效，未取得建设用地规划许可证的建设工程施工合同的，尽管最高人民法院并无明确规定，但很多地方法院已经明确认定为无效，债权受让人需要结合各地法院的态度和判决情况谨慎处理，并要求发包人尽快补正。实践中，土地使用权证和建设用地规划许可证可能是申请建设工程规划许可证的前提之一，若发包人取得建设工程规划许可证，却没有取得建设用地规划许可证和土地使用权证，投资人应当注意核实建设工程本身合法性问题。对于未取得建设工程施工许可证和土地使用权证的建设工程施工合同，一般为有效合同，但可能会导致主管部门对建设单位或施工单位的行政处罚，进一步可能影响债权收购，仍有必要要求发包人或承包人进行补正。

（四）建设工程施工合同无效对债权转让效力的影响

建设工程施工合同被认定为无效，是否会导致基于建设工程施工合同产生的工程款债权转让无效，一直以来是一个争议较大的问题。一些观点认为，建设工程合同无效之后，基于该合同所产生的工程款债权不复存在，取而代之的是基于法律所产生的法定之债，因此，债权转让协议的标的自始不存在，债权转让协议不成立或无效。在收购工程款不良债权的常见交易模式中，除债权转让之外，通

特殊机会投资之道 2

常还会有债务重组和增信担保的安排，若债权转让协议无效，则债务重组和增信担保安排也将伴随着无效，债权受让人只能向债权转让方（承包人）追偿，而无法向债务人（发包人）直接主张权利。①

另一种观点认为，即使建设工程施工合同无效，也不影响债权转让协议的效力，其主要理由包括，第一，尽管债权转让协议中的转让标的来源于建设工程施工合同，但债权转让协议本身是与建设工程施工合同相互独立的，并非建设工程施工合同的从合同。此外，在建设工程施工合同无效之后，工程款的合同之债转换为法定之债，根据合同无效之后工程款的结算规则，实际上依然是参考合同关于工程款的约定或结算协议对承包人进行折价补偿，也就是说合同无效之后的法定之债与合同之债并无实质上的区别，因此，建设工程施工合同无效后，债权转让合同依然有效。②

理论界对基础合同无效后债权转让效力的观点无法统一，司法实践中，法院经常回避直接对债权转让协议的效力认定，转而直接不支持债权受让人对债务人的请求权。2006 年上海市高级人民法院在《关于审理涉及债权转让纠纷案件若干问题的解答》中规定，债权受让人因债权转让行为，享有对债务人的债权请求权，法院经审理，债权让与人与债务人之间的基础债权关系不成立，据此，法院应当判决驳回债权受让人的诉讼请求，债权受让人应依据债权转让关系另行追究债权让与人的民事责任，如要求债权让与人承担违约责任，或请求解除与债权让与人之间的债权转让合同。根据这一规定，基础债权关系不成立后，债权受让人可以追究债权让与人的违约责任或解除债权转让合同，上海市高级人民法院似乎承认债权转让协议的效力，但不支持债权受让人对债务人的请求权。另外，在（2020）皖民终 371 号民事判决书中，安徽省高级人民法院认为基础合同因被认定为双方恶意串通损害第三人利益而无效，因此认定债权受让人基于《债权转让协议》主张受让的债权缺乏事实依据，驳回债权受让人的请求。安徽省高级人民法院在该案中，对债权转让协议的效力并没有直接进行论述，但不支持债权受让人对债务人的债权请求权。

实际上，我国法律一般不承认债权转让的无因性，在建设工程施工合同因违反强制性规定而无效的情形下，基于建设工程施工合同所产生的债权自始不存在，不论债权转让协议的效力如何，债权受让人一般无法依据债权转让协议向债务人

---

① 徐凯：《建设工程施工合同无效情形下债权转让的效力分析》，载于微信公众号"地产与工程法律观察"，https://mp.weixin.qq.com/s?src=11&timestamp=1685431407&ver=4559&signature=*jTC4i-esA*9Ih0-vEAXxLTcU7*wL2UqoXQdyvKd5cmRBqcAnbDnNRZMOwwyGuNFpYR8tesfI*YyVozSEP7V*pNhsIIP7z25WiaDo6zv3OwDJR330MkPtweuBml*4J8H&new=1，最后访问时间：2022 年 7 月 2 日。

② 同上注。

主张债权。

（五）合同无效后的工程款认定

根据《民法典》第157条规定，民事法律行为无效、被撤销或者确定不发生效力后，行为人因该行为取得的财产，应当予以返还；不能返还或者没有必要返还的，应当折价补偿。有过错的一方应当赔偿对方由此所受到的损失；各方都有过错的，应当各自承担相应的责任，法律另有规定的，依照其规定。因此，暂且不论债权转让协议的效力如何，在建设工程施工合同被认定无效后，基础债权的性质发生改变，相应的债权金额的确定性已然成为各方最为关注的焦点。司法实践中，除进行工程鉴定之外，法院主要从建设工程是否竣工验收合格以及是否存在结算协议的角度出发，对建设工程合同无效后的工程款进行判定。

1. 合同无效后，竣工验收合格的建设工程

按照《最高人民法院关于审理建设工程施工合同纠纷案件适用法律问题的解释（二）》（法释〔2018〕20号）（以下简称《建工司法解释（2018）》）第11条，当事人就同一建设工程订立的数份建设工程施工合同均无效，但建设工程质量合格，一方当事人请求参照实际履行的合同结算建设工程价款的，人民法院应予支持。因此，建设工程合同无效后，在建设工程竣工验收合格的情况下，法院依然会按照有效合同处理工程款的支付事宜。这一规定在以往的司法实践中被广泛适用，建设工程施工合同被认定无效后，工程款的支付一般仍会按照有效合同的约定进行认定。

2021年正式施行的《建设工程司法解释（一）》第24条①和《民法典》将《建工司法解释（2018）》中的"参照实际履行的合同结算建设工程价款"修改为"参照实际履行的合同关于工程价款的约定折价补偿承包人"。这一重大修订与《民法典》第157条合同无效法律后果规定一致，也是合同无效后的应有之义，实质上是对之前"无效合同按照有效合同处理"的司法价值的扭转。《建设工程司法解释（一）》更加注重衡量无效合同双方利益得失，平衡双方利益关系，而不是履行无效的合同，体现了无效合同自始无效的原则。因此，《建设工程司法解释（一）》施行后的建设工程合同无效，若合同约定存在严重不公平，法院可能对工程款或补偿款进行纠正并按照工程的实际价值折价补偿承包人。值得注意的是，《建设工程司法解释（一）》对折价补偿的认定仍需参考合同关于工程价款的约定，也就说，建设工程施工合同无效后，合同中关于工程款的约定（结算条款）对承包人获得报酬依然非常重要，甚至是决定性的作用。

---

① 《建设工程司法解释（一）》第24条第1款：当事人就同一建设工程订立的数份建设工程施工合同均无效，但建设工程质量合格，一方当事人请求参照实际履行的合同关于工程价款的约定折价补偿承包人的，人民法院应予支持。

2. 合同无效后，竣工验收不合格的建设工程

根据《最高人民法院关于审理建设工程施工合同纠纷案件适用法律问题的解释》（法释〔2004〕14号）（以下简称《建工司法解释（2004）》），建设工程施工合同无效，且建设工程经竣工验收不合格的，修复后的建设工程经竣工验收不合格，承包人请求支付工程价款的，不予支持。在（2020）最高法民申2931号民事裁定书中，最高人民法院认定，原判决亦认定案涉工程存在一定的质量问题，但在S集团公司未对案涉工程质量不合格部分进行维修并经竣工验收合格的情况下，二审法院判决J公司向S集团公司支付工程款，与规定不符。《民法典》将前述规定修订为"修复后的建设工程经验收不合格的，承包人无权请求参照合同关于工程价款的约定折价补偿"。因此，在建设工程合同无效，且建设工程无法竣工验收合格的，承包人既不能参照合同主张工程款，亦无法参照合同主张折价补偿，在发生这种极端情况下，承包人的工程款可能不复存在，也可能无法取得任何补偿，那么合同之债和法定之债均不能得到法院的支持，因此，笔者建议投资人谨慎对待收购未经竣工验收合格建设工程所形成的工程款债权。

3. 合同无效后，但存在结算协议的建设工程

在工程实践中，发包人与承包人除签署建设工程合同之外，在实际履行建设工程合同过程中，可能还会签署结算协议用于工程结算，结算协议的形式可能是补充协议或者付款协议，从法理上分析，结算协议作为从合同，在主合同无效的情况下，从合同无效，但司法实践中并非如此，法院可能不会简单认为二者为主从关系。

根据《建设工程司法解释（一）》第29条规定，当事人在诉讼前已经对建设工程价款结算达成协议，诉讼中一方当事人申请对工程造价进行鉴定的，人民法院不予准许。《河北省高级人民法院建设工程施工合同案件审理指南》（冀高法〔2018〕44号）规定，当事人就同一建设工程订立的数份施工合同均被认定为无效的，在结算工程价款时，应当参照当事人真实意思表示并实际履行的合同约定结算工程价款，当事人已经基于其中一份合同达成结算单的，如不存在欺诈、胁迫等撤销事由，应认定该结算单应有效。《江苏省高级人民法院关于审理建设工程施工合同纠纷案件若干问题的解答》规定，合同履行完毕后当事人达成的结算协议具有独立性，施工合同是否有效不影响结算协议的效力。《北京市高级人民法院关于审理建设工程施工合同纠纷案件若干疑难问题的解答》（京高法〔2012〕245号）规定，建设工程施工合同无效，但工程经竣工验收合格，当事人一方以施工合同无效为由要求确认结算协议无效的，不予支持。

在（2019）青民申458号民事裁定书中，青海省高级人民法院认定，发包人与承包人所签建设工程施工合同如违反招标投标法强制性规定，既可能导致无效

的法律后果，但对双方在施工合同履行过程中所续签协议的效力，应综合分析其内容所反映出来的当事人之间权利义务关系性质及与施工合同之间法律关系来认定，不能简单认定二者主从关系。如所续签协议属发包人与承包人对既存债权债务关系清理，具有独立性，并不因双方所签的《建设工程承包施工协议书》无效而无效，《工程款确认并清偿协议书》《承诺书》依法有效并应作为双方结算工程款的依据。在（2019）最高法民终 1537 号民事判决书中，虽然建设工程施工合同被认定为无效，《工程款付款协议书》系双方在实际履行合同后结算时的真实意思表示，双方均认可该协议书上各自签字盖章的真实性，且该协议书不违反法律、行政法规的强制性规定，应属有效，对双方均有约束力。在（2017）最高法民申 4328 号民事裁定书中，最高人民法院认为，在建设工程施工合同无效的情形下，当事人签订的结算协议一般亦应认定为无效，如果结算协议独立于建设工程施工合同存在，系对既存债权债务关系的结算与清理，则可以认定为有效，而本案情形与此不完全相符，对其效力应从严掌握，二审判决认定《结算协议》及其违约条款无效符合法律规定。在（2020）最高法民终 949 号民事判决书中，最高人民法院认定，双方当事人通过该协议（《以房抵债框架协议》）明确约定了案涉工程清理、结算的内容，故案涉《以房抵债框架协议》虽与《总承包协议》存在关联，但该协议具有独立性，系当事人真实意思表示，且不违反法律和行政法规的强制性规定，应认定为合法有效。

根据前述规定和司法实践，建设工程施工合同无效的，如果实际履行合同后的结算协议体现当事人的真实意思表示，独立于建设工程施工合同存在，是对既存债权债务关系的结算与清理以及工程款的结算，则可以认定为有效，这也符合诉讼经济原则，避免浪费司法资源。结算协议的独立性一定程度上也体现了《建工司法解释（2018）》第 11 条的司法价值观，《建设工程司法解释（一）》的施行后，结算协议的独立性是否继续适用有待于法院在审判中进一步适用和解释《建设工程司法解释（一）》第 24 条，但笔者认为实际履行合同后的结算协议目前仍是确保建设工程施工合同无效后工程款确定性的一种良策。

四、建设工程不良债权的洁净性

通常而言，影响不良债权洁净性的主要因素包括债务人对受让人的抗辩权以及债权的不确定性。在收购建设工程不良债权过程中，影响工程款洁净性的主要因素包括工合同无效、工程款结算、工程质量、发包人索赔、保证金的支付和返还等。

（一）工程质量问题

在建设工程纠纷中，工程质量往往是核心问题，工程质量问题通常可以分为验收合格前的质量问题和验收合格后的质量问题。对于验收合格前的质量问题，不论建设工程施工合同的效力如何，承包人通常无法取得最终的工程款。《建设工程司法解释（一）》第19条规定，建设工程施工合同有效，但建设工程经竣工验收不合格的，依照《民法典》第577条规定处理，此外，《建设工程司法解释（一）》第12条规定，因承包人的原因造成建设工程质量不符合约定，承包人拒绝修理、返工或者改建，发包人请求减少支付工程价款的，人民法院应予支持。因此，对于验收不合格的工程，承包人应当承担损失赔偿责任，若投资人验收合格之前收购工程款债权，在遇到工程质量问题时，其债权可能受到损失。

建设工程竣工验收合格后，通常推定工程不存在质量问题，但在建设工程施工实践中，并非所有工程质量问题都能在竣工验收前发现，竣工验收合格也不是意味着工程不存在任何质量问题，实践中存在着建设工程竣工验收合格并交付使用后才发现工程存在明显质量问题，承包人在质保期内往往主张仅承担一般的保修义务，对于已过质保期的，承包人则以工程已经竣工验收合格拒绝承担质量责任，而发包人可能会以工程存在质量问题而拒付剩余工程款或要求承包人赔偿。

司法实践中，工程竣工验收合格证明不能对抗客观存在的工程质量问题。在（2012）苏民终字第0238号民事判决书中，工程实际存在明显的质量问题，承包人以工程竣工验收合格证明等主张工程质量合格的，人民法院不予支持，承包人只应承担保修责任而不应重作的问题，同样不能成立。在双方当事人已失去合作信任的情况下，为解决双方矛盾，人民法院可以判决由发包人自行委托第三方参照修复设计方案对工程质量予以整改，所需费用由承包人承担。

工程质量问题一直以来都是建设工程纠纷中的重大问题，尤其对于尚未竣工验收合格的建设工程，甚至可能成为工程款回收的颠覆性风险。对于竣工验收合格后的工程质量问题，虽然发生的概率较小，却是一个长期潜在的风险，承包人可能无法以工程竣工验收合格证明等主张工程质量合格对抗发包人，对于这类风险，投资人可以在债权转让交易安排中，由发包人放弃其因工程质量问题向债权受让人主张抗辩权或抵销权。

（二）发包人索赔

除工程质量问题之外，工期延误索赔通常也是发包人的频繁主张。在建设工程实践中，发包人由于急于将工程投入使用以便回收投资，发包人在施工过程中一般不会与承包人发生争议，往往在交付使用后，发包人可能会以各种理由向承包人索赔，工期延误和工程质量问题是常见的发包人索赔理由。工程竣工结算一般是对一项建设工程的完整结算，往往是工程款支付的最终依据，不仅会对工程量造价进行结算，而且也会充分考虑工程潜在的索赔事项，完成工程竣工结算也就意味着除工程质量保修义务依然存续外，所有的经济责任结清。因此，司法实践中，结算协议生效后，承包人依据协议要求发包人支付工程款，发包人以因承包人原因导致工程存在质量问题或逾期竣工为由，要求拒付、减付工程款或赔偿损失的，不予支持，但结算协议另有约定的除外。① 在（2017）最高法民再97号民事判决书中，最高人民法院认为，建设工程施工合同当事人在进行工程竣工结算时，应当依照合同约定就对方当事人履行合同是否符合约定进行审核并提出相应索赔，索赔事项及金额，应在结算时一并核定处理。因此，除在结算时因存有争议而声明保留的项目外，竣工结算报告经各方审核确认后的结算意见，属于合同各方进行工程价款清结的最终依据。一方当事人在进行结算时没有提出相关索赔主张或声明保留，完成工程价款结算后又以对方之前存在违约行为提出索赔主张，依法不予支持。在（2015）民一终字第341号民事判决书中，最高人民法院认为，《终止协议》（针对结算的协议）第15条约定，关于X公司提出的工期延误损失问题，双方另行协商，如协商不成，双方可保留诉权，可见，X公司在《终止协议》中未放弃主张工期延误损失的权利。

结合司法实践，建设工程的竣工结算，双方所签署结算协议一般是对双方合作期间全部权利义务进行清算性质协议，双方未在该协议中对工期延误损失进行约定，可视为双方对该项权利的放弃，承包人或发包人一般不得再另行主张工期延误损失索赔，但结算协议对工期延误损失保留追索权利或结算协议明确约定结算范围不包括工期索赔款项的，当事人对该损失主张权利并不丧失。因此，结算协议可以将不确定性的索赔事由转变为确定性的权利主张或权利放弃。在收购建设工程不良债权时，可以要求承包人与发包人签署结算协议，在结算协议中对相关索赔事项的处理方式做出明确的约定，以便债权受让人对债权情况进行事先评估。若已经签署的结算协议未对相关索赔进行约定，一般可以视为发包人放弃权利，但仍应当注意核实发包人与承包人是否在其他类似结算协议中对索赔进行了约定，而债权受让人无法取得该协议约定。

（三）质保金和履约保证金

在建设工程实践中，质保金和履约保证金通常必不可少的，根据《建设工程质量保证金管理办法（2017）》（建质〔2017〕138号）第2条规定，"本办法所称建设工程质量保证金是指发包人与承包人在建设工程承包合同中约定，从应付的工程款中预留，用以保证承包人在缺陷责任期内对建设工程出现的缺陷进行维修的资金"。履约保证金通常是承包人为全面履行建设工程施工合同项下义务而向发包人提供的担保。在实践中，履约保证金返还按照双方的约定，一般包括按照工

---

① 参见《北京市高级人民法院关于审理建设工程施工合同纠纷案件若干疑难问题的解答》第24点。

程进度返还和竣工验收合格后返还，在实践中，还包括履约保证金自动转化为质保金的约定。总而言之，质保金和履约保证金都是承包人向发包人提供的担保方式，其具体返还金额取决于承包人的履约情况，若承包人出现违约，发包人一般有权从质保金或履约保证金中扣除相关款项，质保金和履约保证金具有极大的不确定性。此外，质保金和履约保证金在质保期内和履约期限内，承包人一般无权收取利息。因此，在收购建设工程不良债权时，建议不将质保金和履约保证金纳入收购的范围。

（四）实际施工人权利对工程款债权的影响

在建筑行业领域中违法分包、非法转包、挂靠资质等乱象屡见不鲜，为了保护建设工程施工合同无效情形下实际完成了施工义务的单位或者个人的利益，最高人民法院通过司法解释创设了实际施工人的概念，赋予实际施工人突破合同相对性而直接向发包人主张工程款的权利。根据《建设工程司法解释（一）》，实际施工人可以直接向发包人主张权利，发包人在其欠付建设工程价款范围内对实际施工人承担责任。此外，根据《北京市高级人民法院关于审理建设工程施工合同纠纷案件若干疑难问题的解答》，"实际施工人"是指无效建设工程施工合同的承包人，即违法的专业工程分包和劳务作业分包合同的承包人、转承包人、借用资质的施工人（挂靠施工人），[①] 建设工程经数次转包的，实际施工人应当是最终实际投入资金、材料和劳力进行工程施工的法人、非法人企业、个人合伙、包工头等民事主体，对于不属于前述范围的当事人依据该规定以发包人为被告主张欠付工程款的，应当不予受理，已经受理的，应当裁定驳回起诉。

根据前述解释，实际施工人是指无效建设施工合同情形下完成建设工程施工的单位或个人，对于实际施工人的认定主要考察三个方面，一是应审查是否存在实际施工行为，包括是否有在施工过程中购买材料、支付工人工资、支付水电费等行为；二是审查是否参与合同的签订与履行；三是审查是否存在投资或收款行为，对于垫资工程应审查其是否参与合同的签订与履行。司法实践中，实际施工人主张权利的前提条件通常包括以下：

第一，存在违法转包、违法分包和资质挂靠或借用等原因导致合同无效。实践中，实际施工人往往与违法转包、违法分包和资质挂靠或借用等原因导致合同无效联系在一起。司法实践中，对于合法转包和分包的情况，一般不会存在实际施工人的情况，也就说不存在违法转包、违法分包和资质挂靠或借用的情况，法院一般不会支持底层实际施工方突破合同相对性直接向发包人主张权利的情形。

[①] 司法实践中，实际施工人是否包括借用资质（挂靠）的实际施工人存在争议，最高人民法院民事审判第一庭编著的《最高人民法院建设工程施工合同司法解释（二）理解与适用》（2019年1月版）以及部分司法案例认为实际施工人不包括借用资质（挂靠）的实际施工人。

第二，实际施工人应首先向合同相对人主张权利，只有在合同相对人无法支付工程款的情况下，才能向发包人直接主张。在（2018）最高法民申 120 号民事裁定书中，最高人民法院认定，该条（26）第一款应系原则性规定，即实际施工人应首先向合同相对方主张权利。

第三，发包人欠付承包人工程款，且在欠付的范围内向实际施工人承担责任。通常，即使施工单位被认定为实际施工人，发包人只会在其欠付承包人工程款的范围内向实际施工人承担责任。存在多个实际施工人的，部分工程实际施工人所主张的工程款属于整个案涉工程欠付工程款的范围，不影响发包人的责任承担，发包人在整个"欠付工程款"范围内对实际施工人担责。①

第四，实际施工突破合同相对性适用的前提是合同相对方有破产、下落不明、法人主体资格灭失等严重影响实际施工人权利实现的情形，或有证据显示发包人存在欠款。②

在投资人从承包人处收购建设工程款债权后，发包人实际上不再欠付承包人工程款，而是欠付债权受让人债务，实际施工人向发包人主张工程款时，发包人通常会以债权转让导致其不再欠付承包人工程款为由进行抗辩。在（2016）苏 02 民终 4592 号民事判决书中，无锡市中级人民法院认定，S 公司（承包人）将其对发包人 C 公司的工程款债权转让至 X 公司，即视为 S 公司已基于施工合同关系向 C 公司行使了权利，将工程款债权转让给 X 公司后，S 公司不再对 C 公司享有债权，因此，实际施工人 L 也丧失了向 C 公司主张工程款的基础。法院在该案中肯定了发包人的工程款转让这一抗辩权，但笔者认为由于这类司法观点尚未形成普遍现象，不能完全排除该种抗辩权在其他法院不能得到支持的可能性。

在（2018）琼 01 民初 3 号民事判决书③中，海口市中级人民法院认定，即便 S 公司能够被认定是涉案工程的实际施工人，向发包方 H 国宾馆主张权利，H 国宾馆也只能在欠付工程价款的范围内对 S 公司承担责任，现有证据证明，Q 公司在受让承包人对 H 国宾馆涉案工程的债权后已就 H 国宾馆拖欠承包人涉案工程工程款向本院提起了诉讼，目前无法确定 H 国宾馆是否仍拖欠承包人涉案工程工程款，因此驳回 S 公司的诉讼请求。在这则案例中，不论承包人之前是否实际享有对发包人的工程款债权，所有债权转让后承包人实际上都不会再享有该债权，但法院仍要对发包人对承包人目前是否仍负有债务进行审查，按照此思路，法院似乎认为债权转让会对实际施工人的权利产生影响。

---

① （2014）民申字第 1407 号民事裁定书。
② （2017）最高法民终 144 号民事判决书。
③ （2018）琼 01 民初 3 号民事判决书。该判决后因为实际施工人提交新证据而被撤销，发回重审中达成了调解。

根据笔者在北大法宝以"实际施工人"和"债权转让"关键词进行的案例检索，仅有两则债权转让对实际施工人权利影响的案例，目前司法实践尚未对承包人转让债权对抗实际施工人权利形成统一司法裁判规则。根据实际施工人制度立法目的，该制度与一般性的代位权不同，实际施工人制度目的是在发包人欠付工程款的范围内保障实际施工人的权益，以保证建设工程的质量和安全。债权转让后，在工程款方面，受让人取代承包人在施工合同中的地位，承包人的权利得到了实现，发包人虽未欠承包人工程款，但发包人欠付工程款的性质和事实仍未改变，若以债权转让为由而对实际施工人的权益不予保护，则将可能使得实际施工人保护制度完全落空，因此，基于实际施工人法律规定的立法目的和司法保护弱势群体的价值取向，承包人转让工程款债权后，法院仍可能会支持实际施工人向发包人主张权利。

法律对实际施工人这种突破合同相对性权利的保护，对债权受让人而言实际上是一种潜在的法律风险。实践中，由于发包人未向承包人支付工程款，实际施工人也无法获得工程款，投资人收购承包人的工程款不良债权之后，若承包人未向实际施工人支付工程款，那么实际施工人可能直接向发包人主张工程款，发包人在向实际施工人支付工程款后，可以向承包人追偿，并从其欠付承包人的工程款中扣除，以此向受让债权的投资人提出抗辩，可能进一步导致收购的债权金额减少。

在收购建筑工程不良债权过程中，受让人通常主要关注债权人与债务人之间的债权债务关系清晰，但由于实际施工人制度的存在，实际施工人可以突破合同相对性向发包人主张权利，债权受让人仍有必要要求承包人披露其与次承包人的债权债务关系，甚至披露至最终的实际施工人。在层层转包或分包的情况下，债权受让人有必要对各层转包或分包是否存在违法转包或分包或者资质挂靠或借用的情形进行分析。若在审查承包人与下游承包人的合同过程中发现存在违法转包或分包或者资质挂靠或借用可能导致合同无效的情形，则应当进一步尽调承包人是否已向下游承包人结清工程款，若谈判条件允许，甚至可以在债权转让安排中要求承包人将转让价款先行偿还下游实际施工人，避免后续的纠纷。

（五）债务人放弃抗辩权的交易安排

基于以上，不良债权的洁净性主要在于债务人的抗辩权或抵销权，根据《民法典》第548条规定，债务人对让与人的抗辩，可以向受让人主张，因此，发包人对承包人的抗辩权可以向债权受让人主张。由于建设工程施工合同是属于典型的双务合同，发包人对承包人享有较多潜在的抗辩权或抵销权，在收购工程款债权时，债权受让人为保证收购债权的洁净性和稳定性，通常可以与债务人约定债务人主动放弃向债权受让人行使其对原债权人的任何抗辩权或抵销权，这通常也是很多投资人在收购不良债权过程中的常见安排。为保证不良债权的洁净性，这种方式依然适用于收购建设工程不良债权。

司法实践中，债务人明确放弃抗辩权的安排通常可以得到法院的支持。在（2018）最高法民再129号民事判决书中，最高人民法院认定，保理业务当中，认定基础交易合同中债务人放弃基础交易合同项下对债权人的抗辩权，应当有基础交易合同债权人、债务人参与下达成的新的放弃上述抗辩权的合意或者债务人一方对于放弃抗辩权作出明确的意思表示。另外在（2018）最高法民终31号民事判决书中，最高人民法院认定，保理融资纠纷案件中，债务人在保理银行开展尽职调查时，向保理银行提出抗辩权或者抵销权存在的合理事由，保理银行仍然与债权人签订保理合同并通知债务人债权转让的事实，债务人确认该债权转让并同意按照债权转让通知履行的，如债务人无预先放弃抗辩权或者抵销权以及存在欺诈等严重过错的情形，债务人仍不失抗辩权或者抵销权。此外，一些地方法院已经明确规定债务人可以放弃抗辩权。在《天津市高级人民法院关于审理保理合同纠纷案件若干问题的审判委员会纪要（二）》（津高院〔2015〕16号）中规定，债务人收到债权转让通知后，其因基础合同而享有的抗辩权、抵销权可以向保理商主张，债务人明确表示放弃抗辩权、抵销权的除外。在深圳前海合作区人民法院颁布的《关于审理前海蛇口自贸区内保理合同纠纷案件的裁判指引（试行）》规定，债务人不得再主张抗辩权、抵销权的情形：（1）债务人单方明确表示或以自己的行为表明放弃抗辩权、抵销权的；（2）债权转让通知书中明确注明债务人放弃抗辩权、抵销权，债务人在债权转让通知书上盖章确认，且未在合理期限内明确提出异议的。

尽管前述规定和案例均针对保理纠纷，但考虑到保理纠纷实质上适用债权转让的一般规则，因此，笔者认为，在一般性的债权转让中，受让人和债务人约定债务人放弃对受让人的抗辩权或抵销权为有效约定。值得注意的是，在前述案例中，最高法院认为，债务人对债权转让的确认不能视为对基础合同项下抗辩权的放弃，债务人对受让人放弃抗辩权必须通过双方明确意思表示。在实务中，若受让人要求债务人放弃抗辩权，仅取得债务人对债权转让事实的确认往往是不足的，而应当由双方作出明确约定或在通知时明确征求债务人放弃对其抗辩权的意思并取得债务人确认。

此外，建设工程价款优先受偿权是否可以随工程款债权一并转让，司法实践中存在不同的观点，最高人民法院在其审判实践中一般支持工程款优先受偿权随工程款债权一并转让，山东、江苏、广东省高级法院出台了司法文件明确支持工程款优先受偿权随工程款债权一并转让，另有部分法院认为工程款优先受偿权不能随工程款债权一并转让，例如，《河北省高级人民法院建设工程施工合同案件审理指南》明确规定，建设工程价款优先受偿权与建设工程价款请求权具有人身依附性，承包人将建设工程价款债权转让，建设工程价款的优先受偿消灭。因此，若投资人将工程价款优先受偿权作为回收债权的重要手段，应当结合司法管辖地的实践作出判断。

五、总结

总体而言，投资人应当谨慎对待收购未经竣工验收合格建设工程所形成的不良债权，在收购已竣工验收合格的建设工程不良债权时仍应当注意债权的真实、有效和洁净性。具体而言，建设工程牵涉主体较多，债权真实性审查要求更加严格，建设工程市场中合同无效的频繁发生会导致受让人无法直接向债务人主张权利，而工程质量、发包人索赔、保证金、实际施工人突破合同相对性权利等因素会直接影响债权的洁净性。

鉴于建设工程法律实践纷繁复杂，为防患于未然，投资人可以聘请专业机构对建设工程不良债权的真实、有效和洁净进行尽职调查。在收购过程中，可以通过适当的合同安排保障债权受让人的利益。

第一，扩大债权性质的范围。根据《民法典》第157条，建设工程合同无效后，承包人对发包人的债权由合同之债转变为法定之债，因此，债权受让人可以在《债权转让协议》中约定将法定之债纳入转让的范围之内。一旦发生基础合同无效的情形，被转让的债权为法定之债，债权受让人可以基于法定之债向债务人主张权利。

第二，建设工程施工合同履行完毕后，充分发挥结算协议的独立性作用。根据司法解释和司法实践，结算协议独立于建设工程施工合同存在，且系对既存债权债务关系的结算与清理的，在建设工程合同无效后，结算协议则可以认定为有效。债权受让人在收购建设工程不良债权前，可以要求承包人与发包人签署独立的工程款结算性质的协议或其他文件，对应付工程款、工程款的支付情况、支付方式、支付依据以及索赔情况等作出具体约定，并将拟收购的不良债权的合同基础扩大至结算协议，完成结算程序，以此最大化避免建设工程合同无效时导致债权转让不成立、无效或被撤销，使得债权及其担保措施落空，保障债权的稳定性。

第三，明确债务人/发包人放弃其抗辩权或抵销权。在债权收购过程中，受让人可以与债务人明确约定债务人放弃向受让人行使其对原债权人享有的抗辩权或抵销权，以此保障发包人对受让人行使其对承包人的抗辩权或抵销权。

建设工程领域违法招投标行为对合同效力的影响再探析

许泽阳

问题的提出

2022年7月18日，国家发展改革委印发《关于严格执行招标投标法规制度进一步规范招标投标主体行为的若干意见》（以下简称《规范意见》）指出，当前招投标市场，特别是建设工程招投标领域，存在诸多违法违规问题，如虚假招标、规避招标、围标串标等。哪些违反招投标制度的行为会导致建设工程施工合同无效？实务界和理论界认识不一、观点各异，导致"同案不同判"现象时有发生。此外，2018年6月，国家发展改革委颁布的《必须招标的工程项目规定》实施后，必须招标工程项目的范围发生变化，原属于必须招标项目被归为非必须招标项目，其违法招投标的行为如何影响合同效力？这同样引起了实务界和理论界的争议。

本文通过梳理《民法典》实施以来最高人民法院公布的相关司法判例，分析实务中必须招标项目、非必须招标项目及跨阶段项目中，违反招投标制度的行为对建设工程施工合同效力认定的影响，总结相关裁判规则，揭示法律风险，并提出相应的防范建议。

一、招投标制度影响建设工程施工合同效力的法理分析

建设工程施工合同（以下简称"建工合同"）的法律关系除受《民法典》的调整外，还受《建筑法》《招标投标法》等建设领域的法律和行政规章制度（以下简称"建设法规"）的规制。

之所以如此特殊，主要原因在于建设法规属于经济法体系下经济监管法律制度的组成部分。而经济法的调整对象是国家在干预、监督市场经济中的经济活动

时所产生的社会关系。① 具体而言，经济法强调的是国家对经济市场的规制和监管，反对不正当竞争，营造公平竞争环境，关注国家对市场的适度干预和维护社会公共利益。经济法的调整对象，是指其促进、限制、取缔和保护的社会关系的范围，也就是国家用经济法形式干预社会经济关系的范围，包括市场秩序规制、宏观经济调控、经济监管等法律制度。② 因此，与其他经济法律制度一样，建设法规具有综合性的特点，除了具备经济监管等特有内容外，还包括行政法、民商法的内容。其中，民商法领域《民法典》合同编第十八章对建设工程法律关系作了专门规定，明确建设工程的招投标活动应当依照有关法律的规定公开、公平、公正进行。而涉及建工合同效力的规定则在相关司法解释中进一步明确。

综上可知，对建工合同法律效力的认定，法律适用上应当兼顾《民法典》一般民事法律关系、合同法律制度和《建筑法》《招标投标法》《城乡规划法》《反不当竞争法》等不同体系法律的规定。裁判的思路、理念上，不仅应当尊重合同当事人意思自治，还应当充分考虑维护建筑市场经济秩序、建筑产品安全涉及的公共安全和公共利益等因素。③ 因此，较一般民商事合同而言，建工合同在法律效力的认定上具有诸多特殊性。

具体就招投标制度而言。首先，从《民法典》《建筑法》《招标投标法》等法律的立法目的出发，导致建工合同无效的强制性规定主要分为两类：（1）保障建设工程质量和施工安全的规范；（2）维护建筑市场公平竞争秩序的规范。④ 根据《招标投标法》第1条规定，招投标制度作为建设法规的组成部分之一，其立法目的在于规范招投标活动，保护国家利益、社会公共利益和招投标活动当事人的合法权益，提高经济效益，保证项目质量。据此，《建设工程司法解释（一）》规定，建设工程必须招标而未招标或中标无效的，建工合同无效。⑤ 此外，《九民纪要》第30条规定，"人民法院在审理合同纠纷案件时，要依据《民法总则》第153条第1款⑥和合同法司法解释（二）第14条的规定慎重判断'强制性规定'的性质⑦，特别是要在考量强制性规定所保护的法益类型、违法行为的法律后果以及交

---

① 朱宏亮：《建设法规教程》，中国建筑工业出版社2009年版，第5页。
② 李昌麟：《经济法学》（第二版），法律出版社2015年版，第63页。
③ 冯小光：《试论施工合同法律效力的判断原则》，载《建筑时报》2019年5月20日第A04版。
④ 最高人民法院民事审判第一庭编：《最高人民法院新建设工程施工合同司法解释（一）理解与适用》，人民法院出版社2021年5月版，第14页。
⑤ 2004年最高人民法院《关于审理建设工程施工合同纠纷案件适用法律问题的解释》（以下简称《建工司法解释（2004）》）第1条规定建设工程必须进行招标而未招标或者中标无效的，建设工程施工合同应当认定无效。该条款在2021年《建设工程司法解释（一）》第1条得到延续。
⑥ 《民法总则》第153条：违反法律、行政法规的强制性规定的民事法律行为无效，但是该强制性规定不导致该民事法律行为无效的除外。（注：同《民法典》第153条第1款）
⑦ 《合同法司法解释（二）》第14条：合同法第五十二条第（五）项规定的"强制性规定"，是指效力性强制性规定。

易安全保护等因素的基础上认定其性质,并在裁判文书中充分说明理由"。同时列举了5类导致合同无效的"效力性强制性规定",明确违反招投标等竞争性缔约方式订立的合同属于"交易方式严重违法",因而无效。可见,作为维护建筑市场公平竞争秩序的规范之一,招投标制度与建工合同效力密切相关。

其次,基于市场环境的考量。长期以来,我国的建设市场竞争无序、虚假招标、规避招标、围标串标、主体违法违规的情况十分普遍,也使得监管机构对该领域的规范和监管提出了更高的要求。《规范意见》明确将进一步加强监管力度,坚决遏制违法招投标行为。由此可见,今后一段时间内,工程建设招投标领域违法违规的现象将被予以进一步重视和规范,建工合同的效力问题将成为其中的焦点。

二、与建工合同效力认定相关的招投标制度梳理

(一)招投标相关的司法解释

《建设工程司法解释(一)》主要源于对《建工司法解释(2004)》(《解释一》)和2018年最高人民法院《关于审理建设工程施工合同纠纷案件适用法律问题的解释(二)》(以下简称《建工司法解释(2018)》)(《解释二》)的继承、修改,其中与招投标制度相关的条款包括:

表1 招投标相关的司法解释条款汇总表

《建设工程司法解释(一)》	原司法解释	主要内容
第1条 建设工程施工合同具有下列情形之一的,应当依据民法典第一百五十三条第一款的规定,认定无效: (三)建设工程必须进行招标而未招标或者中标无效的。	《解释一》第1条 建设工程施工合同具有下列情形之一的,应当根据合同法第五十二条第(五)项的规定,认定无效: (三)建设工程必须进行招标而未招标或者中标无效的。	必须招标而未招标或中标无效的项目,其合同无效。
第2条 招标人和中标人另行签订的建设工程施工合同约定的工程范围、建设工期、工程质量、工程价款等实质性内容,与中标合同不一致,一方当事人请求按照中标合同确定权利义务的,人民法院应予支持。 招标人和中标人在中标合同之外就明显高于市场价格购买承建房产、无偿建设住房配套设施、让利、向建设单位捐赠财物等另行签订合同,变相降低工程价款,一方当事人以该合同背离中标合同实质性内容为由请求确认无效的,人民法院应予支持。	《解释二》第1条 招标人和中标人另行签订的建设工程施工合同约定的工程范围、建设工期、工程质量、工程价款等实质性内容,与中标合同不一致,一方当事人请求按照中标合同确定权利义务的,人民法院应予支持。 招标人和中标人在中标合同之外就明显高于市场价格购买承建房产、无偿建设住房配套设施、让利、向建设单位捐赠财物等另行签订合同,变相降低工程价款,一方当事人以该合同背离中标合同实质性内容为由请求确认无效的,人民法院应予支持。	实际合同与中标合同不一致。

(续表)

《建设工程司法解释（一）》	原司法解释	主要内容
第22条 当事人签订的建设工程施工合同与招标文件、投标文件、中标通知书载明的工程范围、建设工期、工程质量、工程价款不一致，一方当事人请求将招标文件、投标文件、中标通知书作为结算工程价款的依据的，人民法院应予支持。	《解释二》第10条 当事人签订的建设工程施工合同与招标文件、投标文件、中标通知书载明的工程范围、建设工期、工程质量、工程价款不一致，一方当事人请求将招标文件、投标文件、中标通知书作为结算工程价款的依据的，人民法院应予支持。	建工合同与招标文件、投标文件、中标通知书不一致。
第23条 发包人将依法不属于必须招标的建设工程进行招标后，与承包人另行订立的建设工程施工合同背离中标合同的实质性内容，当事人请求以中标合同作为结算建设工程价款依据的，人民法院应予支持，但发包人与承包人因客观情况发生了在招标投标时难以预见的变化而另行订立建设工程施工合同的除外。	《解释二》第9条 发包人将依法不属于必须招标的建设工程进行招标后，与承包人另行订立的建设工程施工合同背离中标合同的实质性内容，当事人请求以中标合同作为结算建设工程价款依据的，人民法院应予支持，但发包人与承包人因客观情况发生了在招标投标时难以预见的变化而另行订立建设工程施工合同的除外。	非必须招标项目，实际合同与中标合同不一致。

从表1可知，《建设工程司法解释（一）》主要规范了4类招投标问题：（1）必须招标而未招标项目的合同效力；（2）实际合同与中标合同不一致；（3）建工合同与招投标文件、中标通知书不一致；（4）非必须招标项目，实际合同与中标合同不一致等情形下的合同适用规则。其中，对于必须招标而未招标项目的合同直接明确为无效。因此，第1种情形中，项目是否属于"必须招标项目"，对于建工合同效力的认定尤为重要。而后3种情形中存在的"阴阳合同"效力如何，以及在必须招标项目和非必须招标项目的适用规则是否一致等具体问题上，仍有值得商榷之处。

（二）与建工合同效力认定相关的招投标制度

1.《招标投标法》及其实施条例

《招标投标法》作为规范建设工程领域招投标行为最高位阶的法律，对工程建设领域常见的违法招投标行为作出了具体规定，将导致中标无效情形概括为以下6种：（1）招标代理机构违反法律规定，泄露应当保密的与招投标活动相关的情况和资料的，或者与招标人、投标人串通损害国家利益、社会公共利益或者他人合法权益的；（2）依法必须进行招标的项目的招标人向他人透露已获取招标文件的潜在投标人的名称、数量或者可能影响公平竞争的有关招投标的其他情况的，或者泄露标底的；（3）投标人相互串通或者与招标人串通投标的，投标人以向招标人或者评标委员会成员行贿的手段谋取中标的；（4）投标人以他人名义投标或者以其他方式弄虚作假,骗取中标的;(5)依法必须进行招标的项目,与投标人就投标价格、投标方案等实质性内容进行谈判的;(6)招标人在评标委员会依法推荐的中标候选人以外确认中标人的,依法必须进行招标的项目在所有投标被评标委员会否决后自行确认中标的等。[1]

上述强制性规定与建工合同的效力密切相关,亦将对合同当事人、债权收购方利益产生重大影响。基于对最高人民法院司法判例的研究发现,招投标相关诉讼纠纷主要集中于对以下条款的理解与适用之差异:

表2 《招标投标法》重要条款汇总表

调整对象	《招标投标法》法条摘要
适用范围	第2条,在中华人民共和国境内进行招标投标活动,适用本法。
必须招标情形	第3条,对必须招标的情形作出原则性规定,包括: (一)大型基础设施、公用事业等关系社会公共利益、公众安全的项目; (二)全部或者部分使用国有资金投资或者国家融资的项目; (三)使用国际组织或者外国政府贷款、援助资金的项目。 前款所列项目的具体范围和规模标准,由国务院相关部门制订。
招标方式	第12条,依法必须进行招标的项目,招标人自行办理招标事宜的,应当向有关行政监督部门备案。
串标	第32条,投标人不得相互串通投标报价,不得排挤其他投标人的公平竞争,损害招标人或者其他投标人的合法权益。投标人不得与招标人串通投标,损害国家利益、社会公共利益或者他人的合法权益。
实质性谈判	第43条,在确定中标人前,招标人不得与投标人就投标价格、投标方案等实质性内容进行谈判。 第55条,依法必须进行招标的项目,招标人违反本法规定,与投标人就投标价格、投标方案等实质性内容进行谈判,影响中标结果的,中标无效。
中标通知书	第45条,中标通知书对招标人和中标人具有法律效力。中标通知书发出后,招标人改变中标结果的,或者中标人放弃中标项目的,应当依法承担法律责任。
合同订立	第46条,招标人和中标人应按照招标文件和中标人的投标文件订立书面合同,不得再行订立背离合同实质性内容的其他协议。
违约责任	第60条,中标人不履行与招标人订立的合同的,履约保证金不予退还,给招标人造成的损失超过履约保证金数额的,还应当对超出部分予以赔偿;没有提交履约保证金的,应当对招标人的损失承担赔偿责任。

上述重要条款主要分为两个方面:(1)必须进行招标的工程范围问题;

---

[1] 最高人民法院民事审判第一庭编:《最高人民法院新建设工程施工合同司法解释(一)理解与适用》,人民法院出版社2021年版,第36页。

(2) 违反招投标程序问题。关于第（1）点，《招标投标法》第 3 条对于哪些项目属于"必须招标项目"，只作了原则性规定，具体判定标准需依据国务院的行政法规。但由于相关行政法规在修订中发生重大变化，因此实践中就相关行政法规如何适用存在较多争议。

关于第（2）点，为了确保招投标活动严格遵循"公开招标、择优选取"的原则，《招标投标法》及其实施条例对于如何开展招投标活动作出了详细规定，并规定部分严重违反招投标程序（特别是前述 6 种效力性强制性规定）的行为，因损害了国家、社会公共利益和第三人合法权益，导致中标无效。非必须招标项目是否适用《招标投标法》？上述违反招投标程序的行为如何影响该类项目的建工合同效力？实务中存在不同理解。

2.《必须招标的工程项目规定》和《必须招标的基础设施和公用事业项目范围规定》

2018 年 6 月，国家发展改革委颁布的《必须招标的工程项目规定》和《必须招标的基础设施和公用事业项目范围规定》（以下合称《项目新规》）正式施行，原《工程建设项目招标范围和规模标准规定》（2000 年）（以下简称《原规定》）同步失效。2020 年 10 月，国家发展改革委发布通知，进一步强调要准确把握必须招标项目的范围，禁止地方政府另行制定必须招标的范围和规模标准。①

相比于《原规定》，《项目新规》的主要变化有 3 个方面。第一，大幅缩小必须招标的工程项目范围，包括以下三类：（1）使用国有资金或国有融资的项目；（2）使用国际组织或者外国政府贷款或援助资金的项目；（3）不属于第（1）项和第（2）项的大型基础设施和公用事业等关系社会公共利益、公共安全的项目，必须招标的具体范围由国家发展改革委会同国务院有关部门按照确有必要、严格限定的原则制订，报国务院批准。第二，提高必须招标项目规模标准，将《原规定》规定的合同估算金额的标准提高一倍。第三，明确执行全国统一标准。删除《原规定》中"省、自治区、直辖市人民政府根据实际情况，可以规定本地区必须进行招标的具体范围和规模标准，但不得缩小本规定确定的必须进行招标的范围"的规定，明确全国适用统一标准。

作为招投标领域深化"放管服"改革的重要举措，《项目新规》的实施扩大了市场主体的自主权，将《原规定》中民间资本投资较多的商品住宅项目、科教文卫体和旅游项目等从必须招标的工程项目范围中剔除，减少了该领域的行政干预。

---

① 《关于进一步做好〈必须招标的工程项目规定〉和〈必须招标的基础设施和公用事业项目范围规定〉实施工作的通知》，发改办法规〔2020〕770 号。

但值得注意的是，在《原规定》下属于必须招标的项目，在《项目新规》实施后被归为非必须招标项目（又称"跨阶段项目"），若当事人在该类项目中存在违法招投标行为，按照《原规定》认定建工合同无效，但按《项目新规》则合同可能有效。因此，实践中出现了大量跨阶段项目的合同效力认定纠纷，甚至有当事人试图通过审判监督程序对已审结案件进行"翻案"。在缺乏法律、行政法规、司法解释等制度规范的情况下，各地司法机构对于此类案件的裁判规则存在差异，"同案不同判"现象甚至在最高法层面亦有发生。①

三、违法招投标对建工合同效力影响的实务争议与裁判规则

根据《招标投标法》及其实施条例，招投标程序主要包括招标、投标、开标、评标、中标、实际履行等阶段。其中，招标分为公开招标和邀请招标两种类型。而实务中违法招投标的行为在各个阶段中均有出现，且对于建工合同效力的影响也各不相同。本节将通过梳理《民法典》和《项目新规》实施以来最高法司法判例中招投标相关合同纠纷，总结分析其裁判规律和背后法理。②

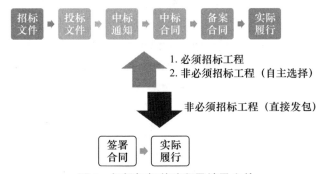

图1　招投标相关流程及涉及文件

（一）必须招标项目

如前所述，根据《招标投标法》和《建设工程司法解释（一）》，违反招投标程序，对建设工程必须进行招标而未招标或者中标无效后订立的建工合同，应当认定建工合同为无效。该等规定适用于必须招标项目，在理论界和实务界鲜有争议。但实践中出现部分司法解释未规定的情形，值得关注：

---

① 《民法典》施行后，仍有"同案不同判"的现象。
② 通过中国裁判文书网检索"必须招标"关键词，查阅自2020年1月1日至2021年11月29日最高法判例，共88件。

特殊机会投资之道 2

1. 必须招标项目，因"先定后招"等违法行为导致中标无效，是否所有合同均无效？

"先定后招"是指招标前已确定中标人、签署合同或与投标人进行了实质性谈判，而招投标程序仅是"走过场"。实践中，招投标双方"另行签订"合同，既包括招投标前签署的合同（"标前合同"），也包括投标后签署的合同（"标后合同"）；既包括包含工程范围、建设工期、工程质量、工程价款等实质性内容的合同，也包括非实质性内容的合同。那么，存在"先定后招"等违法行为导致中标无效的，是否意味着所有标前、标后，实质性、非实质性合同均无效？

针对该问题，可以从现有建设法规中寻找答案：《招标投标法》第43条规定，在确定中标人之前，招标人不得与投标人就投标价格、投标方案等实质性内容进行谈判；第55条规定，依法必须进行招标的项目，招标人违反本法规定，与投标人就实质性内容进行谈判，影响中标结果的，中标无效。《建设工程司法解释（一）》第2条规定，招标人和中标人另行签订的建工合同约定的实质性内容与中标合同不一致的，以中标文件为准。《招标投标法》第46条规定，除中标合同外，不得另行签订标后合同。可见，必须招标项目，因"先定后招"等违法行为导致中标无效，无论标前还是标后签署，实质性合同均无效。

最高人民法院的观点与此一致：无论标前合同或标后合同，实质性合同均无效，但非实质性合同有效，清理结算合同亦有效。如（2021）最高法民申1959号和（2019）最高法民终974号判决书中，最高人民法院认定，发包方和承包方围绕案涉工程分别签订了多份施工合同，存在事先磋商、"先定后招"的行为，违反了《招标投标法》的禁止性规定，全部合同应为无效。持类似观点的判决还有（2020）最高法民终848号、（2020）最高法民申803号、（2019）最高法民终1134号、（2020）最高法民终482号等。

虽然建工合同无效，但清理结算条款和非实质性合同变更，仍然有效。首先，关于清理结算条款，《民法典》第567条规定"合同的权利义务关系终止，不影响合同中结算和清理条款的效力"。具体到建工领域，《建设工程司法解释（一）》第24条关于就同一建设工程签订的数份施工合同均被认定无效但工程质量合同时，承包人可请求折价补偿的规定，与《民法典》第567条异曲同工。最高人民法院在《民事审判实务问答》道出其背后的法理：若协议内容属于承发包双方对既存债权债务关系清理，则具有独立性，根据为《民法典》第567条的规定，合同的权利义务终止，不影响合同中结算和清理条款的效力。且从诚实信用原则出发，不当扩大合同无效后果边界亦易导致当事人利益失衡。①

---

① 最高人民法院民事审判第一庭编：《民事审判实务问答》，法律出版社2021年版，第56页。

但值得注意的是，即便清理结算条款有效，也并不意味着承包人能直接据此主张权利。《建设工程司法解释（一）》第24条的适用前提是"建设工程质量合格"，若建设工程质量不合格，能否折价补偿则需要根据《民法典》第793条①的规定视情况而定。

其次，关于非实质性合同变更大概率为有效，在《民事审判指导与参考》中，最高法亦认为，中标合同中已约定仲裁解决方式，但当事人在补充合同中变更为诉讼解决方式的，属于非实质性内容变更，应为有效。②

2. 在中标合同中约定"本合同仅作备案作用，不作为施工结算的依据"的内容，该约定是否有效？

《建设工程司法解释（一）》第2条规定，当事人签订的建设工程施工合同与中标合同不一致，以中标合同为准。但是，若当事人在中标合同中约定"本合同仅作备案作用，不作为施工结算的依据"，合同应该如何适用？

最高法在（2021）最高法民申66号判决中认为，合同结尾注明的"本合同仅作备案作用，不作为施工结算的依据"的内容，明显有违《解释一》第21条（已被《建设工程司法解释（一）》第2条吸收）关于"维护中标合同的法律效力，规范建筑市场的规则目的"。故合同的备注内容无效，不影响该合同作为案涉工程的结算依据。

此外，根据2018年9月28日住建部《关于修改〈房屋建筑和市政基础设施工程施工招标投标管理办法〉的决定》第6条③，删去第47条第1款中的"订立书面合同后7日内，中标人应当将合同送工程所在地的县级以上地方人民政府建设行政主管部门备案"。意味着建工合同强制备案制度已取消，因此，与合同备案的相关约定亦不再有适用意义。

3. 必须招标项目，其中标合同是否绝对不能补充修改？

《招标投标法》第46条规定，招标人和中标人应按照招标文件和中标人的投标文件订立书面合同，不得再行订立背离合同实质性内容的其他协议（俗称"黑

---

① 《民法典》第793条：建设工程施工合同无效，但是建设工程经验收合格的，可以参照合同关于工程价款的约定折价补偿承包人。

建设工程施工合同无效，且建设工程经验收不合格的，按照以下情形处理：

（一）修复后的建设工程经验收合格的，发包人可以请求承包人承担修复费用；

（二）修复后的建设工程经验收不合格的，承包人无权请求参照合同关于工程价款的约定折价补偿。

发包人对因建设工程不合格造成的损失有过错的，应当承担相应的责任。

② 最高人民法院民事审判第一庭编：《民事审判指导与参考》（第51辑），人民法院出版社2012年版，第236—237页。

③ 《住房城乡建设部关于修改〈房屋建筑和市政基础设施工程施工招标投标管理办法〉的决定》，住房和城乡建设部令第43号。

合同"）。这是否表明中标合同绝对不能补充修改？

最高人民法院对此持否定观点。（2021）最高法民申2202号判决中，招标人和中标人签署《补充协议》对中标合同中履约担保条款进行修改补充。最高人民法院认为，该合同不属于招标人和中标人再行订立背离合同实质性内容的其他协议的情形，认定合同有效。类似的，（2020）最高法民申6502号判决认为，适用《解释二》第10条（同《建设工程司法解释（一）》第22条）规定的前提是另行订立的合同涉及"工程范围、建设工期、工程质量、工程价款等"实质性内容，且与中标合同不一致。而该案中《补充协议》是对不能按时拨付工程款以及垫资的约定，对中标合同所约定的工程款支付时间节点并未变更，合同价款也未发生改变，不涉及对其实质性内容的改变，因而效力不受影响。（2020）最高法民终903号亦同。

此外，最高人民法院民一庭在《新建设工程施工合同司法解释（一）理解与适用》（《新建工释义》）一书中谈及"黑合同"与合同变更关系时认为，由于建设工程履约期限长、变化大，因此发包方和承包方因客观情形变化对中标合同进行补充、变更是正常和普遍的，但这种补充或变更协议不应与中标合同同时签订，或在未发生难以预见变化时签订；同时不应构成对中标合同实质性内容的违反或背离。①

4. 中标合同有效，但存在其他合同，是否都以中标合同为准？

如前所述，根据《建设工程司法解释（一）》第2条和《招标投标法》第46条，招标人和中标人不得另行签订涉及工程范围、建设工期、工程质量、工程价款等实质性内容的合同，若该等合同与中标合同不一致，以中标合同为准。除了上述列举的实质性内容外，建工合同还有诸多其他约定，是否都以中标合同为准呢？

最高人民法院在（2019）最高法民终1996号判决中认为，在建工合同有效的情况下，对于建工合同的工程范围、建设工期、工程质量、工程价款等实质性内容，应当以招标文件、投标文件、中标通知书为准。对于非实质性内容，以当事人的真实意思表示为准。

该裁判规则与上述裁判规则本质上是一致的，即《建设工程司法解释（一）》和《招标投标法》仅对合同中可能影响招投标程序公平性的实质性内容进行规范，对于合同中的非实质性内容，则以当事人意思自治为准。因此中标合同可以对非实质性内容进行补充和修订。

---

① 最高人民法院民事审判第一庭编：《最高人民法院新建设工程施工合同司法解释（一）理解与适用》，人民法院出版社2021年版，第37页。

综上可知，对于必须招标项目，一旦存在违法招投标的行为导致中标无效的情形，无论是标前合同、中标合同、标后合同，大概率会被认定为无效。但对于中标有效且存在多份合同的情形，原则上应当以中标合同为准，其中的非实质性内容，允许当事人意思自治。

（二）非必须招标项目

随着改革的深入，非必须招标项目的占比将会越来越高，因此实践中该类项目的法律风险如何？相关方如何规避此类风险？也愈发重要。

1. 非必须招标项目是否适用《招标投标法》？

是否适用《招标投标法》是判断非必须招标项目合同效力的前提条件。实务中，部分当事人存在违法招投标的行为，而以案涉项目属于非必须招标项目为由，主张不适用《招标投标法》，对此最高人民法院的态度如何？

最高人民法院对于该问题的观点较为统一：采用招投标程序的非必须招标项目，存在违反《招标投标法》强制性规定的，中标合同一般被认定为无效。如（2019）最高法民终1925号判决书认为，即便对于非必须招标项目，如当事人自愿选择通过招投标程序订立合同，也应当受《招标投标法》的约束。（2020）最高法民终744号判决亦持相同观点。此外，最高人民法院在《新建工释义》一书中也有类似表述。

自愿选择招投标程序的非必须招标项目（"自愿招标项目"）虽然同样适用《招标投标法》，但其在备案要求、招标范围、招标方式、审核标准、评标程序和法理责任方面的规定与必须招标的项目并不相同。因而对于自愿招标项目如何适用《招标投标法》以及违法招投标对合同效力的影响程度如何，实践中存在不同理解。

2. 自愿招标项目存在"先定后招""串通投标"等违法招投标行为，是否导致所有合同均无效？

如前所述，对于必须招标项目，"先定后招"或"串通投标"将导致中标无效，进而导致所有实质性合同均无效，但非实质性合同和清理结算合同除外。但是，对于自愿招标项目，存在违法招投标行为是否将导致所有合同无效？存在不同观点。

观点一：自愿招标项目，存在"先定后招"等违法招投标行为，只要合同（除中标合同外）是双方当事人真实意思表示则有效。（"肯定说"）

肯定说认为，对于自愿招标项目，招标人在招标之前即已经同某一投标人签订好的合同（除中标合同外）并不当然无效，因为其并未违反法律法规的强制性规定，只要系当事人的真实意思表示，就应当认定有效，无论是标前合同或标后合同。对于自愿招标项目而言，招投标只是一个形式程序，招投标无效的法律后果应视为自始未进行招投标，仅中标合同无效，并不影响当事人签订的其他合同的效力。

对于自愿招标项目的标前合同，（2019）最高法民终314号判决认为，案涉双方在签订施工合同之前，签订《框架协议》对工程事项进行约定，并约定该项目采取邀标方式招标，建设单位承诺采取适当措施保证施工单位中标，存在《招投标法》第43条规定的情形。《招标投标法》是规范建筑市场招投标活动的具有公法性质的一部法律，目的是通过规范建筑项目的招投标活动，进而保护国家利益和社会利益及公共安全。因案涉工程并非必须进行招标的项目，而该法第55条关于因招标人和投标人就实质性内容进行谈判导致中标无效的规定是针对"依法必须进行招标的项目"。因此，本案不属于因违反《解释一》第1条第3项（同《建设工程司法解释（一）》第1条第3项）规定而应认定无效的情形。《框架协议》、中标合同系双方真实意思表示，不存在法律规定的其他无效情形，应认定有效。

对于自愿招标项目的标后合同，（2020）最高法民终1156号判决中，发包人与承包人在招标前后签订了4份合同，分别是2014年12月的《施工协议》（标前合同）、2015年1月和2015年6月的《施工合同》（中标合同）及《施工补充合同》、2015年9月的《施工补充协议》。承包方主张，《施工合同》是为应对行政部门监管要求，并非当事人的真实意思表示，属于无效合同。发包方主张，《施工补充协议》因与中标的《施工合同》存在实质性内容不一致，《施工补充协议》系无效协议。最高法审理后认为，案涉项目不属于必须招标项目。对建设单位与施工单位在招投标程序之后签订合同的行为，应视为对合同内容的变更，在无证据证明《施工合同》《施工补充协议》存在违反法律强制性规定，损害国家、社会公共利益和第三人合法权益的情况下，不应认定合同无效。因此，案涉4份合同均系双方当事人自愿签订，为当事人的真实意思表示，未违反法律、行政法规的强制性规定，均有效。

本文检索自《民法典》实施以来最高人民法院的相关判例，所有判例（共8份，详见附表1）均持该观点，且上述判例的审判法官分布于最高人民法院现任民一庭至民四庭审判员中。由此可推定，肯定说大概率为最高人民法院的主流观点。通过分析上述8份判例可知，最高人民法院认定自愿招标项目中体现双方真实意思表示的合同有效，主要包括以下几种情况：（1）自愿招标项目，标前合同是双方真实意思表示，招标行为是虚假意思表示，因此中标合同无效，而标前合同作为被虚假意思表示所隐藏的民事法律行为，其效力需要根据相关法律规定进行判断，而非直接认定无效；（2）自愿招标项目，存在违反《招标投标法》相关规定的行为仅导致中标合同无效，但标前行为系双方真实意思表示并已履行，内容未违反法律、行政法规的效力性强制性规定，有效；（3）招标人或投标人恶意主张合同无效，企图逃避义务、免除责任，不予支持。

观点二：自愿招标项目，违反《招标投标法》相关规定，所有合同无效。（"否定说"）

《民法典》实施前，最高人民法院出现过少数否定说观点。（2019）最高法民申4527号判决认为，《招标投标法》第2条规定："在中华人民共和国境内进行招标投标活动，适用本法。"这里的招投标并没有限制只有必须招投标的活动才适用《招标投标法》，而应该理解为所有招投标活动都适用。只要当事人采取了招投标形式，就涉及当事人之外的外部第三人的利益保护问题，因为招投标相当于招标人在向社会上的不特定社会公众发出了要约邀请或者要约。本来不涉及社会公众利益的事情，由于采取了招投标方式而具有了社会公众利益，第三人对于招投标就有了一定的信赖利益，应对社会公众利益和该第三人的信赖利益予以保护。因此，应将违反招投标程序所签订的合同认定为无效合同。

本文检索自《民法典》实施以来最高人民法院的相关判例，暂未检索到"否定说"观点的判例。有分析文章认为最高人民法院持"否定说"观点①，其论据均出自上述（2019）最高法民申4527号判决，但对最高人民法院前后裁判观点不一致的原因，则语焉不详。

究其根本，笔者认为，观点一和观点二存在冲突的原因在于，二者对于自愿招标项目如何适用《招标投标法》的理解不一。首先，虽然《招标投标法》第43条规定，不得在标前进行实质性谈判；第55条规定，必须招标项目在标前进行实质性谈判影响中标的，中标无效，但对于自愿招标项目是否适用第55条存在争议。其次，即便适用上述第55条，由于是否招标对于自愿招标项目而言并非必备要件，因此，中标无效是否导致其他合同无效存在争议。再次，当事人选择招投标程序是虚假意思表示，由于虚假意思表示对应的民事法律关系无效，即该项目并非属于"当事人自主选择招投标程序的非必须招投标项目"，在此情形下，是否应当受《招标投标法》约束，存在争议。最后，观点一更倾向于保护当事人之间的真实意思和交易安全，观点二更倾向于保护不特定第三方的信赖利益。简而言

---

① 刘尊思等：《必须进行招投标的建设工程项目类型及招投标对合同效力的影响》，https://mp.weixin.qq.com/s?src=11&timestamp=1658306286&ver=3931&signature=sD3o5CtS2hoTD*hRFm*gUAL*WlqyegRcjFUl34KoA*eXMLkYMGbsKFlA5xdWmE1uibxDw2JOS*tc6HHgPE0bz94GxGDqfXwOIJPZGlQZXAP8Bu90s5DPWHxJJJ7L9bMX&new=1，最后访问时间：2021年8月16日。

之,出现差异的原因是对合同"违法性"和意思表示、交易安全、第三人信赖利益等不同法益的考量。

关于背后的法理,笔者认为可从以下3个方面进行分析:

首先,关于合同违法性,可借鉴韩世远教授在《合同法总论》中关于合同违反法律、行政法规强制性规定的"规范目的与解释适用"论述:"应当明确,违法性并不必然导致合同无效。法院应当结合规范目的,以决定相关法律规范是否想要使私法上的行为归于无效。""在合同是否因违法禁止规定而无效时,一个重要的参考因素是,为了达到禁止规定所追究的目的,是否有必要使该合同无效。这样,禁止规定的规范目的便是问题的关键。如果单纯地通过对一方当事人作出处罚(比如罚款),即可以实现该规范目的,那么就没有必要非得让合同无效,这对于保护合同相对人、保护交易的安全无疑是有好处的。""合同既可解释为有效又可解释为无效的,应当优先选择使合同有效的解释,称为'使合同有效的规则',这是由罗马法确立的规则,后世法律对此多有遵循。我国合同法也应确立此一规则。"①

具体到前述两种观点,结合上述"规范目的与解释适用"的判断方法,持观点一的判例中,多次出现"内容未违反法律、行政法规的效力性强制性规定""不涉及国家利益或社会公共利益"等表述,可见,对于自愿招标项目采用观点一并非没有前提条件。自愿招标项目在不适用《招标投标法》的情形下,对于国家利益、社会公共利益尚且没有损害,因此如果建设单位、施工单位虚假选择招投标程序未损害参与投标的第三方的利益(如第三方配合投标),则无论建设单位、施工单位是否存在违法招投标行为,均不违背《招标投标法》"保护国家利益、社会公共利益和招投标活动当事人的合法权益"的立法目的。更进一步来讲,由于"合同具有违法性是导致无效的重要事由",② 因此,在不损害国家利益、社会公共利益和第三人利益的前提下,自愿招标项目是否存在违法性存在争议,此时适用观点一具有合理性。

其次,关于不同法益的考量,最高人民法院在《民法典总则编理解与适用》中指出,对于如何准确适用违反效力性强制性规定,在确定是否存在强制性规定、考察规范对象的基础上,还应当进行法益衡量。具体而言,在初步认定合同无效或有效后,还要根据法益衡量说进行检测校正,最终确定合同效力。对于因内容

---

① 韩世远:《合同法总论》(第三版),法律出版社2011年版,第168—181页;耿林:《强制规范与合同效力:以合同法第52条第5项为中心》,中国民主法制出版社2009年版;黄忠:《违法合同效力论》,法律出版社2010年版。

② 最高人民法院民事审判第一庭编:《最高人民法院新建设工程施工合同司法解释(一)理解与适用》,人民法院出版社2021年版,第16页。

违法而原则上认定无效的行为，要通过法益衡量考察其是否存在影响合同效力的情形，包括以下几个方面：（1）权衡相互冲突的法益，即考察所要保护的法益是否超过合同自由这一法益；（2）考察违法行为的法律后果，如果合同认定无效，对受害人的保护反而不利，则不能认定合同无效，要兼顾考虑其他因素，如行政处罚对于遏制违法行为是否已经足够；（3）考察是否涉及交易安全保护问题；（4）考察合同是否已经履行，如果不是严重的瑕疵，则在合同已经履行的情况下，也要考量履行的要素，在一定情况下承认合同有效，否则会极大地浪费社会成本。[①]

具体来说，笔者认为，观点一对于上述违反效力性强制性规定适用规则的把握更为准确。首先，持观点一的判例在判断合同效力前，多是先行考量是否损害国家利益或社会公共利益，并以"不损害"为前提认定合同有效；其次，部分判例存在当事人恶意抗辩的情形（下文详述），如果认定合同无效，将不利于保护守约方的利益；其三，持观点一的判例多次提及"保护交易、诚实信用"等内容，是对交易安全保护因素的考量；最后，由于建工合同具有履行期限长、成本高等特点，因此对于合同无效导致社会成本增加的考虑应更为谨慎。

最后，关于观点二适用的特殊性，持观点二的判例认为，"只要当事人采取了招投标形式，就涉及当事人之外的外部第三人的利益保护问题，因为招投标相当于招标人在向社会上的不特定社会公众发出了要约邀请或者要约。"但实践中，如果存在"先定后招"或"串通投标"情形，通常不存在损害第三人的利益。若采用邀请招标，当事人通常在招标前已与邀标对象提前沟通，邀标对象亦同意配合；若采用公开招标，建设单位通常会对投标要求设置特定条件，以确保"先定"的施工单位中标。因此，观点二的裁判规则在适用上具有一定的特殊性。

综上分析可以推定，观点一和观点二并非完全对立，二者的区别主要在于对合同"违法性"和意思表示、交易安全、第三人信赖利益等不同法益的考量标准不一致。在满足不损害国家利益、社会公共利益和第三人利益的前提下，适用观点一更有利于保护当事人的意思表示、交易安全，节约社会成本；若"不损害"前提不满足，适用观点二则具备合理性。

（三）跨阶段项目

如前所述，由于《项目新规》的实施，导致实务中出现大量"跨阶段项目"，即在《原规定》下属必须招标项目，在《项目新规》实施后被归为非必须招标项目。跨阶段项目是适用《原规定》还是适用《项目新规》，对认定合同效力存在

[①] 最高人民法院民法典贯彻实施工作领导小组：《中华人民共和国民法典总则编理解与适用》，人民法院出版社2020年版，第757—760页。

较大影响。如部分跨阶段项目存在违法招投标的行为，按照《原规定》认定建工合同无效，但在《项目新规》下合同效力认定结果可能发生变化。因此，跨阶段项目如何适用上述招投标制度系司法审理中关注的首要问题。

观点一：非必须招标工程不涉及国家利益或社会公共利益，适用《项目新规》更符合双方签订合同时的本意，亦有利于维护交易的稳定，认定合同有效。

本文检索自《民法典》实施以来最高人民法院的相关判例，共14份判决（详见附表2）持该观点，且上述判例的审判法官同样分布于最高法现任民一庭至民四庭审判员中。通过分析上述14份判例可知，最高人民法院认定跨阶段项目适用《项目新规》，进而认定非招标项目的建工合同有效，主要基于4个方面理由：（1）参照最高人民法院《关于适用〈合同法〉若干问题的解释（一）》第3条之规定，"人民法院确认合同效力时，对合同法实施以前成立的合同，适用当时的法律合同无效而适用合同法合同有效的，则适用合同法"，因而应适用《项目新规》；（2）根据《必须招标的工程项目规定》所确立的"确有必要、严格限定"原则，对于必须招标项目的认定范围应当尽可能缩限；（3）适用《项目新规》认定合同有效，更有利于维护诚实信用原则、保护市场交易稳定；（4）适用《项目新规》更符合双方签订合同时的本意。

观点二：根据"法不溯及既往"原则，《项目新规》只能适用于其颁布生效以后新签订的建工合同，不能适用于其颁布生效以前已签署的建工合同。

如上所述，观点一支持非必须招标项目适用《项目新规》，但并不意味着非必须招标项目在所有情况下都适用新规。本文检索自2019年12月以来最高法的相关判例，共6份判决（详见附表3）持该观点。而且通过分析发现，上述持观点二的6份判决存在共同特征，即案涉工程已不再处于施工状况，或已由生效判决认定适用《原规定》。

观点三：虚假意思表示导致中标无效，不再审查跨阶段项目所适用的招投标制度。

值得注意的是，（2021）最高法民申1506号判决中，再审申请人主张："2014年6月涉案工程系必须招标项目，但在起诉时已不是必须招标项目。原审判决将其作为必须招标项目对待，适用法律错误。"最高人民法院在审理时认定："涉案合同当事人在招标前已就工程范围、工程价款等实质内容达成合意并开始实际履行，所谓招标不仅徒具形式而且实质违反招投标法的相关规定。原审法院由此认定双方之间签订的建设工程施工合同无效，并无不当。"可见，在判定合同是否有效时，最高人民法院重点关注当事人之间是否具备真实意思表示。该案的三位审判法官在（2021）最高法民申3933号判决中采用的裁判规则亦保持了一致。

综上，除观点三未明确回答审查跨阶段项目所适用的招投标制度外，观点一和观点二分别支持跨阶段项目适用《项目新规》或适用《原规定》。进而有部分文章认为，观点一与观点二相互矛盾，可见最高人民法院对于该问题未有定论。

为什么会出现这种看似矛盾、实则统一的情形？笔者认为有以下几方面原因：

首先，正如古罗马法律格言所说："法律仅仅适用于将来，没有溯及力。"一般而言，为人们所熟悉的规则是"法不溯及既往"，但是，"法不溯及既往"不是一项绝对的法律原则。根据《立法法》第104条规定，"法律、行政法规、地方性法规、自治条例和单行条例、规章不溯及既往，但为了更好地保护公民、法人和其他组织的权利和利益而作的特别规定除外"。可知，不溯及既往之外还可适用"有利溯及"规则。例如，最高人民法院《关于适用〈民法典〉时间效力的若干规定》第二部分规定了一系列"溯及适用的具体规定"。具体到上述情形，持观点一的14份判例其共同特点均体现了"有利溯及"规则，即有利于维护交易的稳定；而持观点二的6份判例中，则不存在"有利溯及"的情形。相反，部分当事人试图通过适用《项目新规》逃避义务、免除责任，甚至以此为由申请对已生效判决进行再审，企图"翻案"。这显然与最高人民法院《关于适用〈民法典〉时间效力的若干规定》第5条"民法典施行前已经终审的案件，当事人申请再审或者按照审判监督程序决定再审的，不适用民法典的规定"背道而驰。因此，上述两种观点看似对立、实则统一，是"法不溯及既往"原则和"有利溯及"规则的具体体现。

其次，如前所述，合同具有违法性是导致无效的重要事由。从合同违反法律、行政法规强制性规定的"规范目的与解释适用"的角度看，《项目新规》实施后，原先违法招投标的行为已不再属于违法行为，认定合同无效违法性的基础不存在了，由此认定合同有效，更符合《项目新规》颁布的目的。

最后，持观点二的6份判决中部分当事人试图通过适用《项目新规》逃避义务、免除责任，系典型的"恶意抗辩"行为。所谓恶意抗辩，是指一方当事人违反诚实信用原则，单独实施或与对方当事人共同实施了某种违法行为后，一旦客观情况出现了对其不利的变化，该当事人便主动以其行为违法为由，要求确认合同无效。① 对于主动承认自己违法、要求认定自己行为无效的做法是否应当在法律上予以肯定？王利明教授在《合同法研究（第一卷）》中认为，违法行为人自己主动提出无效已经构成恶意抗辩，违法行为人的恶意抗辩不能成立，该合同应当认定为有效，否则等于纵容了违法行为人实施违法行为，违背了合同无效制度设

---

① 崔建远：《合同法》，法律出版社2000年版，第100页。

立的目的和宗旨。①

最高人民法院对《建设工程司法解释（一）》进行释义时的阐述亦表明相同立场："如果当事人根据意思自治成立的合同，仅因违反了法律法规的强制性规定就均被认定为无效，那么这类强制性法律法规便有可能成为当事人背信弃义的借口，在客观上助长了以故意违法逃避合同义务的恶意行为，不仅是对违法行为的纵容，更是从根本上违反了契约自由的精神。"②

判例中亦有相似观点，（2019）最高法民申6836号判决认为，鸿昌公司作为案涉工程的发包人主导了案涉合同的签订以及案涉工程的招投标活动，其作为房地产开发企业，应当清楚建设工程施工及招投标活动中的相关规定；在案涉工程已经实际交付使用的情况下，鸿昌公司又主张合同违法无效，意图减少工程款的支付，有违诚信。由此可见，禁止恶意抗辩的规则系最高法的主流观点。

综上所述，对于跨阶段的非必须招标工程，最高法更倾向于认为其不涉及国家利益或社会公共利益，适用《项目新规》更符合双方签订合同时的本意，亦有利于维护交易的稳定，进而认定合同有效。

四、结论与建议

综上，对建工合同法律效力的认定，法律适用上应当兼顾《民法典》合同法律制度和《建筑法》《招标投标法》《城乡规划法》等民法、经济法体系的法律规定。具体就招投标制度而言，在考量招投标制度对建工合同效力的影响时，除相关司法解释外，还应当关注《招标投标法》《招标投标法实施条例》《必须招标的工程项目规定》等行政法规，重点关注可能导致合同无效的效力性强制性规定。

当前招投标市场，特别是工程建设招投标领域，存在诸多问题，违法招投标的行为时有发生，且情况各异，然《建设工程司法解释（一）》规范的情形有限。因此实务中，在工程项目出现违法招投标行为的情况下，如何认定建工合同的效力，存在诸多争议。通过梳理《民法典》实施后最高人民法院公布的相关判例，本文总结了以下裁判规律：

对于必须招标项目：首先，必须招标项目应当严格适用《招标投标法》，若存在"先定后招""串通投标"等违法行为，将导致中标无效。一般情况下，中标无效将导致建设单位和施工单位签订的所有合同均无效，但当事人之间签署的非实质性合同和清理结算合同不因此无效。即便清理结算条款有效，也并不意味着

---

① 王利明：《合同法研究（第一卷）》，中国人民大学出版社2011年版，第640—642页。
② 最高人民法院民事审判第一庭编：《最高人民法院新建设工程施工合同司法解释（一）理解与适用》，人民法院出版社2021年版，第14页。

承包人能直接据此主张折价补偿的权利。若工程质量合格，则适用《建设工程司法解释（一）》第24条；若工程质量不合格，则折价补偿与否需要根据《民法典》第793条的规定视情况而定。

其次，根据《建设工程司法解释（一）》第2条，当事人签订的建工合同与中标合同不一致的，以中标合同为准。但是，若当事人在中标合同中约定"本合同仅作备案作用，不作为施工结算的依据"，该等约定因违反《招标投标法》而无效，但不影响中标合同作为案涉工程的结算依据。此外，建工合同强制备案制度已取消，因此，与合同备案相关约定亦不再有适用意义。

再次，根据《招标投标法》第46条，招标人和中标人应按照招标文件和中标人的投标文件订立书面合同，不得再行订立背离合同实质性内容的其他协议。这并不意味着必须招标项目的中标合同绝对不能补充修改，当事人在履行合同过程中对中标合同进行的不改变合同实质性内容、不会影响中标结果的补充和修订，可能有效。

最后，在存在其他合同的情况下，中标合同并非始终都是首要参照标准。对于建工合同的非实质性内容，更多地以当事人意思自治为准。

对于非必须招标项目：首先，非必须招标项目同样应当适用《招标投标法》，但如何适用《招标投标法》以及违法招投标行为对该类项目合同效力的影响如何，实践中存在不同理解。

其次，与必须招标项目不同，自愿招标项目，存在"先定后招""串通投标"等违法招投标行为，并非直接导致所有合同均无效。最高人民法院在认定合同无效时，通常对合同"违法性"和意思表示、交易安全、第三人信赖利益等不同法益进行综合考量，在满足不损害国家利益、社会公共利益和第三人利益的前提下，通常会认定合同有效，以保护当事人的意思表示、交易安全，节约社会成本；若"不损害"前提不满足，则可能会认定合同无效。

对于跨阶段项目：基于"确有必要、严格限定"的确定必须招标项目范围的原则，国务院颁布了《项目新规》。因此，最高人民法院更倾向于认为跨阶段项目不涉及国家利益或社会公共利益，适用《项目新规》更符合双方签订合同时的本意，亦有利于维护交易的稳定，进而认定合同有效。但对于当事人恶意诉讼、已竣工或审结的项目，最高人民法院仍然适用"法不溯及既往"的规则。

综上，在分析工程款债权的法律风险时，不仅应当关注一般债权的真实性、合法性、有效性、洁净性外，还应当关注建设法规对于建工合同的特殊规定。就招投标制度而言，在判定建工合同效力时，应当重点关注以下方面：

首先，应关注项目是否属于必须招标的范围，由于不同类型的项目对于《招标投标法》的适用规则不同，最高人民法院对合同效力认定的裁判规则也不同，

特殊机会投资之道 2

因此应当结合项目竣工情况、施工时间综合评价其是否属于必须招标项目。

其次,应当关注当事人招投标过程是否合法,是否存在《招标投标法》中 6 种效力性强制性规定规范的情形。具体而言:(1)在招标阶段,主要关注是否存在排斥、限制潜在投标人、化整为零规避招标、"先定后招"、标前实质性谈判等问题;(2)投标阶段,主要关注是否存在以他人名义投标骗取中标和串通投标,包括招标人与投标人串通投标和投标人之间相互串通投标的常见类型①;(3)开标、评标、定标阶段,主要关注开标、评标、定标的时间、地点和过程是否符合规定;(4)合同订立阶段,主要关注是否存在多份建工合同。

再次,若在当事人之间存在多份建工合同,应当结合项目类型、合同内容、履行情况以及能够佐证当事人真实意思表示的其他材料,分析每份合同的效力和适用的优先顺序,综合判断标的债权的情况。

最后,由于清理结算条款具备独立性,为避免原债权人和原债务人因存在违法招投标行为导致标的债权全部或部分不真实、不成立或灭失,应当重点关注建工合同的清理结算条款,以备不时之需。

附表 1　非招标项目合同效力最高法判例集合

时间	案号	裁判要旨
2021.06	(2021)最高法民申 3933 号	涉案项目招标之前,招标人已与投标人签订标前合同,投标人也已进场施工并完成了过半工程量,双方之间实际履行的系标前合同,且双方所签订的标前合同与中标合同在工程价款、建设工期、工程质量等方面均存在实质差异。中标合同虽在相关部门进行了备案,**但并非双方当事人真实意思表示**。而对于标前合同以及补充协议,**作为被虚假意思表示所隐藏的民事法律行为,其效力需要根据相关法律规定进行判断**。因涉案项目并非必须招投标的工程项目,未有证据证明投标人在签订标前合同时知晓涉案工程将履行招投标程序,因此,标前合同以及补充协议系双方当事人真实意思表示应为有效。
2021.03	(2021)最高法民申 272 号	关于标前合同,案涉工程系商品住宅性质,不涉及国家利益或社会公共利益,有效。关于中标合同,虽然形式上履行了法定招投标程序,但施工单位在此之前已进场施工并已完成工程主体部分,**案涉工程明显属于先定后招的情形,违反《招标投标法》的强制性规定,且系双方虚假意思表示**,原审认定中标合同无效具有事实和法律依据。

---

① 《招标投标法实施条例》第 39、40、41 条。

(续表)

时间	案号	裁判要旨
2021.02	（2019）最高法民终314号	案涉双方在签订施工合同之前，签订《框架协议》对工程范围、取费标准以及履约保证金、垫子施工等进行了约定，并约定该项目采取邀标方式招标，建设单位承诺采取适当措施保证施工单位中标，存在《招标投标法》第43条固定的情形。招投标法是规范建筑市场招投标活动的具有公法性质的一部法律，目的是通过规范建筑项目的招投标活动，进而保护国家利益和社会利益及公共安全。如上所述，案涉工程并非必须进行招标的项目，而《招标投标法》第55条关于因招标人和投标人就实质性内容进行谈判导致中标无效的规定是针对"依法必须进行招标的项目"。本案不属于因违反建设工程司法解释第一条第三项规定而应认定无效的情形。《框架协议》、施工合同系双方真实意思表示，施工合同关于工程范围、建设工期、工程质量、工程价款等内容与招投标文件基本一致，也不存在法律规定的其他无效情形，应认定施工合同有效。
2020.12	（2020）最高法民申5439号	投标人与招标人串通投标，中标合同无效，但《补充协议》**系双方真实意思表示并已履行，内容未违反法律、行政法规的效力性强制性规定**，有效。
2020.12	（2020）最高法民终1156号	案涉项目不属于必须招标项目。对建设单位与施工单位在招投标程序之后签订合同的行为，应视为对合同内容的变更，在无证据证明《施工合同》《施工补充协议》存在违反法律强制性规定，损害国家、社会公共利益和第三人合法权益的情况下，不应认定合同无效。
2020.12	（2020）最高法民终781号	认可一审判决：存在串通投标行为，导致中标合同无效，《工程总承包施工合同》是双方当事人的真实意思表示，**本着鼓励交易原则**，有效。
2020.12	（2020）最高法民终534号	招标之前已经签订标前合同，**是双方真实意思表示，未违反相关法律规定**，一审法院认定其效力为有效，并无不当。对于招标人提出上述协议无效，担保人作出的担保意思表示亦无效的主张，本院亦不予支持。

特殊机会投资之道 2

(续表)

时间	案号	裁判要旨
2020.09	(2020)最高法民申 3231 号	二审法院认为：双方在招投标之前签订的 2009 年 3 月 6 日《建设工程施工合同》及《补充协议》有效，在招投标之后签订的 2009 年 5 月 19 日《建设工程施工合同》因违反《招标投标法》第 55 条无效。 最高法认为：建设单位对两份合同未予区分，笼统认为原判决认定《建设工程施工合同》有效与事实不符。**案涉工程不属于必须进行招投标的情形，建设单位主张双方存在事先串通招投标行为因而导致案涉 2009 年 3 月 6 日《建设工程施工合同》无效缺乏依据**。驳回建设单位再审申请。
2020.08	(2020)最高法民终 305 号	建设单位与施工单位所签订的标前合同是**双方当事人的真实意思表示，内容亦未违反法律、行政法规的强制性规定，合法有效**。
2020.05	(2020)最高法民申 1417 号	双方先签订框架协议，进场施工后又配合办理招标手续并签订《建设工程施工合同》。从政策变化、保护交易和诚实信用的角度看，原审判决关于案涉框架协议效力的认定具有合理性。

附表 2　支持适用《项目新规》的最高法判例集合

时间	案号	裁判要旨
2021.03	(2021)最高法民申 272 号	虽《07 施工协议》签订时，案涉工程属于强制招标工程范围，但案涉工程系商品住宅性质，**不涉及国家利益或社会公共利益**，原审根据 2018 年 3 月 27 日国家发展和改革委员会发布施行的《必须招标的工程项目规定》的精神，并**参照适用《最高人民法院关于适用〈中华人民共和国合同法〉若干问题的解释（一）》第三条之规定**，认定《07 施工协议》合法有效，并无明显不当。
2020.12	(2020)最高法民申 5439 号	因《必须招标的工程项目规定》第 4 条规定，不属于该规定第 2 条、第 3 条规定情形的关系社会公共利益、公众安全的项目，必须招标的具体范围由国家发展改革委会同国务院有关部门按照**确有必要、严格限定**的原则制订，报国务院批准。《必须招标的基础设施和公用事业项目范围规定》，进一步明确必须招标的具体范围不包括商品住宅。故原判决认定案涉项目现已不属于必须招标的工程项目，且标前合同系双方真实意思表示并已履行，内容未违反法律、行政法规的效力性强制性规定，并无不当。

(续表)

时间	案号	裁判要旨
2020.12	（2020）最高法民终903号	根据2018年6月施行的《必须招标的工程项目规定》《必须招标的基础设施和公用事业项目范围规定》的规定，案涉工程为商品房住宅项目，**不属于必须招标的工程项目。**《补充协议》载明，案涉工程由于建设单位的原因未能正常开工，双方共同约定就原合同条款进行调整，因而形成此份《补充协议》。**建设单位与施工单位并不存在通过《补充协议》规避法律、行政法规强制性规定的故意。**一审法院以《补充协议》作为认定双方权利义务的根据，并无不当。
2020.12	（2020）最高法民终781号	一审法院认定：建设单位和施工单位签订的《工程总承包施工合同》是双方当事人的真实意思表示，依据《必须招标的工程项目规定》所确立的精神，案涉项目并非国有资金投资，不属于必须进行招投标的范围。虽然案涉《工程总承包施工合同》签订于上述规定颁布之前，没有经过招投标，但**本着鼓励交易原则，应以上述新规定作为合同是否违反法律及行政法规强制性规定的依据。**故案涉的《工程总承包施工合同》应依法认定为有效。最高法认可一审判决，驳回上诉。
2020.12	（2020）最高法民终744号	2018年6月施行的《必须招标的基础设施和公用事业项目范围规定》第2条规定，不属于《必须招标的工程项目规定》第2条、第3条规定情形的大型基础设施、公用事业等关系社会公共利益、公众安全的项目，必须招标的具体范围包括：……按照上述规定，**案涉工程不再属于必须招标的工程项目。但由于建设单位依据《招标投标法》的规定采取邀请招标的方式，**故仍应当依照该法的规定进行招投标活动。
2020.11	（2020）最高法民再320号	尽管国家发展计划委员会2000年5月1日颁布实施的《工程建设项目招标范围和规模标准规定》中，将商品住宅列为关系社会利益、公众安全的公用事业项目，即规定商品住宅属于必须进行招标的项目，但国家发展和改革委员会2018年3月27日发布的《必须招标的工程项目规定》施行后，《工程建设项目招标范围和规模标准规定》同时废止，民营企业投资建设的商品房住宅不属于必须招标的项目。因此富源公司主张案涉施工合同因违反《招标投标法》第3条规定而无效的理由不成立。

(续表)

时间	案号	裁判要旨
2020.11	（2020）最高法民终365号	虽然2000年5月1日国家发展计划委员会发布施行的《工程建设项目招标范围和规模标准规定》第3条规定，商品住宅属于关系社会公共利益、公众安全的公用事业项目的范围，是必须进行招标的工程建设项目，但国家发展和改革委员会于2018年3月27日公布、2018年6月1日起施行的《必须招标的工程项目规定》，以及2018年6月6日印发施行的《必须招标的基础设施和公用事业项目范围规定》**已对前述规定作出修改，商品住宅不再属于必须招标工程项目的范围。由于**案涉建设项目不再属于必须进行招标的项目。施工单位根据《招标投标法实施条例》第70条的规定主张合同无效，依据不足，本院不予支持。且至本案诉讼时，案涉建设工程已完成**99.3%以上的工作量，剩余工程未完工亦主要是施工单位违约所致**。从维护诚实信用原则、保护市场交易稳定出发，参照《最高人民法院关于适用〈中华人民共和国合同法〉若干问题的解释（一）》第3条的规定，建工合同应当认定有效。
2020.09	（2020）最高法民终846号	根据2000年5月1日施行的《工程建设项目招标范围和规模标准规定》（2018年6月1日废止）第3条第5项的规定，包括经济适用房在内的商品住宅属于必须进行招标的关系社会公共利益、公众安全的项目，但根据2018年6月1日施行的《必须招标的工程项目规定》及自2018年6月6日施行的《必须招标的基础设施和公用事业项目范围的规定》，**案涉工程不再属于必须招标的工程项目**。一审判决认定双方2012年12月自愿签订并已实际履行的建工合同有效，并无不当。
2020.09	（2020）最高法民终458号	依据国家发展和改革委员会印发的《必须招标的工程项目规定》第2条有关"对全部或者部分使用国有资金投资或者国家融资的项目"的规定以及该委印发的《必须招标的基础设施和公用事业项目范围规定》第2条有关必须进行招标的"大型基础设施、公用事业等关系社会公共利益、公众安全的项目"范围的具体规定，**案涉工程不属于必须进行招投标的工程**。建设单位将案涉工程直接发包给发包单位，并于2015年将案涉施工合同在建设管理部门进行备案。**备案合同与双方2012年签订的《施工总承包合同》及其他协议基本内容一致。双方签订的《施工总承包合同》、补充协议及相关文件不违反法律、行政法规的强制性规定，亦不存在其他合同无效的情形，均为有效**。

(续表)

时间	案号	裁判要旨
2020.08	（2020）最高法民终305号	根据2018年3月27日国家发展和改革委员会公布的《必须招标的工程项目规定》以及2018年6月6日发布的《必须招标的基础设施和公用事业项目范围规定》，已不再将民营投资的商品住宅项目列入必须强制招标的范围。本案建设单位与施工单位签订《6.24补充协议》时未经过招投标，根据当时的相关法律规定，双方所签订的《6.24补充协议》无效，但现行新法对工程建设项目的招投标范围进行了调整。调整后，民营资本投资的商品住宅项目已不列入必须招投标的范围，此时**适用新法更符合双方签订合同时的本意，亦有利于维护交易的稳定**，故双方所签订的合同应认定合法有效。
2020.06	（2019）最高法民申6836号	根据国家发展和改革委员会经国务院批准分别于2018年6月1日、6月6日施行的《必须招标的工程项目规定》《必须招标的基础设施和公用事业项目范围规定》，案涉工程在一审过程中已不属于《招标投标法》第3条规定的必须进行招标的建设项目。一、二审判决基于本案实际情况，未支持建设单位关于案涉合同无效的主张，并无明显不当。
2020.06	（2020）最高法民申311号	与2000年《工程建设项目招标范围和规模标准规定》相比，《必须招标的工程项目规定》大幅限缩了必须招标工程的范围，将原规定中民间资本投资较多的商品住宅项目、科教文卫体和旅游项目等从必须招标的工程项目范围中删除。一审法院于2018年9月27日立案审理本案，二审法院根据该规定认定案涉工程属于前述商品住宅项目，不属于必须招标的工程，并无不当。
2020.05	（2020）最高法民申1417号	再审申请人主张：二审法院以2018年6月6日施行的《必须招标的基础设施和公用事业项目范围规定》中未包含商品住宅楼，适用《最高人民法院关于适用若干问题的解释（一）》第4条规定，认定双方签订的框架协议为有效协议，是错误的。 最高法认定：**从政策变化、保护交易和诚实信用的角度看**，原审判决关于案涉框架协议效力的认定具有合理性。再审申请人关于案涉框架协议无效的再审申请理由不能成立。
2020.03	（2019）最高法民终1668号	与2000年《工程建设项目招标范围和规模标准规定》相比，《必须招标的工程项目规定》大幅限缩了必须招标工程的范围，将原规定中民间资本投资较多的商品住宅项目、科教文卫体和旅游项目等从必须招标的工程项目范围中删除。本案中，案涉工程属于民间资本投资的商品住宅项目，**不属于必须招标的工程**，故建设单位和施工单位签订的《建设工程施工补充协议》是双方真实意思表示，内容不违反法律和行政法规的强制性规定，合法有效。

附表3　不支持适用《项目新规》的最高法判例集合

时间	案号	裁判要旨
2020.12	（2020）最高法民终425号	**诉争工程于2012年10月27日开工、2015年6月12日竣工，并经竣工验收合格**。根据《工程建设项目招标范围和规模标准规定》（2000年5月1日国家发展计划委员会令第3号）第3条规定，商品住宅系关系社会公共利益、公众安全的公用事业项目，属于必须招标的工程范围。因此，本案诉争工程项目的施工必须进行招标。
2020.11	（2020）最高法民申1670号	**再审申请人认为**：案涉《建设工程施工合同》《补充协议书》及2011年11月28日双方当事人签订的《黄冈寺安置一地块补充协议》均为有效合同。案涉项目虽包含住宅楼、幼儿园和地下室，但根据2018年6月6日生效的国家发展改革委《必须招标的基础设施和公用事业项目范围规定》（发改法规〔2018〕843号）第2条的规定，案涉工程已不属于必须招标的基础设施和公用事业项目范围，不是必须进行招投标的项目。《工程建设项目招标范围和规模标准规定》已于2018年6月1日被废止。二审法院适用了该规定第3条认定案涉合同无效，是错误的。 最高法认为，**在案涉工程建设期间**，国家发展计划委员会于2000年5月1日发布的《工程建设项目招标范围和规模标准规定》**仍为有效**。该规定第3条明确，科技、教育、文化等项目以及商品住宅，包括经济适用住房属于关系社会公共利益、公众安全的公用事业项目。而根据《招标投标法》第3条规定，大型基础设施、公用事业等关系社会公共利益、公众安全的项目属于必须招标的项目。
2020.10	（2020）最高法民申4877号	申请再审人认为：国家发展改革委于2018年6月6日印发的《必须招标的基础设施和公用事业项目范围规定》规定，环保项目已不再要求必须招标。 最高法认为：**施工单位于2009年与建设单位签订案涉《建设工程施工合同》，并于2011年7月将案涉工程交付使用**。案涉造纸工程项目在其生产经营过程中可能会对环境造成严重污染，属于当时国家计划发展委员会颁布的《工程建设项目招标范围和规模标准规定》第2条规定的关系到社会公共利益、公众安全的项目，属于《招标投标法》第3条第1项规定的必须强制招投标的项目。

(续表)

时间	案号	裁判要旨
2020.06	（2020）最高法民申1644号	二审法院认为：施工单位曾于2015年3月16日向一审法院另案起诉建设单位，一审法院于2015年9月10日作出**（2015）淮中民初字第00071号民事判决，确认双方签订的备案合同及《建设工程施工合同》均属无效**，该判决现已发生法律效力。最高法认为：案涉工程项目主要为商品住宅，工程施工合同签订于2013年，依照合同签订时有效施行的法律法规，案涉工程应依法履行招标投标程序。
2020.03	（2019）最高法民终1925号	《工程建设项目招标范围和规模标准规定》虽已于2018年废止，2018年6月1日生效实施的《必须招标的工程项目规定》也大幅限缩了大型基础设施、公用事业等关系社会公共利益、公众安全项目的范围。**但涉案四份《建设工程施工合同》签订于2013年至2015年**，广西一建公司依据上述合同所实施的施工行为在2017年1月也已经停止，涉案工程施工期限早于《必须招标的工程项目规定》颁布实施日，一审法院依据行为时的相关法律规定认定涉案工程属于必须进行招标的项目并无不当，本院予以维持。
2019.12	（2019）最高法民终442号	本案中，案涉系列合同及补充协议签订时间均在2012年12月至2013年10月份期间，**案涉工程在2012年至2015年期间进行施工作业，纠纷的发生亦是在2015年**。因此，本案应当适用修订前的《招标投标法》第3条和2000年4月4日经国务院批准的《工程建设项目招标范围和规模标准规定》对案涉工程是否属于必须招投标项目进行认定。

| 二 |

破产法律实务

金融资产管理公司投资破产重整企业法律实践研究

姜 晨

在深化供给侧结构性改革，坚持"三去一降一补"，优化存量资产配置的政策背景下，市场迎来行业结构的大幅度调整。此轮市场变革，不仅促使不良资产供给量大幅提升，为 AMC 不良资产主业带来新机会，同时也随之产生了行业并购与产业投资的新机遇。新时期的不良资产业务的魅力，表现在专注行业结构调整的机遇，投资危机企业，并发挥各方力量危机企业绝地重生，一方面能够实现丰厚的资本回报，另一方面为优化社会资源配置贡献积极的社会力量。

四大 AMC 作为不良资产行业的主力军，经过近二十年的发展，逐渐转型为多元化的金融控股集团，不良资产运作的丰厚经验转化为良好的资本配置能力和资源调配能力。充分发挥 AMC 不良资产业务专长，投资危机企业，助其化解风险谋求新生，正是 AMC 值得探索并形成长效发展机制之道。

破产重整作为危机企业救助的途径之一，在实践中被广泛采用。本文从 AMC 投资不良资产为切入点，借助破产重整投资并帮助危机企业获得重生为角度，研究破产重整的参与主体与运作流程中的法律实践要素，探索 AMC 参与破产重整的途径，为不良资产增值运作发展之道提供参考借鉴。

一、破产重整概述

（一）破产重整的定义

破产重整是指专门针对可能或已经具备破产原因但又有维持价值和再生希望的企业，经由各方利害关系人的申请，在法院的主持和利害关系人的参与下，进行业务上的重组和债务调整，以帮助债务人摆脱财务困境、恢复营业能力的法律制度。[①] 相比于破产清算和破产和解，破产重整制度对于社会而言是一种更为积极

---

① 施天涛：《商法学》，法律出版社 2010 年版，第 734 页。

的风险化解方式。尽管破产重整制度在我国立法中出现较晚,但却因其实践意义获得较大的关注。尤其在"三去一降一补"的政策指导下,最高人民法院反复提出要通过加强破产重整制度建设以保障供给侧结构性改革。因此,破产重整是一种既符合政策导向,又颇具社会意义的特定程序。

(二)破产重整的优势

AMC投资危机企业,增值运作不良资产,一般可以采取两个途径,一是破产重整程序,二是一般重组程序。破产重整相较于一般的重组程序,尤其在上市公司破产重整实践案例中均展现出明显的优势。

(1)破产重整借助司法保障能够提升成功率。一方面,一般的重组程序需要各方当事人达成合意,但破产重整并不需要全部利害关系人同意,债权人会议的表决制度和法院强制批准制度让破产重整更适合于债权债务复杂、利害关系人众多的企业。另一方面,重整计划经过法院批准后即有司法强制力作为保障,在重整计划不能执行会导致破产的威慑力下,各方当事人配合程度较高。

(2)破产重整能够有效清理企业历史债务。一方面,在债权申报环节,企业的绝大部分隐藏债务都能一并厘清,避免外部复杂的债务关系影响企业经营预期。另一方面,即使未能通过申报程序出现的隐藏债务,在重整计划执行完毕后主张债权,仅能按照重整计划的比例受偿,风险很大程度得到控制。

(3)破产重整能够保全公司资产改善经营条件。在重整程序中,企业的债务停止计息、财产提供的担保物权暂停行使,对于未履行完毕的合同管理人有权解除或继续履行,这些保障为企业继续经营创造了良好的条件,有效防范了多方当事人利益纠葛对公司经营造成的影响。

(三)破产重整的风险和成本

尽管破产重整有其不可替代的优势,但实践中破产重整相较于一般重组仍存在无法避免的风险和成本。

(1)破产重整是不可逆的程序。在启动了破产重整程序后,无论是重整不成功或是重整计划不能执行,根据法律规定企业将不可避免地宣告破产,因此重整程序的启动应在科学合理的方案设计和充分的准备后进行。

(2)破产重整是资本实力和资源调配能力的体现。一方面,重整程序的运作需要大量资本投入帮助企业清理旧的负担,开展新的经营。另一方面,重整程序的参与主体繁多,需要强大的资源调配能力和沟通协调能力。这都是对重整方的考验。

二、破产重整的参与主体

破产重整是一场企业救助的博弈,是多个破产程序参与方利益的平衡与角逐。

在破产重整的全流程中，主要涉及重整企业、债权人、股东、管理人、法院、新投资人等多方主体，重整程序中主要涉及的参与主体情况如图1所示。AMC参与破产重整，从存量和增量的角度考虑主要扮演债权人和投资人两个角色，本文也将从上述角度展开论述。

由于充分协调各方主体是决定重整能否获得成功的关键，下面详细阐述各参与方在重整程序中的地位和权利义务。

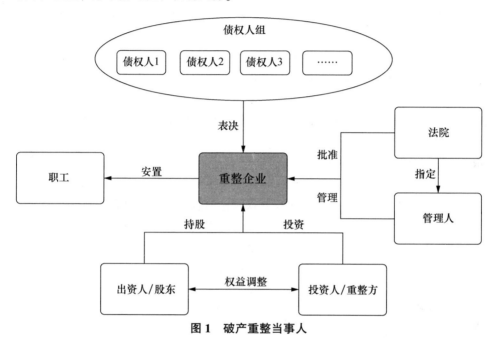

图1　破产重整当事人

（一）重整企业（债务人）

重整企业作为危机企业，是破产重整程序中的核心。从AMC投资重整企业的角度而言，无论是从已收购的不良资产中开拓重整机遇，还是在发现了投资机会后主动构架重整方案，对于一次成功的投资而言，准确选择被投资企业十分重要。纵观最高人民法院"全国企业破产重整案件信息网"的经典案例以及市场上的实践情况，重整企业主要有以下几方面特点。(1) 具有保留价值的资源，如上市公司的壳资源。投资人希望通过破产重整实现借壳上市，企业原本的资产并非主要目的，颇有"买椟还珠"之特色，因此企业的经营能力和发展前景也并非重点考虑因素。(2) 企业具有可持续经营的能力，陷入困境是短期财务危机或暂时性困难导致。投资人希望真正盘活企业资产，促使企业恢复正常经营水平，获得长久发展收益。(3) 企业主营业务符合投资人产业并购需求，行业龙头借破产重整对企业核心资产进行并购，与自身产业实现协同发展。实践中以上三类特点可能同时作为投资人的决策因素共同存在。

（二）债权人

债权人是重整程序中重要的利益群体，其所对应的是重整企业所负债务，既是破产原因又是重整程序首要解决的问题，各国破产法的立法目标中最重要的就是为了维护债权人的利益。债权人在重整流程中有着举足轻重的作用，重整计划首先要经债权人会议表决通过，尽管法院可以强制批准重整计划，但亦建立在债权人利益能够得到充分保障的前提下。因此，做好债权人的协调工作是破产重整的成败关键。

值得注意的是，在破产重整程序中债权人的权利也受到了一定程度的限制。一是参与破产重整计划表决的债权人必须依法申报债权，未按时申报债权应按照重整计划中同类债权受偿。二是与破产清算不同，由于担保财产对于重整企业恢复经营有重要作用，在重整期间享有优先受偿权的担保债权人也不可以实现其担保权利。

（三）出资人（股东）

与债权人相比，出资人的权利在破产程序中受到了较大的限制，重整方案也往往需要原出资人向新出资人让渡部分权利作为投资回报。然而相比于破产清算程序，破产法在破产重整程序中赋予出资人一定权利。一是在重整计划的制定阶段，由于出资人是破产企业现阶段的实际控制人，对于重整计划的制定有一定程度的话语权和控制力。二是破产重整往往涉及新投资人的引入，重整方案会改变破产企业的股权架构，对于出资人权益影响较大，在涉及调整出资人权益的情形下，法律赋予了出资人对重整计划参与表决的权利。

（四）管理人

管理人是由法院指定的全面负责破产企业的主体，实践中以律师事务所居多。管理人在破产重整程序中的职责主要分为两个阶段。一是在重整计划批准前，管理人负责破产企业的整体运营管理，包括但不限于组织申报债权、清理债权人资产、组织召开债权人会议、制定重整计划草案以及与法院沟通等一系列工作，全面接管了破产企业的经营运作。二是在重整计划批准后，进入重整计划执行阶段，根据我国《企业破产法》规定，由重整企业自行执行重整计划，管理人的职责转化为监督重整计划的执行情况。对于投资人而言，在重整计划批准前，管理人作为重整企业的主要运营方，重整方案的整体设计均应与其充分沟通，取得管理人的配合方能确保重整程序顺利推进。

（五）法院

法院在破产重整程序中发挥着以司法权保障重整法律行为稳定性的作用，同时具有破产重整程序中的最终决策权。根据我国《企业破产法》规定，破产受理法院为破产企业所在地基层人民法院。由于法院的最终决策权影响着破产重整的成败，在破产重整过程中主要有以下几方面值得关注：一是同意重整申请，法院重点审查破产重整企业是否具备法律规定的破产重整事由，破产重整申请人是否符合法律规定；二是确定破产管理人，由于管理人具有破产重整的主导权，选择一个合适的管理人有赖于法院的最终决策；三是对利害关系人的各类诉讼进行裁决，确保破产重整过程中各方利益的平衡；四是批准重整计划，准确协调各方的利益冲突，既可以最终批准债权人会议通过的重整计划草案，也可以在无法达成一致时从社会公共利益的角度直接批准重整计划；五是通过公权力的保护对于重整计划的执行情况、各方当事人的权利义务进行法律上的监督保护及责任追究。

（六）投资人

一般而言，成功的破产重整都需要追加新的投资人，投资人又分为战略性投资和财务性投资两类，其中战略性投资者作为盘活企业、帮助危机企业重生的重整主导方，一般称之为重整方。AMC参与破产重整的路径可作为投资人或者是债权人+投资人，同时也可以采取战略性投资或财务性投资，后文中将详细论述。在破产重整的债务清理、资产处置、对外融资、股权变动过程中，都需要投资人的参与，而不同的重整类型对于投资人的参与方式也有不同的要求，对于持续经营类破产重整，投资周期较长，为缓解企业压力，投资人需要注入大量资金，同时为了提高企业的持续经营能力，投资人可能还需要注入优质资产，因此此类投资人一般是行业的龙头企业或是上下游企业，谋求产业的协同发展。另一方面对于借壳上市的破产重整，一般通过股权方式进入重整企业，同时对重整企业的资产进行剥离，对于原有债务、职工等进行妥善安排。

（七）职工

在破产重整的流程中，并不必然涉及职工作为当事人，涉及职工的情形主要有两方面。一是职工债权的清偿，根据我国《企业破产法》规定，职工债权包括债务人所欠职工的工资和医疗、伤残补助、抚恤费用，所欠的应当划入职工个人账户的基本养老保险、基本医疗费用等社会保险费用，以及法律、行政法规规定的应当支付给职工的补偿金。对于职工债权特殊性而言，一方面在清偿了破产费用和共益债务后，职工债权优先于其他债权受偿；另一方面职工债权无需申报，由管理人核实确定。如果重整企业并未欠付职工债权，则无需设立职工债权人组参与表决。二是职工安置问题。破产重整并不必然涉及职工安置问题，一般而言对于继续存续经营的企业，职工可维持其与企业的劳动关系。对于多数仅保留壳资源的非实质性重整，可能涉及职工的安置问题，按照我国《劳动合同法》等规定参照执行，实践中遇到的情形可能较为复杂。因此妥善处理职工问题对于重整程序的推进而言十分重要。

三、破产重整流程

《企业破产法》对于破产重整的流程有明确的规定。债权人或债务人提起破产重整申请、法院裁定破产重整、提交重整计划草案、债权人和出资人表决或法院裁定批准重整计划，重整计划执行。其中各个阶段参与主体、基本情况和法律效果由图2所示。

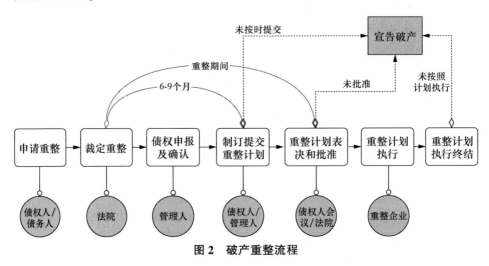

图2 破产重整流程

由于破产重整的流程较长，各个阶段均存在值得重点关注的问题和风险，下面将分别予以论述。

（一）启动重整程序

根据我国《企业破产法》规定，债权人和债务人均有提起破产重整的权利，区别在于债务人本身有两次提起破产重整的机会，一是在企业出现《企业破产法》规定的破产情形时即企业不能清偿到期债务，并且资产不足以清偿全部债务或者明显缺乏清偿能力或者有明显丧失清偿能力可能的可以主动申请破产重整，二是在债权人申请了破产清算，法院受理后、宣告破产前，债务人仍有机会提起破产重整申请。对于债权人而言，仅能在企业不能清偿到期债务时方可申请破产重整，并且企业不能清偿到期债务并非指企业未能按时清偿债权人单个债务的情形，而是一种丧失清偿能力的状态，因此债权人提起破产重整的条件较为苛刻。从实践角度考虑，破产重整耗时长、不确定性大，多数债权人更希望能够迅速清算获得受偿。从AMC以不良资产为切入点，作为债权人拟通过启动重整程序，进而主导破产重整以实现资产整体运作，在启动重整程序时即在一定程度上有赖于债务人的配合。

在向债务人住所地法院提出破产重整申请后，综合考虑各方因素法院可裁定受理破产重整申请，同时指定管理人。在法院受理破产重整申请后，对债务人的财产保全、诉讼、执行程序均中止，管理人开始接管公司。

法院在经过实质审查后可以裁定破产重整，企业进入了重整期间，在此期间对债权人和债务人有了新的约束。一是期间由管理人负责经营管理，但经债务人申请及法院批准，债务人可以自行管理经营。二是允许债务人对外借款并为之设定担保，尽管对于该担保权利的实现路径法律并无明确的规定，但特别明确了此类借款可以并定性为共益债务得到优先受偿。值得注意的是，如 AMC 计划在此阶段追加投资，应当取得法院对共益债务的认定。三是担保债权人不得行使担保物权，避免企业核心资产被处分影响企业重整。四是限制出资人（股东）的投资收益分配权，限制董监高对外转让股权。五是限制第三人在重整期间行使取回权，这与破产清算程序存在区别。

（二）债权申报及确认

1. 债权类型

重整企业的债权主要分为重整债权和共益债权两类，区别在于重整债权是既存债权，而共益债权是企业破产重整过程中发生的费用和债务。根据我国《企业破产法》规定，共益债权是优先于重整债权受偿的。重整债权又分为优先债权如职工、税收债权，担保债权即以破产企业特定财产提供担保的债权，以及一般债权。法院在受理破产申请后即确定了债权人申报债权的时间并且发布公告，在此期间债权人应按时申报债权。值得注意的是，对于未能按时申报债权，可以按照重整计划规定的同类债权的清偿条件主张权利。对于 AMC 投资破产重整企业而言，未申报的债权数额的大小是重整企业面临的未知风险，因此尽管存在债权申报制度，破产重整程序在一定程度上能够掌握企业对外负债的整体情况，但更为充分的尽职调查仍十分必要，以进一步控制未申报债权对重整企业未来经营带来的不确定风险。

2. 债权审查、核查、确认程序

对于依法申报的债权，成为重整债权需要经过以下流程。一是管理人初步审查，将申报债权根据担保债权、职工债权、税收债权、一般债权等不同类型登记造册，然后审查债权基本信息，编制债权表。二是债权表提交第一次债权人会议进行核查，所有依法申报的债权人都可以参与核查，通过相互质询和监督实现利益制衡。三是经过债权人会议核查，对于债权人会议和债务人均无异议的债权，法院以裁定的方式确认，对于存在异议的债权需另行诉讼。经过法院确定的债权金额和优先情形将作为重整程序中行使表决权的基础。

3. 债权异议程序

对于债权表上记载的债权,无论是债务人还是债权人有异议的,均可以向受理破产申请的法院提起诉讼。值得注意的是债权人不仅可以对自身债权提起诉讼,亦可以对债权表上其他债权提起诉讼,以保障自身债权占比,维护自身利益。

(三) 重整计划的制定及批准

所谓重整计划,是指以维持债务人继续营业、清理债务、谋求再生为内容的协议,实质是一份对重整程序中各方利害关系人具有约束力的合同。重整计划是重整程序中最重要的法律文件,其合理性和可行性对重整程序的有效推进至关重要,AMC 作为破产重整企业的投资人,重整计划是最核心的一份契约,决定了 AMC 的参与方式、收益途径,体现了各方当事人利益博弈的结果。

1. 制定重整计划

根据我国《企业破产法》规定,债务人自行管理财产和营业事务的由债务人制定重整计划;管理人负责重整企业运营的由管理人制定重整计划。但由于重整计划的制定需要充分考虑重整计划的通过效率和各方利益平衡,因此各方当事人均有一定程度的话语权。AMC 投资破产重整企业,应当视投资深入程度而决定重整计划制定方案的介入程度,充分保障自身在重整计划制定过程中的决策权利十分重要。

2. 重整计划的主要内容

重整计划是多方利益的平衡,是企业绝地重生的根本遵循,由于涉及多方当事人,其内容主要包括以下几部分。一是重整企业的未来经营方案,其科学合理性是决定重整债权受偿能力的基础,涉及公司的分立合并新设及股权架构的变动、未来融资方案、经营管理调整方案、重大资产重组能内容,AMC 作为投资人主要的权利义务将体现在这部分。二是债权的分类和受偿方案。按照我国《企业破产法》规定将债权分类为担保债权、职工债权、税收债权、普通债权,同时针对各类债权,作出详细的调整和受偿方案。这部分内容是债权人会议尤为关心的内容,由于债权人会议对于重整计划的通过有决定性的影响,AMC 作为债权人应重点关注此部分内容中涉及自身受偿比例的内容,而作为投资人应充分发挥沟通协调能力,在降低重整企业负担的基础上提高重整计划的通过率。三是重整计划的执行期限。《企业破产法》中并未强制规定重整执行期限,在充分考虑债权人及其他当事人的利益的情况下在重整计划中明确即可,重整期限能否延长,如何延长等事项也可在重整计划中一并予以明确。AMC 在此部分应充分考虑未来可能存在的不确定风险,安排较为灵活的重整期限。

3. 重整计划的表决

依法申报的重整债权人对于重整计划享有表决权,出资人(股东)仅在重整计划涉及其权益调整时方享有表决权。重整计划的表决按照担保债权、职工债权、税收债权、普通债权等类型分组表决，涉及股东权益调整的可设立出资人组进行表决，必要时为了维护小额债权人利益，可设立小额债权组进行表决。出席债权人会议的同一表决组债权人过半数同意，并且债权额占该组债权总额三分之二即视为该组通过表决。各表决组均通过重整计划草案时，重整计划即为通过。

4. 重整计划的批准

法院裁定批准通过重整计划分为两种情形：一是经债权人会议表决通过的重整计划，法院经审查后可裁定通过；二是债权人会议两次未通过重整计划的，重整计划符合法律规定的条件的法院可以强行批准，主要条件为担保债权全额清偿，职工债权、税收债权全额清偿，普通债权清偿比例不低于清算清偿比例，出资人权益调整公平公正，不违反清算程序中的清偿顺序，经营方案具有可行性。重整计划经法院批准后即具有约束力，此时进入重整计划的执行阶段。

（四）重整计划的执行及终结

重整计划由债务人执行，并由管理人进行监督，如重整计划顺利执行完毕，即危机企业浴火重生。但是在重整计划执行过程中，往往会遇到较多的变数。在债务人不能执行或者不执行重整计划的情况下，人民法院经管理人或利害关系人请求，应裁定终止重整计划的执行，并宣告债务人破产。但是在此情形下，重整计划的部分执行应如何处理呢？根据《企业破产法》规定主要有以下处理原则：一是重整计划中的债权调整承诺失去效力；二是债权人因执行重整计划所获受偿仍然有效；三是债权未受清偿部分作为破产债权参与分配；四是为重整计划的执行提供的担保继续有效；五是中止的破产、和解、拍卖、执行程序均可恢复执行；六是重整企业在重整程序中的法律行为依然有效。AMC 在重整计划制定和执行过程中应充分关注上述原则，优先保障自有债权的同时推动重整计划的执行，将进入破产清算作为最坏的情形纳入风险考量。

（五）其他事项

除上述破产重整的程序环节外，在重整过程中还可能涉及职工安置问题、上市公司破产重整的特殊问题，由于上述事项均基于单个重整企业的特殊性而产生，实践中破产重整可能涉及的问题较多且复杂，囿于篇幅限制，暂不作为本文讨论范畴。

四、AMC 投资破产重整企业的路径探析

AMC 以投资不良资产业务为契机，通过参与破产重整实现对危机企业的投资，一方面能够从中获取高额回报，另一方面实现了化解金融风险的社会使命。AMC 参与破产重整的方式主要有以下类别。一是根据交易目的的不同，可以分为

特殊机会投资之道 2

以提供资金支持获取资金回报的财务性投资和以获得目标企业资产实施并自行运营实现长效收益的战略性投资。二是根据交易对手的不同,可以分为向重整企业提供资金支持和向重整方提供资金支持两类。三是根据投资方式的不同,可以分为债权类投资、股权类投资和资产类投资。实践中,AMC 参与投资破产重整企业投资的路径可以是上述各类不同形式的混合。

在破产重整的全流程中,AMC 可以在各个阶段参与投资,主要参与途径详见图 3。

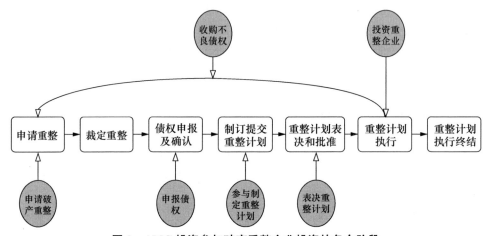

图 3　AMC 投资参与破产重整企业投资的各个阶段

下面根据不同的投资目的为,对 AMC 投资破产重整企业的交易架构和其中的核心关注点进行阐述。

(一)战略性投资

AMC 作为金融机构,一般以提供资金支持获取投资收益为主。但如果能够寻求契机,发掘能够实际控制持有并长期经营运作的破产重整企业,实际担任破产企业的重整方,一方面能够取得长期稳定的利润来源,另一方面能够扩大其产业版图。由于多数实体企业依赖于专业的经营管理技能,实践中 AMC 一般选取产业相互契合的企业,能够与集团旗下相关产业的子公司谋求协同发展。信达公司的嘉粤集团破产重整并购案例①即为此类战略性投资的经典案例,充分实现了房地产企业并购,与旗下信达地产协同发展的目标。对于此类投资模式,AMC 可重点对

---

① 信达地产股份有限公司 2014 年 6 月 6 日晚公布,公司与中国信达广东省分公司签署了关于嘉粤集团有限公司等 34 家公司破产重整涉及收购房地产项目及债务重组事项的《合作框架协议》,指定公司全资子公司广州信达置业投资有限公司以 22.57 亿元承债式收购嘉粤集团下属五家房地产公司的 100%股权。

以下几个阶段予以关注。

1. 债务清理

由于获得并经营重整企业是最终目的,因此企业的对外负债将影响后续经营,因此 AMC 应以成本测算为基础,充分考虑旧债务的清理问题。实践中可以采取的债务清理方式包括收购债权、代为清偿,融资清偿、提供担保等,其法律关系如图 4 所示。

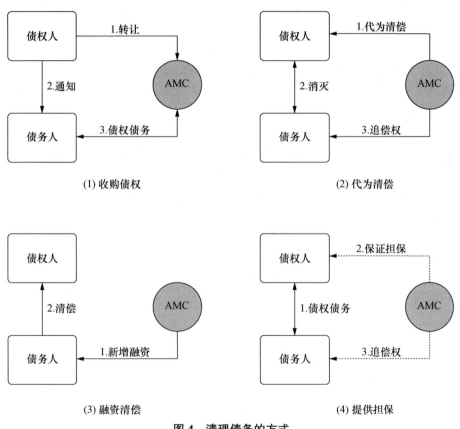

图 4　清理债务的方式

(1) 收购债权。债权收购是 AMC 在不良资产业务中常用的交易模式,其优势在于保持原有债权债务关系的稳定性,债权项下的担保权利可直接承继。但在战略性投资中,收购债权的主要目的并非直接通过债权获得资金回报,而是在于推动企业重整。在实际控制企业的基础上,相较于财务性投资担保权利的重要性不大,并且企业极有可能需要释放担保物用于实际经营,是否采取收购债权的方式清理企业债务可结合实际需求决定。实践中,AMC 在重整开始前或重整期间均可实施债权收购，甚至可将债权收购安排在重组计划中予以执行。值得注意的是由于推动企业成功重整才是最终目的，收购债权的总量占比、单个定价等因素均应结合重整计划表决通过率、债权受偿比例、债权人沟通配合程度等因素综合考量。

（2）代为清偿。代为清偿的法律效果是原债权债务关系消灭，因代为清偿而产生的对债务人的新债权，原债权债务体系下的担保随之消灭，从法律关系上可知这是涉及三方主体的行为。由于我国法律中并未对代偿行为产生的法律效果作出明确规定，因此如采取代为清偿的方式，一方面建议取得债权人和债务人的书面同意，另一方面应对代为清偿后产生的新的追偿权做出安排。如不考虑担保的承继，通过代为清偿的方式清理旧债务亦未尝不可。

（3）融资清偿。AMC可通过给重整企业提供新的融资，由重整企业以融资款项清偿债务的方式清理旧债务，从法律关系而言仅涉及AMC和重整企业两方。融资清偿的优势有二，一是根据《企业破产法》规定，重整期间的新增融资经法院认定可作为共益债权，可相较于其他债权优先受偿；二是可在实际情况允许的前提下设定新的担保措施，避免了原债权债务关系中可能存在瑕疵影响债权收购或代为清偿的法律效力，新成立的债权债务关系较为洁净。值得注意的是，由于融资目的是用于清理既存债务，应对资金实际用途严加监管。由于重整企业的实际运营由管理人主导或监督，实践中应做好对管理人的充分协调。

（4）提供担保。重整方对原债权债务提供保证担保，也可作为清理债务的一种方式。采取提供担保的方式清理债务优势有二，一是如采取一般保证担保的方式，AMC对外仅承担补充责任，如债权人在重整计划执行中无法得到预期受偿，AMC可届时再行承担补充责任，无须提前投入资金；二是AMC在满足债权人的预期回收，大大提升重整计划的表决通过率。AMC作为资信较好的大型金融机构，对债权人提供保证担保多数可被接受，能够有效协调债权人表决通过重整计划，配合重整程序的推进。值得注意的是，AMC对外提供担保区别于一般的投资事项，应根据公司章程履行相应的内部决策流程。

2. 股权投资

以战略性投资目的，AMC作为投资人最终可自行或指定相关方通过获得股权控制重整企业，后续再进一步注入资产或与自身产业联动盘活重整企业。在破产重整程序中，主要表现为原出资人和投资人之间的权益调整。根据目前的实践情况，投资人获得重整企业股权的方式主要有股权转让、增资入股、债转股等方式。

（1）股权转让。原股东将重整企业股权直接转让给投资人是一种较为直接、简便的途径，一般主要有以下两种方式。一是协议转让，实践中表现为原股东在重整方案设计时调减自身权益，在管理人的统筹协调下将该部分股权有条件转让给重整方，作为重整方参与投资的基础，这是较为常见的一种方式。二是司法拍卖，实践中由于重整企业陷入困境，原股东一般作为担保人进入法院执行程序，重整企业股权可作为拍卖标的由法院进行强制拍卖，投资人可以直接参与竞拍获得股权，实践中存在部分案例采取此类交易模式。值得注意的是，司法拍卖遵循公开原则，投资人存在未能成功竞得的风险，AMC 如计划作为重整方参与投资，在实践中应充分协调各方，合理设置竞拍条件以降低上述风险。

（2）增资入股。投资人可采取增资入股的方式进入重整企业，投入资金进一步作为重整企业未来经营的资本。增资入股减少了原股东的股份占比，重整企业的后续运营有赖于新旧股东协力合作。实践中较为常见的是上市公司在重整程序中通过定向增发引入新的投资人，重整方通过该途径介入重整程序。

（3）债转股。如投资人同时作为重整企业的债权人，可以债权出资通过债转股成为重整企业的新股东，实践中多数重整方由债权人演变而来，债转股不失为一种便捷的途径。债转股主要存在以下优势，对于投资人而言，无需额外出资即可获取重整企业股权；对于重整企业而言，可清理部分存量债务，减轻经营成本。AMC 在多年不良资产业务中积累了丰富的债转股实践经验而言，在国家倡导市场化债转股的政策背景下，在重整程序中灵活运用债转股的方法是值得探索的路径之一。

3. 重点关注问题

由于战略性投资以获取长期投资收益为目标，短期资金回报并非关注重点，而如何协调多方主体的利益博弈，推进重整计划制定、批准和执行，实践中应重点关注对以下几方面：

（1）交易安排。投资人以获取股权收益为目的，清理存量债务只是一种方式，因此应当妥善安排交易模式。一是将清理重整企业债务的方案在重整计划中予以明确，并将取得重整企业股权作为清理债务的前提条件；二是应谨慎选择清理债务的方式，综合考虑重整企业资产及担保情况，结合上述论述谨慎选择一种或多种债务清理方式，以防范交易风险。

（2）重整计划批准。重整计划得以顺利执行的前提是取得债权人会议及其他当事人会议的同意，并最终获得法院的批准。因此在综合考虑交易安全和成本的基础上，收购部分债权以提高债权人会议表决通过的几率，对于重整计划得以顺利实施有重大意义。

（3）密切关注不确定因素。对于破产重整而言，债务情况、职工安置、税收因素均会对重整是否成功带来不确定因素。值得注意的是，未申报的债权在重整计划执行完毕后仍可按照重整计划中的受偿比例主张权利，对于战略性投资而言隐藏债务很可能影响成本测算和未来收益，因此即便法律设立了债权申报制度，充分考虑余债风险，对于隐藏债务的尽职调查仍十分重要。另一方面，职工是否得以妥善安置存在较大的社会影响，无形中对于破产重整程序产生阻碍，因此妥善协调职工安排有助于重整程序的顺利推进。

（二）财务性投资

AMC作为金融机构，提供资金支持并获取投资回报，获得财务性收益较为常见。其中债权类投资是主要模式，财务性股权投资一方面为了获取超额资金回报，另一方面是提升整体交易的控制力。对于股权投资和债权投资的具体形式，在战略性投资部分已具体阐述，此处不再赘述。而对于财务性投资而言，如何搭建资金融通的交易结构更为重要，因此本部分内容将主要从AMC可参与的财务性投资的模式展开论述。

1. 投资不良资产

以不良资产业务为契机参与破产重整，最简便的方式就是收购重整企业所负担的不良债权，尽管仅参与收购不良资产并未深度参与破产重整，但是重整程序中的不良资产收购仍有特别值得关注之处。

（1）是否申报债权。对于根据法律规定申报确认的债权，即可作为债权人会议的一方参与重整计划的表决。而未经申报的债权，并且重整计划已经法院审批通过，则仅能按照重整计划的同类债权受偿标准予以受偿。AMC在收购上述债权时应充分将受偿比例作为定价参考。

（2）担保物处分限制。与破产清算有所不同，由于担保物往往是重整企业恢复经营所需，因此根据《企业破产法》规定，以重整企业资产提供担保的债权人，不得执行担保物权，因此AMC在收购债权时应当将担保物无法处置变现作为前提予以参考。

（3）重整失败的风险。在重整计划未通过或重整计划未执行完毕时，重整企业将不得不进入破产清算程序，此时债权受偿比例丧失了协调空间，陷入被动境地。因此AMC在收购债权时应充分考虑破产清算的风险，避免在重整失败时受偿比例过低影响不良资产回收。

2. 为重整企业提供融资

为重整企业提供融资是一项风险较大的交易，主要有以下几方面原因：一是重整企业多已资不抵债，为重整企业新增融资风险较大；二是重整不成功进入破产清算程序，破产程序存在不可逆的风险，清算程序中受偿率较低，不可控因素过多；三是重整企业资产多已为既有债务提供担保，难以协调出新的担保物为新增融资提供保障。因此为重整企业提供融资应当以高额回报作为基础，并且应当与重整方充分协调沟通，为融资方案提供充足的保障措施。在交易结构设计时，应重点关注以下几方面：

（1）保障新增融资的优先性。如果没有新资金的投入，破产重整难以实现，无法实现债权认利益的最大化，为帮助重整企业吸引融资，各国法律都对于新增融资的优先性提供保障。在我国《企业破产法》中为企业重整提供的资金支持可被认定为共益债而优先受偿。而共益债的认定有赖于法院、管理人和债权人会议，因此为保障新增融资的优先性，在提供融资前应确保该笔融资被法院认定为破产企业的共益债务，并将公益债的清偿安排及转入清算程序后的优先性在重整计划中明确记载。

（2）提供担保。尽管对于重整企业而言，一般难以协调空闲资产为新增融资提供担保，但是为保障债权的安全性，寻找合适的担保措施十分重要。尤其根据《企业破产法》规定，"重整计划终止执行的，为重整计划的执行提供的担保继续有效"，对于投资人而言即使进入了清算程序，担保效力亦不受影响。实践中可以取得担保主要有以下几种方式：一是重整企业现存资产提供担保，基于实际情况可能性较低；二是新增融资部分用于既有债务的清理，在严格控制资金用途的基础上，优先清偿设定担保措施的债务，在原债务清偿后释放出的担保物可及时追加至新增融资项下；三是由重整方提供新的担保，由于资金为重整方推进重整进程提供大力支持，由重整方协调提供合适的担保措施无可厚非。

（3）协调重整方。在保障新增融资的优先和担保的基础上，如何确保债权得以受偿，对重整计划能够顺利执行尤为重要，其中重整方发挥了巨大的作用。因此，在融资方案设计过程中协调重整方，一方面掌握重整计划全貌及重整方后续资产注入的整体安排，有助于对未来受偿情况作出预判；另一方面在重整计划制定时充分参与，确保重整方案符合融资整体安排。

3. 为重整方提供融资

相比于为重整企业提供融资，为重整方提供融资则更具优势，一是重整方多为行业龙头企业，信用水平较高，融资安全性更有保障；二是重整程序顺利与否仅对还款来源产生影响，并不会对融资交易结构本身产生直接影响，法律稳定性较高；三是与普通的并购融资相类似，交易架构比较简单。但是由于破产重整的整体运营将会影响债务人的还款来源，实践中应重点关注以下方面：

（1）资金用途的控制。为重整方提供融资，一般用于重整方参与破产重整，为重整企业提供资金支持。尽管重整企业并非直接的还款来源，并且重整企业短时间内难以向重整方提供利润，但是重整失败将导致重整方本身的资金投入难以回收，进而产生经营风险，因此确保为重整方提供的融资顺利进入破产重整程序中，做好资金监控、避免资金挪用十分重要。

（2）追加担保措施。在一般的融资中，债务人或第三人提供的担保在依法设立后风险基本可控，但是在参与破产重整的过程中，重整方可以重整企业的股权或资产作为担保，因此应对以下几方面予以关注。一是在以重整企业股权提供担保的情形下，因重整企业恢复盈利周期较长，股权价值应审慎评估考量。二是在由重整企业提供保证担保的情形下，重整失败将导致该保证债权作为普通债权，受偿比例极低，风险应提前预判。三是重整企业对外提供担保，与一般企业经内部决策程序不同，应当经管理人同意，必要时需要经债权人会议同意。

五、结语

AMC 在回归不良资产主业的政策背景下，参与破产重整企业的救助，一方面实现 AMC 的社会责任和历史使命，同时为 AMC 不良资产业务增值运作提供了一条可行之路。充分了解各方当事人利益诉求并加以协调博弈，掌握破产重整流程中的核心风险因素，方可为 AMC 投资破产重整企业，开拓危机企业救助之路提供助力。

共益债融资中"超级优先权"的域外经验探寻

王 晨

企业作为法律拟制人,在其由生至死的生命历程中,破产重整制度可谓是企业最后的重生机会。如果将破产重整比作一次抢救,那么共益债融资就是抢救中关键的一剂良药。我国《企业破产法》《破产法司法解释(三)》共同构成了共益债的法律规范体系。在商业实践中,共益债投资人的核心关切就是其资金能否获得足够高的安全边界顺利退出,因此目前亟待法律予以回应的问题就是:共益债融资的性质如何界定?其优先性边界在哪里,能否突破现有法律规定的清偿顺位获得优先于破产费用甚至是有财产担保债权的超级优先权?由于我国法律尚未对共益债融资的超级优先权进行规定,所以本文将从比较法的角度探寻超级优先权的域外经验。本文将主要讨论以下问题:

(1)前置性讨论:破产重整中新增借款(共益债融资)的性质是如何认定的?清偿顺位为何?

(2)域外法关于共益债超级优先权的规定是什么?

(3)目前实践中关于共益债融资超级优先权安排的有限尝试。

一、破产重整中新增借款的共益债性质及清偿顺位

根据《破产法司法解释(三)》第2条,破产程序中的新增借款在满足:(1)主体要件:借款人为管理人或者自行管理的债务人;(2)目的要件:为债务人继续营业;(3)时间要件:破产申请受理后;(4)程序要件:经债权人会议决

议通过，或者一债会召开前经法院许可的条件下，即可参照《企业破产法》第42条[①]（共益债）第4项（为债务人继续营业而应支付的劳动报酬和社会保险费用以及由此产生的其他债务），优先于普通破产债权清偿。其仅表述为"参照"，并未明确该等借款是否属于共益债。因此实务中也有部分较为谨慎的观点，认为《破产法司法解释（三）》所述的新增借款只能称为"类共益债"或"视为共益债"，无法与《企业破产法》规定的法定共益债等同。就此争议，实践中一些法院通过复函、在重整计划进行确认等形式，以具体而明确的表述认定了新增借款属于共益债[②]。在此意义上，司法实践相较于法律规范向前多迈了一步。

《破产法司法解释（三）》第2条明确了新增借款劣后于有财产担保债权，优先于普通债权清偿。但根据《企业破产法》第43、113条，共益债及破产费用优先于职工债权、税款债权、普通债权，由债务人财产随时清偿随时产生，随时清偿。因此实务中也就新增借款能否优先于税款、职工债权清偿存在争议。笔者认为，从立法解释、体系解释、目的解释的角度而言，《破产法司法解释（三）》所述普通债权应当包含职工债权、税款债权，新增借款优先于税款、职工债权清偿为应有之义。若新增借款仅优先于普通债权人，则破产重整投资吸引力将大大削弱。在实践操作中，一些案例在重整计划中对新增借款优先于职工债权、税款债权、普通债权清偿的优先顺位进行了明确，进而以司法确认的形式规避了立法与司法解释表述上的差异。

二、共益债融资超级优先权的域外经验

上文已明确新增借款在满足特定条件下可以具备共益债属性并享有优先于职工债权、税款债权、普通债权的优先清偿顺位。但是由于破产重整中清偿率的有限性，实践中很多投资人担忧在资产价值有限且大多被设定担保权的情形下，即便有财产担保债权及破产费用的清偿都不甚乐观，出于风险考虑，对共益债投资的动力也不足。因此，共益债融资能否取得优先于有财产担保债权、破产费用清

[①] 《企业破产法》第42条：人民法院受理破产申请后发生的下列债务，为共益债务：
（一）因管理人或者债务人请求对方当事人履行双方均未履行完毕的合同所产生的债务；
（二）债务人财产受无因管理所产生的债务；
（三）因债务人不当得利所产生的债务；
（四）为债务人继续营业而应支付的劳动报酬和社会保险费用以及由此产生的其他债务；
（五）管理人或者相关人员执行职务致人损害所产生的债务；
（六）债务人财产致人损害所产生的债务。

[②] 如（2020）赣0402破1号复函：提供借款支持债务人复工复产的，将对债务人破产重整产生积极影响，故，管理人许可债务人对外借款，破产重整期间新增借款依法属于共益债务；其他案例如：（2020）豫0726破2号之一等。

偿顺位（又称"超级优先权"①）则成为很多共益债投资人的核心关切。超级优先权的设置可以大大提升破产企业的融资吸引力，进而促进企业盘活、再生。但根据《企业破产法》第 43 条，"债务人财产不足以清偿所有破产费用和共益债务的，先行清偿破产费用。债务人财产不足以清偿所有破产费用或者共益债务的，按照比例清偿"，《破产法司法解释（三）》第 2 条"但其主张优先于此前已就债务人特定财产享有担保的债权清偿的，人民法院不予支持"，因此在我国的立法层面，破产费用及有财产担保债权相较于共益债具有法定优先性，并无超级优先权的制度设计。但在国际上少数国家已有相关的制度设计和安排，存在相关可资借鉴的经验。

（一）美国：分级分类式超级优先权

在美国破产案件中，对于相关债权的清偿顺序，同样以别除权为基础，要求首先对有财产担保债权或信托受益人进行清偿，随后对十类无担保的优先债权按顺序清偿，其中在企业破产案件中，破产案件的管理费用享有第一顺位，无担保的普通债权的顺位列在最末。② 而关于共益债融资，美国类似的规定主要为《美国联邦破产法》第 364 条，即破产重整中的"融资与授信"（重整融资制度）。进入破产重整程序后，获得贷款及投资是债务人维持经营、改善经营状况的迫切需求，因此该条款主要根据获得贷款难度的差异及对债权人保护力度的不同，对四种类型贷款设置了三级的超级优先权，逐渐降低其投资风险，层层激励投资人，增强其投资信心。

1. 第三级：等同于管理费用的优先权③

根据《美国联邦破产法》，364（a）（b）两类贷款也可以拥有与管理费用同等清偿顺位，二者区别主要如下：364（a）为债务人常规经营范围内无担保贷款，该种贷款无需经过通知债权人、听审后由法院批准的法定程序即可享有与管理费用的清偿顺位。而 364（b）为债务人常规经营范围外无担保贷款，必须经通知债权人、听审后由法院批准才能获得优先权。因此一笔贷款是否有常规性决定了该笔贷款是当然获得与管理费用的同等清偿顺位还是需经过法定程序由法院批准。对于常规性的判断标准主要有横向尺度和纵向尺度两个标准，纵向尺度指这笔贷款是否符合贷款人的合理期待，即该类型交易是否是债权人可预见的；横向尺度

---

① 本文所述超级优先权主要系共益债融资取得优先于破产费用或有财产担保债权获得清偿的优先权。

② 〔美〕查尔斯·J. 泰步：《美国破产法新论（中）》（第三版），韩长印、何欢、王之洲等译，中国政法大学出版社 2017 年版，第 731 页。

③ 《美国联邦破产法》：364（a）—（b）。

指该笔交易在其他类似情况的企业是否具有普遍性。①

2. 第二级：优先于管理费用清偿的超级优先权

破产实践中，由于管理费用的全额清偿也并非易事，因此为了进一步强化投资人信心，364（c）规定了在债务人证明通过努力无法获得上述两种贷款的情形下，在经通知、听审后由法院批准该笔贷款可以优先于管理费用清偿，或采用以未设担保的财产或已设担保财产的剩余价值为贷款增设担保的形式进一步加强贷款安全性。在此情形下，债务人需承担较高的证明义务，其需证明：（1）其经过努力在仅提供364（a）（b）所规定的优先权的情形下仍然无法吸引投资人获得任何贷款；（2）该贷款对债务人经营及财产维护是必要的且合理的。②

3. 第一级：优先于有财产担保债权的头等优先权③

如果债务人通过赋予贷款上述三种优先权的承诺仍然无法获得任何贷款，则可以适用头等优先权条款364（d），在经过通知、听审后由法院批准赋予一笔贷款优先于有财产担保债权清偿的最优先顺位。对于头等优先权条款的适用，需要满足以下严苛的条件：（1）证明其通过足够的努力，在仅提供364（c）下优先权承诺的仍然无法获得任何贷款；（2）被降次的优先权债权人利益可以得到充分保护。对于"充分保护"，可以由以下两种路径实现：一是担保财产价值余额在清偿完毕头等优先权债权后仍然足以覆盖被降次的优先权；二是债务人证明有合理理由相信该笔贷款可以使担保财产价值增益，从而使头等优先权债权和被降次的优先权都能获得足额清偿。④

综上，美国共益债融资超级优先权设置共分为三个等级，优先等级次序越高，贷款获得的难度越大，债务人融资需求更加紧急，且获得条件及证明标准也逐渐升高。虽然美国关于超级优先权的规定具有较强超前性，甚至突破了别除权规则，但是其以通知、听审及法院批准的程序规则以及高标准的证明义务对超级优先权加以限制，在适用上依然十分谨慎。

---

① 〔美〕查尔斯·J. 泰步：《美国破产法新论（下）》（第三版），韩长印等译，中国政法大学出版社2017年版，第1173页。

② 〔美〕大卫·G. 爱泼斯坦、史蒂夫·H. 尼克勒斯、詹姆斯·J. 怀特：《美国破产法》，韩长印等译，中国政法大学出版社2003年版，第206页。

③ 《美国联邦破产法》：364（d）。

④ 〔美〕查尔斯·J. 泰步：《美国破产法新论（下）》（第三版），韩长印等译，中国政法大学出版社2017年版，第1177页。

表 1　美国共益债优先权分类表

优先等级	优先顺位	证明要求	是否需经法院批准
第三级	与管理费用同等顺位：364（a）（b）	维护破产财产所必需	364（a）：无需 364（b）：需要
第二级	优先于管理费用：364（c）	维护破产财产所必需+合理努力依然无法获得（a）（b）贷款	需要
第一级（头等优先）	优先于有财产担保债权：364（d）	维护破产财产所必需+合理努力依然无法获得（a）（b）（c）贷款+充分保护降位优先权人利益	需要

4. 上诉无意义规则：364（e）

《美国联邦破产法典》364（e）以"上诉无意义"规则来保护共益债融资超级优先权的稳定性和可预期性。根据该款规定，只要共益债投资人的投资行为是善意的，那么即便上诉审将融资授权裁定推翻或修改，也不会对融资债务、任何优先顺位或优先权的有效性产生影响。同时根据该规定，上诉无异议规则有两个例外：一是共益债投资人的行为是恶意的；二是融资授权裁定在上诉期间已被冻结。① 由此可以看出，美国破产法对于共益债融资的超级优先安排的稳定性具有一定的倾向保护意愿，也唯有此才能保障共益债投资人的合理信赖利益，增强其投资信心。

5. 美国超级优先权制度的"放与收"

美国破产法中分级式的超级优先权是目前国际上关于共益债融资制度具有突破性、创新性的制度设计，其视债务人获得贷款的难度，逐步赋予新增借款等同于破产费用、优先于破产费用甚至是优先于有财产担保债权的清偿顺位，这是基于盘活债务企业、激发商业活力之特定目的的重大突破，此为"放"。但需要注意的是，在超级优先权的具体适用情景上，美国却采用极其谨慎的态度，简而言之，不到万不得已、不是救助企业之必须、不是有利于债务人资产维护及其他债权人整体利益，就不轻易适用超级优先权，此为"收"。由上文可知，共益债融资超级优先权的获得至少需要满足以下标准：

（1）实质方面

共益性：证明共益债融资是为了维护债务人继续经营。对于头等优先权，还应满足不得损害被降次债权人利益的要求。

---

① 〔美〕查尔斯·J. 泰步：《美国破产法新论（下）》（第三版），韩长印等译，中国政法大学出版社 2017 年版，第 1179 页。

必要性：证明对于债务人财产维护是必要的。

紧迫性：证明经过足够努力，仍未获得任何贷款。

（2）程序方面

法院批准/认可：对于共益债融资超级优先权需要得到法院的确认、批准。

债权人知悉：法院在进行批准前，会通知债权人并进行听证程序，虽然债权人并不能直接决定超级优先权批准与否，但反映出法院认为与债权人的沟通是有必要的。

美国破产法在收放之间，既赋予了破产企业以相对灵活的融资手段，又通过设置严格的适用条件，防止超级优先权制度被滥用，损害其他债权人利益。

（二）韩国：有限的超级优先权

韩国在共益债融资超级优先权制度设计上部分承袭了美国的模式。《韩国破产法》第180条第7项规定，如果债务人的财产显然不足以支付优先债权的总额，则在属于第179（1）条第5款（破产费用）和第12款（共益债）的债权中，应优先偿还为维持债务人的经营而经法院许可借入的资金债权（共益债融资），无论法令规定的优先顺序如何，都应按照尚未偿还的金额按比例偿还。但这不得影响《担保法》中提及的任何留置权、质押、抵押、担保权、债权等以及优先债权的效力。①

因此，韩国的共益债融资超级优先权在满足程序要件（法院许可）、目的要件（为维持债务人的经营）的情形下，不仅可以优先于破产费用，而且在不同类型的共益债权中的也具有最优先性，但是未突破别除权规定，仍劣后于有财产担保债权。

（三）不同背景下关于超级优先权的不同选择

综上，国际上设置共益债融资超级优先权制度的国家相对较少，最典型的就是美国分级式的超级优先权，其次是韩国赋予共益债融资优先于破产费用的有限的超级优先权。其他国家如日本、德国关于共益债清偿顺序大致与我国相似，均未突破破产费用、有财产担保债权设置超级优先权制度。可以看出，因超级优先权之安排涉及多方主体的利益重新划分，利益平衡难度极大，同时该安排不仅会突破担保制度的基本法律基础并可能造成现有债权人权益受损，因此各国对于超级优先权制度的设置和适用整体上十分谨慎。

对于是否设置共益债融资超级优先权制度不同国家的不同选择反映出了其法律渊源、社会价值取向的差异。美国之所以在超级优先权制度上作出突破，主要

---

① 《韩国破产法》，Korea Law Translation Center，https://elaw.klri.re.kr/eng_service/main.do，2022年7月29日访问。

是因其作为判例法国家，司法以判例为主，制定法为辅。在此意义上，其可以较快地适应不断变化的社会、经济需求和新形势，且在裁判上具有一定的灵活性，因此对于突破性的制度设计可以通过判例进行调整、完善，因此也更容易被接受。但是如我国、德国、日本等成文法国家，在法律适用上以制定法为主，判例为辅，一旦将过度超前性、突破性的制度吸纳进立法，将产生普遍适用于司法实践的直接后果，其实践影响是巨大的。由于共益债融资超级优先权的实践需求本就具有一定的有限性，且其对担保制度的基础具有一定的颠覆性，因此在立法技术、实践基础尚不成熟的情形下，成文法国家对于过度超前或突破性的制度通常较为谨慎。

其次，美国共益债融资超级优先权制度具有一定的历史背景和社会基础。美国超级优先权的制度可追溯至19世纪的"接管人债权证书"制度。19世纪美国出现了企业重整浪潮，其中铁路企业重整影响最甚。在铁路企业破产案中由于抵押债券持有人对企业资产具有最优先受偿权，因此上游供货商作为一般债权人在受偿有限的情形下很可能断供，进而影响铁路企业的继续经营。为应对上述情形，法院创制了"接管人债权证书"制度，该制度赋予那些为了特殊目的而向重整债务人继续注入资金的投资人以特别优先权，帮助企业获得贷款、维持经营，这是基于"共益性"的突破。此种突破性的制度设计主要系源于19世纪联邦法院大力支持扩大州际贸易的价值取向，而铁路企业的稳定与发展对于州际贸易具有重要意义。① 在此之后，"接管人债权证书"制度的适用范围不断扩大，从铁路公司发展到所有公司。②

破产重整推进的核心是盘活企业、对不同主体的利益进行权衡。美国共益债融资的超级优先权制度，反映出美国在重整案中注重贸易交易、商事价值、经济效益的倾向性价值取向，也反映出其对于"共益性"的重视。但即便如此，美国在超级优先权的适用上依然是谨慎的。

三、我国实践中关于共益债融资超级优先权的有限尝试

如上一章节所述，比较法视野下少数国家已经赋予了共益债融资在一定条件下的法定超级优先权。回归国内视野，我国法律规范层面并未对共益债融资超级优先权作出规定，根据《企业破产法》及《破产法司法解释（三）》有财产担保债权及破产费用相较于共益债具有法定优先性。

---

① 〔美〕小戴维·A. 斯基尔：《债务的世界——美国破产法史》，赵炳昊译，中国法制出版社2010年版，第70—71页。
② 沈钛滔：《美国DIP融资制度史简论》，载《中国证券期货》2011年第4期。

特殊机会投资之道 2

但是实践中出于破产重整融资需要，在一些企业规模较小、债权人数量少的个案中，已经出现了一些超级优先权的安排，主要是基于债权人之间或管理人以承诺、协商一致的形式对优先性作出相应安排，赋予共益债融资以更优先的清偿顺位。如在一些小型房地产企业的破产重整案件，在没有补充资金注入的前提下，破产重整将陷入僵局，资产无法盘活，任何类型的债权人利益均无法得到保障。因此出于获得企业再生资源的需要，破产管理人、债务人甚至有财产担保债权人具有较强的动机向共益债投资人承诺认可共益债投资人的债权可以优先于破产费用或有财产担保债权清偿进而获得超级优先权，并在借款协议、法院复函、重整计划中予以明确。但是由于实践中通过谈判获得约定式超级优先权并非易事，因此退而求其次，部分共益债投资人选择对担保物价值超出现状价值的增益部分进行优先清偿。例如在 YH 破产重整案[1]中，在优先债权人不同意赋予共益债融资超级优先权的僵局下，投资人最终选择共益债在担保物销售收入与现状价值之间增值部分优先受偿。

不可否认，实践中关于共益债融资的超级优先权安排具有一定的现实需要，但碍于我国法律法规并未明确规定，上述安排仅限于个案，在商事实践中的适用也具有一定的特殊性和局限性，实践经验尚不成熟，且司法裁判对于该问题也尚未出现统一的、明确的态度，因此参考域外法对于超级优先权的谨慎态度，实践中在共益债超级优先权的适用上应当持谨慎的态度，充分关注超级优先权安排有效性和稳定性被颠覆的风险。

---

[1] 方达律师事务所公众号：《案件坚果丨上海首例共益债式破产重整案件，亮点还不止于此》，https://mp.weixin.qq.com/s/GIxYADieg-jJVqoYRX2BAA，2022 年 7 月 29 日访问。

上市公司破产重整业务发展趋势与重整投资的思考

刘利斐

一、概述

(一) 市场概况

1. 案件数量

以法院受理为标准①,2007 年至 2020 年,全国法院受理的上市公司重整案件合计为 76 个,平均每年约 5 个。其中,2012 年《关于审理上市公司破产重整案件工作座谈会纪要》(以下简称《万宁纪要》)出台后受理案件约 41 个②,2019—2020 年受理案件数量为 22 个,占 2012 年《万宁纪要》后案件比例过半。总体而言,上市公司破产重整案件个数不多、年度波动较大,2011—2018 年数量较 2007—2010 年下降明显,2019—2020 年又显著回升。具体变化趋势如下:

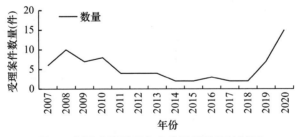

图 1 全国法院受理上市公司重整案统计图

---

① 2018 年 12 月前数据参考李曙光、郑志斌主编:《公司重整法律评论(第 5 卷):上市公司重整专辑》,法律出版社 2019 年版。2019 年和 2020 年参考申林平:《中国上市公司破产重整 2019/2020 年度报告及重整计划分析》。

② 包括 2012 年。

2. 案件用时

从上市公司破产重整案件用时角度分析，2012年《万宁纪要》出台后的平均申请受理时长约152天，受理至裁定破产重整计划的平均时长约132天，申请受理时长相比纪要出台前的约113天出现增长，裁定破产重整计划时长相比纪要出台前的约160天出现降低。

根据2018—2020年的数据分析，重整案件平均申请受理时长约196天，裁定破产重整计划平均时长约104天，总用时约300天。其中，受理用时较纪要出台后平均值出现上升，裁定破产重整计划时长则出现下降。

从历史数据可知，申请到受理用时波动较大，一些案件申请到受理时间很短（如新都酒店①仅用1天），一些案件耗时较长（如天翔环境为720天）。可见，部分项目申请前已经进行了相应流程的沟通和审批（包括利用预重整程序）。

此外，2018—2020年申请到受理平均用时上升可能有以下两个原因：一是前期申请项目积压较多，未获受理；二是规范流程后，部分项目申请前占用时间体现在申请后到受理的期间之中。

（二）上市公司破产重整特点

总体而言，上市公司破产重整相比一般重整项目具有以下特点：

1. 上市公司破产重整案件涉及利益相关方较多

上市公司作为公众公司一般经营规模较大，具有一定社会影响力，对其进行重整时往往涉及股东、债权人、重整投资人、地方政府、法院、证监会、交易所等相关主体关系的协调。而且即使是同一类主体也有不同的利益诉求。如：股东中分为控股股东、持股比例较高的股东、二级市场普通投资人；债权人既分为有财产担保的债权人、职工债权人、税款债权人、普通债权人，又可以分为金融机构债权人、经营性债权人、建设工程类债权人、民间借贷债权人等；重整投资人分为财务投资人、产业投资人、战略投资人和具有特殊政府背景的投资人等。

此外，如果该上市公司业务为制造业，涉及较多上下游企业，其可能因员工就业、社会维稳、上市公司主体资质稀缺、地方税收等因素受到当地政府较多关注，政府机关亦有动力推动破产重整进程。同时，证监会出于稳定市场等因素考量，也会控制上市公司重整的审批节奏。

2. 上市公司破产重整适用特别的法律规则

一方面，上市公司破产重整案件受理相较一般破产重整案件存在特别的前置程序。根据《万宁纪要》，法院受理上市公司破产重整申请前需要获得省级人民政府向证监会出具的支持函和证监会的复函，以及最高人民法院同意破产重整的

---

① 李曙光、郑志斌：《公司重整法律评论》，法律出版社2019年版，第26页。

复函。

另一方面，上市公司破产重整案件涉及较多特别规则，包括：重整申请项目的特殊材料（如维稳预案、职工安置方案），对应管辖法院，上市公司应遵循的包括再融资、重大资产重组、信息披露等规则，重整计划的特别行政许可程序①等。

3. 破产重整具备特别优势

相比一般企业的破产重整而言，上市公司破产重整具有以下优势：

（1）上市公司重整价值除其资产外还包括壳价值、声誉价值等由于其上市地位而具有的附属价值。

（2）由于上市公司的股权流动性较高，在采取资本公积金转增股本或债转股等重整手段时，对应的退出方案更加明确，债权人和重整投资人更为接受以此方式作为交易对价。

（3）上市公司具备较为完整的公开资料，有利于相关方对上市公司基本情况作出判断，减少重整过程中存在的信息不对称。

（4）债权人通过出资人权益调整的方式成为公司股东后，由于上市公司为公众公司，公司治理规则更加健全，有利于重整后股东通过治理程序影响公司后续经营。

（5）由于部分上市公司受地方政府重视，其更易获得税收减免等特殊政策的扶持。

二、上市公司破产重整的变化趋势

截至2018年12月，51家执行完毕重整计划的上市公司中，31家主营业务发生变更，54家重整企业中，32家涉及借壳。② 从过往上市公司重整数据分析，看中上市公司壳价值，希望通过重整方式实现资产上市的交易占比较高。且上述数据还未考虑*ST超日等主业未发生变更且未构成借壳，但实现重组资产注入的情况。因此，过往案例中计划利用上市公司壳价值实现资产注入的比例将更高。

但过去的路径正在悄然发生改变，随着科创板、创业板注册制试行的逐渐成熟，全市场注册制的稳步推进，未来上市公司破产重整预计将出现以下变化：

（一）壳价值在上市公司重整价值中权重出现下降

从注册制试点数据来看：创业板注册制实行以来，7—12月注册环节平均耗时介于8—71天之间，如不考虑前期速度较快的特殊情况，11月和12月分别的平均

---

① 如证监会并购重组专家咨询委员会的专家咨询意见。
② 参考李曙光、郑志斌主编：《公司重整法律评论（第5卷）：上市公司重整专辑》，法律出版社2019年版。

特殊机会投资之道 2

耗时约为 55 天和 71 天；科创板 7—12 月注册环节平均耗时介于 39—73 天之间，如不考虑前期速度较快的特殊情况，11 月和 12 月分别的平均耗时约为 64 天和 73 天。①

尽管注册时间出现延长，且部分企业经历 3—4 轮问询或等待天数已经超过 100 天，但相比于近年上市公司破产重整平均约 300 天的用时，具备注册制下上市条件的优质资产，从时间成本考虑，应当更加青睐于首次公开发行。同时，注册制的提速也将倒逼上市公司破产重整提高效率，保住部分壳价值，形成双向促进的结果。

由此我们也可以认为，在实现上市公司优胜劣汰的过程中，上市公司本身的资质将不再如此稀缺，"壳"在上市公司破产重整价值中的权重将出现下降，上市公司资产是否具备重整价值的考量将逐渐增多。

（二）上市公司退市数量的提升与常态化

2012 年起，历经多次退市规则的修改完善，尽管强调上市公司进退有序、优胜劣汰，但实际效果初期并不显著。但 2019—2020 年，上市公司退市数量显著增加，其中强制退市数量分别增加至 9 家和 16 家。具体变化趋势如下②：

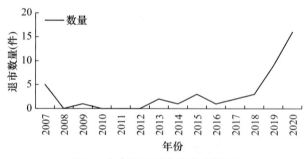

图 2　上市公司退市变化趋势图

受经济周期变化叠加注册制推行的影响，如果公司资产不具备重整条件，在其壳资源吸引力不足的情况下，投资人参与重整或债权人消减债务的意愿可能出现下降，导致未来一段时间上市公司主动或被动退市数量进一步增加。同时，随着退市机制的常态化，在消化完毕重整（退市）项目积压库存后，上市公司退市数量受经济周期、行业周期等市场因素的影响将更加显著，历史上出现的十余年

---

① 《IPO 变奏、注册制迎考》，第一财经资讯，https://mp.weixin.qq.com/s/rl.Jskwanj.3cuDjtnAH，最后访问时间 2021 年 1 月 4 日。

② 2017 年以前数据来源为李曙光、郑志斌主编：《上市公司退市风险处置》，法律出版社 2016 年版。2017—2018 年数据来源为"同花顺"，扣除吸收合并退市的上市公司。2019—2020 年仅统计强制退市数量。

单边上行的趋势将有所改变。

（三）地方政府和证监会在重整项目中扮演角色的变化

基于以上原因，上市公司退市常态化进程也将逐渐影响地方政府和证监会在上市公司破产重整程序中扮演的角色，上市公司破产重整前置审批程序也将发生演变。

当然，地方政府仍将在维稳、保障员工就业等方面发挥积极作用，在盘活地方上市公司作为重要税源等方面也具有较强动力，证监会和交易所也将在监督上市公司和保护投资者利益等方面持续有所作为，不过其权责、态度和方法将逐步变化，市场和法治将发挥更大作用。

此外，应当注意防止和惩罚在不具备破产重整原因、能够通过债务重组等方式解决流动性问题的情况下，借破产程序"逃废债"的行为，扭曲本应形成的向上力量。

三、参与上市公司破产重整应当注意的问题

上市公司破产重整和退市项目中蕴含着大量并购重组和不良资产的投资机遇，但因该类业务可能较为复杂且具有较强非标准化属性，在实际参与过程中应当动态分析并结合自身能力范围和优势逐步开展。具体来说，应当注意以下问题：

（一）识别各方交易目的，结合自身能力范围逐步开展

1. 识别项目主导方交易目的，理清投资思路

上市公司破产重整参与方较多，利益诉求不同，需要结合每个项目具体情况判断其主要交易目的。从参与方角度分析：有的项目存在战略投资人，其可能谋求控股地位（如*ST宝实），可能不希望持股比例过高（如*ST安通）；有的项目不存在重整投资人，强调通过改善公司债务结构和公司治理完成重整（如*ST天娱）。从重整方案的价值来源分析：有的项目更看中上市公司本身具备的壳价值或相应资质（如*ST超日），有的项目更关注公司资产本身或者有其特殊的利益考量（如盐湖股份）。从重整方案需要解决的问题角度分析：有的着重于债务消减和出资人权益调整（如盐湖股份），有的需要解决大股东占用上市公司资金和违规担保问题（如*ST安通）。

在理解每个项目主要交易目的情况下，投资人应逐步认清自己在整个交易方案中的地位，是财务投资人还是产业投资人，追求的是相对稳定的固定收益还是希望获得重整后的弹性收益，理清投资思路并匹配相应风险应对措施。

2. 综合运用投资工具，结合能力范围拓展业务

上市公司破产重整项目中可能动用的投资工具较多，债的层面包括共益债、存量债权收购和追加投资、重整投资人并购融资、核心子公司债务风险化解等，

特殊机会投资之道 2

股的层面包括债转股、资本公积金转增、股东权益让渡、增资等。同时，由于其相关主体较多，在债的清偿上会根据金额大小[1]和主体性质等情况有所区分，债务清偿方式可能涉及现金清偿、留债延期、打折豁免、以股抵债、信托计划份额受偿等手段的综合应用。股的定价也可能存在较大差别，会区分不同用途和受让主体采取不同的定价和支付方式。此外，部分安排可能在不损害相关方利益的情况下，由债务人或重整投资人于重整计划外另行实现。

鉴于上市公司破产重整的复杂性，投资人应当结合自身优势和团队的能力范围判断在重整项目中的参与深度，根据具体情况控制投资规模和方式、逐步开展业务。

3. 注重底层资产识别能力的提升并建立行业朋友圈

部分项目中如无重整投资人的兜底安排或其他担保措施，则项目安全边际或还款来源可能涉及上市公司原有资产或拟注入资产的识别与判断。因此，在开展业务过程中，应注意团队尽调和投研能力，以及行业朋友圈的培养等长期建设，逐渐拓宽投资能力边界。对于一般金融机构而言，如涉及实体资产运营等方面问题，应酌情考虑与具备相应资质的产业方进行合作。

（二）共益债投资

1. 共益债务的认定

一般理论认为，共益债是指破产申请之后，为全体债权人共同利益而负担的债务。就《企业破产法》而言，其对全体债务人共同利益[2]采取了较为谨慎的理解，列举了六种共益债情形（以下简称"法定共益债"）。根据第 42 条规定，人民法院受理破产申请后发生的下列债务，为共益债务：（1）因管理人或者债务人请求对方当事人履行双方均未履行完毕的合同所产生的债务；（2）债务人财产受无因管理所产生的债务；（3）因债务人不当得利所产生的债务；（4）为债务人继续营业而应支付的劳动报酬和社会保险费用以及由此产生的其他债务；（5）管理人或者相关人员执行职务致人损害所产生的债务；（6）债务人财产致人损害所产生的债务。

2019 年 2 月，最高人民法院出台了《破产法司法解释（三）》，根据此解释第 2 条的规定："破产申请受理后，经债权人会议决议通过，或者第一次债权人会议召开前经人民法院许可，管理人或者自行管理的债务人可以为债务人继续营业而借款。提供借款的债权人主张参照企业破产法第四十二条第四项的规定优先于普

---

[1] 如实践中一般存在 10—50 万元以下债权全额现金清偿的安排。
[2] 共益债务的范围并不是一成不变的，如 1986 年《企业破产法（试行）》中存在兜底条款"为债务人共同利益而在破产程序中支付的其他费用"，实际给予共益债务较大的空间。

通破产债权清偿的，人民法院应予支持，但其主张优先于此前已就债务人特定财产享有担保的债权清偿的，人民法院不予支持。"

虽然就司法解释是否实际上认可了一种新的"共益债务"有所争议（以下简称"意定共益债"），但笔者认为其并未违反《企业破产法》的规定，意定共益债的正当性（优先性）来自意思自治，司法解释不过明确了如何确定各方合意的程序和一般而言债务人共同利益的判断标准。[1]

在参与上市公司破产重整共益债投资中，因为法定共益债范围较小，可能占比较高的为意定共益债。具体来说，法定共益债和意定共益债主要有以下几方面不同：（1）意定共益债存在前置认定程序，即经债权人会议决议通过或人民法院许可；（2）意定共益债有特殊目的要求，即为债务人继续营业而借款；（3）从债权受偿顺序上，法定共益债优先于职工薪酬、所欠税费和普通债权，而意定共益债根据司法解释一般优先于普通债权。但重整计划也可以明确意定共益债亦优先于部分或全部职工薪酬和所欠税费，因为意定共益债的优先性本身即来自各方合意的结果。

2. 共益债投资中应当关注的事项

在共益债投资实践中，首先应确认破产重整所处阶段并识别相关债务是否会被认定为共益债，如为意定共益债务则一般应将债权人会议召开或人民法院许可作为放款前提[2]。如无法作为前提则应当增加阶段性保障措施，直至确认相应债务可以优先获得清偿。同时，应注意在重整计划中明确共益债利息（如有）的计算方式和清偿顺序，防止后续争议的发生。

在对意定共益债的还款来源进行测算时应当考虑到其不同于法定共益债，仅优先于普通债权（除非重整计划另有约定）。如债务需留存至重整计划执行完毕后再行清偿，考虑到留债后实际不再具备优先顺位受偿的优势，应当对还款来源另行分析并酌情增加相应保障措施。

---

[1] 亦有观点认为《破产法司法解释（三）》中的共益债是对破产法中第四类共益债务的进一步明确，其清偿顺序也优先于职工薪酬和所欠税费。但笔者观点略有不同，认为司法解释认可的意定共益债正当性来自意思自治，这与法定共益债由法律直接明确其优先顺序和清偿规则有所不同。就这种正当性来源不同导致的法律效果而言，举例来说，重整计划可以对意定共益债的优先范围等内容作出调整，而重整计划能否对法定共益债的清偿顺序和规则作出调整，改变的效力如何仍存在探讨空间。引自杨芮《共益债投资的法律难点与风险控制——破产程序中新增借款的性质及清偿顺位》，微信公众号"东方法律人"，最后访问时间2023年6月20日。

[2] 实务观点认为，尽管并非必要前置程序，但最好也可以获得司法程序的相应确认。可以在表决前向法院提交实施方案，征求指导意见，再由法院以适当形式答复。《破产重整程序中的共益债投资实务》，微信公众号"君合法律评论"，最后访问时间2023年6月20日。

（三）破产重整中资本公积金转增股票的应用

1. 资本公积金转增方式调整股东权益的优势

由于破产重整企业具备破产原因或者有明显丧失清偿能力的可能，因此一般认为出资人权益已经大幅贬损。且由于我国股东参与公司治理的程度较深，重要股东应当承担公司经营管理不善的责任。因此，重整计划中往往对股东权益进行调整，尤其是对大股东的权益进行大幅调减。

股东权益调整的方式包括股权无偿让渡与股权转让、减资、资本公积金转增稀释存量股权等方式。自2008年北生药业第一个采用资本公积金转增方式进行股东权益调整以来，资本公积金转增采用频率越来越高，甚至成为许多项目中股东权益调整的唯一方法。具体来说，通过资本公积金转增稀释存量股权方式进行权益调整存在以下优势：

（1）相比减资、让渡等方式，资本公积金转增能够产生增量股权，其可以同时实现债权清偿、投资人引入、中小股利益保护等多重目标。

（2）相比债转股方式，资本公积金转增股权后用于清偿存量债权无需遵守上市公司定向增发规则，在股权定价上也具有较大空间。

（3）在上市公司破产重整案件中，大股东股权往往存在大比例对外质押的情况，如采取转让、让渡等方式进行权益调整仍需协调股东债权人配合操作，将使问题更加复杂。实践中，在进行资本公积金转增股权时，相关股票也不会分配至股东后再行转出，而是由法院配合向中证登出具执行文书，直接办理股权过户。

2. 实践中应当关注的问题

（1）定价的合理性

如前文所述，采取资本公积金转增股权方式实现清偿债权、引入投资人、中小股利益保护等多重目标时，股权定价存在较大空间。以＊ST安通为例，其股权定价分为四档：约2.3元/股、约2.5元/股、约5.7元/股、9.5元/股。产业投资人以约2.3元/股的价格认购约9.4亿元，以约5.7元/股的价格认购约4.1亿元解决大股东资金占用问题；财务投资人以约2.5元/股的价格认购约22.8亿元，以约5.7元/股的价格认购约9亿元解决大股东资金占用问题；对普通债权人而言，抵债股价为9.5元/股。可见，股权定价根据受让方和资金用途的不同会有所差别：产业投资人一般获得更优惠的定价，而普通债权人因清算法下的测算受偿率普遍较低，所以一般定价较高；与引入投资清偿债权的较低定价不同，用于化解大股东占用上市公司资金的股权定价以市价发行（本案中市价的标准为公司重整受理之日），并未区分产业投资人和财务投资人而有所不同。

尽管股权定价存在较大空间，但由上文可知，定价亦非毫无规则，仍需根据个案情况进行合理性分析，否则可能引发较大争议。以 2020 年破产重整的 *ST 利源为例，其产业投资人和财务投资人的股权定价为 1 元/股，普通债权抵债价格约为 9.7 元/股，差额将近 10 倍，深交所亦对此问题出具关注函。当然，本案也提供了对应的解决方案，即产业投资人承诺限售 3 年，财务投资人承诺限售 1 年。①

综上，投资人在参与重整投资时应当对股权定价的合理性进行重点分析，评估定价方案对公司未来运营和自身投资方案可能产生的影响。在购买股权偿还债务或者收购债权以股抵债时，应明确股权退出安排和相应风险应对措施。

（2）是否进行除权

关于资本公积金转增股本后是否除权存在一定争议，实践中也是各有选择。总的来说，基于以下原因，资本公积金转增股本后用于清偿债务或者作为重整投资人支付价款（注入资产）的对价情况下，不除权存在一定的合理性：① 上述安排可能产生负债降低、现金或其他资产增加的效果，上市公司净资产亦相应增加；② 重整后公司资产获得盘活，其运营价值相较清算价值可能提高；③ 如重整投资人支付价格过低或注入资产质量较差，投资人可以"用脚投票"，市场将作出相应调整。②

但上述理由并不意味着重整投资人支付了对价一定不进行除权。如 *ST 超日项目中，重整投资人获得股权的价格约为 1 元/股，但进行了除权，除权公式为〔（前收盘价 * 原总股本）+本次投资人支付的资金对价〕/（原总股本+本次转增股本）。但在 *ST 利源项目中，重整投资人获得股权的价格为 1 元/股，却不进行除权。

从上文分析可知，如果资本公积转增股票实际向股东进行分配，则应当进行除权。因此在 *ST 安通项目中，因为照顾中小股东利益向其分配了转增股权，最后除权时分母股权数量进行了相应增加。

在投资人参与破产重整项目时，应对重整计划是否除权以及可能对其股价和重整计划通过造成的影响进行评估，合理设计投资方案。

四、结语

随着经济周期的变化和注册制的全面实施，上市公司壳价值在重整中的权重

---

① 根据 2024 年 12 月 31 日发布的《上市公司监管指引第 11 号——上市公司破产重整相关事项（征求意见稿）》第 8 条规定，"重整投资人获得股份的价格，不得低于市场参考价的百分之五十。市场参考价为重整投资协议签订日前二十、六十或者一百二十个交易日的公司股票交易均价之一"。站在当下时点回头分析，更加能够看出监管机构希望控制股票定价与市场价格的折扣区间的态度。

② 这也是为什么很多公司即使不除权股价亦大跌，市场将自行除权。

特殊机会投资之道 2

将出现下降，破产重整和退市项目数量预计近年仍将增加。① 在退市逐步常态化的过程中，重整和退市数量的变化趋势将与经济周期和产业周期调整的相关性增强，同时市场、法治、政府在其中扮演的角色也将发生改变。

上市公司破产重整和退市项目中蕴含着大量并购重组和不良资产的机遇，各个投资机构也应当有所预判和准备，不断调整自身策略，灵活制定业务政策，争取在大潮之中有所作为，合力推进中国经济向上发展。

---

① 目前仍有部分重整项目处于证监会排队阶段，但考虑到注册制的推行，也可能重整项目转为退市，最后体现为退市项目数量的大幅提高，而破产重整项目数量出现下降。

上市公司破产重整法律实务之出资人权益调整

周 霞

近年来，中国上市公司破产重整的案例逐年增加，为挽救上市公司，平衡原股东和债权人利益，吸引投资人出资，出资人权益调整已经成为上市公司重整成功关键环节，也是上市公司重整计划中的重要内容。从《企业破产法》施行以来，实践中已经形成较为常见的出资人权益调整方式，那么出资人权益调整是否必要，如何调整出资人权益，出资人权益方案执行过程中有何障碍，本文拟结合近年上市公司破产重整案例，分析出资人权益调整的常见方式，并分析执行过程中的障碍。

一、上市公司重整中出资人权益调整的必要性和调整原则

重整中出资人权益调整，顾名思义，是指对上市公司原股东的权益进行调整，改变上市公司的股权分布结构，削减或剔除原股东股份，引进新投资人和新的资源，使企业获得重生。但是，在何种情况下应当对出资人权益进行调整以及出资人权益调整是否必要，《企业破产法》并无明确规定，仅原则性规定重整计划草案涉及出资人权益调整事项应当由出资人组进行表决。

破产法理论界中，日本学者青木昌彦首次提出的公司相机治理理论获得了较为广泛的支持。该理论认为，公司进入破产重整程序时，在公司无法全额清偿全部债务的情况下，因股东不再享有对公司剩余财产的分配请求权，因此控制权应当归属于公司股东和全体债权人。[1] 企业一旦进入破产清算，债权人的权益应当优先于出资人，当重整计划对债权人的债权要素进行调整时，亦应当对上市公司的出资人权益进行调整，体现债权绝对优先原则。

随着破产法实践的发展，理论界又对前述理论进一步完善，除坚持债权优先

---

[1] 刘延岭、赵坤成主编：《上市公司重整案例解析》，法律出版社2017年版，第48页。

原则外,还应考虑重整成本共担原则和过错原则。对于上市公司而言,债权绝对优先原则容易导致债权人利益的过度保护而忽视中小股东的利益和新投资人的利益,因此,在坚持债权优先原则的情况下,还应软化调和各方利益冲突,化解上市公司的债务和经营危机。债权在重整程序中根据重整计划受偿后,未受偿部分都将被法定豁免,同时调整出资人权益,避免由债权人独自承担重整成本,却由出资人独享重整成功的营运价值。根据过错原则,广大的中小股东对公司进入破产境地过程往往是不知情和无辜的,为维护社会稳定,在对出资人权益进行调整时,其调整比例不应当与大股东相同,以此压实过错股东责任。

二、上市公司重整中出资人权益调整方案分析

通过多年的实践,目前已经形成股份让渡、缩股、资本公积转增股本三种常见出资人权益调整模式,但实践中会结合上市公司的具体情况采用多种调整模式相结合的方式对出资人权益进行调整,一般包括"股份让渡+缩股"和"股份让渡+资本公积转增股本"两种模式。单独的缩股模式一般难以达到调整出资人权益和重整成功的效果,因此,实践中出资人权益调整模式主要包括股份让渡、股份让渡+缩股、资本公积转增股本、股份让渡+资本公积转增股本四种模式。

自2007年《企业破产法》施行至2021年止,全国法院共批准上市公司破产重整案例92件①,其出资人权益调整情况具体分布如下图:

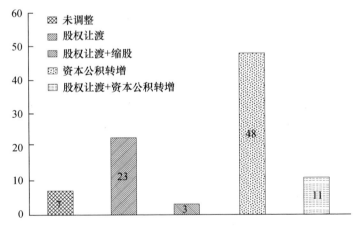

图1 上市公司破产重整出资人权益调整分布图

从上图可知,92家重整的上市公司中,未进行出资人权益调整7家,均分布

---
① 案例数据来源巨潮网。

在 2007—2009 年期间，2009 年以后的重整上市公司均进行了出资人权益调整；采用股份让渡方式调整出资人权益的共 23 家，主要分布在 2007—2012 年期间，从 2018 年以后未见单独采用股份让渡方式调整出资人权益的案例；采用股份让渡+缩股方式调整出资人权益的共家 3 家，主要分布在 2008 年和 2013 年；采用资本公积转增股本方式调整出资人权益的共 48 家，2008 年北生药业首次采用资本公积转增股本的方式调整出资人权益，2012 年以后大部分重整的上市公司均会涉及采用资本公积转增股本的方式调整出资人权益；采用股份让渡+资本公积转增股本方式调整出资人权益的共 11 家，2008 年以后分布比较均匀。从以上可得知，资本公积转增股本是最为常见的出资人权益调整方式。

《关于切实审理好上市公司破产重整案件工作座谈会纪要》（法〔2024〕309号）规定，上市公司资产不足以清偿全部债务且普通债权人不能在重整计划中全额获得清偿的，原则上应对出资人权益进行调整。控股股东、实际控制人及其关联方因违法违规行为对上市公司造成损害的，制定重整计划草案时应当根据其过错程度对控股股东及实际控制人支配的原有股权作相应调整。

（一）股份让渡

股份让渡[①]分为有偿让渡和无偿让渡。在股份让渡模式下，上市公司的总股本不会发生变化，重整计划一般将控股股东或大股东或全部股东所持股票按照一定的比例无偿让渡至投资人，或让渡至上市公司，再由上市公司以以股抵债的方式偿还债务，或者交由管理人处置变现用于偿还债务。在资本公积转增股本被普遍采用之前，股份让渡是上市公司破产重整程序中出资人权益调整的主要方案。在前述 35 家涉及股份让渡的上市公司中，大部分上市公司采用无偿让渡，采用有偿让渡方式的仅 3 家。在单独采用股份让渡方式调整出资人权益的 23 家上市公司中，仅 1 家为有偿让渡。

通常而言，无偿让渡为常态，有偿让渡为例外，但是为配合重整成功，重整程序之外的股票拍卖经常发生。上市公司股票的有偿让渡往往会结合债务人的具体情况而定，以实现特定的目标，例如在中核钛白重整案[②]中，第一大股东以每股 3.3 元的价格向重整投资人和财务投资人转让股份，但实际上第一大股东为金融机构，且该金融机构还是上市公司的债务人，重整计划在有偿让渡第一大股东股票的同时，免除了该金融机构对上市公司 2.15 亿债权，显然，该案中有偿让渡股份之目的可能在于减少该金融机构的损失，推进重整成功。另外在安通控股重整案[③]

---

① 本文中的股份让渡方式不包括资本公积转增股本方式中，未向原股东分配转增股票，而直接将转增股票让渡至上市公司的情况。
② 案例来源于聚潮网。
③ 案例来源于聚潮网。

特殊机会投资之道 2

中，资本公积转增股本后，应向控股股东分配的股票中的 230,004,336 股股票，按照安通控股重整受理之日公司股票的收盘价，即 5.69 元/股向重整投资人转让，股份受让款用于偿还控股股东占用上市公司的资金，因此，该案中的有偿让渡在于解决大股东占用资金问题，其原因在于上市公司实施破产重整的，证监会要求相关方提出解决资金占用、违规担保问题的切实可行方案。

在让渡比例方面，原股东让渡股份的比例会根据上市公司的股份分布情况以及过错程度而定，并非所有股东让渡的股份均是相同的，对公司陷入困境负有直接责任的个别股东将被采取惩罚性措施，提高对其权益的调整比例，以达到对公司及广大投资者的补偿。在深中华重整案例[①]中，全体股东无偿让渡8%的股份，第一、二大股东增加2个百分点。在天颐科技重整案例[②]中，除控股股东之外的小额非流通股股东，由战略投资人或其指定公司以每股人民币1元的价格收购。此外，在中核钛白重整案例中，上市公司采用了有偿和无偿让渡相结合的方式调整出资人权益，第一大股东以每股3.3元的价格向重整投资人和财务投资人转让股份，而第一大股东则将部分股权转让价款（不超过1,700万元）无偿用于提高小额债权组的清偿率，该步骤实际上相当于股份无偿让渡至上市公司。

（二）缩股

缩股，即是缩减股本，一般按比例缩小上市公司的总股本，其一般与股份让渡结合运用。通常，由于上市公司总股本规模过大，导致重整投资人进入的成本过高，为吸引重整投资人，上市公司首先通常会缩减股本，以降低重整投资人的投资成本，增加重整投资人的股份比例。缩股不是出资人权益调整常见方式，至今仅有3家上市公司重整计划涉及缩股。实践中，各股东可能是同比例缩股，也可能是按照不同比例缩股，例如在华源股份重整案例[③]中，华源股份的全体出资人按照25%同比例缩减股本。在贤成矿业重整案例[④]中，股东西宁国新、张邻以所分别持有公司股份为基数按照98%的比例实施缩股，股东陈高琪以所持公司股份为基数按照90%的比例实施缩股，其他股东以其持有公司股份为基数按照84%的比例实施缩股，总股本由重整前的 1,601,845,390 股缩减至 198,925,752 股。单纯缩股一般难以达到调整出资人权益和重整成功的目的，缩股之后一般会伴随着股份让渡，以减少原股东的权益，同时引进新投资人。

---

① 案例来源于聚潮网。
② 案例来源于聚潮网。
③ 案例来源于聚潮网。
④ 案例来源于聚潮网。

(三）资本公积转增股本

资本公积转增股本是指将上市公司资产负债表中的资本公积转增为股本，转增完成后，上市公司总股本增加，所有者权益未发生变化，未实质摊薄原股东的权益。破产重整程序中的资本公积转增股本与正常的资本公积转增股本存在差异，正常的资本公积转增股本应当按照比例向现有股东分配，但重整程序中的资本公积转增股本一般不会向现有股东分配，而是直接无偿让渡至上市公司，由重整投资人受让，或者通过以股抵债的方式偿还债务，或者由管理人处置变现并以变现价款偿还债务。当然，在部分重整案例中，上市公司可能会将部分转增股票向原股东分配，仅无偿让渡部分转增股票，例如，在云维股份重整案例[①]中，资本公积转增股本后，云维股份总股本由 61,623.50 万股增至 123,247.00 万股，全体股东仅仅无偿让渡本次转增股份的 30%（全体股东实际让渡比例为转增后总股本的 15%）。

如前所述，资本公积转增股本也可能与股份让渡结合运用，股份让渡和资本公积转增股本相结合的目的一般在于在转增的基础上进一步稀释原股东的股份，并压实原股东的过错责任。在庞大集团重整案[②]中，除了资本公积转增股本以外，上市公司的控股股东及实际控制人应为庞大集团的经营亏损承担主要责任，因而应当付出必要的成本以支持庞大集团重整成功，因此，该重整计划规定庞大集团控股股东及其关联自然人无偿让渡其所持的 210,624.17 万股股票。

由于资本公积转增股本方式不会破坏现有的股票状态，转增的股票不存在任何的权利负担，不涉及股票冻结解除和股票质押注销的实际困难，在股份让渡过程中操作起来更为简单，因此，资本公积转增股本方式在上市公司重整中越来越火热。此外，破产程序为司法程序，而资本公积转增股本主要涉及行政程序，2012 年最高法院颁发《万宁纪要》之后，上市公司破产重整涉及的司法程序和行政程序更加协调合作，为资本公积转增股本创造了外部条件。再次，资本公积转增股本的情况下，转增股票一般无需再向原股东分配，不涉及存量股本的调整，转增和让渡过程中需要原股东配合事宜较少，可以减少出资人权益调整方案执行的困难。目前，法律对破产重整程序中资本公积金转增股本的规定非常之少，对于转增股票的定价、转增股票的限售期以及是否需要除权等均未有明确的规定，实务中可能存在定价标准不一、限售期长短不一以及除权情况不一等问题。

资本公积转增股本的前提是上市公司存在资本公积，而资本公积的来源主要包括捐赠和股份溢价等，因此不是任何一家上市公司均可以适用资本公积转增股

---

① 案例来源于聚潮网。
② 案例来源于聚潮网。

本，对于没有或者仅有较少资本公积的上市公司可能无法适用资本公积转增股本的方式调整出资人权益。实践中，为解决上市公司没有或仅有较少资本公积的问题，上市公司在转增前首先充实资本公积，通常由重整投资人收购上市公司债务，再由重整投资人豁免对上市公司的债权，或者由债权人直接豁免上市公司债务，进而形成资本公积，以便转增股本。在新亿股份重整案例中，新亿股份可用于转增股本的资本公积金不足以实施转增方案，为了支持公司重整，控股股东万源稀金通过豁免新亿股份的110,000.00万元债权的方式保证新亿股份在重整中可用于转增股本的资本公积金不少于111,341.54万元。在飞马国际重整案例[①]中，重整投资人首先从债权人处收购558,352,388.59元债权，并无条件豁免飞马国际该笔债务，其对飞马国际豁免的债务作为权益性交易计入公司资本公积，新增资本公积加上飞马国际账面原有资本公积用于转增股本。

三、上市公司重整中出资人权益调整方案的执行问题

出资人权益调整方案经批准之后，通常在管理人的监督下由债务人负责执行。在执行过程中，原出资人持有的股票往往早已被设定质押权或被其他法院冻结，质权人或冻结申请人在其债权受偿前一般不愿配合注销质权或申请解除司法冻结措施，进而导致股份往往无法过户至重整投资人，严重妨碍重整计划的顺利执行。

为避免出现这一障碍，市场上部分重整计划会单方面直接地规定股东的相关债权人或质权人有义务解除股份质押或股份冻结，否则债务人可以直接向法院申请解除股份质押或冻结。例如在阳信欧亚集团有限公司合并重整案中，重整计划规定债务人所有者权益为负、债务人股东所持债务人的股权价值为0，虽然存在以债务人股权质押担保的债权未获得全额清偿的情形，但质权人已无就质押股权获得优先受偿的可能，为保证重整计划的顺利执行，质权人应配合办理解除股权质押登记手续；已对该等股权采取查封、冻结等财产保全措施的权利人应向相关法院申请解除财产保全措施。同样，也有部分重整计划规定较为缓和，主张采取协商的方式解除冲突，在庞大集团重整案中，重整计划规定对于控股股东及其关联自然人持有的庞大集团股票冻结、质押对应非庞大集团债权的，由重整投资人与相关冻结申请人、质权人协商解除。

那么法院是否可以直接注销上市公司股票之上存续的质权或解除股票之上的其他法院的司法冻结？又该如何解决出资人权益调整方案执行中的股份冻结、股份质押与债权人利益的冲突问题？

---

① 案例来源于聚潮网。

（一）出资人权益调整方案执行与股份冻结的冲突

在重整计划中的出资人权益调整方案涉及股份让渡的情况下，若该等股票被其他法院冻结，则面临无法办理股票过户的困难，将直接影响重整计划的执行。根据《企业破产法》第19条规定："人民法院受理破产申请后，有关债务人财产的保全措施应当解除，执行程序应当中止。"但该条规定应当解除保全措施的财产仅限于债务人的财产，而出资人所持上市公司的股票属于出资人自有财产，而非上市公司自身财产，不能适用前述规定。

为推进上市公司重整成功，若重整计划拟让渡的股票已被其他法院所冻结，司法实践普遍操作方式是由重整受理法院与相关方和冻结法院协商，若股份冻结不利于重整成功，且在重整失败的情况下股份冻结和执行与否对申请冻结的债权人的实体权利将无实质意义，那么原法院一般将解除股份冻结。

最高人民法院张勇健、杜军法官认为，重整计划经人民法院批准后，即具备生效法律文书之性质，股东的债权人对股权进行冻结的，因为在法律价值上重整程序应优先于普通执行程序，所以为相应数量的股权冻结措施应当解除。[①] 五谷道场重整案首创了这一司法实践，在该重整案中，五谷道场原股东中旺集团在五谷道场持有的股权被六家外地法院查封，相应的查封申请人（债权人）坚决不同意解除查封，重整受理法院向北京市高级人民法院和最高人民法院报告后，最高人民法院专项召开由广东、山东等6省市高级法院参加的研讨会，并作出特例批复，要求相关法院在不损害五谷道场股东债权人利益的情况下，协调解决股权解封事宜，最终促使相关法院陆续裁定解除了对五谷道场股东股权的冻结。

经过多年的重整实践，司法实践总体上呈支持解除股份冻结的趋势。最高法院在2011年开始对上市公司重整涉及的股权冻结问题作出明确意见："公司因严重资不抵债而进入破产重整程序，如不能实施重整，股东持有的公司股权将失去经济价值和变更可能，继续保全相关股权没有实际意义，为保证公司重整程序的顺利进行，维护破产案件各方的合法权益，应立即解除保全措施。"[②] 从地方出台的相关规定来看，亦有类似观点，例如广东高院、广州中院、深圳中院、江苏高院先后明确法院可以协助执行方式变更冻结股权登记，具体规定如下：

---

① 张勇健、杜军：《破产重整程序中股权调减与股权负担协调问题刍议》，载《法律适用》2012年11期。

② 丁燕：《上市公司重整中股东权益调整的法律分析》，载《东方论坛》2014年第3期。

表 1　各地区出台相关规定的汇总表

法院	法规	具体规定
广东省高级人民法院	《关于审理企业破产案件若干问题的指引》（2019）	人民法院批准重整计划时，应当结合债务人资产价值、负债情况、重整计划中债务人受偿比例、调整后原股东保留权益大小等进行审查。经审查批准的，应当按照重整计划的规定执行。**对股权采取查封措施的人民法院或登记机关不予执行的，管理人可以向人民法院申请协助执行。**
广州市中级人民法院与广州市市场监督管理局	《关于推进破产企业退出市场工作的实施意见》（2020）	破产重整企业因出资人权益调整需要变更股东事项，**但企业原股东持有的企业股权被质押或查封的**，管理人可持案件受理裁定书、批准重整计划裁定书、指定管理人（清算组）决定书、协助执行通知书等材料到相应的市场监管部门办理股权变更登记。
深圳市中级人民法院与深圳市市场监督管理局	《关于企业注销有关问题的会商纪要》（2020）	破产重整企业因出资人权益调整需要变更股东事项，**但企业原股东持有的企业股权被质押或查封的**，由人民法院出具协助执行通知书，管理人可持案件受理裁定书、批准重整计划裁定书、指定管理人（清算组）决定书以及人民法院出具的协助执行通知书等材料到商事登记机关办理股权变更登记。
江苏省高级人民法院和江苏省市场监督管理局	《关于做好破产企业登记事项办理优化营商环境的实施意见》（2021）	依法办理破产企业股东变更登记。根据人民法院裁定批准的破产重整计划，需要办理破产重整企业股东登记事项变更，**但因企业原股东持有的股权已被质押或被法院查封，管理人无法申请办理股东变更登记的，破产法院可以采取出具协助执行通知书的方式，通知市场监管部门协助解除查封、涤除质押，并办理股权变更登记。**查封解除或者质押涤除后，破产法院应当及时将有关情况告知质权人和原采取保全措施的法院。

司法审判实践中，各地法院之间对是否应当解除股权冻结还存在一定的分歧。例如，在（2020）苏 05 执异 110 号民事裁定书中，苏州中院不支持股权冻结解除，法院依法冻结的是破产企业股东持有的破产企业的股权，不属于破产企业的财产，不应适用《企业破产法》第 19 条规定予以解除。然而，福州中院和南京中院则持完全相反的观点。福州中院在（2020）闽 01 执异 34 号民事裁定书中认为，《企业破产法》第 19 条虽没有直接规定债务人之股东所持股权的执行程序应当中止，但从破产程序中应尽量保持与债务人有关的财产稳定的意义上来讲，在公司资不抵债而破产重整时，股东之股权与债务人财产具有一定的相似性，重整计划经人民法院批准后，即具备生效法律文书之性质，该计划中包括股权调减的所有

内容均应当执行，股东的债权人对股权进行冻结的，在法律价值上重整程序应优先于普通的执行程序，所以为执行重整计划，应当解除相应数量的股权冻结措施。南京中院在（2020）苏01执复245号民事裁定书中则从质权人的经济价值方面论述，其认为债务人的重整已由法院裁定受理，并批准了重整计划，该重整计划已对债务人股东全部权益调整为零，应当依据重整计划解除原股东所持债务人股权的冻结措施，上述行为不会损害债权人的利益。

（二）出资人权益调整方案执行与股份质押的冲突

根据《民法典》第443条，基金份额、股权出质后，不得转让，但是出质人与质权人协商同意的除外。从法律规定上来看，只要上市公司股票之上存在质押登记，则无法办理变更登记，重整计划的执行若涉及质押股票的让渡，则必须事先取得质权人的同意，或者替原股东清偿股票质押对应的债务，以注销股票质权之后再予以办理权属变更登记。上市公司破产重整中，在上市公司股票既存质押登记的情形下，质权人可能不是上市公司的债权人，可能无法通过申报债权获得清偿。重整计划执行过程中股权变动势必涉及股票质权的注销，若质权人未获得清偿，必然损害质权人的利益，而重整投资人一般不愿意再额外支付价款代原股东偿还债务以注销股票质押登记。

司法实践中，为上市公司重整成功，法院一般会强制注销股票质押登记，通过协助强执的方式办理股份变更登记，或者通过协商方式要求质权人主动放弃质权。这一做法的主要理由在于，当债务人资不抵债时，股东权益为零，如果债务人进入破产清算，股权质押对于质权人没有任何实质价值。例如，在（2016）赣0302民破1-4号民事裁定书中，法院认为股权质押适用的《担保法》和《物权法》，股权冻结适用的《民事诉讼法》，与破产程序所适用的《企业破产法》相比较，后者为特别法，根据特别法优于普通法的原则，法院裁定批准的重整计划将出资人权益调整为零之后，此前所质押、冻结的对象事实上已经灭失。另外，在（2021）最高法民申6429号民事裁定书中，最高法院持类似的观点，其认为根据债务人净资产（全部股权）的评估价值为负数，公司处于严重资不抵债状态，股权无实际价值，股权质押已无实现的价值基础，质权人无法主张其相关权利。尽管司法实践基本上支持注销股票质押的观点，但理论上仍受到一些挑战，因为资不抵债仅仅意味着清算价值为零，并不等同于债务人股权价值为零，尤其是上市公司的股票在市场上仍是具有价格的，且很多上市公司仍具有壳价值，或者由于特殊行业资质，债务人仍具有运营价值，这也是重整投资人愿意支付投资款的原因所在。但反对者认为这种价值取决于重整能否成功以及未来的经营情况，是重整成功的溢出效应。[①] 最高法院在上述（2021）最高法民申 6429 号民事裁定书中强调，重整投资人通过支付对价资金获得债务人股权，仅仅说明债务人股权具有法律关系重构意义上的价值，与质权人对债务人股权在价值范围内享有担保其债权优先实现的权利性质不同，在债务人处于严重资不抵债状态的情况下，质权人无法主张其相关权利。

在资产大于负债但债务人明显缺乏清偿能力的情况下，股东权益为正，为推动重整成功，法院或者管理人一般会与投资人、质权人、出资人协商，通过出资人另行提供担保、投资人给予质权人额外补偿，或者在重整偿债方案中设定质权人偿债安排等方式，由质权人配合办理注销质押手续，完成重整股权的商事变更登记。例如在方欣米业集团重整案例中，重整计划将债务人股权的质权人列入普通债权组进行表决，将其作为普通债权人进行债务清偿，这一做法得到了最高法院的确认和支持。

前述做法在实践中比较普遍，部分法院出台了相关规定确认了这一方案。四川省高级人民法院 2019 年出台的《关于审理破产案件若干问题的解答》规定，当债务人企业资不抵债时，所有者权益为负，出资人的权益价值为零，那么股权价值调整为零，但并不影响出资人本应向股权负担相关权利人承担的债务偿还责任；当债务人企业资产大于负债，但又缺乏及时清偿能力的，出资人权益仍具有账面价值，出资人权益调整方案应同时兼顾股权质权人的权益，股权质权人对方案有异议的，尽量通过协商解决，若协商不成，重整计划中的出资人权益调整方案应确保股权质权人的利益不低于调整前其就股权质权可以获得的利益。从该规定可知，四川省高级人民法院根据债务人是否有资不抵债的情况对股权质押采取不同的措施，若债务人资不抵债，尽管该规定并没有明确直接解除股权质押，但其更倾向于支持解除股权质押，若债务人资产大于负债，四川高院亦倾向于支持解除股权质押，但应当同时保障质权人在清算状态下的担保权益。四川高院实际上重申最高人民法院此前的观点。

四、小结

在上市公司走向破产那一刻起就注定出资人权益将面临被调整的局面，作为重整计划的重要内容，出资人权益调整方案优劣事关重整成功与否以及执行难度，为促进上市公司重整成功，出资人权益调整方案应兼顾债权人、投资人和原股东的利益。

鉴于上市公司进入破产重整程序之前已是负债累累，上市公司股票一般都会

[①] 张勇健、杜军：《破产重整程序中股权调减与股权负担协调问题刍议》，载《法律适用》2012 年 11 期。

存在权利负担（如股票质押）和多轮查封，若采用股份让渡或缩股的方式调整出资人权益，则在注销股票质权和解除股票查封时将面临操作上的困难，需要协调很多利害关系人，兼顾各方面的利益诉求，以注销股票质权和解除股票查封。而以资本公积转增股本，转增股票之上不存在任何权利负担和司法查封，过户时亦不需要原股东的配合，操作上更为简易。对于上市公司资本公积不足的，则可以考虑通过债务豁免的方式增加资本公积，以便后续转增股本。因此，在可行的情况下，推荐采用以资本公积转增股本为核心，必要时辅助以股份让渡的出资人权益调整方案。

若上市公司在重整程序中必须采用股份让渡或缩股方式调整出资人权益，则应当充分考虑质权人的利益，可以考虑将质权人在质押股票的价值范围内作为普通债权人在上市公司层面进行清偿，避免因后续质权问题影响投资人所取得股份的过户登记。而上市公司股东的债权人亦应当积极行使权利，积极向管理人主张质权，争取以债权人身份在上市公司重整计划中受偿。

上市公司破产重整法律实务之以股抵债

周 霞

《企业破产法》施行以来，上市公司破产重整逐步进入大众视野，上市公司信仰不断被打破。然而，重整制度亦成为上市公司浴火重生、凤凰涅槃的机遇，其中以股抵债是降低企业负债率，让企业重新轻装上阵的优选方式。对于金融机构债权人而言，在破产重整中选择以股抵债方式利弊几何？本文拟从抵债股价、上市公司后续股价走势、抵债后的追偿、股票除权等方面分析以股抵债后债权人利益受影响情况。

一、上市公司破产重整中以股抵债实践情况

以股抵债是上市公司重整计划出资人权益调整的重要内容，也是上市公司的债务清偿方案。以股抵债的方案一般包括以原股东让渡的存量股票清偿债务和以资本公积转增股本后的转增股票清偿债务两种方式。由于上市公司存量股票之上一般存续股票质押或司法查封等权利负担，股票过户程序存在一定的障碍，因此，存量股票清偿债务的方式近年非常少见，本文暂不对此进行分析和论述。

随着资本公积转增股本在出资人权益调整方案中运用频率越来越高，以转增股票清偿债务已经是司空见惯。从2007年至2021年，上市公司破产重整中实施以资本公积转增股本的共59家，其中以股抵债的上市公司共45家，尤其是2019年以来，破产重整的上市公司共38家，均采用以资本公司转增股本的方式调整出资人权益，而其中多达34家上市公司实施以股抵债。①

2019—2021年法院分别批准6、13、19家上市公司破产重整，其中涉及以股抵债的上市公司共4、12、18家，占比分别为67%、92%、95%。2019—2021年，以股抵债的上市公司数量和百分比均逐年递增。

---

① 数据来源聚潮网。

以股抵债在上市公司破产重整中的运用越来越广泛，不仅可以清偿存量债务，降低公司负债率，还可以缓解公司的现金压力，为重整后债务人的运营提供良好的资金基础。

二、以股抵债的定价实践及抵债股价走势跟踪

上市公司破产重整实施以股抵债的核心要素是抵债价格，以股抵债定价高低直接关系到债权人对重整计划的接受程度和债权人债权回收情况等。实践中，股票定价的方法一般包括市净率法、市盈率法、自由现金流折现法、股利折现法、最近一次发行股票价格法、停牌前收市价格法、停牌前一段时间内加权平均价格法等，每种定价方法均有其适用的具体情形，各方需结合标的公司的具体情况选择适当的定价方法。

（一）以股抵债的定价实践情况

上市公司重整计划中以股抵债的股票定价缺乏公开、透明、清晰的标准和依据，在某些情况下上市公司破产重整中的抵债价格并不是以股票的实际价值为基础，而是考虑抵债后的清偿率以及抵债后其他担保人需要承担的责任大小，甚至事先设定目标清偿率和其他担保人的清偿责任减免安排，以此倒推出抵债价格。

以上述45家涉及以股抵债的上市公司为样本进行分析，从公开信息查询，仅有天神娱乐、柳化股份、新中基（中基实业）、科健股份（中国天楹）、长航凤凰5家上市公司重整计划明确了以股抵债股价定价的依据。天神娱乐和科健股份重整计划采用停牌前一段时间内加权平均价格法，天神娱乐重整计划明确抵债股价为二债会召开日前20个交易日公司股票交易均价2.20元/股，科健股份重整计划则明确抵债股价为停牌前20个交易日均价；柳化股份和长航凤凰重整计划采用停牌前收市价格法，柳化股份重整计划明确抵债股票按照柳化股份2018年3月8日股票收市时的价格折价4.83元，长航凤凰重整计划明确抵债股票按照2013年12月27日停牌价2.53元/股计算；中基实业重整计划的定价依据则是股票的评估值，明确根据评估机构出具的《股权价值分析报告》，资本公积转增股本按2.5元/股计算进行变现和分配。

此外，贵人鸟、金贵银业、中南文化、利源股份4家上市公司重整计划尽管未明确抵债股价定价依据，但给予了股票未来的估值，侧面佐证以股抵债定价的合理性。贵人鸟重整计划给出了其股票的未来评估价值，其股票未来五年股票的合理区间为6.03元/股至8.74元/股；金贵银业重整计划明确未来五年股票价格的合理区间为6.04元/股至12.08元/股，高于转股价格6.04元/股；中南文化重整计划则说明公司股票的估值为3.2至3.82元/股，高于转股价格3元/股；利源股份重整计划预计2023年后股价维持在4—26.06元/股，中位值为15.03元/股，转股价格9.74元/股在区间内。

除上述 9 家上市公司之外，其他 36 家上市公司重整计划对抵债股价的定价未给予任何的说明和解释。

（二）以股抵债的定价过高问题

实践中，上市公司重整计划对以股抵债的定价普遍过高，不同受让方定价不同，缺乏公允性，且重整计划对以股抵债的定价缺乏公开透明具有说服力的定价依据和标准，极可能导致债权人实际回收的债权金额远远低于重整计划所规定的清偿率。以上述 45 家上市公司为样本，其抵债股价（A）、重整投资人受让股票价格（B）、基准日股价（C）、抵债股价与基准日股价比例、转股后最高股价以及清偿率等要素的统计情况如下表（截至 2022 年 3 月）：

表1　45 家上市公司的统计情况

序号	上市公司	年份	抵债股价 A（元/股）	投资人股价 B（元/股）	基准日① 股价 C（元/股）	A：C	转股后最高股价	清偿率②
1.	供销大集	2021	4	0.6	1.80	222.22%	/	100%
2.	东方网络	2021	5.2	1.304	2.57	202.33%	/	100%
3.	贵人鸟	2021	6	2.8	2.75	218.18%	3.54	100%
4.	海航控股	2021	3.18	1	2.05	155.12%	/	100%
5.	赫美集团	2021	10	1.2	5.17	193.42%	/	100%
6.	华昌达	2021	7.35	0.6239	3.63	202.48%	/	100%
7.	华英装备	2021	7.55	2.59	2.97	254.21%	/	100%
8.	海航基础	2021	15.56	1.1	5.87	265.08%	/	100%
9.	华谊嘉信	2021	13.75	/	2.69	511.15%	/	100%
10.	凯瑞德	2021	34.73	0.6	5.64	615.78%	/	未明确
11.	康美药业	2021	10	1.54；1.7；4.74③	4.58	218.34%	/	100%
12.	浪奇股份	2021	6.61	3.69	3.55	186.20%	/	100%
13.	松江股份	2021	9.5	1	3.26	291.41%	/	100%
14.	索菱股份	2021	11.76	2.45	6.41	183.46%	/	100%
15.	雅博股份	2021	5.8	1	2.98	194.63%	/	100%
16.	中孚实业	2021	12.86	/	4.46	288.34%	4.95	100%

① 本表中基准日为股份登记日，若重整计划中明确其他基准日，则为重整计划规定的基准日。
② 本表中的清偿率一般针对大额金融债权。
③ 产业投资人受让股票价格为 1.54 元/股；财务投资人受让股票价格为 1.7 元/股；解决大股东占用资金问题股价为 4.74 元/股。

(续表)

序号	上市公司	年份	抵债股价A（元/股）	投资人股价B（元/股）	基准日股价C（元/股）	A：C	转股后最高股价	清偿率
17.	众泰汽车	2021	12.98	0.65；1.5①	7.06	183.85%	/	100%
18.	天翔环境	2021	未明确	1.49	/	未明确	退市	未明确
19.	安通控股	2020	9.5	2.8；3.0；5.69②	5.09	186.64%	5.09	100%
20.	宝塔实业	2020	8	1.45	2.45	326.53%	4.33	未明确
21.	飞马国际	2020	4	/	2.21	181%	4.90	股票清偿率19.98%
22.	金贵实业	2020	6.04	1.27	2.64	228.79%	4.53	46.09%
23.	力帆股份	2020	15.97	2.22	4.97	321.33%	8.04	100%
24.	利源股份	2020	9.74	0.75；1③	2.46	395.93%	3.57	100%
25.	天神娱乐	2020	7.821	/	3.15	248.29%	7.17	100%
26.	盐湖股份	2020	13.1	/	8.49	154.3%	45.65	100%
27.	银亿股份	2020	3.96	1.07	3.64	108.79%	2	100%
28.	永泰能源	2020	1.94	/	1.37	105.43%	2.35	100%
29.	中南文化	2020	3	1.03	2.03	147.78%	3.55	50%
30.	天海防务	2020	3④	1.59；0.32⑤	6.34	47.32%	一直高于△	85%
31.	庞大集团	2019	5.98	1	1.42	421.13%	2.1	100%
32.	厦工股份	2019	3.6	2.4⑥	2.98	120.81%	3.63	100%
33.	沈机股份	2019	9	2.37	6.95	129.5%	7.2	30%
34.	中银绒业	2019	5.87	1.07	2.27	258.59%	4.17	100%
35.	抚顺特钢	2018	7.92	3.24	2.38	332.77%	29.30	100%
36.	柳化股份	2018	4.83	3.22	4.45	108.54%	4.99	50%
37.	泸天化	2018	8.89	3.5	6.79	130.93%	9.09	100%

① 产业投资人受让股票价格为0.65元/股；财务投资人受让股票价格为1.5元/股。
② 产业投资人受让股票价格为2.8元/股；财务投资人受让股票价格为3.0元/股；解决大股东占用资金问题股价为5.69元/股。
③ 产业投资人受让股票价格为0.75元/股；财务投资人受让股票价格为1元/股。
④ 有担保债权超过担保物价值部分采用以股抵债方式清偿。
⑤ 自然人投资者受让股票价格为1.59元/股；法人投资者受让股票价格为0.32元/股。
⑥ 管理人公开处置转增股票的价格。

特殊机会投资之道 2

(续表)

序号	上市公司	年份	抵债股价 A (元/股)	投资人股价 B (元/股)	基准日股价 C (元/股)	A∶C	转股后最高股价	清偿率
38.	重庆钢铁	2017	3.68	/	2.15	171.16%	3.41	58.84%
39.	舜元船舶	2016	13.72	8.91	10.55	130.05%	15.30	100%
40.	云维股份	2016	7.55	/	2.85	264.91%	5.04	54%
41.	长航凤凰	2014	2.53	3.58①	2.53	100%	21.60	11.64%
42.	中基实业	2012	2.5	2.5	4.07	61.43%	一直高于	53.86%
43.	宏盛科技	2012	4.3	/	7.06	60.91%	一直高于	12%
44.	科健	2012	11.25	/	6.13	183.52%	13.43	35.25%
45.	北生药业	2008	3	/	3.03	99.01%	一直高于	50.44%

注：△这里指转股后股价，始终维持高于抵债股价，后同。

1. 抵债股价均远远高于重整投资人受让股票的价格

从上表可知，抵债股价均远远高于重整投资人受让股票的价格，仅有 2 家上市公司存在特殊情况，长航凤凰抵债价格低于重整投资人受让股价，其主要原因在重整投资人是通过公开竞价方式取得股票，其股票价值可以认为是市场公允价值；中基实业抵债价格与重整投资人受让股价相同，并未区别对待债权人和重整投资人。值得注意的是，尽管重整投资人受让股票的价格远远低于抵债价格，但重整投资人受让股票的价格无法仅仅以其投入的现金计算，除现金投资之外，重整投资人作为上市公司的"救火队长"，必须对上市公司投入大量的资源，且承担着更大的收益风险。例如，在力帆重整案例中，重整计划就明确规定重整投资人除现金之外，还应当向上市公司投入一些产业资源，促进上市公司发展，该类资源的价值可能通过降低受让股票的价格来体现。因此，重整投资人的受让股价与抵债股价可能无法直接进行比较，需要结合具体情况进行分析。

2. 抵债股价的价格普遍高于基准日股价

从上表可知，仅天海防务、中基实业、宏盛科技、北生药业 4 家上市公司的抵债股价低于基准日股价，其中天海防务的抵债股价低于基准日股价的原因在于抵债范围仅限于担保债权超过抵押物价值的部分，而不是针对全部普通债权；中基实业的抵债价格是以评估价值为基础，此外，长航凤凰的抵债股价等于基准日股价，其原因在于长航凤凰的抵债股价为停牌日收盘价，而基准日处于停牌期间。

以上表为基础，进一步统计分析抵债股价与基准日股价比例的情况：

---

① 管理人公开处置转增股票的价格。

表 2 抵债股价与基准日股价比例

比例%	0—100	100—150	150—200	200—300	300—400	400 以上
数量	5	8	11	13	4	3

抵债股价高于基准日股价的上市公司有 39 家[1]，占比 89%，其中抵债股价与基准日股价之比大于 200% 的上市公司达 20 家之多（占比 45%），最高比例达到 615.78%，抵债股价与基准日股价之比大于 150% 的上市公司为 31 家（占比 69%）。因此，目前市场上抵债股价的价格普遍高于基准日股价，大部分抵债股价远远高于基准日股价，使得债权人取得抵债股票在价格上并没有足够的安全垫，后续股价面临更大的回升压力。

3. 以股抵债后股票价格难以回升至抵债价格

上表共统计了 29 家上市公司的重整后股价走势，[2] 抵债后上市公司最高股价高于抵债股价的共 15 家，占比 52%，最高股价低于抵债股价的共 14 家，占比 48%，从占比来看，两方数据并无明显区别，但从以下分析，以股抵债后股价实际上难以回升至抵债价格，债权人难以获得足额的清偿。

首先，转股后股价始终维持高于抵债股价的上市公司共 6 家，分别为天海防务、中基实业、宏盛科技、北生药业、盐湖股份和长航凤凰。其中，天海防务、中基实业、宏盛科技、北生药业 4 家上市公司抵债股价低于基准日股价，由于抵债价格足够低，为后续股价走势创造了较大的上升空间，因此其抵债后上市公司股价始终维持着高于抵债股价的趋势。盐湖股份和长航凤凰 2 家公司进入重整程序后停牌并被暂停上市，恢复上市后首个交易日盘中最高涨幅分别高达 396.61% 和 753.75%，已远高于抵债股价，其主要原因除了市场预期和重整本身对企业的改善之外，盐湖股份正好遇到行业周期和国家政策利好，长航凤凰重整后重组成功带来利好，导致盐湖股份和长航凤凰抵债后的股价走势具有较高的偶然性。

基准日股价及抵债后短时间内股价低于抵债股价，但抵债一定期限后股价走势稳定高于抵债股价的仅有抚顺特钢。自 2018 年自抵债后至 2020 年 10 月期间，抚顺特钢股价始终低于抵债股价，但自 2020 年 10 月底至 2022 年 3 月 3 日期间，其最高股价上涨至 29.30 元，最低股价为 8.70 元，均价为 18.10 元，均高于抵债股价 7.92 元。从退出期限和后续股价走势来看，抚顺特钢是重整成功的典范。

其次，在抵债后股价高于抵债股价的 15 家上市公司当中，除上述 7 家抵债后股价走势较好的上市公司之外，股价走势不具有稳定性的多达 8 家，分别为飞马

---

[1] 因天翔环境重整计划未明确抵债价格，因此未将天翔环境纳入统计范围。
[2] 2021 年底以后法院批准重整计划的上市公司未纳入统计范围，统计数据截至 2022 年 3 月 3 日。

特殊机会投资之道 2

国际、永泰能源、中南文化、厦工股份、柳化股份、泸天化、舜天船舶、科健股份，其重整后的股价走势如下（截至 2022 年 3 月 3 日）：

飞马国际自 2020 年底抵债后的最高股价为 4.90 元，高于抵债价格 4 元/股，但仅在 2021 年 11 月 25 日—2021 年 12 月 6 日期间的 8 个交易日内维持抵债后股价高于抵债价格 4 元/股。

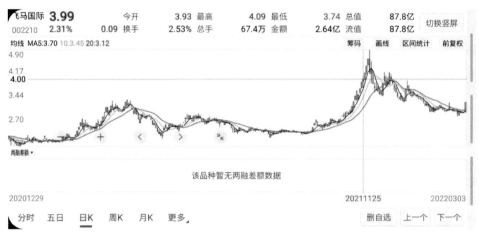

图 1　飞马国际抵债后股价走势图

永泰能源自 2020 年底抵债后的最高股价为 2.35 元，高于抵债价格 1.94 元/股，但仅在 2021 年 9 月 1 日—10 月 19 日期间的 26 个交易日维持抵债后股价高于抵债价格 1.94 元/股。

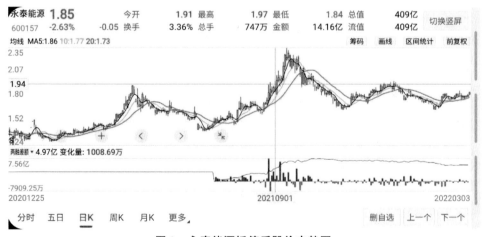

图 2　永泰能源抵债后股价走势图

中南文化自2020年底抵债后的最高股价为3.55元,高于抵债价格3元/股,但仅在2021年12月2日—2022年1月19日期间的31个交易日维持抵债后股价高于抵债价格3元/股。

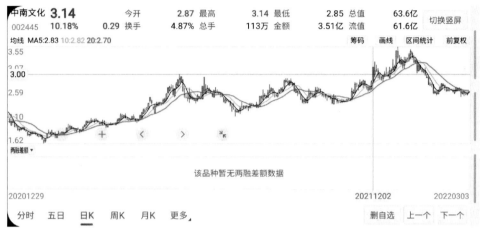

图3 中南文化抵债后股价走势图

厦工股份自2019年底抵债后的最高股价为3.63元,高于抵债价格3.6元/股,但仅在2021年8月6日和2022年1月10日这2个交易日出现抵债后股价高于抵债价格3.6元/股的情形。

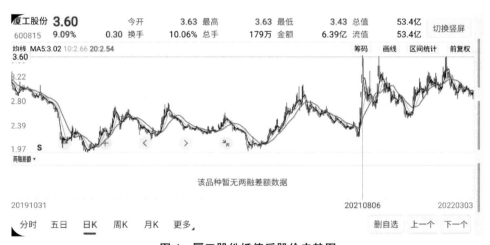

图4 厦工股份抵债后股价走势图

柳化股份自 2018 年底抵债后的最高股价为 4.99 元，高于抵债价格 4.83 元/股，但仅在 2019 年 4 月 8 日、4 月 11 日—12 日和 2022 年 1 月 6、11 日这 4 个交易日出现抵债后股价高于抵债价格 4.83 元/股的情形。

图 5　柳化股份抵债后股价走势图【周 K 线】

泸天化自 2018 年年中抵债后的最高股价为 9.09 元，高于抵债价格 8.89 元/股，但仅在 2021 年 9 月 19 日这 1 个交易日出现抵债后股价高于抵债价格 8.89 元/股的情形。

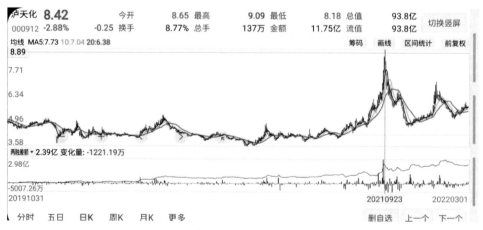

图 6　泸天化抵债后股价走势图

舜天船舶自 2016 年底抵债后的最高股价为 15.30 元，高于抵债价格 13.72 元/股，但仅在 2017 年 3 月 9 日—3 月 31 日以及 4 月 19 日这 17 个交易日内维持抵债后股价高于抵债价格 13.72 元/股。

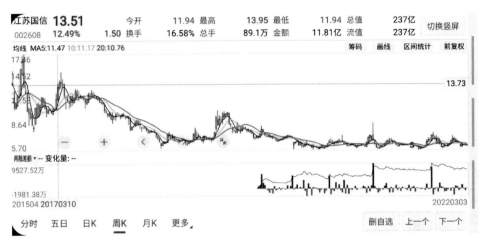

图 7　舜天船舶（江苏国信）抵债后股价走势图【周 K 线】

科健股份自 2012 年底抵债后的最高股价为 13.43 元，高于抵债价格 11.25 元/股，但仅在 2015 年 6 月 2 日—2015 年 7 月 20 日 11 个交易日内维持抵债后股价高于抵债价格 11.25 元/股。

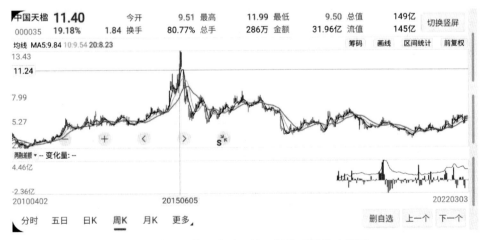

图 8　科健股份（中国天楹）抵债后股价走势图

因此，上述 8 家上市公司抵债后虽然出现过股价高于抵债价格的情形，但仅仅维持在某一小段时间内或零散出现在几个交易日内，并不能真实地反映股票的

特殊机会投资之道 2

价值可以超过或达到抵债价格。从其股票走势图来看，未来一段时间内可能也难以再次逾越抵债价格线。对于债权人而言，需要谨慎把握退出时机。若存在减持或限售期等限制，其回收债权的难度会进一步加大。

再次，抵债后上市公司股价始终低于抵债股价的共 14 家上市公司，其中云维股份自 2016 年底抵债后股价始终维持远远低于抵债价格的状态；重庆钢铁自 2017 年底抵债后，股价亦始终维持低于抵债价格的状态；2019 年完成抵债的庞大集团、沈机股份、中银绒业等，抵债后股价亦未曾高于抵债价格。

最后，抵债后股价走势情况与抵债股价及抵债时清偿率存在一定的关联性。从上表可知，在前述抵债后最高股价高于抵债股价的 15 家上市公司当中，除抚顺特钢的抵债股价与基准日股价之比为 332.77%之外，其余 14 家上市公司的抵债股价与基准日股价之比均小于 200%，且抵债后股价始终高于抵债股价的 6 家上市公司抵债股价与基准日股价之比均小于或等于 100%。而在抵债后股价始终低于抵债股价的 14 家上市公司当中，10 家上市公司的抵债股价与基准日股价之比高于 200%，3 家上市公司的抵债股价与基准日股价之比在 180%左右，仅沈机股份 1 家上市公司的抵债股价与基准日股价之比偏低（129.5%）。从清偿率角度而言，抵债后最高股价高于抵债股价的 15 家上市公司当中，仅厦工股份、抚顺钢铁、泸天化、舜天船舶 4 家上市公司的清偿率为 100%，而厦工股份、泸天化、舜天船舶属于前述提及的抵债后股价高于抵债股价但不具有稳定性的上市公司，其他 11 家上市公司的清偿率均低于 100%；抵债后股价始终低于抵债股价的 14 家上市公司当中，则有 7 家上市公司的清偿率为 100%。因此，笔者认为，通常情况下，上市公司破产重整实施抵债时，抵债股价与基准日股价之比过高，或者清偿率过高，则说明抵债价格可能定价过高，后续股价上涨空间面临压力，高于抵债股价的可能性较低。

此外，债权人除在取得股票时存在价格不公允情形外，还面临上市公司的后续退市风险和经营不善风险。天翔环境于 2021 年 4 月 19 日被法院批准重整，2021 年 7 月 9 日重整计划执行完毕，但深交所于 2021 年 8 月 30 日对天翔环境股票予以摘牌，由此导致原债权人可能面临较大的损失。沈机股份于 2019 年 12 月 31 日重整计划执行完毕，但其股票至今依然处于 ST 状态。中基实业重整后的股票始终维持高于抵债价格的股价，但其于 2013 年 4 月 3 日执行完毕后，于 2013 年 11 月 6 日股票撤销退市风险警示，其后又于 2017 年 4 月 18 日因公司 2015 年、2016 年最近两个会计年度经审计的净利润连续为负值而再次被实行退市风险警示，该警示于 2023 年 4 月撤销。

三、实施以股抵债对债权人的影响

实施以股抵债对债权人的影响主要体现在股票本身价值大小以及对债权人追偿难度方面。若抵债后对股票进行除权,那么股票的价值将进一步减少。若重整计划规定清偿率为 100%,债权人向其他连带债务人追偿则会面临障碍。

(一)以股抵债后的股票除权导致债权人所持股票价值减少

上市公司实施以转增股票抵偿债权后面临的一个难题便是转增股票后是否应当对股票价格进行除权。在正常的以资本公积转增股票程序中,所有者权益未发生改变,但股本增加,每股股票所代表的企业实际价值有所减少,因此一般应当对转增后的股票价格进行除权以反映股票的实际价值。另外,在上市公司配股的情况下,上市公司原有股东通常以明显低于市场参考价的价格进行认购,从而需通过除权向下调整股票价格。但对于重整程序中的以资本公积转增股票,转增股票并未向原股东分配,而是用于偿还债务和引进投资人,在这种情况下,是否依然适用除权?

目前市场上存在两种操作实践,一是不予除权调整股票价格,其主要理由在于,第一,上市公司以资本公积转增股本后,在扩大股本的同时资产负债结构将得到根本性改善,资产负债率将大幅下降,所有者权益大幅提高,整体上每股股票代表的企业实际价值所有提升,显然与转增后公司股本增加但所有者权益不变,导致每股股票所代表的企业实际价值下降,从而应当对股票除权向下调整股价的情况不同;第二,破产重整中的以资本公积转增的股本用于抵偿公司债务,引入重整投资人或者按照二级市场价格变现,接近于一次面向市场、协商确定的交易行为,不同于纯粹向上市公司原股东配售的行为。

二是上市公司应当对转增后股票除权向下调整股票价格,但实际是否应当除权,则应当根据股权登记日公司股票收盘价与转增股份平均价格比较结果而定,若抵债股价和重整投资人受让股价的综合股价低于转增除权日前股票收盘价,则股票价格应进行除权调整,若抵债股价和重整投资人受让股价的综合股价高于转增除权除息日前股票收盘价,则股票价格不进行除权调整。这种操作实践的主要理由在于,资本公积转增股本后,公司负债减少,所有者权益增加,此消彼长下,需要考虑各项因素对公司股票真实价值产生的影响,如新增每股股票带来的所有者权益增加(新增所有者权益/新增股份数)低于目前上市公司在二级市场上的股价,则需要对公司二级市场股价依照相关公式进行除权。[①]

截至 2021 年底,在 59 家以资本公积转增股本的上市公司当中,共 31 家上市

---

① 参见《大集集团重整计划》和《雅博科技重整计划》。

特殊机会投资之道 2

公司对转增后股票进行除权或认为应当进行除权，28 家上市公司对转增后股票不予除权调整股票价格。近三年上市公司破产重整以资本公积转增股本后对股票作除权处理情况如下：

表 3 上市公司破产重整后股票除权数量汇总表

年份	除权		不除权	
	数量	百分比	数量	百分比
2021	12	63%	7	37%
2020	4	31%	9	69%
2019	3	50%	3	50%

根据上表的数据，转增后对股票进行除权处理和不除权处理的上市公司数量总体占比相差不大。从近三年以资本公积转增股本较为普遍的上市公司来看，对股票进行除权处理和不除权处理的情况并无明显规律。但显然可见的是，2021 年破产重整上市公司对转增后股票除权处理的百分比明显剧增。

从债权人角度而言，根据前述统计，债权人以股抵债的股票价格一般高于上市公司的二级市场股票价格，如在转增股票后仍对股价进行除权向下调整，将会进一步降低债权人持有公司股票的价值，扩大债权人损失。例如，雅博重整计划中的以股抵债股价为 5.8 元/股，股份登记日的股价为 5.38，但上市公司在转增后对股票价格进行除权，除权后股价为 2.98 元/股，远远低于以股抵债的股价。此外，对转增股票进行除权，可能会损害原股东的利益。通常情况下，资本公积转增的股本用于以股抵债和引进投资人，一般不向原股东分配，如果对股票进行除权处理，除权后的股票价格将低于除权前的价格，则有可能不利于保持原股东除权前后账面投资成本的一致性。①

近期，深交所和上交所均发布了自律监管指引②，明确规定上市公司破产重整程序中涉及权益调整方案的，应当按照相关交易规则对公司股票作除权（息）处理，但如权益调整方案约定的转增股本价格高于上市公司股票价格的，可以不对上市公司股票作除权（息）处理。因此，股票除权操作实践可能更符合立法趋势，今后上市公司破产重整涉及的资本公司转增股本，可能将以除权处理为主，不除权为例外，相关利益主体需要提前考虑取得股票的综合价格以及除权对其利益产生的影响。

---

① 参见《凯瑞股份重整计划》。
② 深圳证券交易所上市公司自律监管指引第 14 号——破产重整等事项；上海证券交易所上市公司自律监管指引第 13 号——破产重整等事项。

（二）重整计划中清偿率对债权人追偿的影响

从表 3 可知，近年来上市公司重整计划倾向于明确规定在以股抵债后债权人的债权清偿率为 100%，近三年上市公司重整计划清偿率为 100% 的情况如下：

表 4　破产重整清偿率 100% 的上市公司数量汇总表

年份	数量	百分比
2021	16	84%
2020	7	54%
2019	3	50%

从上表可知，近三年来清偿率为 100% 的上市公司占比呈上升趋势，尤其是 2021 年的 19 家重整上市公司中，16 家上市公司明确清偿率为 100%，仅 1 家上市公司（实达股份）的清偿率为 30%，其原因在于实达股份未采用以股抵债方式清偿债务，仅 2 家上市公司重整计划未明确清偿率。这一问题与前述的抵债股价过高的问题一脉相承，重整计划为了将清偿率提高至 100%，在现金不足的情况下，只能选择提高抵债股价。

对于债权人而言，在抵债股价明显高于其实际价值，但重整计划却依然明确规定债务清偿率为 100% 的情况下，债权人是否有权向其他担保人主张债权呢？这一问题在司法实践中存在争议，不同法院有着截然相反的观点，但总体趋势上法院不支持债权人继续向其他担保人主张债权。在（2020）鲁 02 民初 1505 号民事判决书中，青岛市中级人民法院认为，抵债股票在二级市场的收盘价是股票实际价值最客观、最权威的体现，而《重整计划》中抵债股票的定价远超二级市场的收盘价，2019 年 12 月 9 日《重整计划》被裁定批准时，上市公司收盘价为 1.32 元，2020 年立案时，上市公司收盘价为 1.15 元，均远低于《重整计划》确定的 5.98 元/股，因此，如果认定清偿率为 100%，则债权人实际受偿的数额将远低于其合法权益。该判决书中的《重整计划》实际上是上表中的庞大集团重整计划。针对同样一份重整计划，不同法院对清偿率却有不同的认识。在（2020）冀民终 819 号民事判决书中，河北省高级人民法院认为，根据庞大集团管理人作出的重整计划，该部分普通债权的清偿比例为 100%，该重整计划对债权人依法产生法律效力，庞大集团重整计划已经执行完毕，债权人的债权因在庞大集团破产重整程序中得到清偿而消灭，因此，债权人不能再向其他连带债务人主张连带清偿责任。针对庞大集团《重整计划》，天津市河东区人民法院亦有与河北省高级人民法院类似观点，其在（2020）津 0102 民初 758 号民事判决书中认为，在现金清偿、留债展期清偿以及以外的剩余普通债权由庞大集团在本重整计划执行期限内以资本公

特殊机会投资之道 2

积转增股本方式予以清偿的现有情况下，普通债权比例为100%，如果允许债权人在破产重整程序中申报全额债权的同时，在本次诉讼中再次主张全部本息，就会造成债权人仅基于一个借款合同关系而获得两份全额债权确认的生效判决，债权人既可依破产重整债权全额要求取得相应比例的破产重整财产，此后又可转向连带债务人要求其履行全部债务，从而造成双重受偿的结果。同样在（2020）京04执异32号民事裁定书中，对于中银绒业的《重整计划》，某金融机构向法院主张，《重整计划》中确定的每股抵债价格（5.87元）明显偏高，抵债股票的实际价值根本无法覆盖债权价值，如按照《重整计划》的以股抵债方案，实质上债权人的债权未实际全部受偿，极大地损害了债权人的债权权益，且该金融机构在二债会上投反对票。但法院认为，《重整计划》明确规定对超过50万元的普通债权以资本公积金转增的部分股票抵偿，每股抵债价格为5.87元，该部分普通债权的清偿比例约为100%，目前《重整计划》已执行完毕，认定该金融机构对中银绒业股份享有的债权在重整程序中已获得全部清偿。

对于重整计划未明确清偿率为100%的情况下，债权人是否有权向其他连带责任人主张债权清偿责任？本人认为答案是肯定的。《企业破产法》第92条明确规定，债权人对债务人的保证人和其他连带债务人所享有的权利不受重整计划的影响，《担保制度司法解释》第23条亦规定，债权人在债务人破产程序中未获全部清偿，请求担保人继续承担担保责任的，人民法院应予支持。司法实践与立法规定亦较为一致，在（2021）京民终3号民事判决书中，《合并重整计划》明确载明重整计划中以股权抵偿债权并不当然视为全额清偿，清偿率=（抵偿获得的股权数量×每股价值）÷股权抵偿对应的债权金额，法院根据重整计划确认的每股的评估价值确认债权人在重整程序中获得的债权清偿额之后，支持债权人就剩余债权向保证人主张清偿责任。

目前市场上很多重整计划将以股抵债的股价定价偏高，以便将清偿率提高至100%，其背后的考虑因素可能包括清除关联方担保责任或债务，或者满足债权人绝对优先的理论，将清偿率提高至100%以便保留原股东权益。但以股抵债股价虚高，明显损害了债权人利益。实际上，根据重整成本共担理论，保留原股东权益并不必须以清偿率100%为前提，实践中亦有上市公司重整后清偿率未达到100%，但保留了原股东权益。例如，凯瑞重整计划未明确说明清偿率的具体数额；中南文化重整计划明确规定以现金方式清偿20%，以转增股票方式清偿30%；沈机重整计划则规定金融普通债权在按9元/股价格抵债后，金融普通债权人的综合清偿率约30%；金贵银业重整计划则做了更为巧妙的安排，其规定，根据《财务咨询报告》，金贵银业未来五年股票价格的合理区间为6.04元/股至12.08元/股，重整计划采用该区间的下限6.04元/股作为股票抵偿债务的折算价格，普通债权超过 20 万元部分的受偿率为 46.09%，在抵债股票价格达到区间上限 12.08 元/股时，普通债权超过 20 万元部分的受偿率为 90.18%，在抵债股票价格达到 13.42 元/股时，普通债权可以获得全额受偿。

针对重整计划中清偿率 100% 的规定，有保证担保的债权人可以采取以下措施应对抵债价格虚高及清偿率为 100% 的问题：首先，债权人可以联合共同在债权人会议上就重整计划草案投反对票，以此否决重整计划草案。但从目前实践情况看，单个债权人往往是被裹挟，在债权人会议上无能为力，各债权人联合亦难以否决重整计划草案，最多是延迟重整计划的通过，因为重整计划草案被否决之后，在满足特定条件的情况下，管理人可以提交法院强制裁决，这一做法在市场上非常常见。其次，债权人可以选择放弃申报债权，直接起诉保证人主张保证担保责任。考虑到申报债权获得清偿程度不可预见，在保证人尚具备清偿能力的情况下，债权人可以要求保证人承担责任后，未清偿部分另行向债务人申报债权。最后，若债权人已经申报债权，可以在破产程序终结前起诉保证人要求承担保证责任，并向保证人转付其申报债权。根据《破产会议纪要》，破产程序终结前，已向债权人承担了保证责任的保证人，可以要求债务人向其转付已申报债权的债权人在破产程序中应得清偿部分。但司法实践中，法院判决不一，法院可能会判决保证人承担保证责任，可能会判决保证人在破产程序终结后承担保证责任，亦可能会裁定中止审理，待破产程序结束后再行审理。若法院作出后两种裁决，债权人可能依然无法改变以股抵债价格虚高和重整计划清偿率 100% 的不利后果。

四、小结

近年来，上市公司破产重整中通过以股抵债清偿债务的方式越来越普遍，但抵债价格普遍高于重整投资人取得股票的价格以及股票当时的实际价值，导致了后续股票上涨面临较大压力，抵债后股价高于抵债股价的压力较大。由于较高的抵债价格可以提升债务人的清偿率，上市公司破产重整计划明确规定清偿率为 100% 的情况越来越多，但可能会导致债权人依据重整计划抵债受偿后，难以再向其他债务人或担保人主张权利。因此，普通债权人或者拟收购债权的投资者在接受以股抵债之前，应结合转股价格、股票实际价值、重整草案规定的清偿率、股票除权以及股价后续走势预测等因素，充分判断债权实际回收情况和投资回报。

上市公司破产重整法律实务之大股东占用资金

周　霞

上市公司大股东占用资金一直以来都是中国资本市场的顽疾，甚至成为上市公司走向退市或者破产的重要原因之一，监管部门多次重拳出击清理大股东占用上市公司资金的行为，但仍然屡禁不止。在上市公司重整过程中，大股东占用资金已经成为上市公司走向重整重生的重大阻碍。本文拟从上市公司重整的角度梳理和分析大股东占用资金的影响、监管部门对大股东占用资金的监管态势以及实践中的解决路径，以期为业务实践提供参考。

一、大股东占用资金的简要市场情况

大股东占用资金是指上市公司控股股东、实际控制人及其他关联方与上市公司在资金往来过程中占用上市公司的资金，一般包括经营性占用资金和非经营性占用资金。无论是何种类型的占用资金或何种形式的占用资金，都是监管部门所禁止的行为。

自国务院于2020年10月5日颁布《关于进一步提高上市公司质量的意见》（国发〔2020〕14号，以下简称《意见》）以来，明确要求上市公司实施破产重整应当提出解决资金占用、违规担保问题的切实可行方案，大股东占用资金行为在上市公司重整中已成为核心问题之一，也是上市公司重整需要解决的首要问题之一。以下为2020年、2021年上市公司重整中大股东占用资金的简要情况。[1]

---

[1]　数据来源于聚潮网。

表 1　2020 年、2021 年破产重整中涉及大股东占用资金的上市公司数量汇总表

序号	公司	重整批准时间	大股东占用资金金额①	解决方案	法律责任
1.	安通控股	2020.11	13.09 亿	资本公司差异化转增股票	行政处罚和证券市场禁入、刑事责任（已终止调查）
2.	金贵银业	2020.12	10.14 亿	债务转移	行政处罚调查中
3.	天神娱乐	2020.11	1,541.86 万	债权债务抵销	行政监管措施②
4.	银亿股份	2020.11	14.52 亿	现金清偿、资本公司差异化转增股票、以资产抵债	行政处罚
5.	中南文化	2020.12	1.25 亿	削债	行政监管措施、行政处罚调查中
6.	天海防务	2020.9	1457.99 万	现金清偿	/
7.	供销大集	2021.10	199.79 亿	现金清偿、以资产抵债和资本公积差异化转增股票	行政处罚调查中
8.	贵人鸟	2021.4	4000 万	现金清偿	行政监管措施
9.	海航控股	2021.10	380.22 亿	债权债务抵销、债务转移	行政处罚调查中
10.	赫美集团	2021.12	2.74 亿	债务转移	行政处罚调查中
11.	华昌达	2021.12	4.76 亿	削债	/
12.	华英农业	2021.12	8,983.37 万	资本公积差异化转增股票	行政监管措施
13.	海航基础	2021.10	49.75 亿	资本公积差异化转增股票、债权债务抵销、现金清偿	行政处罚调查中
14.	康美药业	2021.11	94.81 亿	资本公积差异化转增股票、以资抵债、现金清偿、债权债务抵销	行政处罚、证券市场禁入、刑事责任
15.	众泰汽车	2021.11	3.1 亿	债权债务抵销、削债	行政监管措施
16.	天翔环境	2021.4	24.31 亿	削债、债务转移	行政处罚

---

①　表格中大股东占用资金金额统计均以上市公司重整计划或重整相关文件公开披露的信息为准，统计时点的不同会导致数据存在差异，以银亿股份为例，截至 2019 年 4 月 30 日，控股股东银亿控股及其关联方累计资金占用余额为人民币 22.47 亿元，截至 2019 年 12 月 31 日，控股股东及其关联方对公司资金占用余额为 14.52 亿元。

②　行政监管措施属于非行政处罚性监管措施，其措施包括责令改正、出具警示函、监管谈话、责令更换董事、监事、高级管理人员或者限制其权利等。

根据公开信息，2020年和2021年法院批准通过重整计划的上市公司数量分别为13家和19家，其中涉及大股东占用资金问题的上市公司分别多达6家和10家，分别占比46%和53%，可见大股东占用资金问题在上市公司重整中相当普遍。

大股东占用资金金额一般较大，上表可知，大股东占用资金高于1亿的多达12家，占比75%，高于10亿的多达8家，占比50%，其中海航系上市公司海航控股的大股东占用资金多达380.22亿元、供销大集大股东占用资金多达199.79亿元、海航基础大股东占用资金多达49.75亿元，另外康美医药和天翔环境大股东占用资金分别为94.81亿元和24.31亿元。这几家上市公司大股东占用资金数额之巨在市场上引起了非常大的反响，解决难度很大，解决过程亦非常复杂。

此外，上市公司大股东占用资金行为因其不正当性，通常未履行正当的决策程序和信息披露程序，上市公司及其董事、监事、高级管理人员，控股股东、实际控制人及其他关联方可能会被给予行政处罚或者采取行政监管措施，还可能会被追究刑事责任。目前市场上大股东占用资金行为大多数是被给予行政处罚或者采取行政监管措施，其中，被给予行政处罚的类型以警告和罚款居多。2019年实施新《证券法》后，大幅度提高了证券违法违规的成本，加大了打击信息披露违法违规行为力度，违反信息披露规定的行为最高罚款达1000万元。例如，证监会对豫金刚石实际控制人的资金占用等违规信息披露行为处以罚款1000万元，合并处以1500万元。① 上市公司及其相关方一旦被立案调查、给予行政处罚或者采取行政监管措施，将直接影响上市公司融资，还可能引发股民的集体索赔。

同时，违规信息披露资金占用行为还可能被追究刑事责任，但市场上被追究刑事责任的案例不多，被指控罪名可能包括背信损害上市公司利益罪以及违规披露、不披露重要信息罪等。例如，著名的鲜言案②中，鲜言作为上市公司实际控制人因其占用资金行为被认定为背信损害上市公司利益罪，上表中的康美药业实际控制人马兴田被认定为违规披露、不披露重要信息罪。

可见，上市公司重整中大股东占用资金的问题不仅非常普遍，而且金额较大，大股东占用资金将直接影响上市公司偿债能力、融资能力、盈利能力和营运能力。若占用资金迟迟无法归还，导致资不抵债或明显缺乏清偿能力的，还可能直接导致上市公司被申请破产清算或破产重整。

二、大股东占用资金对上市公司重整的影响

前述提及了大股东占用资金很可能导致上市公司被申请破产清算或破产重整，对

---

① 数据来源于聚潮网。
② 数据来源于聚潮网。

于已经被申请破产重整的上市公司，大股东占用资金问题也会成为重整成功的阻碍。

（一）大股东占用资金可能导致上市公司退市

大股东占用资金在资产负债表上通常通过应收账款体现出来，若该应收账款长期无法收回，审计师无法获取充分、适当的审计证据对大股东占用资金是否能够全额收回作出合理判断，上市公司对大股东占用资金的可收回金额具有重大不确定性，审计师可能出具无法表示意见的审计报告。若按照审计师要求计提坏账准备，则可能将直接导致当年净资产和净利润为负值，公司则可能被实施退市风险警示。上市公司第二年无法改善其财务情况的，根据退市新规，连续两年触及财务类强制退市指标将被终止其股票上市交易，例如连续两年净资产为负值，或连续两年财务会计报告被出具保留意见、无法表示意见或者否定意见的审计报告。以天翔环境为例，因大股东占用资金，上市公司2019年末经审计净资产为负，且2018年、2019年年度财务会计报告均被注册会计师出具无法表示意见的审计报告，深交所暂停天翔环境股票上市，最终将其摘牌。

上市公司破产重整之所以一直都非常受重整投资人的青睐，除了产业发展等方面的安排之外，核心原因之一在于上市公司本身的壳价值以及股票流通价值，便于重整投资人融资、引进其他投资人以及退出等。可想而知，若上市公司无法解决大股东资金占用问题，上市公司面临退市的风险，将难以吸引重整投资人入局，亦将为重整成功带来阻碍。

（二）大股东占用资金对重整程序的影响

探究大股东占用资金对上市公司重整程序的影响，首先应当了解上市公司重整的审批流程。自2012年最高人民法院和证监会联合协调并出台《万宁纪要》之后①，上市公司重整程序形成了"司法、行政两条线"的审批流程：

在司法程序方面，上市公司重整由中院受理，若中院认为可以受理上市公司重整申请，则应当将相关材料逐级报送最高法院审查，最高法院在证监会出具无异议函后审查决定是否应当受理重整，若同意，则由中院裁定受理上市公司重整申请。

在行政程序方面，申请人应当向上市公司所在地政府提出重整申请，当地政府同意重整的，出具维稳预案，逐级上报省政府，省政府审查同意重整的，则由省政府向证监会出具关于商请支持上市公司重整的函件。证监会审查包括重整可行性报告、维稳预案等相关材料后，审查是否同意上市公司重整，若同意，则向最高法院出具相关同意的函件。

根据该《意见》，为避免上市公司及中小股东利益进一步被损害，证券监管部

---

① 该纪要已被《关于切实审理好上市公司破产重整案件工作座谈会纪要》（法〔2024〕309号）取代。

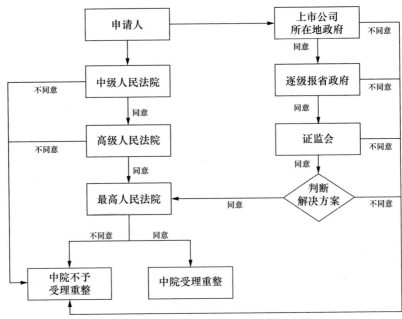

图 1　涉及大股东占用资金上市公司的重整流程图

门通常要求上市公司在进入重整程序之前解决资金占用等违规问题，或提出切实可行的解决方案，并由相关方向监管部门无条件、不可撤销地承诺清偿大股东占用资金。若上市公司无法在重整程序之前解决资金占用或提供切实可行的解决方案，证监会可能不出具同意重整的函件，法院只能不予受理上市公司重整。大股东资金占用的解决方案经证监会认可后，可能在重整之前以协议方式解决，也可能在重整计划中安排专项解决方案。

实践中，为解决大股东资金占用问题，法院通常在重整之前对上市公司进行预重整。在预重整阶段，各方可以开展相关重整的工作，如债权预申报、寻找投资人、重整方案设计、大股东资金占用解决方案等，同时上市公司开展重整受理审批流程，司法和行政审批程序同步进行，既可以解决大股东资金占用问题，避免上市公司退市和走向破产清算，还可以提高重整的效率。预重整阶段债权人会议通过的重整草案，可以作为重整阶段的草案，经法院批准后，对各方产生法律约束力。

三、大股东占用资金的解决方案

根据《上市公司监管指引第 8 号——上市公司资金往来、对外担保的监管要求》（以下简称《上市公司监管指引第 8 号》），上市公司大股东资金占用问题原则上应当通过现金清偿方式解决，监管部门对于非现金资产清偿控制较为严格。由于资金占用方通常无偿债能力，且大股东占用资金所形成的债权一般不附有任何担保，监管部门对解决方案要求较为严格，导致解决大股东占用资金非常棘手，甚至成为重整交易结构设计的重要影响因素。

围绕着为满足进入司法重整程序前提出监管部门可接受的切实可行解决方案，增加公司净资产使其净资产转正以避免退市的目标，市场上设计出了各种方案：现金清偿方案包括直接现金清偿模式、以资本公积差异化转增股本模式；非现金清偿方案包括债权债务抵销模式、债务转移模式、削债模式、以资抵债模式等，以资本公积差异化转增也可能属于非现金清偿方案。

（一）直接现金清偿模式

直接现金清偿模式下，一般由占用股东或第三方直接以现金清偿其所占用资金。一般适用于占用股东具有偿债能力或占用资金规模较小的情形。例如天海防务重整案例中，大股东佳豪集团占用上市公司资金1157.99万元，通过司法拍卖佳豪集团控股股东控制的佳船企业持有的长江金租的股权，所获得款项代佳豪集团清偿占用款，以彻底解决大股东资金占用问题。贵人鸟重整案例中，大股东占用上市公司资金4000万元，由大股东直接向上市公司清偿。直接现金清偿大股东占用资金是监管部门以及当事各方最为青睐的解决方案，但迫于上市公司重整实践，控股股东往往已处于困境当中，一般无力直接以现金清偿占用资金，实践中直接以现金清偿占用资金的情形往往是少数，或者仅作为其他解决方案的补充。

（二）以资本公积差异化转增股票模式

近年来，上市公司重整过程中通过以资本公积转增股票的方式调整出资人权益并引进重整投资人的方式非常普遍。资本公积转增股票既可以较好地调整出资人权益，引进投资人，还可以借此解决大股东资金占用问题，推进上市公司重整。该方案在解决大股东占用资金问题中较为常见且实施起来较为顺利。拟采用以资本公积差异化转增方案解决资金占用问题的，将资本公积金转增股票向现有股东分配，其中资金占用方获得的转增股票让渡给上市公司，由管理人公开处置或转让给重整投资人，所得处置款项偿还占用资金所形成的债务，或者资金占用方获得的转增股票直接按照特定价格回填至上市公司，而中小股东获得的转增股票则自行保留。

银亿股份重整案例中，重整计划对上市公司实施资本公积转增股票，其中应向控股股东及其支配股东分配的股票全部无偿让渡给上市公司，由重整投资人梓禾瑾芯按人民币2.07814元/股的价格受让1,178,186,330股，其中部分股票处置所得价款专项用于向上市公司偿还大股东所占用资金及利息，彻底解决资金占用

特殊机会投资之道 2

问题，剩余股票则按照相应比例分配给控股股东及其支配股东之外的股东。值得注意的是，重整投资人梓禾瑾芯另以 0.41522 元/股的价格受让 1,810,014,311 股转增股票，由此，梓禾瑾芯受让转增股票的均价不低于 1.07088 元/股。同样，安通控股重整案例中，为解决资金占用问题，应向控股股东分配的股票中的 230,004,336 股，按照重整受理之日公司股票的收盘价，即 5.69 元/股，向重整投资人转让，所得现金用于向上市公司偿还所占用的资金，部分股票则按照一定方式向其他股东分配。安通控股重整案例中，重整计划将转增股票的定价区分为 5.69 元/股、2.292964 元/股和 2.528053 元/股三个阶梯，产业投资人和财务投资人在分别以 2.292964 元/股和 2.528053 元/股受让转增股票的同时需以 5.69 元/股受让专项用于偿还占用资金的股票，但占用资金的股票转让价格依然远远低于以股抵债的价格（9.5 元/股）。安通控股和银亿股份重整计划利用差异化转增方案解决大股东占用资金问题的资金来源问题，并通过差异化定价吸引投资人，解决大股东占用资金还款金额不足的问题。

华英农业重整案例中，重整计划对上市公司实施以资本公积转增股票，所转增股票未向现有股东分配，均无偿让渡至上市公司，其中一部分转增股票转让给重整投资人，部分款项用于解决大股东资金占用问题，剩余转增股票用于偿还上市公司债务。该方案尽管解决了大股东占用资金问题，由于与占用资金无关的中小股东未获得应分配的转增股票，中小股东实际上让渡了其部分利益，以帮助解决大股东占用资金形成的债务。

在海航基础重整案例中，为解决大股东占用资金余额，控股股东及大股东按照《出资人权益调整方案》公告前一交易日即 2021 年 9 月 10 日的收盘价 12.91 元/股，向上市公司让渡转增股票约 38,539.18 万股。该价格高于重整投资人受让股票价格，低于抵债价格。海航基础的差异化转增方案是直接以转增股票抵偿所占用资金，并不是以转增股票处置款清偿，其抵偿价格的公允性可能会被市场所质疑。

通过资本公积差异化转增方案解决大股东占用资金问题相对便利简易，转增股票洁净且无权利负担，但是转增股票的定价公允性往往是监管所关注的问题，目前市场上转增股票转让给重整投资人的价格非常低，通常会引起市场和监管部门的关注。近期深交所和上交所均颁布了关于上市公司破产重整事项的自律指引，要求重整投资人受让资本公积转增股份价格定价应当合理、公允，不得损害中小投资者利益，若股票受让价格低于投资协议签署当日收盘价 80%的，上市公司或者管理人应当聘请财务顾问出具专项意见并予以披露。今后，上市公司利用差异化转增解决大股东占用资金时，需要对重整投资人受让股票的价格与股票数量以及控制权等方面做好衔接和衡量。

在资本公积差异化转增模式下，占用资金的清偿完毕时点可能是股票让渡至上市公司之时，也可能是管理人处置股票后取得清偿款之时，在可行的情况下，建议在相关文件中明确占用资金清偿完毕的时点。若是以管理人处置股票后取得清偿款之时作为占用资金的清偿完毕时点，需要注意事先核算所让渡股票将足以清偿占用资金。此外，在分配转增股票的过程中，应当注意按照公平原则向中小股东分配转增股票，避免因转增股票分配不公问题引起社会稳定问题或者中小股东起诉撤销转增方案。

（三）债权债务抵销模式

在大股东与上市公司互负债权债务的情况下，上市公司可以通过债权债务抵销的方式解决资金占用问题。天神娱乐重整案例中，第一大股东占用上市公司资金1542.88万元，但同时其为上市公司提供担保形成对上市公司1626.03万元债权，双方签署《债权债务抵销协议》对互负的债务进行抵销，彻底解决大股东占用资金的问题。海航控股重整案例中，亦采用抵销方式解决部分大股东占用资金问题。值得注意的是，债权债务抵销一般按照等价原则进行抵销，否则存在被撤销的风险，监管部门可能也难以认可非等价抵销。若上市公司股东已进入破产程序，债权债务抵销还应当取得管理人的确认。

（四）债务转移模式

为解决大股东占用资金问题，上市公司将其对普通债权人（一般是金融机构）的债务转移至占用资金的大股东，由该大股东代为清偿，以此等额冲抵大股东占用资金形成的债务。或者，上市公司将其对大股东享有占用资金债权等价转让给上市公司的普通债权人，以此清偿上市公司对其债权人的等额债务。

金贵银业重整案例中，为了解决金贵银业大股东违规占用公司资金问题，19家债权人分别与上市公司签署《债务转移暨股东代偿协议》，上市公司对19家债权人的10.14亿元债务转移至控股股东代为清偿，视为控股股东向公司清偿了10.14亿元占用资金，上市公司亦不再向19家债权人清偿10.14亿元债务。同样，赫美集团重整案例中，上市公司3家债权人分别与大股东北京首赫签署《代偿债务协议书》，约定3债权人将其对上市公司的应收债权款项代为偿付北京首赫相应欠付上市公司的资金占用款。

天翔环境重整案例中，对于上市公司的债务，一部分以转增股票清偿，剩余部分用天翔环境的应收款项清偿，应收款项为天翔环境应收的亲华科技资金占用款和/或对其他主体的应收款项，由管理人按照《重整计划》向债权人分配该应收账款。海航控股重整案例亦采用类似方案，通过协同重整的方式，上市公司债权人的其他普通债权中64.38%的债权由海航集团等大股东清偿，由此弥补大股东占用资金给上市公司造成的损失。海航集团等大股东无条件、不可撤销地承诺同意代上市公司清偿大股东占用资金对公司造成的损失的同等金额的负债。最终，该部分负债在《海航集团实质合并重整计划》中以普通类信托份额受偿。

债务转移模式操作起来非常简便，既能在无需现金清偿的前提下解决大股东资

特殊机会投资之道 2

金占用问题，还能减轻上市公司债务。根据《上市公司监管指引第 8 号——上市公司资金往来、对外担保的监管要求》第 21 条①，通过非现金方式清偿占用资金，应当满足四个条件：一是用于抵偿的资产必须属于上市公司同一业务体系，并有利于增强上市公司独立性和核心竞争力，减少关联交易；二是以资产评估值或者经审计的账面净值作为以资抵债的定价基础；三是独立董事发表独立意见或中介机构出具独立财务顾问报告；四是经股东大会同意。因此，监管部门和交易所的认可程度可能会依重整具体情况是否满足前述条件而所有不同。例如在金贵银业重整案中，交易所就上市公司通过债务转移方式解决大股东占用资金是否符合前述规定进行了询问，并要求律师出具法律意见。

债务转移模式应当注意债务的洁净转移，上市公司的债权人不能因无法向上市公司股东追偿而对上市公司享有追索权，上市公司也不能对债务转移承担任何担保或兜底责任，否则，难以被监管部门认定为切实可行的解决方案。另外，由于上市公司重整存在较大的不确定性，必须衔接好债务转移（或者为代偿/豁免等名称）生效时点与重整的进度，例如在债务转移协议中约定法院受理或批准重整之日债务转移生效，或者法院宣告上市公司破产之日债权债务关系恢复原状等。此外，上文提到大股东占用资金可能会导致上市公司退市，为避免退市，债务转移协议的生效日期可能还需要与上市公司资产负债表日或报告日协调，若资产负债表日或报告日早于重整受理日或重整批准日，各方需注意重整失败对债权人的影响。

实践中，由于上市公司的大股东一般已经无偿债能力或者处于破产边缘，上市公司债权人受让大股东占用资金后实际上难以追偿，因此上市公司的债权人为推动重整做出了部分让利。通常而言，接受此种方式的债权人可能与上市公司存在一定利益关系，或者该部分让利可能并不会弱化其在重整程序中的总体清偿情况，或者该等安排下重整收益会优于破产清算下的清偿率。例如金贵银业重整案例中，签署《债务转移暨股东代偿协议》的债权人之一为某资产管理公司，该资产管

---

① 上市公司被控股股东、实际控制人及其他关联方占用的资金，原则上应当以现金清偿。严格控制控股股东、实际控制人及其他关联方以非现金资产清偿占用的上市公司资金。

控股股东、实际控制人及其他关联方拟用非现金资产清偿占用的上市公司资金，应当遵守以下规定：

（一）用于抵偿的资产必须属于上市公司同一业务体系，并有利于增强上市公司独立性和核心竞争力，减少关联交易，不得是尚未投入使用的资产或者没有客观明确账面净值的资产。

（二）上市公司应当聘请符合《证券法》规定的中介机构对符合以资抵债条件的资产进行评估，以资产评估值或者经审计的账面净值作为以资抵债的定价基础，但最终定价不得损害上市公司利益，并充分考虑所占用资金的现值予以折扣。审计报告和评估报告应当向社会公告。

（三）独立董事应当就上市公司关联方以资抵债方案发表独立意见，或者聘请符合《证券法》规定的中介机构出具独立财务顾问报告。

（四）上市公司关联方以资抵债方案须经股东大会审议批准，大股东应当回避投票。

理公司也是重整投资人，相比于该部分债权让利，重整成功的收益可能更乐观。

（五）削债模式

削债模式是指上市公司债权人通过减免部分债权，上市公司以此获得收益填补大股东占用资金所带来的损失，以此解决大股东占用资金的问题。采用这一方式解决大股东占用资金的上市公司有中南文化、华昌股份、众泰汽车、天翔环境等。在中南文化重整案例中，为解决上市公司被大股东占用资金，普通债权人同意放弃对上市公司享有的债权部分本金、利息、罚息、违约金及其他费用，上市公司获得削债收益，对于大股东占用资金导致上市公司的损失，将以该削债收益进行损失与收益的对冲，使该损失能通过收益予以填补。华昌股份重整案例中，债权人高新投集团与上市公司签订《债务豁免协议》，以豁免上市公司部分债务方式解决原公司大股东颜华对公司的资金占用问题。众泰汽车重整案例中削债模式存在一些差异，其通过众泰汽车下属子公司的普通债权人按照其重整计划的债权调整和受偿方案豁免债权中的23914.71万元部分相应抵偿铁牛集团（大股东）对上市公司的资金占用，且豁免债权中的剩余部分相应抵偿上市公司可能的或有风险。

削债模式与债务转移模式形式上不同，但实质是一致的。削债模式是上市公司债权人直接豁免债务，是上市公司单方面获利行为，资金占用方可能不会参与削债安排，债权人豁免债务后可能无权向资金占用方追偿，而债务转移模式是债权人同意上市公司将债务转移至其大股东，但实际上该部分债务难以收回，因此对于上市公司的债权人而言，二者并无实质差别。削债模式中的债务豁免安排与债务转移安排基本一致，也应当是无条件的豁免，不能附带任何追索权利。同样，削债模式中同意豁免债务的债权人一般也是经过权衡利弊之后作出的选择，部分债权人同样可能是出于特殊目的而作出的安排。例如，华昌股份重整案例中，豁免债务的高新投集团亦是华昌股份的重整投资人，其作为财务投资人获得上市公司股票的价格仅为1.2元/股，远远低于以股抵债的价格和二级市场股票价格。

值得注意的是，削债部分既可以用于抵偿上市公司大股东占用资金，也可以用于其他用途。例如众泰汽车重整案例中，将豁免债权抵偿大股东占用资金后的剩余部分用于抵偿上市公司可能的或有风险；天翔环境重整案例中，上市公司在债务减免后终止确认债务，并将债务减免利得计入资本公积，这种做法既可以增加净资产，还可以便于后续以资本公积转增股票。此外，削债方案与债务转移方案类似，需要衔接好削债生效日与重整受理日或批准日或者资产负债表日或报告日。

（六）以资抵债模式

尽管监管部门要求严格控制非现金清偿方式，但通过以资产抵债方式解决大股东占用资金问题在市场上亦较为常见。常见抵债资产包括股份、不动产以及信

特殊机会投资之道 2

托份额等。

海航系供销集团重整案例中，管理人通过现金清偿、信托计划份额抵债和差异化转增的方式解决大股东占用资金问题。首先供销大集通过海航集团实质合并破产程序进行债权申报获得现金清偿，其次，航海集团 321 家公司的全部债务除小部分以现金清偿及留债清偿外其余债务归集至发起人公司，并以发起人设立的信托计划份额受偿，上市公司通过分配的信托计划份额获得大股东占用资金债务的清偿。最后，对于信托计划不能足额清偿部分，大股东通过转增获得的股票 597,258.5396 万股补偿给上市公司，以彻底解决大股东占用资金问题。

银亿股份重整案例中，为解决大股东占用资金问题，用于抵债的资产包括控股股东旗下子公司股权和子公司的应收账款。康美药业重整案例中，用于抵债的资产包括房产、药材存货以及林地等。

以资抵债是典型的非现金清偿，由于抵债资产在质量、定价等方面存在较大不确定性，以资抵债往往会引起监管部门重点关注，交易所经常会向上市公司发送关注函，询问资抵债是否符合《上市公司监管指引第 8 号》第 21 条的规定，具体而言，监管部门通常关注点包括：第一，抵债资产应当与上市公司属于同一业务体系，即属于上市公司的上下游业务，或与上市公司业务具协同性或相关性；第二，抵债资产应该经过严格的评估作价，资产定价合理；第三，抵债已经履行资产权利人的内部决策程序，上市公司本身亦履行股东大会决议程序；第四，资产本身不存在任何瑕疵，资产过户不存在障碍。

总体而言，前述解决大股东占用资金的方案并非独立，亦并非唯一的解决方案，任何一种方案都不具有普适性，上市公司重整情况千差万别，在不同的重整案例中监管部门对同种方案的接受程度也可能存在差异，上市公司亦可以创新其他解决方案。重整草案采用任何一种解决方案，都是考虑资金占用方的偿债能力、其他方的配合意愿和实力以及各方利益的平衡，并取得监管部门认可后的结果。实践中，在大股东占用资金金额较大的情况下，单独运用某一种模式可能难以彻底解决大股东资金占用问题，需结合运用多种模式，例如，康美医药重整案中，运用了现金清偿和非现金清偿结合的方式，现金清偿方式包括直接现金偿还和差异化转增，非现金清偿方式包括以资抵债和债权债务抵销。银亿股份、供销大集以及海航基础等上市公司亦采用现金清偿和多种非现金清偿方式解决大股东占用资金问题。无论采用何种方式解决大股东占用资金问题，实践中大股东基本上已处于破产边缘，根据《企业破产法》第 32 条，人民法院受理破产申请前 6 个月内，债务人有本法第 2 条第 1 款规定的情形，仍对个别债权人进行清偿的，管理人有权请求人民法院予以撤销。因此，在设计大股东占用资金解决方案时，上市公司应当考虑大股东破产导致占用资金清偿行为可能被撤销的风险。

四、小结

从实践中看，解决上市公司大股东占用资金问题主要依赖于债权人和重整投资人，例如债务转移模式和削债模式主要依赖于债权人的让利，以资本公积差异化转增可能主要依赖于重整投资人。解决大股东占用资金的过程中，往往蕴藏着特殊投资机会，例如，投资者可以收购上市公司债权，做好估值定价和风险报酬测算，通过债务转移模式和削债模式协助上市公司解决资金占用问题，也可以作为财务投资人购买转增股票解决资金占用问题，还可以通过收购控股股东资产解决资金占用问题，以此获得投资回报，在可行的情况下，通过协助上市公司解决资金占用问题获得其他的投资机会。

预重整实务研究
——基于各地规则的解析

谭 熠

当前,预重整作为一项新型的困境企业拯救机制,在我国司法实践中逐渐兴起,并开始在越来越多的破产重整案件中占据重要地位。本文拟通过梳理对比我国各地区预重整规则相关文件,分析我国预重整制度的政策动向和实践趋势,以期为 AMC 参与破产企业危机救助提供一些参考。

一、预重整制度概述

(一)预重整的概念

预重整制度作为国外成熟的破产制度,最早起源于美国。关于预重整,我国法律尚未有明确定义。联合国国际贸易法委员会制定的《破产法立法指南》将预重整制度称为简易重整程序,简易重整程序以自愿重组谈判达成的协议为基础,是为使受到影响的债权人在程序启动之前自愿重组谈判中商定的计划发生效力而启动的程序。[①] 预重整制度是介于庭外重组与破产重整两种制度的基础上,融合创新产生的一种新的困境企业挽救机制。具体而言,在法院裁定破产受理申请前,企业和其债权人自主进行谈判磋商,就预重整方案提前达成一致意见并获多数表决通过,当企业正式进入重整程序后,提请法院赋予重整方案司法强制力。

(二)预重整的特点

预重整制度将庭外重组协议效力向后延伸至司法程序,同时也将传统重整程序中的债权审核确认、审计评估、资产调查、重整投资人引入、重整计划草案制定和表决等核心步骤前移至司法程序启动前。与传统破产重整程序相比,预重整

---

① 联合国国际贸易法委员会:《破产法立法指南》第二部分,第 212 页。

制度最大的特点在于有效结合了企业重组和司法重整的优点，充分尊重当事人意思自治。① 各方当事人可以在预重整阶段充分主张自己的权利，管理人可以与各方当事人充分沟通协调，法院可以全方位了解重整企业实际情况，通过预重整制度充分发挥"府院联动"机制的作用，解决债务人进入重整程序后不可逆的问题，有效降低重整成本，节约重整时间，提升破产重整成功率。

二、我国预重整立法现状

目前我国法律及司法解释中尚未明确规定预重整制度。最高人民法院自2017年起印发的多份文件均强调要探索构建庭外重组与庭内破产程序的衔接机制，推动建立预重整制度。

2017年8月7日，最高人民法院发布的《关于为改善营商环境提供司法保障的若干意见》强调"积极推动构建庭外兼并重组与庭内破产程序的相互衔接机制，加强对预重整制度的探索研究"。

2018年3月4日，最高人民法院发布《破产会议纪要》，其中第22条规定："探索推行庭外重组与庭内重整制度的衔接，在企业进入重整程序之前，可以先由债权人与债务人、出资人等利害关系人通过庭外商业谈判，拟定重组方案，重整程序启动后，可以重组方案为依据拟定重整计划草案提交人民法院依法审查批准。"

2019年6月22日，最高人民法院与国家发展改革委等十三部门联合发布的《加快完善市场主体退出制度改革方案》指出"研究建立预重整制度，实现庭外重组制度、预重整制度与破产重整制度的有效衔接，强化庭外重组的公信力和约束力，明确预重整的法律地位和制度内容"。该表述为设立预重整制度最核心的诉求，即打通庭外重组、预重整、破产重整的程序，避免各方不愿将债务人推入破产程序，但庭外重组又因为没有足够的约束力而难以推进的尴尬局面。

2019年11月8日，最高人民法院发布《九民纪要》，其中第115条规定："继续完善庭外重组与庭内重整的衔接机制，降低制度性成本，提高破产制度效率。人民法院受理重整申请前，债务人和部分债权人已经达成的有关协议与重整程序中制作的重整计划内容一致的，有关债权人对该协议的同意视为对该重整计划草案表决的同意。但重整计划草案对协议内容进行了修改并对有关债权人有不利影响，或者与有关债权人重大利益相关的，受到影响的债权人有权按照企业破产法的规定对重整计划草案重新进行表决。"《九民纪要》已经明确庭外重组协议效力可以在重整程序中延伸从而适当简化庭内程序，初步建立了庭外重组与庭内破重

---

① 杜军、全先银：《公司预重整制度的实践意义》，载《人民法院报》2017年9月13日第7版。

整产程序的衔接机制。

2020 年 5 月 15 日，最高人民法院发布的《关于依法妥善审理涉新冠肺炎疫情民事案件若干问题的指导意见（二）》指出"债权人提出破产申请的，人民法院应当倡导债务人通过庭外调解、庭外重组、预重整等方式化解债务危机"。

2021 年 11 月 25 日，国务院发布的《关于开展营商环境创新试点工作的意见》指出"推行破产预重整制度，建立健全企业破产重整信用修复机制，允许债权人等推荐选任破产管理人。建立健全司法重整的府院联动机制，提高市场重组、出清的质量和效率"。

上述文件的规定均为预重整作出了制度安排和功能定位，也为地方实践探索指明了方向。

三、我国各地区预重整规则梳理

尽管预重整制度在我国立法层面尚属空白，不少法院已经开始尝试在破产案件审理过程中推行预重整制度，各地法院和政府关于预重整制度的探索和实践已初具成效。笔者对各地政策性文件进行了归纳和整理，其中 1 份为市政府发布，2 份为高级人民法院发布，17 份为中级法院发布，4 份为基层法院发布。相关文件列明如下：

表 1 各地区预重整规则汇总表（截至 2021 年 8 月）

序号	文件名称	发布主体	简称
1	浙江省高级人民法院关于企业破产案件简易审若干问题的纪要	高级人民法院	《浙江纪要》
2	温州市人民政府办公室关于印发企业金融风险处置工作府院联席会议纪要的通知	温州市政府	《温州纪要》
3	深圳市中级人民法院审理企业重整案件的工作指引（试行）	中级人民法院	《深圳指引》
4	苏州市吴中区人民法院关于审理预重整案件的实施意见（试行）	基层人民法院	《苏州吴中区意见》
5	郑州市中级人民法院审理预重整案件工作规程（试行）	中级人民法院	《郑州规程》
6	北京破产法庭破产重整案件办理规范（试行）	中级人民法院	《北京规范》
7	南京市中级人民法院关于规范重整程序适用提升企业挽救效能的审判指引	中级人民法院	《南京指引》
8	苏州市吴江区人民法院审理预重整案件的若干规定	基层人民法院	《苏州吴江区规定》

(续表)

序号	文件名称	发布主体	简称
9	苏州工业园区人民法院审理破产预重整案件的工作指引（试行）	基层人民法院	《苏州工业园区指引》
10	厦门市中级人民法院企业破产案件预重整工作指引（试行）	中级人民法院	《厦门指引》
11	四川天府新区成都片区人民法院、四川自由贸易试验区人民法院预重整案件审理指引（试行）	基层人民法院	《四川天府新区、自由贸易试验区指引》
12	广州市中级人民法院关于破产重整案件审理指引（试行）	中级人民法院	《广州指引》
13	淄博市中级人民法院关于审理预重整案件的工作指引（试行）	中级人民法院	《淄博指引》
14	洛阳市中级人民法院关于审理预重整案件的规定（试行）	中级人民法院	《洛阳规定》
15	宿迁市中级人民法院关于审理预重整案件的规定（试行）	中级人民法院	《宿迁规定》
16	北海市法院破产重整案件审理操作指引（试行）	中级人民法院	《北海指引》
17	成都市中级人民法院破产案件预重整操作指引（试行）	中级人民法院	《成都指引》
18	眉山市中级人民法院破产案件预重整操作指引（试行）	中级人民法院	《眉山指引》
19	攀枝花市中级人民法院破产案件预重整操作指引（试行）	中级人民法院	《攀枝花指引》
20	齐齐哈尔中级人民法院审理预重整案件的若干规定	中级人民法院	《齐齐哈尔规定》
21	陕西省高级人民法院破产案件审理规程（试行）	高级人民法院	《陕西规程》
22	重庆市第五中级人民法院预重整工作指引（试行）	中级人民法院	《重庆指引》
23	遂宁市中级人民法院破产案件预重整审理指引	中级人民法院	《遂宁指引》
24	青岛中院办公室破产案件预重整操作指引（试行）	中级人民法院	《青岛指引》

上述已出台预重整文件的地区主要集中在北京、广深、川渝及东部沿海等。债权人或重整投资人如希望利用预重整制度实施破产重整，可先充分了解当地是否已有预重整规则，对有预重整规则的地区应重点研究预重整文件规定，对于尚

无预重整文件的地区可与当地法院充分沟通，尽可能协调当地法院采用有利于自身的预重整规则来推进预重整程序。

笔者对上述各地区预重整文件的主要内容进行了归纳整理。总体而言，各地区预重整文件规定的预重整流程大致可划分为预重整申请和启动、预重整管理人选定、预重整程序推进、预重整与重整程序、庭外重组的衔接等。

（一）预重整申请和启动

（1）预重整主体资格。就何种类型的企业可以适用预重整，大多数文件对此进行了明确限定，仅《北京规范》《宿迁指引》《河北指引》及《苏州工业园区指引》等文件未对此作出规定，上述地区原则上任何企业均可申请预重整。在明确规定预重整主体资格的文件中，《温州纪要》《攀枝花指引》及《苏州吴江区指引》仅从挽救价值、重整可能性、行业政策角度作宽泛限定，赋予人民法院较大的自由裁量权。《青岛指引》《成都指引》及《广州指引》等十余份文件则从安置职工人数、债权债务关系的体量及复杂程度、企业规模及影响力、社会稳定等因素进行明确性限定。其中《深圳指引》的标准最为严格，从职工人数、上下游企业、债权人数量等方面进行了标准量化。①

（2）预重整启动方式。各地区文件规定的预重整启动方式可划分为五类。第一类为法院牵头模式。申请人向法院提出重整申请后，法院在取得当事人同意后，依职权决定是否进入预重整。这类模式为当前主流模式，《北京规范》《深圳指引》《广州指引》及《南京指引》等15份文件均采用此种模式。采用该种模式的文件规定的申请主体存在一定差别，《淄博指引》规定由债务人书面申请；《苏州工业园区指引》规定债权人或者债务人可以向法院提出预重整申请；《陕西规程》则将申请主体扩展至债务人、债权人、其他相关利害关系人。第二类为依申请由法院启动模式。当事人先向人民法院提出预重整申请，再由人民法院决定是否进入预重整，当事人享有主动撤回权。目前仅有《成都指引》《眉山指引》和《郑州规程》采用此种模式。第三类为政府牵头模式。政府有权启动预重整程序，人民法院对相关工作进行指导监督。目前仅《温州纪要》采用此模式。第四类为自行庭外重组模式。法院不参与整个预重整流程，目前仅《厦门指引》采用此模式。第五类为自行庭外重组和依申请由法院启动的混合模式。重整申请前，自行庭外重组后，债务人自行达成重组协议，在法院受理破产重整申请后，债务人申请法院审查其预先制作并表决通过的重整计划草案，破产申请审查阶段，由法院启动预重整。目前仅有《重庆指引》采用该模式。

---

① 《深圳指引》第28条第1款规定："债务人符合下列情形之一的，可以进行预重整：（一）需要安置的职工超过五百人的；（二）债权人两百人以上的；（三）涉及超过一百家上下游产业链企业的；（四）直接受理重整申请可能对债务人生产经营产生负面影响或者产生重大社会不稳定因素的。"

与域外预重整相比，我国各地区预重整的显著特征是法院或政府主持下的预立案阶段的预重整。由于预重整由政府或法院主持，因而具有一定的司法或行政色彩，但由于法院尚未裁定受理重整申请，我国各地的预重整程序仍属于庭外重组程序。法院或政府除了可以决定许可启动预重整并在业务上给予指导外，不对预重整案件作为司法重整案件开展审判活动，也不可在案件正式进入司法重整程序前认可预重整行为的效力。①

(3) 预重整启动时间。预重整启动时间可分为受理重整申请前和提出重整申请前。目前仅《温州纪要》和《厦门指引》将预重整启动时间设定在提出重整申请前。其中《温州纪要》设立政府主导下的预重整机制，将政府发布书面文件的时间作为预重整程序启动的时间。②《厦门指引》采用自行庭外重组模式，由当事人就预重整方案达成基本一致后再向法院提出重整申请。③ 剩余文件则均将预重整启动时间设定在受理重整申请前。

(二) 预重整临时管理人确定

1. 临时管理人选任。从各地区文件来看，除《厦门指引》和《淄博指引》未明确规定临时管理人选任程序外，所有文件均对此作出相关规定。首先，所有文件均规定临时管理人必须出自人民法院管理人名册中，部分文件进一步细化区分管理人等级，如《北京规范》规定简单预重整的临时管理人可以在"二级管理人"中指定，《深圳指引》规定预重整临时管理人一般为"一级管理人"。其次，对于临时管理人的选任主体，除《温州纪要》规定由政府指定外，其余文件均规定由人民法院指定。再次，临时管理人的选任主要通过摇号、摇珠、推荐、协商一致、竞争等形式确定。最后，对于预重整临时管理人与重整管理人衔接，各地区文件规定则有所不同。《深圳指引》规定人民法院受理重整申请后，应当指定预重整管理人为重整管理人；《成都指引》和《青岛指引》则规定只有在享有普通债权的已知债权人过半数同意且其所代表的债权额占普通债权总额2/3以上，以及对债务人特定财产享有担保权的已知债权人未提出异议时，临时管理人才可以续任重整管理人；《陕西指引》则规定预重整转为重整后，临时管理人可优先被指定为重整管理人；其他文件均规定临时管理人是否续任由人民法院根据临时管理人履职表现决定。

---

① 苏颖：《预重整的近期发展及地方预重整指引分析》，https://www.sohu.com/a/387736743_734245，2020年4月13日访问。

② 《温州纪要》第2条第 (三) 项规定："预重整程序由属地政府启动，并指定入选人民法院管理人名册的中介机构负责具体工作；人民法院对相关工作进行指导和监督。"

③ 《厦门指引》第1条规定："申请破产前，债务人可以与债权人、出资人等利害关系人协商拟定重整计划草案。"

2. 临时管理人职责。根据各地区文件的规定，临时管理人在预重整期间主要履行下列职责：(1) 全面调查债务人的基本情况、资产负债情况、涉诉涉执情况；(2) 查明债务人是否具有重整价值和重整可能；(3) 明确重整工作整体方向，组织债务人与其出资人、债权人、重整投资人等利害关系人协商拟定预重整方案；(4) 监督债务人经营管理情况，定期向法院报告预重整工作进展，及时向法院报告对各方主体利益影响重大的事项；(5) 根据情况向人民法院提交终结预重整程序的申请或预重整工作报告等。

3. 临时管理人报酬。所有文件均规定预重整阶段临时管理人不另行收取报酬。临时管理人报酬数额根据以下三种具体情况分别确定。第一种情况为预重整未转入重整程序，除《温州纪要》规定"支付合理报酬"外，各地区文件均规定由临时管理人与债务人协商确定，协商不成的，由法院确定管理人报酬。第二种情况为预重整转入重整程序且临时管理人续任重整管理人，则由法院根据临时管理人在预重整期间的履职情况等因素确定。第三种情况为预重整转入重整程序但重新选定管理人的，预重整报酬由法院确定，一般列入破产费用。

（三）预重整程序推进

1. 预重整期限。大部分文件对预重整期限的规定在 4 个月到 9 个月之间。仅少数文件未明确预重整期限，即具体期限可由当事人协商一致确定。

表 2　预重整期限规则汇总表

期限（月）	指引文件
3+1	《深圳指引》《苏州吴江区规定》《苏州工业园区指引》《四川天府新区、自由贸易试验区指引》《广州指引》《淄博指引》《宿迁规定》《重庆指引》《遂宁指引》
3+2	《成都指引》《攀枝花指引》《洛阳规定》
3+3	《青岛指引》《郑州规程》
5+1	《陕西规程》
6+1	《眉山指引》
6+3	《温州纪要》《苏州吴中区意见》《南京指引》《齐齐哈尔规定》
未规定	《北京规范》《厦门指引》《北海指引》

关于预重整期限计算方式，除《温州纪要》和《厦门指引》未明确规定外，其他文件均将人民法院作出预重整决定之日设定为预重整期限起算日，预重整期限终止日的设定则有所不同，主要分为以人民法院作出是否受理重整申请裁定之

日、以临时管理人提交预重整工作报告之日两种计算方式。①

2. 债权申报和确认。目前仅有《郑州规程》《苏州工业园区指引》《洛阳规定》《成都指引》《眉山指引》《攀枝花指引》《重庆指引》及《遂宁指引》明确规定预重整期间的债权申报和确认程序。其余文件仅规定临时管理人负责调查债务人的基本情况、资产及负债情况。在对债权申报和确认做出明确规定的文件中，《遂宁指引》规定临时管理人应自法院作出临时管理人决定之日起七日内发布申报债权公告，债权人应在公告规定的期限内依法申报债权。《郑州规程》《苏州工业园区指引》则规定预重整临时管理人应当书面通知已知债权人申报债权，并明确申报期限为自债权人收到书面通知之日起 10 日。《洛阳规定》《成都指引》《眉山指引》《攀枝花指引》仅笼统规定预重整临时管理人应通知债权人申报债权。《重庆指引》则规定由债务人负责通知债权人申报债权。

3. 债权人委员会及表决机制。仅《浙江纪要》《深圳指引》《厦门指引》《成都指引》及《青岛指引》未对预重整期间设立临时债权人委员会进行规定，其余文件均规定可以成立临时债权人委员会，但其中绝大部分文件并未明确临时债权人委员会表决机制，仅《陕西指引》规定人民法院应当指导债务人、债权人和相关利害关系人根据重组意向，制定相关的重组规则和有关会议的召集程序及表决方式。

4. 预重整草案表决。《苏州吴中区意见》规定预重整期间届满，债务人、债权人或管理人未能提交重整方案，或提交的重整方案预表决时未能获得出席债权人会议的半数债权人且其代表的债权额占已知债权额三分之二以上通过的，则预重整工作终止。《苏州工业园区指引》规定参照《企业破产法》第 82 条、第 84 条、第 85 条、第 86 条的规定，预重整草案经债权人、出资人等利害关系人表决通过后形成预重整方案。《厦门指引》则规定债务人协商拟定重整计划草案后，应当召集已知债权人，按照《企业破产法》第 82 条的规定分组对重整计划草案进行预表决，或者以书面方式征求债权人的意见。其余文件均未明确规定预重整草案表决相关内容。

5. 预重整债务人义务。根据各地区文件的规定，债务人在预重整期间主要履行下列义务：(1) 妥善保管财产、印章和账簿、文书等资料，配合人民法院采取财产保全措施；(2) 继续经营的，勤勉经营管理，妥善维护资产价值；(3) 配合临时管理人调查，配合审计评估，如实回答询问并提交材料，接受临时管理人的监督；(4) 及时向临时管理人报告经营中的重大事项；(5) 不得对外清偿债务；

---

① 如《成都指引》第 6 条规定："预重整期间自作出预重整决定之日起至作出是否受理重整申请裁定之日止，为预重整期间。预重整期间为三个月。"

(6）积极与出资人、主要债权人、意向投资人等利害关系人协商，制作预重整方案；（7）完成预重整相关的其他工作等。

6. 停止清偿、中止执行和保全。除《厦门指引》和《温州纪要》外，其余文件均规定禁止债务人在预重整期间对外清偿债务，其中部分文件规定了个别清偿的例外情形，具体包括维系基本生产必要的开支，清偿使债务人收益，经诉讼、仲裁、执行的清偿等。

《企业破产法》明确规定受理破产申请后执行程序中止。[①] 对于预重整是否具有中止执行效力，《深圳指引》《眉山指引》及《北海指引》等文件规定应当中止执行程序，其中《广州指引》和《淄博指引》进一步将中止执行程序限制在"执转破"案件的预重整程序中，《成都指引》要求不仅应中止对债务人财产的执行，还应中止对债务人财产的保全措施，不过将中止执行程序的法院限定在本市辖区内人民法院。《重庆指引》《陕西规程》及《苏州吴中区意见》等文件规定协商中止执行程序。其中《陕西规程》较为特殊，其是目前唯一一份明确表示不认可预重整程序中止执行的效力的文件，但其同样准许通过受理预重整的法院和执行法院进行协商而中止执行程序。《南京指引》《厦门指引》及《青岛指引》等文件则未明确预重整的中止执行效力。

7. 预重整费用。预重整费用包括预重整期间管理人支出的差旅费、尽职调查费等执行职务费用。各地区文件就预重整阶段产生的费用有三种处理模式。第一种模式为先由债务人财产随时支付，未支付的再列入破产费用。采用该种模式的包括《深圳指引》《南京指引》及《苏州工业园区指引》等。第二种模式为先由临时管理人与预重整参与人协商。协商不成的，由债务人财产随时支付，未支付的再列入破产费用。《北京规范》《广州指引》等文件采用该种模式。第三种模式为预缴制，即要求申请人在申请预重整时向法院预先缴纳一定数额的预重整启动费用，用于支付临时管理人的费用和报酬。《成都指引》《攀枝花指引》等文件即采用此模式。

（四）预重整与重整程序、庭外重组的衔接

1. 预重整的终止。各地区文件将预重整终止分为正常终止和非正常终止两类。正常终止是指预重整临时管理人规定期限内向人民法院提交预重整工作报告，人民法院在收到预重整工作报告后，应当在法定期限内作出是否受理重整申请的裁定，从而实现预重整程序与司法重整程序的衔接。非正常终止是指在预重整阶段中，临时管理人发现债务人不具有重整原因、不具有重整价值、不具有重整可能，

[①] 《企业破产法》第 19 条规定："人民法院受理破产申请后，有关债务人财产的保全措施应当解除，执行程序应当中止。"

或债务人具有《企业破产法》第 31 条、第 32 条、第 33 条规定的情形,① 或者可能存在严重损害债权人利益的其他情形,或债务人拒不履行相应的法律义务致使预重整目的不能实现的,或债务人无法支付预重整必要费用,且无人垫付的情形下,法院可依申请裁定终结预重整程序。

2. 预重整方案效力延伸。各地区文件均确立了禁止反言规则,明确规定预重整方案具有延伸效力。具体而言,在人民法院受理重整申请后,债务人或者管理人应以预重整方案为依据制定破产重整计划草案,并提交人民法院和债权人会议,满足以下任一情况,有关出资人、债权人对预重整方案的同意视为对重整计划草案的表决同意,具体包括:(1)当提交的重整计划草案与预重整方案内容一致或有关权利人的权益更趋优化;(2)重整计划草案对债权人、出资人承诺或者同意内容的修改未实质影响到债权人、出资人利益,且相关债权人、出资人同意不再对重整计划草案进行表决。大部分文件规定了两种例外情形:一是重整计划草案对预重整方案内容进行了修改并对有关权利人产生不利影响;二是预重整方案征求意见前债务人隐瞒重要信息、披露虚假信息,或者征求意见后出现重大变化,有可能影响出资人、债权人决策的。上述情形中的相关出资人、债权人有权对重整计划草案重新表决。值得注意的是,《厦门指引》和《温州纪要》未设置例外情形。

3. 与庭外重组的协调。庭外重组是一个独立的制度,并不与法院的司法重整程序相互关联或影响,当庭外重组因成功或不成功而结束,需要进入重整或清算程序时,要由当事人提出相应的破产申请。② 对预重整与庭外重组的协调问题,仅有《北京规范》《北海指引》《淄博指引》及《眉山指引》规定,达成预重整方案后可以撤回重整申请,自行庭外重组。其余文件均未对此作出明确规定。

四、结语

我国各地区文件对预重整模式、启动程序、与庭内重整的衔接等多方面的规定上存在一定差异。同时,各地区文件在预重整是否公告申报债权、预重整期间是否停止计息、预重整期间能否行使担保物权等内容上仍有缺失,后续有待立法

---

① 《企业破产法》第 31 条规定:"人民法院受理破产申请前一年内,涉及债务人财产的下列行为,管理人有权请求人民法院予以撤销:(一)无偿转让财产的;(二)以明显不合理的价格进行交易的;(三)对没有财产担保的债务提供财产担保的;(四)对未到期的债务提前清偿的;(五)放弃债权的。";第 32 条规定:"人民法院受理破产申请前六个月内,债务人有本法第二条第一款规定的情形,仍对个别债权人进行清偿的,管理人有权请求人民法院予以撤销。但是,个别清偿使债务人财产受益的除外。";第 33 条规定:"涉及债务人财产的下列行为无效:(一)为逃避债务而隐匿、转移财产的;(二)虚构债务或者承认不真实的债务的。"

② 王欣新:《重整的制度建设与实务辨析》,载《人民司法》2021 年第 7 期。

特殊机会投资之道 2

进行明确。

  鉴于现行破产相关立法更多考虑的是破产法律程序的公正性,对提升困境企业重整效率兼顾不够。① 破产重整程序推进缓慢将可能导致困境企业面临更多风险和不利后果,无法起到挽救困境企业的目的。金融资产管理公司开展困境企业救助项目时,如判断企业具有挽救价值和重整可能性,可参照可适用地区的现有预重整规则,积极借助预重整制度在困境企业拯救上的优势,进而最大程度保障后续重整程序的顺利推进,降低重整成本,提升重整效率。

---

① 张世君:《我国破产重整立法的理念调适和核心制度改进》,载《法学杂志》2020 年第 7 期。

共益债投资的法律难点与风险控制

——破产程序中新增借款的性质及清偿顺位

杨 芮

当前,随着供给侧结构性改革的推进及中央优化营商环境、加快完善市场主体退出机制的改革脚步,"破产重整"一度成为热词。对金融行业,尤其是不良资产行业来说,破产重整带来了一些投资机会。破产重整关乎企业生死,其中,新融资的注入往往是重整成功的关键,因此,共益债投资具有较大的市场需求。此外,共益债在破产清偿中还具有一定的优先顺位,因此成为投资人较为关注的一种破产重整项目切入方式。近年来,部分金融资产管理公司专设基金参与共益债投资,[①] 浙江金融资产交易中心则创新发行了部分共益债融资产品,[②] 可见共益债投资在市场上已有较多成功案例。

随着《破产法司法解释(三)》的出台,在市场实践中,投资人往往采取为破产债务人新增借款的方式参与共益债投资。但值得注意的是,并非所有破产程序中的新增借款都可以被认定为共益债,其优先顺位可能也并不当然满足投资人的风控要求。因此,笔者拟结合共益债的相关法律规定及司法实践,针对在破产程序中新增借款这一投资方式,尝试对共益债投资中的以下法律难点进行回应:

(1)在破产程序中为债务人发放的新增借款是否能被认定为共益债务?需要满足什么条件?作为重整投资人以借款方式支付的重整投资价款是否能被认定为共益债务?

(2)在破产程序中为债务人发放的新增借款的法定清偿顺位如何?是否可优

[①] 如某资产管理股份有限公司,其设立的共益债投资基金已参与了大连机床等破产企业的共益债投资。

[②] 参见孙建、李荐:《资产证券化:破解重整企业融资难的新路径》,载《月旦财经法杂志》2020年6月第45期"热点聚焦"栏目。

先于税收债权、职工债权？是否可优先于有财产担保债权或其他优先债权？

（3）为债务人发放新增借款的时间介入点如何选择？能否在重整计划执行阶段介入共益债投资？能否在预重整阶段介入共益债投资？

一、难点一：破产程序中新增借款的性质认定

（一）《企业破产法》关于新增借款的性质认定

在破产程序中为债务人新增借款，其性质到底是否为共益债，是一个有争议的问题。按照《企业破产法》第42条的规定，一笔债务须同时满足如下条件，方可构成共益债：（1）发生于破产申请受理后；（2）系为全体债权人的共同利益发生，而非为部分债权人的个别利益而发生；（3）债务属于《企业破产法》第42条规定的债务类型。①《企业破产法》第42条对共益债类型进行了封闭式列举，且并未规定"借款"这一债务类型，因此，在《破产法司法解释（三）》出台之前，司法实践中，新增借款即便是为全体债权人利益而产生，但其是否属于共益债务颇具争议，争议焦点则为借款是否属于《企业破产法》第42条第4项所列的"为债务人继续营业而支付的劳动报酬和社会保险费用以及由此产生的其他债务"。法院是否会将新增借款认定为共益债务，存在较大不确定性，②投资人也面临较大的投资风险。

（二）《企业破产法解释（三）》关于新增借款的性质认定

为解决破产企业融资难的问题，同时为满足世界银行营商环境评价体系的相关标准，2019年《破产法司法解释（三）》出台，并于该解释第2条对新增借款处理方式的实践争议进行回应。该条明确规定："破产申请受理后，经债权人会议决议通过，或者第一次债权人会议召开前经人民法院许可，管理人或者自行管理的债务人可以为债务人继续营业而借款。提供借款的债权人主张参照《企业破产法》第四十二条第四项的规定优先于普通破产债权清偿的，人民法院应予支持，但其主张优先于此前已就债务人特定财产享有担保的债权清偿的，人民法院不予支持。"

据此，立法层面并未明确新增借款的共益债性质，但明确参照共益债的相关

---

① 《企业破产法》第42条：人民法院受理破产申请后发生的下列债务，为共益债务：
（一）因管理人或者债务人请求对方当事人履行双方均未履行完毕的合同所产生的债务；
（二）债务人财产受无因管理所产生的债务；
（三）因债务人不当得利所产生的债务；
（四）为债务人继续营业而应支付的劳动报酬和社会保险费用以及由此产生的其他债务；
（五）管理人或者相关人员执行职务致人损害所产生的债务；
（六）债务人财产致人损害所产生的债务。

② （2014）粤高法民二破终字第2号中，东莞市中级人民法院认为只有《企业破产法》第42条规定的债务才属于共益债务，该条列举中并未包括重整期间的借款债务。后广东省高院二审则认为，判断是否为共益债务的核心在于是否系为债务人继续营业而产生，而非债务形式，并将本案借款认定为共益债务。

规定，支持投资人关于优先于普通债权清偿的主张，使得《企业破产法》第42条的封闭式列举取得一些解释空间。但是，条文使用"参照"，而非"按照"，并强调优先于普通债权，而对其是否优先于职工债权、税款债权语焉不详，导致实践中仍然存在争议。

对此，就《破产法司法解释（三）》出台后的实操经验而言，总的来说，将新增借款认定为共益债应不存在太大障碍，实操中，投资人可于债权人会议决议及重整计划中写明新增借款作为共益债的性质，提前取得司法确认，以增强交易稳定性。

（三）重整投资价款能否被认定为共益债务

重整投资人参与破产重整项目时，有时会以股东借款等形式向债务人发放重整投资价款，由此，重整投资价款即具有借款外观。《破产法司法解释（三）》第2条明确规定新增借款的用途必须为"为债务人继续营业"，那么，具有借款外观的重整投资价款能否被理解为"为债务人继续营业"而被认定为共益债务呢？对此，大多数观点认为具有借款外观的重整投资价款并不当然依据此条规定享有共益债的清偿顺位。原因有：一是《破产法司法解释（三）》的出台目的系保护破产债权人，并非针对重整投资人提供保护；二是重整投资方式多样，重整投资的收益并不简单是债权收益，有可能搭配一系列利益安排，如实现对破产企业的资产或股权并购等，其与单纯为债务人继续经营而发生的借款有所区别；三是重整投资价款的用途往往是用来清偿破产债权，与法律规定的"为债务人继续营业"并不完全一致。因此，重整投资价款即便具备借款外观，也并不会当然被认定为共益债务。但是，笔者理解，若债权人会议、管理人及法院等主体均认可将具有借款外观的重整投资价款认定为共益债务，法律亦不禁止这样的安排。实操中，重整投资人可严格履行共益债的法定程序，取得对共益债性质的司法确认，以保障交易稳定性。

综上，一笔破产程序中的新增借款可以被认定为共益债务，但须同时满足以下条件：(1) 发生于破产申请受理后；(2) 系为全体债权人的共同利益发生，而非为部分债权人的个别利益而发生；(3) 借款用途为"为债务人继续营业"；(4) 须经债权人会议决议通过，或者第一次债权人会议召开前经人民法院许可；(5) 具有借款外观的重整投资价款在履行共益债的法定程序、且以记入重整计划等方式取得司法确认后，可理解为共益债务。

二、难点二：破产程序中新增借款的清偿顺位

应引起共益债投资人注意的是，共益债务在破产程序中的优先性并不是绝对

特殊机会投资之道 2

的，共益债务至少并不优先于抵押债权等有财产担保债权清偿。① 但实践中，破产企业往往已用足所有融资工具，有财产担保债权尚且常常无法全额退出，何况后顺位的共益债权。此外，破产程序中新增借款优先于普通债权的主张可以得到支持，但其清偿顺位能否完全取得共益债相对于职工债权、税款债权的优先性，实践中也不无争议。因此，破产程序中新增借款的法定清偿顺位如何、能否取得一定程度的"超优先性"，应引起投资人的关注。

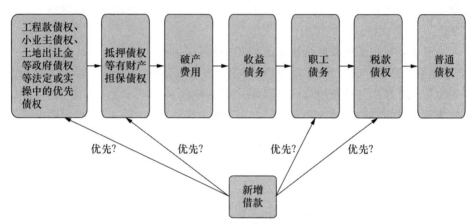

图 1 破产程序中各债权清偿顺位

（一）新增借款是否优先于税款债权和职工债权清偿

根据《企业破产法》第 43 条、113 条，共益债优先于职工债权、税款债权及普通债权，随时产生，随时清偿。② 而《破产法司法解释（三）》则单独强调新增借款优先于普通债权清偿。那么，新增借款是否可优先于税款债权、职工债权清偿？

---

① 《企业破产法》第 109 条：对破产人的特定财产享有担保权的权利人，对该特定财产享有优先受偿的权利。

② 《企业破产法》第 43 条：破产费用和共益债务由债务人财产随时清偿。
债务人财产不足以清偿所有破产费用和共益债务的，先行清偿破产费用。
债务人财产不足以清偿所有破产费用或者共益债务的，按照比例清偿。
债务人财产不足以清偿破产费用的，管理人应当提请人民法院终结破产程序。人民法院应当自收到请求之日起十五日内裁定终结破产程序，并予以公告。
第 113 条：破产财产在优先清偿破产费用和共益债务后，依照下列顺序清偿：
（一）破产人所欠职工的工资和医疗、伤残补助、抚恤费用，所欠的应当划入职工个人账户的基本养老保险、基本医疗保险费用，以及法律、行政法规规定应当支付给职工的补偿金；
（二）破产人欠缴的除前项规定以外的社会保险费用和破产人所欠税款；
（三）普通破产债权。
破产财产不足以清偿同一顺序的清偿要求的，按照比例分配。
破产企业的董事、监事和高级管理人员的工资按照该企业职工的平均工资计算。

笔者认为，从司法解释出台的目的而言，该条款本意即为对破产债务人新增融资的现实需求予以回应，因破产债务人信用风险较大，其资产往往连有担保债权都无法全额清偿，新增借款债权人本就承担较高风险，如再将其清偿顺位理解为仅仅优先于普通债权，无异于增加融资障碍，可能导致立法目的的实现打折扣。而且根据体系解释，《破产法司法解释（三）》既然明确新增借款参照共益债处理，则其相对于职工债权、税款债权的优先性应为题中之义，强调优先于普通债权也并不与企业破产法中关于共益债优先顺位的相关规定相冲突。因此，新增借款理应参照共益债，与共益债保持一致的清偿顺位。

王欣新教授则认为，此种争议的出现在于对"普通债权"的理解偏差，普通债权是相对于有财产担保债权而言的概念，职工债权、税款债权亦属于普通债权的一种，新增借款优先于普通债权清偿，则当然优先于普通债权中的职工债权、税款债权清偿，此乃新增借款债权人的法定权利，亦不需与职工债权、税款债权的债权人协商确定。①

《破产法司法解释（三）》出台后，已出现部分司法判例，直接将新增借款的性质认定为共益债务，并按照共益债务的清偿顺位进行处理。深圳企业破产法庭在深圳市瑞某股份有限公司破产重整案中，即将瑞某公司重整期间的借款认定为共益债务，认可其共益债务的优先顺位。②

（二）新增借款能否优先于有财产担保债权等优先债权清偿

前文已述，在特定资产上，共益债并不优先于该特定资产上的抵押债权等有财产担保债权清偿。这导致共益债投资可能很难满足投资人的风控要求。

有财产担保债权优先性的原理来自破产别除权。破产程序中，破产债权一般遵循集体清偿、统一分配的原则，但有财产担保债权具有一定的物权属性，并不就担保财产与其他债权一起参与集体清偿，而是就担保财产的价值优先清偿。担保财产价值覆盖担保债权后仍有剩余的，将按照破产费用、共益债务、其他破产债权的顺序进行分配；担保财产价值不足以覆盖担保债权的，则担保债权未得清偿的部分将与其他破产债权一道参与集体清偿。因此，就担保物价值而言，共益债权劣后于该担保物上的担保债权。

根据《民法典》等法律法规规定，还有一些其他法定优先权利比抵押债权更优先，如建设工程款债权、商品房消费者权利等。此外，在破产项目实操中，如担保物上存在欠缴的土地出让金，其变现价值将可能优先冲抵土地出让金，再对

---

① 参见王欣新：《谈破产程序中为债务人继续营业借款的清偿问题》，载《人民法院报》2020年5月21日第7版。

② 转引自"中国企业破产法论坛"微信公众号：《深圳企业破产法庭将重整期间的借款认定为共益债务》，原载《深圳法院信息》第17期，2019年5月22日最后访问。

特殊机会投资之道 2

担保债权进行清偿；如破产项目的维稳问题比较突出，如部分房地产企业破产项目中，小业主矛盾非常尖锐，则小业主债权的优先范围亦可能超过法定边界。因此，如破产项目中存在上述情形，共益债的清偿顺位将更加靠后，其将劣后于工程款债权、小业主债权等法定优先债权及有财产担保债权，甚至于实操中劣后于部分关涉维稳的债权、政府债权等。

据此，投资人如拟参与共益债投资，应对破产企业的债务情况进行全面、细致的尽职调查，不可想当然认为共益债的法定优先性即足以支撑己方资金退出；同时，亦应对破产企业的资产状况进行全面、细致的尽职调查，排查破产企业在覆盖优先债权后是否仍有剩余资产，足以覆盖共益债投资资金。结合破产企业资产、负债的尽调情况，投资人在进行共益债投资的风险判断时，可从两个角度出发，一是判断破产企业是否有充足的资产足以在覆盖优先债权后对共益债资金进行保障；二是考虑通过协商使共益债取得更优先的清偿顺位，将其清偿顺位排在抵押债权等优先债权之前。

对于第二点，实践中不无争议。我国企业破产法并未规定共益债可获得更加优先的清偿顺位，但笔者理解，立法层面也并未禁止私权利主体通过协商自主对自己的权利状态进行安排。破产重整中利益主体众多，利益安排多样，不排除一些优先债权人经过综合判断，为博取更大的利益而自愿放弃部分眼前的优先权利。例如，如共益债资金可对抵押物起到保价甚至增值效果时，相比于在现状下接受较低的清偿率，抵押权人可能会优先考虑引入共益债资金从而提升自己的清偿比例，或者就抵押物增值的部分与共益债投资人展开协商。实践中有观点认为，《破产法司法解释（三）》中规定共益债投资人主张优先于有财产担保债权清偿的，法院不予支持，此乃对共益债"超优先性"的禁止性规定。对此，笔者不敢苟同。结合立法本意，对条文进行过于绝对的解释可能会导致立法目的难以实现，部分情形下，新增融资无法进入将导致重整整体失败，无人获益。因此，不应剥夺私权利主体基于自身利益进行商业判断及自身权利安排的权利。实践中，某资产交易中心率先探索共益债"超优先性"的适用，说服既存担保债权人自愿签署同意劣后于共益债务融资受偿的承诺书，已在一系列房地产企业破产重整案中适用并获得成功。① 因此，笔者认为，实操中，共益债投资人可结合项目实际情况积极与优先债权人、破产企业等进行谈判，并可寻求管理人、法院、相关政府部门的协助，如可通过协商取得一定的"超优先性"，则应注意将新增借款的优先顺位安排明确于重整计划中，提前取得司法确认，以保障交易的安全稳定性。

---

① 参见丁燕：《共益债务融资的实践进路与法律保障》，载《月旦财经法杂志》2020年6月第45期。

三、难点三：破产程序中新增借款的介入时点

新增借款若想取得共益债的优先顺位甚至是"超优先性"顺位，应满足共益债产生的时间要求。《企业破产法》第 42 条明确于破产申请受理后产生的符合条件的债务，可认定为共益债务。随着破产重整项目多样性的提升，实践中出现两个争议问题：一是重整计划经法院裁定通过后执行完毕前，即破产重整程序终止后、终结前发放的借款是否满足共益债的时间要求？二是在法院受理破产申请之前（如预重整阶段）为全体债权人利益产生的借款，是否满足共益债的时间要求？

（一）能否于重整计划执行期间介入共益债投资

实践中存在一种情形，即重整计划已经法院裁定批准，但尚未执行完毕，重整程序处于重整计划执行期间，尚未终结，在此期间，债务人为继续营业存在融资需求，能否对其进行共益债投资？

笔者接触到的部分管理人认为，"共益债"这个概念仅存在于重整期间，重整程序终止后，就无所谓共益债。这种观点主要依据对企业破产法的体系解释而得出，根据《企业破产法》第 69 条、第 75 条、第 89 条，已明确进入破产程序后，债务人应将营业事务移交给管理人管理或在满足法定条件的前提下自行管理，在此期间，可对外借款，亦可对外担保，但应经债权人会议或法院批准；重整计划经法院裁定后，管理人即应将营业事务重新移交至债务人，债务人即可自行经营。部分实践观点据此认为，企业破产法强调重整期间可对外借款、对外担保，言下之意不是重整程序终止后反而不能对外借款、对外担保，而是因为重整程序终止即意味着债务人已获得重新自主经营的能力，当然可以自主决定对外借款、对外担保，而不须再经债权人会议或法院审批。至于破产债权人，其权益均已于重整计划中进行安排，只需等待执行结果即可，而无需再对债务人的相关行为进行表决；如因债务人在重整计划执行阶段的行为导致重整计划执行障碍，则按照《企业破产法》第 93 条的规定，①进入清算程序即可，届时，若债务人已为原重整计划执行阶段出现的借款提供担保的，则该借款视为有财产担保债权，否则，则视为普通债权。

此外，该实践观点认为，《破产法司法解释（三）》第 2 条亦表述为"破产申请受理后，经债权人会议决议通过，或者第一次债权人会议召开前经人民法院许可，管理人或者自行管理的债务人可以为债务人继续营业而借款"。按照前述体系解释，管理人或自行管理的债务人进行借款，只可能发生在重整期间，因为重整

---

① 《企业破产法》第 93 条第 1 款：债务人不能执行或者不执行重整计划的，人民法院经管理人或者利害关系人请求，应当裁定终止重整计划的执行，并宣告债务人破产。

特殊机会投资之道 2

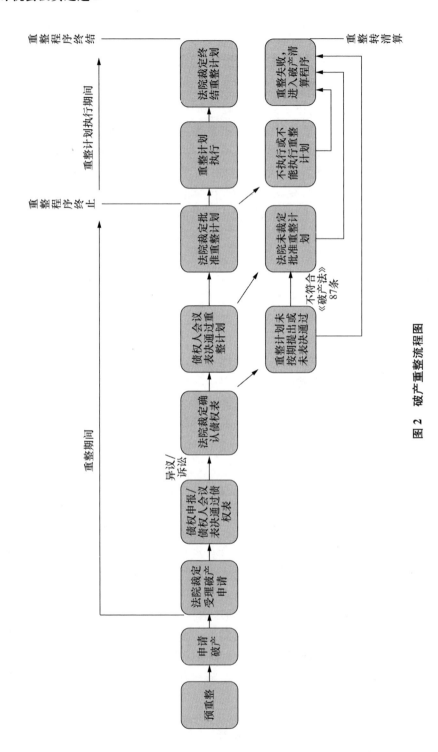

图 2 破产重整流程图

终止后，已不存在管理人或自行管理的债务人进行借款这一行为，而是已获得自主经营权的债务人自行借款。因此，通过新增借款的方式参与共益债投资，只可能发生在重整期间。

但是，刘贵祥等发表的《〈关于适用〈中华人民共和国企业破产〉若干问题的规定三〉的理解与适用》认为《破产法司法解释（三）》第 2 条所述的借款可发生于"破产申请受理后至破产程序终结或终止前"。① 有鉴于此，重整计划执行阶段发生的新增借款，亦可能被认定为共益债务。但是，鉴于重整计划已裁定通过，全部或部分债权人也可能已获得清偿退出，此种情况下，借款事宜及其共益债性质已不可能记入重整计划，也可能由于债权人会议无法召开等原因无法取得债权人会议决议，该等投资的具体程序安排就显得令人疑惑。

笔者认为，此时可分情况讨论。第一种情况是，破产债权人均已按照重整计划获得清偿退出，则此时因债权人会议已实质丧失存在基础，新增借款及担保即无需债权人会议进行表决，按照《公司法》规定取得债务人有效内部决策文件即可，但该等情形下新增借款亦无法按照共益债投资的逻辑进行理解。此外，鉴于重整计划尚未执行完毕，其仍有可能因部分事项执行不能转入清算程序，此时投资人亦应估算破产清算状态下投资资金退出的可能性。第二种情况是，破产债权人尚未全部按照重整计划获得清偿退出，则此时新增借款及担保有可能对债权人利益造成影响，尤其是如因重整计划执行失败转入清算程序，既存债权人的利益将直接因新增借款的注入发生稀释，因此，稳妥起见，此时的新增借款、担保及其重整失败转清算时的清偿顺位安排等均应取得债权人会议表决通过，如条件允许，并应以取得管理人或法院的书面确认为宜。

（二）能否于法院受理破产申请前（预重整）介入共益债投资

近年来，随着预重整实践的推进，在法院受理破产申请前产生的借款能否被认定为共益债这一问题得到了广大投资人的关注。预重整制度的核心目的是提前解决重整程序中的难题，就债权人清偿、债务人经营、重整投资人介入等难点提前进行安排，以提高重整成功率及重整效率，最大限度保存债务人财产价值。预重整阶段，破产债务人即已具备破产原因，部分地区实践中，也已要求法院履行预立案、提前确认管理人等司法程序，只是出于预重整制度的目的，尚未将案件推入正式的破产程序，待条件成熟后，再由相关主体正式提出破产申请并由法院受理。此种情形下，一方面，债务人的资信情况已无法支撑其正常融资，如不对新融资提供法律保障，新融资将难以引入；另一方面，预重整阶段的债务人企业

---

① 刘贵祥、林文学、郁琳：《〈关于适用〈中华人民共和国企业破产〉若干问题的规定三〉的理解与适用》，载《人民司法》2019 年第 31 期。

亦存在维持生产经营、进行资产保值增值等需求，该等需求亦为全体债权人利益而产生。因此，笔者认为，在预重整阶段的新增借款，在符合共益债其他条件的前提下，应可被认定为共益债。

但是，前述分析仅代表笔者个人观点，并无明确的立法层面的支持。当前，国内预重整实践仍在推进过程中，尚无法律层面的规则指引，各地实践程度不一、规则不同。因此，预重整阶段的共益债投资，甚至于预重整本身，尚须明确、统一的法律支持，投资人如拟参与此类项目，应充分与法院、相关政府部门、提前指定的管理人等各方进行沟通，并充分考虑项目在法律或政策层面可能面临的不确定性风险。

四、破产程序中新增借款的风险控制建议

以新增借款的方式介入破产重整企业共益债投资，存在性质认定、顺位安排、时点选择等法律难点。因此，一旦操作不当，投资人为破产企业注入的资金即面临无法被认定为共益债、无法取得共益债的优先顺位、因企业资产不足以覆盖其他优先债权而无法顺利退出、错过共益债投资介入时点等风险。对此，结合前文分析，针对以新增借款的方式参与共益债投资的投资人，笔者提出以下风险控制建议：

（一）关于清偿顺位等风控要求

1. 对破产债务人的资产、债务进行充分的尽职调查，模拟破产清算状态下是否依然能够满足投资风控要求。投资人应充分意识到，在特定资产上，共益债的法定清偿顺位是劣后于该资产上的抵押债权、建设工程款债权、商品房消费者权利等法定优先权的，亦可能于实操中劣后于维稳相关债权、政府债权等。因此，须对破产企业的债务情况进行充分摸排。此后，结合资产尽调情况，判断债务人资产在覆盖全部优先债权后，能否满足己方投资资金的安全边际要求。

此外，破产重整中利益关系复杂，不可控因素较多，投资人须充分考虑重整成功的确定性，并充分考虑重整失败转为清算程序时，是否仍得以安全退出。需要注意的是，债务人自重整程序转为清算程序后，其资产变现价值往往面临较大折损，投资人应充分考虑该等风险。

2. 积极与优先债权人谈判，博取"超优先性"，并取得司法确认。投资人可积极争取新增借款的"超优先性"，但应注意因法律规定不明确，新增借款的清偿顺位应严格履行债权人会议表决、法院批准等司法程序，以提前取得司法确认，降低交易的不确定性风险。

（二）关于共益债性质的确定

1. 明确借款用途。新增借款必须为全体债权人利益而产生，而非为部分债权人利益而产生。此外，投资人须注意，根据《企业破产法》第42条及《破产法司法解释（三）》第2条的规定，新增借款的用途应局限于"为债务人继续营业"。投资人应于借款协议等法律文件中对借款的用途进行明确规定，以稳定共益债性质。

2. 履行法定程序。新增借款、新增担保等行为，均须经债权人会议决议通过，或者在第一次债权人会议召开前经人民法院许可。参与共益债投资，必须履行前述法定程序。

（三）关于共益债投资的介入时点

1. 原则上应于重整期间，即破产申请受理后、法院裁定批准重整计划之前进行共益债投资。在重整期间进行共益债投资，具备充分的法律支持，且不存在投资程序履行障碍。

2. 如拟在重整计划执行期间，即法院裁定批准重整计划之后、裁定终结重整程序之前进行共益债投资，应分情况讨论。如债权人尚未全部按照重整计划获偿退出，此时进行共益债投资仍应取得债权人会议表决通过，并以取得管理人或法院的书面确认为宜。即便如此，投资人亦应充分关注如因重整计划执行不能导致债务人进入清算程序，因新增借款稀释了原破产债权人的利益，投资资金的优先顺位安排可能会面临一些挑战。如债权人已全部按照重整计划获偿退出，则笔者认为此时进行借款投资已无所谓共益债概念，但投资人应充分关注重整转清算时己方资金是否仍能安全退出。

3. 如拟在预重整阶段进行共益债投资，应结合当地预重整实践程度及法院、相关政府部门等的要求进行综合判断，并充分考虑投资过程中可能产生的不确定性风险。

（四）其他注意事项

1. 综合判断破产重整成功概率，避免重整失败。重整失败转清算程序时，债务人资产价值往往面临较大折损，债权人、重整投资人、共益债投资人等各方矛盾大概率将面临激化，投资安全退出的障碍将显著增加。因此，投资人在投资前应充分了解破产重整的进展、各债权人及重整投资人等利益相关方的配合程度、当地政府及法院等的支持配合等，综合、客观地判断重整成功的概率。对于破产重整情势尚不明朗的项目，应谨慎参与。

2. 对共益债资金进行监管，确保资金使用符合交易目的，以保障重整成功。共益债资金用于债务人继续经营，往往是重整是否能够成功的关键。因此，为推动重整成功考虑，亦为落实共益债的法定用途要求考虑，投资人应结合实际情况对投资资金的使用进行监管，确保资金使用符合交易目的，保障重整成功。

3. 加强与企业破产法院、管理人、当地政府的沟通联络。破产重整项目利益关系复杂，过程中大量工作均需当地政府、企业破产法院的支持，管理人则可在项目推进中起到协调内部谈判及外部支持等多方位的作用。无论是以重整投资人还是以共益债投资人的身份参与破产重整项目，投资人均需与当地政府、企业破产法院、管理人等职能主体加强联络，以争取对项目落地及回收的外部保障。

破产程序中共益债务的法律问题探析

亢雪莲

在破产重整程序中，引入新增投资者通常是管理人需要解决的首要问题。通过保护投资者权益、拓展投资渠道等方式，能够在一定程度上协助破解重整程序中融资困难的现状。而企业破产法中"共益债"投资以其清偿的优先性、随时性，为投资者的引入提供了一种可选途径。本文主要通过分析企业破产法及司法解释的相关规定，在结合部分司法案例的基础上，从共益债务的范围、清偿财产范围顺位以及清偿的方式三个方面展开，以期为通过共益债务投资形式参与破产重整项目相关问题提供一定帮助。

一、共益债务的范围

《企业破产法》第42条规定："人民法院受理破产申请后发生的下列债务，为共益债务：（一）因管理人或者债务人请求对方当事人履行双方均未履行完毕的合同所产生的债务；（二）债务人财产受无因管理所产生的债务；（三）因债务人不当得利所产生的债务；（四）为债务人继续营业而应支付的劳动报酬和社会保险费用以及由此产生的其他债务；（五）管理人或者相关人员执行职务致人损害所产生的债务；（六）债务人财产致人损害所产生的债务"。对共益债务，可以进一步分为两类：一类是因法定原因所生的债务，包括前述第（二）（三）（五）及（六）项；另一类是因合同的履行及继续经营所产生的债务，与第一类相比，此类共益债务更多体现的债务人或其管理人的意思表示，具有一定的主动性。

范健、王建文的《破产法》一书中认为："共益债务，是指在破产程序开始后，为了全体债权人的共同利益以及破产程序的顺利进行而负担的债务"[1]。企业破产法起草小组在编写材料中定义到"共益债务是从债务人财产的角度作出的界

---

[1] 范健、王建文：《破产法》，法律出版社2009年版，第134页。

定,指破产程序中为全体债权人的共同利益由债务人财产及管理人而产生的债务"①。

综上,构成共益债务需满足以下两点:

1. 发生在破产程序中即破产程序开始之后结束之前

具体而言,破产程序开始之后即指共益债务形成应在人民法院受理破产申请后;根据《企业破产法》的规定,破产程序结束于法院裁定终结破产程序,具体可总结有如下几种情形:一为破产和解时,履行和解协议终结破产程序;二为破产债务人财产不能够完全支付破产费用而终结;三为破产财产分配完毕而终结;四为重整计划执行完毕而终结。

但在司法实践中,结合项目具体情况,法院在确认共益债务时具有一定弹性。在浙江Y房地产开发有限公司与杭州S投资管理有限公司破产债权确认纠纷一案②中,杭州SDCY投资管理有限公司的资金垫支行为发生于YXY房地产公司进入破产清算程序之前,但杭州市中院认为:

> 债务人YXY房地产公司资金链断裂导致阳光景台项目停工发生于2012年,其时YXY房地产公司破产原因已经具备,如当时进入破产清算程序,为阳光景台项目的复工、续建、交房而需要支付的资金,无论是何种途径筹集,都是为了债权人的共同利益,属于YXY房地产公司继续营业而产生的债务,按《中华人民共和国企业破产法》第四十二条的规定,应属于共益债务。

在本案中,杭州市中院则将"破产原因已具备"作为认定共益债务是否产生的标志,但本案中存在特殊背景:债权人垫支资金的行为,系受政府指令托管已停工的阳光景台项目而产生,且杭州市人民政府在相关备忘录中明确该笔垫付资金优先受偿。故本案不具有普遍代表性,只能作为个案分析,即共益债务原则上应在破产程序中形成。

2. 为了全体债权人的利益

一般而言,只要涉及该债务的承担可为债务人财产或破产财产起到保护、维护、升值的作用,都可认定为全体债权人的一致利益。针对破产程序中的新增融资是否为共益债务时,则需判断该融资是否为了全体债权人的利益。司法实践中,法院主要从融资合同中对借款用途的约定、借款的实际用途两个角度判断。但针对后者,债权人通常难以获得充分证据、举证责任过重,在破产程序中,债权人

---

① 《中华人民共和国企业破产法》起草组编:《〈中华人民共和国企业破产法〉释义》,人民出版社2006年版,第158页。

② (2017)浙01民终5761号民事判决书。

只能做到在合同中明确用途，而无法实际控制债务人或管理人挪用资金的行为。对此，法院主要是通过借款合同中对借款用途约定来判断该项融资是否为了全体债权人利益。

例如在深圳市 YST 有限公司与东莞市 JWN 实业有限公司企业借贷纠纷一案①中，就借款是否为共益债务存在争议，一审法院认为："案涉借款协议关于款项用途的约定并不能改变案涉 1000000 元款项系借款的性质……该款项最终是否实际用于上述约定的用途并无证据证实"。但二审法院予以纠正，认为："该笔借款系经由东莞 JWN 公司破产管理人确认且约定用于'东莞 JWN 公司破产重整期间继续营业而应支付的劳动报酬、水电费用、安保费用和社会保险费用以及由此产生的其他费用'之目的，系为维护全体权利人和破产财产利益而发生……依法应当认定为东莞 JWN 公司的共益债务。东莞 JWN 公司在借得该笔 100 万元款项后，如何使用该笔款项，并非否认该笔债务为共益债务的充分依据。"

共益债务自其产生至完全获得清偿存在一定期间，而这期间常会另行产生新的从债务，如不当得利所生的孳息、对外融资所负担的利息、无因管理债权人所承担的财务费用等，而这部分从债务能否得到清偿？对此，司法实践中尚存在一定的争议。

《企业破产法》第 46 条第 2 款规定："附利息的债权自破产申请受理时起停止计息"，据此，部分法院认为一旦进入破产程序后，所有的债权都停止计息，即使共益债务也不例外，例如，在前述深圳市 YST 进出口有限公司与东莞市 JWN 实业有限公司企业借贷纠纷一案中，债权人 YST 公司请求管理人支付相应利益，但二审法院不予支持，并认为："《中华人民共和国企业破产法》第四十六条第二款规定：'附利息的债权自破产申请受理时起停止计息'，因此，YST 公司向破产企业东莞 JWN 公司主张借款利息，缺乏法律依据"。

而部分法院认为请求支付相应利息的主张在存在合法依据的情形下应予支持，在太仓 RD 化纤有限公司、浙江 NFSH 工业有限公司破产债权确认纠纷一案②中，绍兴市柯桥区法院认为："原告同时要求被告支付自 2017 年 2 月 16 日起的利息，符合《最高人民法院关于贯彻执行〈中华人民共和国民法通则〉若干问题的意见（试行）》第一百三十一条：'返还的不当利益，应当包括原物和原物所生的孳息。利用不当得利所取得的其他利益，扣除劳务管理费用后，应当予以收缴。'之规定，该院应予支持"。

笔者认为对于期间产生的利息等从债务，只要不违反法律禁止性规定且存在合法依据的前提下就应当被作为共益债务一并清偿。首先，《企业破产法》第 46 条关于计息的规定针对的是需要进行申报的在破产受理前形成的债权，不应适用

---

① （2014）粤高法民二破终字第 2 号民事判决书。
② （2017）浙 06 民终 2014 号民事判决书。

于共益债务；其次，共益债务是为了全体债权人的利益，尤其是破产重整程序中需通过市场化方式解决融资问题时，如法院不保护投资者的正当商业诉求，企业将很难获得资金，重整也很难继续。

二、共益债务的清偿财产范围及顺序

（一）清偿财产范围

《企业破产法》第43条第1款规定："破产费用和共益债务由债务人财产随时清偿"，及第30条规定："破产申请受理时属于债务人的全部财产，以及破产申请受理后至破产程序终结前债务人取得的财产，为债务人财产"；《破产法司法解释（二）》第3条进一步规定："债务人已依法设定担保物权的特定财产，人民法院应当认定为债务人财产。对债务人的特定财产在担保物权消灭或者实现担保物权后的剩余部分，在破产程序中可用以清偿破产费用、共益债务和其他破产债权"。由此可以得出，共益债务由债务人财产进行清偿，包括已依法设立担保物权的特定财产在内的全部财产都可用于清偿共益债务，但仅在担保物权已实现且尚有剩余部分或担保物权消灭的情况下，共益债务可由担保财产进行清偿。

对于房地产企业破产重整案件中常遇到的烂尾楼，包括土地使用权、在建工程等资产通常均已抵押，共益债投资者则无法针对该等资产进行受偿。若投资者想优先受偿退出，则需要结合商业安排，尝试先行清偿抵押权人、进一步收购抵押债权或通过与抵押人、管理人及法院进行沟通达成优先退出的协议安排。

（二）清偿顺序

我国破产法规定，共益债务不受破产分配程序的限制，属于破产程序中的个别清偿，根据破产案件处理的需要随时发生随时支付，即根据民事程序进行清偿，当债务履行期间届满，债权人主张时，就应当清偿。

当进入破产财产变价分配程序中或存在不同性质的债务同时需要清偿且破产人财产无法全部清偿时，不同债务的清偿就存在一定先后顺序。根据《企业破产法》第43条、第113条之规定，首先，共益债务的清偿优先于职工债权、社保和税收债权及普通债权；其次，共益债务与破产费用之间处于同一顺位，债务人财产不能清偿全部破产费用和共益债务的，按顺序清偿，先破产费用后共益债务；不能同时清偿全部破产费用或共益债务的，按比例清偿。

但针对"债务人继续营业而新增的借款"，《破产法司法解释（三）》第2条规定与《企业破产法》第43条、第113条规定并非完全一致：第一，《破产法司法解释（三）》采取"参照破产法第四十二条第四项的规定"的表述，并非直接将新增借款认定属于共益债务；第二，在清偿顺序上，《破产法司法解释（三）》规定该新增的借款仅优先于普通破产债权清偿的，并未明确优先于职工债权、社保和税收债权。但结合近年来的司法实践，若投资人对"清偿顺序"存在优先保护的需求，可与管理人、债权人进行协商谈判、自行意定，并在重整方案、借款协议中明确。

三、共益债务的清偿程序

根据企业破产法"随时清偿"原则，共益债务的债权人可根据民事程序随时主张，在破产程序中，管理人负责决定债务人的日常开支和其他必要开支、管理和处分债务人的财产，故共益债务自然应由破产管理人负责进行确认并清偿。但具体的确认程序及清偿程序破产法并未明文规定，且其中关键点在于管理人对共益债务进行确认前或清偿前，是否需要法院确认，乃至债权人会议确认，根据《企业破产法》第23条、第68条、第69条之规定，管理人依照本法规定执行职务的，向人民法院报告工作，并接受债权人会议和债权人委员会的监督，管理人对债权人利益有重大影响的其他财产处分行为，应及时报告债权人委员会或法院，未明确事前报告还是事后报告，且债权人会议或委员会仅行使监督权，但在司法实践中，破产管理人为避免纠纷产生并且免责，一般都会事前报告法院，经法院裁定通过后，或甚至依据《企业破产法》第61条第8项规定由债权人会议通过后，再行确认或再行支付。

针对上述问题，《破产法司法解释（三）》作了进一步细化规定。第2条明确，新增借款前需经债权人会议决议通过，或者第一次债权人会议召开前经人民法院许可。第15条细化了报告时限、表决程序及救济措施：第一，管理人应当事先制作财产管理或者变价方案并提交债权人会议进行表决；第二，管理人实施处分前，应当提前10日书面报告债权人委员会或者人民法院；第三，债权人委员会认为管理人实施的处分行为不符合债权人会议通过的财产管理或变价方案的，有权要求管理人纠正，管理人拒绝纠正的，债权人委员会可以请求人民法院作出决定。

若管理人不予以确认或拒绝支付共益债务的，当事人可就向破产受理法院提起诉讼，如在前述的太仓RD化纤有限公司、浙江NFSH工业有限公司破产债权确认纠纷一案中，债权人主张确认共益债务且要求管理人立即返还。

四、结语

破产法及司法解释中关于"共益债务"相关规定并未完全细化，留待司法实践中各方谈判协商空间较大。考虑到，共益债务作为破产程序的可优先受偿的特殊债务，其确认及清偿关系到所有债权人的利益，建议拟参与破产重整共益债投资的借款人，应就借款性质、用途、利息、期限、清偿顺序等重要事项，与破产管理人、法院进行沟充分通，并尽量在获得法院裁定甚至债权人会议对前述事项的确认后再进行投资。

浅析破产程序中债权的申报与确认

何洁涵

破产程序中债权的性质、金额的确认与债权人在破产程序中的程序性与实体权利密切相关。本文仅以破产程序中债权申报及确认为切入点，结合相关案例，对破产程序中债权申报与确认相关的法律程序与相关法律实务问题进行梳理分析，以期对 AMC 参与破产实务提供参考借鉴。

一、债权申报及确认的法律程序

（一）债权申报

根据《企业破产法》第 2 条、第 7 条之规定，债权人、债务人、负有清算责任的人[①]均可向向债务人住所地有管辖权的法院提出破产申请，三类主体提出破产申请的具体情形如下：（1）当债务人不能清偿到期债务且全部资产不足以清偿全部债务或者明显缺乏清偿能力时，债务人可向法院提出重整、和解或者破产清算的申请。（2）当债务人不能清偿到期债务，债权人可向法院提出对债务人进行重整或破产清算的申请，无需考虑债务人无法清偿债务原因。但在此情形下，应注意两点：一是法院应当在收到破产申请之日起 5 日内通知债务人就债权真实性、是否存在不能到期清偿债务等情况进行核实。若债务人对申请提出异议且法院认为异议成立的，则申请不予受理，债权人应就争议债权提起民事诉讼；二是若债权

[①] 负有清算责任的人主要指清算义务人或清算组。根据《民法典》第 70 条、《公司法》第 232 条、233 条及相关司法解释规定，除非公司章程另有规定或经股东大会决议另选他人，无论是有限责任公司还是股份有限公司，清算义务人均为董事。董事应在解散事由出现之日起 15 日内组成清算组。若逾期不成立清算组的，债权人、公司股东、董事或其他利害关系人可向法院申请指定成立清算组进行清算。通常清算组成员可包括律师事务所、会计师事务所、破产清算事务所及相关执业人员。清算组在清理公司财产、编制资产负债表和财产清单后，发现公司财产不足以清偿公司债务时，应当向法院申请宣告破产。

人申请破产清算的，在法院受理至宣告债务人破产前，债务人或出资占债务人注册资本1/10以上的出资人，可以向法院申请重整。(3) 当债务人已经解散但未进行清算或者未清算完毕，且资产不足以清偿债务时，依法负有清算责任的人应当向法院申请破产清算。

当法院裁定受理破产申请时，对债务人享有债权的债权人，即可依照《企业破产法》规定的程序申报债权，经管理人确认、并经第一次债权人会议核查，法院裁定确认后的债权人即享有参加债权人会议、享有相关事项表决权、根据法定程序获得债权清偿等权利。

1. 申报期间

根据《企业破产法》的规定，法院在裁定受理破产申请的同时应指定管理人①，并在自裁定受理破产申请之日起25日内通知债权人。同时应在国家或地方的有影响的报纸上（全国企业破产重整案件信息网）刊登公告，公告内容主要应包括申报期限、申报地点、管理人及办公地址、联系方式等。申报期通常自破产立案之日起最短不少于30日，最长不超过3个月。

债权人未在公告期间内申报债权的，在破产程序期间不能行使相关权利。根据《企业破产法》第56条的规定，逾期未申报债权可以在破产财产最后分配前补充申报，但是此前已经进行的分配，不再补充分配。但在不同破产程序中的获得清偿可能性及法律后果不同：(1) 在破产清算中，债权人会议表决通过变价方案和分配方案并经法院裁定后，管理人即开始执行分配，破产财产分配完结后法院裁定破产程序终结，债务人办理注销登记。债权人在法院裁定变价方案或分配方案之前补充申报，补充申报债权仍有获得清偿的可能；债权人在破产财产分配完成前补充申报，因此前已经进行分配的破产财产不再补充分配，补充申报债权获得清偿的可能性较低；债权人在破产财产分配完成后申报的，则可能无法获得清偿。(2) 在破产和解程序中，在和解协议执行期间不得行使权利，在和解协议执行完毕后，可按照和解协议规定的清偿条件获得清偿。(3) 在破产重整程序中，重整计划执行期间不得行使权利，在重整计划执行完毕后，可按重整计划规定的同类债权清偿条件获得清偿。

2. 申报主体

根据《企业破产法》第47至53条及相关司法解释规定，债权人按照公告方式申报债权，同时应说明债权的金额和是否为由财产担保债权，并提供相应的证

---

① 根据《企业破产法》第24条及相关司法解释，管理人可由组织或自然人担任。法院指定管理人的方式有两种，一是从各地高级人民法院确定的管理人名册中随机选定；二是在符合法律规定情形下，法院可直接指定清算组为管理人。法院裁定受理破产申请的同时制作指定管理人的决定书，一同送达相关方并同时进行公告。同时，法院可以根据债权人会议的申请或者依职权决定是否更换管理人。

明材料。债权申报时，未到期的债权在破产申请受理时视为到期，利息自破产申请受理时停止计息；连带债权人可以由其中某一人代表全部连带债权人申报债权也可多个连带债权人共同申报债权；保证人可申报债权，保证人已经代替债务人履行了保证责任的，可以其对债务人的求偿权申报债权，保证人尚未履行担保责任的，可以将来求偿权申报债权；税收、社保、住房公积金债权由征管机构申报债权；管理人依照《企业破产法》规定解除合同的，合同当事人可以合同解除所产生的损害赔偿请求权申报债权。

3. **申报债权的分类**

根据《企业破产法》第49条、82条之规定，可将申报的债权分为有财产担保的债权、职工债权、税款债权与普通债权几类。破产重整中，同比例债权同比例清偿分组表决是基本原则，在上述分类的基础上，管理人根据破产债权申报情况，进一步对债权按不同标准进行同类分组，以进行分组表决并明确各类债权清偿方案，通常情况下增设例如被拆迁人债权组、建设工程价款优先债权组、劣后债权组等。AMC通常作为重整投资人或有财产担保的债权人参与破产，而作为有财产担保债权人在破产相关程序中的权利行使的特殊性如下：

（1）根据《企业破产法》第59、61条之规定，在债权人会议的表决程序中，有财产担保的债权人且未放弃优先受偿权的，在破产清算程序中对"通过和解协议""通过破产财产的变价方案"两项事项不享有表决权。

（2）破产重整期间，有财产担保的债权人对破产债务人的特定财产享有的担保权在重整期间暂停行使。但如担保物存在损坏或者价值明显减少且达到足以危害担保权人的权利的情况时，可以向法院请求恢复行使担保权利。

（3）根据《全国法院民商事审判工作会议纪要》第112条，若抵押担保物非重整所必需，抵押担保物债权人随时可向管理人申请恢复行使抵押担保物权，主张就担保财产变价处置而行使优先受偿权。管理人应及时对担保物进行拍卖或者变卖，并就所得价款优先清偿担保物权人。破产实践中，在考量担保物是否为"非重整所必需"时，法院通常会考虑担保物是否为重整核心资产、担保物是否具备单独处置条件、以及单独处置是否会降低其他破产财产价值等因素。

（4）根据《企业破产法》第109条规定，在破产清算程序中，有财产担保债权对特定担保财产享有不依据破产程序而优先受偿的权利。

（5）破产实践中，消费购房者优先受偿权、拆迁债权、建设工程价款债权通常优先于有财产担保权受偿。

4. **不必申报的债权与职工权利**

根据《企业破产法》第48条之规定，债务人所欠职工的工资和医疗、伤残补助、抚恤费用，所欠的应当划入职工个人账户的基本养老保险、基本医疗保险费用以及相关法律行政法规规定应当支付给职工的补偿金，无须申报，由管理人在对债务人经营情况等调查后列出清单并进行公示。司法实践中，通常管理人在接管债务人后对债务人的整体经营情况，包括职工情况、人事档案、社保缴纳记录等情况进行调查，同时可通过对接社保相关部门、劳动监察部门、公开信息查询等多种渠道调查后进行公示。如职工对于管理人公示内容有异议的，可向法院提起诉讼。

（二）申报债权的确认

1. 确认主体

根据《企业破产法》第57条、58条及相关司法解释规定，管理人在收到债权申报相关材料后，应对每笔申报债权相关情况进行核查、必要时可要求申报人补充提交材料、进行实地核查等，管理人应对申报的债权性质及金额、诉讼时效等进行审查并编制债权表。债权人及相关利害关系人可向管理人申请查阅债权表和债权申报相关材料。管理人根据核查情况，明确债权性质（有财产担保的债权、职工债权、税款债权、普通债权），并将申报债权区分为确认债权、不予确认债权、暂缓确认债权等。提交第一次债权人会议表决，并由法院最终裁定确认债权。暂缓确认的债权，债权人可向法院申请临时表决权。

债务人、债权人对债权表记载的债权有异议的，可以向受理破产申请的法院提起诉讼，诉讼同时可向法院申请临时表决权以参与破产相关程序的表决。裁判生效后，再根据生效裁判认定的债权的性质、债权数额在破产程序中统一受偿。

2. 破产管理人职责

《企业破产法》第25条列举了管理人的9项职责。[①] 在债权申报与确认层面上，在法院受理破产申请、指定管理人并通知债权人和发布公告后，管理人的职责为调查职工债权后列出清单公示、对申报的债权进行登记、审查并编制债权表。对于管理人在审核登记、编制债权表时的审查权限，理论界有两种意见：

一种观点认为：管理人对申报债权的审查仅仅为形式审查。管理人没有权利独自对申报债权作出确认的结论。管理人审查主要针对的是债权证明材料和债权申报是否具有真实性和判断其是否具备法律所规定的形式要件，而对债权本身的真实性管理人没有权利进行审查。[②]

---

① 《企业破产法》第25条 管理人履行下列职责：（一）接管债务人的财产、印章和账簿、文书等资料；（二）调查债务人财产状况，制作财产状况报告；（三）决定债务人的内部管理事务；（四）决定债务人的日常开支和其他必要开支；（五）在第一次债权人会议召开之前，决定继续或者停止债务人的营业；（六）管理和处分债务人的财产；（七）代表债务人参加诉讼、仲裁或者其他法律程序；（八）提议召开债权人会议；（九）人民法院认为管理人应当履行的其他职责。

② 参见兰蕊、谭海军：《破产债权的申报与确认》，载《法制与经济》2014年第11期。

特殊机会投资之道 2

另一种观点认为：管理人对破产债权的审查应包括形式审查与实质审查。形式审查包括审查债权人身份证明文件、申报的债权人是否为本案债权人、申报债权的种类和性质等。经审核符合形式要件要求的，管理人应当受理债权申报并进行登记，出具债权申报回执。在登记后应当对债权进行实质审查，编制包括债权是否成立、数额多少、有无优先权等事项的债权表。①

对此，《破产法司法解释（三）》第 6 条②对管理人在进行申报债权的登记造册时的审查权限进行了明确规定。根据该条规定，申报债权的审查主体是管理人，在对申报债权进行登记造册时应就申报债权的真实性、合法性及有效性等进行实质审查。具体包括确定申报债权的性质，是否为有财产担保的债权、职工债权、税款债权或普通债权；确定申报债权的数额，与债权人核实申报债权的本金、利息、违约金数额是否准确，以及是否超过诉讼时效、强制执行期间等。通常管理人对于申报债权具体情况还应向债务人进行调查核实，并可要求债权人、债务人进一步提供证明材料。

同时《破产法司法解释（三）》第 7 条③明确，凡是已经生效裁判确定的债权，不在管理人审查债权范围内，应当直接予以确认。如果管理人认为债权人据以申报债权的生效法律文书存在错误，或者存在债权人与破产企业法人恶意串通、虚构债权债务情形的，管理人不能直接否认生效裁判文书的效力，应通过审判监督程序解决。在债权重新经司法确认作出结论之前，对于无异议的债权，确认为无异议债权，对于有异议的债权，确认为暂缓确认的债权。

管理人完成债权审查后，在召集第一次债权人会议前，通常会通过书面形式提前告知债权人其申报债权的审查结果，如债权人对债权审查结果有异议的，管理人及时进行沟通、调整，根据《破产法司法解释（三）》第 8 条的规定，若管理人对异议内容不予解释、不予调整，或经管理人解释或调整后，异议人不服的，在债权人会议核查结束 15 日内，异议人可向法院提起诉讼。

---

① 参见王欣新：《论破产债权的确认程序》，载《法学论坛》2018 年第 1 期。
② 《破产法司法解释（三）》第 6 条第 1 款、第 2 款："管理人应当依照企业破产法第五十七条的规定对所申报的债权进行登记造册，详尽记载申报人的姓名、单位、代理人、申报债权额、担保情况、证据、联系方式等事项，形成债权申报登记册。管理人应当依照企业破产法第五十七条的规定对债权的性质、数额、担保财产、是否超过诉讼时效期间、是否超过强制执行期间等情况进行审查、编制债权表并提交债权人会议核查。"
③ 《破产法司法解释（三）》第 7 条："已经生效法律文书确定的债权，管理人应当予以确认。管理人认为债权人据以申报债权的生效法律文书确定的债权错误，或者有证据证明债权人与债务人恶意通过诉讼、仲裁或者公证机关赋予强制执行力公证文书的形式虚构债权债务的，应当依法通过审判监督程序向作出该判决、裁定、调解书的人民法院或者上一级人民法院申请撤销生效法律文书，或者向受理破产申请的人民法院申请撤销或者不予执行仲裁裁决、不予执行公证债权文书后，重新确定债权。"

3. 债权人会议职责

债权表需提交债权人会议核查,根据《企业破产法》第62条规定,第一次债权人会议由法院召集,召开时间自债权申报期限届满之日起15日内。司法实践中,如在债权申报期限届满后存在有补充申报债权的,管理人通常会进行第二次债权人会议确认。因破产程序是整体债权债务关系处理程序,申报债权人的债权对其他债权人在破产程序中的权益会有影响。故而在司法实践中,债权人也可能就债权表记载的其他债权提出异议。

4. 人民法院职责

债权表经债权人会议核查后,由管理人提交法院裁定确认。通常法院对经管理人审查、债权人会议核查后的债权表不进行实质性审查。

5. 破产债权确认流程

债权表提交第一次债权人会议核查时管理人应向债权人会议提交的材料有:(1)提请债权人会议核查债权报告;(2)指定管理人决定书复印件;(3)债权申报登记册及债权表。

提请法院裁定时应向法院提交的材料有:(1)提请人民法院确认无异议债权的报告及申请;(2)债权申报登记册及债权表;(3)第一次债权人会议对债权表的核查结果;(4)债务人核对意见;(5)债权表中无异议债权清单。

破产债权确认具体流程如下:

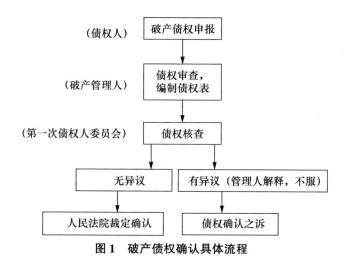

图1 破产债权确认具体流程

二、债权确认诉讼制度

法律未明确规定这一程序的概念及性质,理论界对其性质理解有争议,形成有确认之诉、形成之诉或给付之诉三种性质的理解。因自人民法院受理破产申请后,债权人就存在争议的债权起诉债务人要求其承担清偿责任已不可能,故这种诉讼不属于给付之诉。同时,该诉讼的目的在于确认债权,从而能通过破产程序进行分配受偿,而不是形成之诉。

(一)破产债权确认诉讼的提起条件

综上,提起破产债权确认诉讼应符合以下条件:一是破产申请受理后,债权人依法向管理人申报债权(《企业破产法》第48条第2款规定的无需申报的特殊债权除外);二是管理人已完成破产债权的登记及审核,并编制债权表;三是债权人或债务人对债权表记载的债权有异议,向管理人提起异议,经管理人解释后仍然有异议,或者管理人不解释、不调整。

(二)破产债权确认诉讼的案件管辖

根据《企业破产法》第21条规定,法院受理破产申请后,与破产企业法人相关的民事诉讼,只能向受理破产申请的法院提起,而不受级别管辖、指定管辖和专属管辖及当事人约定管辖的限制。破产申请受理案件通常由债务人住所地的人民法院管辖,同时可以依照《民事诉讼法》第38条的规定,由上级人民法院提审或者报请上级人民法院批准后交下级人民法院审理。

针对仲裁案件,《破产法司法解释(三)》第8条明确规定,如果在破产申请受理前订立了仲裁协议或者仲裁条款的,应向该协议或条款约定的仲裁机构申请确认。

(三)破产债权确认诉讼的法律适用

根据《企业破产法》第4条规定,破产案件的审理程序,破产法没有规定的应适用民事诉讼法的相关规定。就破产确认纠纷案件的审理而言,《企业破产法》未规定单独的破产债权确认诉讼程序,因而适用民事诉讼法一般规定。

破产债权确认诉讼是在破产程序中产生的关于申报债权实体争议的民事诉讼程序。法院审理破产债权的同时,是否暂停破产清算或破产重整程序?对此,根据《企业破产法》第119条①之规定,破产债权确认诉讼程序与债务人破产程序的审理互不影响,分别进行。如破产债权确认诉讼程序未能在破产程序终结前审理完,该争议债权不能直接参与破产分配,而应由法院应预留分配额,将额度提存并在2年内受领分配。

(四)破产债权确认诉讼当事人

根据《破产法司法解释(三)》第9条之规定,若债务人对债权登记表记载的债权有异议,应将其异议债权人列为被告。若债权人对债权登记表记载的本人

---

① 《企业破产法》第119条:"破产财产分配时,对于诉讼或者仲裁未决的债权,管理人应当将其分配额提存。自破产程序终结之日起满两年仍不能受领分配的,人民法院应当将提存的分配额分配给其他债权人。"

债权有异议的,应将债务人列为被告。若债权人对债权登记表记载的其他债权人的债权有异议的,应将其他债权人列为被告。

(五)破产债权确认诉讼判决的法律效力

如涉诉债权获得法院生效裁定后,该债权人申报的债权获得法律确认,由未决债权转变为确定债权。债权人有权向管理人申请按照生效判决确认的债权重新确认的债权性质、债权数额,并按照《企业破产法》相关规定行使权利。同时因破产债权确认诉讼结果可能影响到破产企业法人整体债权的清偿额度及清偿顺序,债权确认诉讼判决生效后,同样对其他债权人发生效力。

三、关于破产债权确认案件中一些实践问题

本文通过梳理近年最高人民法院裁判的关于破产债权确认纠纷典型案例,就破产债权确认纠纷中的一些裁判规则进行梳理:

1. 债权人逾期未提起债权确认诉讼的,不导致异议债权人的实体权利或诉权的消灭

在司法实践中,对于债权确认之诉15日期间性质存在一定争议,各地法院对此裁判尺度也不一致,如广东省高院、山东省高院均认为,逾期起诉的,诉权丧失,法院应裁定不予受理。重庆市高院、上海市高院则认为逾期未提起债权确认诉讼,并不发生实体权利、诉权消失。2022年以后,最高人民法院在多个案件裁判中对此进行了明确。[①] 在"沙某某与河南某科技公司、商丘某设备公司等破产债权确认纠纷案"[②] 中,最高人民法院进一步明确了逾期未提起债权确认诉讼的法律后果,裁判认为:"破产法司法解释三第八条规定的十五日期间,系附不利后果的引导性规定,目的是督促债权人尽快提起诉讼,以便尽快解决债权争议,提高破产程序的效率,防止破产程序拖延。异议人未在该十五日内提起债权确认的诉讼,推定其同意债权人会议核查结果,破产程序按债权人会议核查并经法院裁定确认的结果继续进行,给异议人财产分配和形式表决权等带来的不利后果由其自行承担。"但该"期间并非诉讼时效、除斥期间或起诉期限,期间届满不导致异议人实体权利或诉权消灭的法律后果"。

2. 债务人未履行生效文书应当加倍支付的迟延利息不属于破产债权,主张破产申请受理前产生的迟延利息,可能不被法院支持

根据《企业破产法》第107条及相关司法解释,法院在受理破产案件后债务

[①] 如:(2022)最高法再审95号民事判决书、(2022)最高法民再233号民事裁定书、(2023)最高法民再170号。

[②] (2022)最高法民再233号民事裁定书。

人应付未付的滞纳金,包括债务人为执行生效法律文书应当加倍支付的迟延利息不属于破产债权。同时,最高人民法院在"曹伟、深圳市雨阳文化传播有限公司破产债权确认纠纷再审审查与审判监督民事裁定书"[①] 中认为"破产程序旨在保护全体债权人公平受偿;原则上同一性质债权应平等受偿。债务人未履行生效法律文书应当加倍支付的迟延利息具有一定的惩罚性,目的在于敦促债务人及时履行生效法律文书确定的金钱给付义务。如将该部分利息作为破产债权予以确认,实际上将导致惩罚措施转嫁于其他债权人,有违破产程序公平受偿原则。"故而向法院申请认定破产申请受理前应付未付的迟延利息为破产债权的,也可能不被法院支持。

3. 主债务人与保证人相关的破产债权申报问题

根据《企业破产法》第51条及相关司法解释,对主债务人及保证人涉及的破产情形,债权人的处理方式梳理如下:

(1) 主债务人破产,保证人未破产。

主债务人破产的,主债权及保证人自法院受理破产申请之日同时停止计息。如保证人为一般保证人,则享有先诉抗辩权,债权人可先向破产主债务人申报全部债权,通过破产程序获得的债权清偿。破产程序终结后,债权人还可以向一般保证人主张剩余债权清偿。

如保证人为连带责任保证人,债权人可同时向破产债务人及连带责任保证人申报全部债权,但债权人的总受偿额度不能超过其债权总额。

(2) 主债务人未破产,保证人破产。

债权人可向破产保证人申报保证债权。主债务未到期的,在保证人破产申请受理时视为到期。若保证人是一般保证的,则其无先诉抗辩权,但债权人在一般保证人破产程序中应分配的份额应先提存,等待期应当承担的保证责任确定后再按照破产程序中应清偿的比例分配。

(3) 主债务人保证人同时破产。

主债务人及保证人同时破产的,债权人可同时向主债务人及保证人分别申报债权,但债权人的总受偿额度不能超过债权总额。

---

① (2019)最高法民申4786号裁定书。

浅析破产撤销权对债权人的影响

王勤原

破产撤销权是指,"债务人财产的管理人对债务人在破产申请受理前的法定期间内进行的欺诈债权人或损害对全体债权人公平清偿的行为,有申请法院予以撤销的权利。"① 我国对破产撤销权的规定,主要见诸《企业破产法》与《破产法司法解释(二)》。一般认为,破产撤销行为分为两大类,一类为欺诈行为,系指损害全体债权人利益的行为;另一类则为偏颇清偿行为,系指对个别债权人进行清偿而损害其他债权人的行为。② 其中,《企业破产法》第 31 条③第 (1)(2)(5) 项属于欺诈行为,《企业破产法》第 31 条第 (3)(4) 项及第 32 条④则属于偏颇清偿行为。

债权人在与债务人进行交易时,为保证自身债权的安全性,往往会涉及债务加入,增加或变更担保措施,约定提前到期条款等安排,但在债务人或担保人陷入破产境地时,该等安排是否存在被管理人撤销的风险,值得探讨。

一、破产临界期起算时点及其对登记生效行为的影响

(一) 破产临界期起算时点的作用

《企业破产法》第 31 条与第 32 条对不同可撤销行为的起算时间做了相应规

---

① 王欣新:《破产撤销权研究》,载《中国法学》2007 年第 5 期。
② 同上。
③ 《企业破产法》第 31 条:人民法院受理破产申请前一年内,涉及债务人财产的下列行为,管理人有权请求人民法院予以撤销:(一) 无偿转让财产的;(二) 以明显不合理的价格进行交易的;(三) 对没有财产担保的债务提供财产担保的;(四) 对未到期的债务提前清偿的;(五) 放弃债权的。
④ 《企业破产法》第 32 条:人民法院受理破产申请前六个月内,债务人有本法第二条第一款规定的情形,仍对个别债权人进行清偿的,管理人有权请求人民法院予以撤销。但是,个别清偿使债务人财产受益的除外。

定。根据上述规定，在特定行为发生于人民法院受理破产申请前1年内或6个月内（上述法院受理破产申请前1年或6个月的期间，统称为"破产临界期"），管理人可以申请撤销该等行为。由此可见，一般破产案件中，法院作出受理破产申请裁定之日即为可撤销行为的起算点；但在行政清理程序转入破产程序以及强制清算程序转入破产程序两种情形下，对于可撤销行为的起算时点有特殊规定，根据《破产法司法解释（二）》第10条[1]，行政清理程序转入破产程序的案件，破产临界期的起算时点为行政监管机构作出撤销决定之日；强制清算程序转入破产程序的案件，破产临界期的起算时点为法院裁定受理强制清算申请之日。

实践中，破产临界期起算之日的意义不言而喻，起算日的前后直接决定了某个商业行为是否被纳入破产临界期内。举例而言，在担保人破产的情形下，起算日提前若干日或延后若干日，有时将决定担保行为是否被纳入破产临界期，直接影响担保的有效性，以抵押为例，抵押行为发生在破产临界期之外，则破产管理人无理由申请撤销；抵押行为发生于破产临界期之内，则破产管理人可以抵押行为符合可撤销情形为由申请撤销抵押，债权人可能无法再以抵押物从破产财产中别除而优先受偿。

（二）登记生效行为在破产临界期的认定

在交易行为属于《企业破产法》第31条和第32条规定的几种情形的前提下，对于合同生效即创设权利的法律行为，如动产抵押等，一旦合同生效时点落在破产临界期内，则该等行为即被纳入破产撤销范围内。但是，对于将登记作为创设权利条件的行为，如不动产抵押、股权质押等，因其合同生效与担保物权登记之间存在空档期，如上述两个行为均发生在破产临界期外，则该等行为是否可撤销并无争议。然而，当合同生效发生在破产临界期外，登记行为发生在破产临界期内时，该等行为是否可以撤销？对于该问题，不同法院有不同的裁判观点。

一种为不应撤销，湖南省高级人民法院曾在判决中认为"办理抵押登记属担保合同义务的履行问题，并非在当事人之间达成设立新的担保的合意，以担保物权成立时间作为判断'提供财产担保'的依据，本质上默许债务人在破产之前享有拒绝履行合同义务的权利，缺乏法律依据，亦违反企业破产法设置撤销权的立法本意"。[2]

另一种则为应当撤销，江苏省高级人民法院（以下简称"江苏高院"）在其

---

[1] 《破产法司法解释（二）》第10条：债务人经过行政清理程序转入破产程序的，企业破产法第三十一条和第三十二条规定的可撤销行为的起算点，为行政监管机构作出撤销决定之日。债务人经过强制清算程序转入破产程序的，企业破产法第三十一条和第三十二条规定的可撤销行为的起算点，为人民法院裁定受理强制清算申请之日。

[2] （2019）湘民申585号民事裁定书。

制定的《破产案件审理指南》（苏高法电〔2017〕794号）中明确，财产担保设立分为担保合意达成及担保物权取得两个阶段，可撤销范围的节点应理解为物权取得。江苏高院在审理一起抵押合同签订于破产临界期之外，抵押登记于破产临界期之内的案件时，就判决该等抵押属于可撤销范围。① 故而，司法实践中并未对该问题达成一致。

王欣新教授则认为，"无正当理由将登记不适当的拖延至破产临界期间之内，可以依法撤销，但是应当给予当事人从抵押合同签订至到登记机关办理抵押权登记手续的合理期间"。② 但对于"合理期间"，我国法律并无明确规定。因此，对于抵押登记于破产临界期之内的担保行为，存在被管理人撤销的风险。

综上，鉴于破产临界期起算之日的重要性，在获悉债务人或担保人陷入财务困境时，可通过协商、纾困等多种方式，尽量消除破产原因或延缓破产临界期起算的日期，使得交易行为发生于破产临界期之外。同时，若不动产抵押人的财务状况并不良好的，应当在签订合同后尽早办理抵押登记。

二、破产临界期为一年的情形

根据《企业破产法》第31条之规定，以下5种行为的破产临界期为一年：（1）无偿转让财产；（2）以明显不合理的价格进行交易；（3）对没有财产担保的债务提供财产担保；（4）对未到期的债务提前清偿；（5）放弃债权。《企业破产法》以列举的形式规定了上述可撤销的情形，该等情形的核心均在于将导致不公平清偿的现象出现，但随着业务模式的不断创新，许多未纳入《企业破产法》第31条列举范围，但实质上将导致不公平清偿的类似行为不断出现，如债务加入等，该等行为的效力应当如何认定？以下就业务中可能出现的被撤销情形予以讨论。

（一）无偿转让财产

《企业破产法》第31条规定的无偿行为仅为"转让"一种，"该条规定中存在立法逻辑不够严谨，'无偿'概念的外延未能包括所有应有选项，与其他规定的分类标准不一致，不能适应司法实践的合理需要等问题……使不涉及转让性质的各种无偿行为逃脱法律的调整范围，存在重大疏漏"。③ 随着实践的不断发展，无对价行为的类型不断创新，其中较为典型的就是债务加入及为他人债务提供物权担保。

---

① （2017）苏民申4710号民事裁定书。
② 王欣新：《论"对没有财产担保的债务提供财产担保"行为的认定》，载《人民法院报》2016年1月27日，第7版。
③ 王欣新：《民法典债权人无偿行为撤销权对破产撤销权的影响》，载《人民法院报》2020年9月24日，第7版。

特殊机会投资之道 2

1. 债务加入

债务加入系指第三人加入他人债务并承担连带责任的行为，系处分财产的行为但并不具备转让的特征，属于纯负担行为。在商业交易中经常出现债务加入的安排，如债务重组时追加债务人（以下简称"共同债务人"）等。若共同债务人在签署债务加入合同后一年内被裁定进入破产程序的，其债务加入行为是否可被撤销。江苏高院曾在一起涉及破产撤销权纠纷中认为，虽然《企业破产法》第31条未明确列举债务加入行为属于可以撤销的行为，但该债务加入行为系发生在受理破产重整申请前一年内，且属于单纯的负担行为，客观上导致债务人的责任财产减少，此有违《企业破产法》所确立的公平清偿原则，故判决撤销债务加入行为并无不当。①

2. 为他人债务提供财产担保

实践中存在着债务人为第三人提供物权担保的情形，一般认为，对于该种情形"是可以考虑适用企业破产法第三十一条关于'无偿转让财产'行为的规定进行撤销的"，②而不适用于《企业破产法》第31条"对没有财产担保的债务提供财产担保"的规定，四川省高级人民法院亦秉持该种观点，认为债务人为他人所负债务而提供财产担保可以适用"无偿转让财产"的规定。③因此，在债务人进入破产程序的情况下，如债务人在破产临界期内以自己的物为他人债务提供担保的，因该种担保行为会使得债务人的财产减少，故属于此处所述撤销范围内；如是他人以自己的物为债务人提供担保的，因该种行为不会致使债务人的财产减少，故不属于此处所述可撤销情形。

但值得注意的是，《民法典》在第539条④中规定，债务人为他人的债务提供担保，影响债权人的债权实现，债务人的相对人知道或者应当知道该情形的，债权人可以请求人民法院撤销债务人的行为。该条将债务人的相对人的主观恶意作为债权人行使民事撤销权的前提，王欣新教授认为，"这一主观要件对破产撤销权的构成也是必要的，否则可能对市场交易秩序产生不利影响"。⑤民法典的这一新

---

① （2017）苏民终1401号民事判决书。
② 王欣新：《论"对没有财产担保的债务提供财产担保"行为的认定》，载《人民法院报》2016年1月27日，第7版。
③ 《四川省高级人民法院关于审理破产案件若干问题的解答》（川高法〔2019〕90号）第三部分第5条。
④ 《民法典》第539条：债务人以明显不合理的低价转让财产、以明显不合理的高价受让他人财产或者为他人的债务提供担保，影响债权人的债权实现，债务人的相对人知道或者应当知道该情形的，债权人可以请求人民法院撤销债务人的行为。
⑤ 王欣新：《民法典债权人无偿行为撤销权对破产撤销权的影响》，载《人民法院报》2020年9月24日，第7版。

变化值得重视，或成为将来《企业破产法》修订或司法实践变化的法律依据。

（二）对没有财产担保的债务提供财产担保

传统理论上认为，该条适用的前提是为无担保的既存债务提供担保，"若被担保债务并非既存债务，而是与担保物权同时成立，则不构成可撤销的偏颇行为……"。① 同时，理论上认为该情形下的"财产担保"是指物权担保措施，并不包括保证担保措施，"因为非物权财产担保在破产程序中不享有优先受偿权"②。

1. 破产临界期内的同时担保行为

如某个债权债务关系在成立之时即存在财产担保，则该等交易构成同时担保行为。此处探讨的同时担保行为，系破产临界期内签署主债权合同的同时签订物权担保合同的情形。传统理论上认为，同时担保行为不应被撤销，理由在于其不具有改善某一债权人原有清偿地位的不公允性，而且物权担保合同的签订具有主合同对价利益，浙江省绍兴市中级人民法院曾在一起破产撤销权纠纷案件的判决中亦是做出如上论述。③

从目前搜集到的案例看，法院对于是否构成同时担保不得撤销的主要审查点，在于该等物权担保是否具有主合同对价利益，即物权担保行为与债务人因此取得的利益价值对等。对于具有主合同对价利益的同时担保行为，法院一般不予以撤销，如湖南省高级人民法院在一起破产纠纷案件④中认为，"取得借款属于增加财产的行为，提供担保与增加财产之间具有对价利益，故在破产宣告之前的临界期内，并未减少债务人被假设已丧失清偿能力当时所拥有的责任财产，并未侵害其他债权人的利益"。再如广东省高级人民法院曾在判决⑤中认为，债务人的担保行为不但没有减少债务人被假设已丧失清偿能力当时所拥有的责任财产，该交易还给债务人带来了新的财产利益和营运价值，故债务人在可撤销期间内进行的新贷款及为其设定的抵押，不属于可撤销范围。

但值得注意的是，法院对"具有主合同对价利益"的评价是一种主观价值判断，其并没有明确的量化标准，即达到何种程度，需要何种证据才能证明"具有主合同对价利益"尚不清晰，这就导致破产临界期内的同时担保行为仍旧存在被个别法院撤销的风险，如浙江省嘉兴市中级人民法院在一起判决⑥中就认为，抵押权人主张的抵押担保等行为维持了债务人正常经营，有利于全体债权人的主张无

---

① 转引自任一民：《既存债务追加物保的破产撤销问题》，载《法学研究》2015年第10期。
② 王欣新：《论"对没有财产担保的债务提供财产担保"行为的认定》，载《人民法院报》2016年1月27日第7版。
③ （2017）浙06民终4134号民事判决书。
④ （2019）湘民申584号民事裁定书。
⑤ （2020）粤民终156号民事判决书。
⑥ （2020）浙04民终2340号民事判决书。

事实依据，不予支持。

2. 破产临界期内追加物权担保

从法律条文表述来看，可撤销物权担保的前提是既存债务项下无物权担保措施；对于原债权项下已有物权担保措施，债务人在破产临界期内追加物权担保的行为，似乎并不应当撤销追加的物权担保措施。但在司法实践中存在着一些不同的做法，值得我们关注。

一是部分法院对既存债务项下有物权担保，债务人于破产临界期内追加的物权担保予以撤销。四川省高院在《四川省高级人民法院关于审理破产案件若干问题的解答》（川高法〔2019〕90号）中认为，"在可撤销期间内，债务人对已有财产担保的债务又增加担保，同样使特定债权人对增加的特定财产享有优先受偿权，从而得到增加个别清偿的优惠，对该增加的财产担保应属于可撤销行为之列"。[①] 无独有偶，浙江省高院则在一起个案中认为，"对没有财产担保的债务提供财产担保的"包括"对已有财产担保的债务增加提供财产担保的"情形。[②]

二是既存债务项下物权担保是否足额，对破产临界期内追加的物权担保产生影响。从现行的规定来看，江苏省高级人民法院在《江苏省高级人民法院破产案件审理指南》第四部分第5条认为，已有债务虽已设定财产担保，但担保财产价值低于债权额的，追加的财产担保应予撤销。因此，财产担保未全部覆盖债权金额的情况下，破产临界期内追加的财产担保措施可能因改变特定债权人清偿顺位而纳入撤销范围。进一步类推而言，对于债权项下物权担保财产价值低于债权，在破产临界期内更换担保物且更换后的担保物价值高于原担保物的，也可能被管理人主张撤销。

3. 关于借新还旧

借新还旧是指以新贷款偿还旧贷款的行为，借新还旧一般发生在银行债权人与债务人之间，实践中存在两种操作方式，一种是不存在资金流动行为，直接由银行办理新旧贷款的变更手续；另一种则是银行帮助债务人筹集资金，银行收到旧贷款资金后再向债务人发放新贷款，定向偿还筹集的旧贷款资金。当旧贷款下无财产担保措施时，为了资金安全，银行一般会要求在新贷款下办理财产担保。

借新还旧债权的特点在于，其成立了新债，而担保办理在新债权项下，从形式上看属于前文所说的同时担保行为，不符合"对没有财产担保的债务提供财产担保"的情形。因此，对上述在破产临界期内借新还旧并追加的物权担保存在两种观点，一种认为这是一种同时担保行为，不符合撤销的情形；另一种则认为，

[①] 《四川省高级人民法院关于审理破产案件若干问题的解答》第三部分第6条。
[②] （2020）浙民终639号民事判决书。

这是一种对旧贷款的展期，管理人可以主张撤销。后者主张，从实质上看，借新还旧仅是对旧贷款进行了展期，且附加了物权担保措施，使得原无财产担保的债权变为有财产担保的债权。广东省高院就在《广东省高级人民法院关于审理企业破产案件若干问题的指引》（粤高法发〔2019〕6号）第59条[①]中明确该种担保措施可以撤销；青海省高院[②]和吉林省高院[③]均曾在判决中认为，该种情形可视为旧贷的一种特殊形式的展期，故对该等旧贷款项下无财产担保，在可撤销期内进行借新还旧并附加的物权担保措施，判决予以撤销。

（三）以明显不合理的价格进行交易

该条适用的关键就在于对"交易"及"明显不合理"的认定。对于"交易"的理解，不应当狭隘地认为仅指转让行为，而是应将其等同为合同行为，"买卖、互易、借款、租赁、承揽、运输、仓储等合同行为，都属于交易行为的范畴"。[④] 对于"明显不合理"的认定，《破产法》并没有明确予以规定，实践中一般参照《合同法司法解释（二）》第19条之规定进行认定，即以30%作为是否合理的区间。虽然《合同法司法解释（二）》当前已被废止，但在新的司法解释尚未出台之前，该文件依旧有参照意义。当交易中存在股权让与担保的安排时，可能产生是否属于不合理对价交易纠纷。股权让与担保是一种常见的增信措施，且往往以零对价或极低对价的方式转让给债权人并进行登记。

股权让与担保是一种名为转让，实为担保的行为，《担保制度司法解释》第68条明确认可了股权让与担保的担保效力。一般而言，担保行为适用前文所述"对没有财产担保的债务提供财产担保"的行为，但股权让与担保因其形式上是转让而非担保，在个案中，各方往往围绕其属于股权转让还是让与担保产生纠纷。若股权让与担保被认定为转让，则在破产案件中可能产生以下影响：（1）原债权项下的财产担保措施仅有股权让与担保，破产临界期内追加物权担保措施的，可能被管理人以"对没有财产担保的债务提供财产担保"为由主张撤销；（2）股权让与担保发生在破产临界期内的，因该对价明显低于股权价值，故管理人可以明显不合理的价格进行交易为由主张撤销。

因此，在股权让与担保业已被司法解释明确认可的情况下，在进行股权让与

[①] 《广东省高级人民法院关于审理企业破产案件若干问题的指引》第59条：【借新还旧的撤销】以偿还债务为目的签订新借款合同，债务人为新借款合同提供物的担保，所偿还的债务没有担保物或虽有担保物但价值低于新借款合同担保物的，管理人可以依据企业破产法第三十一条关于"为没有担保债务提供财产担保行为"的规定，对新设或增设担保主张撤销权。

[②] （2020）青民终162号民事判决书。

[③] （2019）吉民终265号民事判决书。

[④] 王洪平、房绍坤：《破产撤销权行使的实体条件释论——以〈破产法〉第31、32条的规定为分析对象》，载《中国商法年刊2007》，北京大学出版社2008年版，第469页。

担保安排时，尽量在合同中明确该等股权让与行为系担保行为而非转让，防范后期破产程序中可能出现的上述风险。

三、破产临界期为6个月的情形

《企业破产法》第32条是关于个别清偿的规定，对于个别清偿行为，此条并未采用列举式规定，而是采用了概括式规定，即在破产临界期内债务人具备破产原因的情况下，除非满足"个别清偿使债务人财产受益"之条件，否则人民法院受理破产申请前6个月内的个别清偿均可被撤销。《破产法司法解释（二）》第14条[①]、15条[②]、16条[③]进一步对免于撤销的例外情形做了规定：（1）以自有财产对债权设定全额担保的，债务人在破产临界期内的个别清偿不予撤销；（2）债务人经诉讼、仲裁、执行程序对债权人进行的个别清偿不予撤销，但恶意串通的除外；（3）水电费、劳动报酬、人身损害赔偿金、使债务人财产受益的其他个别清偿不予撤销。

（一）宣布债务提前到期

需要注意的是，《企业破产法》第32条规定的个别清偿的债权应当是破产临界期内到期的债权，而非未到期债权。"如果债务人对未到期的债务提前清偿的，则构成新法第31条规定的可撤销行为。"[④] 债权人往往会在交易合同中约定，当债务人出现破产情形时，债权人可以宣布提前到期，债务人应当立即偿还本息。当债务人出现可能进入破产程序的情形时，及时宣布债务提前到期并要求债务人清偿，对避免撤销风险具有一定的时间利益。当宣布提前到期后，债务由未到期变为已到期，此时接受清偿就不再属于"对未到期的债务提前清偿"的情形，同时，破产临界期也由1年缩短为6个月。

那么，对于债权人宣布提前到期的行为，应当如何认定其效力。对于一般债权中是否适用提前到期条款并无争议，但对于破产临界期内是否得以适用，一种观点认为破产临界期内的债务已经到期并不包括提前到期的情形，如广东省高院

---

① 《破产法司法解释（二）》第14条：债务人对以自有财产设定担保物权的债权进行的个别清偿，管理人依据企业破产法第三十二条的规定请求撤销的，人民法院不予支持。但是，债务清偿时担保财产的价值低于债权额的除外。

② 《破产法司法解释（二）》第15条：债务人经诉讼、仲裁、执行程序对债权人进行的个别清偿，管理人依据企业破产法第三十二条的规定请求撤销的，人民法院不予支持。但是，债务人与债权人恶意串通损害其他债权人利益的除外。

③ 《破产法司法解释（二）》第16条：债务人对债权人进行的以下个别清偿，管理人依据企业破产法第三十二条的规定请求撤销的，人民法院不予支持：（一）债务人为维系基本生产需要而支付水费、电费等的；（二）债务人支付劳动报酬、人身损害赔偿金的；（三）使债务人财产受益的其他个别清偿。

④ 李曙光：《优先性个别清偿行为》，载《法制日报》2007年8月5日，第11版。

在"广州银行股份有限公司深圳分行、深圳市云海通讯有限公司管理人破产撤销权纠纷"①一案中认为,"在破产申请受理前已经到期是指按照合同约定的还款期限到期,并不包括因违约提前加速到期的情形"。另一种观点则相反,认为加速到期的约定属于当事人意思自治范畴,不违反法律法规强制性规定应当有效,如韩长印教授认为:"加速到期乃一终止权,即使权利人于破产偏颇期内行使该权利亦不具有破产法上之偏颇性。其行使效果是使得合同关系终止,使未到期债权转换为到期债权,债权人可得主张债务人清偿债务,应于破产中予以承认。"②

从检索案件来看,目前对于破产程序中加速到期条款的效力,法院还是秉持着尊重意思自治的审查原则,除非该等约定存在违反法律法规强制性规定的情形,否则对该等约定的效力予以认可。但是,债权人必须举证证明债务人存在触发加速到期的情形,上海高院在"上海市方达律师事务所与中国农业银行股份有限公司上海五角场支行等请求撤销个别清偿行为纠纷"③一案中认为,因债权人未能举证证明债务人违约,法院认为还款期限仍为合同约定期限。另外,在是否履行通知义务的问题上,笔者认为应当进行通知,宣布提前到期是对合同权利义务的重大变更事项,债权人应当做好通知工作并留存相应证据,防范破产管理人以程序瑕疵为由,要求认定清偿行为属于"对未到期的债务提前清偿"的情形。

因此,当债务人出现破产情形且合同中约定提前到期条款的,除债权人有另外的商业考量外,应尽量争取及时宣布债务提前到期且接受全部或部分清偿,以在债务人破产前争取时间利益,降低清偿行为被撤销的风险。但需注意的是,在宣布提前到期时,务必保存好债务人违约及已履行通知义务的相应证据,防范破产管理人后期以"债务未到期"为由进行抗辩。

(二)划扣行为是否属于个别清偿范畴

在宣布提前到期后,由债务人主动履行的情况较为少见,一般是诉诸法院解决纠纷。但是当债权人为银行时,可能出现划扣的情形,其他类型的债权人一般不具有划扣债务人资金的能力。就债权人而言,在债权人、债务人以及银行三方签订资金监管协议时,或可能出现债权人指令资金监管银行划扣债务人资金的情形。对于债务人在破产临界期内的主动清偿行为属于个别清偿,实践中并无争议。对于银行直接在破产临界期内划扣债务人资金的行为是否属于个别清偿,存在着一定争议。最高人民法院曾于"西飞集团进出口有限公司破产管理人与中信银行股份有限公司西安分行请求撤销个别清偿行为纠纷"④(以下简称"717号判

---

① (2019)粤民终639号民事判决书。
② 韩长印:《借贷合同加速到期条款的破产法审视》,载《法学》2015年第11期。
③ (2016)沪民申2381号民事裁定书。
④ (2016)最高法民申717号民事裁定书。

决") 一案中认为，划扣行为不属于债务人自行清偿行为，因此不在《企业破产法》第 32 条调整范围内，故不得据此主张撤销。照此判决，银行于破产临界期内的划扣行为不在破产撤销权调整范围内，破产管理人不得撤销，该判决对债权人较为有利，在当时引起了一定争议。

后来，最高人民法院曾在民二庭第七次法官会议纪要中论述道，银行的划扣行为损害了债权人整体的公平清偿利益，是个别清偿行为，属于《企业破产法》第 32 条调整的范围。① 法院会议纪要虽不属于司法文件，但在实践中对案件判决起着重大指导作用，且该法院会议纪要晚于"717 号判决"发布，或可视为更改了"717 号判决"的观点。

（三）例外情形

对于债权人而言，除非有特殊的商业安排，否则当债务人出现可能破产情形时，一般会希望尽快实现债权，获得清偿而退出。因此，如何使破产临界期内接受的清偿免于撤销风险，值得债权人关注。

1. 对以自有财产设定担保物权的债权进行的个别清偿

适用该条的关键在于两点，一是债权项下是否存在债务人自有财产物权担保，二是该等物权担保是否全额覆盖债权。在同时满足上述两个条件的前提下，债务人在破产临界期内的清偿行为不会被撤销，原因就在于，当物权担保价值大于等于债务人所负债务时，该等清偿并不会使得债权人获得更加优先的受偿地位，其他债权人的利益也未受不公平影响。

但是，物权担保措施有时并非由债务人所提供，而是由第三人提供。当债务人陷入破产境地时，物权担保人并未处于破产境地。在上述情形下，如债权人在破产临界期宣布债务提前到期并接受债务人清偿的，该等清偿行为则面临被撤销的风险。此时，部分债权人可能要求物权担保人代为还款，试图以此规避个别清偿的风险，但该等安排可能存在以下风险：一是担保物权可能因代偿行为而消灭；二是当物权担保人的还款资金实际来源于债务人的资金时，该等代为清偿可能因导致债务人财产不当减少而面临被撤销的风险。

如债权人在破产临界期内已经接受债务人清偿，并被破产管理人诉请撤销的，此时，应当仔细考量物权担保人的状况，若有明显的证据证明物权担保人与债务人构成人格混同，且担保物价值完全覆盖债权的，债权人或可借鉴浙江省绍兴市柯桥区人民法院在"浙江中兴会计师事务所有限公司、浙江朋成律师事务所等与中信银行股份有限公司绍兴分行请求撤销个别清偿行为纠纷"② 一案中的论述，

---

① 贺小荣主编：《最高人民法院民事审判第二庭法官会议纪要——追寻裁判背后的法理》，人民法院出版社 2018 年版，第 172 页。

② （2020）浙 0603 民初 6475 号民事判决书。

以债务人与物权担保人系同一实控人控制，构成人格混同为由，抗辩物权担保人的财产担保视同债务人的财产担保，进而抗辩破产管理人的撤销诉求。

2. 经法律程序的清偿

《破产法司法解释（二）》第15条明确，"债务人经诉讼、仲裁、执行程序对债权人进行的个别清偿"，不予撤销，除非债务人与债权人串通损害其他债权人利益。一般认为，上述条款适用于两种情形，一种为债权人获得生效法律文书后，债务人在破产临界期内清偿；另一种为债权人取得生效法律文书后，债务人在破产临界期内经由执行程序进行清偿。上述两种情形在实践中通常争议不大，但是，对于诉讼中划扣资金获得清偿的行为应当如何认定，值得探讨。

就前文所述，破产临界期内的划扣行为亦属于个别清偿。对于银行划扣债务人资金行为，往往会引起二者之间的纠纷并诉诸法院。若划扣行为和生效判决均发生在破产临界期内时（如下图所示），该等划扣行为能否被视为债权人经诉讼程序的清偿行为？

图 1　破产临界期与划扣行为时间关系示意图

在"717号判决"中，最高人民法院就针对上述情形进行审理并认为，"中信西安分行扣划款项予以清偿的行为发生于诉讼中，之后该笔债权审理中又经依法扣减，实际得到生效判决的确认，属于经过诉讼进行的个别清偿"，因此驳回破产管理人的撤销诉求。该案件的裁判对《破产法司法解释（二）》第15条的理解进行了扩充，即不予撤销的规定不仅适用于债权人先取得胜诉判决，再得到清偿的情形；还适用于先得到清偿，再取得胜诉判决的情形。

对于债权人而言，如在投后管理中可以直接划扣债务人资金的，当债务人出现破产情形时，可以借鉴该案件中的做法。在经充分衡量后认为通过破产程序受偿对自己更为不利的，可以宣布债务提前到期并提起诉讼，在诉讼中划扣债务人资金（如最终未取得胜诉判决，则可能出现因违约而导致赔偿的风险）。此时，(1) 如划扣资金后超过6个月债务人才进入破产程序的，该等划扣资金的行为不适用《企业破产法》第32条关于个别清偿的规定；(2) 如划扣资金后6个月内债务人进入破产程序的，当胜诉判决早于破产裁定，债权人可以根据《最高人民法院关于统一法律适用加强类案检索的指导意见（试行）》之规定向法院提交"717

号判决"作为参考依据，请求适用《破产法司法解释（二）》第 15 条抗辩破产管理人的撤销请求。

四、总结

在不良资产业务中，因债权本身的不良的属性，债务人往往比一般债权中的债务人更容易陷入破产境地，因此更需要关注可能出现的破产撤销风险。

（一）收购不良债权

在尽职调查阶段，应当对债务人及担保人的财务状况给予高度关注，特别是当其财务报表出现资产负债率过高甚至已经资不抵债的，或者在其他诉讼中存在因无财产可执行而导致终结执行的情形，该等情形可能致使债务人或担保人在短时间内进入破产的阶段，此时，诸如债务加入、股权让与担保等安排，可能面临被撤销的风险，因此在估值定价时应当对该种情形下可能产生的价值贬损予以考虑。在收购债权时，还应当关注原债权项下（1）是否存在物权担保措施；（2）物权担保措施是否足额；（3）登记行为距离收购时是否超过一年；（4）是否属于借新还旧债权等，并在估值定价时予以考虑。

（二）新设担保物权

如需新设担保物权的，对于财务状况不良的债务人，尽量在交易时安排全额物权担保措施，并且缩短签订担保合同与办理抵押之间的时间差；当物权担保人与债务人不是同一人，且还款来源主要为担保物产生的现金流时，应当将物权担保人列为共同债务人。

（三）投后管理

在投后管理中发现债务人或担保人出现可能陷入破产的情形时，第一，应检查债权项下物权担保措施的登记时间距今是否已经超过一年，如否，应尽量采取措施拖延担保人被裁定破产的进程，严格管控证章照，避免担保人自行申请破产，并与担保人的其他债权人积极协商，尽量避免或迟滞担保人的破产进程。第二，如无特别商业考量，应当及时宣布债务到期并通知债务人，将未到期债务转化为到期债务，以取得时间优势。第三，如债务人被监管账户中仍有资金的，应及时通过诉讼主张权利，尽快与债务人达成由法院确认的调解协议或取得胜诉判决，进而获得清偿。

破产法中个别清偿例外规则实践研究
——以《破产法司法解释（二）》第15条为研究对象

庄洁蕾

金融机构在企业陷入经营困境时，多采取债务重组、以物抵债等方式实现自身债权。然而，一旦债务人企业进入破产程序，相关偿债安排可能受制于破产管理人的个别清偿撤销权，金融机构债权的受偿状态处在不稳定中。为此，本文以法律规定为切入点，以司法实践统计分析为依据，就破产法中债务人个别清偿例外规定的适用情形展开讨论，探寻金融机构债权人与债务人达成偿债安排的妥善路径，防范债务人破产后清偿安排被破产管理人撤销的风险，强化债权人追偿债务的主动权，增强交易安排的稳定性。

一、个别清偿撤销权例外规定及其司法实践适用情况

《企业破产法》第32条规定，在人民法院受理破产申请前6个月内，若债务人企业不能清偿到期债务且资不抵债或明显缺乏偿债能力，但仍对个别债权人进行清偿的，该债务人企业的破产管理人有权请求人民法院撤销前述个别清偿行为。① 本条规定了破产管理人对破产企业个别清偿行为的撤销权，目的是避免破产企业通过偏颇性清偿进行资产转移，或部分债权人通过个别受偿侵犯其他债权人的权益。《破产法司法解释（二）》规定了破产管理人撤销权的几种例外情形，例如债务人对以自有财产设定担保物权的债权进行的个别清偿、② 使债务人财产收益

---

① 《企业破产法》第32条：人民法院受理破产申请前六个月内，债务人有本法第二条第一款规定的情形，仍对个别债权人进行清偿的，管理人有权请求人民法院予以撤销。但是，个别清偿使债务人财产受益的除外。

② 《破产法司法解释（二）》第14条：债务人对以自有财产设定担保物权的债权进行的个别清偿，管理人依据企业破产法第三十二条的规定请求撤销的，人民法院不予支持。但是，债务清偿时担保财产的价值低于债权额的除外。

的个别清偿等。① 其中，《破产法司法解释（二）》第15条规定债务人经诉讼、仲裁、执行程序对债权人进行的个别清偿，除非债务人与债权人恶意串通损害其他债权人利益，否则破产管理人无权撤销。②

笔者以《破产法司法解释（二）》第15条原文为关键词，于中国裁判文书网上共检索到168个相关案例。③ 扣除重复的裁判文书19例（包括完全一样的重复文书及同一个案件内容一致编号不同的文书），共有149例有效的裁判文书。以裁判结果是否依据第15条规定驳回破产管理人撤销请求，可以将有效案例分为三大类，各类案件的数量和比例如下：

表1 破产管理人撤销请求支持情况表

裁判类型	驳回撤销申请	支持撤销申请④	未适用15条
数量	48	46	55
占比	32.21%	30.87%	36.91%

根据上述统计，可以发现人民法院对债权人适用《破产法司法解释（二）》第15条例外规则对抗破产管理人撤销权的态度各占一半、基本持平，因此，很难从数据统计层面总结出人民法院对《破产法司法解释（二）》第15条规则的倾向性态度，但以下裁判路径最为常见：① 法院首先判断破产管理人是否享有撤销权；② 确认破产管理人享有撤销权后，判断个别清偿行为是否构成第15条的经诉讼、仲裁、执行程序的个别清偿；③ 最后，审查个别清偿行为是否存在恶意串通损害其他债权人的情形。因此，本文将根据法院上述审判思路，对司法实践情况展开分析，并总结个别清偿撤销权例外的适用情形。

二、破产管理人对个别清偿行为是否享有撤销权

根据《企业破产法》第32条的规定，若债务人企业不能清偿到期债务、资产不足以清偿全部债务或明显资不抵债时，仍对个别债权人进行清偿，且上述个别

---

① 《破产法司法解释（二）》第16条：债务人对债权人进行的以下个别清偿，管理人依据企业破产法第三十二条的规定请求撤销的，人民法院不予支持：（一）债务人为维系基本生产需要而支付水费、电费等的；（二）债务人支付劳动报酬、人身损害赔偿金的；（三）使债务人财产受益的其他个别清偿。

② 《破产法司法解释（二）》第15条：债务人经诉讼、仲裁、执行程序对债权人进行的个别清偿，管理人依据企业破产法第三十二条的规定请求撤销的，人民法院不予支持。但是，债务人与债权人恶意串通损害其他债权人利益的除外。

③ 最后检索时间为2021年6月20日。

④ 其中，共有16个案例中的个别清偿被法院认定未涉及诉讼、仲裁、执行程序，因此法院支持了破产管理人撤销个别清偿行为的诉讼请求。

清偿行为发生于法院受理破产申请之日前 6 个月内，则破产管理人有权申请撤销上述个别清偿行为。

因此，若债务人个别清偿行为发生于法院受理破产申请之日的 6 个月之前，则破产管理人不享有基于《企业破产法》第 32 条的撤销权。若债务人的个别清偿行为发生于法院受理破产申请之日后，则不发生撤销权适用的前提，自然也不存在撤销权例外适用的前提。① 其中，若系破产企业对债权人的个别清偿，破产管理人可根据《企业破产法》第 16 条②的规定主张个别清偿无效；若系法院执行行为导致的个别清偿，破产管理人可根据《破产法司法解释（二）》第 5 条③的规定请求依法纠正执行行为。④

三、个别清偿行为是否构成经诉讼程序的个别清偿

经梳理，共有 37 个案例的债务人个别清偿行为系诉讼程序中发生的。法院判断个别清偿是否系经诉讼程序的个别清偿，主要可以分为以下几种情况进行讨论。

（一）债权人对债务人提起诉讼后又撤诉

债权人起诉债务人后又撤诉的案例共 9 例，其中法院支持管理人撤销个别清偿行为的有 7 例，不支持管理人撤销个别清偿行为的有 2 例。此种情形下，债务人的个别清偿一般发生在债权人起诉后、撤诉前的期间内，或发生在债权人撤诉之后，个别清偿的形式多为直接清偿或达成和解协议、清偿协议等。大多数法院认为，此种情形下诉讼是债权人向债务人催告清偿的一种手段，法院未就债权债务关系出具生效裁判，个别清偿系债务人企业自觉履行债务的清偿行为，不构成《破产法司法解释（二）》第 15 条的"经诉讼程序"的个别清偿。⑤

个别法院不支持管理人行使撤销权，例如在 A 公司管理人与 B 公司请求撤销个别清偿行为纠纷案中，法院提出："该条规定的'诉讼'应做广义理解，即在过程上，包括从立案到结案的任何诉讼阶段，在结案方式上，包括判决、调解、

---

① 共有 7 个案例涉及债务人破产申请受理后发生的个别清偿，既有法院执行行为，也有债务人与债权人的偿债安排，均计入未适用第 15 条的案例。

② 《企业破产法》第 16 条：人民法院受理破产申请后，债务人对个别债权人的债务清偿无效。

③ 《破产法司法解释（二）》第 5 条：破产申请受理后，有关债务人财产的执行程序未依照企业破产法第十九条的规定中止的，采取执行措施的相关单位应当依法予以纠正。依法执行回转的财产，人民法院应当认定为债务人财产。

④ 例如（2017）粤 03 执复 226 号执行裁定书。本案中，罗湖法院在裁定受理破产申请后又作出执行裁定，将债务人的涉案厂房的占有使用、收益权交付给债权人抵偿债务，该执行行为系受理破产申请之后对个别债权人的单独清偿，违反了《破产法司法解释（二）》第 5 条的规定，损害了其他债权人的合法权益，属于执行错误，深圳市中级人民法院予以纠正。上述情况不属于破产管理人行使撤销权的情形，《破产法司法解释（二）》第 15 条不存在适用前提。

⑤ 参见（2016）苏民申 6552 号民事裁定书、（2018）辽 02 民初 1708 号民事判决书。

撤诉。"① 因此，法院认为债务人企业在债权人撤诉前的个别清偿行为属于《破产法司法解释（二）》第 15 条的例外情形，破产管理人无证据证明存在恶意串通情形时，不可被撤销。当然，本案属于个例，参考价值有限。

小结：债权人起诉又撤诉的，债务人在此期间作出的个别清偿很可能无法被法院认定为经诉讼程序的个别清偿，被破产管理人撤销的风险较大。

（二）诉讼程序中的个别清偿

在 13 个相关案例中，债权人对债务人提起诉讼，诉讼程序中或是债务人主动清偿债务，或是债权人自力实现债权，法院对上述个别清偿行为是否构成《破产法司法解释（二）》第 15 条例外存在不同观点，主要分为以下两种情况。

第一，债务人在诉讼过程中对债权人进行个别清偿，且清偿行为经判决书、调解书确认的，构成《破产法司法解释（二）》第 15 条例外情形，管理人无权撤销。5 个相关案例中，债务人或在诉讼程序中对债权人进行了个别清偿，或在诉讼程序中与债权人达成了以物抵债协议，且上述个别清偿、以物抵债协议等均在之后法院作出的判决书或民事调解书中予以确认。于是当破产管理人就上述个别清偿行为主张撤销时，审理法院认为上述个别清偿属于经诉讼程序的个别清偿，构成第 15 条例外情形，不支持撤销。②

第二，共 8 个案例涉及债务人在诉讼过程中对债权人进行个别清偿，或债权人在诉讼过程中通过自力行为实现债权，且上述个别清偿安排未经判决书、调解书确认，法院认为管理人有权撤销。关于债务人在诉讼过程中的主动清偿，审理法院认为，债务人庭外的个别清偿，或与债权人达成的和解协议，其未经判决书、调解书确认，又非经强制执行程序完成，不具有司法程序带来的确定性，应当认定不构成《破产法司法解释（二）》第 15 条的个别清偿撤销权例外情形，管理人有权撤销。③ 关于债权人在诉讼过程中的自力受偿，例如银行自行扣划债务人账户内资金，法院认为债权人自行扣划债务人资金的行为既不属于债务人自行清偿债务，也不属于法院依强制执行力执行债务人财产的行为，而是债权人利用自己的便利条件占有债务人财产、造成债务人财产减损，因此不属于第 15 条规定的例外情形，管理人有权予以撤销。④

小结：债务人在诉讼过程中对债权人进行清偿（包括直接清偿、抵债安排或者和解协议等），且清偿安排经法院判决书或民事调解书确认的，法院一般认定构成经诉讼程序的个别清偿，破产管理人无权撤销。反之，若清偿行为未经判决书、

---

① 参见（2018）鲁 10 民初 103 号民事判决书。
② 例如（2020）苏民终 623 号民事判决书。
③ 例如（2020）豫民终 1087 号民事判决书。
④ 例如（2020）鲁 16 民终 1129 号民事判决书。

调解书确认，或债权人自力受偿的，法院倾向于认定其不构成经诉讼程序的个别清偿，存在被破产管理人撤销的风险。

（三）债务人主动履行生效法律文书的个别清偿

在 15 个相关案例中，债权人已取得生效的判决书或调解书，尚未向法院申请强制执行，债务人主动根据生效判决书或调解书的内容向债权人履行义务，履行方式包括金钱偿债①、以物抵债②、以股抵债③、转让债权抵债④等。上述债务人主动履行生效法律文书的案例中，法院均认为债务人的清偿行为构成经诉讼的个别清偿，适用《破产法司法解释（二）》第 15 条规定，管理人无权撤销。值得注意的是，在法院出具判决书的案例中，债务人一般采用金钱偿债方式进行个别清偿；而在法院出具民事调解书的案例中，调解书一般会明确债务人的清偿方式，例如以物抵债、以股抵债等，债权人与债务人再依据调解书内容进一步签署相应的抵债协议，并完成抵债行为。

小结：债权人对债务人提起诉讼并取得生效判决书或调解书后，债务人未经执行程序主动履行生效法律文书确定的债务的，法院一般认为构成经诉讼程序的个别清偿，破产管理人无权撤销。

四、个别清偿行为是否构成经执行程序的个别清偿

经梳理，共有 31 个案例的债务人个别清偿行为系执行程序中发生的，或个别清偿行为发生时执行程序已终结。法院判断个别清偿是否系经执行程序的个别清偿，主要可以分为以下几种情况进行讨论。

（一）债务人经法院强制执行程序进行个别清偿

经法院强制执行程序完成个别清偿的案例分为两类情况，第一类是由法院强制执行债务人财产进行清偿，第二类是法院出具以物抵债裁定进行清偿。

第一类案件共 7 例，均为债权人经法院强制执行程序受偿，但执行行为发生在破产申请受理之日前 6 个月内，故破产管理人主张予以撤销。例如，在 C 公司破产管理人执行复议案中，虽然甘肃高院最终撤销了兰州中院的执行裁定并发回重审，但其在执行裁定书中肯定了兰州中院在强制执行时扣划债务人账户征地补偿款的行为，认为该强制执行行为不应被撤销，构成《破产法司法解释（二）》第 15 条规定的"经执行程序"的个别清偿。⑤又如在 D 公司管理人与 E 银行请求撤

---

① 例如（2019）浙 0213 民初 2740 号民事判决书。
② 例如（2019）浙 0602 民初 4588 号民事判决书。
③ 例如（2017）浙 07 民终 772 号民事判决书。
④ 例如（2019）苏 1191 民初 894 号民事判决书。
⑤ 参见（2015）甘执复字第 26 号执行裁定书。

销个别清偿行为纠纷案中，山西省晋城市中级人民法院认为，债权人2015年已向法院申请了强制执行，2018年债务人房产拍卖成功，虽然执行法院在破产申请受理当日才将款项划付至债权人，但也属于《破产法司法解释（二）》第15条规定的"经执行程序的"个别清偿，破产管理人无权撤销。①

第二类案件仅1例，破产管理人提出的执行异议和复议申请均被法院驳回，法院认为以物抵债裁定形成的个别清偿属于《破产法司法解释（二）》第15条规定的经执行程序的个别清偿，破产管理人无权撤销。② 该案中，法院查明，债权人申请强制执行生效判决，债务人的房产经过两次拍卖流拍，执行法院在债权人申请下依法做出以物抵债裁定，裁定生效当日即发生物权变动效力。虽然裁定生效的同日，债务人的破产申请被受理，但法院仍认定本次以物抵债裁定符合《破产法司法解释（二）》第15条规定的例外情形，破产管理人无权撤销。

小结：经法院强制执行的个别清偿，如果清偿行为在债务人破产申请受理之前全部完成，例如款项划付完毕、动产交付完毕、不动产过户登记完毕或者以物抵债裁定生效的，则债权人可以主张构成"经执行程序的个别清偿"，破产管理人无权撤销。

（二）债务人通过执行和解程序进行个别清偿

债务人通过执行和解程序对债权人进行个别清偿的案例共有12个，大多数案例的执行和解安排为以物抵债，且多数系以房产抵债。法院对债务人通过执行和解作出的个别清偿是否构成《破产法司法解释（二）》第15条规定的个别清偿例外存在不同的裁判思路。

7个案例中，债权人、债务人在法院主持下达成执行和解，且法院出具的执行裁定书中确认了执行和解协议，法院认为构成经执行程序的个别清偿，破产管理人无权撤销。其中，F会计师事务所与G合伙企业破产撤销权纠纷案件具有一定参考意义。③ 本案经历一审、二审及再审，法院均驳回破产管理人撤销执行和解协议的诉讼请求。本案中，债权人与债务人在法院主持下达成以房抵债的执行和解协议，后执行法院出具执行裁定确认上述执行和解安排，债权人根据相关协议办理房产网签备案手续及预告登记手续，法院裁定终结执行。因此，法院认为虽然上述以房抵债安排系债务人破产申请之日前6个月内达成的，但构成经执行程序的个别清偿，驳回了破产管理人的撤销请求。

5个案例中，债权人、债务人在法院主持下达成执行和解，执行和解的内容为以房抵债，但法院受理债务人破产申请时，抵债尚未完成、相关房产尚未过户登

---

① 参见（2019）晋05民初222号民事判决书。
② 参见（2020）鲁0523执异53号执行裁定书、（2021）鲁05执复8号执行裁定书。
③ 详见（2019）苏02民终4700号民事判决书、（2020）苏民申5912号民事判决书。

记至债权人名下,因此法院认为个别清偿行为未完成,不存在管理人撤销权的前提,进而不能适用《破产法司法解释(二)》第15条的个别清偿撤销权例外规则。例如,在H房地产开发有限责任公司破产债权确认纠纷案中,一审、二审法院均支持破产管理人关于撤销以房抵债协议的诉讼请求。法院认为,虽然以房抵债行为系履行民事调解书的行为,且在法院主持下达成了执行和解协议,但破产申请受理之日前抵债房产尚未登记至债权人名下,仅部分房产进行了网签,因此执行和解协议尚未履行完毕、个别清偿尚未完成,抵债房产仍属于债务人财产,并在债务人进入破产程序后成为破产财产,不存在适用《破产法司法解释(二)》第15条例外规则的前提。① 类似的,在I公司、胡某房屋买卖合同纠纷案二审判决中,法院认为,虽然债权人与债务人系在执行法院主持下达成以物抵债的执行和解协议,但抵债房产仅进行了备案登记,未过户登记至债权人名下、没有发生物权变动,债务人的破产管理人将抵债房产出售并将价款进行分配的行为并无不当,不支持债权人适用《破产法司法解释(二)》第15条的个别清偿撤销权例外规定。②

因此,在债务人经执行和解程序对债权人进行个别清偿的情形下,部分法院认为只要执行和解系法院主持下进行,且在执行裁定中被确认、在执行档案中留存记录的,即使执行和解协议中约定的清偿行为尚未履行完毕,也可认定构成经执行程序的个别清偿,破产管理人无权撤销。但是,也有部分法院认为,如果执行和解协议约定的清偿方式系以物抵债,那么只有在债务人破产申请被法院受理前抵债资产权属转移至债权人名下、债务人已完成抵债行为时,方能被认定为符合《破产法司法解释(二)》第15条规定的"经执行程序的个别清偿"。抵债行为未完成之前,抵债资产自破产申请受理之日起成为破产财产,破产管理人无需主张撤销,债权人主张适用《破产法司法解释(二)》第15条不具备前提。

小结:债权人与债务人通过执行和解程序进行偿债安排的,建议债权人选择能够尽快完成的偿债方式,比如以物抵债应尽快完成动产的交付、不动产的过户登记等。如果不动产抵债无法进行登记,仅办理网签备案或者预告登记的,债务人破产时存在被管理人撤销的风险。

(三)执行外和解是否构成撤销权例外法院存在不同观点

共有10个涉及执行外和解③的案例,法院观点存在分歧。其中4个案例系当事人私下达成和解协议,未向法院提交、未被录入执行档案,法院认为不能适用《破产法司法解释(二)》第15条的个别清偿撤销权例外规则,支持了管理人的撤销请求。例如,J房地产公司管理人与周某请求撤销个别清偿行为纠纷案经历了一

---

① 参见(2018)鲁10民初343号民事判决书、(2019)鲁民终1544号民事判决书。
② 参见(2019)鄂10民终1848号民事判决书。
③ 执行外和解指的是,当事人私下达成和解,既未向人民法院提交,又未对执行程序产生影响。

审、二审及再审，一审驳回了破产管理人的撤销请求，二审及再审却推翻了一审判决。再审法院认为，虽然债权人与债务人签署以房抵债协议发生在诉讼及执行阶段，但抵债协议未经法院执行程序确认，属于执行外和解，且直至债务人破产之日抵债房屋都未能登记至债权人名下，个别清偿未完成，因此不构成《破产法司法解释（二）》第 15 条的个别清偿例外情形。①

其余 6 个案例是债权人与债务人的纠纷已由法院出具了终结本次执行或者终结执行的裁定书，后续当事人自行达成了执行外和解，或者债务人主动向债权人清偿债务，被破产管理人申请撤销上述清偿行为。其中有 3 个案例法院不支持破产管理人行使撤销权。例如，在 K 公司与 L 公司管理人请求撤销个别清偿行为纠纷案中，债务人在终结执行后与债权人签署抵债协议并交付抵债物（机器设备），二审法院认为此种情形下的执行外和解构成《破产法司法解释（二）》第 15 条例外情形，推翻了一审判决，不支持管理人的撤销请求。二审法院在说理时提出，《破产法司法解释（二）》第 15 条以不撤销为原则，以撤销为例外。不撤销的情形包括债务人主动履行生效法律文书中确定的债务，也包括法律文书生效后，债权人通过申请强制执行，促使债务人被动履行债务。本案中的抵债协议系债务人主动履行生效判决的行为，除非破产管理人能够证明债务人、债权人恶意串通损害了其他债权人利益，否则不应予以撤销。② 另有 3 个案例法院支持了破产管理人撤销个别清偿的请求。法院认为，终结本次执行或者终结执行后达成的和解，或者债务人所做的清偿，并非在法院的主持下进行，属于执行外和解，不属于债务人经执行程序对债权人的个别清偿，故予以撤销。③

小结：部分法院认为，债务人通过执行外和解对债权人进行的清偿不属于经执行程序的个别清偿，不能适用《破产法司法解释（二）》第 15 条的个别清偿例外规则，因此债务人通过执行外和解做出的清偿被管理人撤销的风险较大。但是，也有部分法院认为执行外和解系债务人主动履行生效判决书或调解书确定的义务，应当认定构成《破产法司法解释（二）》第 15 条规定的"经诉讼程序的个别清偿"。鉴于法院对于执行外和解的个别清偿能否被撤销存在较大分歧，实践中应审慎考量撤销风险。

---

① 参见（2018）湘 07 民终 373 号民事判决书。
② 参见（2019）浙 06 民终 2129 号民事判决书。
③ 参见（2019）云 23 民终 983 号民事判决书；又见（2020）豫 03 民初 288 号民事判决书、（2021）豫民终 34 号民事判决书，此两例系相同案件的一审及二审判决，两审判决持相同观点。

五、个别清偿行为是否构成经仲裁程序的个别清偿

现有案例中仅有 1 个涉及仲裁程序。该案中，一审法院支持了破产管理人的撤销请求，而二审法院认为债权人已通过仲裁程序确认了债权，且向人民法院申请强制执行并受偿完毕，符合《破产法司法解释（二）》第 15 条规定的经仲裁、执行程序对债权人进行个别清偿的规定，故推翻一审判决，认定破产管理人无权撤销。①

小结：债权人经仲裁程序取得仲裁裁定，并向法院申请强制执行的，可以认定构成《破产法司法解释（二）》第 15 条的个别清偿例外情形，排除破产管理人的撤销权。

六、个别清偿行为是否属于恶意串通损害其他债权人利益

最后，当法院判断债务人对债权人的清偿属于经诉讼、仲裁、执行程序的个别清偿时，还需要根据破产管理人的主张，审查个别清偿是否恶意串通损害了其他债权人的权益。若系恶意串通，则破产管理人依然有权撤销个别清偿。

综观全部案例，可以发现法院对债权人、债务人是否构成恶意串通采取不主张不审查的态度，破产管理人承担举证责任。关于法院认定恶意串通的标准，M 公司管理人、N 银行请求撤销个别清偿行为纠纷二审判决书中有所体现，即法院认为根据民事诉讼法的司法解释的规定，破产管理人对恶意串通的举证应达到排除合理怀疑的标准，否则不能认定为恶意串通。②

所有案例中仅 1 例法院认定债权人与债务人构成恶意串通。该案中，破产管理人举证证明债务人、债权人签订抵债协议时，债务人的公章已公告作废，但抵债协议仍加盖了作废的公章；且抵债时债务人已被 30 多名债权人起诉至法院，陷入了严重的债务危机，个别清偿严重损害其他债权人利益。因此，法院认可了破产管理人的主张，支持其撤销抵债安排的请求。③

小结：破产管理人主张债权人、债务人恶意串通的，应承担举证责任，举证须达到排除合理怀疑的程度。因此，债权人在与债务人达成偿债安排时，应结合债务人经营情况、决议有效性等确定偿债方式，避免被认定为恶意串通。

---

① 参见（2016）皖 18 民终 1 号民事判决书。
② 参见（2019）川 01 民终 15808 号民事判决书。
③ 参见（2020）辽 02 民再 8 号民事判决书。

七、总结及建议

本文通过梳理分析涉及《破产法司法解释（二）》第15条个别清偿例外规定的司法案例，揭示了债权人接受债务人清偿时面临的被撤销风险，并总结了法院认可适用个别清偿例外规定、排除破产管理人撤销权的情形。一旦债权人与债务人的清偿安排被撤销，债权人不仅必须被动参与破产程序，还会因不稳定的清偿安排延误其他更有效的追偿途径，严重影响债权人资产维护和处置的效率和效果。

因此，在债务人经营不佳且出现了可能被申请破产的情形时，债权人应在与债务人达成偿债安排时充分考虑到债务人破产对偿债安排的影响。若债权人希望适用《破产法司法解释（二）》第15条个别清偿例外规定来避免被破产管理人撤销的风险，建议尽量在法院主持的司法程序中实现偿债安排，并避免在已经司法程序确认的判决书、裁定书、调解书或执行和解协议之外另行达成重组或和解安排。

此外，在债务人或担保人进入破产程序后，债权人应积极核查债务人在破产申请受理前6个月内是否与其他债权人达成清偿安排，若上述个别清偿行为未经司法程序认可，或是符合前文所述以物抵债未完成、债务人与债权人恶意串通、在生效法律文书之外另行达成个别清偿安排等情形的，建议债权人积极向破产管理人反馈，协调其行使撤销权，争取在破产程序中获得更多清偿。

最后，根据本文分析的各种偿债安排及相关风险，结合司法实践总结的实务建议，汇总为下表供大家参考适用。

表2 各类偿债安排汇总表

债权状态	诉讼/执行进程	偿债方式	偿债安排建议
未诉	—	直接清偿/重组协议	未经诉讼、仲裁、执行程序受偿的，提示注意债务人破产时被撤销风险。
已诉未判	起诉又撤诉	直接清偿/和解协议	诉讼程序中与债务人达成清偿安排后撤诉的，提示注意债务人破产时被撤销风险。建议通过调解书确认清偿安排。
已诉未判	起诉后未判决	直接清偿/和解协议/债权人自力受偿，但未经判决书/调解书确认	与债务人在诉讼进程中就清偿/和解达成一致，但未经判决书/调解书确认的，提示注意债务人破产时被撤销风险。

(续表)

债权状态	诉讼/执行进程	偿债方式	偿债安排建议
已判未执行	起诉并取得判决书/调解书	清偿安排经判决书/调解书确认	与债务人在诉讼进程中就清偿/和解达成一致，建议申请法院在判决书/调解书中对清偿安排予以确认。
已判未执行	起诉并取得判决书/调解书，但尚未申请强制执行	债务人主动履行生效法律文书（直接清偿/和解协议）	债务人主动清偿债务或与债权人达成和解以履行生效法律文书的，被撤销风险较小；提示注意以物抵债时若抵债资产无法发生权属变更（如动产交付、不动产过户登记等），债务人破产时被撤销风险较大。
已执行	已向法院申请强制执行	法院强制执行债务人财产	建议实际情况允许时通过法院强制执行程序实现偿债安排，例如法院组织的司法拍卖等。
已执行	已向法院申请强制执行	法院出具以物抵债裁定	建议实际情况允许时通过法院以物抵债裁定实现以物抵债安排。
已执行	执行和解	达成执行和解协议	建议在法院主持下达成执行和解协议、实现偿债安排，并将协议递交法院备案、记载入册。
已执行	执行外和解	未经法院执行程序，私下达成和解协议	不建议通过执行外和解方式实现偿债安排。

浅析债权人视角下的破产债权异议程序

张璐璐

破产案件涉及的各类债权繁多，为进一步实现各方当事人的利益衡平，《企业破产法》和《九民纪要》赋予了当事人异议权，《破产法司法解释（三）》及各地高院的规范性文件进一步细化了当事人行使破产债权异议权的具体程序。

破产债权异议程序，是指债务人、债权人对债权表记载的债权有异议，向管理人提出异议，或依法向受理破产申请的法院提起破产债权确认之诉，或依约向仲裁机构提出申请，请求确认自身或他人的债权的程序，包括确认是否属于破产债权、是否超过诉讼时效、是否享有优先受偿权、数额是否准确等。在破产程序中，债权确认是债权人关注的重点问题，任一债权的确认都会对各债权人的切身利益产生影响，各方当事人往往因债权异议产生矛盾。本文主要基于诉讼途径，从债权人视角出发，探讨债权人如何通过破产债权异议程序进行有效救济。

一、破产债权异议程序的前置条件

《破产法》明确了处理破产债权的常规步骤，依序分别为债权人申报债权、管理人审查债权、债权人会议核查债权、法院裁定确认债权。债权人可在前序步骤中穿插提出破产债权异议，包括进行"破产债权确认之诉"程序。

（一）未申报债权，债权人不得提起破产债权确认之诉

《企业破产法》规定，债权人如未申报债权，不得按照《企业破产法》规定的程序行使权利，那么破产债权异议权作为权利之一亦不得行使。实践中，各地法院基本持相同观点，四川省高级人民法院[①]、云南省高级人民法院[②]、江西省高级人民法院[③]、

[①] 《四川省高级人民法院关于审理破产案件若干问题的解答》第4部分第3条。
[②] 《云南省高级人民法院破产案件审判指引（试行）》第163条。
[③] 《江西省高级人民法院企业破产案件审理规程（试行）》第89条。

北京市高级人民法院①、山东省高级人民法院②更是明确，债权人未申报债权而直接诉请确认债权的，法院对其起诉应不予受理，如已受理的应裁定驳回起诉。

在 J 公司、C 公司旅游合同纠纷一案③中，J 公司未向管理人申报债权而直接向法院起诉要求确权。对此，广东省高级人民法院认为，J 公司应依法向管理人申报债权，若对管理人认定的债权有异议，可依法向受理破产申请的法院提起诉讼，J 公司未向管理人申报债权，直接提起破产债权确认诉讼，没有法律依据，裁定驳回其起诉。因此，债权人应当依照《企业破产法》和管理人的书面通知及时申报债权，避免因未申报债权而导致破产债权确认诉讼被法院不予受理或驳回起诉。

（二）未经管理人审查债权，债权人不得提起破产债权确认之诉

依据《企业破产法》和《九民纪要》，债权人申报债权后，对管理人编制的债权表记载有异议的，可以依法提起债权确认之诉。可知，债权人的异议标的应为"管理人编制的债权表中记载的债权"，而破产债权仅在经管理人审查后才会被编入债权表。所有破产债权均须由管理人结合申报材料严格审查后才能确认，在管理人未完成债权审查程序之前，债权人不得就处于待审查状态的债权提起债权确认之诉。各地高院的规范性文件也同样明确债权人的异议范畴为"债权表记载的债权"。

在赵某与 Z 公司职工破产债权确认纠纷案④中，赵某诉请确认的债权未经管理人审查完毕。对此，法院认为，因管理人尚未完成对赵某的债权确认程序，赵某的起诉不符合破产法规定的起诉条件，应予驳回起诉，赵某可待管理人后续对其申报债权作出明确认定后再另行起诉。因此，债权人应在管理人完成债权审查程序后，再就债权异议提起破产债权确认之诉。

（三）未向管理人先行提出异议，债权人一般不得提起破产债权确认之诉

根据《破产法司法解释（三）》第 8 条，债权人对债权表有异议的，应当向管理人提出，如管理人不予解释或调整，或者经管理人解释或调整后仍然不服的，则应向法院提起债权确认之诉。该条规定的目的是将债权争议解决在诉讼之前，亦即，债权人应当第一步先向管理人提出异议，如未获管理人回复或对管理人的复核结果仍然存在异议，才可进入下一步破产债权确认诉讼程序。对此，山东省高级人民法院⑤、陕西省高级人民法院⑥、北京市高级人民法院⑦、云南省高级人民法院⑧在其规范性文件中均持同样观点，债权人应就债权审查的结果先行向

---

① 《北京市高级人民法院企业破产案件审理规程》第 152 条。
② 《山东省高级人民法院企业破产案件审理规范指引（试行）》第 111 条第 2 款。
③ （2019）粤民终 975 号民事裁定书。
④ （2020）赣 01 民初 953 号民事裁定书。
⑤ 《山东省高级人民法院企业破产案件审理规范指引（试行）》第 111 条第 1 款。
⑥ 《陕西省高级人民法院破产案件审理规程（试行）》第 76 条第 1 款。
⑦ 《北京市高级人民法院企业破产案件审理规程》第 174 条。
⑧ 《云南省高级人民法院破产案件审判指引（试行）》第 93 条。

管理人提出异议。

在曾某、L 公司与破产有关的纠纷案①中，曾某收到管理人的《债权初审通知书》后，未向管理人提出异议而直接诉请法院确认债权。对此，法院阐明，异议人提起债权确认之诉存在前置条件，即"管理人解释或者调整后"仍不服或管理人"不予解释或者调整"后，异议人方可提起破产债权确认诉讼。现债权人曾某未向管理人提出异议而直接向法院提起诉讼，无事实和法律依据，应裁定驳回起诉。同样地，在孙某与 B 公司破产债权确认纠纷案②中，孙某在债权公示期内未向管理人提出异议而直接提起破产债权确认之诉。就此，法院认为，因孙某在起诉后才向管理人提交债权异议申请书，且管理人尚未对该异议进行处理，孙某的起诉尚不符合破产法规定的起诉条件，依法予以驳回。因此，债权人对管理人审查债权的结果有异议的，可及时联系管理人书面反馈异议并要求复核，如管理人对债权异议不予解释，或者债权人对管理人的债权复核结果仍存在异议的，再向受理破产申请的法院提起破产债权确认之诉。

但是，与上述各地法院观点不同，上海市高级人民法院③赋予了债权人选择权，债权人既可向管理人书面提出债权异议要求复核，也可就债权异议直接向法院起诉。亦即，债权人可跳过管理人异议程序，直接采取向受理破产申请的法院提起破产债权确认之诉的异议方式。因此，如受理破产申请的法院为上海市各级人民法院，债权人在收到管理人的债权审查通知书后如有异议，或可直接向法院提起破产债权确认之诉。

综上，债权人首先应依法向管理人申报债权，其后如对管理人的债权审查结果有异议的，除非管辖法院为上海市各级人民法院，债权人仍应就债权异议先行向管理人书面提出，在管理人对异议不予解释或债权人对管理人的解释和调整仍有异议后，再向提起破产债权确认之诉。

二、破产债权异议程序的诉讼情形

自法院受理债务人的破产申请后，债权人无法再起诉债务人要求履行给付清偿责任，只能要求管理人和法院确认债权，并后续就确认的自身债权通过债务人的破产重整、和解、清算等程序分配受偿。如果管理人不确认债权人享有破产债权，或者确认其他债权人享有优先债权，该等确认都将影响债权人的最终受偿比例。因此，各个破产债权的确认都关乎债权人的切身利益，债权人可对自身债权和他人债权的异议通过诉讼程序救济。

---

① （2021）川 03 民终 244 号民事裁定书。
② （2020）吉 01 民初 4911 号民事裁定书。
③ 《上海市高级人民法院破产审判工作规范指引（试行）》第 6 部分第 9 条第 1 款。

（一）债权人提起破产债权确认之诉的情形

1. 破产债权确认之诉的适用范围

（1）债权人不可对生效法律文书确定的债权提起破产债权确认之诉。

在《最高人民法院关于企业破产法司法解释（三）理解与适用》一书中明确阐述[①]，对于已经生效法律文书确定债权的异议，只能依法提起再审程序，不应适用破产债权确认之诉。各地法院同样遵循最高院的该种观点。

在 D 公司与潘某破产债权确认纠纷案[②]中，潘某持 218 号生效判决向管理人申报债权，D 公司以 218 号判决涉嫌虚假诉讼为由提起破产债权确认诉讼，请求不予确认该债权。对此，安徽省高级人民法院认为，D 公司提起本案破产债权确认诉讼的实质是意图通过本案诉讼否定 218 号生效判决的裁判结果，当事人、案外人、利害关系人如认为生效裁判涉嫌虚假诉讼、确有错误应予撤销的，应通过审判监督程序或第三人撤销之诉办理，D 公司提起本案诉讼无法律依据，应予驳回。同样地，在 J 公司与林某破产债权确认纠纷案[③]中，上海市高级人民法院阐明，对生效的诉讼法律文书应通过审判监督程序予以解决，而非通过破产衍生诉讼的债权确认之诉对债权人与债务人之间的实体争议重新进行审理。因此，债权人如对生效法律文书确定的债权有异议的，债权人或将无法提起破产债权确认之诉。

（2）债权人可对自身债权提起破产债权确认之诉。

根据《破产法司法解释（三）》，债权人对管理人审查认定的自身债权有异议，可提起破产债权确认之诉。无论债权人是对管理人认定的债权数额有异议，还是对自身债权的优先性有异议，均有权提起破产债权确认之诉。

在 Z 公司与 J 公司破产债权确认纠纷案[④]中，Z 公司未对工程款债权金额提出异议，仅诉请法院确认其享有的工程款债权具有优先受偿权。同样地，在朱某与 X 公司破产债权确认纠纷案[⑤]中，朱某诉请确认其自身债权在破产程序中优先于普通债权受偿，仅对其自身债权的性质提出异议。因此，债权人就管理人认定的自身债权提起异议，既可针对债权金额，也可针对债权性质。

（3）债权人可对他人债权提起破产债权确认之诉。

依据《破产法司法解释（三）》，债权人对债权表记载的他人债权有异议的，包括他人债权是否合法有效、数额是否准确、是否享有优先权等异议，有权提起

[①] 最高人民法院民事审判第二庭编著：《最高人民法院关于企业破产法司法解释（三）理解与适用》，人民法院出版社 2019 年版，第 176—177 页。

[②] （2020）皖民申 912 号民事裁定书。

[③] （2020）沪民终 709 号民事裁定书。

[④] （2019）最高法民申 4925 号民事裁定书。

[⑤] （2021）最高法民申 969 号民事裁定书。

破产债权确认之诉。

在某 AMC 与 J 公司破产债权确认纠纷案①中，债权人某 AMC 诉请法院确认其他债权人 J 公司享有的工程款债权为普通债权，不属于优先债权。最高人民法院分析认为，因 J 公司是否享有建设工程价款优先受偿权将关系到某 AMC 债权在破产程序中能够获得清偿的数额比例，故某 AMC 具有提起本案破产债权确认诉讼的主体资格，二审法院以某 AMC 并非承包人不能成为建设工程价款优先受偿权的主体为由认定某 AMC 诉讼主体不适格，适用法律错误，予以纠正。此外，在 F 公司、某 AMC 与破产有关的纠纷案②中，债权人某 AMC 诉请法院确认其他债权人 F 公司的建筑工程款债权不享有优先受偿权。最高人民法院审理认为，某 AMC 享有对抵押财产拍卖款的优先受偿权，F 公司的建设工程价款是否享有优先权直接关系到某 AMC 的利益，某 AMC 提出异议不存在当事人不适格的问题。因此，债权人对管理人认定的他人债权有异议，包括对他人债权的真实性、合法性、有效性、准确性、优先性等异议，均可提起破产债权确认之诉。

2. 破产债权确认之诉的诉讼主体

（1）诉讼争议标的为自身债权

《破产法司法解释（三）》规定，债权人对债权表记载的本人债权有异议的，应将债务人列为被告。基于债权债务合同的主体相对性，债权人应以债务人而非管理人作为被告，管理人则以被告债务人诉讼代理人的身份应诉。对此，各地高院的破产审判指引已基本达成共识，少有争议。

（2）诉讼争议标的为他人债权

《破产法司法解释（三）》规定，债权人对债权表记载的他人债权有异议的，应将被异议债权人列为被告。但该规定忽略了债务人的诉讼地位，债务人作为债权债务关系中的一方当事人，亦应作为诉讼主体参与诉讼，以便查明诉争债权情况。

最高人民法院虽未在破产法司法解释中明确债务人的诉讼地位，但参照《人民法院破产程序法律文书样式（试行）》第 97 个文书样式中的说明，原告是其他债权人的，被告应为债务人和相关债权人。对此，各地高院的观点并不统一。上海市高级人民法院③认为，应列债务人和被异议债权人为共同被告；四川省高级人民法院④则认为，应将被异议债权人作为被告、债务人作为第三人。

（3）诉讼争议标的涉及多方异议人

《破产法司法解释（三）》规定，对同一笔债权存在多个异议人，其他异议人

---

① （2020）最高法民再 293 号民事裁定书。
② （2019）最高法民申 580 号民事裁定书。
③ 《上海市高级人民法院破产审判工作规范指引（试行）》第 6 部分第 10 条。
④ 《四川省高级人民法院关于审理破产案件若干问题的解答》第 4 部分第 9 条。

申请参加诉讼的，应当列为共同原告。如在债权人提起破产债权确认之诉中，有其他债权人也对同笔债权提出异议的，可将该等异议债权人吸收为共同原告，作为同一方诉讼主体共同参加诉讼。

3. 破产债权确认之诉的诉讼管辖

《企业破产法》规定，债务人已被法院受理破产申请后，有关债务人的民事诉讼，只能向受理破产申请的法院提起。那么，针对债务人的债权异议亦应向受理破产申请的法院提起诉讼。对此，云南省高级人民法院[①]、北京市高级人民法院[②]、贵州省高级人民法院[③]同样明确，债权人应向受理破产申请的法院提起破产债权确认之诉。

此外，对于破产债权确认之诉的裁判形式，四川省高级人民法院[④]认为，破产债权确认之诉原则上不进行调解，如管理人在诉讼过程中对原未认可的破产债权予以认可，法院可在释明后由原告撤诉，通过管理人修改债权表后重新提交债权人会议核查的方式确认债权。

（二）债权人对已经生效法律文书确定的债权提起异议诉讼的情形

针对已经生效法律文书确定的债权，《破产法司法解释（三）》仅明确了管理人的异议路径，如认为债权错误或虚假可通过申请再审撤销生效法律文书后重新确定债权。但是，针对管理人怠于申请再审的情况，债权人能否提起异议诉讼，《企业破产法》及相关司法解释均未规定，各地高院的观点也不完全一致。

1. 债权人可否对生效法律文书确定的债权申请再审撤销

针对通过审判监督程序申请撤销生效法律文书的救济途径，山东省高级人民法院[⑤]在《破产法司法解释（三）》基础上将起诉主体由管理人增加至债权人、债务人、管理人，赋予了债权人申请再审撤销其他债权人据以申报债权的生效法律文书的权利。同样地，云南省高级人民法院[⑥]也明确，管理人按生效法律文书确定的债权，债权人对此有异议的，应通过审判监督程序处理。

同时，山东省高级人民法院[⑦]还明确了债权人申请再审的管辖问题，债权人应当向作出被异议生效法律文书的法院或其上一级法院申请撤销生效法律文书；如被异议生效法律文书为仲裁裁决、公证债权文书的，债权人应向受理破产申请的人民法院申请撤销或者不予执行仲裁裁决、不予执行公证债权文书，以此重新确定债权。

[①] 《云南省高级人民法院破产案件审判操作指引（试行）》第93条。
[②] 《北京市高级人民法院企业破产案件审理规程》第174条。
[③] 《贵州省高级人民法院破产审判工作实务操作指引（试行）》第69条。
[④] 《四川省高级人民法院关于审理破产案件若干问题的解答》第2部分第10条。
[⑤] 《山东省高级人民法院企业破产案件审理规范指引（试行）》第110条第2款。
[⑥] 《云南省高级人民法院破产案件审判指引（试行）》第87条。
[⑦] 《山东省高级人民法院企业破产案件审理规范指引（试行）》第110条。

然而，债权人并非生效法律文书的当事人，仅能依据《民诉法司法解释》第422条以案外人身份申请再审，且只限于因不可归责于本人或其诉讼代理人的原因未能参加诉讼的情形。因此，在业务实践中，债权人以案外人申请再审撤销其他债权人据以申报债权的生效法律文书的难度或将较大。

2. 债权人可否对生效法律文书提起第三人撤销之诉

第三人撤销之诉虽有利于保护债权人免受其他债权人虚假诉讼的侵害，但基于生效法律文书的权威性和稳定性，第三人撤销之诉的立案审查相比一般民事案件更加严格，不仅应有法律上的利害关系，还需具备生效裁判处理意见错误且损害其民事权益的实体性要件。参照《民诉法司法解释》的规定，债权人以第三人身份诉请撤销其他债权人据以申报债权的生效法律文书，一般应符合如下两种情形：（1）债权人属于有独立请求权的第三人，对生效法律文书的诉讼标的享有以独立的实体权利人资格提出诉讼请求的权利，如建设工程价款优先受偿权、抵押权；（2）债权人属于无独立请求权第三人，同案件处理结果具有直接或间接的法律上利害关系，且第三人对其提出的恶意串通、虚假诉讼的主张应提供充分的证据以达到足以排除合理怀疑的程度。

针对有独立请求权第三人的撤销之诉，最高院第27批指导案例150号[①]案件已明确，建设工程价款优先受偿权与抵押权指向同一标的物，抵押权的实现因建设工程价款优先受偿权的有无以及范围大小受到影响的，应当认定抵押权的实现同建设工程价款优先受偿权案件的处理结果有法律上的利害关系，抵押权人对确认建设工程价款优先受偿权的生效裁判具有提起第三人撤销之诉的原告主体资格。诸如，L公司与Z公司等普通破产债权确认纠纷案[②]，即是抵押权人L公司向受理破产申请的法院诉请撤销确认Z公司工程款债权的生效仲裁文书的第三人撤销诉讼。

针对无独立请求第三人的撤销之诉，在G公司与梁某、H公司第三人撤销之诉案[③]中，G公司作为普通债权人，对其他债权人梁某与债务人H公司之间生效的41号案判决，向作出该判决的广东省高级人民法院提起第三人撤销之诉。最高人民法院二审认为，一方面G公司既不是41号案的合同当事人，对41号案诉讼标的物也没有独立的物上请求权，不属于41号案有独立请求权的第三人；另一方面，41号案并未损害G公司所享有的普通债权，也没有阻碍G公司依法行使主张普通债权的权利，且G公司未能提供证据证明41号案存在虚假诉讼的情形，也不具备以无独立请求权第三人身份提起撤销之诉的主体资格。故裁定驳回G公司的起诉。

针对第三人撤销之诉的专属管辖与破产衍生诉讼的集中管辖的冲突，实践中

---

① （2018）浙民申3524号民事裁定书。
② （2019）最高法民申2565号民事裁定书。
③ （2018）最高法民终1173号民事裁定书。

存在不同的处理意见，多数法院认为应优先适用第三人撤销之诉的管辖规定，向作出判决、裁定、调解书的法院提起诉讼。持该种观点的包括前述案例中的广东省高级人民法院和最高人民法院，以及上海市第二中级人民法院①同样在判例中阐述，第三人撤销之诉专属管辖和破产债务人民事案件专属管辖发生冲突时应适用第三人撤诉之诉的管辖规定。此外，重庆市高级人民法院②也在其案例点评中表明，破产衍生诉讼中的第三人撤销之诉本质上仍是一种第三人撤销之诉，理应由作出生效裁判的法院专属管辖更为妥当。浙江省高级人民法院③则在其规定性文件明确，法院受理原案当事人为债务人的破产申请的，不影响第三人撤销之诉的管辖。

综上，债权人对生效法律文书确定的债权有异议，可向管理人提出异议，如管理人不予解释或管理人解释后仍有异议的，可根据具体情况尝试以上几种方式采取进一步救济措施，依法维护自身的合法权益。

三、破产债权异议程序的起诉期限

破产债权确认之诉作为债权异议最后的司法程序，如何在规定期限内提出并被受理，显得至关重要。针对破产债权确认之诉的起诉期限，《破产法司法解释（三）》中虽规定为"债权人会议核查结束后十五日内"，但并未明确该"十五日"的法律性质，也未明确债权人超出"十五日"起诉的法律后果。这导致实践中对于破产债权确认之诉的具体起诉期限产生诸多争议，各地高院也持不同观点。

（一）债权人会议 15 日后是否可提起破产债权确认之诉

在"十五日"的期限规定之外，重庆市高级人民法院④最为严格，规定债权人逾期起诉的，法院不予受理。上海市高级人民法院和陕西省高级人民法院则分别为债权人逾期起诉预留了"正当理由"的解释空间，上海市高级人民法院⑤规定，债权人异议应自债权人会议作出决议之日起 15 日内及时提起诉讼，无正当理由逾期行权的，法院不予支持；陕西省高级人民法院⑥规定，债权人若因不可抗拒的事由或者其他正当理由，不能在 15 日内向法院提起债权确认诉讼的，可依照《民事诉讼法》第 83 条申请顺延期限，是否准许，由法院决定。可知，在重庆，债权人逾期提起破产债权确认之诉的，将不被法院受理；而在上海，债权人逾期诉讼可以"正当理由"避免被法院直接驳回起诉；在陕西，债权人更是可以"正

---

① （2018）沪 02 民终 1571 号民事裁定书。
② 周宇波：《破产衍生第三人撤销之诉的管辖认定》，https://cqfy.chinacourt.gov.cn/article/detail/2019/07/id/4204798.shtml，2021 年 10 月 18 日访问。
③ 《浙江省高级人民法院审理第三人撤销之诉案件疑难问题解答》第 1 条第 3 款。
④ 《重庆市高级人民法院关于审理破产案件法律适用问题的解答》第 9 条。
⑤ 《上海市高级人民法院破产审判工作规范指引（试行）》第 6 部分第 9 条第 3 款。
⑥ 《陕西省高级人民法院破产案件审理规程（试行）》第 76 条第 2 款。

当理由"申请延长 15 日的起诉期限。此外，深圳市中级人民法院①、云南省高级人民法院②、北京市高级人民法院③、山东省高级人民法院④、江西省高级人民法院⑤均仅明确逾期未起诉的法律后果是视为债权人无异议，债权自此确定，但并未进一步明确逾期起诉的法律后果。

在某 AMC 与 J 公司破产债权确认纠纷案⑥中，某 AMC 作为债权人于 2019 年 4 月 17 日向债务人 J 公司管理人提出异议；同日，J 公司管理人向某 AMC 出具《复审债权异议表接收回执》，告知某 AMC 向法院提起债权确认之诉；之后，某 AMC 于 2019 年 4 月 29 日向法院提起破产债权确认诉讼，时间间隔未超过 15 日。最高人民法院分析认为，某 AMC 的起诉未超过司法解释规定的期限，是该案适格诉讼主体。可知，在破产债权确认纠纷案中，法院将审查债权人的起诉期限是否超出规定期限，如在 15 日后起诉，存在被法院驳回起诉的风险，债权人仍应以 15 日作为破产债权确认之诉的起诉期限，尽最大可能遵守。

（二）法院裁定确认债权表后是否可提起破产债权确认之诉

如法院裁定确认债权表后，债权人发现债权异议，是否仍可通过诉讼重新确认债权？《企业破产法》及相关司法解释未有规定，司法实践中不无争议。云南省高级人民法院⑦、陕西省高级人民法院⑧、上海市高级人民法院⑨认为，法院裁定确认的债权表，其他债权人无权再提起异议之诉，也无权申请撤销，管理人亦无权进行调整。

在崔某与 Z 公司破产债权确认纠纷案⑩中，崔某自收到管理人不予认可债权的通知书后直至破产重整结束，一直未提起债权确认之诉，法院也已作出（2016）琼 02 破 1 号之二民事裁定确认无异议债权（其中登记崔某债权为 0 元），且该裁定早已发生法律效力。对此，海南高院和最高院均认为，崔某提起本案诉讼请求对受理破产申请的法院裁定确认的债权予以变更，其起诉属对法院已经发生法律效力的裁定所认定的法律事实、法律关系提起诉讼，依法应予裁定驳回。此外，在 Z 公司与 Y 公司破产债权确认纠纷案⑪中，Z 公司参加债权人会议并签收了债权

---

① 《深圳市中级人民法院破产案件债权审核认定指引》第 30 条。
② 《云南省高级人民法院破产案件审判指引（试行）》第 93 条。
③ 《北京市高级人民法院企业破产案件审理规程》第 174 条。
④ 《山东省高级人民法院企业破产案件审理规范指引（试行）》第 111 条第 1 款。
⑤ 《江西省高级人民法院企业破产案件审理规程（试行）》第 95 条。
⑥ （2020）最高法民再 294 号民事裁定书。
⑦ 《云南省高级人民法院破产案件审判指引（试行）》第 95 条。
⑧ 《陕西省高级人民法院破产案件审理规程（试行）》第 71 条第 2 款。
⑨ 《上海市高级人民法院破产审判工作规范指引（试行）》第 7 部分第 11 条。
⑩ （2020）最高法民申 284 号民事裁定书。
⑪ （2020）最高法民申 68 号民事裁定书。

表,未在会议后对债权提出异议,且已在重整计划基础上与债务人 Y 公司订立《协议书》接受普通债权的清偿方案。据此,新疆维吾尔自治区高级人民法院二审认定 Z 公司未在期限内提起确认债权性质的诉讼即视为放弃权利;最高人民法院再审认为,Z 公司已对自己的权利进行了处分,现又提起本案破产债权确认诉讼要求确认其债权为优先债权,缺乏事实和法律依据,应予驳回。

因此,虽有学者持相反观点①,认为针对法院裁定确认的债权表,管理人可以依据新证据进行调整,债权人也可以提出异议。但从目前的司法实践来看,债权人拟就法院确认债权表的裁定提出异议,存在诸多实操难度和举证要求。

综上,无论是基于各地法院的操作口径,还是基于高效推进破产案件的实际需要,债权人提起破产债权确认之诉的期限仍为在债权人大会结束后 15 日内。如债权人未在最后 15 日期限内提起异议,则将很大可能因逾期而被视为丧失异议权。债权人如确在 15 日期限后或法院裁定确认债权表后发现新证据,足以推翻已经确认的债权,可先与管理人反馈异议,如管理人不予接受,可尝试向法院提起破产债权确认之诉。

四、总结

(一)小结

破产程序是为了公平清理各项债权债务的概括清偿程序,破产债权异议程序则是其中为了集中解决各当事人的债权债务争议的救济程序,债权人通过债权异议确保自身参与表决与破产财产受偿的权利。债权人在破产程序中充分行使异议权,首先应及时申报债权,积极参与并跟进债权审查和核查程序,在管理人书面通知的期限内提出异议。如管理人不予解释或债权人不认可管理人的复核结果,债权人应在 15 日期限内向受理破产申请的法院提起破产债权确认之诉,避免因逾期起诉被不予受理或驳回起诉。

如破产债权确认之诉先行审结,则债权人可以裁判确认的债权参与破产分配;反之,如破产债权确认之诉的进程滞后于破产程序,则异议债权作为未决债权可由法院临时确定债权额,从而获得表决权,并可由管理人计算其分配额进行提存。因此,无论是破产债权确认之诉,或是针对其他债权人据以申报债权的生效法律文书提起的再审之诉或第三人撤销之诉,均不能拖延,债权人应特别注意该等异议诉讼与破产程序的衔接,积极跟进诉讼进程,并与破产管理人和受理破产申请的法院保持密切沟通,关注债权分配期限。

(二)破产债权异议及确认流程

结合《企业破产法》和相关司法解释以及各地高院的破产审判工作指引,破

---

① 王欣新:《〈破产法司法解释三〉第八条之解读》,载《人民法院报》2019 年 8 月 15 日第 7 版。

特殊机会投资之道 2

产程序中的债权异议及诉讼确认一般按以下流程进行:

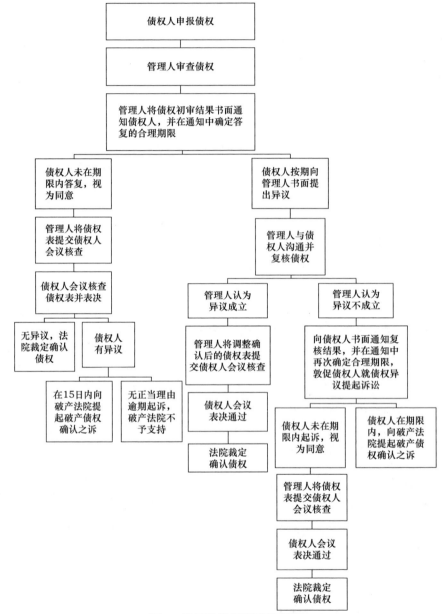

图 1 债权异议及诉讼流程图

出售式重整在破产实践中的运用

王勤原

一、实践中常见的破产重整模式

根据 2021 年《全国人民代表大会常务委员会执法检查组关于检查〈中华人民共和国企业破产法〉实施情况的报告》（以下简称《破产法实施情况检查报告》）记载，破产重整案件在破产案件中约占 10%，① 破产重整制度作为破产制度的重要组成部分，在救助陷入危困但仍具有营运价值企业方面发挥了重要作用。重整投资人通过投入资金取得破产企业股权或资产，在取得自身感兴趣的资产的同时，也提高了债权人的受偿率，可谓是一举多得。尤其是在大型企业破产案件中，破产清算对债权人和社会的影响过大，破产重整成为大型企业破产案件的最优选择。随着破产重整案件的不断积累，在传统的存续式重整模式之外，实践中逐步摸索出了出售式重整模式。

存续式重整是目前运用最多的一种重整方式，其特点在于，保留债务人的主体资格不变，重整投资人投入重整资金并受让债务人原股东的全部或部分股权，通过减免债务、留债清偿、债转股等方式对债务人的债务进行重组，以此挽救债务人的财务困境，在重整计划执行完毕后，债务人的破产原因消灭，回归正常经营状态。

出售式重整是将债务人具有活力的营业事业之全部或主要部分出售让与他人，使之在新的企业中得以继续经营存续，而以转让所得对价即继续企业价值，以及

---

① 《全国人民代表大会常务委员会执法检查组关于检查〈中华人民共和国企业破产法〉实施情况的报告》，http://www.npc.gov.cn/npc/c2/kgfb/202108/t20210818_312967.html，2022 年 11 月 20 日访问。

企业未转让遗留财产（如有）的清算所得即清算价值，清偿债权人。① 其与存续式重整的一个显著不同在于，重整投资人一般并无取得债务人股权的意图，其意在收购债务人的优质业务与资产（以下简称"优质资产"），且往往在重整计划执行完毕后对债务人主体资格进行注销，从而终结债务人的债务，使得债务人的优质资产在另一主体中正常运营。

本文主要就出售式重整在破产重整中的运用进行讨论。

二、出售式重整

出售式重整的核心逻辑在于，将优质资产同剩余其他业务与资产（以下简称"低效资产"）相区别，并将优质资产剥离至新的主体，使其重新产生盈利能力。出售式重整的基本操作路径为：（1）管理人或重整投资人对债务人的资产进行甄别，区分优质资产与低效资产；（2）通过资产转移、股权转让等方式，将优质资产出售给重整投资人，并取得重整投资人支付的对价；（3）以重整投资人支付价款和低效资产清算价值为基础，向各债权人进行清偿；（4）在低效资产处置完毕后，对债务人进行注销。

（一）出售式重整的优势

《破产法实施情况检查报告》提出，"加强对具有重整价值破产企业的甄别，探索实施'出售式重整'新模式，推动一些大型企业风险得到有效化解。"② 与存续式重整相比，出售式重整存在以下优势：

一是低效资产不并表，消除重整投资人顾虑。在存续式重整下，重整投资人承接债务人的全部资产负债，债务人的低效资产一并计入重整投资人的报表中，有时会严重影响重整投资人的财务指标，影响重整投资人的积极性。但在出售式重整下，低效资产仍留在债务人体系内，仅优质资产并入重整投资人的财务报表中，在一定程度上可以优化重整投资人的财务报表。

二是减小税务负担。在存续式重整下，债务人减免债务所得构成重组收入，该部分收入应缴纳企业所得税，该部分税额构成债务人重整后的负债，有时会严重影响债务人重新盈利能力，加重重整投资人的后续投入。但在出售式重整下，低效资产留在债务人体系内，待处置完毕低效资产后，通过清算方式对债务人进行注销，重整投资人无须再进行后续投入。

三是在一定程度上可以避免债务人的隐藏债务带来的风险。根据《企业破产

---

① 王欣新：《重整制度理论与实务新论》，载《法律适用》2012年第11期。
② 《全国人民代表大会常务委员会执法检查组关于检查〈中华人民共和国企业破产法〉实施情况的报告》，http://www.npc.gov.cn/npc/c2/kgfb/202108/t20210818_312967.html，2022年11月20日访问。

法》第 92 条①，未及时申报债权的债权人，可以在重整计划执行完毕后申报，按照重整计划规定的同类债权的清偿条件受偿。在存续式重整模式下，补充申报债权成为一个不确定风险，可能使得重整投资人负担额外的重整成本，尤其是在财务复杂的大型企业破产重整案件中，重整投资人可能因此望而却步。但在出售式重整模式下，重整投资人将债务人的优质资产独立装入新的主体，确保该部分资产不受其他资产和债务的影响，并在处置低效资产后对债务人进行清算注销，在一定程度上实现风险隔离的目的。如在吉林省高级人民法院（2021）吉民申 1056 号案件②中，吉林省高院认为，J 公司设立 Q 公司系以出售式重整方式收购 M 公司全部有效资产，接收原 M 公司职工，不属于《中华人民共和国劳动法》第 34 条、《工伤保险条例》第 43 条规定用人单位分立、合并、转让的情形，不能认定 Q 公司系 M 公司的承继单位及承担 M 公司的工伤保险责任。

出售式重整和破产清算在处置方式上，都是将债务人资产进行变现，以此来偿还债权人，但其存在以下不同：一是法律依据不同，破产清算程序有《破产法》的明确依据，但出售式重整的法律依据较为模糊，仅能通过《企业破产法》第 25 条③、第 26 条④、第 69 条⑤等规定论证合法性。二是适用对象不同，破产清算适用于没有拯救价值的企业，出售式重整适用于有价值的企业；尤其针对不宜进行破产清算的企业，出售式重整是较好的替代方式。三是处置资产的效果和目的不同，破产清算仅是将资产进行变现，实现资产的清算价值；但出售式重整需将业务整体出售，是以独立或相对独立的营运事业为单元进行的，必须考虑所售营业资产的持续经营和附属职工的继续就业，出售的价值是企业的存续价值即较高的营运价值。⑥ 四是操作复杂性不同，破产清算仅对财产进行变价分配即可，但出售式重整需要通过资产甄别、组合、设计交易方案等方式对优质资产进行变现，对低效资产进行处置。

（二）出售式重整的具体路径

出售式重整的具体路径有资产出售式重整和股权出售式重整两种，各有其特点和优劣，可以针对不同破产项目进行选择适用。

---

① 《企业破产法》第 92 条："债权人未依照本法规定申报债权的，在重整计划执行期间不得行使权利；在重整计划执行完毕后，可以按照重整计划规定的同类债权的清偿条件行使权利。"
② （2021）吉民申 1056 号民事裁定书。
③ 《破产法》第 25 条："管理人履行下列职责：……（六）管理和处分债务人的财产……"
④ 《破产法》第 26 条："在第一次债权人会议召开之前，管理人决定继续或者停止债务人的营业或者有本法第六十九条规定行为之一的，应当经人民法院许可。"
⑤ 《破产法》第 69 条："管理人实施下列行为，应当及时报告债权人委员会：……（三）全部库存或者营业的转让……"
⑥ 参见王欣新：《重整制度理论与实务新论》，载《法律适用》2012 年第 10 期。

一是资产出售式重整。该路径下，债务人将其优质资产（如机器设备、不动产、知识产权、经营合同、存货等）整体打包，重整投资人受让的标的为债务人主营业务相关的整体资产。如在淄博钜创纺织品有限公司重整案中，高青如意公司以评估价格承担钜创公司主营业务有关的担保资产以对应债务、职工债权，并以溢价收购钜创公司的未担保财产，钜创公司以该出售价款支付债权人，钜创公司予以注销。①

二是股权出售式重整。该路径下，债务人新设子公司并将其优质资产装入该子公司，重整投资人受让标的为该新设立子公司的全部股权。H公司破产重整案（以下简称"H重整案"）是典型的股权出售式重整案例，H重整案被最高法院纳入典型破产案例。② H公司以其与天然气业务相关的全部营运资产及其他优质资产设立新公司，剩余资产仍归H公司所有。重整投资人S公司（以下简称S公司）出资收购该新公司全部股权，并全盘接收现有职工及天然气业务。S公司分期支付股权转让款6.638亿元，专项用于清偿H公司破产债权。重整计划执行中，新设公司C公司经营持续向好，已累计实现利润约1.8亿元。

以上两种路径虽然在形式上有所不同，但核心逻辑基本一致，但在具体操作中，资产出售式重整的执行方式比较简单，通过资产整体打包评估转让即可完成，但因资产所有权会发生变更，相关税费成本可能有所增加；股权出售式重整因需要设立新的子公司，同时资产也转移至子公司中，程序上略显复杂，但优势在于设立子公司可以省却资产转移的税费负担。实践中，有的管理人在重整草案中同时设计资产出售式重整和股权出售式重整两种方式，供不同投资意向和风险偏好的投资者选择，在市场竞争中实现债务人资产价值的最大化。如在"江苏龙升节能科技股份有限公司重整案"中，无锡中院指导管理人根据意向投资人的重点需求，对龙升公司设计了股权转让式重整和资产出售式重整两种重整模式，由各意向投资人根据投资风险和收益的评估选择具体重整模式。③

（三）反向出售式重整

出售式重整的核心在于将债务人优质资产转移至新公司，在维系优质资产正常运营时，同步对债务人进行清算注销。但是，部分债务人因其行业本身具有准入门槛，债务人本身具有"壳价值"，仅受让优质资产无法实现优质资产正常运

---

① 参见宋玉霞、李政印、周迈：《论"出售式重整"模式的美国经验和本土实践》，载《现代管理科学》2018年第1期。

② 《典型案例 | 人民法院实施破产法律制度 优化营商环境"》，https://mp.weixin.qq.com/s/dI7rysQaEK29p6iffxU6gQ，2022年11月20日访问。

③ 《2021年度无锡法院破产审判典型案例》，https://mp.weixin.qq.com/s/-FDz4LlFEG0vkHVYFmpaIA，2022年11月20日访问。

营。因此，在出售式重整的基础上，实践中探索出反向出售式重整模式。

反向出售式重整模式中，债务人企业保留优质资产，将非优质资产和债务剥离至新设立的公司，再通过对新设立公司进行清算的方式，进而达到破产重整的目的。该模式下非常重要的一个安排是，在重整计划中明确，所有债务剥离至承接低效资产的新公司。如 Z 集团破产重整案中，债务人 Z 集团将其优质资产保留在公司内，将 Z 集团 100%的股权卖给 L 公司和周某组成的联合竞买人；将优质资产之外的原有股东权益、资产、负债等方面全部整体性移转至由 Z 集团全资设立的较低注册资本的子公司，由该公司负责清算义务。《重整计划》载明："在清理资产与负债过程中，对于债权人未依照破产法规定申报债权的，在重整计划执行期间不得行使权利，在重整计划执行完毕后，可以按照重整计划规定的同类债权清偿条件向该子公司行使权利，不得以任何理由通过任何方式、途径向 Z 公司主张权利。但《Z 公司 100%股份转让合同》另有约定的除外。"[①] 采用上述操作的主要依据，在于《企业破产法》第 92 条第 1 款规定的 "经人民法院裁定批准的重整计划，对债务人和全体债权人均有约束力"。

但需注意的是，对于将债务转移至新设公司承担这一安排对未申报债权的债权人的效力，也有人提出质疑[②]，其认为根据《民法典》第 551 条[③]，债务转移需要债权人的同意，这种通过重整计划来约束未申报债权的债权人的行为，并不具有效力。

（四）出售式重整+设立财产信托

传统出售式重整的操作核心，一是出售优质资产，二是处置低效资产并注销债务人。但是，在大型企业破产重整案件中，低效资产的处置具有难度，一是快速处置低效资产将影响该类资产的价值，进而影响债权人的受偿；二是部分低效资产处置周期长。因此，近年来逐渐衍生出 "出售式重整+设立财产信托" 的重整方案，其中最具有代表性的是 "北大方正重整案"。

F 集团重整案采用 "出售式重整+设立财产信托" 的重整方案。重整方案将原 F 集团的全部资产划分为保留资产和待处置资产，对于保留资产，由管理人设立新 F 集团，并将保留资产装入新 F 集团中，新 F 集团的股权大部分出让给重整投资人，以取得的转让对价对原 F 集团的债权人进行清偿债务；剩余部分股权通过

---

① 参见徐阳光、叶希希：《论建筑业企业破产重整的特性与模式选择——兼评"分离式处置"模式》，载《法律适用》2016 年第 3 期。
② 参见王亚娟：《出售式重整模式的本土化适用研究》，山东师范大学 2021 年硕士论文，第 31—32 页。
③ 《民法典》第 551 条："债务人将债务的全部或者部分转移给第三人的，应当经债权人同意。债务人或者第三人可以催告债权人在合理期限内予以同意，债权人未作表示的，视为不同意。"

以股抵债的形式转让给债权人，以抵消其对原 F 集团的债权。对于待处置资产，仍留存在原 F 集团公司内，并通过设立信托计划的方式进行管理，全体债权人作为财产信托的受益人，在财产信托处置待处置资产后，可以补充分配财产。

"出售式重整+设立财产信托"的模式，从重整投资人角度而言，一方面使得重整投资人可以仅收购优质资产，而不被债务人的低效资产所拖累，提高重整投资人的参与积极性；另一方面，重整投资人可以在一定程度上避免债务人或有负债的风险，锁定自身的投资金额。从债权人角度而言，一方面可以通过出售资产对价尽快受偿部分债权，减少资金沉淀成本；另一方面，通过财产信托将债务人的剩余资产的所有权归属于全体债权人，由专业资产管理人员根据市场情况对财产进行管理处置，如管理处置得当，未来债权人的受偿金额可能得到提高。

三、AMC 运用出售式重整

不良资产收购与处置是 AMC 的主责主业，收购破产企业不良债权、开展共益债投资、以重整投资人身份进行破产重整投资等都是 AMC 参与不良资产投资的方式，近期，人民银行和银保监会联合发布《关于做好当前金融支持房地产市场平稳健康发展工作的通知》（银发〔2022〕254 号），提出"鼓励资产管理公司通过担任破产管理人、重整投资人等方式参与项目处置"。

随着出售式重整在破产重整实践中运用的越来越多，AMC 通过担任破产管理人、重整投资人等方式参与破产投资项目，尤其是大型企业的破产重整项目时，或可以考虑出售式重整模式。在进行破产重整方案设计时，一是要评估企业情况，充分考虑财务状况、"壳资源"价值、税务负担、操作效率、债权人意向等因素，评估采用出售式重整方式是否更有利于推进破产重整进程；二是要注意衡量资产出售式重整和股权出售式重整的优劣，必要时可同时设计两个方案，供投资者竞争，以实现债务人财产价值最大化；三是在重整计划草案中明确或有负债的承担主体，由原债务人或承担清算义务的主体承担或有负债清偿义务，避免重整投资人扩大风险敞口；四是充分与破产案件受理法院开展沟通，出售式重整在破产实践中并不占主流，应尽量取得法院对出售式重整的理解，并将相关重整安排的支持并写入重整计划草案。

破产重整中债权人以股抵债的清偿率认定方式

周 霞

一、基本案情

2009 年 1 月 21 日，DDG 集团与 JKC 银行签订《借款合同》，并由 RL 建设公司连带责任保证担保。2019 年 4 月 4 日，辽宁省丹东市中级人民法院裁定受理 DDG 集团进入重整程序。2019 年 8 月 15 日，丹东中院裁定受理 DDG 集团、M 有限公司、K 物流有限公司、G 经营有限公司采取实质合并重整方式进行审理。丹东中院裁定，JKC 银行未获清偿部分本息合计 339744593.54 元，为金融普通债权。2019 年 12 月 31 日，丹东中院作出 2-5 号裁定，批准《合并重整计划》。《合并重整计划》约定，每家债权人超过 300000 元部分中的金融类普通债权，自重整计划批准之日起至标的股权交割日前由债务人按照 7:1 的比例以 LG 集团的注册资本（股权）进行抵偿。重整计划执行过程中，JKC 银行取得 DDG 集团出资份额 326981197，取得 DDGK 集团出资份额 12743751。后 JKC 银行取得破产管理人出具的说明，JCK 银行未获清偿部分本息合计 59644819.32 元。JCK 银行要求 RL 建设公司承担保证责任。

RL 建设公司认为，JCK 银行向 DDG 集团认缴出资 5255235492 元，向 DDGK 集团有限公司认缴出资 194597847 元。根据《合并重整计划》第 4 章第 2 条第（4）项以及辽宁分行向 DDG 集团、DDGK 集团认缴出资金额，JCK 银行至少已通过其辽宁分行根据重整计划获得 5449833300 元清偿。因此，JCK 银行对 RL 建设公司享有的债权已全部获得清偿，RL 建设公司无需继续承担担保责任。JCK 银行遂向法院提起诉讼。

二、法院裁判观点

一审法院北京二中院认为，《合并重整计划》明确载明：重整计划中以股权抵偿债权并不当然视为全额清偿,清偿率=(抵偿获得的股权数量×每股价值)÷股权抵偿对应的债权金额。破产管理人后续出具的《说明》也确认了该计算方法,并明确每股价值以《咨询意见》《咨询报告》为基础计算,以评估机构出具的股权价值评估报告为准。据此,应当根据抵偿获得的股权数量及《咨询意见》《咨询报告》确定的每股价值计算以股权抵偿债权的金额。此外,JCK 银行在重整计划执行过程中获现金清偿 19646.29 元,取得 DDG 集团出资份额 326981197,取得 DDGK 集团出资份额 12743751。基于此,根据《咨询意见》《咨询报告》确认的 DDG 集团每出资份额价值 0.8177 元,DDGK 集团每出资份额价值 1.0007 元(4921500000÷4917900000),一审法院认定破产重整中,JCK 银行《借款合同》项下债权已受偿金额为 19646.29+326981197×0.8177+12743751×1.0007=280144842.71 元,未获受偿金额为 339744593.54−280144842.71=59599750.84 元。RL 建设公司应就剩余债务承担连带清偿责任。

二审法院北京高院完全支持一审的认定。

再审最高法院认为,因《合作重整计划》中以股权抵偿债权的方式系在综合各种因素考量下,经管理人和债权人通过团体协商所作出的安排,并不必然反映债权人就该笔债权的实际获偿金额,本案中的《合作重整计划》对此已作出明确说明,并载明了以股权抵偿债权的清偿率计算公式,该方案并非仅体现 JCK 银行的意思表示,而须在破产重整程序中经各方表决且经丹东中院裁定批准,JCK 银行据此计算实际受偿金额并就其未实际受偿部分金额向 RL 建设公司进行追偿依据充分。RL 建设公司主张 JCK 银行以股抵债后即已经按照债权金额登记出资金额,故应认为其已经实际获偿的事由理据不足,不能成立。

三、案例分析

破产重整程序中债权人以股抵债后清偿率该如何计算一直是存在争议,债权人又以何种清偿率向案外担保人主张责任。理论上,如果在人民法院确认的重整计划方案中,对债转股实际清偿率或股权价格已予以明确,应可以作为核算担保人责任范围的依据。但实践中一些重整计划草案直接以股权出资金额,或者以倒推方式确定债权人的清偿率,这种做法将导致债权人在向案外担保人主张担保责任时遇到极大的阻碍。从前述案例中最高法院的态度来看,重整计划中的以股抵债是综合多种因素各方妥协的结果,并不能必然体现债权实际受偿的金额,应当以股权的实际价值确定债权的实际受偿金额。刘贵祥专委也认为,在以债转股方式清偿债务的情况下,对担保责任的认定不应简单拘泥于重整计划中所表达的股权价格或清偿率,而应区别不同情况:一是如果破产重整计划已经基于专业评估机构评估而明确债转股的股权实际价值或实际清偿率,可作为确定担保责任的范围的依据;二是如果破产重整计划对股权价格或清偿率的确定,是通过倒推方法作出的,不能体现债转股的股权实际价值或实际清偿率,在担保权诉讼的审判过程中,法院可根据当事人请求委托专业评估机构评估。①

《最高人民法院第二巡回法庭法官会议纪要》(第三辑)一书②中认为,由于重整程序中的债转股具有用出资人权益(股权)"清偿"债务的性质,故应根据股权价值来确定债权人的受偿率。对于债权人通过债转股未受偿部分,根据《企业破产法》第92条第3款的规定,保证人仍应继续承担责任。

但值得注意的是,各地法院就破产重整程序中债转股后债权人实际清偿率确认的问题仍存在一些分歧,以下几个案例可见端倪:

表1 重整程序债转股案例

案号	重整企业	法院观点
(2020)鲁02民初1505号	PD集团	青岛中院认为,PD集团重整计划规定债权人以股抵债后清偿率为100%,PD集团作为上市公司股票,抵债股票在二级市场的收盘价是股票实际价值最客观、最权威的体现。而《重整计划》关于PD投资公司抵债股票的定价远超二级市场的收盘价。2019年12月9日《重整计划》被裁定批准时,STPD收盘价为1.32元;2020年本案立案时,STPD收盘价为1.15元,均远低于《重整计划》确定的5.98元/股。因此,农行李沧支行享有的债权并未获得100%清偿。
(2021)鲁民终880号	PD集团	山东高院支持青岛中院观点
(2020)津0102民初758号	PD集团	天津市河东区人民法院认为,PD集团作为保证人,债权人在PD破产程序通过现金清偿、留债展期清偿以及剩余普通债权由PD集团在本重整计划执行期限内以资本公积转增股本方式予以清偿,普通债权比例为100%,债权人不能再向债务人主张清偿责任。
(2020)京04执异32号	ZY绒业	对于ZY绒业的《重整计划》,某金融机构向银川中院法院主张,《重整计划》中确定的每股抵债价格(5.87元)明显偏高,抵债股票的实际价值根本无法覆盖债权价值。但《重整计划》规定每股抵债价格为5.87元,该部分普通债权的清偿比例约为100%,目前《重整计划》已执行完毕,银川中院认定该金融机构对ZY绒业股份享有的债权在重整程序中已获得全部清偿。

---

① 刘贵祥:《当前民商事审判中关于审理合同纠纷、破产重整的法律适用问题》,载《判解研究》2022年第2辑。

② 贺小荣主编:《最高人民法院第二巡回法庭法官会议纪要》(第三辑),人民法院出版社2022年版。

四、实务建议

实务中,债权人接受重整计划中的以股抵债方式清偿债权往往是各方妥协的结果,若债权之上仍存在其他清偿途径,而以股抵债价值不足,债权人可以考虑以下建议:

一是债权人可以在重整计划草案起草或表决过程中要求管理人在草案中明确,债转股后的债权清偿率应以实际股权价值为基础进行计算,明确反对过高的转股价格。

二是债权人可要求管理人在重整计划中不予明确清偿率,或仅明确清偿率的计算公式,并明确债权人未实现清偿部分可以向担保人主张。

三是债权人转股后向担保人主张清偿的,应做好充分的证据准备,通过专业机构的评估或破产管理人明确股权价值,以此明确实际受偿金额和担保责任范围。

三

担保及风控措施

民法典框架下金融机构债权人面临的担保风险及其对策研究

许泽阳

一、担保物权一般规定对金融机构债权人的影响

（一）扩大担保合同范围

近年来，由于资产质量参差不齐、企业融资需求各异，需结合具体项目配套相应的担保措施，从而使让与担保、所有权保留、融资租赁、保理、差额补足、回购等非典型担保在商业银行信贷业务（如担保贷款）、非标业务（如信托收益权、资管收益权等）、AMC不良资产重组类业务中频繁出现。此外，随着商业模式不断创新，诸如学校收费权、商铺收租权、股东分红权、出租车经营权、排污权等新类型担保的需求也亟待回应。然而，上述非典型担保和新类型担保的法律效力始终未获"官方认证"，司法实践亦存在诸多争议。

《九民纪要》首次明确：对于新类型担保和非典型担保，司法机关不得轻易否定其合同效力和担保功能。该裁判思路被《民法典》及新担保制度吸收并细化。《民法典》第388条第1款规定"设立担保物权，应当依照本法和其他法律的规定订立担保合同。担保合同包括抵押合同、质押合同和其他具有担保功能的合同。担保合同是主债权债务合同的从合同。主债权债务合同无效的，担保合同无效，但是法律另有规定的除外。"该款在《物权法》第172条的基础上，明确了担保合同包括"具有担保功能的合同"；《担保制度司法解释》第1条进一步明确："……所有权保留买卖、融资租赁、保理等涉及担保功能发生的纠纷，适用本解释的有关规定。"这等同于赋予了非典型担保与典型担保在法律层面的同等地位。此外，《担保制度司法解释》第63条规定："债权人与担保人订立担保合同，约定以

法律、行政法规尚未规定可以担保的财产权利设立担保，当事人主张合同无效的，人民法院不予支持。当事人未在法定的登记机构依法进行登记，主张该担保具有物权效力的，人民法院不予支持。"该条明确了新类型担保的合同和物权效力：以未规定财产担保的，合同有效；登记后，方具有物权效力。

有鉴于此，上述修订扩大了担保合同的范围，既为商业银行信贷业务、非标业务和AMC不良资产重组类业务的开展"保驾护航"，又为商业模式创新留下空间，有利于金融机构开展新类型业务，更好地发挥担保在缓解实体企业融资困难方面的作用。

（二）明确担保合同从属性和无效后果

担保主要为保障债权的实现，因此需从属于主债权，且范围和强度方面亦不得大于主债权①。当前，担保合同的"效力从属性"已被普遍认可。但实践中，由于债权人处于优势地位或存在担保人偿债能力优于债务人的特殊情形，担保合同的"责任从属性"往往被忽视，担保合同约定的责任范围大于主债权的情况十分普遍。例如，在第三方承担实质信用风险的融资业务（如商业银行的保证担保贷款）中，金融机构为确保交易安全，保证合同中可能约定了专门的违约责任。

《担保制度司法解释》第3条②对被忽视的"责任从属性"进行了明确：针对担保人单独约定的违约责任无效，担保责任不超过债务人应承担的责任范围。该修订是《民法典》保护担保人倾向的体现之一，即弱化了对债权人保护。此外，关于担保合同无效后果的修订也反映出新法保护法益的变化。《担保制度司法解释》第17条③在《最高人民法院关于适用〈中华人民共和国担保法〉若干问题的

---

① 高圣平：《民法典担保从属性规则的适用及其限度》，载《法学》2020年第7期。
② 《担保制度司法解释》第3条：当事人对担保责任的承担约定专门的违约责任，或者约定的担保责任范围超出债务人应当承担的责任范围，担保人主张仅在债务人应当承担的责任范围内承担责任的，人民法院应予支持。担保人承担的责任超出债务人应当承担的责任范围，担保人向债务人追偿，债务人主张仅在其应当承担的责任范围内承担责任的，人民法院应予支持；担保人请求债权人返还超出部分的，人民法院依法予以支持。
③ 《担保制度司法解释》第17条：主合同有效而第三人提供的担保合同无效，人民法院应当区分不同情形确定担保人的赔偿责任：（一）债权人与担保人均有过错的，担保人承担的赔偿责任不应超过债务人不能清偿部分的二分之一；（二）担保人有过错而债权人无过错的，担保人对债务人不能清偿的部分承担赔偿责任；（三）债权人有过错而担保人无过错的，担保人不承担赔偿责任。主合同无效导致第三人提供的担保合同无效，担保人无过错的，不承担赔偿责任；担保人有过错的，其承担的赔偿责任不应超过债务人不能清偿部分的三分之一。

解释》（以下简称《担保法司法解释》）第7—8条[①]的基础上，对主合同有效情形下担保合同无效的法律后果进行了细化：旧法规定，① 债权人和担保人均有过错的，担保人承担的责任范围≤债务人无法清偿部分的50%；② 债权人无过错的，担保人承担连带责任。新法承继了上述第①项规定，但将第②项规定修订为：债权人无过错且担保人有过错的，担保人对债务人不能清偿的部分承担赔偿责任（旧法未区分担保人是否有过错，只要债权人无过错，担保人均为连带赔偿责任）；并新增第③项规定：债权人有过错且担保人无过错的，担保人不承担责任。其中最大的变化是将担保人的"连带赔偿责任"下降为就债务人不能清偿部分的补充赔偿责任，这是对担保人责任范围限制的规定。（注，此处与《民法典》删除"法定连带责任"相呼应，见下文）

由上可知，通过前述方式强化保证人的保证责任维护金融机构债权人自身权益的方式将无法继续使用，因而在设定合同条款时，金融机构债权人应权衡主债务和担保责任范围，针对第三方提供信用担保等情形，可考虑转化为债务加入等方式，以免违反上述规定。债务加入与担保的主要区分之一在于债务加入大概率能够排除担保的从属性问题，虽然学界对此存在争议，但最高法的裁判态度却较为明晰。[②]

（三）修订越权担保效力认定标准

原《公司法》第16条[③]首次明确了公司对外担保应当经公司内部机构有效决议。《九民纪要》第17—22条对违反原《公司法》第16条构成越权代表、善意的认定、无须机关决议的例外情况、越权担保的民事责任、上市公司为他人提供担保等内容进行了细化规定。《担保制度司法解释》对上述规定作了两方面修订：

[①] 《担保法司法解释》第7条：主合同有效而担保合同无效，债权人无过错的，担保人与债务人对主合同债权人的经济损失，承担连带赔偿责任；债权人、担保人有过错的，担保人承担民事责任的部分，不应超过债务人不能清偿部分的二分之一。

第8条：主合同无效而导致担保合同无效，担保人无过错的，担保人不承担民事责任；担保人有过错的，担保人承担民事责任的部分，不应超过债务人不能清偿部分的三分之一。

[②] 许泽阳：《债务人破产停息对担保措施影响的嬗变与应对——兼议债务加入的从属性》，https://mp.weixin.qq.com/s?src=11&timestamp=1658195112&ver=3929&signature=n-Urwm-SXSlWi-TOzilQxS4i8TAyteK7S6rpYoXdFcFblM2GnWl-pNquG1Df*Oi9MhqKeJlW6tqbQUdDYH0PWqy-O7d-CayPRG0CACDlc8JNQ9aPE4R6GtQIMG35kmqqG&new=1，2021年06月16日访问。

[③] 《公司法》（2023）第15条，基本内容未做修改。

特殊机会投资之道 2

一者，《担保制度司法解释》第 7 条[①]延续了《九民纪要》第 17 条[②]，肯定了担保不属于法定代表人能直接决定的事项，需经公司有权机构决议；未履行《公司法》（2023）第 15 条规定程序的，属于越权代表，此时担保合同是否有效需根据债权人善意与否进行判断。

二者，《担保制度司法解释》第 8 条[③]部分修改了《九民纪要》第 19 条[④]"无须机关决议的例外情况"之 4 种情形。将原先 4 种例外情形（①担保公司、银行提供保函；② 为直接/间接控股公司担保；③ 存在互保合作；④ 经 2/3 以上表决权股东同意）中的第③种予以删除，将第②种修改成"为全资子公司担保"，这缩小了例外情况的范围。

此外，该第 8 条补充规定了上市公司不适用"为全资子公司担保"和"经 2/3 以上表决权股东同意"2 种例外情形。这使得对上市公司担保效力的认定标准发生了重大变化。此前，上市公司提供担保由债权人审查担保经 2/3 以上表决权股东同意即可。然而，《九民纪要》第 22 条[⑤]对"无决议但有公告"的情形进行

---

① 《担保制度司法解释》第 7 条：公司的法定代表人违反公司法关于公司对外担保决议程序的规定，超越权限代表公司与相对人订立担保合同，人民法院应当依照民法典第 61 条和第 504 条等规定处理：（一）相对人善意的，担保合同对公司发生效力；相对人请求公司承担担保责任的，人民法院应予支持。（二）相对人非善意的，担保合同对公司不发生效力；相对人请求公司承担赔偿责任的，参照适用本解释第十七条的有关规定。法定代表人超越权限提供担保造成公司损失，公司请求法定代表人承担赔偿责任的，人民法院应予支持。第 1 款所称善意，是指相对人在订立担保合同时不知道且不应当知道法定代表人超越权限。相对人有证据证明已对公司决议进行了合理审查，人民法院应当认定其构成善意，但是公司有证据证明相对人知道或者应当知道决议系伪造、变造的除外。

② 《九民纪要》第 17 条：【违反《公司法》第 16 条构成越权代表】为防止法定代表人随意代表公司为他人提供担保给公司造成损失，损害中小股东利益，《公司法》第 16 条对法定代表人的代表权进行了限制。根据该条规定，担保行为不是法定代表人所能单独决定的事项，而必须以公司股东（大）会、董事会等公司机关的决议作为授权的基础和来源。法定代表人未经授权擅自为他人提供担保的，构成越权代表，人民法院应当根据《合同法》第 50 条关于法定代表人越权代表的规定，区分订立合同时债权人是否善意分别认定合同效力：债权人善意的，合同有效；反之，合同无效。

③ 《担保制度司法解释》第 8 条：有下列情形之一，公司以其未依照公司法关于公司对外担保的规定作出决议为由主张不承担担保责任的，人民法院不予支持：（一）金融机构开立保函或者担保公司提供担保；（二）公司为其全资子公司开展经营活动提供担保；（三）担保合同系由单独或者共同持有公司三分之二以上对担保事项有表决权的股东签字同意。上市公司对外提供担保，不适用前款第二项、第三项的规定。

④ 《九民纪要》第 19 条：【无须机关决议的例外情况】存在下列情形的，即便债权人知道或者应当知道没有公司机关决议，也应当认定担保合同符合公司的真实意思表示，合同有效：（1）公司是以为他人提供担保为主营业务的担保公司，或者是开展保函业务的银行或者非银行金融机构；（2）公司为其直接或者间接控制的公司开展经营活动向债权人提供担保；（3）公司与主债务人之间存在相互担保等商业合作关系；（4）担保合同系由单独或者共同持有公司三分之二以上有表决权的股东签字同意。

⑤ 《九民纪要》第 22 条：【上市公司为他人提供担保】债权人根据上市公司公开披露的关于担保事项已经董事会或者股东大会决议通过的信息订立的担保合同，人民法院应当认定有效。

了有效认定。该第 22 条规定在《担保制度司法解释》第 9 条第（1）款中得到了延续，对于"有决议但无公告"的情形，《九民纪要》并未涉及。而《担保制度司法解释》第 9 条第（2）款对此进行了新增：相对人未根据上市公司公开披露已经董事会或股东会决议的信息，与上市公司订立担保合同，担保合同无效。最高人民法院在 2020 年 12 月 30 日的官方新闻发布会上对此作了进一步说明：上市公司对外担保，除根据《公司法》（2018）第 16 条（《公司法》（2023）第 15 条）的规定经由股东会（股东大会）或董事会决议外，还需要对决议内容予以公开披露。否则，担保合同无效，对上市公司无需承担担保责任和其他赔偿责任。该等修订旨在衔接《证券法》第 78 条关于公开信息披露的规定①，维护公开信息的权威性。既然上市公司重大事项应当予以公开披露，由此推定债权人应当明知上市公司是否披露了担保事项。若债权人对上市公司未披露信息没有提出异议，则应自行承担由此产生的不利后果。

最高法对"有决议但无公告"情形的态度在《民法典》实施前已有端倪：(2019) 最高法民终 111 号判决书中，保证人 Y 公司系上市公司，虽然其担保议案经股东大会决议通过，但并未公开披露。最高法认为，上市公司的股东大会决议应及时予以公告。债权人 J 信托公司系金融机构，其理应知悉《公司法》及证监会发布的关于上市公司对外担保的相关规定。且由于涉案金额巨大，作为上市公司的保证人有义务公开披露其临时股东大会的召开情况和决议内容等信息，因此，J 信托公司在认定上市公司提供担保的问题上应当更加谨慎和周全。

可见，《担保制度司法解释》提高了公司越权担保效力认定的标准，对金融机构债权人的审查义务提出了更高要求。特别对于上市公司担保的项目，金融机构债权人的审查责任不再局限于对公司内部决议的形式审查，而是变更为对上市公司公开披露同意担保信息的审查。

（四）终结"法定连带责任保证"和"法定连带共同保证"

在《担保法》第 19 条规定："当事人对保证方式没有约定或者约定不明确的，按照连带责任保证承担保证责任。"即若当事人之间未约定保证方式或约定不明确的，则默认为连带责任保证。但多年来该推定规则一直饱受质疑。如今，《民法典》第 686 条第 2 款规定："当事人在保证合同中对保证方式没有约定或者约定不明确的，按照一般保证承担保证责任。"该款将原《担保法》相应条款中的"连

---

① 《证券法》（2019 年）第 78 条：发行人及法律、行政法规和国务院证券监督管理机构规定的其他信息披露义务人，应当及时依法履行信息披露义务。信息披露义务人披露的信息，应当真实、准确、完整，简明清晰，通俗易懂，不得有虚假记载、误导性陈述或者重大遗漏。证券同时在境内境外公开发行、交易的，其信息披露义务人在境外披露的信息，应当在境内同时披露。

带责任保证"变更为"一般保证"。两者区别在于，一般保证人享有先诉抗辩权，只承担补充性责任。

立法者认为设定保证人承担连带责任保证的推定规则，旨在确保债权的顺利实现，亦有助于强化保证人的责任意识，敦促保证人就保证方式的类型作出明确约定。① 但从法理角度看，由于债务人与保证人对于债务清偿义务的承担顺序不同，因此保证人对主债务承担补充清偿责任理应是保证的常态。② 此外，连带保证责任的推定规则亦超出了公众对保证责任的认识：仅当债务人不能清偿债务时，保证人才承担责任。因此，《民法典》第 686 条从平衡保证合同双方利益的角度出发，相对减轻了保证人的责任。

无独有偶，"法定连带共同保证"同样退出了历史舞台。连带共同保证是与按份共同保证相对应的概念，前者中保证人之间的责任连带，债权人有权向任一保证人主张全部债权；后者中保证人只承担自己分内责任。

《担保法》第 12 条③规定：当同一债务由两个以上保证人提供保证时，若各保证人之间未约定保证份额，则默认为连带共同保证。该规定可能导致部分连带保证人受到不公正对待。例如，（2018）最高法民终 1241 号④判决书中，最高法认为，连带共同保证中，债权人可向任一保证人主张权利，其效力及于其他保证期间尚未届满的保证人；又如，根据诉讼时效相关司法解释⑤，连带共同保证中，当债权人对任一保证人主张权利，则中断诉讼时效的效力及于其他保证人。该 2 种情形下部分保证人的期限利益受到了侵害。而根据《民法典》第 699 条⑥和《担保制度司法解释》

---

① 江必新：《民法典重点修改及新条文解读（上册）：物权编·合同编》，中国法制出版社 2020 年版，第 430 页。
② 同上书，第 431 页。
③ 《担保法》第 12 条：同一债务有两个以上保证人的，保证人应当按照保证合同约定的保证份额，承担保证责任。没有约定保证份额的，保证人承担连带责任，债权人可以要求任何一个保证人承担全部保证责任，保证人都负有担保全部债权实现的义务。已经承担保证责任的保证人，有权向债务人追偿，或者要求承担连带责任的其他保证人清偿其应当承担的份额。
④ （2018）最高法民终 1241 号民事判决书。
⑤ 《最高人民法院关于审理民事案件适用诉讼时效制度若干问题的规定》第 15 条：对于连带债权人中的一人发生诉讼时效中断效力的事由，应当认定对其他连带债权人也发生诉讼时效中断的效力。对于连带债务人中的一人发生诉讼时效中断效力的事由，应当认定对其他连带债务人也发生诉讼时效中断的效力。
⑥ 《民法典》第 699 条：同一债务有两个以上保证人的，保证人应当按照保证合同约定的保证份额，承担保证责任；没有约定保证份额的，债权人可以请求任何一个保证人在其保证范围内承担保证责任。

第13条①，除2种例外情况外（① 保证人之间明确约定构成连带共同保证；② 各保证人签署于同一文件中），保证人之间未约定保证份额的，默认为按份共同保证。

此外，连带共同保证中债权人放弃对部分保证人行使权利的法律后果也发生了变化。根据旧法，连带共同责任保证中，债权人放弃部分保证人的保证责任，其他保证人不能相应免责。例如，最高法《法释〔2002〕37号》文件规定：根据原《担保法》第12条的规定，承担连带责任保证的保证人一人或者数人承担保证责任后，有权要求其他保证人清偿应当承担的份额，不受债权人是否在保证期间内向未承担保证责任的保证人主张过保证责任的影响；最高法在（2014）民一终字第278号判决书中亦采用了上述观点。但根据《担保制度司法解释》第29条第2款，债权人未在保证期间内依法向部分保证人行使权利，导致其他保证人在承担保证责任后丧失追偿权，其他保证人有权在其不能追偿的范围内免除保证责任的。

综上，《民法典》将"法定连带责任保证"和"法定连带共同保证"分别修改为"法定一般保证"和"法定按份共同保证"；连带共同保证中债权人放弃对部分保证人行使权利，其他保证人将相应免责，均体现了强化对担保人、弱化对债权人保护的态度。这提醒金融机构债权人在往后开展业务时，应在协议中对适用的保证方式和各保证人之间保证份额的承担、追责方式予以明确。而对于存量项目的担保协议，由于"法不溯及既往"，仍适用旧法，但当项目涉及展期、变更时，仍应予以特别关注。

二、保证制度对金融机构债权人的影响

（一）债权人行权期限的限缩

保证期间，系保证人对主债务向债权人承担保证责任的期间，其旨在敦促债权人及时行权。② 保证期间有2类：法定保证期间和约定保证期间。前者是指债权人和保证人对保证期间未约定或约定不明时，法律规定适用的时限；后者是指债权人和保证人协商确定的时限，且该约定不早于主债务履行期限届满。

---

① 《担保制度司法解释》第13条：同一债务有两个以上第三人提供担保，担保人之间约定相互追偿及分担份额，承担了担保责任的担保人请求其他担保人按照约定分担份额的，人民法院应予支持；担保人之间约定承担连带共同担保，或者约定相互追偿但是未约定分担份额的，各担保人按照比例分担向债务人不能追偿的部分。同一债务有两个以上第三人提供担保，担保人之间未对相互追偿作出约定且未约定承担连带共同担保，但是各担保人在同一份合同书上签字、盖章或者按指印，承担了担保责任的担保人请求其他担保人按照比例分担向债务人不能追偿部分的，人民法院应予支持。除前两款规定的情形外，承担了担保责任的担保人请求其他担保人分担向债务人不能追偿部分的，人民法院不予支持。

② 江必新：《民法典重点修改及新条文解读（上册）：物权编·合同编》，中国法制出版社2020年版，第456页。

原《担保法司法解释》下①法定保证期间的规定为：保证期间未约定或约定不明时，默认保证期间为 6 个月；若保证期限约定为"直至主债务本息还清时为止"，则默认保证期间为 2 年。而《民法典》下，若保证期限约定为"直至主债务本息还清时为止"，则保证期间默认为 6 个月。该修订同样体现了《民法典》保护保证人的倾向。有鉴于此，金融机构债权人设定保证合同条款时应明确保证期限的具体时限。

此外，《担保制度司法解释》还对"保证合同无效时债权人的维权时间"作出明确规定。如上文，在原担保法框架下，担保合同无效时，担保人应当视情况承担一定责任。这是《合同法》第 58 条②"缔约过失责任"在原担保法中的具体体现，即保证合同无效，债权人对保证人享有缔约过失赔偿请求权。但该请求权适用保证期间还是诉讼时效在法律及实践中均存在争议。③

《担保制度司法解释》第 33 条④对上述问题予以明确：债权人未在保证期间内行权的，保证人不承担赔偿责任。该观点源于最高法（2011）民申字第 1209 号判决书。由于一般诉讼时效为 3 年，且存在中止、中断等情形，因此适用诉讼时效更有利于保护债权人，反之则不然。可见，与一般合同缔约过失请求权不同，最高法采用"保证期间"规范保证合同中债权人的缔约过失赔偿请求权，系削弱对债权人保护的又一体现。

---

① 《担保制度司法解释》第 31 条：保证期间不因任何事由发生中断、中止、延长的法律后果。

第 32 条：保证合同约定的保证期间早于或者等于主债务履行期限的，视为没有约定，保证期间为主债务履行期届满之日起六个月。保证合同约定保证人承担保证责任直至主债务本息还清时为止等类似内容的，视为约定不明，保证期间为主债务履行期届满之日起二年。

第 33 条：主合同对主债务履行期限没有约定或者约定不明的，保证期间自债权人要求债务人履行义务的宽限期届满之日起计算。

② 《合同法》第 58 条：合同无效或者被撤销后，因该合同取得的财产，应当予以返还；不能返还或者没有必要返还的，应当折价补偿。有过错的一方应当赔偿对方因此所受到的损失，双方都有过错的，应当各自承担相应的责任。

③ 张雪楳：《诉讼时效和保证期间疑难问题探讨》，载《商事审判指导（总第 41 辑）》2016 年第 2 期，人民法院出版社 2017 年版。时任最高人民法院民二庭审判长张雪楳在该文中列举了实践中的两种观点：

一种观点认为，保证合同有效时，若债权人未在保证期间内主张债权，保证人无须承担保证责任，若保证合同无效时适用诉讼时效，那么如果缔约过失赔偿请求权没超过诉讼时效，保证人仍需承担赔偿责任，这造成了债权人因合同无效获得的利益比合同有效时获得的利益还要大，有失公平，因此该观点认为在保证合同无效时也应当适用保证期间。

另一种观点认为，保证合同有效时，若债权人未在保证期间内主张债权，保证人无须承担保证责任，若保证合同无效时适用诉讼时效，那么如果缔约过失赔偿请求权没超过诉讼时效，保证人仍需承担赔偿责任，这造成了债权人因合同无效获得的利益比合同有效时获得的利益还要大，有失公平，因此该观点认为在保证合同无效时也应当适用保证期间。

④ 《担保制度司法解释》第 33 条：保证合同无效，债权人未在约定或者法定的保证期间内依法行使权利，保证人主张不承担赔偿责任的，人民法院应予支持。

保证合同无效的情形在 AMC 不良资产处置类项目或中介服务项目、商业银行不良贷款处置项目中尤为常见。由于不良贷款处置期间普遍较长，加之不良资产情况复杂，若处置不及时，可能存在错过保证期间的风险。因此，针对存在保证担保的投融资业务，特别是不良资产处置，金融机构债权人应及时核查保证合同是否存在无效风险，若可能无效，则应果断采取诉讼手段维权。此外，在主债务人或保证人濒临破产的情况下，金融机构债权人也应重点关注保证期间并及时行权。

（二）债权转让与保证责任的承担

与《合同法》第 80 条①（债权转让应通知债务人方可对其生效）不同，原《担保法》第 22 条②未规定债权人对保证人的通知义务，这容易导致保证合同的履约风险。鉴此，《民法典》第 696 条③将其修订为：转让债权时，债权人负有通知保证人的义务。因此，金融机构债权人在受让或转让不良资产时，如涉及保证担保，应当及时通知保证人。

但是，针对不良资产中自然人保证人下落不明或法人保证人已经注销的情形，金融机构债权人该如何履行通知义务？

此前，参照《最高人民法院关于审理涉及金融资产管理公司收购、管理、处置国有银行不良贷款形成的资产的案件适用法律若干问题的规定》（法释〔2001〕12 号）（以下简称《12 号规定》）第 6 条和第 10 条④规定，AMC 等金融机构受让债权后，原债权人银行通过报纸公告方式进行债权转让通知及债务催收，视为履行了通知义务，并可产生诉讼中断的法律效力。（2018）最高法民申 4314 号判决书也认为，登报通知具备时间性、公开性和广泛性等特点，因此可作为债权转让通知的合法方式之一，与一般书面通知具有同等法律效力。但是，登报不应视为

---

① 《合同法》第 80 条：债权人转让权利的，应当通知债务人。未经通知，该转让对债务人不发生效力。

② 《担保法》第 22 条：保证期间，债权人依法将主债权转让给第三人的，保证人在原保证担保的范围内继续承担保证责任。保证合同另有约定的，按照约定。

③ 《民法典》第 696 条：债权人转让全部或者部分债权，未通知保证人的，该转让对保证人不发生效力。保证人与债权人约定禁止债权转让，债权人未经保证人书面同意转让债权的，保证人对受让人不再承担保证责任。

④ 《最高人民法院关于审理涉及金融资产管理公司收购、管理、处置国有银行不良贷款形成的资产的案件适用法律若干问题的规定》（法释〔2001〕12 号）第 6 条：金融资产管理公司受让国有银行债权后，原债权银行在全国或者省级有影响的报纸上发布债权转让公告或通知的，人民法院可以认定债权人履行了《中华人民共和国合同法》第 80 条第 1 款规定的通知义务。

第 10 条：债务人在债权转让协议、债权转让通知上签章或者签收债务催收通知的，诉讼时效中断。原债权银行在全国或者省级有影响的报纸上发布的债权转让公告或通知中，有催收债务内容的，该公告或通知可作为诉讼时效中断证据。

通知立即送达债务人，而应当参照适用《民事诉讼法》（2017）第 92 条①的规定，将公告期设定为 60 天。

但是，随着《民法典》的出台，《12 号规定》自 2020 年 1 月 1 日起失效②，因此，在新的司法政策出台前，金融不良资产转让业务中，仅通过报纸公告方式进行债权转让通知及债务催收可能无法对债务人、担保人发生法律效力，进而影响债权的实现。因此，AMC 等金融机构债权人应当以合适的方式将通知送达保证人，确保对其发生效力。

（三）增信文件法律性质认定的细化

第三方差额补足、代为履行到期回购义务、流动性支持等增信文件在商业银行非标业务、AMC 不良资产收购重组业务中十分常见，但其法律性质在司法实践中存在争议。例如，在（2019）最高法民终 560 号判决书中，最高法根据涉案《差额补足合同》约定的责任类型，将其认定为保证合同；而在（2019）最高法民终 1524 号判决书中，最高法则认定差额补足协议不属于担保合同，具有独立性和有效性。可见，关于增信文件法律性质的界定，对金融机构债权人权利的认定有重大影响。

《九民纪要》第 91 条③首次明确，在信托交易中，增信文件内容符合保证规定的，应认定为保证合同；不符合保证规定的，视情况确定其性质。而《担保制度司法解释》第 36 条④对《九民纪要》第 91 条作了三方面完善：① 认定增信文件的法律性质不再局限于信托交易；② 探究债权人意思表示的真意，确定是保证或债务加入。若难以确定，则认定为保证；③ 明确了增信文件不符合保证和债务加入规定时，债权人仍有权要求义务人履行约定义务或承担责任。

---

① 《民事诉讼法》（2017）第 92 条：受送达人下落不明，或者用本节规定的其他方式无法送达的，公告送达。自发出公告之日起，经过六十日，即视为送达。公告送达，应当在案卷中记明原因和经过。（2021 年修正，改为 95 条，相关内容未变）

② 失效依据为《最高人民法院关于废止部分司法解释及相关规范性文件的决定》（法释〔2020〕16 号）。

③ 《九民纪要》第 91 条：【增信文件的性质】信托合同之外的当事人提供第三方差额补足、代为履行到期回购义务、流动性支持等类似承诺文件作为增信措施，其内容符合法律关于保证的规定的，人民法院应当认定当事人之间成立保证合同关系。其内容不符合法律关于保证的规定的，依据承诺文件的具体内容确定相应的权利义务关系，并根据案件事实情况确定相应的民事责任。

④ 《担保制度司法解释》第 36 条：第三人向债权人提供差额补足、流动性支持等类似承诺文件作为增信措施，具有提供担保的意思表示，债权人请求第三人承担保证责任的，人民法院应当依照保证的有关规定处理。第三人向债权人提供的承诺文件，具有加入债务或者与债务人共同承担债务等意思表示的，人民法院应当认定为民法典第五百五十二条规定的债务加入。前两款中第三人提供的承诺文件难以确定是保证还是债务加入的，人民法院应当将其认定为保证。第三人向债权人提供的承诺文件不符合前三款规定的情形，债权人请求第三人承担保证责任或者连带责任的，人民法院不予支持，但是不影响其依承诺文件请求第三人履行约定的义务或者承担相应的民事责任。

据此，金融机构债权人在接受第三方增信文件时，应当根据商业安排明确其法律性质，并约定相应的违约责任，避免因难以认定法律性质导致自身权益受损。

三、抵押和质押制度对金融机构债权人的影响

（一）合同约定和登记内容不一致时确定标准的变化

不动产抵押是商业银行信贷业务、AMC不良资产重组类业务中主要的担保方式，但在办理抵押登记时，因各地登记机关系统设置或登记规则不一致等，抵押登记内容往往各异。部分地区的登记机关仅能登记"主债权数额"，无法登记具体的"担保范围"，导致合同约定的担保范围与登记内容不一致的现象普遍存在。此时，以何为准确定担保范围将直接影响金融机构债权人在担保范围内约定的附属债权（利息、违约金等）的实现。

对此，《九民纪要》第58条①统一了裁判思路，即根据所在地登记系统设置与登记规则是否普遍规范，分情况确定担保范围。但何为"普遍规范"？"所在地"是所在区、市抑或省？若没有统一标准，很可能出现同案不同判的现象，不利于司法公正。鉴此，《担保制度司法解释》第47条②规定：不动产登记簿与抵押合同约定不一致的，以登记簿为准。该规定旨在维护登记信息的权威性和公信力。

因此，金融机构债权人在接受不动产抵押担保时，不仅应当关注抵押合同如何约定，还应确保登记内容与约定内容保持一致。具体而言，在风控措施上应关注以下方面：

① 对于新增不动产抵押，办理抵押登记时，应当主动要求登记机构注明合同约定的担保范围，确保登记信息的完整性，尽可能将抵押合同作为登记信息附件。

② 对于既往合同和登记信息不一致的情况，应结合签署时点，判断适用的登记规则，并密切关注当地抵押登记规则的变化，留存相关证据，便于后续维权。

③ 对于接受后顺位抵押的情况，若金融机构债权人拟作为后顺位的抵押权人，应根据适用登记规则的不同，对先顺位抵押的担保范围进行测算，确保后顺

---

① 《九民纪要》第58条：【担保债权的范围】以登记作为公示方式的不动产担保物权的担保范围，一般应以登记的范围为准。但是，我国目前不动产担保物权登记，不同地区的系统设置及登记规则并不一致，人民法院在审理案件时应当充分注意制度设计上的差别，作出符合实际的判断：一是多数省区市的登记系统未设置"担保范围"栏目，仅有"被担保主债权数额（最高债权数额）"的表述，且只能填写固定数字。而当事人在合同中又往往约定担保物权的担保范围包括主债权及其利息、违约金等附属债权，致使合同约定的担保范围与登记不一致。显然，这种不一致是由于该地区登记系统设置及登记规则造成的该地区的普遍现象。人民法院以合同约定认定担保物权的担保范围，是符合实际的妥当选择。二是一些省区市不动产登记系统设置与登记规则比较规范，担保物权登记范围与合同约定一致在该地区是常态或者普遍现象，人民法院在审理案件时，应当以登记的担保范围为准。

② 《担保制度司法解释》第47条：不动产登记簿就抵押财产、被担保的债权范围等所作的记载与抵押合同约定不一致的，人民法院应当根据登记簿的记载确定抵押财产、被担保的债权范围等事项。

位抵押的可清偿额度满足商业安排。

（二）流押、流质条款的效力限制

原物权法、原担保法及其司法解释对于流押、流质条款均持明确禁止态度。但随着各种类担保方式在商业交易中的应用逐年增多，如何提高担保物权的实现效率、降低抵质押物处置难度成为司法领域关注的热点问题。[①]

为回应社会关切，《民法典》不再单纯地禁止流押（流质）、认定流押（流质）条款无效，其第401条[②]、428条[③]作出修订，有限度地确认流押（流质）条款的效力，即抵押权人（质权人）对抵押财产（质物）享有优先受偿权。

鉴于"流押（流质）条款"与"以物抵债""让与担保"的交易结构十分相似，结合分析《担保制度司法解释》对"让与担保"的修订，将有助于我们理清三者之间的关系。

《担保制度司法解释》第68条[④]吸收并完善了《九民纪要》第71条[⑤]关于让与担保的内容：让与担保的前提是"标的物已经交付"，且列举式规定了实践中常

[①]（2011）民提字第344号民事判决书，载《最高人民法院公报》2014年第12期（总第218期）；（2013）民提字第135号民事判决书。

[②]《民法典》第401条：抵押权人在债务履行期限届满前，与抵押人约定债务人不履行到期债务时抵押财产归债权人所有的，只能依法就抵押财产优先受偿。

[③]《民法典》第428条：质权人在债务履行期限届满前，与出质人约定债务人不履行到期债务时质押财产归债权人所有的，只能依法就质押财产优先受偿。

[④]《担保制度司法解释》第68条：债务人或者第三人与债权人约定将财产形式上转移至债权人名下，债务人不履行到期债务，债权人有权对财产折价或者以拍卖、变卖该财产所得价款偿还债务的，人民法院应当认定该约定有效。当事人已经完成财产权利变动的公示，债务人不履行到期债务，债权人请求参照民法典关于担保物权的有关规定就该财产优先受偿的，人民法院应予支持。债务人或者第三人与债权人约定将财产形式上转移至债权人名下，债务人不履行到期债务，财产归债权人所有的，人民法院应当认定该约定无效，但是不影响当事人有关提供担保的意思表示的效力。当事人已经完成财产权利变动的公示，债务人不履行到期债务，债权人请求对该财产享有所有权的，人民法院不予支持；债权人请求参照民法典关于担保物权的规定对财产折价或者以拍卖、变卖该财产所得的价款优先受偿的，人民法院应予支持；债务人履行债务后请求返还财产，或者请求对财产折价或者以拍卖、变卖所得的价款清偿债务的，人民法院应予支持。债务人与债权人约定将财产转移至债权人名下，在一定期间后再由债务人或者其指定的第三人以交易本金加上溢价款回购，债务人到期不履行回购义务，财产归债权人所有的，人民法院应当参照第二款规定处理。回购对象自始不存在的，人民法院应当依照民法典第一百四十六条第二款（注：虚假意思表示）的规定，按照其实际构成的法律关系处理。

[⑤]《九民纪要》第71条：【让与担保】债务人或者第三人与债权人订立合同，约定将财产形式上转让至债权人名下，债务人到期清偿债务，债权人将该财产返还给债务人或第三人，债务人到期没有清偿债务，债权人可以对财产拍卖、变卖、折价偿还债权的，人民法院应当认定合同有效。合同如果约定债务人到期没有清偿债务，财产归债权人所有的，人民法院应当认定该部分约定无效，但不影响合同其他部分的效力。当事人根据上述合同约定，已经完成财产权利变动的公示方式转让至债权人名下，债务人到期没有清偿债务，债权人请求确认财产归其所有的，人民法院不予支持，但债权人请求参照法律关于担保物权的规定对财产拍卖、变卖、折价优先偿还其债权的，人民法院依法予以支持。债务人因到期没有清偿债务，请求对该财产拍卖、变卖、折价偿还所欠债权人合同项下债务的，人民法院亦应依法予以支持。

见的三种"让与"类型(约定优先受偿、约定以物抵债、约定溢价回购)。针对约定"以物抵债"但标的物未交付的,《九民纪要》第44—45条①规定,若履行期届满后达成以物抵债协议的,在满足以下2个条件时可以请求强制履行:① 不存在恶意损害第三人利益;② 不存在无效事由。若履行期届满前达成以物抵债协议的,则按照原债权债务关系处理,不属于让与担保。

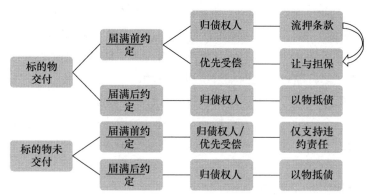

图1 流押条款、让与担保和以物抵债的区分

如图1,流押条款、让与担保和以物抵债可作如下区分。① 标的物已经交付的,"以物抵债"约定若发生于债务履行期限届满前,则根据当事人约定作进一步区分:若约定债权人有权就标的物优先受偿,则属于让与担保;若约定标的物归债权人所有,则视为流押(流质)条款,债权人仅具有优先受偿权,其法律效果同让与担保。"以物抵债"约定若发生于债务履行期限届满后,则具备以物抵债实质条件。② 标的物未交付的,则不产生让与担保效果。

因此,金融机构债权人设定让与担保时,应确保标的物按约交付,否则不产生物权效力;此外,若拟以抵质押物直接偿债的,应确保在债务履行期限届满后,

---

① 《九民纪要》第44条:【履行期届满后达成的以物抵债协议】当事人在债务履行期限届满后达成以物抵债协议,抵债物尚未交付债权人,债权人请求债务人交付的,人民法院要着重审查以物抵债协议是否存在恶意损害第三人合法权益等情形,避免虚假诉讼的发生。经审查,不存在以上情况,且无其他无效事由的,人民法院依法予以支持。当事人在一审程序中因达成以物抵债协议申请撤回起诉的,人民法院可予准许。当事人在二审程序中申请撤回上诉的,人民法院应当告知其申请撤回起诉。当事人申请撤回起诉,经审查不损害国家利益、社会公共利益、他人合法权益的,人民法院可予准许。当事人不申请撤回起诉,请求人民法院出具调解书对以物抵债协议予以确认的,因债务人完全可以立即履行该协议,没有必要由人民法院出具调解书,故人民法院不应准许,同时应当继续对原债权债务关系进行审理。
第45条:【履行期届满前达成的以物抵债协议】当事人在债务履行期届满前达成以物抵债协议,抵债物尚未交付债权人,债权人请求债务人交付的,因此种情况不同于本纪要第71条规定的让与担保,人民法院应当向其释明,其应当根据原债权债务关系提起诉讼。经释明后当事人仍拒绝变更诉讼请求的,应当驳回其诉讼请求,但不影响其根据原债权债务关系另行提起诉讼。

重新签署以物抵债协议或补充协议，避免被认定为流押、流质条款。

（三）抵押不破租赁规则的调整

《物权法》第190条①规定了"抵押不破租赁"。但该条款的实施效果并不理想，时常出现抵押人与承租人恶意串通，以不合理低价租赁，或伪造租金交付证据等虚假租赁的情形。②

鉴此，《民法典》第405条③对上述规定进行了两处调整：① 将原物权法中的"订立抵押合同前"修订为"抵押权设立前"；② 明确"抵押不破租赁"的前提条件是抵押物已出租并转移占有。从时间上看，由于抵押权设立晚于抵押合同订立，因此第①处修订缩短了抵押权对抗租赁权的时长，旨在敦促抵押权人尽快办理抵押登记；第②处修订则为了降低虚假出租的道德风险。

有鉴于此，金融机构债权人在抵押登记前后，均应实地核查抵押物是否被他人占有、是否出租等情况，并将其作为关键事实证据进行采集留存，防止抵押人虚构租赁等情形的发生。

（四）抵押物处分限制的放宽

《物权法》第191条④规定抵押物转让需经抵押权人同意。若抵押权人同意，对于转让价款则适用物上代位。⑤《民法典》第406条⑥将其修订为：抵押人可以转让抵押财产（除另有约定），但需履行通知义务，且转让价款物上代位也并非必然发生。对此，立法者主要考虑了两方面因素，一是要提高抵押物的使用价值，二是尽可能平衡抵押合同、转让合同各方当事人的利益。⑦

---

① 《物权法》第190条：订立抵押合同前抵押财产已出租的，原租赁关系不受该抵押权的影响。抵押权设立后抵押财产出租的，该租赁关系不得对抗已登记的抵押权。

② 高圣平：《民法典担保物权制度修正研究——以〈民法典各分编（草案）〉为分析对象》，载《江西社会科学》，2018年第10期。

③ 《民法典》第405条：抵押权设立前，抵押财产已经出租并转移占有的，原租赁关系不受该抵押权的影响。

④ 《物权法》第191条：抵押期间，抵押人经抵押权人同意转让抵押财产的，应当将转让所得的价款向抵押权人提前清偿债务或者提存。转让的价款超过债权数额的部分归抵押人所有，不足部分由债务人清偿。抵押期间，抵押人未经抵押权人同意，不得转让抵押财产，但受让人代为清偿债务消灭抵押权的除外。

⑤ 高圣平：《民法典担保物权制度修正研究——以〈民法典各分编（草案）〉为分析对象》，载《江西社会科学》，2018年第10期。

⑥ 《民法典》第406条：抵押期间，抵押人可以转让抵押财产。当事人另有约定的，按照其约定。抵押财产转让的，抵押权不受影响。抵押人转让抵押财产的，应当及时通知抵押权人。抵押权人能够证明抵押财产转让可能损害抵押权的，可以请求抵押人将转让所得的价款向抵押权人提前清偿债务或者提存。转让的价款超过债权数额的部分归抵押人所有，不足部分由债务人清偿。

⑦ 江必新：《民法典重点修改及新条文解读（上册）：物权编·合同编》，中国法制出版社2020年版，第91页。

若约定不得转让，但抵押人私自转让抵押物，如何处理？《担保制度司法解释》第43条[①]给出了答案：看"禁止转让的约定"是否登记。若禁止转让的约定未登记，抵押权人只能主张违约责任；除非受让人恶意，则抵押人可主张转让无效；若禁止转让约定已登记，抵押权人可以主张转让无效，但受让人行使涤除权的除外。

对于不动产抵押物，是否抵押严重影响抵押物的受让价值，因此增加了受让人、权利人的尽调义务，这也是今后金融机构债权人受让资产时需要面对的问题。而作为抵押权人时，金融机构债权人亦应关注抵押物流转情况，特别是投后管理、处置不良资产等环节。一旦不动产抵押物转让后变成唯一房产，将大大增加其处置难度。

对于动产抵押，抵押物转让可能增加其价值贬损甚至抵押权灭失风险。例如，金融机构债权人接受100辆汽车作为抵押物，后转让给100名不同用户。其一，由于使用频率增加，可能导致抵押物贬值或灭失。其二，受让方不同将导致抵押物动态管理难度加大。其三，由于《民法典》第404条[②]规定动产抵押不得对抗正常经营的买受人，且第416条[③]新增了超级优先权（动产抵押担保抵押物购买价款时，优先于其他担保物权），均进一步增加了动产抵押权人的风险。

因此，金融机构债权人应注意以下几方面。① 若动产担保时，尽可能采取质押，并密切关注资产、债务人和抵押人的状况；若抵押物因正常经营被转让，应及时主张对转让价款的权利。② 关注抵押人"正常经营"范围。由于动产抵押对抗效力仅适用于抵押人的正常经营活动，因此，金融机构债权人可参考抵押人工商登记信息和实际开展业务等情况综合确定抵押人的"正常经营"范围，并密切关注该范围的变化。③ 建议在抵押合同中明确抵押人擅自转让抵押物的违约责任。

---

① 《担保制度司法解释》第43条：当事人约定禁止或者限制转让抵押财产但是未将约定登记，抵押人违反约定转让抵押财产，抵押权人请求确认转让合同无效的，人民法院不予支持；抵押财产已经交付或者登记，抵押权人请求确认转让不发生物权效力的，人民法院不予支持，但是抵押权人有证据证明受让人知道的除外；抵押权人请求抵押人承担违约责任的，人民法院依法予以支持。当事人约定禁止或者限制转让抵押财产且已经将约定登记，抵押人违反约定转让抵押财产，抵押权人请求确认转让合同无效的，人民法院不予支持；抵押财产已经交付或者登记，抵押权人主张转让不发生物权效力的，人民法院应予支持，但是因受让人代替债务人清偿债务导致抵押权消灭的除外。

② 《民法典》第404条：以动产抵押的，不得对抗正常经营活动中已经支付合理价款并取得抵押财产的买受人。

③ 《民法典》第416条：动产抵押担保的主债权是抵押物的价款，标的物交付后十日内办理抵押登记的，该抵押权人优先于抵押物买受人的其他担保物权人受偿，但是留置权人除外。

四、其他担保相关制度对金融机构债权人的影响

除以上分析外,还有部分新修订内容值得关注:

(一)《民法典》实施前,对于"债务人进入破产程序后担保债权是否停止计息",法律未予明确,司法亦未形成统一裁判观点。《担保制度司法解释》第22条明确规定:债务人破产停息及于担保债权。由此将增加债权人利息回收的不确定性,并可能引发道德风险,导致债务人通过恶意破产的方式逃废债;存量项目可能存在缺陷并被新法溯及。[1]

(二)《民法典》第14章新增的居住权,可能影响不动产抵押物的处置。由于居住权倾向于保护弱势群体,且保护期限可能达数十年,这将导致抵押物处置难度增加和转让价值贬损。因此,今后金融机构债权人接受不动产抵押、受让不动产时,应核查是否存在居住权或明确约定不得设定居住权。

(三)《民法典》第440条拓宽应收账款质押范围,并在合同编新增了保理合同。前者将未来应收账款纳入质押范围,《担保制度司法解释》第61条[2]对此予以细化;后者对保理合同的定义、虚构应收账款、多个保理合同追索顺序等方面予以明确,并对未来应收账款的"账户特定化"进行了规范,为AMC不良资产追偿相关业务和商业银行保理业务提供有力保障。其中,"账户特定化"亦体现了最高法对金钱质押的一贯裁判思路:(2018)最高法民再168号判决书[3]明确了金钱质押中质权设立的2个前提条件:① 金钱特定化;② 质物移交债权人占有。而"特定化"的标准在于"不与出质人其他财产混同"。

---

[1] 许泽阳:《债务人破产停息对担保措施影响的嬗变与应对——兼议债务加入的从属性》,https://mp.weixin.qq.com/s?src=11&timestamp=1658195112&ver=3929&signature=n-Urwm-SXSlWi-TOzilQxS4i8TAyteK7S6rpYoXdFcFblM2GnWl-pNquG1Df*Oi9MhqKeJlW6tqbQUdDYH0PWqy-O7d-CayPRG0CACDlc8JNQ9aPE4R6GtQIMG35kmqqG&new=1,2021年06月16日访问。

[2]《担保制度司法解释》第61条:以现有的应收账款出质,应收账款债务人向质权人确认应收账款的真实性后,又以应收账款不存在或者已经消灭为由主张不承担责任的,人民法院不予支持。以现有的应收账款出质,应收账款债务人未确认应收账款的真实性,质权人以应收账款债务人为被告,请求就应收账款优先受偿,能够举证证明办理出质登记时应收账款真实存在的,人民法院应予支持;质权人不能举证证明办理出质登记时应收账款真实存在,仅以已经办理出质登记为由,请求就应收账款优先受偿的,人民法院不予支持。以现有的应收账款出质,应收账款债务人已经向应收账款债权人履行了债务,质权人请求应收账款债务人履行债务的,人民法院不予支持,但是应收账款债务人接到质权人要求向其履行的通知后,仍然向应收账款债权人履行的除外。以基础设施和公用事业项目收益权、提供服务或者劳务产生的债权以及其他将有的应收账款出质,当事人为应收账款设立特定账户,发生法定或者约定的质权实现事由时,质权人请求就该特定账户内的款项优先受偿的,人民法院应予支持;特定账户内的款项不足以清偿债务或者未设立特定账户,质权人请求折价或者拍卖、变卖项目收益权等将有的应收账款,并以所得的价款优先受偿的,人民法院依法予以支持。

[3] (2018)最高法民再168号民事判决书。

（四）《担保法》《物权法》对于存量债权能否纳入最高额保证范围未予明确，《民法典》第 420 条①则对此予以认可，扩大了最高额保证的债权范围，这有利于金融机构对存量债权的管理和盘活。因此，金融机构重组和处置不良债权时，应尽可能将存量债权转入最高额保证担保债权范围，增强债权清偿能力。

（五）《担保制度司法解释》第 5—6 条②较旧法③作了如下修订：首先，非营利法人以非公益设施提供担保时，担保对象不再局限于自身债务；其次，删除"公益设施一律不得抵押"的规定，明确非营利法人以公益设施担保设施购买价款或融资租赁租金的，担保有效；最后，明确营利法人提供担保（无论担保物是否为公益设施）有效，解决了实践中民办学校等营利法人以公益设施提供担保是否有效的问题。④ 可见，该修订根据不同的法人属性确定了其相应的担保范围，提升了学校、医院、养老院等具备公益性质的特殊机构的担保能力，为金融机构救助该类实体机构提供了法律保障，将有助于金融机构支持民办教育、医疗、养老等公益机构的发展。

五、结论

综上，民法典框架下的新担保制度对旧法有诸多修订，这些修订在很大程度上体现了强化对担保人、弱化对债权人保护的倾向，对金融机构债权人提出了更高的风控要求：

首先，一般规定方面，新担保制度明确了担保合同的从属性和无效后果，一

---

① 《民法典》第 420 条第 2 款：最高额抵押权设立前已经存在的债权，经当事人同意，可以转入最高额抵押担保的债权范围。

② 《担保制度司法解释》第 5 条：机关法人提供担保的，人民法院应当认定担保合同无效，但是经国务院批准为使用外国政府或者国际经济组织贷款进行转贷的除外。居民委员会、村民委员会提供担保的，人民法院应当认定担保合同无效，但是依法代行村集体经济组织职能的村民委员会，依照村民委员会组织法规定的讨论决定程序对外提供担保的除外。
第 6 条：以公益为目的的非营利性学校、幼儿园、医疗机构、养老机构等提供担保的，人民法院应当认定担保合同无效，但是有下列情形之一的除外：（一）在购入或者以融资租赁方式承租教育设施、医疗卫生设施、养老服务设施和其他公益设施时，出卖人、出租人为担保价款或者租金实现而在该公益设施上保留所有权；（二）以教育设施、医疗卫生设施、养老服务设施和其他公益设施以外的不动产、动产或者财产权利设立担保物权。登记为营利法人的学校、幼儿园、医疗机构、养老机构等提供担保，当事人以其不具有担保资格为由主张担保合同无效的，人民法院不予支持。

③ 《担保法司法解释》第 53 条：学校、幼儿园、医院等以公益为目的的事业单位、社会团体，以其教育设施、医疗卫生设施和其他社会公益设施以外的财产为自身债务设定抵押的，人民法院可以认定抵押有效。
《物权法》第 184 条：下列财产不得抵押：（三）学校、幼儿园、医院等以公益为目的的事业单位、社会团体的教育设施、医疗卫生设施和其他社会公益设施。

④ 许泽阳：《民办学校作为担保人项目的投资风险及化解建议（上）》，载微信公众号东方法律人，访问时间 2020 年 04 月 09 日。

特殊机会投资之道 2

定程度上限制了担保人承担的责任范围；修订了越权担保效力认定标准，增加了金融机构债权人的审查义务；终结了"法定连带责任保证"和"法定连带共同保证"；明确债务人破产停息及于担保债权等问题，对金融机构债权人新增项目和存量项目变更造成了不利影响。

其次，保证制度方面，新担保制度通过缩短法定保证期限、修改法定保证方式和明确债权人通知义务等手段加强了对保证人权益的保护。据此，在一般借贷交易中，金融机构债权人承担了更多风险和责任；而当金融机构债权人处置不良贷款时，也应当对所管理的有保证担保的债权进行更严格的法律审查。

再次，抵押和质押制度中明确合同约定和登记内容不一致时确定标准的变化、流押、流质条款的效力限制、抵押不破租赁规则的调整、抵押物处分限制的放宽等，增加了金融机构债权人在投前尽调、项目执行、投后管理过程中所面临的风险。因此，金融机构债权人应认真做好尽职调查，严防操作风险，及时修订完善业务合同范本，以适应新制度的要求。

最后，居住权的新设亦对金融机构债权人接受不动产抵押担保提出了新的挑战。

此外，新担保制度也作了扩大担保合同范围、认可增信文件、拓宽应收账款质押范围、扩大最高额保证的债权范围和提高公益机构担保能力等有利于金融机构债权人开展业务方面的修订。有鉴于此，金融机构债权人应扬长避短、强化内部制度建设和管理，在有效防控风险的前提下，积极开拓新的商业化业务，更好地发挥金融机构在化解金融风险、服务实体经济方面的作用。

上市公司对外担保的审查与瑕疵风险

王勤原

上市公司对外担保，是指上市公司为他人提供的担保，包括上市公司对控股子公司的担保（本文暂不涉及上市公司控股子公司对外担保）。自《九民纪要》以来，上市公司对外担保问题跃然于公众视野，法院对于上市公司对外担保效力的审查态度趋严，相对人除审查上市公司股东大会[①]或董事会的有效决议外，还有义务审查上市公司公开披露的担保信息，否则，上市公司对外担保可能被认定为对其不发生效力。

在民法典时代，《担保制度司法解释》对《九民纪要》予以呼应，进一步重申，相对人未根据上市公司公开披露的关于担保事项已经董事会或者股东大会决议通过的信息，与上市公司订立担保合同，担保合同对上市公司不发生效力，且上市公司对此不承担担保责任或者赔偿责任。

法律法规及法院审判思路的重大转变，促使相对人——特别是金融机构不得不重新审视上市公司对外担保事项的有效性问题，探究上市公司对外担保与决策程序、信息披露之间的关系。

一、上市公司对外担保信息披露审查

上市公司公开的对外担保信息的重要性不言而喻，根据《担保制度司法解释》第9条，相对人根据上市公司公开披露信息与上市公司订立担保合同的，担保行为有效；反之，则担保行为对其不发生效力。

（一）上市公司对外担保披露程序

根据《关于规范上市公司对外担保行为的通知》（证监发〔2005〕120号，以下简称"120号文"），上市公司董事会或股东大会审议批准的对外担保，必须在

[①] 本文股东大会和股东会根据相关规定表述，《公司法》（2023）不再区分两者，后文亦同。

中国证监会指定信息披露报刊上及时披露。① 从审批权限来看，对外担保事项由董事会或股东大会审批，而由股东大会审批的对外担保，董事会审批是其前置程序。一般而言，在上市公司对外担保信息披露程序中，至少存在董事会决议信息披露环节。

对于需要股东大会批准的对外担保，在董事会审批并信息披露后，应当再由股东会审批并予以公告，如某水泥股份有限公司于 2020 年 12 月 19 日披露《关于公司新增对外担保额度的公告》②，明确其为某实业投资有限公司提供担保，并就该事项提交股东会审议，并在 2021 年 1 月 4 日的《2021 年度第一次临时股东大会决议公告》中披露了上述担保的股东大会决议情况。

综上，上市公司对外担保事项根据决议机关不同，其信息披露的次数亦不相同。对于董事会权限内的对外担保，一般有一次信息披露程序；对于股东大会权限的对外担保，一般有两次信息披露程序，分别为：（1）董事会决议通过并提请股东大会审议的信息披露；（2）股东大会就对外担保事项进行审议的信息披露。至于披露时间，对外担保事项一般应在形成决议后 2 个交易日内予以披露。

（二）上市公司对外担保应披露的文件

根据证券交易所的相关规定，上市公司在披露对外担保事项时，应当提供：（1）对外担保事项公告；（2）与担保相关的协议文件；（3）决议机关的决议文件；（4）决议机关的决议公告等。

因此，对于董事会审批的对外担保事项，上市公司应当披露担保事项公告、董事会决议文件、董事会决议公告、担保协议等。对于股东大会审批的对外担保事项，除上述材料外，上市公司还应当披露：（1）召开股东大会的通知；（2）股东大会决议文件；（3）股东大会决议公告。

上市公司对外担保，存在单项担保审议模式和对外担保额度预计模式两种情况。单项担保审议模式，即上市公司股东大会或董事会针对某一对外担保事项，单独提交董事会或股东大会审议。对外担保额度预计模式，是指上市公司对外提供担保，如每年发生数量众多、需要经常订立担保协议而难以就每份协议提交董事会或者股东大会审议的，上市公司可以对未来 12 个月内拟为其提供担保的具体对象及对应的担保额度进行合理预计，并提交股东大会审议。《深圳证券交易所上市公司规范运作指引（2020 年修订）》（以下简称《深交所上市公司运作指引》）第 6.3.5 条和第 6.3.6 条对此作了明确要求。

以下分别对单项担保审议模式和对外担保额度预计模式下，上市公司应披露

---

① 120 号文第 1 条第 5 款。
② 巨潮资讯网，http://www.cninfo.com.cn/new/index，2021 年 4 月 7 日最后访问。

的文件进行举例：

单项担保审议模式下，以 Z 股份有限公司[①]为对外提供担保为例：（1）Z 股份有限公司于 2020 年 9 月 28 日披露《对外担保公告》（公告编号：2020-39），并载明公司第六届董事会第一百一十八次会议审议通过该担保议案，明确上述担保尚需提交公司股东大会审议批准后生效；（2）Z 股份有限公司于 2020 年 9 月 28 日披露《第六届董事会第一百一十八次会议决议公告》（公告编号：2020-38），载明董事会批准该议案，以及同意票数；（3）Z 股份有限公司于 2020 年 9 月 28 日披露《关于召开 2020 年第三次临时股东大会的通知》，载明股东大会审议议案包括前述担保议案；（4）Z 股份有限公司于 2020 年 10 月 14 日披露《2020 年第三次临时股东大会决议公告》，载明股东大会审议通过上述担保议案。

对外担保额度预计模式下，以 A 股份有限公司[②]对外担保预计为例：（1）A 股份有限公司于 2021 年 2 月 9 日公布《关于对外担保额度预计的公告》（公告编号：2021-015），明确拟提供担保的对象及额度，担保对象中包括 D 科技有限公司；（2）A 股份有限公司于 2021 年 2 月 9 日公布《第三届董事会第十九次会议决议公告》（公告编号：2021-013），明确董事会通过上述议案；（3）A 股份有限公司于 2021 年 2 月 9 日公布《关于召开 2021 年第一次临时股东大会的通知》（公告编号：2021-018），审议事项包括上述议案；（4）A 股份有限公司于 2021 年 2 月 26 日公布《2021 年第一次临时股东大会决议公告》（公告编号：2021-022），同意上述对外担保预计议案；（5）A 股份有限公司于 2021 年 4 月 14 日公布《关于对外担保的进展公告》（公告编号：2021-048），披露 A 股份有限公司与 B 银行股份有限公司合肥科技支行签署保证协议，为 D 科技有限公司提供保证事项。

（三）披露信息的审查内容

在审查上市公司对外担保披露信息方面，可以分为形式审查和实质审查两部分。形式审查是指披露文件是否齐全；实质审查是指披露的内容合法性及与担保事项的一致性。

在形式审查方面，主要是审查上市公司披露的文件是否齐全。如是董事会权限内的对外担保，则审查董事会决议文件、董事会决议公告、担保协议等；如是股东大会权限范围内的对外担保，除前述材料外，还需审查股东大会通知、股东大会决议文件、以及决议公告等。

实质审查包括两部分，一是决议程序合法性审查，主要审查前文所述决议程序是否符合法律法规及章程规定，包括决议机关、出席人数、表决票数等等，该

[①] 巨潮资讯网，http://www.cninfo.com.cn/new/commonUrl/pageOfSearch?url=disclosure/list/search&lastPage=index，2021 年 4 月 7 日最后访问。

[②] 同上。

等审查是为确保担保行为的有效性。二是担保内容审查，即对外披露的担保信息与交易文件核心条款的约定是否一致，如担保对象、担保金额、债权人信息等，该等审查是为确保担保行为的可履行性。

（四）信息披露瑕疵的风险

上市公司对外担保事项有着严格的程序限制，最高法院法官认为"上市公司只要进行合规担保，都会进行公告"①，严格的对外披露程序降低了上市公司对披露文件造假的可能。实践中更可能出现的是，上市公司就对外担保事项不予公告或公告内容与交易内容不一致的风险。

1. 上市公司未予公告的风险

从目前的法律法规及司法态度来看，相对人未依据上市公司信息披露文件而与上市公司签署担保合同的，该等担保对上市公司不发生效力，上市公司不承担担保责任或者赔偿责任。因此，金融机构在上市公司未进行信息披露的情况下，而与上市公司签订担保合同，该等担保行为很可能被法院以"不构成善意"为由，认定对上市公司不发生效力。如在"某资产管理股份有限公司北京市分公司与吕某等合同纠纷"②一案中，北京高院即以此为由，未支持要求上市公司承担担保责任的诉讼请求。

2. 公告内容与交易内容不一致的风险

上市公司披露的担保公告中，往往会披露担保交易的基本信息，如担保人、被担保人、债权人、担保金额、担保期限、担保方式等。当上市公司公告的内容与签署的担保合同不一致时，该等担保行为的效力如何认定。如公告的担保人、被担保人、债权人等核心要素与担保合同不一致的，该等担保与未予公告的担保无本质区别，担保行为可能被认定为对上市公司不发生效力。如公告的担保金额、担保期限、担保方式等要素与担保合同不一致的，上市公司可能以此抗辩担保合同对其不发生效力，或抗辩应以公开披露的担保信息来认定担保合同条款。因上市公司对外担保涉及众多中小股东利益，且公告具有公示公信效力，因此不排除法院支持上市公司抗辩的可能。

3. 担保事项变更未披露的风险

在债务重组中，有时会出现债务人提供土地抵押，上市公司提供保证担保的情形，当债务人房屋建成并需要预售时，需要对抵押土地进行解押。根据《民法

---

① 最高人民法院民事审判第二庭编：《〈全国法院民商审判工作会议纪要〉理解与适用》，人民法院出版社2019年版，第197页。

② （2018）京民初227号民事判决书。

典》第 409 条第 2 款①，在发生上述情形时，若上市公司未承诺保证依然有效，则上市公司可在债权人丧失优先受偿权益的范围内免除担保责任，因此，金融机构往往会要求上市公司签署相关补充协议或出具承诺函，明确担保继续有效。此时，若上市公司不披露该等补充协议或承诺函，如何认定上市公司的保证责任。

该问题的关键在于如何认定承诺继续履行担保行为的性质，如将该等行为认定为就免除担保责任部分重新提供担保，则系上市公司对外担保行为，必须取得披露文件，否则该等协议可能不发生效力；如将该等行为认定为对原担保行为的确认，则不属于重新提供担保，上市公司可能无需再对外披露。但目前司法实践未给出明确答案，为审慎起见，对于上市公司签署相关补充协议或出具承诺函事项，应当取得上市公司公开披露的文件。

另外，部分债权人试图通过合同事先约定解决担保事项变更的问题，如在合同中明确约定"保证人同意对于变更后的主合同项下债务继续承担连带保证责任，债权人无需另行取得保证人同意"等类似表述，但该等约定的效力仍旧存疑。如在"某资产管理有限公司与某娱乐股份有限公司等企业借贷纠纷"②一案中，上海金融法院认为上述约定客观上亦影响担保人的广大中小投资者的利益，因此对担保人不发生效力。同时，某资产管理有限公司亦未提供证据证明某娱乐股份有限公司知晓涉案融资金额变更的情形，因此某娱乐股份有限公司对加重的部分不承担担保责任。

（五）存量信息披露的瑕疵补正

在《九民纪要》及《担保制度司法解释》出台之前，存在部分上市公司对外担保未予披露的情形，在当下的司法环境中，该等存量担保可能因未公开披露而存在脱保风险。债权人或可采取以下措施降低担保措施对上市公司不发生效力的风险：

一是要求上市公司就该等担保事项进行公开披露，即担保事项公告，并在公告中明确担保行为已经相应审议程序批准，并详细披露交易要素。最高法院林文学等法官认为，"如果债权人仅仅是根据披露的信息与上市公司签订担保合同，人民法院也认定担保有效"。③ 因此，该等披露可以较为有效地降低脱保风险。但是，该方法取决于交易中各方的地位，且可能由此导致上市公司因之前的违规担

---

① 《民法典》第 409 条第 2 款："债务人以自己的财产设定抵押，抵押权人放弃该抵押权、抵押权顺位或者变更抵押权的，其他担保人在抵押权人丧失优先受偿权益的范围内免除担保责任，但是其他担保人承诺仍然提供担保的除外。"
② （2019）沪 74 民终 726 号民事判决书。
③ 林文学、杨永清等：《"关于一般规定"部分重点条文解读》，载《人民法院报》2021 年 2 月 11 日，第 5 版。

保而遭受处罚，故在实操中并不常见。

二是要求上市公司在定期报告（主要是年报）中披露相关担保交易。上市公司的信息披露文件，分为定期公告与临时公告，定期公告即年报、半年报和季报。前文所述"担保事项公告"一般为临时公告，在上市公司不愿意通过专门担保事项公告披露担保事项时，或可要求上市公司在年报中（"重大担保"部分）披露相应担保行为。另需注意的是，年报"重大担保"部分一般不披露债权人信息，仅有被担保人信息，部分上市公司会在年报中的"财务报告"部分披露被担保人信息。因此，应尽量让上市公司在年报"重大担保"部分与"财务报告"部分将对外担保的关键信息予以披露。在"某科技集团股份有限公司与某汽车控股集团有限公司等借款合同纠纷"①一案中，某汽车控股集团有限公司通过某科技集团股份有限公司年报中披露的案涉担保事宜，证明上市公司对涉案担保事项的信息已进行了公开披露，获得了陕西省高院的认可。

综上，金融机构对上市公司就担保事项的披露文件进行审查，是金融机构证明自己尽到合理审查义务的必要程序。进一步而言，对于上市公司对外担保过程中决议程序的适当性，如决议机关的适格性、决议程序的合法合规性等，金融机构是否负有审查的义务？以下做进一步的探讨。

二、对上市公司决议机关的审查

根据《公司法》、120 号文、《关于规范上市公司与关联方资金往来及上市公司对外担保若干问题的通知》（以下简称"56 号文"）等法律法规之规定，上市公司对外担保，其决议机关为董事会或股东大会。

（一）必须经上市公司股东大会批准的对外担保

对外担保事项的决策权限一般根据上市公司章程确定，但是对于以下事项，必须由股东大会决议通过：（1）对股东、实际控制人及其关联方提供的担保；（2）上市公司及其控股子公司的对外担保总额，超过最近一期经审计净资产 50% 以后提供的任何担保；（3）为资产负债率超过 70% 的担保对象提供的担保；（4）单笔担保额超过最近一期经审计净资产 10% 的担保；（5）连续 12 个月内担保金额超过公司最近一期经审计总资产的 30%；（6）连续 12 个月内担保金额超过公司最近一期经审计净资产的 50%；②（7）章程约定由股东大会审批的对外担保。

对于需由上市公司股东大会决议的对外担保事项，应当经出席董事会会议的

---

① （2020）陕民终 931 号民事判决书。
② 第（1）至（4）项规定见 120 号文第 1 条第（3）款；第（5）和（6）项规定见《上海证券交易所股票上市规则》（2023）第 6.1.10 条及《深圳证券交易所股票上市规则》（2023）第 9.11 条。

三分之二以上董事审议同意,方能提交股东大会审议。对于提交股东大会审查的对外担保事项,除遵照章程约定的表决规则外,还需注意以下特殊规定:(1) 前文所述"连续12个月内担保金额超过公司最近一期经审计总资产的30%"事项,应当经股东大会出席会议的股东所持表决权的三分之二以上通过;(2) 股东大会在审议为股东、实际控制人及其关联人提供的担保议案时,该股东或者受该实际控制人支配的股东,不得参与该项表决。

(二)判断决议机关时应当审查的事项

从前文可知,上市公司对外担保的决议机关为董事会或股东大会,上市公司《章程》一般会就对外担保事项决议机关进行约定。值得注意的是,上市公司对外担保决议机关往往会随着担保额度、担保对象的不同而发生变化。例如,根据120号文的规定,上市公司为资产负债率超过70%的对象提供担保,必须由股东大会审批。

因此,金融机构在判断上市公司对外担保决议机关时,至少应当审查以下材料:(1) 上市公司章程;(2) 上市公司最近一期审计报告;(3) 被担保人最近一期的财务报表;(4) 上市公司对外担保发生额度以及连续12个月内担保金额;(5) 被担保人的股权架构(穿透审查)及与上市公司的关联关系等。通过上述材料,判断:(1) 被担保人与上市公司之间的关系;(2) 本次担保交易额度、上市公司累计担保总额以及连续12个月内担保金额与上市公司净资产或总资产之间的比例;(3) 被担保人自身资产负债情况;(4) 章程约定的其他特殊情况。通过上述情况的判断,并综合《章程》约定及法律法规的特殊规定,明确相应对外担保事项的决议机关。

(三)决议机关不适格的风险

在上市公司对外担保中,决议机关不适格一般体现为决议机关无权决议对外担保事项,如为股东提供担保事项仅由董事会进行决议等。对于该等问题,从《九民纪要》到《担保制度司法解释》,司法态度较为明确,即法律法规与上市公司章程等均为对外公开的信息,金融机构应当知晓且应当负有注意义务,金融机构对决议机关的审查存在瑕疵的,上市公司对外担保行为可能被认定对其不发生效力。如最高法院在"某信托有限责任公司(以下简称'债权人')与某股份有限公司(以下简称'债务人')金融借款合同纠纷"[①]一案中,某股份有限公司未经股东大会决议为其股东的债务提供差额补足,最高法院认为,某股份有限公司签署的《差额补足合同》的性质为保证合同,某信托有限责任公司作为专业的金融机构,应当知悉法律规定及某股份有限公司章程,某信托有限责任公司对此

---

① (2019)最高法民终560号民事判决书。

未尽审慎注意义务，主观上存在过错，并非善意第三人，《差额补足合同》无效。

三、对上市公司决议程序的审查

上市公司决议主要通过董事会或股东大会的形式进行，而上市公司董事会或股东大会的召开流程较为复杂，由法律法规及上市公司规则予以规范。在对外担保事项上，金融机构是否负有对上市公司决议程序的审查义务，上市公司决议程序瑕疵是否影响对外担保效力？

（一）上市公司对外担保决议程序

从法律法规及上市公司规则看，上市公司对外担保决议程序主要通过董事会或股东大会的形式进行，上述会议的程序主要包括会议通知、会议召开、会议主持、会议表决等。

一是会议通知。（1）上市公司董事会分为定期会议和临时会议，定期会议应当在会议召开10日前通知全体董事；临时会议则根据上市公司章程规定履行通知义务。（2）股东大会分为定期会议和临时会议，对于定期会议，应当于会议召开20日前通知各股东；对于临时股东大会，应当于会议召开15日前通知各股东。但需注意的是，对于需经股东大会审议的对外担保事项，必须经董事会审议通过后，方可提交股东大会审议，即董事会审批是必不可少的前置程序。

二是会议召开。（1）上市公司董事会需由过半数的董事出席方可举行。（2）上市公司股东大会的出席人数，一般根据章程确定。

三是会议主持。一般而言，董事会和股东大会由董事长主持，董事长不能履职的，由副董事长（如有）或半数以上董事共同推举一名董事主持。

四是会议表决。（1）就董事会审议的对外担保事项，除应当经全体董事的过半数通过外，还应当经出席董事会会议的三分之二以上董事同意。（2）就股东大会审议的对外担保事项的表决票数，一般由上市公司章程规定，如章程未规定的，应当经股东大会出席会议的股东所持表决权的二分之一以上通过；但是，前文所述特殊对外担保事项①应当经股东大会出席会议的股东所持表决权的三分之二以上通过；另外，为股东、实际控制人及其关联方提供对外担保，该股东或受该实际控制人支配的股东应当回避表决。

（二）审查决议程序应注意的事项

从上述会议程序来看，审查上市公司对外担保决议程序是否符合法律法规及公司章程的规定，主要应注意以下几个方面：

一是通知日期是否合法。对外担保事项多以临时会议的方式审议，董事会临

---

① 本文第一章第一节提及的必须由股东大会决议的事项。

时会议的通知期限由章程规定，股东大会临时会议则是由法律规定了最短期限，其目的在于保障上市公司股东有足够的时间就对担保事项进行考虑。特别是就股东大会审议的对外担保事项，如章程无特殊规定，需注意是否符合提前 15 日通知的规定，即"从董事会决议通过召开临时股东大会到临时股东大会召开至少应间隔 15 日以上。"①

二是出席会议人数是否合法。对于出席董事的人数，法律法规有最低人数的限制，而股东大会则并无此限制，故应当审查是否符合上市公司章程的相关规定。

三是表决票数是否合法。（1）对于董事会审议的对外担保事项，需审查章程对该等事项是否做出更加严格的规定，如无特殊规定的，除应当经全体董事的过半数通过外，还应当经出席董事会会议的三分之二以上董事同意。如涉及关联担保的，关联董事需回避，且决议须经过半数无关联董事表决通过。（2）对于须经股东大会决议的对外担保：① 首先审查其是否属于前文所述特殊类的担保，若属于股东回避表决情形的，相关股东是否回避；② 若属于需出席会议的股东所持表决权的三分之二以上通过的对外担保事项，其表决票数是否足够；③ 其他情形的对外担保，是否经出席会议的股东所持表决权的二分之一以上通过。

（三）决议程序瑕疵的风险

若上市公司对外担保行为的决议程序存在瑕疵，金融机构未对此进行审查时，该等瑕疵是否会影响法院对金融机构善意的认定。

《九民纪要》第 18 条采取的是形式审查主义②，金融机构只要证明同意决议的人数及签字人员符合公司章程的规定，就应当认定其构成善意。对于决议程序违法事项，一般不影响担保效力，除非公司有证据证明金融机构明知决议系伪造或者变造的。《担保制度司法解释》第 7 条第 3 款则是采取"合理审查"③ 的表述，该等表述是否提高了《九民纪要》关于"债权人善意"的审查标准，目前暂无定论。但最高法院审判委员会副部级专职委员刘贵祥认为，《九民纪要》充分考虑了上市公司的特殊性，上市公司对外担保情况下，对相对人的善意标准要求更高一些，但《九民纪要》在上市公司担保问题上也存在缺憾，如上市公司的章程需要对外披露，章程对表决程序的规定，以及对担保额的限制是否亦应作为考虑担保合同效力的因素。④

---

① （2019）最高法民终 111 号民事判决书。
② 《九民纪要》第 18 条第 2 款："债权人对公司机关决议内容的审查一般限于形式审查……公司以……决议程序违法……等事由抗辩债权人非善意的，人民法院一般不予支持……"
③ 《担保制度司法解释》第 7 条第 3 款："……相对人有证据证明已对公司决议进行了合理审查，人民法院应当认定其构成善意……"
④ 刘贵祥：《民法典关于担保的几个重大问题》，载《法律适用》2021 年第 1 期。

因此，就上市公司对外担保决议程序的审查，金融机构仅审查决议人数、签字人员、表决比例等事项可能是不够的。一是考虑到上市公司对外担保的相关规定和章程均属于公开信息，金融机构容易知悉上市公司对外担保的程序规定；二是考虑到上市公司对外担保涉及小股东利益，在中小股东利益与金融机构利益难以同时兼顾时，法院的态度暂不明确，不排除倾向于保护中小股东利益的可能，如最高法院曾在一起上市公司对外担保纠纷案件①中认为，"上市公司属于公众性公司，又具有资合性的结构特性，决定了在对外担保的纠纷中应当倾向于保护股东特别是中小股东的利益"。

为审慎起见，金融机构在接受上市公司提供的担保时，应当对决议程序（包括会议流程、表决程序等）予以审查，发现决议程序不符合法律法规或章程规定的，应当及时要求上市公司予以补正，否则，当发生纠纷时，上市公司或可以决议程序瑕疵为由，抗辩对外担保行为对其不发生效力。而法院亦可能因决议程序瑕疵对担保行为效力产生质疑，例如在"某信通股份有限公司与某信托有限公司金融借款合同纠纷"一案②中，最高法院认为，从董事会决议通过召开临时股东大会到临时股东大会召开至少应间隔15日以上。某信托有限公司作为专业的金融机构，应对公司法及证监会对上市公司对外提供担保的相关规定非常清楚。具体到本案中，某信托有限公司在确定某信通股份有限公司是否依法同意担保的问题上应更为谨慎、周全。如某信托有限公司当时除了对案涉股东大会决议文件进行审查之外，还应当将董事会决议和临时股东大会决议结合起来进行审查。

四、对外担保额度预计模式下的特殊审查要求

如前文所述，实践中上市公司对外担保的审议模式主要为两种，一种为单独审议模式，另一种为对外担保额度预计模式。

单项担保审议模式的特点在于，担保所对应的主债权要素较为清晰，往往已经确定被担保人、担保金额、担保期限、交易对手（有时仅明确交易对手的范围）等交易要素。

对外担保额度预计模式在实践中较为常见，以某集成电路制造有限公司对外提供担保为例，其于2021年4月1日披露《关于2021年度对外担保额度预计的公告》③，对9家公司提供担保，并明确各家的担保额度上限，担保总额度不超过470亿元人民币。该类型担保审议模式的特点在于，相关担保交易尚未确定，往往

---

① （2019）最高法民终451号民事判决书。
② （2019）最高法民终111号民事判决书。
③ 巨潮资讯网，http://www.cninfo.com.cn/new/index，2021年4月7日最后访问。

仅有被担保人和担保额度上限，无交易对手、担保期限、对应交易的担保金额等交易要素。同时，一般决议内容中还会明确：（1）担保额度是否可以调剂，调剂权限审批机构；（2）是否授权董事会或总经理签署担保协议；（3）对外担保额度授权期限，常见为一年；（4）担保方式（部分公告中并不提及）。

（一）对外担保额度预计模式下上市公司决议及公告的审查

对外担保额度预计模式的优点在于高效，诸多上市公司在相应公告中往往会明确，预计担保额度内发生的担保事项，不再提交董事会或股东大会审批，或提请股东大会授权总经理签署相关合同或文件，如《某环境发展集团股份有限公司关于公司对外提供担保额度预计的公告》① 中明确"公司及子公司在上述担保额度范围内实际发生的担保事项不再需要单独提交公司董事会、股东大会进行审批"。

根据《担保制度司法解释》，金融机构应当根据上市公司公开披露的关于担保事项已经董事会或者股东大会决议通过的信息，与上市公司订立担保合同，但并未明确金融机构对披露信息的审查程度。对外担保额度预计模式的问题在于，其诸多重要交易要素缺失（如相对人等），在严格审查上市公司对外担保效力的法律环境下，金融机构的注意义务较高，其依据对外担保额度预计公告与上市公司签署担保协议时，除审查前文所述内容外，还应当审查以下内容：

1. 审查被担保对象的可用担保额度

在对外担保额度预计模式下，上市公司对任一被担保对象的担保额度均有上限，董事会或股东大会仅在担保额度内，可以免于再次履行审批程序。一旦上市公司对被担保对象的可担保余额低于该次交易，则应当重新履行董事会或股东大会的审批程序。需注意的是，上市公司对外担保额度的使用情况并非实时对外披露，而且还存在担保额度调剂的现象。因此，在签署协议前，金融机构应审查上市公司最新披露的对外担保额度使用情况，并尽可能取得上市公司关于被担保对象担保额度使用情况的承诺或说明文件等，以证明自身已经履行审查义务。

2. 取得该次担保事项的对外披露文件

在对外担保额度预计模式下，上市公司已经预先进行了对外披露，在实际发生对外担保交易时，上市公司是否需再次履行对外披露义务？

第一，交易所规则明确规定上市公司担保事项实际发生时应当及时披露。《深交所上市公司运作指引》第6.3.5条和第6.3.6条规定了对外担保额度预计，同时一并明确，担保事项实际发生时，上市公司应当及时披露，任一时点的担保余

---

① 巨潮资讯网，http://www.cninfo.com.cn/new/index，2021年4月9日最后访问。

特殊机会投资之道 2

额不得超过股东大会审议通过的担保额度。从该规定上看，在深圳证券交易所（以下简称"深交所"）上市的公司即使就对外担保额度预计进行了信息披露，亦不能免除担保事项实际发生时的信息披露义务。对于在上海证券交易所（以下简称"上交所"）上市的公司，上交所在其发布的《上市公司日常信息披露工作备忘录——第一号 临时公告格式指引》中，其"第六号 上市公司为他人提供担保公告"中的"注意事项"第（五）项明确，上市公司担保额度预计公告披露后，在担保额度内发生具体担保事项时，须持续披露实际发生的担保数额等。同时，在某科技股份有限公司为关联方某物流集团有限公司及其关联方提供不超过60亿元相互担保的业务中，上交所因某科技股份有限公司在实际发生对外担保事项时未及时披露相关信息而对相关责任人予以监管关注。[①] 由此可见，上交所和深交所对于担保额度内发生的实际担保事项，都秉持着上市公司应当对外披露的态度。

第二，上市公司担保事项实际发生时的信息披露应包含担保的各项要素，包括但不限于债权人、担保金额、担保方式、担保额度占用情况等。上市公司对外担保额度预计公告的内容中，往往不体现担保的具体要素，在《担保制度司法解释》严格审查上市公司对外担保的司法态度下，该等缺乏关键交易要素的公告能否成为签署担保协议的依据，尚有待观察。因此，为确保上市公司担保的稳定性，在上市公司实际发生对外担保并披露的公告中，应当明确债权人、担保金额、担保方式、担保额度占用情况、担保期限等核心交易要素，并根据对外披露信息签署担保协议。

从审慎角度而言，在对外担保额度预计模式下，当金融机构与上市公司发生担保交易时，以上市公司对该等担保予以披露为宜，披露内容除该笔担保交易的具体要素外，还应当披露担保额度占用情况。从上市公司规范运营角度看，该等信息披露属于上市公司应当履行的义务，亦是对中小投资者知情权的保护；从效率角度看，因该等担保交易豁免董事会或股东大会的审批，故不会降低交易效率。实践中，对于采用担保额度预计模式的上市公司对外担保行为，当发生实际担保行为时，上市公司一般以"担保进展公告"的形式进行披露。

（二）未取得单独披露文件的风险

在上市公司披露的对外担保额度预计公告中，往往没有交易的具体要素，只有被担保人和担保额度上限，如在实际发生担保交易时未取得单个担保事项的披露文件，则担保行为可能存在以下风险。（1）《担保制度司法解释》要求金融机

---

① 上海证券交易所，http://www.sse.com.cn/home/search/? webswd=%E6%B5%B7%E8%88%AA%E7%A7%91%E6%8A%80%E8%82%A1%E4%BB%BD%E6%9C%89%E9%99%90%E5%85%AC%E5%8F%B8，2021年4月9日最后访问。

构根据"担保事项已经董事会或者股东大会决议通过的信息"与上市公司签署担保合同，但未明确金融机构对担保事项的审查深度，在严格要求金融机构注意义务的司法环境下，缺乏担保关键要素的对外披露信息能否成为签署担保合同的依据，尚有待司法实践的检验。（2）实际发生的对外担保事项是否纳入预计担保额度直接影响该笔担保的决策程序。对于纳入担保额度的担保事项，往往豁免董事会或股东大会的再次审批；对于未纳入担保额度的对外担保事项，则需履行董事会或股东大会的决议程序。因此，在上市公司未就担保行为予以公告时，债权人无法判断该笔担保事项是否纳入担保额度，进而无法判断上市公司是否已经适当履行担保程序。

债权人对公司担保决策机制的审查义务研究

刘丽娜

一、问题的提出

笔者曾遇到两个较为特殊的案例：其一是公司章程将公司的部分担保职权授予总经理享有，且明确规定公司与其合并报表范围内子公司之间互相提供的担保由总经理做决定即可；其二是公司章程将一定额度以内的单项贷款担保的职权授予董事长办公会，且明确规定董事长办公会对所议事项做成会议纪要，该纪要与董事会决议具有同等效力。而《公司法》第15条①规定公司为他人提供担保，有权作出决议的机关为董事会或股东（大）会，并无总经理、董事长办公会等机构。此时债权人是依据章程规定接受担保方提供的总经理决定或董事长办公会会议纪要等文件，还是仍应根据公司法的规定要求对方提供董事会或股东（大）会的决议文件？产生上述疑问的原因在于，实践中债权人接受公司担保时，是否需要对公司担保决策机制进行审查及审查标准尚无明确、统一的法律规定。有主张债权人不负审查义务的，即债权人接受公司担保只需依法与之签订担保合同，公司内部决策机制对债权人无约束力；也有主张债权人仅负形式审查义务的，即债权人要担保人提供章程规定的有权决策机关出具同意担保的决议文件，并在形式上审查决议文件如决议是否明确债务人、债务数额及期限、担保权人、担保方式、出席人数是否符合规定、出席人与表决人是否匹配及是否在决议中签章等；甚至有主张债权人对公司担保决策机制负实质审查义务的，即债权人不仅要担保人提供章程及内部决议文件且要对文件开展实质审查，即除了上述形式审查外还需审查

---

① 《公司法》第15条："公司向其他企业投资或者为他人提供担保，按照公司章程的规定，由董事会或者股东会决议；公司章程对投资或者担保的总额及单项投资或者担保的数额有限额规定的，不得超过规定的限额。公司为公司股东或者实际控制人提供担保的，应当经股东会决议。前款规定的股东或者受前款规定的实际控制人支配的股东，不得参加前款规定事项的表决。该项表决由出席会议的其他股东所持表决权的过半数通过。"

同意担保的意思表示是否真实、决议中的签章是否真实等。

综上，笔者拟就此展开讨论，分别阐述理论上债权人接受公司担保时对公司担保决策机制①的审查义务、司法实践中最高人民法院关于债权人接受公司担保时与决策机制相关的判例及其裁判情况，最后就商事实践中债权人如何审查公司担保决策机制以控制风险提出自己的见解。

二、理论上债权人对公司担保决策机制的审查义务

就债权人接受公司担保时是否要对担保决策机制进行审查，公司法未明确规定。2018年3月施行、2020年12月修正的《最高人民法院关于执行担保若干问题的规定》② 首次在司法解释层面明确公司提供担保应提供章程、董事会或者股东会决议等文件，但仍未明确债权人对上述文件的审查义务问题。届时理论界的认识也不尽相同。

有人认为债权人无需对担保决策机制进行审查，理由是在公司法对担保决策主体及程序作出规定的情况下，公司章程对该等事项的具体化也只是公司内部规范范畴，属于公司内部治理规范性文件，不具有对世效力③。

有人认为，应根据公司类型区分债权人的审查义务：上市公司是公众公司，其章程已在登记机关备案，且备置于公司住所，进行了对外公示，债权人理应知悉章程规定的担保决策机制及其权限；而非上市公司章程不易查询，在商事交易中也不宜苛求任何人在交易之前均查询担保人公司章程，所以非上市公司章程不具有公示效力，不能以此推定债权人知道公司担保的限制。④

还有人认为，应根据担保方与被担保方的关系判断债权人的审查义务。因《公司法》第5条⑤规定公司章程对公司、股东、董事、监事、高级管理人员具有约束力，因此公司章程规定对公司以外第三人的债权人并不当然具有约束力。⑥ 在

---

① 本文所讨论的公司担保决策机制审查，不包括法律或相关司法解释已明确规定无需决议的例外情形。
② 《最高人民法院关于执行担保若干问题的规定》第5条："公司为被执行人提供执行担保的，应当提交符合公司法第十六条规定的公司章程、董事会或者股东会、股东大会决议。"
③ 陈冲、丁冬：《公司对外担保效力问题研究——基于司法裁判的分析与反思》，载《金融法苑》（2011年总第83辑），中国金融出版社2011年版，第144页。
④ 最高人民法院公司法司法解释小组：《最高人民法院关于适用〈中华人民共和国公司法〉若干问题的规定（三）研讨会综述》，载最高人民法院民事审判第二庭编：《民商事审判指导》2008年第4辑，人民法院出版社2009年版，第15页。
⑤ 《公司法》第5条："设立公司应当依法制定公司章程。公司章程对公司、股东、董事、监事、高级管理人员具有约束力。"
⑥ 沈晖：《背离公司担保决议规制的法效果：分析路径的困境与出路》，载《南京大学法律评论》2011年第2期。

公司提供担保时如债权人不在该范围,则其仅需对公司决议文件承担形式审查义务。

因理论层面存在以上不同认识,无明确、统一的法律规定,导致审判实践裁判标准不一,严重影响司法公信力,因此为规范司法裁判尺度,在2019年11月发布的《九民纪要》中,首次明确债权人的审查义务一般限于形式审查,仅需尽到必要的注意义务即可。尽管《九民纪要》不属于司法解释,不能作为裁判依据进行援引,但可根据其规定进行说理,有利于司法裁判标准趋于统一。

2021年1月生效的《担保制度司法解释》对债权人的审查义务则以"合理审查"为准,首次从司法解释层面对债权人审查义务予以阐释。

综上,笔者认为,实践中部分债权人为更好地控制交易风险、保障交易稳定仍会对公司担保机制进行审查无可厚非;且多数债权人的审查系形式审查而非实质审查,即债权人不对担保决策机关决议的真实性、合法性负责(如签章是否伪造),既与《九民纪要》《担保制度司法解释》精神相吻合,也符合我国《民法典》第85条①及《公司法司法解释(四)》第6条②的立法宗旨。

三、司法实践中债权人对公司担保决策机制的审查情况

债权人接受公司担保时,如担保方未依法律法规及章程规定履行内部审批程序形成决议或虽有决议但决议有瑕疵的,是否会影响担保效力?公司法对此并未给出答案。笔者以最高人民法院案例为素材,整理汇总最高人民法院的裁判态度及结果,欲以此指导商事实践中债权人如何审查公司担保决策机制以控制交易风险、保障交易稳定。在公司对外提供担保的案件中,涉及公司对外提供担保的效力是否因公司内部审批程序的履行与否直接相关的案件共计72个③,笔者将从以下几方面内容展开分析。

(一)债权人是否负有审查义务

在72个案件中,有11个案件认为,债权人对公司担保的内部决议文件负有

---

① 《民法典》第85条:"营利法人的权力机构、执行机构作出决议的会议召集程序、表决方式违反法律、行政法规、法人章程,或者决议内容违反法人章程的,营利法人的出资人可以请求人民法院撤销该决议,但是营利法人依据该决议与善意相对人形成的民事法律关系不受影响。"

② 《公司法司法解释(四)》第6条:"股东会或者股东大会、董事会决议被人民法院判决确认无效或者撤销的,公司依据该决议与善意相对人形成的民事法律关系不受影响。"

③ 笔者在无讼案例阅读中分别以"担保-决议""担保-审查-公司法""担保-审查-股东会""担保-审查-股东大会""担保-审查-董事会""担保-审查-会"为关键词,筛选并整理出最高人民法院在2010年至2018上半年间审理的与本文相关的案件共计72个(对争议焦点及法院裁判观点、裁判思路大体一致的多个案件视为1个进行汇总)2018年7月查阅。

形式审查义务；有 4 个案件明确债权人不负审查义务；余下 57 个案件未提及债权人的审查义务问题。

尽管多数案件尚未明确要求债权人接受公司担保时要对担保人内部决议文件进行审查，但实践中并不能完全排除司法机关对债权人（尤其是金融机构）提出这一要求的可能，因此笔者认为，债权人尤其是金融机构为降低交易风险，在接受公司担保时仍有要求对方根据规定履行内部审批程序提供相关文件的必要，并对担保方提供的相关文件进行审查。

（二）公司担保是否需出具内部决议文件

在 72 个案件中，担保行为发生时担保方已提供相应内部决议文件的案件有 22 个（其中 3 个案件决议虽存在一定程序瑕疵但对结果无实质影响），余下 50 个案件均无担保方的内部决议文件。最高人民法院在裁判中对担保效力的认定结果如下表所示：

表 1　最高人民法院在裁判中对担保效力的认定结果（2010 年—2018 上半年）

是否有内部决议	担保效力	案件数量（件）	占案件总数比例
有	有效	21	29.17%
	无效	1	1.39%
	小计	22	30.56%

是否有内部决议	担保效力	案件数量（件）	占案件总数比例
无	有效	42	58.33%
	无效	8	11.11%
	小计	50	69.44%
	合计	**72**	**100.00%**

经分析可知，担保发生时担保方未就担保事宜履行内部决策程序的案例占比超三分之二，但是在担保效力产生争议时，已出具内部决议文件的公司担保被认定为无效的比例明显低于无内部决议文件时担保被认定为无效的比例。因此笔者认为，为降低担保被认定无效的风险，债权人接受公司担保时，要求担保方根据规定履行内部审批程序提供相关决策文件仍有必要。

（三）法院认定担保效力的裁判思路

根据前文分析，在发生争议时 72 个案件中有 63 个案件担保有效，9 个案件担保无效。

1. 担保有效的案件分析

在担保有效的案件中，最高人民法院的裁判理由主要有三种。其一，以《公司法》第 15 条为管理性强制性规范为由，认为违反该规定不必然导致担保无效。其二，以公司法的调整对象为视角，认为公司及其股东、董事、监事、高级管理人员以外的第三人不受公司法调整，公司对外担保是否履行内部审批程序系公司内部管理制度问题，债权人不受公司内部管理制度的约束。如有判决书认为："《公司法》第 16 条①系规范公司治理的管理性规范，在公司内部对股东、董事、监事及高级管理人员具有普遍约束力，但对外并不发生影响合同效力的法律约束力，债权人对公司担保是否经决议机关决议或是否经股东同意不负审查义务。"②其三，从表见代表角度出发，认为公司法定代表人以公司名义与第三人形成的法律关系由公司承担相关责任。如有裁定书认为③："《公司法》第 16 条第 2 款系公司内部的程序性规定，并非强制性效力性规定，公司对外提供担保是否经股东会或者股东大会决议④，并不影响其对外签订的合同效力。根据《合同法》第 50 条及《担保法司法解释》第 11 条的规定，公司的法定代表人即使超越权限、违反公司章程规定对外提供担保，公司仍应向善意第三人承担民事责任。"⑤

2. 担保无效的案件分析

在担保无效的案件中，8 个案件涉及公司为其股东或实际控制人（含法定代表人及其关联企业）提供担保，最高人民法院认为《公司法》第 15 条第 2 款具有公示效力，债权人理应知悉公司为该类主体提供担保需经股东会决议方可对外签署担保合同。如债权人未要求担保方提供股东会决议文件，以担保合同中有担保方公章及/或法定代表人签章为由适用表见代表制度，并要求担保方依担保合同承担担保责任的，其主张不能全部得到最高人民法院的支持。担保无效的另一个案件，有作出决策但股东会仅针对抵押担保事项做决议而不涉及保证担保事项，因此最高人民法院不予支持债权人要求担保方承担保证责任的请求。

综上所述，尽管最高人民法院部分裁判认为债权人接受公司担保时形成的担保合同法律关系不受公司法调整，但也有部分裁判认为公司法具有公示效力债权人理应知晓，进而不认可表见代表的成立。据此，为避免发生争议时承担不利后果，笔者建议债权人在接受公司担保时，要求其根据规定出具相关决策文件并对

---

① 本文援引的《公司法》第 16 条，即 2023 年修订后的《公司法》第 15 条，除条文序号与表述上的微小改动外无实质变动，因此援引其进行论证并无不当。
② 参见（2016）最高法民再 194 号民事判决书。
③ 该裁定书援引的法律及司法解释已被《民法典》第 504 条采纳，即"法人的法定代表人或者非法人组织的负责人超越权限订立的合同，除相对人知道或者应当知道其超越权限外，该代表行为有效，订立的合同对法人或者非法人组织发生效力"。
④ 2023 年修订的《公司法》已不再区分"股东会"与"股东大会"，因此本文除援引的内容外，不再使用"股东大会"的表述。
⑤ 参见（2017）最高法民申 1475 号民事裁定书。

该等文件内容予以审查，最大限度维护自身权益。

四、商事实践中债权人如何审查公司担保决策机制

在债权人接受公司担保的司法判例中，尽管有裁判认为债权人未对担保方的内部决策机制进行审查的担保并非当然无效，但仍有裁判认为债权人需对担保方的担保决策机制进行审查，并以此作为判断债权人是否善意的标准之一，不能证明担保权利人尽审慎注意义务难言善意，担保很可能无效。为保障交易安全及担保效力稳定，在开展业务时要求担保方根据《公司法》及其公司章程规定出具内部决策文件并予以审查，仍为必要。

此外，《最高人民法院关于执行担保若干问题的规定》第5条明确"公司为被执行人提供执行担保的，应当提交符合公司法第十六条规定的公司章程、董事会或者股东会、股东大会决议"的内容，《九民纪要》明确债权人的审查路径、形式审查义务、责任承担、权利救济等内容，以及延续了《九民纪要》关于公司担保的审查路径及责任承担的《担保制度司法解释》，其明确债权人有合理审查义务，并对此负举证责任。

综上所述，在相关法律法规及司法解释、规范性文件作出规定的情况下，债权人接受公司担保时理应要求担保方提交章程及相关决议并对之进行审查，且在审查过程中需做好有关档案资料的留存。具体而言，可根据担保方的公司性质、担保对象的不同审查如下。

（一）担保方为上市公司[①]

根据《公司法》第134条，上市公司是指其股票在证券交易所上市交易的股份有限公司。上市公司作为公众公司，除受公司法调整外还受监管部门颁布的规章等文件的约束。[②]

《公司法》第15条是对公司担保的原则性规定，该法第135条[③]则是公司法层面对上市公司担保的特别规定。而关于债权人对上市公司担保的审查义务，中国证券监督管理委员会、公安部、国务院国有资产监督管理委员会、中国银行保险监督管理委员会等部门联合发布《上市公司监管指引第8号——上市公司资金往

[①] 根据《监管指引第8号》第15、19条规定上市公司控股子公司对外担保的，参照上市公司有关规定执行；第28条规定金融类上市公司不适用本指引对外担保的规定。

[②] 根据金融市场的担保现状及金融类上市公司的特殊性，本部分笔者仅以如何审查非金融类上市公司担保决策主体及程序为视角展开阐述。

[③] 《公司法》第135条："上市公司在一年内购买、出售重大资产或者向他人提供担保的金额超过公司资产总额百分之三十的，应当由股东会作出决议，并经出席会议的股东所持表决权的三分之二以上通过。"

来、对外担保的监管要求》（以下简称《监管指引第 8 号》）第 13 条规定"上市公司在办理贷款担保业务时，应向银行业金融机构提交《公司章程》、有关该担保事项董事会决议或股东大会决议原件、该担保事项的披露信息等材料"；第 17 条规定"各银行业金融机构必须依据本指引、上市公司《公司章程》及其他有关规定，认真审核以下事项：（一） 由上市公司提供担保的贷款申请的材料齐备性及合法合规性；（二） 上市公司对外担保履行董事会或股东大会审批程序的情况；（三） 上市公司对外担保履行信息披露义务的情况；（四） 上市公司的担保能力；（五） 贷款人的资信、偿还能力等其他事项"。《监管指引第 8 号》既要求担保方提供章程及决议等材料，又要求银行业金融机构对担保方董事会或股东会审批程序情况进行审查。关于银行业金融机构，其界定依据是《银行业监督管理法》第 2 条："本法所称银行业金融机构，是指在中华人民共和国境内设立的商业银行、城市信用合作社、农村信用合作社等吸收公众存款的金融机构以及政策性银行。对在中华人民共和国境内设立的金融资产管理公司、信托投资公司、财务公司、金融租赁公司以及经国务院银行业监督管理机构批准设立的其他金融机构的监督管理，适用本法对银行业金融机构监督管理的规定。"据此笔者认为，上述金融机构作为债权人接受上市公司担保时，为有效防控法律风险，应根据法律法规规定对上市公司担保的内部审批程序予以审查，主要包括以下几个方面。

首先，审查担保方章程的合法合规性。按照《公司法》《监管指引第 8 号》《上海证券交易所股票上市规则（2022 年修订）》《深圳证券交易所股票上市规则（2022 年修订）》《上市公司章程指引》等规定审查公司章程的担保决策机制是否符合上述规定，如符合则要求担保方按照章程的规定提供担保方及被担保方的财务资料以判断本次担保的决策主体；如章程对此无规定或虽有规定但其内容与上述规定有冲突的，基于审慎考虑笔者建议债权人尤其是金融机构严格要求担保方按照上述法律法规等文件的规定履行内部审批程序出具相应决议文件。

其次，审查担保方提供的决议文件的担保决策主体是否符合规定。根据上述法律法规及相关规范性文件，影响上市公司担保决策主体的因素除了担保方、被担保方的财务状况外，还有担保方与被担保方的关系（如被担保方为担保方股东，则最终审批权限在股东会而非董事会）。而二者的关系在《公司法》第 15 条体现为股东或者实际控制人；在《监管指引第 8 号》中体现为股东、实际控制人及其关联方；而在交易所的上市规则中则更为宽泛，如《上海证券交易所股票上市规则（2022 年修订）》《深圳证券交易所股票上市规则（2022 年修订）》中则体现为关联人①，其范围不限于股东、实际控制人。因此笔者建议，债权人在审查时应以对应交易所上市规则中关于担保人与被担保人的关系予以判断本次担保的最终有权决策机关是董事会还是股东会。

最后，审查担保方提供的董事会决议及股东会决议（如有）的内容。在确定本次担保事宜的决策主体后，应对决议内容开展形式审查，即审查决议内容是否明确债务人、债务数额及期限、担保权人、担保方式等担保要素，以及会议出席人数是否符合规定、出席人与表决人是否匹配、同意的表决权比例是否符合规定（存在利害关系的应回避表决）、同意主体是否在决议中签章等，如担保要素未明确则担保方有可能利用决议为多方债务人提供担保，从而可能导致债权人要求担保人承担全部担保责任的主张不能完全得到支持。需要特别指出的是：由上市公司股东会审议的对外担保事宜不能由股东会以授权形式由董事会或其他机构和个人代为行使，且该类担保事项须经董事会审议通过后方可提交股东会审议，因此对该类担保需同时审查董事会决议及股东会决议；另外，上市公司董事会或股东会审议通过的对外担保，须在证券交易所的网站和符合中国证监会规定条件的媒体及时披露，因此债权人在审查过程中需同时查验信息披露平台披露内容是否与决议内容相匹配。

（二）担保方为非上市公司

非上市公司有的章程已明确规定担保事项的决策主体及程序，有的则未明确规定。基于交易安全与稳定的考虑，笔者建议债权人按照以下方式对担保方的担保决策机制开展审查工作。

1. 公司章程已规定担保决策主体及程序

经审查，如公司章程对担保决策主体、程序的规定符合《公司法》第 15 条的内容且已明确决策主体，如担保方非被担保方全资子公司，则债权人可直接要求担保方提供章程规定的决策主体出具相关决议文件，并对文件内容进行形式审查；如担保方为被担保方全资子公司且章程规定对外担保事项属于股东职权，笔者建议同时由担保方加入原债权债务关系中，作为共同债务人与原债务人共同承担债务清偿责任能更好地降低风险。

若公司章程对担保决策主体、程序的规定不符合《公司法》第 15 条的内容，如本文开篇提到的两个案例，公司章程明确规定公司的部分对外担保权限由总经理或董事长办公会等机构审议而非董事会或股东会审议，并且担保方已根据章程规定出具了相应的总经理决定或董事长办公会会议纪要。笔者认为，此种情况下

---

① 笔者注：《上海证券交易所股票上市规则（2022 年修订）》第 6.3.3 项、《深圳证券交易所股票上市规则（2022 年修订）》第 6.3.3 项均对关联人作出界定，其范围明显大于股东、实际控制人。

担保方与被担保方的关系是影响相债权人认定上述内部文件效力的重要因素。

（1）被担保方非担保方股东、实际控制人。在此种情形下，笔者认为尽管公司章程对公司担保的规定与公司法不完全一致，但是因章程已经全体股东签章确认，股东理应受到章程的约束，因此在章程中规定的公司担保决策权限可认定为全体股东对具体议事机构或个人如开篇案例中的董事长办公会、总经理的一次性授权。据此，笔者认为公司具体议事机构根据章程的规定出具同意本次担保的内部文件债权人可以认可其效力。

（2）被担保方系担保方股东或实际控制人。尽管全体股东在章程上已签章确认将公司担保职权授予具体议事机构，但因具体个案中被担保方系担保方股东或实际控制人，因此为提高担保债权的稳定性，笔者建议债权人要求担保方股东会出具同意本次担保的决议文件，且与担保事项有关的股东应回避表决（如回避表决导致无人表决的僵局，则建议要求担保方加入原债权债务关系中，与债务人共同承担债务清偿责任）。

回到本文开篇提到的两个案例，第一个案例公司章程明确规定公司与其合并报表范围内子公司之间互相提供的担保由总经理做决定，本案中担保方系被担保方唯一股东，担保方是否同意提供担保由其股东在章程中规定，而非由被担保方主导控制，因此笔者认为此时担保方出具的总经理决定文件债权人可以认可其效力。第二个案例，担保方公司章程将一定额度以内单项贷款担保的职权授予董事长办公会，且明确规定董事长办公会对所议事项做成会议纪要，该纪要与董事会决议具有同等效力。根据前文分析，如涉及为担保方股东、实际控制人以外的其他方提供担保，笔者认为债权人可以认可董事长办公会会议纪要的效力；如为担保方股东或实际控制人提供担保，则笔者建议债权人要求担保方股东会对同意担保予以书面确认。

2. 公司章程对担保决策主体及程序无明确规定

有的非上市公司章程直接照搬《公司法》第15条内容，导致实践中债权人查看担保方章程后仍无法有效判断有权决定担保事宜的决策机构，因此笔者将以不同公司性质为例分别阐述担保方章程对公司对外担保事宜无相关规定时债权人该如何对担保方内部决策机制开展审查，以防控交易风险。

（1）非一人有限公司及非上市股份公司[①]

债权人经查看担保方公司章程发现章程对担保决策机制无规定的，基于审慎考虑笔者建议债权人要求其股东会针对本次担保事宜作出同意担保的决议文件。若实践中担保方未提供股东会决议文件的，笔者认为根据担保对象的不同可分别

---

① 此处非上市股份公司不含非上市一人股份有限公司。

考虑下列方式予以解决。

若为公司股东、实际控制人以外的其他方提供担保，则有两种方式供参考：第一种方式是由担保方召开股东会对公司章程进行修改，明确该类担保的决定权由董事会享有，再由董事会根据修改后的章程作出同意本次担保的决议；第二种方式，由股东会对董事会出具单项授权文件，再由董事会根据授权作出同意本次担保的决议。最后由债权人对上述董事会决议进行审查。

若为公司股东或实际控制人提供担保，根据《公司法》第15条的规定，笔者建议债权人应要求担保方股东会出具同意本次担保的书面文件并对之进行形式审查。

（2）一人公司

① 非国有独资公司

一人公司不设股东会，其章程由股东制定，若章程对担保决策机制无规定，且实践中担保方未提供股东同意担保的书面文件的，接受担保的债权人可以根据担保对象的不同灵活开展审查工作。

若为公司股东、实际控制人以外的其他方提供担保，则同前文所述可由股东修改章程将该类担保决定权授予董事会/执行董事享有，再由后者出具相应书面文件；或者由股东对董事会/执行董事进行单项授权，由后者出具相关文件。债权人再开展审查工作。

若为公司股东或实际控制人提供担保：因一人公司的特殊性，如前文所述，笔者建议同时由担保方加入原债权债务关系中，作为共同债务人与原债务人共同承担债务清偿责任。

② 国有独资公司

根据《公司法》第172条[1]，国有独资公司不设股东会，股东会职权由履行出资人职责的机构行使或由其授权董事会部分行使。因此，在公司章程未明确担保决策机制时，国有独资公司为其股东、实际控制人以外的其他方提供担保的，笔者认为应由履行出资人职责的机构出具同意本次担保的书面文件，或者由履行出资人职责的机构将该项职权明确授予董事会行使再由董事会作出决议；若债权人接受国有独资公司为其股东或实际控制人提供担保[2]，笔者建议债权人要求履行出资人职责的机构对此予以书面确认，以降低交易风险。如履行出资人职责的机

---

[1] 《公司法》第172条："国有独资公司不设股东会，由履行出资人职责的机构行使股东会职权。履行出资人职责的机构可以授权公司董事会行使股东会的部分职权，但公司章程的制定和修改，公司的合并、分立、解散、申请破产，增加或者减少注册资本，分配利润，应当由履行出资人职责的机构决定。"

[2] 因国有独资公司的特殊性，公司为其股东、实际控制人提供担保的可能性较小。

构对国有独资公司对外担保另有规定的,从其规定。

（三）**中央企业或地方国有企业对外担保的特殊要求**

国务院国有资产监督管理委员会于 2021 年 10 月发布《关于加强中央企业融资担保管理工作的通知》,在原有担保规定的基础上,就担保对象、担保规模、担保程序等方面对中央企业融资担保监管制度进行了完善,部分省属国资机构根据该文件制定了各地方国有企业的担保融资规定。

鉴于此,债权人在接受中央企业或地方国有企业提供担保时,应事先调查了解各级国资机构等监管部门对其下属企业对外担保的特殊要求,同时结合前述思路进行审查。

五、结语

公司对外提供担保,依公司法应当履行内部决策程序,决策主体由章程确定。如担保方为非上市公司,且被担保方非担保方股东、实际控制人,笔者认为还可将担保事项的决定权授予董事会或股东会以外的机构;公司为公司股东或实际控制人提供担保,则由股东会决议（如上市公司为其关联人提供担保的,最终决策主体也为股东会）。对债权人而言,在接受公司担保时,建议按照以下思路对担保人章程及其内部决策机构的决议文件开展审查工作：审查章程以确定有权对担保事项作出决策的主体,进而对该等有权决策主体的决议文件进行审查,即审查决议内容是否明确债务人、债务数额及期限、担保权人、担保方式等担保要素,以及会议出席人数是否符合规定、出席人与表决人是否匹配、同意的表决权比例是否符合规定（存在利害关系的应回避表决）、同意主体是否在决议中签章等。对于特殊担保主体如中央企业或地方国有企业,应同时审查各级国资机构的融资担保规定,并结合前述思路予以审查。最后,审查过程中获得的所有资料注意留存。

债权人保护视角下已婚自然人担保法律实务问题研究

杨琳琳

自然人提供的保证、抵押及质押担保在各类债项业务中都是常见的风险控制措施。根据法律规定，已婚自然人在婚姻关系存续期间所得的工资、奖金，生产、经营等收益，继承或赠与所得的财产等均归夫妻双方共同所有。由于财产上可能存在的夫妻共有关系，自然人担保与企业法人提供担保在法律效果上存在一定差异。从债权人角度出发，特别需要关注该共有关系对于担保的效力、责任财产的范围以及担保的实现等可能产生何种影响。

一、关于夫妻共同债务认定的现行法律规定

对于夫妻共同债务问题，《民法典》第 1089 条规定："离婚时，夫妻共同债务应当共同偿还。共同财产不足清偿或者财产归各自所有的，由双方协议清偿；协议不成的，由人民法院判决。"

至于夫妻共同债务的范围，《民法典》第 1064 条规定："夫妻双方共同签名或者夫妻一方事后追认等共同意思表示所负的债务，以及夫妻一方在婚姻关系存续期间以个人名义为家庭日常生活需要所负的债务，属于夫妻共同债务。

夫妻一方在婚姻关系存续期间以个人名义超出家庭日常生活需要所负的债务，不属于夫妻共同债务；但是，债权人能够证明该债务用于夫妻共同生活、共同生产经营或者基于夫妻双方共同意思表示的除外。

总结起来，可认定为夫妻共同债务的情形包括：① 夫妻双方共同签字或者夫妻一方事后追认等共同意思表示所负的债务；② 夫妻一方在婚姻关系存续期间以个人名义为家庭日常生活需要所负的债务；③ 夫妻一方在婚姻关系存续期间以个人名义所负的债务，虽然超出家庭日常生活需要，但债权人能够证明该债务用于夫妻共同生活、共同生产经营或者基于夫妻双方共同意思表示的。

前述《民法典》第1064条之规定,从内容上看,基本完全援引了其前身——2018年《最高人民法院关于审理涉及夫妻债务纠纷案件适用法律有关问题的解释》(已失效,以下简称《夫妻债务纠纷解释》)第1条至第3条的规定,坚持了"以认定个人债务为整体原则,以共同债务为例外"的态度,对举债方之配偶实施了倾斜性的保护。

二、已婚自然人提供的保证担保

对于已婚的自然人而言,其与配偶的全部财产一般分为双方各自的个人财产、夫妻共同财产三个部分。债权人固然希望以上全部财产均可作为保证人的责任财产,为债权的安全提供保障,因此有必要判断保证之债是否属于夫妻共同债务。

(一)保证担保之债能否认定为夫妻共同债务

要判断某一项具体的保证债务是否能够被认定为夫妻共同债务,首先应明确保证担保之债在普遍意义上是否存在被认定为夫妻共同债务的基础。

有观点认为,保证担保合同一般为单务合同,并未形成可用于保证人家庭日常生活的金钱债务,保证人配偶未因此直接受益,要求其承担责任有失公允,因此保证担保之债不可认定为夫妻共同债务。

然前述观点并不准确,保证合同虽为单务、无偿合同,但保证人之所以同意以其全部财产为债权提供担保,根本原因在于其与债务人存在不同程度之关联关系,如作为债务人的股东、实际控制人、关联方等,能够在负债的现时或未来,直接或间接地从该笔债务中获益。即使其未因提供担保向债务人收取费用,也不应一概认定保证人夫妻未因保证担保之债而获益。如将夫妻一方对外担保之债一概认定为个人债务,则可能为保证人及其配偶串通转移财产、逃避债务提供便利,不利于债权人、债务人、保证人及其配偶之间的利益平衡。

应当明确,并非所有的自然人保证之债均为保证人的个人债务,当然,也并非均可认定为夫妻共同债务。以下试对认定夫妻共同债务的要件进行分析。

(二)夫妻共同债务的认定要件

在接收不良资产时,由于原债权人授信审查不严、审批不规范等原因,自然人保证合同常欠缺配偶签字。配偶确已签字的,签字位置、方式及做出的意思表示也各不相同。根据《民法典》第1064条规定,如果一项担保不存在共同签署之形式要件,则应考察是否存在其他形式的共同意思表示;如果无共同意思表示,则应判断债务是否为家庭日常生活需要所负;如债务超出日常生活需要,则应进一步考察是否有证据证明担保债务用于夫妻共同生活、共同生产经营。以下逐项进行分析。

1. 判断是否具有共同意思表示

（1）夫妻双方共同签字

就一项借款合同而言，夫妻双方共同签字一般即可认定为双方均同意作为该项借款债权的共同债务人，即所谓的"共签共债"。但就保证合同而言并不尽然，即使有保证人配偶的签字，也需视具体的签字位置、形式判断夫妻双方是否需对保证债务承担连带责任。实践中，保证人配偶签字的方式可分为以下几类：

① 在保证合同的"保证人"一栏后签字。此种情况下应认为保证人配偶有提供保证担保的意思表示，可直接将其列为保证人，按照合同约定承担担保责任。但也存在保证合同的签字栏列为"保证人（配偶）"的情况，此时，部分判决①中法院认为保证人配偶究竟是以保证人身份签字还是以配偶身份签字存在歧义，还应结合其他证据进一步判断。

② 在保证合同单列的"配偶"或"财产共有人"一栏签字。保证人配偶在"配偶"或"财产共有人"一栏签字的，可认定其对保证人提供担保已知情，但欠缺同意共同承担保证责任的明示认可。审判实践中可能认为此种情形虽"共签"，但不成立"共债"。如：

在某借款合同纠纷二审判决②中，法院认为，保证人配偶虽然在个人担保声明书中签名，但是以保证人的财产共有人的身份签署，而非以担保人的身份所签，且声明书中也没有保证人配偶要承担担保责任的意思表示。债权银行如主张保证人的配偶也应承担担保责任，则完全有条件要求其签署担保合同或担保声明书。基于前述原因，最终判令保证人配偶无需承担连带保证责任。

③ 书面确认"知悉并同意保证人提供担保"。此种情况在银行制式合同中较为常见，法律效果与前一类情形类似，即在欠缺保证人配偶同意承担担保责任的明示认可时，可能不能认定成立共同债务。

④ 书面确认同意保证人处分共同财产。就"同意处分"之涵义，可以做多种理解，包括处分后以保证人一方享有的部分用于清偿债务，剩余部分归属于其配偶；或理解为同意以处分共同财产后的全部款项用于清偿债务。经检索，司法裁判中对此也存在不同理解。如某金融借款合同纠纷中，案涉《最高额保证合同》落款处注明："配偶确认：已知晓上述合同约定，并对于甲方依据本合同承担担保责任（包括但不限于处分夫妻共同财产）不持任何异议"。对此，一审法院在民事判决书③中认为：保证人配偶仅是确认知晓其配偶的担保行为以及对其配偶承担担保责任（包括但不限于处分夫妻共同财产）不持异议，而并未明确作出同意以

---

① 例如参见（2014）佛顺法民二初字第 18 号民事判决书。
② （2014）深中法商终字第 467 号民事判决书。
③ （2015）榕民初字第 1521 号民事判决书。

其在夫妻共同财产中所占份额承担担保责任的意思表示,故对债权人要求保证人配偶承担共同偿还责任的主张不予支持。对此,二审判决[1]则明确认为一审法院"认定有误",债权人应可以请求法院处分夫妻共同财产,用于清偿讼争债务。在另一案件判决书[2]中,基于同一金融机构《最高额保证合同》制式版本的同一条款,宁夏高院与前案一审法院持同一观点,认为保证人配偶没有自愿承担连带保证责任的明确意思表示,要求其承担连带清偿责任没有合同依据和法律依据。

因此,仅确认"同意处分共有财产",对债务人而言存在较高风险,保证人配偶之财产份额虽可处分,但可能无法用于清偿债务。

⑤ 其他。实践中可能存在其他配偶签字形式,此处不再赘述。概括后不外乎两种情况:第一种,配偶在"保证人"处签字,或其签署的法律文件中有配偶同意作为保证人/与保证人共同履行合同义务/以夫妻双方全部财产承担连带责任等明确的意思表示,如无其他特殊情况,一般宜认定为共同债务。第二种,配偶未在"保证人"处签字,其签署的法律文件中也没有前述意思表示的,即使配偶签字,也不应单因签字这一法律行为即确认为共同债务。总而言之,所谓"共签共债"只是社会上的形象说法,不应简单机械地从字面上理解,"共签"不一定构成"共债"。

(2) 配偶的事后追认

配偶在保证人提供保证担保后,以书面、明示的方式作出同意以其与保证人的全部财产承担连带担保责任或类似的意思表示,可以构成事后追认应无疑问。那么是否存在其他的追认形式呢?现行法律法规与司法解释等均未对"追认"的形式进行明确规定。在审判实务中,部分法院认为债务人配偶的清偿行为[3]、提供担保的行为[4]、在载有负债事实的法律文书上签字确认的行为[5]等可以构成对借款的事后追认。但各法院裁判观点差异较大,也有判例[6]认为仅通过还款行为即认定借款人配偶具有对全部债务追认的意思表示,依据不足。因此,在判断书面、明示方式以外的行为是否构成"追认"时,应从严把握。

(3) 其他共同意思表示

最高人民法院曾在《〈关于审理涉及夫妻债务纠纷案件适用法律有关问题的解释〉的理解与适用》(以下简称《理解与适用》)中明确,电话、短信、微信、邮

---

[1] (2016) 闽民终 1556 号民事判决书。
[2] (2017) 宁民初 94 号民事判决书。
[3] 参见 (2018) 赣民再 177 号民事判决书。
[4] 参见 (2020) 最高法民再 84 号民事判决书。
[5] 参见 (2017) 辽民终 1124 号民事判决书。
[6] (2018) 陕民终 950 号民事判决书。

件等可以构成《夫妻债务纠纷解释》第 1 条中的"其他共同意思表示",具有一定的参考意义。

浙江省高级人民法院《关于妥善审理涉夫妻债务纠纷案件的通知》(浙高法〔2018〕89 号,以下简称《浙江高院通知》)规定:"共同做出口头承诺、共同做出某种行为等也是夫妻共同意思表示的表现形式。若有证据证明配偶一方对负债知晓且未提出异议的,如存在出具借条时在场、所借款项汇入配偶掌握的银行账户、归还借款本息等情形的,可以推定夫妻有共同举债的合意。"《浙江高院通知》作为地方性规范性文件,不具有强制性、普适性,但实践中确有部分判例将推定的意思表示行为作为夫妻共同意思表示的判断标准。如某民间借贷纠纷案,借款人褚某的配偶王某虽然在借条的空白处签字,但签字处未列明其保证人身份,借条中也未明确王某的权利义务,故针对案涉欠款是否属于夫妻共同债务成为争议焦点。法院在二审判决书[①]中认为:"结合王某作为褚某配偶的身份以及其通知张某(作者注:本案债权人)等人会面协商、交付欠条、办理转账等行为,应当认定王某的签名具有确认夫妻共同债务的意思表示。"但也有相反案例[②]认为债务人配偶的共同负债合意或追认行为,需以明示才能发生法律效力。

总而言之,非以签字的明示形式作出的意思表示是否能够被认定为有效的共同举债合意存在较高的不确定性。但对于存量债权而言,可尝试通过前述方式追加保证人配偶之担保责任。

2. 判断是否为家庭日常生活需要

《夫妻债务纠纷解释》第 2 条规定:"夫妻一方在婚姻关系存续期间以个人名义为家庭日常生活需要所负的债务,债权人以属于夫妻共同债务为由主张权利的,人民法院应予支持。"也就是说,夫妻一方在家庭生活需要的范围内所负债务,应视为对家事代理权的行使,配偶一方对负债行为的同意系推定可得。本条的推定规则有利于维护债权人权利,其关键在于对于"家庭日常生活需要"的判断。根据《理解与适用》,"家庭日常生活需要"是指通常情况下必要的家庭日常消费,主要包括正常的衣食消费、日用品购买、子女抚养教育、老人赡养等各项费用,立足点在于"必要"。

那么,自然人为其实际控制的企业或其他具有关联关系的企业获得融资而提供担保所形成的债务是否可能被认定为"为家庭日常生活需要"所负债务呢?首先,根据前文讨论,保证担保并未直接形成可用于保证人家庭日常生活的金钱债务。其次,实务中各地法院判断债务金额是否超出日常需要的标准普遍较低(见

---

① (2019)浙 05 民终 108 号民事判决书。
② (2018)鲁 0481 民初 6935 号民事判决书。

表 1),《浙江高院通知》中明确规定,单笔举债或对同一债权人举债金额在 20 万元(含本数)以下的,才具备家庭日常生活需要的判断基础。

表 1 被认定为"超出家庭日常生活需要"的债务金额

裁判法院	案件	债务金额
江苏省常州市中级人民法院	耿某与张某、刘某等民间借贷纠纷二审民事判决书【(2018)苏 04 民终 1415 号】	30 万元
江苏省徐州市中级人民法院	孙某与鹿某、吕某民间借贷纠纷二审民事判决书【(2018)苏 03 民终 406 号】	41 万元
重庆市高级人民法院	罗某与郭某、申某民间借贷纠纷申诉、申请再审民事裁定书【(2018)渝民申 825 号】	30 万元
广东省深圳市中级人民法院	饶某与钟某、李某民间借贷纠纷二审民事判决书【(2018)粤 03 民终 4310 号】	35.5 万元
安徽省阜阳市中级人民法院	袁某、亳州市 H 公司买卖合同纠纷二审民事判决【(2018)皖 12 民终 747 号】	26 万元
福建省宁德市中级人民法院	陈某、张某民间借贷纠纷二审民事判决书【(2018)闽 09 民终 697 号】	11 万元
福建省高级人民法院	王某、黄某民间借贷纠纷再审审查与审判监督民事裁定书【(2018)闽民申 2388 号】	20 万元
山西省运城市中级人民法院	郑某与杨某、张某民间借贷纠纷二审民事判决书【(2018)晋 08 民终 661 号】	25 万元

总而言之,虽然"家庭日常生活需要"在不同地区、不同家庭有很大差异,难以确定一个统一的具体标准,但自然人对金融机构的担保债务一般金额较大,很难被认定为属于"家庭日常生活需要"范围。

3. 判断担保债务是否用于夫妻共同生活、共同生产经营

在一般的借贷关系中,由于借款人实际获得了金钱,要证明借款债务用于夫妻共同生活、共同生产经营相对简单,而担保之债证明难度相对较大。实务中较难判断的争议情形是,保证人本人为债务人公司的股东、法定代表人等身份,其配偶与债务人公司无直接关联关系的,是否能够认为保证之债实际用于夫妻共同生活、共同生产经营。经检索相关案例,此种情况下的裁判观点有以下几类:

部分裁判观点①认为,如保证人为债务人的大股东、法定代表人等身份,在没有相反证据证明的情况下,应推定债务人公司盈利将用于保证人的夫妻共同生活。也就是说,债务人公司的经营状况直接影响保证人个人获利的多少,也会与保证

---

① 参见(2017)最高法民申 44 号民事裁定书、(2015)民申字第 752 号民事裁定书、(2018)辽民申 3239 号民事裁定书。

人与其配偶婚姻关系存续期间夫妻共同财产的多少有直接关系，保证人为债务人提供担保是为了公司的经营，也是为了个人利益。从这个角度讲，将保证人因担保涉案借款形成的个人债务，认定为夫妻共同债务是合理的。但是应当注意，能够检索到的持此种观点的相关案例大部分裁判于《夫妻债务纠纷解释》实施以前，参考价值存疑。

部分裁判观点①认为，即使保证人为债务人之股东、实际控制人，其保证之债也不宜直接认定为夫妻共同债务，否则将与我国公司法关于股东与公司的财产及责任相互独立的基本原则相违背。除非债权人能够提供充分证据证明案涉借款用于保证人及其配偶的共同生活、生产经营，例如保证人又将案涉借款转如个人名下用于自身消费的情形。②对于债权人而言，要证明提供保证与产生经营收益之间的因果关系、经营收益在保证人家庭内部的分享情况等，难度极高，债权人因举证不能而承担损失的可能性很大。

另有部分裁判文书③显示，在债权人不主张、不举证的情况下，法院并不主动考察、论证担保债务是否用于夫妻共同生活、共同生产经营，只要保证人配偶无承担连带清偿责任之意思表示，且债务超出家庭日常生活需要，即直接认定为保证人的个人债务。

（三）小结

通过前述分析可见，对于自然人提供的保证担保，如保证人配偶未在相关担保文件上签字，则很难将担保之债认定为夫妻共同债务。即使配偶做出了签字行为，如无承担连带清偿责任的明确意思表示，也可能无法成立共同债务。

当担保之债未被认定为夫妻共同债务时，应属保证人的个人债务，责任财产范围仅为个人财产及其在夫妻共同财产中享有的相应份额。如保证人名下主要财产均与配偶共有，或通过恶意离婚将大部分财产分配给其配偶，则债权人可受偿金额将大大受限。

三、已婚自然人提供的物权担保

物权担保属于财产担保，与产生连带清偿责任的保证担保在性质上、权利实现方式上均有所不同。在日常生活中，婚姻关系存续期间取得的房产、股权等夫妻共同财产，常常登记在夫妻一方名下。如债权人在设定抵、质押权时未取得担保人配偶之书面同意，抵质押担保效力可能存在瑕疵，实现担保物权时也可能存

---

① 参见（2021）最高法民申4540号民事裁定书、(2021)最高法民申1611号民事裁定书。
② 参见（2022）最高法民申411号民事裁定书。
③ （2017）川民初48号民事判决书。

在障碍。

(一)关于担保物权之效力

1. 抵押担保

对于夫妻一方擅自将登记在自己一人名下的共有财产设定抵押担保的法律后果,主要存在两种相反观点:

第一种观点认为债权人不能取得抵押权。首先,《民法典》第301条规定:"处分共有的不动产或者动产……应当经……全体共同共有人同意,但是共有人之间另有约定的除外。"其次,《最高人民法院关于适用〈中华人民共和国婚姻法〉若干问题的解释(一)》(法释〔2001〕30号,已失效)第17条规定:"夫或妻非因日常生活需要对夫妻共同财产做重要处理决定,夫妻双方应当平等协商,取得一致意见。他人有理由相信其为夫妻双方共同意思表示的,另一方不得以不同意或不知道为由对抗善意第三人。"虽有此规定,但金融机构未要求已婚抵押人的配偶签字同意抵押,未尽必要的审查义务,违反了审慎经营规则,客观上存在重大过失,不应认定为善意第三人,因此不应依据善意取得制度获得不动产抵押权。

第二种观点认为债权人可以取得抵押权。首先,根据《民法典》第311条规定,在符合一定条件时,抵押权人应可善意取得不动产或者动产的抵押权。其次,对于债权人善意之判断标准不应设定过高,否则既不符合商事交易实际,也严重影响交易效率。债权人无法通过公开信息查询担保人之婚姻状况,即使知晓担保人已婚,对于担保财产是否属于夫妻共同财产也无从判断。最后,根据物权的公示原则,不动产登记簿本身有较强的公信力,其记载的权利人应推定为真实权利人,如果担保财产仅登记在担保人一人名下,登记簿未显示其与配偶的共有关系,担保权人基于对登记簿记载信息的信赖而进行的交易应当受到保护,不应因登记情况与实际情况不一致而遭受不测之损害。

对于两种观点,理论界目前尚未形成统一认识。在司法实践中,各地法院的判决结果也不统一,主要争议焦点在于债权人是否能够依据善意取得制度获得抵押权。如某案例①中,四川省高级人民法院认为:约定的抵押物均登记于抵押人个人名下,权属证书上亦未载明共有人,且双方依法办理了抵押登记,抵押权已经设立,即使抵押物确属抵押人与配偶的共有财产,未经共有人同意也不影响抵押合同之效力,更不得对抗已经善意取得的抵押权人。广东省高级人民法院则在裁判文书②中认为:房产登记在夫妻一方名下而属于夫妻共有的情形非常普遍,而房产设置抵押须经全部共有人同意才有效。银行作为发放抵押贷款的专业金融机构,

---

① (2018)川民申1397号民事裁定书。
② (2017)粤民申9456号民事裁定书。

有责任对相应证明材料进行审慎审查。本案中抵押人提供了伪造结婚证,法院认为银行完全有能力对结婚证的真实性进行核查而未尽审慎审查之责,故不构成善意,对案涉房产不享有优先受偿权。

2. 股权质押担保

与不动产抵押担保相类似,股权质押也存在判断股东质押股权是否需要经过配偶同意,以及未经配偶同意是否影响质押权效力等问题。其区别在于,首先,股权除财产权性质外,还兼具表决权等人身权性质,股东的配偶不能主动行使股东权利,故一般认为配偶不直接享有股权,其享有的夫妻共同财产权利应当体现在股权对应的财产性权益上。其次,根据《公司法》第 34 条第 2 款规定,担保权人有权根据股权外观公示主张权利。如某裁定书①中,最高人民法院引用该款规定后认为:陈某、秦某基于对股权外观公示的合理信赖,接受了曾某以其持有的 F 公司 80%股权提供的质押担保,并依法办理了股权质押登记手续,该股权质押行为并不违反我国合同法、公司法的强制性规定,原审判决认定质权依法设立,可强制执行曾某质押的 80%股权,适用法律并无不当。王某(质押人之配偶)并不是案涉股权外观公示的所有权人,不能对抗陈某、秦某作为善意第三人的质押权利。王某以曾某未经其同意设定案涉股权质押无效的主张,亦缺乏法律依据。

从法律规定看,《最高人民法院民法典婚姻家庭编司法解释(二)》(以下简称《民法典婚姻家庭编解释(二)》)第 9 条规定,夫妻一方转让用夫妻共同财产出资但登记在自己名下的有限责任公司股权,另一方以未经其同意侵害夫妻共同财产为由请求确认股权转让合同无效的,人民法院不予支持,但有证据证明转让人与受让人恶意串通损害另一方合法权益的除外。该规定虽然不是针对股权质押行为的直接规定,但从价值判断来看,同样保护了善意相对人基于《公司法》的公示公信原则获得的合法权益,较为平衡地保护了夫妻财产关系与市场交易安全。在这一逻辑下,质权人未经配偶同意签订股权质押合同,只要不存在恶意串通,也不应被判定为无效。

虽然理论界、实务界主流观点认为股权质押无需经过质押人配偶之同意,但考察各时期、各地区、各层级法院相关案例,仍存在不利于债权人之裁判结果,因此收购此类债权时仍需结合实际情况谨慎研判。

(二)关于担保物权的保全和实现

如抵押权设立时未经配偶签字同意,即使法院判决担保权有效,在担保物的查封、扣押、冻结及实现过程中仍可能存在相关风险,包括:担保人配偶作为共有人要求解除保全措施,或者因其实体权利受到侵害而提出执行异议排除对于抵质押物的强制执行,再者要求在实现担保物权所得价款中析出 50%归其所有等。

---

① (2017)最高法民申 3807 号民事裁定书。

与抵押的效力问题类似，对于配偶未经登记的共有权是否能够阻却强制执行，担保权人是否能够就实现担保物权所得价款100%优先受偿等问题，尚没有明确的法律规定，在理论以及实务界也并未形成统一认识。因此，此情形下的担保物权不但在程序上可能增加抵押权人之讼累，在实体上也存在损害债权人权利的风险。

（三）小结

由于物权担保的担保财产一般价值较大，常作为主要的，甚至是唯一的增信措施，此时如担保权利出现瑕疵，债权人将遭受巨大的损失。因此，需高度注意已婚担保人之配偶未书面同意提供担保（主要是不动产抵押担保）的法律风险，特别是相关基础材料中已明确显示担保物上存在共有关系的，担保权利存在较高的被认定为无效的风险。

四、实务建议

公开报道[1]显示，2018年《夫妻债务纠纷解释》实施以来，人民法院大幅降低了对夫妻共同债务的认定比例，且《夫妻债务纠纷解释》主要条款已被纳入《民法典》婚姻家庭编。对于债权人而言，大量保证担保措施存在被认定为个人债务的风险，涉夫妻共有关系的物权担保法律纠纷也令债权人徒增交易成本。对此，在法律实务工作中应当注意：

（一）增量资产的相关法律工作

在债权债务发生时需要新增自然人保证担保的，在基于保证人配偶真实意思表示以及各方合意的基础上，建议由保证人夫妻双方同时作为保证人签署相关协议，或要求保证人配偶在保证协议、其他书面文件中同时明确：① 同意保证人签订、履行保证协议并承担相关的连带保证责任；② 同意配偶本人与保证人共同以全部财产就保证协议项下担保的全部义务向债权人提供连带责任保证担保。

设定物权担保时，应当严格审查权属证书是否记载有共有关系。有条件的，应当进一步核查登记簿，避免因权证与登记簿不一致产生风险。从审慎的角度出发，即使没有证据证明担保财产为夫妻共同财产，也应要求担保人配偶签字同意以夫妻双方享有物权的100%份额提供担保。

（二）存量资产的法律维护和处置工作

对于存量资产项下的自然人担保，如确已存在被认定为个人债务或物权担保效力存在瑕疵的风险的，债权人应当尽可能取得担保人配偶的书面追认，追认的意思表示应明确、具体。担保人配偶拒绝配合签署书面文件的，为降低风险，可尝试以其他方式争取证明配偶存在提供担保的共同意思表示。如取得担保人配偶通过电话、短信、微信、邮件等载体做出意思表示的证据，取得其知晓担保事实

---

[1] 参见孙若军：《夫妻共同债务怎样认定才公平》，载《法制日报》2019年7月4日，第5版。

且未提出异议的证据,取得其在载有担保事实的其他文件上的签字,取得其清偿保证债务的证据等。

如不能取得担保人配偶的共同意思表示,对于保证担保,可尝试取得证据证明保证人配偶与保证人共享了因提供担保而取得的直接或间接经济利益。如,证明保证人作为债务人之股东、实际控制人或其他关联方,通过为债务人提供担保使得债务人企业获得了经营收益或股价增值,且保证人因此获得的经济收入实际用于夫妻共同生活。对于物权担保,可尝试证明债权人发放借款时已尽到了审慎核查之义务,确无法知悉担保财产上存在共有人之事实,以此证明债权人构成善意第三人。

在追偿保证人过程中,有以下两点值得注意:一是当一项债务属于夫妻共同债务时,无论保证人是否已在离婚时对夫妻共同财产进行分割,根据《民法典婚姻家庭编解释(一)》第35条规定,夫妻双方均对债务承担共同的清偿责任。因此离婚情况下,也可同时将保证人及配偶同时列为被告向其进行追索。二是当债务被认定为保证人个人债务时,根据《民法典婚姻家庭编解释(二)》第3条规定,"夫妻一方的债权人有证据证明离婚协议中财产分割条款影响其债权实现,请求参照适用民法典第五百三十八条或者第五百三十九条规定撤销相关条款的,人民法院应当综合考虑夫妻共同财产整体分割及履行情况、子女抚养费负担、离婚过错等因素,依法予以支持。"因此,当保证人存在通过离婚恶意逃债的行为时,债权人可通过对撤销权制度的灵活运用维护自身合法权益。

(三)收购债权前的法律尽职调查工作

如需收购某一存量债权,且主债权项下存在自然人提供担保的,须首先核查自然人婚姻状况。如为已婚的,须严格核查原债权人提供的担保合同或其他书面材料,明确保证人配偶是否做出了承担连带清偿责任的明确意思表示,物权担保的担保人配偶是否同意担保人提供抵质押担保。如债权资产存在展期、提高利率或其他重组情况的,还须确保担保人夫妻双方均对重组后继续承担担保责任进行了书面确认。

如尽职调查基础材料中缺少前述文件的,或在保证担保中配偶的意思表示不明确、不足以证明保证之债的夫妻共同债务性质的,应要求原债权人与担保人夫妻进行补正。不能补正的,须结合具体情况,充分考虑该瑕疵对于估值定价的影响。如:保证人承担担保责任的财产范围受限、物权担保可能无效或在保全和实现程序中受阻等。

部分银行的制式合同中,担保人配偶确认条款本身即存在歧义,在裁判文书网等公开渠道可以查询到大量不利于银行债权人的判决结果。在判断债权价值时,可以结合该银行的类似判例预估法律风险。

《民法典》视野下流动质押相关规则解析

徐瑞阳

一、流动质押概述

（一）流动质押基本特征

流动质押也称浮动质押，通常是出质人与质权人约定，在确保质物总价值不低于约定的最低金额前提下，出质人可以对超出约定价值部分的质物进行出库、入库、替换等操作。在一般动产质押的场合，由于质权的有效设立以质物交付为要件，质权设立后质物由质权人占有和控制，出质人即丧失了对质物的实际控制，无法再对质物进行利用，这在一定程度上阻碍了质物价值的充分发挥。在此背景下，流动质押被广泛接受，成为融资性贸易中经常使用的担保方式。除允许质物流通外，流动质押还具备以下特点：（1）质押标的物通常为农作物、煤炭、矿石、钢铁、有色金属等不易移动的大宗商品，（2）质权人通常不直接占有和控制质物，而是委托第三方机构作为监管人代为占有管理质物，（3）质权设立时，质物的物理空间位置未发生移转，通常还在出质人控制的仓库内，由监管人租赁出质人仓库，实现对质物的控制。

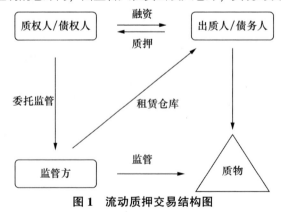

图 1 流动质押交易结构图

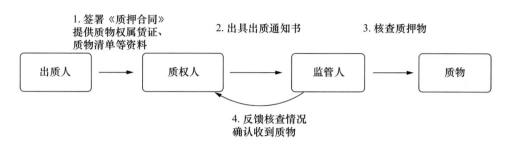

图 2　流动质押出质流程图

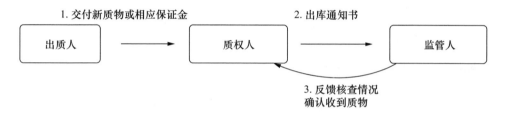

图 3　流动质押出库、替换流程图

流动质押一般包括债权人、债务人、出质人之间的债权债务和担保法律关系，质权人委托监管机构对质物进行监管形成的委托监管法律关系和监管机构与出质人之间的仓库租赁法律关系。

（二）流动质押规则变迁

《九民纪要》颁布之前，担保法、物权法及相关司法解释等仅有关于质权设立的一般性规定，① 没有流动质押的专门规则。司法实践中，关于流动质押是否属于物权法规定的质押类型，如何认定其效力有不同认识。反对观点认为，由于法律未规定流动质押制度，并且流动质押的质物有一定的不特定性，出质人可以自由处分质物，不符合质押的一般特点，因而否定流动质押的效力。支持观点认为，应当尊重市场交易习惯，承认流动质押的效力。随着实践发展，司法实践认可了流动质押的效力，逐渐形成统一的裁判规则。

《九民纪要》首次总结实践经验，对流动质押的设立规则与监管人的责任作出

---

① 《物权法》第 212 条规定：质权自出质人交付质押财产时设立。

规定。① 根据纪要第 63 条规定，在法律关系层面，质权人与监管方构成委托法律关系；在质权设立标准上，应同时满足监管人系受质权人单独委托和质物由监管人实际管领控制两个条件，否则质权不成立；在责任承担方面，因质权瑕疵导致质权人损失时，质权人可以依据质押合同要求出质人承担责任，也可以依据委托监管协议向监管人主张违约责任。

《民法典》第 429 条有关质权设立的一般规定，与《物权法》第 212 条的规定一致。② 同时生效的《担保制度司法解释》在延续《九民纪要》规则的基础上进一步明确质权于监管人实际控制货物之日起设立。③ 至此，我国立法层面虽然没有规定流动质押制度，但相应司法解释和法院规范性指导文件确立了流动质押的基本规则。

（三）实践规则尚待明确

虽然司法解释和规范性文件对流动质押的基本规则作了规定，但在质权设立阶段，监管人实际控制质物具体如何认定，质物交付的各节点应具备何种法律效果，质权人与监管人之间的权利义务应如何约定，质权效力纠纷中各方责任如何认定等问题尚不明确。鉴于此，本文拟结合相关裁判案例，观察实践中关于流动质权的设立、权利竞合、质权瑕疵时的责任承担等规则，以期为业务实践提供参考。

二、流动质押设立规则

动产质权自出质人交付质物时设立，对于质权的设立而言，质物的交付具备两方面法律效果：第一，质物的占有由出质人转移至质权人，质权人因占有而享

---

① 参见《九民纪要》第 63 条：在流动质押中，经常由债权人、出质人与监管人订立三方监管协议，此时应当查明监管人究竟是受债权人的委托还是受出质人的委托监管质物，确定质物是否已经交付债权人，从而判断质权是否有效设立。如果监管人系受债权人的委托监管质物，则其是债权人的直接占有人，应当认定完成了质物交付，质权有效设立。监管人违反监管协议约定，违规向出质人放货、因保管不善导致质物毁损灭失，债权人请求监管人承担违约责任的，人民法院依法予以支持。如果监管人系受出质人委托监管质物，表明质物并未交付债权人，应当认定质权未有效设立。尽管监管协议约定监管人系受债权人的委托监管质物，但有证据证明其并未履行监管职责，质物实际上仍由出质人管领控制的，也应当认定质物并未实际交付，质权未有效设立。此时，债权人可以基于质押合同的约定请求质押人承担违约责任，但其范围不得超过质权有效设立时质押人所应当承担的责任。监管人未履行监管职责的，债权人也可以请求监管人承担违约责任。

② 参见《民法典》第 429 条：质权自出质人交付质押财产时设立。

③ 参见《担保制度司法解释》第 55 条第 1 款：债权人、出质人与监管人订立三方协议，出质人以通过一定数量、品种等概括描述能够确定范围的货物为债务的履行提供担保，当事人有证据证明监管人系受债权人的委托监管并实际控制该货物的，人民法院应当认定质权于监管人实际控制货物之日起设立。监管人违反约定向出质人或者其他人放货、因保管不善导致货物毁损灭失，债权人请求监管人承担违约责任的，人民法院依法予以支持。

有对质物的控制权;第二,质权人因占有质物而得以向外部第三人公示其权利外观,产生公示、公信效力。流动质押中当事人对于质物的交付是否体现前述效果也是判断质权是否有效设立的关键。但是不同于一般质押,流动质押中质权人对于质物的接收、占有和控制均通过委托监管人实现,实际操作中涉及质权人、出质人向监管人发送出质通知,监管人核验质物,监管人向质权人发送质物回执,监管人设置监管标志以及后续出货、换货等环节。当事人之间权利义务的安排,尤其是监管人监管义务设定和实际履行有其特殊之处。

总结相关司法实践案例,流动质押中,质押协议、监管协议等交易文件的约定和实际履行符合以下条件时,质权方可有效设立:

(一)当事人之间具有明确的将质物转移给质权人占有和控制的合意

判断当事人之间是否具有明确的转移质物占有及控制权的合意,是法院审查质权设立案件的必备前提。如在(2018)最高法民申5536号案中,法院首先审查涉案《商品融资质押监管协议》是否具备转移质物占有和控制权的合意,通过审查监管协议中对于质物的存储、监管、替换货审核流程等约定,① 认定案涉小麦虽仍然使用出质人的仓库进行储存,但各方已达成合意将案涉小麦的占有和控制权移转至银行,由监管人代银行对案涉小麦予以管理监督。

(二)监管人与质权人的委托监管关系应排除出质人的意志因素

根据《九民纪要》第63条的规定:"(法院)应当查明监管人究竟是受债权人的委托还是受出质人的委托监管质物,确定质物是否已经交付债权人,从而判断质权人是否有效设立。""如果监管人系出质人委托监管质物,表明质物并未交付债权人,应当认定质权未有效设立。"换言之,监管人应尽受质权人的单方委托。实践中,如果监管人系受出质人的委托,或由质权人、出质人共同委托,或虽然由质权人委托但委托关系的建立隐含了出质人的意志因素,都可能被认定为质物未完全脱离出质人的控制,交付未达到质权设立的效果。

法院一般详细审查各金融机构质权人、监管人有关转移质物占有的约定,如监管协议约定"出质人将其所有的货物质押给B银行,B银行和出质人均同意将质物交由B物流公司,物流公司接受B银行委托并按B银行的指示监管",被认定为"虽然B物流公司同意接受B银行委托监管质物,但前述监管经过了出质人的

---

① 涉案监管协议主要内容包括:质物由监管人仓储公司负责监管,其品名、数量、存储地点等以《质物清单》的记载为准;监管人应保证提货或换货后处于其占有、监管下的质物价值始终不低于《质物种类、价格、最低要求通知书(代出质通知书)》要求的质物最低价值;监管期间,当质物的实际价值等于银行要求的最低价值时,出质人应向银行提交提货申请,并存入等值于提货价值的保证金或提前归还相应融资或以货换货;银行签发的提货通知书是质物出仓、出库的唯一有效凭证等。参见(2018)最高法民申5536号民事判决书。

同意"。再如，"C 有限合伙为质权人；出质人为出质人，负责质物的仓储及质物日常管理；C 物流公司为 C 有限合伙和出质人共同委托的监管人对质物进行监管。"被认定为"物流公司系质权人和出质人共同委托的监管人"。从法院审查结论看，前述约定的共性在于监管人实质上接受的并非仅质权人一方的委托，还包含了出质人委托监管的意思表示。这在一定程度上说明质物并未完全脱离出质人控制占有，因而，不能认定出质人完成了交付质物的义务。

（三）关于质物交付各环节的约定应明确具体并严格履行

交易文件中应对质物交付过程中涉及质物接收、核验等环节操作步骤和各环节的法律效果作出明确约定，同时，当事人需严格依约履行，否则，质权不成立。司法实践中，约定是否清晰明确，当事人是否完成"规定动作"也是法院审查的重点内容。如在（2019）最高法民申 970 号案中，法院经审查认定，案涉《质押合同》对于《质物清单》《入库单》《质物盘点表》《查询及出质通知书》等文件应当在何时出具、出具的意义等有明确约定，故银行应按照约定完成质押设立程序，但在质物移转的过程中，银行未要求监管人出具标志着质物转移占有至银行的《质物清单》显然属于重大过失。

（四）现场监管需具备足以使第三人确信质物由质权人控制的权利外观

在前述（2018）最高法民申 5536 号案中，法院根据银行提供的现场监管照片、悬挂于仓库的监管标识牌照片、监管员对案涉小麦监管工作的陈述以及加盖监管人、出质人印章、监管员签字的控制下限周报表等证据，并结合银行、监管人、出质人对质物进行处置等事实，认定银行通过监管人对质物实现了控制和监管，从而认定质权有效设立。相反，质权未有效设立的案件中，法院结合查明的案件事实、监管过程中形成的材料、证人证言认定，案件实际情况反映的事实，认定无法证明各监管机构对涉案质物的监管达到完全代表质权人控制质物并向外部第三人公示质权人权利外观的程度。[①] 除此之外的（2019）最高法民申 970 号，（2017）最高法再 147 号等案中，法院的审查标准基本一致。

此外，监管协议应尽量对监管人的监管义务进行明确约定，如对其约束不够将影响质权设立的公示公信力。个别案件中，如监管协议约定"（监管人）应尽

---

① 如审理中相关证据材料反映："涉案的监管仓位彼此相邻，同一仓库被数家监管机构同时监管，各监管机构却一致称不知其他监管机构的存在、不知自己监管的仓库上还存在其他监管机构，显然不符合常理"，"各质权人提供的监管人在监管过程中形成的各种确认质物的资料中存在各种不符合约定和常理的情形，如租赁协议没有具体的仓库区和位号，有的《质物清单》没有计量单位或单位混乱，质物数量前后不符、相关检查记录无监管人签章"；相关证人证言"因仓库的粮食是储备库的，债务人实控人怕把粮食抵押给银行被发现，也有重复质押的情况，就安排平时不挂牌子，在相应的银行、监管公司检查时才挂相应牌子，检查完就收回牌子"。

可能地为质押财产粘贴'A银行'作为标识,以明确质押状态"被认定为"'应尽可能'没有对质物标识作出强制性的约定"。再如"但物流公司是否按照本规定对质物设立质押标识,并不影响有关质押的生效。即使物流公司没有在质押物上设立标识,质押仍生效"被认为是"变相放弃了为监管机构设置的为质押财产设立监管标识这一具有质权设立公示效力的合同义务"。还有的监管协议仅约定"C物流公司应在质物上明显标识C有限合伙的标签或指示"被认定为"虽然约定了第三方监管机构对质物的标识义务,但没有对标识方法、标识位置、标识目的作出明确、具体的约定,合同的约束力并不明确"。因此,尽管上述约定属个案,但是从风险防范角度来看,对于监管人义务的约定应尽量避免不确定的意思表示,对其监管义务的约定应尽量明确具体。

三、流动质押权与其他权利冲突时的优先顺位规则①

（一）符合善意取得条件时可对抗所有权

流动质押中,如果出质人以无权处分财产提供质押担保,将使所有权与质权竞存,此时质权能否有效设立?根据《民法典》第311条规定,当争议质权符合善意取得条件,即同时满足接受质押一方为善意,已支付合理对价,质物完成交付三个条件时,质权应为有效。② 司法实践也形成了较为一致的判断标准:

第一,关于善意,主要是指接受质押一方在取得质物占有时不知道或不应当知道出质人并非质物的所有权人。在（2017）最高法再147号案中,出质人以他人财产出质,法院根据案件事实认定质权人接受质物是不知情,属善意。法院认为:（1）涉案小麦实际存放于债务人仓库内,其未将涉案小麦的所有权状况向债权人进行披露,质押借款协议亦明确载明债务人是以其自有小麦提供质押担保;（2）现有证据亦不能证明债权人在签订质押合同以及取得涉案小麦的占有时知道或者应当知道债务人并非所有权人;（3）虽然小麦实际所有权人主张其通过在涉案小麦存储的仓库悬挂形态卡公示了其对涉案小麦的所有权,但是,其仅向法院

---

① 本部分未涉及流动质押的"竞合"。在流动质押场合,质权人间接占有质物,质物仍存放原仓库,其存储物理空间未发生明显改变。客观上存在出质人对质物重复质押的可能。如果设立在前的质权存在效力瑕疵,而设立在后的质权具备有效要件时,则在先的权利人丧失优先受偿权,反之,如在先质权有效设立且管控妥当,自然不可能被重复质押。

② 《民法典》第311条:无处分权人将不动产或者动产转让给受让人的,所有权人有权追回;除法律另有规定外,符合下列情形的,受让人取得该不动产或者动产的所有权:（一）受让人受让该不动产或者动产时是善意;（二）以合理的价格转让;（三）转让的不动产或者动产依照法律规定应当登记的已经登记,不需要登记的已经交付给受让人。受让人依照前款规定取得不动产或者动产的所有权的,原所有权人有权向无处分权人请求损害赔偿。当事人善意取得其他物权的,参照适用前两款规定。

提交了上述形态卡,未提供以此方式在监管现场公示所有权的证据。因此,债权人有合理理由相信债务人有权将涉案小麦予以处分,应当认定债权人取得小麦是善意的。

如质权人未对质物进行适当审查或对质权瑕疵存在过错,不构成善意。在(2019)最高法民申970号①案中,出质人以他人财产出质,但由于质权人未对质物权属作出核实,亦未按约定完成质权设立程序,存在过错,不具有善意。法院认定:(1)质权银行未对出质玉米权属进行严格审查,因出质人系粮食贸易企业,其仓库中可能同时存储自己和他人所有的粮食,而银行在对案涉玉米进行长期的监管期间,对质物的权属未尽到应有的注意义务;(2)案涉《质押合同》对于《质物清单》《入库单》《质物盘点表》《查询及出质通知书》等文件应当在何时出具、出具的意义等有明确约定,故银行应按照约定完成质押设立程序,但在质物移转的过程中,银行未要求监管人出具标志着质物转移占有至银行的《质物清单》显然属于重大过失;(3)质押存续期间部分质物品种和储存仓库发生变化,但是银行未依约及时对变更后的质押财产的品种、价值、权属、交付及监管进行审查并通过《质物清单》予以确认亦存在过失。

第二,关于有效交付。与动产质押交付标准一致,要求质物已经交质权人有效占有。

第三,关于合理对价。主要指质权人为取得质权而付出的一定成本或代价,金融交易中主要表现为取得质权的金融机构依约向融资方提供借款或其他融资服务。而且,对价的发生并不仅限于金融机构与以自有财产提供担保的借款人之间,即使质押由第三人提供,也不影响已支付合理对价的认定。

(二)与动产抵押竞存时以权利公示时间确定优先顺位

根据《民法典》第415条的规定,同一动产之上,抵押权与质权竞存时,按照抵押权完成登记时间和质物完成交付时间的先后确定优先受偿顺位。② 即以完成权利公示的时间(非权利设立时间)作为判断是否取得优先受偿顺位的依据。质权以交付作为公示方法,抵押权以办理登记作为公示方法,如果质物完成交付早于抵押登记,质权担保的债权优先受偿,反之,则抵押担保的债权优先受偿。

应注意的是,法律允许动产抵押权的设立时间和权利公示时间分离。根据《民法典》第403条规定,以动产抵押的,抵押权自抵押合同生效时设立,办理抵

---

① (2019)最高法民申970号民事判决书。
② 《民法典》第415条:同一财产既设立抵押权又设立质权的,拍卖、变卖该财产所得的价款按照登记、交付的时间先后确定清偿顺序。

押登记后，取得对抗善意第三人的效力。① 实践中，动产抵押可能存在只签署抵押合同，未办理抵押登记的情形，当事人可能将已签署抵押合同未办理抵押登记的抵押物重新设立质权。此时，后设立的质权仍优先于在先的动产抵押权，因为在先的动产抵押未办理登记，尚未完成权利公示，按照415条的规定，无法优先于在后的质权受偿。而且，该等情况下也无须考虑担保权人在设定担保物权时是善意还是恶意。②

基于以上分析，在接受动产质权设立和质权存续期间的替换、补充质物阶段，应注意核查新增质物的抵押登记情况，避免出现动产之上已设抵押权。

（三）无法优先于购买价金担保权受偿

《民法典》新增购买价金担保权适用规则，根据《民法典》第416条规定，购买价金抵押权人优先于除留置权人外的其他担保物权人受偿。③ 购买价金担保权适用于动产交易，功能在于鼓励融资，增加动产买受人的责任财产范围，利于其他担保权人权利的实现，具体表现为针对同一标的物的"在后购买价金动产抵押权"可以优先于"在先质权等担保权利"受偿。

流动质押的标的物主要为不易搬运、移动的大宗商品，在买卖，设立抵押、质押等交易中，除现实交付外常采用拟制交付、占有改定等间接交付方式。如果未支付全部受让价款的买受人在标的物交付后以该批动产先为其他债权人设立流动质押，嗣后又在取得标的物10日内为担保标的物受让价款的履行为卖方价款债权设立动产抵押，并办理相应动产抵押登记。此时两项担保物权指向同一标的物，尽管质权设立在前，但也无法优先于新设的抵押权受偿。质权人只能在标的物变现价款清偿完毕买卖价款债权后的剩余范围内受偿，面临较大风险。

在质权设立阶段、新增或替换质物时，质权人应重点核查质物来源、买卖合同履行尤其是转让价款是否全部支付完毕、转让价款的资金来源、抵押登记等情况。如转让价款未支付完毕或是存在融资支付转让价款的情形，即使已设立了动产流动质押，仍应密切关注出质人是否在取得质物的10日的期限内再设立购买价金担保权。

（四）无法对抗留置权

留置权是指债权人按照合同的约定占有债务人的动产，债务人不按照合同约

---

① 《民法典》第403条 以动产抵押的，抵押权自抵押合同生效时设立；未经登记，不得对抗善意第三人。
② 高圣平：《民法典动产担保权优先顺位规则的解释论》，https://www.sohu.com/a/403883711_100017141，2021年6月23日访问。
③ 《民法典》第416条规定：动产抵押担保的主债权是抵押物的价款，标的物交付后十日内办理抵押登记的，该抵押权人优先于抵押物买受人的其他担保物权人受偿，但是留置权人除外。

定的期限履行债务的，债权人有权依照法律规定留置财产，以该财产折价或者以拍卖、变卖该财产的价款优先受偿。根据《民法典》第447条之规定：债务人不履行到期债务，债权人可以留置已经合法占有的债务人的动产，并有权就该动产优先受偿。留置权的行使条件包括：债务人不履行到期债务，债权人已经合法占有抵质押物，债权人对留置物的占有与债权的发生基于同一法律关系。流动质押设立后，存在因质权人自愿或非自愿的原因丧失对质物占有的可能，① 质物可能被出质人的其他债权人占有。但是，除非质权人明确放弃质权，质权人失去对质物占有并不必然导致质权消灭。② 出质人违约时，债权人可向其主张留置权，导致质权与留置权竞合。

依据《民法典》第456条的立法精神，法定动产担保物权优先于约定动产担保物权。③ 流动质押财产已出质后又被留置的，在先的质权人丧失优先受偿权。不仅如此，留置权对流动质权的优先效力不受留置权人在留置动产时善意还是恶意的影响。即使留置权人在留置该动产时知道或应当知道该动产上已存在质权，其留置权依然优先于质权。

四、质权瑕疵时的责任承担规则

质权瑕疵包括质权未有效设立和质权存续期间因监管不善等原因导致的质物毁损灭失，质权全部或部分消灭等引发质权人（债权人）损失的情形。根据《九民纪要》规定，因质权瑕疵导致质权人损失时，质权人可以依据质押合同要求出质人承担责任，也可以依据委托监管协议向监管人主张违约责任。④ 司法实践中，法院主要依据质权人、出质人、监管人对造成质权瑕疵存在的过错确定各方责任承担比例，而且债务人、出质人对质权人损失承担直接责任，如监管人未尽监管义务需对质权人的损失承担补充责任，其责任顺位在债务人、出质人之后。

（一）各方根据过错程度承担相应责任

在（2017）辽民终309号案中，谷物公司作为出质人未实际交付质物，银行

---

① 前者如经质权人同意，出质人或监管人将质物交给第三人进行维修管理等；后者如未经质权人同意，出质人擅自将质物交给第三方加工等。

② 根据《民法典》第393条规定，担保物权消灭的情形包括：主债权消灭；担保物权实现；债权人放弃担保物权；法律规定的其他情形。其中，法律规定的其他情形主要包括留置权人对担保物的占有；担保人另行提供担保；担保财产灭失（不同于丧失占有）。在流动质押场合除非质权人明示放弃质权，否则，质权人失去对质物的占有不必然导致质权消灭。

③ 《民法典》第456条，同一动产上已经设立抵押权或者质权，该动产又被留置的，留置权人优先受偿。

④ 参见《九民纪要》第63条。

作为质权人未经核查便配合出质人向监管人储运公司发送出质通知，监管人未经现场核查即向质权人出具收到质物通知，涉案质权未设立。法院基于过错原则认定以下几点。（1）谷物公司作为债务人、出质人，明知质物不存在而与银行共同向储运公司出具《出质通知书》，对质物的重量、库存等情况予以确认，应承担主要责任。（2）银行对质物未尽到最初审查义务，对因质物始终不存在造成的损失存在一定过错，应当承担相应责任。原因有三：一是，根据《商业银行法》第35条、36条之规定，银行对质物真实存在及实际交付出质具有法定审查义务；二是，银行在未督促储运公司按照监管协议约定对质物进行审查是否存在的情况下就放款，表明其没有履行《物权法》第215条（《民法典》第432条保留了相关内容）规定妥善保管质押财产的义务；三是，根据质押合同、监管合同的约定，银行将质物交付储运公司监管前是知道或应当知道涉案质物是否存在的。（3）储运公司在没有核查质物实际存在的情形下出具《收到质物通知书》等资料，对质权未设立给银行造成的损失存在明显过错，违反监管协议约定，应承担相应责任。

（二）监管人未尽监管义务对质权人的损失承担补充赔偿责任

前述（2017）辽民终309号案中，法院判决各方对银行损失进行分担：（1）谷物公司作为出质人、债务人，对全部债务承担还款责任；（2）银行对质物的权属和价值及实现质权的可行性负有法定审查义务，不能通过委托协议全部转移给他人，因其疏于管理怠于履行该义务，导致债权不能实现的风险放大，承担主要责任；（3）储运公司未按监管合同对质物进行查验、核对、清点并报告，导致质权因质物自始不存在而未设立，承担相应的违约责任，其承担责任份额为以不超过银行损失的30%为宜；（4）储运公司承担的责任与谷物公司及保证人的债务清偿义务对应同一笔债权，应先由借款合同、保证合同关系项下的义务人先予履行，储运公司对谷物公司及保证人不能清偿部分对银行承担补充赔偿责任。

监管人承担补充责任且责任顺位在后的原因在于，流动质押交易涉及的债权债务及质押担保法律关系中，债务人的责任具有终局性，出质人及其他担保人属于从义务人，其承担担保责任后可以再向债务人追偿，该两者是债权人的直接义务人。比较之下，监管人仅是帮助债权人实现债权的辅助人，其责任虽然有一定的独立性，但是除了因其自身原因导致质物灭失外，其责任依附于债权人、担保人的直接责任，如果直接责任因清偿而消灭，债权人的损失得到补偿，则监管责任也相应消灭。监管人的补充责任限于对债务人、担保人强制执行并穷尽一切执行措施后仍不能清偿部分，在质权人亦有过错的情况下，由双方按照比例分担。

（三）金融机构对质物负有法定审查义务

根据《商业银行法》第36条的规定："商业银行贷款，借款人应当提供担保。

商业银行应当对保证人的偿还能力，抵押物、质物的权属和价值以及实现抵押权、质权的可行性进行严格审查。"商业银行办理贷款业务过程中必须遵守上述审查义务。如果因疏于对债权进行管理，放款前未核实案涉质物是否真实存在、质量是否符合要求，则对由此造成的损失应自行承担部分责任。

因商业银行法的适用对象为商业银行，其他非银行金融机构是否需一并适用尚不明确，但不排除法院以金融机构对于质物的审查负有更高的审查义务为由要求其他金融机构质权人承担相应责任的可能。

（四）质权人的审查义务不能通过监管协议转移至监管人

即使质权人已委托监管人对质物进行核验，但是质权人仍可能对未审核造成的损失承担相应责任。甚至有法院认为：根据《物权法》第215条规定可知，质权人负有妥善保管质押财产的义务，且要承担比监管人尽更多的注意义务。[①] 因此，债权人在放款前务必亲自审查质物的真实性、权属及实际状况等内容。

五、相关实践建议

（一）审慎开展尽职调查

办理流动质押前，需对于质物的权属、实际状况谨慎调查，核查质物基础交易合同等凭证以及质物实际交付情况，确保出质人对质物拥有完整的处分权限，排除质物系质押人受他人委托代购、保管于质押人仓库内等事实上不属质押人所有的情况。同时，需注意出质人受让质物时的价款支付情况，价款资金来源，如质物转让价款尚未支付完毕或是存在融资支付转让价款的情形，应注意核查质物是否存在新设购买价金担保权的可能，避免质物再被设立抵押。

（二）妥善设置质押流程

应注意在质押协议、监管协议等交易文件中对于质权设立、变更的流程与标准作出明确具体的约定，合理设计质物转移占有的时点、出库、替换等环节的审批权限及流程，对于《质物清单》《入库单》《质物盘点表》《查询及出质通知书》等类似文件应当在何时出具、出具的法律意义等均需有明确的约定。

（三）明确监管人职责

在监管协议中，协议各方应有明确的监管人系受质权人单独委托监管质物意思表示；各方同意将质物的占有和控制权转移给质权人，未经质权人书面同意不得对质物进行出库、替换等操作。同时，应对监管人设置强制性的质物标识义务，对标识方法、标识位置、标识目的作出明确具体的约定，避免含有"尽量""尽

---

① （2018）辽民终585号民事判决书。

可能"等不确定性意思表示。

（四）确保现场监管具备明显的权利外观

质权人应督促监管人妥善履行监管标识设置义务，确保监管标识具备使第三人足够确信质物由质押权人占有的权利外观，并督促其建立完善的现场检查、台账记录等措施。同时，在质物变动时，也应要求其按照新设质权的标准对变动后的监管标识重新进行确认。

（五）质物变动时需重新核查质权有效性

流动质押中质物的种类和数量经常发生变动，构成质押合同主要内容，即质押财产的变更。此时，质权人、监管人需按照质权设立时的标准及时对变更后的质押财产的品种、价值、权属、交付及监管进行审查，确保质物符合质押合同约定并且质权有效性不因质物的变化受到影响。

浅析债权人视角下的股权让与担保运用

张璐璐

一、股权让与担保的司法规制

（一）让与担保及其司法规制

让与担保是指债务人或第三人为担保债务的履行，将标的物转移给他人，于债务不履行时，该他人可就标的物受偿的一种非典型担保。①"让与担保"虽几次出现在《民法典物权编》专家建议稿中，但囿于"物权"的高门槛，在民法典时代，其仍未能成为一种法定担保物权。

在司法文件层面，《九民纪要》第 71 条明确了让与担保的合同效力、流质（押）条款效力、担保物权效力和清算规则；《担保制度司法解释》第 68 条又进一步对清算型、流质（押）型、回购型让与担保的合同效力和物权效力进行了明确。

（二）股权让与担保及其司法规制

股权让与担保即是以"股权"作为标的物的让与担保。相比以动产或不动产作为担保财产的让与担保，股权让与担保既需要符合让与担保的一般要件，又需要关注股权作为兼具财产权和社员权的复合权利的特点。《担保制度司法解释》第 69 条对股权让与担保中债权人是否承担连带出资责任进行了明确，债权人可免于承担出资义务。

然而，司法实践中股权让与担保的相关争议不仅限于出资责任的认定，只此一条司法解释显然作用有限。因为"股权"的存在，使得股权让与担保相关争议涉及"合同法""物权法""公司法"的交叉而相对复杂。

---

① 最高人民法院民事审判第二庭编：《〈全国法院民商事审判工作会议纪要〉理解与适用》，人民法院出版社 2019 年版，第 402 页。

二、股权让与担保的选择适用

实践中以股权（本文所称股权仅指有限责任公司股权，下同）作为风险控制措施，存在股权让与担保、股权质押担保、对赌回购等交易形式。股权让与担保作为非典型担保措施因可防止第三人阻却债权实现等优势，在担保实践中逐渐被广泛运用。然而，股权让与担保是否仅发生股权"形式上的转让"，能否对第三人产生对抗效力，在司法实践中争议颇多，股权受让方可能因阶段性持有股权而面临诉讼风险。下文基于股权风控措施相关概念辨析，对股权让与担保的优劣势进行简要分析。

（一）股权让与担保的相关概念辨析

表1 股权让与担保相关概念辨析表

		股权让与担保	股权质押	对赌回购
核心要件	手段	股权转移至债权人名下	股权质押至债权人名下	股权转移至投资人名下
	触发	到期未偿债	到期未偿债	到期未达经营目标
	清算	股权折价或拍卖、变卖股权	股权折价或拍卖、变卖股权	回购股权或金钱补偿
最终交易目的		实现债权	实现债权	保障收益
公示真实交易目的		不公示	公示	不公示
物权变动		转让股权	不转让股权而设立质权	转让股权
物权公示		公示受让股东身份	公示质权人身份	公示受让股东身份
股东权利归属		股权出让人	股权出质人	股权受让人

（二）股权让与担保的相关利弊分析

1. 股权让与担保的便捷操作优势

（1）便于管控标的股权

股权质押担保中标的股权通常由出质人进行管理，如未特别附加监管措施，质押权人无法及时获悉标的股权的价值贬损情况。股权让与担保，则因将标的股权过户登记至债权人名下，可防止担保人对标的股权进行不当处理，并可在不侵害实际股东经营管理权的前提下，通过约定享有股东知情权、监督权等权利保护标的股权价值。

(2) 便于实现标的股权

股权质押担保因标的股权出质人持有,在行使质押权前,无法有效避免质押股权被出质人的其他债权人所保全。股权让与担保,则因其股权变更公示为债权人所有,可一定程度上避免担保股权被担保人的其他债权人所查封,防止第三人阻却担保债权的实现。

2. 股权让与担保的涉诉涉执行风险

(1) 让与担保的股权出资不实、抽逃出资的诉讼风险

虽然《担保制度司法解释》在担保层面明确了债权人不承担出资责任,但是《公司法司法解释(三)》第 26 条在公司法层面规定了,公司债权人要求名义股东对公司债务不能清偿的部分在未出资本息范围内承担补充责任的,股东以其仅为名义股东而非为实际出资人为由进行抗辩的,法院不予支持。亦即,基于工商登记的公示效力,债权人作为名义股东在司法实践中仍存在被标的公司其他债权人、其他股东起诉要求承担出资责任或认定抽逃出资并查封名下其他财产的风险。

在 H 公司与 T 公司因申请诉中财产保全损害责任纠纷案[①],T 公司(标的公司债权人)以诉请 H 公司(股权受让人)承担股东出资不实的补充赔偿责任为由,申请冻结了 H 公司银行存款及其持有的其他公司股权。对此,最高院认为财产保全是当事人向法院提起诉讼时依法享有的一项基本诉讼权利,当事人在申请财产保全时并不能有效判断相关股权让与担保的最终结果,债权人或享有股权或仅可处置股权,T 公司在股权让与担保判决前以股东出资不实为由申请对 H 公司名下财产采取保全措施不存在过错。因此,对于股权权属的确定,法院在保全程序中一般是形式审查,仍以公示登记作为确认依据,债权人名下其他财产可能因标的股权出资不实而出现被诉讼或保全的风险。

(2) 债权人不当行使股东权利的责任风险

基于法院认为债权人原则上不享有股东权利的基本观点,债权人如未经事先协议约定或授权,在股权让与担保履行过程中自行参与标的公司的决策,相关决策或因债权人不享有公司法规定的参与决策等股东实质性权利而不成立。进而参照《公司法》第 21 条,债权人作为标的公司股东滥用股东权利给标的公司或其他股东造成损失的,或将因其不当行使股东权利的行为承担赔偿责任。

在 H 公司与 J 公司等公司决议纠纷案[②]中,法院明确阐述债权人仅为名义股东,其仅在担保范围内享有优先受偿的权利,并不享有股东的各项实质性权利,债权人作为登记股东表决通过的股东会决议,以及股东会决议选举的董事会所出

---

① (2020) 最高法民终 590 号民事判决书。
② (2021) 京民申 1444 号民事裁定书。

具的各项决议,均应表决权不符合公司法和公司章程的规定而依法不成立。该案当事人虽未诉请债权人承担民事责任,但基于权责对等原则进一步思考,上述依法不成立的股权行使行为如造成标的公司或其他权利人利益受损的,债权人作为名义股东应对此承担相应赔偿责任。

(3) 股权让与担保在破产情形下的认定风险

破产程序作为企业集中清偿所有债权债务的特殊程序,不仅关注单个法律关系中双方当事人的权利义务关系,更加关注所有债权债务当事人之间的利益平衡。一旦对股权受让人进行债权人身份的定性,将对其他债权债务主体的利益产生影响,故在破产场景中往往对债权人身份的认定尤为严格。

在G公司与某信托破产债权确认纠纷案①中,债权人某信托提出其受让G公司股权系让与担保的措施。法院认为该案系G公司破产衍生纠纷,该案的处理结果涉及G公司所有债权人的利益,应认可G公司所有债权人均对登记公示的信托公司股东身份具有合理信赖。且案涉股权转让协议未约定任何股权清算或回购方式,某信托也一直实际控制G公司印章,其指派董事享有一票否决权,对G公司的经营管理行使最终的决策权等。上述事实最终导致法院未认可某信托的债权人身份,某信托在G公司破产时无法实现债权,并因不存在债权导致项上抵押无法实现。因此,债权人在股权让与担保期间行使部分股东权利的行为,在破产情形下将有可能被认定为享有实质股东权利,在破产程序中无法按照债权人身份实现债权受偿。

基于股权让与担保并存上述便捷操作优势与涉诉涉执行风险,债权人拟以股权作为标的物安排担保措施时,应结合项目商业目的需要,谨慎选择适用股权质押担保或股权让与担保等。

三、股权让与担保的设立要点

债权人如考虑确认采取股权让与担保措施,则应妥善安排股权让与担保的合同约定,尽量避免就"交易安排是否构成股权让与担保"产生纠纷。《民法典担保制度司法解释(征求意见稿)》曾列明认定是否构成股权让与担保需要考察的三个因素:是否存在被担保的主债权债务关系;是否存在股权回购条款;股东是否享有并行使股东权利②,但颁布施行稿未保留该款规定。结合相关司法案例,笔者认为设立股权让与担保一般应当参照如下要点。

---

① (2016) 浙0502民初1671号民事判决书。
② 《最高人民法院关于适用〈中华人民共和国民法典〉担保部分的解释》(征求意见稿) 第67条。

特殊机会投资之道 2

（一）主债权明确

根据担保的从属性原则，主债权明确是担保成立的基本前提。作为一种非典型担保方式，股权让与担保亦应当存在被担保的主债权。

在徐某、孙某与周某、王某等股权转让纠纷案①中，法院认定系争股权转让协议属于股权让与担保的首要依据，就是协议中存在被担保的主债权债务关系。法院认为，系争协议表明的孙某、徐某因土地出让资金短缺而向周某、王某借款4950万元的借贷法律关系作为主合同独立存在，协议中另约定的徐某提供其持有的标的公司股权为周某、王某的借款主债权提供担保的部分则属从合同，具有从属性，再进一步结合其他股权担保的相关条款共同证明了双方真实意思表示系股权让与担保。类似的，在潘某与某信托合同纠纷案②中，法院否定系争股权转让属于让与担保的首要依据也是未明确主债权。该案中，潘某主张其向某信托转让股权系为某信托债权提供担保，最高院则基于各方提供的相关协议中既没有借款的约定，也没有可据以判定存在借款关系的相关表述，潘某亦未能举证证明其与某信托存在借款关系，认定主债权不明确，股权让与担保不成立。

因此，在司法实践中，股权转让交易中是否存在主债权，是判断案涉股权转让协议属于实质股权转让或股权让与担保的重要标准。如存在确定的主债权，法院则会进一步审查其他要素综合判断当事人间股权转让的法律关系性质；当事人间如不存在主债权债务关系，则股权让与担保成立的前提亦不存在，法院将直接认定案涉股权转让行为不构成股权让与担保。

（二）担保合意明确

关于担保的合意一般应在某一协议中予以明确，但实践中多是通过债权债务协议、股权转让协议等一揽子协议予以体现，法院一般会结合全部协议综合判断当事人的真实意思表示。对于"股权转让+远期溢价回购"的股权交易，亦因其具有以股权提供担保的意思表示，法院将参照让与担保的规则处理。

在耿某、Y公司股权转让合同纠纷案③中，法院基于提交的《合作协议书》中约定合作期间股份赠与、合作结束股份回赠的相关条款，认为诉争协议既包含双方合作的合意，也是以股权让与的形式担保债权实现的合意，构成股权让与担保。与之相对，在陆某、F公司其他合同纠纷案④中，法院基于提交的全部协议文本无法认定各方存在以转让股权作为担保F公司债权清偿的合意，陆某亦没有提供证据证明双方就让与担保形成其他约定，故认定案涉相关交易安排不构成股权

---

① （2019）沪民终534号民事判决书。
② （2019）最高法民终688号民事判决书。
③ （2021）鲁民申1122号判决书。
④ （2020）最高法民申4636号民事裁定书。

让与担保。

针对担保合意，因当前司法实践对债权人接受公司担保的审查义务标准趋严，股权让与担保亦应根据《担保制度司法解释》的规定，比照其他典型担保措施取得担保人按其章程出具的同意提供担保的内部决议文件。同时，还应按照《公司法》及标的公司章程的规定取得标的公司其他股东同意担保人转让股权且放弃优先购买权的内部决议文件。

（三）股权转移至债权人名下

提供让与担保的股权应当按照《公司法》第 34 条的规定办理工商变更登记，将股权变更登记至债权人名下，使债权人有权参照担保物权的规定就担保股权优先受偿。在 M 公司与 G 公司民间借贷纠纷案[①]中，法院认为，M 公司是否有权就标的公司 64%股权优先受偿，应以是否完成股权转让登记作为判断标准。在 G 公司已将其持有的标的公司 64%股权转让登记到 M 公司指定第三人名下时，M 公司与 G 公司之间的股权让与担保关系成立，M 公司有权就受让的标的股权优先受偿。因此，已办妥股权转移登记公示是判定股权让与担保具有物权效力的核心标准。

应特别注意，对于将担保股权变更登记至指定第三方名下的安排，虽然参照上述既有司法案例或能认可该股权让与担保的物权代持安排，债权人仍可就指定第三方受让的股权主张优先受偿。但是，《担保制度司法解释》第 68 条和第 69 条均仅规定了"转移至债权人名下"，未提及"第三人"的情形。因此，在《民法典》施行后，法院能否承认股权让与担保的物权代持效力将存疑，实践中仍应将债权人自身作为受让让与担保股权的最优选择。

此外，在设立以合资股权、国有股权等作为担保财产的股权让与担保中，应由担保人在转移标的股权前根据法律法规履行必要的股权转让审批程序，否则根据《九民纪要》第 37 条的精神，该股权让与担保合同属于成立但未生效合同。诸如某银行与 W 公司等清算责任和保证合同纠纷案[②]，该案的标的公司为中外合作企业，其股东将该标的公司股权转让给债权人某银行提供让与担保，但未办妥审批手续。法院认为，本案股权转让应当依据《中外合作经营企业法》第 10 条[③]办理审批手续，因未经审批批准，故案涉股权让与担保合同成立但未生效。因此，债权人在设立股权让与担保之前，应特别关注标的股权的转让事宜是否已按照法律法规及公司章程要求完成必要的审批。

[①] （2019）最高法民终 133 号民事判决书。
[②] （2018）最高法民终 1353 号民事判决书。
[③] 《中外合作经营企业法》第 10 条："中外合作者的一方转让其在合作企业合同中的全部或者部分权利、义务的，必须经他方同意，并报审查批准机关批准。"（已被 2020 年 1 月 1 日实施的《中华人民共和国外商投资法》所废止）。

同时，为防范前述因标的股权出资不实、抽逃出资而造成的债权人涉诉风险，债权人在设立股权让与担保前应事先尽调担保人出资义务的履行情况并核查标的股权是否存在其他瑕疵，确保担保人在转移标的股权前已足额完成相应实缴出资义务，避免受让瑕疵股权。

（四）安排股权清算方式

根据《担保制度司法解释》第68条之规定，将担保财产转移至债权人名下，债务人违约时，约定担保财产归债权人所有的，该约定无效；约定债权人对财产折价或拍卖、变卖财产偿还债务的，该约定有效。因此，股权让与担保中亦应当明确债权违约时的担保股权清算安排。

在Y公司与L公司股权转让纠纷案①中，案涉协议流质条款无效且未约定最终如何清算股权。法院认为，当事人未约定清算安排，则应按照无约定从法定原则，担保权人应首先与担保财产的所有权人协商处分担保财产；协商不成，担保权人应向法院提出实现担保物权申请。本案担保权人自行变卖让与担保的股权，不符合担保物权实现的有关规定，属于无权处分。因此，股权让与担保中未约定股权清算安排的，应按照法定担保物权实现程序处分股权，对股权折价、拍卖、变卖进行清算清偿。

但需特别注意的是，股权作为可分物，担保人或将要求担保权人仅能按主债权金额比例清算部分股权。S公司与T公司合同纠纷案②即是一个典型案例，债务人S公司诉请要求债权人T公司只能对与债务数额相对应部分股权主张清算。鉴于案涉协议事先约定了出现违约情形时，T公司有权要求归属清算部分或全部担保股权（具体比例视T公司的要求而定）。最高院认为，根据合同约定，债权人T公司有权决定对部分或全部担保股权予以清算，债务人S公司不享有要求T公司只对与债权数额相对应的部分股权主张清算的抗辩权，S公司仅能对全部股权处置价款超出债权金额的部分请求返还。因此，在股权让与担保情形下，如债权人受让的股权价值大于担保的主债权金额，为避免部分处置影响担保股权的处置价格，各方应事先约定债权人有权清算部分或全部担保股权。

（五）安排股权转让对价

让与担保情形下，股权转让的目的是担保债务履行，债权人受让股权一般无须支付对价，债务清偿后，债权人亦应将股权无偿返还给债务人或第三人。③ 司法实践中，债权人受让股权是否支付对价，常常会成为法院认定是否构成股权让与担保的考量因素。

---

① （2019）鲁民终2838号民事判决书。
② （2018）最高法民终119号民事判决书。
③ （2020）最高法民终1149号民事判决书。

在曹某与某信托股东资格确认纠纷案①中，标的公司名下房产及土地价值过亿，而曹某与某信托之间的股权转让协议未约定任何对价。法院认为，零对价显然不符合股权买卖的商业逻辑，而更符合以转让股权担保债权实现的安排。同样地，在 Y 公司与 L 公司股权转让纠纷案②中，诉争股权转让对价为 1 元，而标的公司资产负债表显示所有者权益为 7000 万元，净资产远大于 1 元。法院认为，1 元股权转让价款不符合标的公司股权的实际价值，也明显有别于正常的市场交易对价，诉争协议从根本上讲不是股权转让，而是股权让与担保。

基于特殊商业目的需要，业务实践中往往也会安排股权让与的名义对价。一种情况，名义对价即为真实股权转让对价，当事人双方按照标的股权实缴金额确定股权转让对价，主债务清偿完毕后由股权出让方以同等对价或溢价取回股权。另一种情况，名义对价即为让与担保的主债务之一，诸如 D 公司、J 公司、丁某等债权转让合同纠纷案③，该案中股权出让方将 5 千万元股权转让款再次汇入债务人账户用于支出，且出让方约定放弃对债务人主张相应权益，法院认为出让方转让全部股权却未获任何收益，不符合常理，认可 5000 万元股权转让款属于债务人借款性质。

因此，股权让与担保中一般应以零对价原则设定股权转让对价。如债权人因特殊交易安排需要，须以名义对价受让担保股权，则为夯实股权转让的让与担保属性，应首先确保股权让与担保合同约定满足前述构成要件，同时可设定担保人需以同等对价取回标的股权或将该款项安排为让与担保的主债务之一。

四、股权让与担保的股权权利行使边界

就一般股权让与担保的安排而言，债权人仅是将股权"形式上转移"至其名下的名义股东，实际股东权利仍由担保人行使。然而实践中，债权人为控制项目还款来源，常常通过签署监管协议等形式对标的公司进行"章证照监管"，向标的公司派驻"董监高"享有一票否决权或重大事项决策权，甚至从股东会决策层面控制标的公司等，这些安排显然已经超出担保法的约束范畴。为避免这些安排改变股权让与担保的法律关系或造成债权人额外承担相应责任，债权人作为担保权人和名义股东，应以不影响标的公司和担保人权益为原则，以管控担保股权价值为限度，审慎行使股权权利。

（一）对标的公司进行章证照监管

债权人基于管控标的公司对外负债及资金收支情况等需要一并监管标的公司

---

① （2019）京民申 3170 号民事裁定书。
② （2019）鲁民终 2838 号民事判决书。
③ （2020）皖民再 138 号民事判决书。

章、证、照的安排,如是以担保权人身份对担保物的价值管控为目的,并非为了以名义股东身份参与标的公司经营管理,不并存其他管控措施的,或将不影响股权让与担保的法律关系。

在 H 公司与 J 公司等公司决议纠纷案①中,J 公司作为股权受让方曾长期持有标的公司章证照,H 公司作为股权出让方上诉要求确认 J 公司的实际股东地位。对此,法院认为,依据案涉协议约定,J 公司既是股权让与担保债权人,亦是标的项目销售管理方,其为项目销售工作持有和 X 公司章证照的行为具有合理性,该等章证照的实际管理行为未变更各方协议所构建的股权让与担保性质,案涉协议仍属于股权让与担保。此外,在 B 公司与 H 公司等合同纠纷案②中,案涉股权让与担保交易中标的公司公章亦由债权人保管,最高院对此也并未予以纠正。

参照上述案例,债权人基于股权让与担保关系持有标的公司股权并为实现债权而持有章证照,且不并存其他管控措施的,该等章证照监管行为似乎一般不会被推定为实际行使股东权利。但因相关司法判例基数较少,债权人在实操中仍应特别注意以监督标的公司为尺度,避免主动参与实际经营管理,并以股权让与担保的设定符合前述要点为前提。

(二)参与标的公司治理

在实际股权让与担保交易中,债权人还可能采取向标的公司派驻董监高并参与决策的方式监督和影响标的公司治理,对于该等安排是否导致股权让与担保关系的变更,以致股权受让方对相关决策行为或经营行为承担赔偿责任,司法实践并未给出一个统一的标准。

在陆某与 F 公司合同纠纷案③中,F 公司依据协议约定派员出任标的公司执行董事和总经理。对此,法院认为,上述安排说明 F 公司参与标的公司的经营决策及管理,是通过共同合作为标的公司创造利润的方式获取收益和保障利益,与让与担保关系中担保权人享有的权利及仅通过实现股权的交换价值保障利益的方式并不相同,从而认定交易双方并非仅在形式上转移股权,F 公司实质上亦已享有及行使股东权利,案涉股权转让不符合让与担保的特征。相反地,在徐某、孙某与周某、王某等股权转让纠纷案④中,法院则明确表示,股权让与担保合同不以约定股东权利的行使方式及范围为识别要件。

参考上述法院的不同观点,参与标的公司治理的安排是否影响股权让与担保

---

① (2021)京民申 1444 号民事裁定书。
② (2020)最高法民申 6418 号民事裁定书。
③ (2020)最高法民申 4636 号民事裁定书。
④ (2019)沪民终 534 号民事判决书。

的性质，以及股权受让方是否需要承担其他相应责任，尚存商榷空间。法院在认定股权转让协议性质时，往往综合考量股权让与担保的构成要素以及股权复合的财产权和人身权，特别是在股权让与担保合同不符合前述设立要点的情况下，债权人参与标的公司决策或治理的安排更可能成为影响担保性质认定的因素，进而导致或有股东责任的承担。

（三）收取标的股权分红

股权让与担保中债权人目的系为实现债权，这与为获取具有或然性的长期股权收益而实施的股权投资行为不同。但实践中，如约定债权人在固定收益之外享受股权分红，该收益或因与标的公司经营业绩相挂钩而并不一定能够实现。该等安排似兼有债权加股权的双重性质。

当然，按照债权人行使股东权利应限于实现债权担保的目的要求，如标的公司有可分之股东红利，且债权人作为名义股东取得该等股东红利后冲抵了被担保债权，那么或许从债权人未因此获取超额收益且未减损担保人权益的角度，可论证其获取股权分红的合理性。相反，如债权人作为名义股东收取额外股权红利，则该部分红利收益或将因属于非固定的经营性收益而影响受让方的债权人身份认定。

五、总结

（一）论证适用的必要性

笔者认为，现有司法案例似乎有意回避股权让与担保法律关系中所掺杂的公司法问题，意图将问题化解在合同法、担保法层面。然而，根据《公司法》第34条，善意第三人是依据登记部门的登记信息从而确定标的公司股东身份，而非依据登记股东与实际股东之间签署的协议。基于股权让与担保协议的相对性以及股权担保安排的非公示性，债权人持有股权的外观不足以直接否定外部第三人基于公示登记信息而产生的合理信赖，股权让与担保将存在前述风险和责任。

有鉴于此，债权人在安排以股权作为标的物的担保措施时，应充分考量股权让与担保这一非典型担保措施的风险点，并综合各项目的担保要求和商业目的妥善选择股权担保措施。

（二）做好股权让与担保安排

如基于特殊商业安排需要，确需设定股权让与担保措施，则应当注意确保股权让与担保安排至少符合以下要点：主债权确定；股权让与担保的意思表示明确；办妥股权变更登记；以及约定违约时股权清算条款。（如下图）

（三）对受让股权的股东权利和责任予以明确

在股权让与担保交易中，债权人受让股权除了获取担保物权之外，往往还希

特殊机会投资之道 2

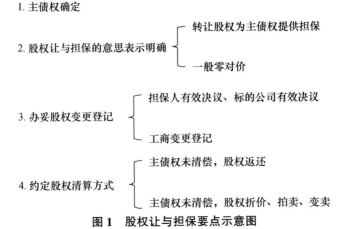

图 1　股权让与担保要点示意图

望凭借股东身份对标的公司进行有效的监管，管控股东不当经营管理、处分公司资产等损害债权人利益的行为。为防范前述安排被认定为实际行使股东权利继而需要承担股东责任的风险，建议于股权让与担保相关协议中明确区分股权出让方与受让方的股东权利和责任。

一方面，如双方未对股东权利义务分配予以事先约定，则债权人应避免主动参与标的公司决策或经营管理，除非取得担保人的书面指令或授权，且相关指令或授权书中应同时明确相应股权行使行为所产生的法律后果均由担保人承担。另一方面，如债权人根据特殊商业安排确需参与标的公司管理与决策，则应与担保人共同在股权让与担保合同中事先约定双方的股权权利义务安排，并酌情考虑向标的公司及其他股东一并予以披露。

民办学校担保法律风险及应对措施

许泽阳

问题的提出

民办教育是中国特色社会主义教育事业的重要组成部分。在国家鼓励民间资本进入教育领域的背景下，民办教育成为 AMC 等金融机构投资的重要方向之一，但民办学校由于自身的特殊性，其适用的法律法规与一般法人主体有所不同，从而也产生了其特有的投资风险。实践中，民办学校提供担保的情况非常普遍，本文将基于现有司法判例和《民法典》及相关司法解释等最新规定，总结民办学校在担保领域的裁判经验，分析民办学校提供担保的法律风险，为今后在该领域开展新项目提供有益参考。

一、民办学校的法律地位

由于我国现行法律法规中，不同类型的民办学校在经营范围、法律适用等方面存在诸多差异，因此，理清民办学校的法律地位和分类标准是研究民办学校担保风险的前提。

（一）民办学校的法人属性

根据 2018 年修正的《民办教育促进法》第 5 条[①]和第 10 条[②]规定，民办学校与公办学校具有同等的法律地位，且应当具备法人条件。根据《民法典》第三章关于法人的规定，我国的法人分为三种类型：营利法人、非营利法人和特别法人，

[①] 《民办教育促进法》第 5 条：民办学校与公办学校具有同等的法律地位，国家保障民办学校的办学自主权。国家保障民办学校举办者、校长、教职工和受教育者的合法权益。

[②] 《民办教育促进法》第 10 条：举办民办学校的社会组织，应当具有法人资格。举办民办学校的个人，应当具有政治权利和完全民事行为能力。民办学校应当具备法人条件。

特殊机会投资之道 2

其中营利法人包括有限责任公司、股份有限公司和其他企业法人等；非营利法人包括事业单位、社会团体、基金会、社会服务机构等；特别法人包括机关法人、农村集体经济组织法人、城镇农村的合作经济组织法人、基层群众性自治组织法人。

民办学校属于哪一类法人呢？根据《民办教育促进法》第19条，① 民办学校的举办者可以自主选择设立非营利性或者营利性民办学校。而根据2016年实施的《民办学校分类登记实施细则》②（以下简称《登记实施细则》）第3条，③ 民办学校分为非营利性民办学校和营利性民办学校。《登记实施细则》第7条规定，"正式批准设立的非营利性民办学校，符合《民办非企业单位登记管理暂行条例》等民办非企业单位登记管理有关规定的到民政部门登记为民办非企业单位，符合《事业单位登记管理暂行条例》等事业单位登记管理有关规定的到事业单位登记管理机关登记为事业单位"。《登记实施细则》第9条规定，"正式批准设立的营利性民办学校，依据法律法规规定的管辖权限到工商行政管理部门办理登记"。

可见，2018年实施的《民办教育促进法》参照原《民法总则》（现行《民法典》）的规定，将民办学校按照设立目的区分为营利性和非营利性两类。但由于《登记实施细则》实施时间为2016年，其中关于民办学校的登记分类的规定尚未及时按照《民法典》的最新规定进行修订；而实操中，多数登记机关则仍然沿用《登记实施细则》将非营利性民办学校可以登记为民办非企业单位或事业单位，营利性民办学校登记为营利法人。上述新旧法的差异和实操的滞后性则导致了司法实践就如何认定民办学校担保效力的困难。

（二）民办学校分类的相关规定

通过梳理现行的《民办教育促进法》《国务院关于鼓励社会力量兴办教育促进民办教育健康发展的若干意见》（国发〔2016〕81号）《民办非企业单位登记管理暂行条例》《事业单位登记管理暂行条例》和《公司法》等相关规定，不同类型的民办学校在登记标准、权利范围、优惠政策等方面都存在诸多差异，具体如下：

---

① 《民办教育促进法》第19条：民办学校的举办者可以自主选择设立非营利性或者营利性民办学校。但是，不得设立实施义务教育的营利性民办学校。非营利性民办学校的举办者不得取得办学收益，学校的办学结余全部用于办学。营利性民办学校的举办者可以取得办学收益，学校的办学结余依照公司法等有关法律、行政法规的规定处理。民办学校取得办学许可证后，进行法人登记，登记机关应当依法予以办理。

② 《民办学校分类登记实施细则》（教发〔2016〕19号）

③ 《民办学校分类登记实施细则》第3条：民办学校分为非营利性民办学校和营利性民办学校。民办学校的设立应当依据《中华人民共和国民办教育促进法》等法律法规和国家有关规定进行审批。经批准正式设立的民办学校，由审批机关发给办学许可证后，依法依规分类到登记管理机关办理登记证或者营业执照。

表 1　非营利性和营利性民办学校区别

学校类型	非营利性民办学校		营利性民办学校
	民办非企业法人	事业单位	营利法人
专门适用的法律法规	《民办非企业单位登记管理暂行条例》	《事业单位登记管理暂行条例》	《公司法》《营利性民办学校监督管理实施细则》
举办者和出资来源	企业事业单位、社会团体、其他社会力量、个人，非国有资产	国家机关或者其他组织举办，国有资产	社会组织或者个人，非国有资产
登记机构	各级人民政府民政部门	各级人民政府机构编制管理机关	市场监督管理部门
业务范围	无限制		除义务教育外的高等教育机构、高中阶段教育学校和幼儿园
办学收益、办学结余、清算剩余财产	全部用于办学		可按公司法分配
学校收费标准	由省、自治区、直辖市人民政府制定		学校自主决定
特殊扶持政策	可享受政府补贴、基金奖励、捐资激励等扶持措施		优惠标准不明
税收优惠	享受与公办学校同等的税收优惠政策，免征非营利性收入的企业所得税		优惠标准不明
土地政策	与公办学校同等原则，以划拨等方式给予用地优惠		按照国家规定供给土地
教职工、学生权益	教师享受当地公办学校同等的人才引进政策。学生在评奖评优、升学就业、社会优待、医疗保险等方面与同级同类公办学校学生享有同等权利。		/
其他	鼓励社会力量对非营利性民办学校给予捐赠		鼓励营利性民办学校建立股权激励机制

此外，国务院 2021 年 4 月颁布的《民办教育促进法实施条例（2021）》，其中对于非营利性与营利性民办学校的举办者、注册资本、决策机构、会计制度、关联方交易、信息公开等方面均作出了差异化规定。总体上进一步明确了对非营利性民办学校的政策倾斜，同时赋予营利性民办学校更大自主权。

非营利性和营利性民办学校存在着上述诸多差异，导致其提供担保时的法律效力也有所不同（后文详述）。如何区分非营利性和营利性民办学校？根据《民办教育促进法》第 19 条第 2 款和第 3 款规定，区分两者的标准在于，学校存续期间举办者能否取得办学收益、学校终止时能否分配办学结余。但是实践中,部分地区存在将民办学校统一登记为民办非企业的情况;或者某些民办学校举办者故意将民办学校登记为民办非企业法人,并对外宣称是非营利学校,但私下却通过关联方借款、其他应付款等方式,变相处分民办学校的办学收益。

有鉴于此,司法实践中如何界定非营利性和营利性民办学校,二者所提供的不同类型的担保效力如何?后文将结合具体判例予以阐述。

二、民办学校作为保证人

(一)《民法典》对民办学校提供保证担保的影响

《民法典》实施前,我国法律禁止具有公益性质的机构提供担保。原《担保法》第9条规定,"学校、幼儿园、医院等以公益为目的的事业单位、社会团体不得为保证人"。那么,非营利性民办学校是否属于上述"以公益为目的的事业单位、社会团队"呢?最高人民法院在相关判决中亦予以确认,例如,在(2017)最高法民终297号民事判决书(简称"297号判决")中,最高法认定,J学校(非营利性民办学校)作为保证人签订的《保证合同》无效。在(2016)最高法民申3072号民事裁定书中,安徽省高级人民法院认为W学院作为高等院校,系民办非企业单位,其办学具有社会公益性,并非营利性企业,故W学院依法不得作为保证人,其担保行为无效,最高法予以维持。可见,非营利性民办学校属于原《担保法》第9条"以公益为目的的事业单位、社会团队"。该等立法精神在《民法典》并未发生变化,《民法典》第683条第2款规定"以公益为目的的非营利法人、非法人组织不得为保证人"。

推此及彼,营利性民办学校是否也应当受上述条款约束?《民法典》实施前,原《担保法》及其司法解释并未予以明确。司法实践层面,最高法层面亦缺少相关判例,而各地方法院的判例中对此则多采取否定的态度,认定营利性民办学校不受上述条款约束。例如,湖北省高级人民法院在(2017)鄂民申1620号民事裁定书中认为,担保人的禁止性规定包含了两个方面:一是以社会公益为目的;二是主体是事业单位和社会团体,营利性民办学校不属于上述禁止范围。再如,深圳市中院在(2015)深中法民终字第76号民事判决书中认为,案涉民办学校的经费来源是各个投资人,其经营目的是营利而非公益。并且,案涉民办学校对其合法取得的财产拥有全部权利,所得收益既可以作为投资人的经济回报,又能够独立承担民事责任,其并非属于《担保法》第9条规定的禁止担保的对象。

《民法典》实施后,《担保制度司法解释》对此予以完善,其中第6条第2款规定:"登记为营利法人的学校、幼儿园、医疗机构、养老机构等提供担保,当事人以其不具有担保资格为由主张担保合同无效的,人民法院不予支持。"由此可见，《担保制度司法解释》将登记为营利法人的民办学校等同于《公司法》规定的公司，那是否意味着登记为其他类型的民办学校即属于"以公益为目的的非营利法人、非法人组织"？

（二）实践中如何区分营利性和非营利性民办学校

如上所述，《民法典》第683条第2款和《担保制度司法解释》第6条第1款所规范的民办学校应当具有"公益目的"，但由于新旧法的差异和实操的滞后性，《登记实施细则》和多数登记机关并未严格遵照《民法典》关于法人类型的规定。实践中"挂羊头卖狗肉"的情况时有发生，部分营利性学校可能基于税收优惠、政策倾斜等考虑，仍然以"民办非企业法人"进行运营。此外，实践中还存在部分民办学校，其服务对象仅限于特定主体，例如行政机关、国有企业设立的子弟学校等。上述类型的民办学校是否属于"以公益为目的的非营利法人、非法人组织"？司法实践中如何区分营利性和非营利性民办学校？值得研究。

根据《民办教育促进法》，营利性和非营利性民办学校两者的区分标准在于，学校存续期间举办者能否取得办学收益、学校终止时能否分配办学结余。而结合最高法在297号判决的裁判思路和司法解释释义，本文认为实践中应把握以下区分标准：

1. 看登记情况和服务对象，关注单位性质、主管机关、业务范围

根据《民办教育促进法》第3条、第19条，民办教育事业属于公益性事业，且民办学校的举办者可以自主选择设立非营利性或者营利性民办学校。根据《民办非企业单位登记管理暂行条例》第2条、第4条，民办非企业单位是利用非国有资产举办的，从事非营利性社会服务活动的社会组织，且不得从事营利性经营活动。

297号判决中最高法认定，案涉J学校登记为民办非企业单位，尚未选择登记为营利性民办学校。民办非企业单位与事业单位的举办资金来源不同，但均有可能是以公益为目的的，故不能以民办非企业单位并非事业单位、社会团体而当然排除《担保法》第9条的法律适用。本案中，J学校登记证书中记载业务主管单位为某市教育局，业务范围为九年义务制学校、普通高级中学，其招生范围包括义务教育阶段学生。因此，J学校面向社会招生（包括义务教育招生），服务于全体社会成员的利益，是以公益为目的的民办非企业法人。

最高人民法院民事审判第二庭（以下简称"最高法民二庭"）在《民法典担保制度司法解释理解与适用》一书中认为，仅以服务于特定成员为目的的社会团队，如村办、企办、行政机关子弟学校，不属于以公益为目的的非营利性学校，应当具有担保资格。①

2. 看章程约定，关注学校盈余分配

根据《民办教育促进法》第 19 条，营利性民办学校和非营利性民办学校的区别在于营利性民办学校的举办者可以取得办学收益，而非营利性民办学校的举办者不得取得办学收益，学校的办学结余全部用于办学。297 号判决中，J 学校的章程第 24 条第 2 款约定，学校接受的捐献、收取学杂费的收支结余，归学校集体所有。第 25 条规定，本校出资人暂不要求合理回报。第 28 条规定，学校解散，剩余财产按三方投入方式并由审批机关统筹安排返还。故根据该份章程约定，J 学校出资人不享有学校财产所有权，对学校的盈余未约定个人分配规则，对学校解散之后的剩余财产约定了明确的处置规则，符合公益性事业具有非营利性的界定。

3. 看实际运营，关注是否存在与登记和章程约定不符的情况

由于实践中存在某些特殊情况，例如，部分地区的登记机关并未明确区分民办学校的登记类型，而将营利性和非营利性学校均统一登记为民办非企业单位；又或者，部分民办学校的章程虽约定举办者不得分配学校盈余，但实际运营过程中，举办者并未按章程约定执行。因此，区分民办学校的类型，不仅应当关注民办学校的登记情况和章程约定，还应当关注其实际运营。最高法和多数各地方法院在裁判书中一般将该部分情况置于事实和证据部分予以阐述。例如，最高法在（2017）最高法民终 297 号民事判决书中认为，"判断 J 学校是否具备保证人的主体资格，应以其是否以公益为目的为要件，对此应综合审查其登记情况和实际运行情况"，并结合案件事实予以论证。郑州市中级人民法院在（2017）豫 01 民终 8722 号民事判决书中亦根据学校的实际营利情况认定登记为民办非企业单位的民办医院具备保证担保资格。

4. 是否收取费用不是区分标准

《民办教育促进法》第 38 条，民办学校有权依照相关规定收取费用。297 号判决中，J 学校从事办学活动，依法有权向接受教育者收取费用，收取费用是其维持教育教学活动的经济基础，并不能因收取费用而认定其从事营利活动。营利性法人区别于非营利性法人的重要特征，不是"取得利润"而是"利润分配给出资人"。

综上所述，民办学校作为保证人有效的构成要件，除了需要满足《民法典》关于民事法律行为有效的一般构成要件外，还应当确保保证人的主体适格，即营利性的民办学校担任保证人有效，非营利性民办学校担任保证人无效。而关于二

---

① 最高人民法院民事审判第二庭编：《民法典担保制度司法解释理解与适用》，人民法院出版社 2021 年版，第 129 页。

者的区分标准,不仅要根据学校登记、约定等书面材料,还要结合学校的实际运营情况综合判断。

(三)保证担保无效的法律后果

《担保法司法解释》第3条规定,"国家机关和以公益为目的的事业单位、社会团体违反法律规定提供担保的,担保合同无效。因此给债权人造成损失的,应当根据担保法第五条第二款的规定处理"。《担保法》第5条第2款规定,"担保合同被确认无效后,债务人、担保人、债权人有过错的,应当根据其过错各自承担相应的民事责任"。《担保法司法解释》第7条规定,"债权人、担保人有过错的,担保人承担民事责任的部分,不应超过债务人不能清偿部分的二分之一"。

《民法典》实施后,《民法典》第683条、《担保制度司法解释》第17条分别承继了上述《担保法司法解释》第3条和《担保法》第5条的规定,其中《担保制度司法解释》第17条在《担保法司法解释》第7—8条的基础上,对主合同有效情形下担保合同无效的法律后果进行了细化:旧法规定,①债权人和担保人均有过错的,担保人承担的责任范围≤债务人无法清偿部分的50%;②债权人无过错的,担保人承担连带责任。新法承继了上述第①项规定,但将第②项规定修订为:债权人无过错且担保人无过错的,担保人对债务人不能清偿的部分承担赔偿责任(旧法未区分担保人是否有过错,只要债权人无过错,担保人均为连带赔偿责任);并新增第③项规定:债权人有过错且担保人无过错的,担保人不承担责任。

由此可知,在已签订保证合同的情况下,即便保证无效,民办学校也应当根据过错承担相应责任(下文其他担保类似)。最高法在(2017)最高法民终297号民事判决书中认为,J学校(非营利性民办学校)作为保证人签订的《保证合同》无效,并酌定其承担中加投资公司不能清偿部分的1/2。另外,根据《九民纪要》第35条规定,合同无效时,仅返还财产或者折价补偿不足以弥补损失,一方可向有过错的另一方请求损害赔偿。在确定损害赔偿范围时,需要根据当事人的过错程度合理确定责任。这与上述裁判观点一致。

(四)民办学校作为保证人的审查建议

结合以上分析,实践中,债权人与民办学校作为保证人签订保证合同应从以下两方面进行审查:(1)形式审查。从形式上审查民办学校的登记机关、登记内容、学校章程等相关事项,如依据《民办教育促进法》第19条的规定,实施义务教育的不得设立为营利性民办学校,应审查学校是否登记为营利性或学校的业务范围是否包括义务教育。(2)实质审查。从实质上审查民办学校实际经营情况,如是否超出业务范围、是否违反章程约定将学校盈余分配给出资人等,从而确定学校是否可以作为保证人。

三、民办学校作为抵押人的财产抵押

(一)《民法典》对民办学校提供抵押担保的影响

《民法典》第 399 条 "下列财产不得抵押:……(三)学校、幼儿园、医疗机构等以公益为目的成立的非营利法人的教育设施、医疗卫生设施和其他公益设施"。沿用了《担保法》第 37 条[①]和《物权法》第 184 条[②]的规定,将"事业单位、社会团体"调整为"非营利法人"。

由此可知,"不得抵押"的财产需满足 2 个构成要件:(1)主体是学校等"以公益为目的"的非营利法人;(2)客体是"教育设施"等公益设施。由此,可将民办学校的抵押担保分为四种类型进行讨论:(1)非营利性学校的教育设施抵押;(2)非营利性学校的非教育设施抵押;(3)营利性学校的教育设施抵押;(4)营利性学校的非教育设施抵押。以上 4 种类型抵押效力如何?

对于第(1)类,通过《民法典》第 399 条可知,由于非营利学校属于具有公益性质的机构,其教育设施同样具有公益性,因此不得抵押。

对于第(2)类,《民法典》实施前后的规定不同。《民法典》实施前,《担保法司法解释》第 53 条规定,学校等以公益为目的的事业单位、社会团体,以其教育设施以外的财产为自身债务设定抵押的,抵押有效。而《担保制度司法解释》第 6 条第 1 款则规定,以公益为目的成立的非营利法人提供抵押担保的 2 种有效情形:(1)购入或融资租赁取得公益设施时,设定所有权保留以担保价款或租金;(2)以公益设施以外的其他财产设定抵押等担保物权。通过对比可知,《担保制度司法解释》第 6 条第 1 款则不再限制仅能为"自身债务"设定抵押。对于第(2)类抵押有效。

因此,对于非营利法人提供抵押,如何区分教育设施与非教育设施关系到抵押担保的效力。

此外,如前所述,《民法典》实施,鲜有对于营利性民办学校提供担保的规定,而《担保制度司法解释》第 6 条第 2 款则规定,登记为营利法人的学校提供担保有效。因此对于第(4)类有效无可厚非,但对于第(3)类抵押是否有效,即登记为营利法人的学校可以将全部资产用于抵押,包括教育设施?亦或者说,登记为营利法人的学校是否存在公益设施以及其是否可以用于抵押?此外,登记情况与实际运营情况不一致的民办学校如何适用上述条款?这些可能需通过司法

---

① 《担保法》第 37 条:下列财产不得抵押:……(三)学校、幼儿园、医院等以公益为目的的事业单位、社会团体的教育设施、医疗卫生设施和其他社会公益设施。

② 《物权法》第 184 条:下列财产不得抵押:……(三)学校、幼儿园、医院等以公益为目的的事业单位、社会团体的教育设施、医疗卫生设施和其他社会公益设施。

实践予以确认。

（二）民办学校教育设施的认定标准

教育设施的公益性质显而易见，但"公益性质"这一标准显然过于宽泛，难以在实践中作为教育设施的认定标准。通过判例检索发现，司法实践中对民办学校教育设施的认定可从以下标准进行把握：

1. 以实际使用情况为判断标准

最高法在（2016）最高法民再335号民事判决书中认为，案涉土地属于学校类教育公益设施，系法律规定不得抵押的设施。以该土地使用权设定的抵押因违反上述法律强制性规定，当属无效。虽然案涉土地的登记用途为"商业"，但案涉地块上建有教育公益设施已是事实。依据《物权法》第182条规定的房地一体原则，涉案土地上为教育设施，故土地亦不能作为抵押物。

《民法典担保制度司法解释理解与适用》一书中，最高法民二庭亦认为"至于如何区分某一设施究竟是公益设施还是非公益设施，一般应当以相关设施的用途来区分：如果某一设施是学校、幼儿园、医疗机构等从事公益活动所必须的，则可以认定属于公益设施。"

2. 教育用地与教育设施具有不同于普通财产的特定用途，即用于实现教学目的（包括学生公寓、食堂、体育馆等）

最高法在（2015）执申字第55号裁定书中认为，基于社会公共利益考量，教育用地与教育设施确实具有不同于普通财产的特殊性。该种特殊性表现在教育设施具有特定用途。学校要完成教育教学目标，达到教书育人的社会公益目的，离不开各种教育教学设施。四川省高级人民法院在（2018）川民申2753号民事判决书中维持遂宁市中院所作二审判决（〈2017〉川09民终735号），二审判决认为，教育设施是指开展教育工作所必需的物质资料，包括教育工作所必需的空间、环境以及有关的教育教学设备。本案中，民进中专校用于抵押的学生公寓，是为学校开展教育工作所必需的场所和设施，属于非经营性设施，具有公益性。上饶市中院（2016）赣11民终42号民事判决书认为，学校宿舍和食堂不得抵押。抚州市中院（2015）抚民二初字第20号民事判决书认为，学校体育馆属于教学设施，不得抵押；学校宾馆不属于教学设施，可以抵押。

3. 社会公益设施一般不以营利为目的

安徽省高级人民法院在（2012）皖民二终字第00148号民事判决书中认为，"社会公益设施，顾名思义应该是用于为公共利益服务的设施。由于公共利益存在多样性和复杂性，目前的法律没有对公共利益作出统一的具体界定，《担保法》第37条第3项规定的'其他社会公益设施'，通常是指不以营利为目的的图书馆、科技馆、博物馆、文化宫、敬老院、福利院等，也就是说，社会公益设施的基本特征之一应是不以营利为目的"。

（三）营利性民办学校提供财产抵押的裁判规则

对于上述第（3）类抵押，既往的司法实践中则倾向于保护教育设施，而不论教育设施的所有者的法人类型。

例如，最高法在（2016）最高法民再335号民事判决书中认为，将营利性学校租赁的教学设施或登记在举办者名下的教育设施抵押无效。可见，最高法认为原《担保法》第37条和《物权法》第184条（《民法典》第399条）所保护的对象是"教学设施"本身所具有的公益属性，而对于教育设施的所有权人的性质在所不问。即便是租赁的教育设施，也应当得到保护。再如，江西省高级人民法院在（2018）赣行申204号行政裁定书中认为，案涉幼儿园的《民办学校办学许可证》《民办非企业登记证书》显示，该幼儿园属于"个体"（营利性学校），举办者为戴某。涉案房屋（拟办理抵押）权利人为戴某夫妇，用途为"科教用地教育"，该房屋实际用于J幼儿园办学。因此，涉案房屋显然属于J的教育设施，只不过是其权属登记在其经营者名下而已。可见，即便是涉案房屋登记在举办者名下，如果该房屋属于教育设施，抵押亦无效。由此可以推定，第（3）类抵押大概率无效，无论营利性学校是否为拟抵押教学设施的权利人。

此外，从法律法规方面看，保护教育设施亦不受民办学校是否营利的影响。例如，根据《全国人民代表大会常务委员会法制工作委员会对关于私立学校、幼儿园、医院的教育设施、医疗卫生设施能否抵押的请示的意见》，私立学校、幼儿园、医院的教育设施、医疗卫生设施也属于社会公益设施，应按照《物权法》第184条的规定，不得抵押。再如，根据教育部、人社部和国家工商总局2016年12月颁布的《营利性民办学校监督管理实施细则》第30条规定，"……营利性民办学校举办者不得抽逃注册资本，不得用教学设施抵押贷款、进行担保……"。

但是根据前文所述，《担保制度司法解释》规定登记为营利法人的民办学校提供担保有效。因此，《民法典》实施后，对于营利性民办学校的教育设施保护的裁判思路是否发生变化，仍需待司法实践予以验证。

（四）教育设施抵押后如何执行

教育设施用于抵押后，如何实现抵押权关系到债权人的切身利益。由于教育设施的公益性，既往的司法实践中于其采取执行措施时有别于其他抵押物。

例如，最高法在（2015）执申字第55号裁定书中认为，虽然法律明确禁止学校以教育设施设定抵押，但目前法律、行政法规中对于强制执行教育用地或教育设施并无限制性或禁止性规定。此外，法律规定并不禁止教育用地与教育设施的转让，在存在转让可能性的情况下，应当允许在不影响使用的前提下进行查封。由于学校完成教学目的离不开各种教育设施，如果强制执行学校正在使用中的教育设施，不仅影响正常的教育教学秩序，处置不当还可能造成学生失学，损害公众受教育权。因此，为保障社会公益事业发展，保障公众受教育权等基本权益，对教育用地与教育设施的执行不能改变其原有的公益性用途，不能影响其实际使用。

由此可见，对于已经抵押的民办学校教育设施，法院在执行时可以采取强制措施，但不能影响其使用，由此将给抵押物的变现造成一定障碍，债权人应当予以关注。

（五）民办学校作为抵押人的研究结论和审查建议

综上所述，民办学校财产抵押的构成要件，需要满足以下2个特殊要件：（1）抵押人必须具备主体资格；（2）抵押物和担保债权必须符合法律规定。就教育设施抵押而言，对于非营利法人的民办学校，抵押一般无效，但对于购入或融资租赁取得的抵押物进行所有权保留的担保除外；对于营利法人的民办学校，既往司法实践通常认定其教育设施抵押无效，但根据《担保制度司法解释》的字面意思，营利法人的民办学校提供担保不再受约束，因此既往裁判思路是否改变有待验证。就非教育设施而言，抵押一般有效，《担保制度司法解释》不再约束非营利性民办学校抵押担保的主债权为自身债务。

因此，债权人在接受民办学校提供抵押时，应当根据债权人、担保人和抵押物的类型"对号入座"，进而判断民办学校所提供的抵押是否有效。同时，还需要关注民办学校的教育设施与非教育设施的区分标准，重点审查抵押物的实际用途而非登记情况，进而判断抵押物是否为实现教学目的。对于以教育设施抵押的项目，还应当考虑执行过程中可能存在的障碍。

四、以民办学校财产设定的非典型担保

（一）民办学校的收费权质押

《民法典》实施前，收费权质押作为非典型担保措施之一已被广泛适用，但由于彼时未有明确的法律法规予以规范，导致其在实际应用中存在不少争议，特别是关于收费权等将有应收账款能否作为应收账款质押的问题。有观点认为收费权是一种收费的资格，并不是实际发生的债权债务关系，而应收账款则是依据达成的双务合同而产生的债权。但也有观点认为收费权质押本质上是应收账款质押，即以未来形成的债权集合提供质押。而《担保制度司法解释》实施后，其第61条对将有应收账款质押作出了规定，明确其有效性，从而解决了既往民办学校收费权质押在实操领域的不确定性。

根据《民办教育促进法》第38条规定，民办学校有权依照相关规定收取费用。因此，实践中存在不少以民办学校收费权进行质押的案例，且由于学费收入

特殊机会投资之道 2

通常是民办学校的主要收入来源，因而又以学费收费权质押最为普遍，其与教育事业联系紧密。此外，民办学校还存在学生公寓收费权、学生食堂收费权等多种类型的收费权。这些收费权有些来自教育设施，有些则来自非教育设施。那不同种类的收费权是否影响其质押的效力呢？以及民办学校收费权质押存在哪些风险？

值得注意的是，2020年11月9日最高人民法院发布的《担保制度司法解释》征求意见稿第5条中，对于以公益为目的的非营利性学校担保无效的例外情况有三种，但正式颁布的《担保制度司法解释》第6条则只保留前述两种，而将第三种情形"（三）以能够出质的权利为自身债务设定的质押"予以删除。因此，非营利民办学校的收费权能否质押仍然处于规定不明确的状态。

1. 民办学校学费收费权的质押效力

长期以来，由于缺乏明确的法律规定，以及民办学校学费所具有的公益性质，学费收费权能否用于质押，各地法院的观点不一。（1）有的法院认为民办学校学费收费权具有公益性，质押无效。如（2020）赣1127民初336号、（2015）资民初字第100号民事判决书。（2）有的法院认为民办学校学费收费权不属于法律规定的可以质押的权利，因此质押无效。如（2018）粤0604民初28687号、（2014）娄中民三初字第101号民事判决书。（3）有的法院认为民办学校学费收费权属于应收账款，质押有效。

通过分析（2018）最高法民终36号民事判决书，可推断最高法持上述第（3）种观点。本案中，G银行（债权人、质权人）与D学院（债务人、出质人）签订了借款合同和质押合同，质押标的为D学院的学费收费权，并办理了应收账款质押登记，D学院持有民办非企业单位登记证书，其章程规定了"学院性质是民办普通高等学校，学院的审批机关是教育部，学院的登记管理机关是L省人力资源和社会保障厅，举办者不要求取得合理回报"等内容。（2015）辽民三初字第12号民事判决书中法院认为，"D学院的收费权系基于招生产生的将来金钱债权，依其性质可纳入依法可出质的'应收账款'的范畴"，结合收费权已质押的事实，认定学费收费权质权设立。该案二审时，最高法虽撤销了一审判决的部分内容，但对于主债权和上述以学费收费权设立的质权予以认可，G银行对D学院向其质押的D学院收费权（应收账款）享有质权。

综上，根据D学院章程及其登记证书可知，其属于非营利性民办学校，而根据二审判决书中的表述，最高法将学费收费权质押视为应收账款质押，由此认可学费收费权质押的效力。这也解决了实践中存在的争议，即学费收费权是否因具有公益性而质押无效，以及学费收费权是否因缺少法律明文规定而质押无效。

"举重以明轻"，既然非营利性民办学校的学费收费权质押不会因学校的"公益性"而无效，则营利性民办学校学费收费权质押亦应有效。由于此案判决时间于《民法典》实施前,该等裁判思路是否延续仍需待司法实践予以验证。

2. 民办学校其他收费权的质押效力

通过研究发现,民办学校的收费权中"学生公寓收费权"的质押效力在既往的法规和司法实践的已获得认可。首先,从法规上,学校收费权质押的历史由来已久,早在 2002 年中国人民银行、教育部联合下发的《关于进一步解决学生公寓等高等学校后勤服务设施建设资金问题的若干意见》(银发〔2002〕220 号)(简称《高校筹资意见》)规定:"各商业银行要进一步完善系统内的有关规章制度,加大对学生公寓等高等学校后勤服务设施的信贷支持力度……各商业银行应将学生公寓贷款纳入住房开发贷款管理。商业银行要积极开展学生公寓收费权质押贷款业务,应与贷款人签订书面质押合同。质押合同必须经省级教育行政部门审批和统一登记,自登记之日起生效。"

在司法判例上,安徽省高级人民法院在(2014)皖民二终字第 00426 号民事判决书中认为,从银发(2002)220 号文件来看,作为我国高等院校后勤社会化改革背景下的产物,大学生公寓收费权一度广泛存在,其具体是指公寓的投资方通过取得公寓竣工后一定期限内的经营收益来收回投资的一种权利,本质上是一种经营收益权。从性质上看,大学生公寓经营收益权应当归属于《担保法司法解释》中的不动产收益权。《担保法司法解释》第 97 条明确将不动产收益权纳入了可出质的权利范畴。因此,该院认为学生公寓收费权可以作为权利质押的标的。此外,北京市高级人民法院(2007)高民终字第 362 号民事判决书亦认为,"权利质押应遵守相关法律规定,在法律未明确规定本案所涉大学生公寓的经营收益权可质押的情况下,为落实国务院相关规定所制定的银发〔2002〕220 号文件,应作为本案权利质押的依据"。

从另一个角度看,结合上文所述,学费收费权与"教学活动"的关系最为密切,其质押尚且有效,可借此推断,民办学校的其他收费权,如学生食堂收费权等其他收费权亦应有效。

最高法民二庭在《〈全国法院民商事审判工作会议纪要〉理解与适用》一书中认为:"某些基础财产,如学校、幼儿园、医院等以公益为目的的事业单位、社会团体、医疗卫生设施和其他社会公益设施,以及前述的基础设施和公用事业,具有限制流通性的特点,其本身又能产生稳定的收益,为实现物尽其用的目的,可以例外允许其以收益权的形式间接实现其财产价值。此时所谓的收益权,属于将来债权性质的应收账款。鉴于其基础资产具有流通限制性,一般不存在基础资产与应收账款异其主体的情形,可以例外允许其作为应收账款转让或者设立担保。"① 亦印证了上述分析。因此,民办学校中与教育事业关联度较低的其他收费权质押大概率是有效的。

3. 民办学校收费权质押的法律风险和投资建议

综上,由于《担保制度司法解释》删除了征求意见稿中关于权利质押的规定,因此民办学校收费权仍缺少明文规定,但通过最高法和各地的既往判决可推定,民办学校的学费收费权和其他收费权质押大概率有效。因此,在分析民办学校收费权质押的法律风险时,建议债权人应结合民办学校收费权的特点予以展开。

首先,根据《应收账款质押登记办法》的规定,应收账款登记是应收账款设立的标志。既往《高校筹资意见》明文规定②学生公寓收费权质押在教育厅办理登记手续,但现有的学校收费权多以应收账款在中国人民银行征信中心办理登记,因此实践中,学校收费权可能存在质押登记机关不明确的风险。因此,债权人在接受学校收费权质押前应当提前与登记机关进行确认并尽快办理登记手续。

其次,由于民办学校的非教育设施可以抵押,因此如果该非教育设施之上设定了抵押权,又设定了收费权质押,在二者竞合的情况下,根据《民法典》第415条规定,"同一财产既设立抵押权又设立质权的,拍卖、变卖该财产所得的价款按照登记、交付的时间先后确定清偿顺序"。因此,投资人在接受收费权质押时,应当关注民办学校收费权质押的基础资产是否存在抵押的情况。

最后,即便学校收费权质押的效力得到法院的支持,如果该质权无法执行则失去了担保的实际意义。由于学费收入是民办学校的主要收入来源之一,且由于民办学校自身运营的需要,大概率无法限制其对学费收入的使用。因此,质权人应当加强对民办学校收费账户的监管,确保相关费用及时归集。一方面,通过对收费账户的监管确保质权不受侵害,另一方面,对收费账户进行监管也是掌握民办学校经营状况的有效方式之一。

(二)教育设施让与担保

如前所述,教育设施不得用于抵押,但法律法规并未禁止教育设施转让。因此,实践中部分民办学校的举办者通过让与担保的方式,将担保财产转让给投资

---

① 最高法民事审判第二庭编:《〈全国法院民商事审判工作会议纪要〉理解与适用》,人民法院出版社2019年版,第392—393页。
② 《中国人民银行、教育部关于进一步解决学生公寓等高等学校后勤服务设施建设资金问题的若干意见》(银发〔2002〕220号)第2条 各省、自治区、直辖市教育行政部门要从严审批用于银行贷款质押的学生公寓收费权,并对学生公寓收费权质押进行统一登记。

方进行融资。《九民纪要》第66条①和第67条②首次明确了让与担保的效力，《担保制度司法解释》在第68—70条对其进行了进一步完善，使得教育设施让与担保的可行性得以存在。

从理论上看，虽然《担保制度司法解释》在第68—70条、《九民纪要》第66条和第71条第1款③认为让与担保合同原则上有效，但《九民纪要》第66条保留了"不存在法定无效情形"的前提条件。由于非营利法人的教育设施抵押合同无效已成为共识，因此，如果当事人通过"名为转让实为抵押"的安排规避上述规定，有可能被认定为通谋虚伪行为。根据《民法典》第146条④，以虚假的意思表示实施的民事法律行为无效。以虚假的意思表示隐藏的民事法律行为的效力，依照有关法律规定处理。因此，名为转让实为抵押有可能无效。反之，如果教育设施让与担保有效，则无异于架空了《民法典》第399条和《担保制度司法解释》第6条第1款的规定，显然有悖于立法本意。在实务界，最高法和各省高级人民法院未有关于教育设施让与担保效力的判例，因此尚无法形成较为明晰的裁判规则。而针对营利法人的教育设施能否以让与方式提供担保，则与上述分析一致，虽然理论上可行，但仍需待司法实践予以验证。

综上，由于教育设施让与担保的效力缺少法律法规和司法判例支持，且法律、司法实践均否认教育设施抵押的效力，由此推测，非营利法人的教育设施让与担保亦可能被认定为无效，因此，投资者应尽可能避免采用此类担保。

（三）其他非典型担保

实践中，还存在举办者举办权（管理权）转让（名为转让实为担保）、举办

---

① 《九民纪要》第66条：【担保关系的认定】当事人订立的具有担保功能的合同，不存在法定无效情形的，应当认定有效。虽然合同约定的权利义务关系不属于物权法规定的典型担保类型，但是其担保功能应予肯定。

② 《九民纪要》第67条：【约定担保物权的效力】债权人与担保人订立担保合同，约定以法律、行政法规未禁止抵押或者质押的财产设定以登记作为公示方法的担保，因无法定的登记机构而未能进行登记的，不具有物权效力。当事人请求按照担保合同的约定就该财产折价、变卖或者拍卖所得价款等方式清偿债务的，人民法院依法予以支持，但对其他权利人不具有对抗效力和优先性。

③ 《九民纪要》第71条：【让与担保】债务人或者第三人与债权人订立合同，约定将财产形式上转让至债权人名下，债务人到期清偿债务，债权人将该财产返还给债务人或第三人，债务人到期没有清偿债务，债权人可以对财产拍卖、变卖、折价偿还债权的，人民法院应当认定合同有效。合同如果约定债务人到期没有清偿债务，财产归债权人所有的，人民法院应当认定该部分约定无效，但不影响合同其他部分的效力。当事人根据上述合同约定，已经完成财产权利变动的公示方式转让至债权人名下，债务人到期没有清偿债务，债权人请求确认财产归其所有的，人民法院不予支持，但债权人请求参照法律关于担保物权的规定对财产拍卖、变卖、折价优先偿还其债权的，人民法院依法予以支持。债务人因到期没有清偿债务，请求对该财产拍卖、变卖、折价偿还所欠债权人合同项下债务的，人民法院亦应依法予以支持。

④ 《民法典》第146条：行为人与相对人以虚假的意思表示实施的民事法律行为无效。以虚假的意思表示隐藏的民事法律行为的效力，依照有关法律规定处理。

者收益权转让（名为转让实为担保）、作为举办者的项目公司股权质押、作为举办者的项目公司的保证、作为举办者的项目公司的股权转让（名为转让实为担保）等其他非典型担保，由于缺乏明确法律条文的支持，司法实践中亦未形成较为明晰的裁判规则。因此，《担保制度司法解释》《九民纪要》将非典型担保列为要点之一，明确以法律法规未禁止抵押的财产质押"合同上原则有效，以公示判断物权"的裁判规则。但是，如何区分上述权利是否属于以法律法规未禁止抵押的财产，以及是否具有"公益性"等，仍有待进一步明确。

即便是上述权利担保被认定为非典型担保，根据《担保制度司法解释》第63条、《九民纪要》第66条和第67条，质权人是否享有优先受偿权仍取决于上述权利是否完成登记，因此投资人在接受上述非典型担保时应提前调查该权利能否办理登记，以确保优先受偿权的行使。对于已经签订合同且正在履行的上述几类非典型担保，如果确实无法完成登记，根据《担保制度司法解释》《九民纪要》的上述规定，当事人仍有权请求按照担保合同的约定就财产折价、变卖或者拍卖所得价款等方式清偿债务，但不具有对抗效力和优先性。而针对该风险，投资人需及时采取应对措施，如更换抵押物，或将上述权利的收益及时转化为金钱质押担保等。

五、民办学校破产清算时的担保责任承担

如上所述，民办学校与一般主体在法律适用方面存在差异，在民办学校破产清算时，这种差异也同样存在。因此，民办学校破产时如何承担担保责任、是否存在特殊风险，是担保权人需要关注的问题。

（一）民办学校破产清算的前提和程序

破产原因是破产清算的前提之一。根据《企业破产法》第2条[①]，一般企业破产的原因包括"不能清偿到期债务且资不抵债""不能清偿到期债务且明显缺乏清偿能力" 2 种类型。另，根据《民办教育促进法》第56条，"民办学校有下列情形之一的，应当终止：（一）根据学校章程规定要求终止，并经审批机关批准的；（二）被吊销办学许可证的；（三）因资不抵债无法继续办学的"。根据最高法2010年发布的《关于对因资不抵债无法继续办学被终止的民办学校如何组织清算问题的批复》（法释〔2010〕第20号），民办学校因资不抵债无法继续办学被终止，法院组织民办学校破产清算参照适用《企业破产法》的程序。

结合特别法优于一般法的原则，民办学校破产清算应当优先适用《民办教育

---

① 《企业破产法》第2条第1款：企业法人不能清偿到期债务，并且资产不足以清偿全部债务或者明显缺乏清偿能力的，依照本法规定清理债务。

促进法》的规定，即仅有"因资不抵债无法继续办学的"属于学校破产清算，而其他两种终止类型则不属于破产清算。

破产申请是破产清算的前提之二，需要解决"谁可以申请破产"，以及"申请哪种破产程序"等问题。根据《民办教育促进法》第58条："民办学校终止时，应当依法进行财务清算。民办学校自己要求终止的，由民办学校组织清算；被审批机关依法撤销的，由审批机关组织清算；因资不抵债无法继续办学而被终止的，由人民法院组织清算。"上述规定确定了3种学校终止的类型所适用的清算主体，明确了民办学校的破产清算由人民法院组织，但并未明确民办学校破产清算的申请人。

结合上述《关于对因资不抵债无法继续办学被终止的民办学校如何组织清算问题的批复》内容，因资不抵债无法继续办学而被终止的，由人民法院组织清算，并参照适用《企业破产法》规定的程序。因此，民办学校破产申请人只能参照《企业破产法》的规定。《企业破产法》第7条①规定了三种破产申请人：债务人、债权人、清算人。因此民办学校及其债权人、学校清算责任人均可以成为破产清算申请主体。

鉴此，债权人（担保权人）大概率有权申请民办学校破产清算。但实践中，民办学校由于其本身的特殊性，在启动破产清算时往往需要相关地方主管部门批准，因此债权人能否顺利启动破产清算存在一定不确定性。此外，现有法律法规暂未明确民办学校能否进行破产重整，司法实践中亦缺少相关判例，因此债权人申请民办学校破产重整大概率难以实现。

（二）破产财产清偿顺序对民办学校担保责任的影响

根据上述分析，学校提供担保主要分为3种类型，营利性民办学校的保证、非教育设施的抵押、收费权等非典型担保。

首先，关于非教育设施抵押。《民办教育促进法》对此并未有特殊规定，因此根据《企业破产法》第109条规定，对破产人的特定财产享有担保权的权利人，对该特定财产享有优先受偿权。在民办学校抵押案件中，非教育设施抵押大概率亦享有优先受偿权。

其次，营利性民办学校保证。根据《民办教育促进法》第59条第1款，"对民办学校的财产按照下列顺序清偿：（一）应退受教育者学费、杂费和其他费用；（二）应发教职工的工资及应缴纳的社会保险费用；（三）偿还其他债务"。作为

---

① 《企业破产法》第7条：债务人有本法第二条规定的情形，可以向人民法院提出重整、和解或者破产清算申请。债务人不能清偿到期债务，债权人可以向人民法院提出对债务人进行重整或者破产清算的申请。企业法人已解散但未清算或者未清算完毕，资产不足以清偿债务的，依法负有清算责任的人应当向人民法院申请破产清算。

保证人的营利性民办学校破产的，担保权人享有的对民办学校的债权属于上述"其他债务"，劣后于受教育者和职工权利。即便是根据《企业破产法》第7条，担保权人此时享有的债权也应该属于最后顺位的"普通债权"。

而关于"其他债务"如何清偿，《民办教育促进法》未作特别规定，根据《企业破产法》第113条，破产财产不足以清偿同一顺序的清偿要求的，按照比例分配。因此，无论是根据《民办教育促进法》或《企业破产法》，作为保证人的营利性学校破产过程中，担保权人享有的清偿顺位均未优于其他权利。

此外，结合上述分析，即便是营利性民办学校，其教育设施在执行过程中仍然可能遭遇一定障碍，因此，如果选择保证担保，担保权人不仅应当关注民办学校整体的财产状况，同时也应当注重非教育设施在其中的占比。

（三）防范民办学校担保中破产风险的建议

根据上述分析可知，当民办学校面临破产时，现有法律法规仅规定了破产清算的情况，而缺少对破产重整的相关规定，司法实践亦缺乏类似判例，因此法院大概率不会支持民办学校的破产重整。

根据民办学校破产清算时的财产分配顺序，抵押权、质权等物权担保优先受偿权不受影响，即作为财产清偿的第一顺位；而民办学校作为保证人所产生的债权属于普通债权，将作为最后顺位清偿。因此，投资者在接受民办学校担保时，应当对其经营状况和偿债能力进行分析，优先选择物权担保。

此外，依据现有法律法规，债权人大概率具有申请民办学校破产的权利，但由于民办学校的"公益性"，债权人能否有效启动民办学校的破产程序还需要考虑当地教育主管部门和法院的态度，因此，在接受民办学校担保前，投资人应当提前了解当地政策的具体情况和相关案例，避免届时无法及时保障自身权利的风险。

六、总结

司法实践中对于判例的重视程度越来越高，《九民纪要》在引言部分亦强调："民商事审判工作要树立正确的审判理念……注意树立请求权基础思维、逻辑和价值相一致思维、同案同判思维，通过检索类案、参考指导案例等方式统一裁判尺度，有效防止滥用自由裁量权……"因此，通过借鉴司法实践中关于民办学校在担保领域的裁判经验，将有助于投资人准确地把握该领域存在的法律风险。

鉴于民办学校的特殊属性，不同类型的民办学校所提供的不同类型担保在法律效力、公示方法、担保对象等方面均有所差异，本文基于现有司法判例，对上述不同类型担保的裁判规则进行了分析，总体结论如下。（1）民办学校保证只适用于营利性民办学校，非营利性学校提供保证无效，由于现行登记制度与《民法典》的最新规定存在差异，因此需要关注实践中对非营利性和营利性民办学校的区分标准。(2) 民办学校 4 种类型抵押担保在法律效力和担保对象存在差异，因此，需要关注债权人、担保人和抵押物的类型，并通过审查抵押物的实际用途区分抵押物属于教育设施还是非教育设施，进而判断抵押是否有效。(3) 民办学校的非典型担保中，收费权质押大概率有效，但应当办理相应登记；教育设施的让与担保大概率无效；而对于其他类型的非典型担保，由于司法判例较少，无法形成较为明晰的裁判规则，因此不建议投资人采用，如需要选择该等类型的担保，应履行相应的"公示"程序，以确保物权效力。(4) 通过对民办学校破产清算的分析，物权担保一定程度上优于保证，因此，如选择保证担保，担保权人需要关注民办学校的财产状况，特别是非教育设施在其中的占比。

浅析混合共同担保相关法律问题

周 霞

混合共同担保是指在同一债权上设有两种或两种以上不同担保方式的共同担保①，业务实践中较为常见的安排主要包括债务人物保+保证，债务人物保+第三人物保，第三人物保+保证等。混合共同担保在一定程度上有利于保障债权人实现债权和利息，但若担保协议相关安排不妥善，或者其中一种担保措施存在法律瑕疵时，可能会影响债权人向其他担保人实现担保权利，本文拟分析混合共同担保中担保权利实现顺位和债务人物保与第三方担保并存的混合共同担保中第三方担保责任减免问题。

一、混合共同担保中的担保责任顺位

混合共同担保中的担保责任顺位是指在债权人未向顺位在先的担保人主张担保权利之前，其他担保人可以主张抗辩。在担保纠纷案件中，担保人通常都会以其享有顺位利益而主张抗辩，针对顺位问题，《担保法》《担保法司法解释》以及《物权法》的相关规定存在一定的差异，《民法典》沿袭了《物权法》的规定，统一了混合共同担保中的顺位问题，但仍有部分争议问题留待司法实践解决。

（一）债务人物保和保证的顺位问题

《民法典》第392条规定，被担保的债权既有物的担保又有人的担保的，债务人不履行到期债务或者发生当事人约定的实现担保物权的情形，债权人应当按照约定实现债权；没有约定或者约定不明确，债务人自己提供物的担保的，债权人应当先就该物的担保实现债权。根据该条规定的混合共同担保顺位，法律应当首先尊重当事人的意思自治，若当事人对混合共同担保中的担保顺位有约定时，应

---

① 陈泫华、王雁苗：《论混合共同担保中担保人的顺位及追偿权——兼评〈民法典〉第392条、第409条》，载《中国不动产法研究》2020年第2期。

当按照约定顺位实现担保权利，在无明确约定的情况下，同一债权既有债务人物保又有第三人保证的，债权人应当首先实现债务人提供的担保，这一规则亦得到了司法实践的广泛确认。

业务实践中，债务人物保形式通常包括抵押和质押等典型担保方式，此外债务人以让与担保方式提供担保的现象非常见，那么债务人提供的让与担保，是否适用前述第 392 条规定，第三方保证人是否享有顺位利益？《民法典》施行后，第 383 条规定担保合同包括抵押合同、质押合同和其他具有担保功能的合同。由此，让与担保作为一种非典型担保被法律所承认，但法律未明确规定其是否为物保方式。司法实践中，法院认可债务人提供的让与担保依然适用前述第 392 条，在（2020）沪民终 423 号民事判决书中（裁判日期为 2021 年 2 月 8 日），上海市最高人民法院认为，《和解协议》第二条关于标的股权的约定属于民法典规定的"其他具有担保功能的合同"，是非典型担保中的让与担保，涉案债权属于既有物的担保（债务人提供股权让与担保）又有人的保证，因各方对于担保人承担担保责任的顺序未有约定，故债权人应先就债务人提供的股权让与担保实现债权，保证人对债务人让与担保仍不足清偿债权部分承担连带保证责任。

在个别情况下，例如债务人物保时间在第三人保证之后，或者第三人提供保证时并不知晓债务人物保存在，进而使得第三人对债务人物保不具有合理信赖，第三人保证是否仍然享有顺位利益？理论界对此争议较大，一种观点认为保证设立在先还是物的担保设立在先，无关紧要，保证人依然享有顺位利益。① 另一种观点认为，不论物保、人保②成立时间的先后，保证人享有法定、确定的顺位利益，时间先后关系只是一般情况下对顺位之信赖存在的必要条件，但只有当债务人物保合同在人保合同之前成立生效或至少二者同时成立生效时，保证人才有可能对物保的成立存在合理信赖，若物保合同在人保合同之后成立生效使得保证人对物保不知情，则保证人不享有顺位信赖利益，在这种情况下，若物保合同因债权人过错而导致无效，也不应使保证人免责。③

司法实践中，物保合同与保证合同成立时间的先后在论证保证人责任顺位以及保证人是否可以免责发挥着重要作用，若债务人物保在人保之后成立，保证人对物保不具有合理期待，保证人不享有顺位利益，不能因债权人放弃物保等行为而免责。在（2017）最高法民申 925 号民事裁定书中，最高人民法院认为，案涉各方当事人均知晓债权人的反担保债权上应同时设立了债务人提供的物的担保（质押）和第三人提供的人的担保，因质押物未交付而导致质权未设立，案涉质押

---

① 程啸：《保证合同研究》，法律出版社 2006 年版，第 624 页。
② 除非特别说明，本文中的物保是指债务人提供的物保，人保系指保证。
③ 叶名怡：《混合担保中债权人过错对保证责任之影响》，载《法商研究》2016 年第 4 期。

合同与保证合同系同一天签订,因当事人没有约定债权实现顺序,若债务人提供的担保物权正常设立,保证人只对物的担保以外的债权承担保证责任,故保证人对自己享有法定的顺位利益存在一种合理信赖,由此产生的信赖利益受法律保护,若令保证人在债务人提供的担保物权未设立时继续承担保证责任,则恶意违约的债务人与怠于行使权利的债权人利益不受损,保证人的信赖利益却遭受侵害,这无疑违反民法的公平原则和诚实信用原则,因此保证人在质押物价值范围免责。在(2019)最高法民终 1631 号民事判决书中,最高人民法院认为,《保证合同》签订时间在前,(债务人)《抵押合同》签订时间在后,抵押经登记后有效设立,在《保证合同》签订时,其担保的债权上本就不存在其他担保方式,签订在后的《抵押合同》只是为债权人实现其债权提供的额外担保,与保证人无涉,故债务人放弃部分抵押权系对其权利的自行处分,并没有因此而加重保证人的保证责任,换言之,保证人在案涉混合共同担保中没有顺位利益,因《保证合同》签订在前,其甚至不存在顺位利益的合理预期,债权人放弃债务人提供的部分抵押担保,并不会对保证人的权利义务产生任何影响。

(二)债务人物保和第三人物保的顺位问题

《民法典》第 392 条所规定的债权人应首先就债务人物保实现债权的情况是针对债务人物保与第三方保证并存的情形,那么在同一债权上既有债务人物保,又有第三人物保的情形,若无明确约定,提供物保的第三人是否依然享有顺位利益?《民法典》和相关司法解释对此未予以明确规定。

根据《民法典》第 409 条和 435 条规定,债务人以自己的财产设定抵押或质押的,债权人放弃该抵押或质押,其他担保人在债权人丧失优先受偿权益的范围内免除担保责任,但是其他担保人承诺仍然提供担保的除外。从该条规定来看,在债务人物保和第三人物保并存的情形下,债权人依然应首先就债务人物保实现债权。司法实践基本上认可这一观点,在债务人物保与第三人物保并存的混合共同担保中,提供物保的第三人依然享有顺位利益。最高人民法院在《中华人民共和国民法典物权编理解与适用(下)》一书持有该观点,如果在债务人自己提供了物保的情形下,债权人转而要求保证人或其他物上担保人承担担保责任,这对于保证人和其他物上担保人而言是不公平的。① 在(2017)最高法民终 230 号民事判决书中,最高人民法院认为,从《物权法》第 176 条和第 194 第 2 款关于共同担保责任的立法本意看,债权人优先就债务人的物的担保实现债权,可以避免提供担保的第三人承担担保责任后向债务人的追偿及可能由此形成的不必要成本,

---

① 最高人民法院民法典贯彻实施工作领导小组主编:《中华人民共和国民法典物权编理解与适用(下)》,人民法院出版社 2020 年版,第 1020 页。

本案中债务承担者，在其自己提供了物的担保情形下，若债权人不优先就该物的担保实现债权，却转而要求就第三人提供的物的担保或人的担保实现债权，有违公平原则。最高人民法院在（2017）最高法民终964号民事判决书中采纳了同样的观点。另外，在（2021）新40民初8号民事判决书中，新疆维吾尔自治区高级人民法院的观点与最高人民法院一致，新疆维吾尔自治区高级人民法院认为，（本案债权之上设有债务人提供的设备抵押和第三人的股权质押）当事人未就担保权的实现顺序进行约定，依照法律规定，债权人应当先就债务人自己提供的抵押物实现债权，不足部分，由第三人在其质押的3000万元股权范围内承担担保责任。

（三）第三人物保和保证的顺位问题

对于第三人物保和保证并存的情况，在《民法典》施行前，《担保法》第28条规定，同一债权既有保证又有物的担保的，保证人对物的担保以外的债权承担保证责任，该规定与《物权法》第176条的规定不一致，而《民法典》第392条沿袭了《物权法》第176条的规定，即使在《民法典》出台前，司法实践已基本认同《物权法》第176条的适用优先于《担保法》第28条，《民法典》第392条规定，第三人提供物的担保的，债权人可以就物的担保实现债权，也可以请求保证人承担保证责任。因此，无论是立法还是司法实践，已基本形成一致的认识，在第三人提供物的担保与保证并存的情况下，若无明确约定，债权人有选择权，其既可以就物的担保实现债权，也可以要求保证人承担保证责任，也可以同时主张实现物的担保与人的保证。①

二、混合共同担保中担保顺位的约定

根据《民法典》第392条，当事方可以约定混合共同担保中的担保顺位，但该约定必须明确，足以达到让当事方对约定的内容在认识上没有分歧的程度。通常而言，约定的形式既可以是债务人提供的物保优先，或者债务人提供的物保劣后，也可以赋予债权人选择实现担保顺序的权利，而且这种约定往往是分别体现在各个担保合同中，当事人往往就混合共同担保中的顺位约定是否明确产生争议，以下就常见的担保顺位约定情形分别讨论。

一致约定的情形。一致约定通常是当事方在第三方担保合同和债务人物保合同中均约定第三方担保优先。司法实践对该类约定争议较小，一般认为该种约定足够明确。在（2020）最高法民申6057号、（2020）川民终551号、（2020）最高法民终180号、（2020）最高法民申4874号、（2020）最高法民终290号等裁判文书中，法院均支持了这一观点。

---

① （2018）最高法民终460号民事判决书。

类似约定的情形。这种类似约定的情形主要是当事方在第三方担保合同和债务人物保合同中均作为类似约定，这种类似约定一般包括两种情形，一种情形是在每份担保合同中约定债权人有权就每份合同项下的担保人优先行使权利，例如，无论债权人对主合同项下的债权是否拥有其他担保权利（包括但不限于保证、抵押、质押等担保方式），其均有权先要求担保人在合同约定的担保范围内承担担保责任……而无须先要求其他担保人履行担保责任。另外一种情形是在每份担保合同中约定债权人有权选择实现担保权利的顺序，例如，主债务在本合同之外同时存在其他物的担保或保证的，不影响抵押权人合同项下的任何权利及其行使，抵押权人有权决定各担保权利的行使顺序。

通过案例检索发现，最高人民法院在大部分案例中认为该种约定是明确的，保证人不享有顺位利益。例如，在（2019）最高法民终1631号民事判决书中，最高人民法院认为，这种约定方式呈现出来的当事人的真实意思是明确的，内容是清晰的，即通过该约定，意在使得债权人可以任意选择人的担保和物的担保以确保自己债权的实现，赋予了债权人选择实现担保的权利，经由债权人选择，担保人承担担保责任的顺序得以确定，这种约定方式与债权人直接向保证人主张承担保证责任之间并不排斥，也不会因在另外的《抵押合同》中存在类似约定内容而产生理解上的冲突或者改变其含义，只要当事人之间的约定内容明确指向实现担保权的顺序且达到前述程度，即可认定当事人之间对于债权人实现担保权存在明确的约定，对此，任何一个处于同样地位的担保人均应能够明白无误地理解这一含义，而不至于引起认识上的分歧或者混乱，因此，债权人有权直接要求保证人承担保证责任。另外在（2020）最高法民终97号、（2020）最高法民终925号、（2020）最高法民终142号等判决书中法院均持该观点。

但是最高人民法院在部分案例中持相反的观点，认为前述约定不明确，债权人应首先实现债务人物保。在（2016）最高法民终40号民事判决书中，当事人在每份担保合同中约定债权人有权就每份合同项下的担保人优先行使权利，最高人民法院认为，仅仅审查本案《保证合同》项下关于实现保证债权的约定，不去审查两份《最高额抵押合同》项下对于实现担保物权已经作出的明确约定明显不妥，《保证合同》的约定显然是关于实现保证债权而非实现担保物权的约定，而且《保证合同》的前述条款也不能必然得出已就担保物权的实现顺序与方式等作出了明确约定，故不能将《保证合同》中的以上约定即理解为《物权法》第176条规定的"当事人约定的实现担保物权的情形"，但两份《最高额抵押合同》第11.7条所作的相同约定，却显然是关于实现担保物权所作的约定，是关于抵押权人直接要求抵押人在其物保范围内承担物保责任的约定，无疑属于就实现担保物权所作的明确约定，债权人无疑应当优先依照两份《最高额抵押合同》中关于实现担保物权的明确约定，先行向债务人以及第三方担保人主张实现其债权，而不应当依照本案《保证合同》的约定实现其债权。

显然，最高人民法院在前述两份判决中对《物权法》第176条中"约定"的理解是存在不一致的，进而导致了判决结果的不同，（2016）最高法民终40号民事判决书认为《物权法》第176条的第三处约定与第一处约定的含义相同，即关于实现担保物权的约定，只有在既无当事人实现担保物权的明确约定，债务人又没有提供物的担保的情形下，才赋予债权人以选择权，而第（2019）最高法民终1631号民事判决书认为根据《物权法》第176条的立法目的及文义理解，该条中"应当按照约定实现债权"旨在确定或者限制混合共同担保中债权人为实现其债权而行使担保权的顺序，故此处的"约定"系指当事人关于实现担保权的顺序的约定，而非当事人关于如何实现担保物权的约定。

此外，在（2019）最高法民再328号民事裁决书中，当事人约定在每份担保合同中约定债权人有权选择实现担保权利的顺序，最高人民法院认为，两份《最高额保证合同》仅约定"债权人有权决定各担保权利的行使顺序"，但对于债权人在实现债权时究竟应先实现债务人提供的物保还是人的担保，仍处于约定不明的状态，即上述两份《最高额保证合同》对于债务人提供的物的担保与人的担保实现顺序事先并未作出明确的约定，债权人应当先就债务人提供的物的担保实现债权。显然最高人民法院在（2019）最高法民再328号民事裁决书中，在分析该类约定是否明确时只审查了保证合同中约定，并未审查债务人物保合同约定，尽管该判决与（2016）最高法民终40号民事判决书的逻辑存在差异，二者否定这种类似约定的结论是一致的。

三、混合共同担保中第三方担保人责任的减免

在混合共同担保中，由于各种担保方式并存，债权人某些操作行为很可能导致其他担保人减免担保责任，《民法典》第409和435条规定沿袭了《物权法》第194和218条，债务人以自己的财产设定抵押或质押，债权人放弃该抵押权、抵押权顺位或者变更抵押权或放弃质权的（以下简称"债权人放弃债务人物保"），其他担保人在债权人丧失优先受偿权益的范围内免除担保责任，但是其他担保人承诺仍然提供担保的除外。此外，除债权人放弃债务人担保之外，混合共同担保中第三方担保人责任的减免事由还可能包括债务人物保合同有效但物保未设立，以及债务人物保合同有效但物保未设立的情形。值得注意的是，《民法典》第409和435条规定了其他担保人承诺仍然提供担保的除外情形，但是其他担保人承诺继续承担担保责任应当明示，不得推定，即使其他担保人明知债权人放弃债务人物保且未表示反对，其他担保人仍可能有权减免相应的担保责任。本文主要探讨

债权人放弃债务人物保、债务人物保无效、债务人物保合同无效的情况下，第三方担保人担保责任减免的问题。

（一）混合担保中第三方担保人担保责任减免的隐含条件

实务中很多人将债权人放弃某一担保行为，债务人物保合同有效但物保未设立和债务人物保合同无效等情形均视为广义上的债权人放弃担保，司法实践中部分法院均适用或参照适用《民法典》第409和435条，因此在债权人放弃担保发生时，第三方担保人担保责任则可能减免。对于混合共同担保中第三方担保人担保责任减免的前提，目前实务和理论界较为统一的观点是债权人放弃担保对其他担保人利益产生不利影响，这种不利影响通常包括对其他担保人的顺位利益和追偿权或法定代位权的影响。

1. 担保责任顺位利益与第三方担保人担保责任减免

通常认为《民法典》第409和435条的适用还存在一个隐含的前提条件，混合共同担保中，债权人应当首先就债务人自己提供的物的担保实现债权，换言之，该款规定应当适用于混合共同担保中担保人对债务人自己提供的物保享有顺位利益时，债权人放弃该抵押/质押权、抵押顺位或者变更抵押权的，其他担保人始得在债权人丧失优先受偿权益范围内免除担保责任。如果第三方担保人在承担担保责任的顺序上与债务人所应承担的物上担保责任并无先后顺序之别，则债权人放弃债务人自己提供的物的担保即与保证人的利益无涉，此时无《民法典》第409和435条的适用空间。① 因此，对于债务人提供物保的混合共同担保，第三方担保人享有顺位利益的，债权人放弃债务人物保的或先行向第三方担保人主张担保权利的，第三方担保人可以在债权人放弃物保的范围内免除担保责任。司法审判实践亦承认了该规则，在（2020）陕民申1531号民事裁定书中，陕西省高级人民法院认为，《物权法》第194条第2款应结合《物权法》第176条进行理解，即当事人有约定的，则约定优先，债务人以自己的财产设定抵押，抵押权人放弃该抵押权、抵押权顺位或者变更抵押权的，其他担保人并不都是在抵押权人丧失优先受偿权的范围内免除担保责任，担保人可以依据《物权法》第194条第2款抗辩的关键在于债权人没有选择权，即债权人对债务人提供的物保与担保人提供的保证实现的方式没有约定或者约定不明，只有在没有约定或者约定不明的情况下（本文作者注：保证人享有顺位利益的情况）其他保证人才可适用《物权法》第194条第2款进行抗辩，而本案中，债权人与保证人之间有关债权人的选择权存在明确约定，即无论债权人对主合同项下的债权是否拥有其他担保（包括但不限于保证、抵押、质押、保函、备用信用证等担保方式），债权人均有权直接要求保证人

---

① （2019）最高法民终1631号民事判决书和第（2020）最高法民申6459号民事裁定书。

在其保证范围内承担保证责任，故（债务人）抵押权的未设立并不影响债权人向保证人主张保证责任，保证人不能据此免除保证责任。同样，对于第三人物保和保证并存的混合共同担保，在无明确约定的情况下，各担保人之间的地位平等，担保人之间并无顺位利益，即使债权人放弃其中一项担保，其他担保人不能以此主张减免担保责任，在（2016）云民终520号民事判决书中，云南省高级人民法院认为，第三人提供的抵押担保与第三人的连带保证担保亦属同一顺序，债权人是否放弃物的担保并不影响保证人的连带保证担保。但在多人保证中存在例外情形，在共同连带保证责任当中，保证人之间构成连带债务，保证人之间亦无责任顺位之分，根据《民法典》第520条①，若债权人放弃其中一位连带保证人的保证责任，其他保证人在债权人放弃的范围内可以免除担保责任。

值得注意的是，实务界和理论界关于《民法典》第409和435条应当适用于混合共同担保中担保人对债务人自己提供的物保享有顺位利益的情况存在一些不同的意见，其理由在于《民法典》第409和435条并未明确规定其适用以其他担保人享有顺位利益为前提，尽管司法实践中存在这样的案例，但我国并非案例法国家，实践中我们仍需警惕不同法院或不同法官之间存在不同的观点，作出不同的判决。

2. 追偿权和法定代位权与第三方担保人担保责任减免

与前面担保责任顺位利益是第三方担保人担保责任减免的前提条件观点相对应则是，混合担保中即使担保人不享有顺位利益，担保人之间的追偿权以及担保人对债务人的法定代位权亦会对第三方担保人责任减免产生影响，但担保人的追偿权和法定代位权是否构成混合共同担保中第三方担保人担保责任减免的前提条件之一，目前还存在一定的争议。

第一，在第三方担保人之间相互有追偿权以及第三方担保人对债务人享有追偿权的情形中，支持观点认为，担保人的责任顺位相同时，债权人放弃部分第三方担保人担保责任的，该担保人此时已非该同一债务的担保人，其他担保人的追偿权自不得向其行使，如此将最终影响到各担保人承担担保责任份额的分担，② 尤其在债权人放弃债务人物保的情形下，债务人整体的偿债资产将会减少，进而危及担保人行使追偿权，因此，即使担保人之间不存在顺位利益，债权人放弃部分担保的，其他担保人可以在债权人放弃担保权利的范围内免除担保责任。③ 反对观点则认为，支持观点来源于原《担保法司法解释》第38条第3款规定"债权人在

---

① 《民法典》第520条规定：部分连带债务人的债务被债权人免除的，在该连带债务人应当承担的份额范围内，其他债务人对债权人的债务消灭。
② 孙鹏、王勤劳、范雪飞：《担保物权法原理》，中国人民大学出版社2009年版，第75页。
③ 高圣平：《混合共同担保的法律规则：裁判分歧与制度完善》，载《清华法学》2017年第5期。

主合同履行期限届满后怠于行使担保物权，致使担保物的价值减少或毁损、灭失的，视为债权人放弃部分或者全部物的担保，保证人在债权人放弃权利的范围内减轻或者免除保证责任。"但《物权法》已经改变了相应的法理基础，原《担保法司法解释》第 38 条第 3 款无适用空间，该款规定需要目的性限缩，将第三人提供物的担保排除在外，① 司法实践中很多法院已采纳这一观点。此外，担保人之间的追偿权法律关系是各担保人基于相互间约定或共同在担保合同上签字而设立的新债权，担保权人是追偿权法律关系以外的第三方，担保权人放弃部分担保时，承担担保责任的担保人可以依约定向其他担保人追偿，对担保人之间的追偿权不产生影响。② 即便在担保人对债务人享有追偿权的情形中，根据《民法典》第 393 条规定，主债权消灭的，担保物权同时消灭，在债权人向第三方担保人主张承担担保责任后，抵押即告消灭，这一法律效果与债权人放弃抵押的法律效果并无二致，同时，债务人抵押责任免除后是否处分抵押物，处分抵押物是否导致责任财产减少，受诸多因素影响，担保人承担担保责任后能否向债务人追偿与债权人放弃债务人抵押之间没有必然的因果关系，更为重要的是，债务人提供的抵押系对债权人的担保，而非对保证人的担保，保证人如欲保障其追偿权，完全可以通过设定反担保等确定的法律行为予以实现，故此种不确定的或然影响不构成法律意义上对保证人的不利影响。③

尽管前述争议，但对于相互享有追偿权的保证人，司法解释已有明确规定，《担保制度司法解释》第 29 条第 2 款，同一债务有两个以上保证人，保证人之间相互有追偿权，债权人未在保证期间内依法向部分保证人行使权利，导致其他保证人在承担保证责任后丧失追偿权，其他保证人有权主张在其不能追偿的范围内免除保证责任。

第二，在混合共同担保中，债权人不能放弃债务人提供的物保，若债权人放弃债务人提供的物保，其他担保人则可以在债权人放弃的范围内免除担保责任，但其他担保人承诺仍然提供担保的除外。这种观点的理由是根据《担保制度司法解释》第 18 条第 2 款，承担担保责任的第三方担保人对债务人向债权人提供的担保物享有担保物权（法定代位权），债权人放弃债务人提供的物保会影响第三方担保人法定代位权的行使，因此若债权人放弃债务人提供的物保，保证人承担保证责任之后代位取得的，将是"无物保的债权或者担保力被削弱的债权"，保证人的

---

① 崔建远：《物权：规范与学说——以中国物权法的解释论为中心》，清华大学出版社 2011 年版，第 751 页。

② 陈泫华、王雁苗：《论混合共同担保中担保人的顺位及追偿权——兼评〈民法典〉第 392 条、第 409 条》，载《中国不动产法研究》2020 年第 2 期。

③ 同上。

利益状态大大恶化，其代位权甚至可能化为泡影。① 最高人民法院在司法实践中似乎支持这一观点，在（2019）最高法民终 1631 号民事判决书中，在分析顺位利益时特别强调了担保人的代位权，最高人民法院认为，在债权人选择以某种担保方式实现债权后，债权即告消灭，主债权消灭，作为从权利的其他担保权随之消灭，由于我国现行法律并未规定担保人的代位权，担保人在承担担保责任后，并不能够代位取得债权人对债务人提供的抵押物的抵押权，因此，从体系解释的角度看，仅在保证人对债务人提供的抵押担保享有顺位利益的情况下，债权人放弃债务人提供的抵押担保，保证人才享有在抵押权人丧失优先受偿权益范围内免除担保责任的权利，在保证人没有顺位利益或者放弃顺位利益的情况下，则债权人放弃债务人自己提供的物的担保即与保证人的利益无涉，则无《物权法》第 194 条第 2款的适用空间。从最高法院的逻辑来看，在无法定代位权和顺位利益的情况下，债权人放弃债务人物保不会对保证人利益产生影响，但《担保制度司法解释》规定担保人的法定代位权之后，在保证人没有顺位利益或者放弃顺位利益的情况下，债权人放弃债务人自己提供的物的担保依然会影响担保人的利益，即担保人的法定代位权，因此，在担保人没有顺位利益的情形下，债权人放弃债务人提供的物保，其他担保人则可能在债权人放弃的范围内免除担保责任。

（二）债权人放弃债务人物保与第三方担保人担保责任减免

实践中何种行为可以构成债权人放弃债务人物保？以抵押权为例，放弃抵押权权利属于财产权的抛弃，系一种单独民事法律行为，民事法律行为以意思表示为要素，除法律有特别规定外，意思表示应以明示方式作出，故通常应由债权人作出放弃抵押权的明确意思表示或者向登记部门申请抵押权涂销登记才产生抵押权抛弃的效力。② 实践中债权人直接以明确意思表示放弃债务人担保的情形相对少见，实务中视为债权人放弃担保的行为更加常见，通常表现出来的往往是一些债权人的不作为行为致使担保物权实现困难，或因债权人的原因致使担保物权下的实际财产内容减少等，均可视为放弃之范畴，这种视为放弃担保的行为主要是指怠于行使担保物权导致担保物减损或灭失等等。

本部分就视为债权人放弃债务人物保，即债权人怠于行使担保物权致使担保物的价值减少或者毁损、灭失的行为进行分析。根据原《担保法司法解释》第 38 条，债权人在主合同履行期届满后怠于行使担保物权，致使担保物的价值减少或者毁损、灭失的，视为债权人放弃部分或者全部物的担保，保证人在债权人放弃权利的范围内减轻或者免除保证责任。《民法典》施行后，原《担保法司法解释》

---

① 孙鹏、王勤劳、范雪飞：《担保物权法原理》，中国人民大学出版社 2009 年版，第 75 页。
② （2017）最高法民终 964 号民事判决书。

被废止，但该裁判规则基本上已经得到司法实践的认可，司法实践仍有适用该规则的可能性。

结合司法实践，债权人怠于行使担保物权被认定为放弃债务人物保，通常需要满足四个条件，一是怠于行使担保物权的行为发生在主合同履行期届满后，在（2019）鲁民终979号民事判决书中，山东省高级人民法院认为，债权人提起本案诉讼主张权利时，主合同的履行期尚未届满，债权人并未怠于行使权利；二是债权人存在怠于行使担保物权的行为，通常由主张减免担保责任一方证明债权人存在该行为（下文将详细分析何种行为构成怠于行使担保物权行为）；三是担保物的价值减少或者毁损、灭失，如果担保物仅仅被第三人扣押可能不会对担保物价值产生影响，如果担保物被其他机关查封扣押或被其他机关拍卖，处置价款依然存在，则不存在致使担保物的价值减少或者毁损、灭失的情形；① 四是债权人行使担保物权的行为与担保物的价值减少或者毁损、灭失存在因果关系，司法实践中，债权人怠于行使担保物权、担保物的价值减少或者毁损、灭失以及二者的因果关系的证明责任一般由主张减免担保责任一方承担。②

债权人怠于行使担保物权被认定为放弃债务人物保的四个条件中，债权人存在怠于行使担保物权的行为是最为重要的条件，亦是争议最大的条件，司法实践对于何为"怠于行使担保物权"以及在何种情况下才被视为债权人放弃担保物权一致存在争议。

通常而言，担保权人的行为构成怠于行使担保物权的情形存在两个共同的特征，即担保权人对于担保物价值减少或者毁损、灭失存在过错，或者担保权人明知或应知担保物价值减少或者毁损、灭失而未及时行使担保物权。

担保权人对于担保物价值减少或者毁损、灭失存在过错的常见情形包括擅自解除抵押登记、置换抵押物等。在由第三人提供担保并由债务人自身提供不动产抵押的混合担保中，抵押期间债务人通常会向债权人申请销售抵押物、解除抵押登记，并以销售回款偿还债权，根据《物权法》第191条，抵押期间抵押人经抵押权人同意转让抵押财产的，应当将转让所得的价款向抵押权人提前清偿债务或者提存，该行为可以不视为放弃担保，但销售回款未用于清偿债务的，债权人的同意销售抵押物行为可能视为放弃担保。③ 但《民法典》施行后，在未登记禁止转让抵押物的情形下，抵押人有权转让抵押物，不涉及债权人解除抵押登记的过程，债权人行为视为放弃担保的风险进一步被弱化。此外，业务实践中债务人因业务发展需要可能需要置换抵押物，在实务操作上会涉及新增抵押和解除原抵押

---

① （2018）吉民申3622号民事裁定书。
② （2020）闽民终856号民事判决书和（2018）渝民终72号民事判决书。
③ （2019）黑民再168号民事判决书。

程序，在由第三人提供担保并由债务人自身提供不动产抵押的混合担保中，债权人未经其他担保人同意就为债务人办理了抵押登记注销并接受债务人另行提供的其他抵押物担保的，仍应认为债权人对债务人物保的放弃，其他担保人在相应范围内应免除担保责任。①

担保权人明知或应知担保物价值减少或者毁损、灭失而未及时行使担保物权的情形在实践中较为常见，例如，对于担保物因其自身性质原因而容易灭失或价值贬损的，如生鲜、蔬菜等易腐烂物，若债权人未及时行使担保物权，则可能构成怠于行使担保物权；② 债权人明知债务人转移担保物的或对担保物灭失提前知情，却仍不及时行使担保物权，则债权人可能构成怠于行使担保物权；③ 此外，根据《民法典》第390条，担保权人就担保物享有物上代位权，即使担保物灭失或价值减损不存在任何过错，但债权人知道或应知担保物灭失后，却未及时行使物上代位权的，依然可能视为放弃担保。

（三）债务人物保未有效设立与第三方担保人担保责任减免

通常，债务人物保合同生效后，债权人应当积极要求或配合债务人办理登记或交付担保物。若物保合同生效后，物保因未办理登记或未交付担保物而未有效成立，混合共同担保中的第三方担保人是否可以在债务人物保的范围减免担保责任呢？根据前述逻辑，首先应当分析在物保有效设立的情况下，其他担保人是否满足担保责任减免的隐含条件，若不满足，无论物保是否有效设立，其他担保人均不能减免担保责任；④ 若满足，以顺位利益为例，司法实践中具有以下两种相反观点。

第一种观点认为，混合共同担保中第三方担保人享有的顺位利益是以债务人物保成立为前提，在债务人物保未成立的情况下，不存在债权人放弃债务人物保的前提且第三方担保人无法享有顺位利益，不应当减免第三方担保人的担保责任。在（2018）云民申140号民事裁定书中，云南省高级人民法院认为，债务人的车辆没有交付给债权人占有，质权并未依法设立，故第三方抵押人关于债权人放弃实现质押权，依法应在放弃权利的范围内减轻或者免除第三方抵押人担保责任的主张不能成立。在（2019）辽民申6542号民事裁定书中，辽宁省高级人民法院认为，债务人以当时正在建设的门市房作为抵押担保，但并没有办理抵押物登记，抵押权并未设立，保证人仍应当按合同约定承担连带保证责任。在（2016）鲁民终970号民事判决书中，山东省高级人民法院与辽宁省高级人民法院的观点一致，

---

① （2018）最高法民终966号民事判决书。
② （2020）云29民终1394号民事判决书。
③ （2019）最高法民申1734号民事裁定书。
④ （2020）豫民申4951号民事裁定书。

债权人放弃物的担保的前提条件是物的担保真实有效存在，北京市第二中级人民法院在（2019）京02民终15415号民事判决书中同样认为，鉴于涉案房产并未办理权利人为债权人的抵押登记，债权人并未获得物的担保，因此，不存在债权人怠于行使担保物权的前提。

第二种观点认为债务人物保未有效设立的，若债权人怠于行使设立物保的权利或对物保未有效设立存在过错，损害了第三方担保人的顺位信赖利益，第三方担保人应当减免担保责任。在（2019）川民再629号民事判决书中，四川省高级人民法院认为，放弃物的担保包括物的担保权益应该设立且可以设立但因债权人的过错没有设立，案涉《借条》中约定债务人提供股权质押担保，但债权人因对保证人担保实力的信任而在尚未与债务人办理质权登记手续的情况下即出借款项给债务人，债权人对质权未在出借款项前有效设立存在过错，其应对质权未有效设立导致其不能通过质物优先受偿的不利后果承担责任。根据《物权法》第176条、第218条的规定，保证人对先以债务人的质物清偿债务存在合理信赖，债权人怠于行使股权质押登记损害了保证人的顺位信赖利益，保证人主张其应在质物优先受偿的价值范围内免除保证责任的理由成立。同样在（2017）最高法民申925号民事裁定书（最高人民法院公报案例）中，最高人民法院认为，保证合同中虽未明确约定债务人提供水稻质押是保证人提供保证的条件，但物权法对债务人提供的物保与第三人提供的人保并存时的债权实现顺序有明确规定，保证人对先以债务人的质物清偿债务存在合理信赖利益，债权人怠于行使质物交付请求权损害了保证人的顺位信赖利益，保证人应在质物优先受偿价值范围内免责。在（2018）渝民申3226号民事裁定书中，重庆市高级人民法院认为，保证人在签署保证合同时应已知晓本案贷款及质押事宜，保证人对本案债务已设立有效的质权能够形成合理的信赖，债权人理应积极促使质权依法有效设立，但债权人亦只要求债务人交付了相应车辆的合格证，其不行使合同权利，怠于督促质物交付，也未自行或委托第三方对出质物进行监管，因此债权人怠于行使设立担保物权的权利，该行为与在担保物权设立后放弃或怠于行使担保权利的法律效果实质上相同，均损害了其他保证人的担保顺位利益，可以视为债权人放弃该担保物权，其他保证人应在该担保物权价值范围内相应免责。

同样，债务人物保未有效设立的，若债权人并不存在怠于行使设立物保的权利，或者对物保未设立不存在过错，第三方担保人不应当减免担保责任。在（2020）豫民申4951号民事裁定书中，河南省高级人民法院认为，本案借贷双方虽签订了应收账款质押合同，但未在信贷征信机构办理出质登记，故质权并未依法设立，但保证人不能提供证据证明债权人在能够办理质押登记的情况下，消极办理质押登记，对质权未能设立有明显过错，故保证人不能减免担保责任。

（四）债务人物保合同不生效或无效或被撤销与第三方担保人担保责任减免

在主合同有效，债务人物保合同无效的情况下，物保合同无效产生的后果实际上亦是债务人物保不成立，债务人物保合同无效的原因一般是担保物虚假、违反法律强制性规定等，而债务人物保未设立的原因主要是债权人和担保人的主观人为因素，二者存在一定的差异。根据原《担保法司法解释》第38条第2款规定，同一债权既有保证又有物的担保的，物的担保合同被确认无效或者被撤销，保证人仍应当按合同的约定或者法律的规定承担保证责任。尽管原《担保法司法解释》第38条第2款存在明确规定，但实务界和理论界对该问题一直存在争议，《民法典》废止了原《担保法司法解释》后，司法实践如何适用这一规则将更具有不确定性。

第一种观点认为，即使债务人物保合同未生效或无效或被撤销，根据原《担保法司法解释》第38条第2款，第三方担保人仍需承担担保责任。在（2020）鄂06民终729号民事判决书中，湖北省襄阳（樊）市中级人民法院认为，借款协议第3条约定不能按期还款时，将房屋过户至债权人名下的约定，违反了法律关于禁止流押的规定，应属无效，在债权人与债务人签订的房产抵押和950件酒质押的约定与法不符，均为无效的情形下，保证人以债权人不行使抵押权及质押权，无权向其主张担保责任的辩称理由不成立。在（2020）粤06民终4875号民事判决书案中，广东省佛山市中级人民法院认为，因借款协议对机器设备作为担保物的约定不明确，债务人对机器设备享有处分权、所有权、使用权不明，且债务人抵押的车辆在《借款协议》签订前已被法院查封，属于《物权法》第184条规定的禁止抵押的财产，现未有证据反映该车的查封已被解除，故债务人签订的抵押合同无效，根据原《担保法司法解释》第38条第2款，保证人仍应按照《借据》《借款协议》的约定承担保证责任。《民法典》施行后，原《担保法司法解释》被废止，司法实践是否依然会认同该观点存在不确定性。

第二种观点认为债务人物保合同无效是否可以认定为债权人放弃担保使得第三方担保人减免担保责任，需要分析是否由于债权人的过错导致物保合同无效，若物保合同无效事由中包含了债权人过错，则第三方担保人可以减免担保责任。在（2019）新民申1279号民事裁定书中，新疆维吾尔自治区高级人民法院认为，虽然债务人承诺以600余亩土地作为借款担保，并在担保合同中记载了物的担保内容，但并未办理抵押登记手续，且该土地使用证系伪造。因此，抵押合同未发生效力，如果保证人主张免除保证责任，需要证明债权人与债务人串通欺骗保证人提供保证担保，或者债权人知道或应当知道债务人欺诈保证人仍与保证人签订保证合同的事实，本案中，保证人虽一直主张债权人对土地使用证为伪造的事实是知道或者应当知道，但是未能举证证明其主张，故保证人主张其不应该承担保证责任或者在被抵押的 600 余亩土地价值范围内免除保证责任的理由不成立。在（2016）赣 07 民终 1816 号民事判决书中，江西省赣州市中级人民法院认为，对于抵押的奔驰小轿车，因该车并非债务人所有，该抵押合同应认定无效，依照原《担保法司法解释》第 38 条第 2 款，即本案车辆抵押合同被确认无效后，作为保证人不能再以自己只应对该车辆担保以外的债务承担保证责任为由提出抗辩，其应依法承担保证责任，但鉴于债权人在签订抵押合同时未能通过证照验证等方法以确定抵押车辆的所有权人存在过错，故可适当减轻保证人的相应保证责任。

（五）第三方担保人担保责任的减免范围

从前述分析可知，混合共同担保中，在债权人放弃债务人物保或视为放弃债务人物保等特定情况下，其他担保人在债权人丧失优先受偿权益的范围内免除担保责任。司法实践中，法院在确定担保责任免除范围时，通过会考虑以下情形。

法院通常会以抵押时担保物的评估价值为基础确定免责范围。在（2016）最高法民终 40 号民事判决书中，最高人民法院认定债权人放弃抵押权的价值远远大于本案其所主张的主债权价值，因此，保证人免除全部担保责任。对于抵押权的价值，法院采用了债权人的抵押时的评估价值，法院认为所有评估价值及设定抵押价值均获得债权人的当时认可，有些还是由债权人委托评估而得出，同时指出如果其中存在因抵押物抵押时的评估价值与设定抵押价值虚假评估或高估而引发债权实现时抵押物价值贬损可能的话，则应由债权人自行承担该可能之后果，与保证人无关，因为保证人并未参与以上价值评估及其抵押价值的设定；如果由于停产以及市场原因等导致抵押物最终处理时价值贬损可能的话，亦应由债权人责，因这与债权人放弃行使或怠于行使其抵押权密切相关，与保证人亦无关联。在（2019）最高法民申 1734 号民事裁定书中，债权人怠于行使担保物权而导致保证人减免担保责任，最高人民法院亦支持以签订《抵押协议》时机器设备的价值（评估价值）确定保证人的免责范围亦无不当。此外，在（2018）赣民终 364 号民事判决书中，因债权人怠于行使担保物权，保证人可以减免担保责任，江西省高级人民法院则以提供抵押时抵押物的评估价值 369 万元为基础，认定保证人对本案债务仅在扣除 369 万元后各自承担相应保证责任。

此外，法院亦可能依据市场价格确定抵押物价值，对于债权人放弃的担保物已被转让的，一般以转让价款作为参考免除其他担保人的担保责任。在（2019）黑民再 168 号民事判决书中，黑龙江省高级人民法院认为，截至 2017 年 12 月 21 日，抵押房产已售 990 套，销售金额达 958,854,086.12 元，远远大于债务人所欠贷款本金及利息，故应当免除其他担保人的担保责任。对于特定担保物，即使存在转让价值，法院亦可能参考政府指导价格确定担保物的价值。在（2017）最高法民申 925 号民事裁定书中，最高人民法院认为，在质权设立的情况下，质权人的债权不能清偿时应以质押物拍卖、变卖的价值优先受偿，因本案4560吨水稻质权未设立，则根据黑粮农联〔2014〕102号《关于印发水稻最低收购价收购质价政策的通知》中关于2014年度水稻最低收购价为每市斤1.55元的指导价，确定案涉4560吨水稻的价值为1413.6万元，有明确依据，并无不当，再结合债务人出卖上述质押物所得款项为1300余万元、诉争债权金额为1000万元的事实来看，四保证人免除保证责任。

在物保未设立或物保合同无效的情形下，在支持其他担保人减免担保责任的法院当中，部分法院认为其他担保人直接在债权人丧失优先受偿权益的范围内免除担保责任，但部分法院则会根据实际情况考虑债权人对物保未设立或物保合同无效的过错程度，以此裁量其他担保人的免责范围。在（2015）湘高法民一终字第163号民事判决书中，湖南省高级人民法院认为，债务人提供的股权质押未有效设立，债权人对于股权质押未依法进行登记具有明显过错，保证人应当在主债权人的过错范围内减轻保证人的保证责任，根据本案质押合同未出质登记的情况，法院认定债权人对于质押合同无效应承担50%的过错责任，保证人对本案主债务的保证责任应减轻50%。同样，在（2020）皖18民终1692号民事判决书中，安徽省宣城市中级人民法院认为，经一、二审均无法查明担保物是否存在，综合考虑债权人和保证人在订立合同过程中不谨慎的责任，保证人应知担保物无法清偿债务的情况下其应承担相应保证责任，确定保证人对债权人的债权承担50%的担保责任。

四、总结与建议

综上，混合共同担保中，当事人关于担保责任顺位问题、顺位约定是否明确问题以及第三方担保责任减免问题均存在着较大的争议，产生了较多的法律纠纷。

（1）在无明确约定的情况下，在债务人物保和其他人担保并存的混合共同担保中，其他担保人享有顺位利益，债权人应当先就该物的担保实现债权；在第三人物保和保证的混合共同担保中，各担保人均不享有顺位利益，债权人可以选择其一担保或同时选择全部担保实现债权。

（2）实践中，为避免实现担保权利时的担保顺位限制，债权人通常会分别在担保合同中约定债权人有权选择担保顺位，但这种顺位约定是否足以达到明确的程度，部分法院持否定态度，法院可能会根据案件具体情况判决合同约定是否足以明确，进而裁定担保人之间是否享有顺位利益。

（3）混合共同担保中，若第三方担保人享有顺位利益，债权人存在放弃或视为放弃顺位在先的担保的，其他担保人一般可以主张在债权人放弃担保权利的范围内免除担保责任；在第三方担保人不享有顺位利益或各担保人之间担保顺位相同时，但担保人之间享有相互追偿权的，债权人放弃某一担保的，其他担保人是否可以主张减免担保责任存在争议，存在法院支持担保人减免担保责任主张的可能性；无论第三方担保人是否享有顺位利益，若债权人放弃债务人提供的物保，由于《担保制度司法解释》已经明确担保人的法定代位权，若债权人未取得其他担保人继续承担担保责任的承诺，法院可能会判决其他担保人在债权人放弃担保权利的范围内免除其他担保人的担保责任。

（4）混合共同担保中，发生债务人物保未有效设立，或债务人物保合同无效等情形时，第三方担保人可能以此为由主张减免其担保责任，目前司法实践存在争议，债权人存在法院支持其他担保人减免担保责任的风险。

基于上述分析，为避免或减少债权人与担保人的法律纠纷以及担保人的抗辩，建议债权人在提供融资时注意：

（1）放款之前对债务人提供的担保物进行尽职调查，确保担保合同合法有效，担保合同签订后，债权人应积极履行设立担保物权的权利，确保物保有效设立；

（2）债权人对于担保顺位的约定应尽可能明确、详细，避免出现不同的理解和歧义，在条件允许的情况下，债权人可以考虑与全部担保人共同约定担保顺位。

（3）担保人之间追偿权对债权人行使担保权利的影响，债权人可以考虑在协议中明确排除担保人之间的追偿权，或者该种追偿权由担保人另行约定，债权人不介入担保人关于追偿权的约定。

（4）考虑担保人享有法定代位权以及关于担保顺位约定是否明确存在不确定性，建议债权人在对任何一种担保（包括债务人物保、第三方物保、保证）进行任何变动时，提前分析该种变动是否可能构成放弃或视为放弃担保的行为，若是，债权人应取得其他担保人的同意和继续承担担保责任的书面承诺。

（5）担保期间债权人应当注意加强投后管理，尽量避免抵押物损失或被转移，若担保物被损毁，债权人应积极地行使物上代位权，及时将相关赔偿金或补偿金提存或要求债务人提前还款。

（6）债务履行期限届满后，债权人应当积极、及时向债务人行使担保权利，在提起诉讼或仲裁之前，可以通过协商等方式积极实现担保物权，若发现担保物存在被转移、损毁或减值的风险，尤其是对市场和处置时机较为敏感的担保物，应立即采取相应措施实现担保物权。

不动产抵押权与租赁权权利冲突与风险防范实务研究

刘 珊

不动产抵押是债权安全回收的重要担保措施。由于不动产抵押不要求抵押人转移不动产的占有，实践中会出现不动产上抵押权与租赁权并存的现象，于债权人而言可能产生租赁权阻碍抵押权顺利实现的风险。本文将对不动产抵押权与租赁权存在的冲突进行分析，并从债权人的角度就抵押权与租赁权冲突的核查及防范提出建议。

一、抵押权与租赁权权利顺位保护相关规定分析

不动产租赁权作为基于不动产租赁合同产生的一种权利，其性质上是一种债权。为保护承租人，《民法典》第725条[①]规定了"买卖不破租赁"原则，赋予了租赁权这种债权物权化的效力。由此导致债权人通过拍卖等方式行使抵押权时，如果影响到承租人租赁权的行使，承租人可以要求停止执行，主张"带租拍卖"，因此将严重地影响抵押物的处置进度及处置价值，从而损害债权人的债权。

（一）抵押权与租赁权保护顺位法律规制

目前，就不动产"先租后抵"和"先抵后租"两种情形下不动产抵押权与租赁权保护顺位的法律规定如下：

1. 不动产"先租后抵"

根据《民法典》第405条[②]规定，抵押人在不动产抵押登记前已将不动产出租给承租人使用，原则上延伸适用"买卖不破租赁"，即抵押物所有权因抵押权的

---

① 《民法典》第725条：租赁物在承租人按照租赁合同占有期限内发生所有权变动的，不影响租赁合同的效力。

② 《民法典》第405条：抵押权设立前，抵押财产已经出租并转移占有的，原租赁关系不受该抵押权的影响。

实现而发生转移的，抵押物上的租赁关系不受影响。也就是说，租赁权在抵押合同签订前设立的，无论该抵押权是否办理登记，抵押权实现不影响租赁合同的继续履行，租赁权得以优先保护。

2. 不动产"先抵后租"

按照《民法典》第 725 条，以及《最高人民法院关于审理城镇房屋租赁合同纠纷案件具体应用法律若干问题的解释》第 14 条①规定，对于抵押权设立在先的，租赁权不得对抗已登记的抵押权。抵押登记作为抵押权的公示方式，可以通过查询进行了解，因此推定承租人在设定租赁权时应当知道该不动产上的已登记的抵押权，其也应承担抵押权人行使抵押权时可能给其造成的损失。

（二）租赁权设立时间标准分析

如前文所述，《民法典》第 725 条规定考虑到不动产上同时设立抵押权与租赁权的情形，并且根据抵押权与租赁权设立的先后对二者的保护顺位进行了规制。但由于目前我国法律仅明确不动产抵押权的设立为办理抵押登记，而法律对于不动产租赁权设立的标准没有明确的规定。这就导致实践中对于抵押权与租赁权设立先后问题的判断上容易出现争议。因此，租赁权设立时间对抵押权与租赁权的保护顺位的确定至关重要。

《最高人民法院关于审理城镇房屋租赁合同纠纷案件具体应用法律若干问题的解释》第 5 条②第 1 款规定了在合同均有效的情况下，多个承租人均主张履行合同的，人民法院确定履行合同的承租人的顺序依据，可见主要存在不动产租赁合同签订时间、不动产租赁合同登记备案时间和承租人实际占有使用不动产的时间三种租赁权设立时间标准。

1. 以租赁合同签订时间为标准

租赁合同签订生效租赁关系成立、租赁权设立。虽然笔者以"租赁、租赁合同、抵押"为关键词在最高院及高院范围内搜索未发现仅以合同签订时间作为判

---

① 《最高人民法院关于审理城镇房屋租赁合同纠纷案件具体应用法律若干问题的解释》第 14 条：租赁房屋在承租人按照租赁合同占有期限内发生所有权变动，承租人请求房屋受让人继续履行原租赁合同的，人民法院应予支持。但租赁房屋具有下列情形或者当事人另有约定的除外：
（一）房屋在出租前已设立抵押权，因抵押权人实现抵押权发生所有权变动的；
（二）房屋在出租前已被人民法院依法查封的。
② 《最高人民法院关于审理城镇房屋租赁合同纠纷案件具体应用法律若干问题的解释》第 5 条：出租人就同一房屋订立数份租赁合同，在合同均有效的情况下，承租人均主张履行合同的，人民法院按照下列顺序确定履行合同的承租人：
（一）已经合法占有租赁房屋的；
（二）已经办理登记备案手续的；
（三）合同成立在先的。
不能取得租赁房屋的承租人请求解除合同、赔偿损失的，依照民法典有关规定处理。

断租赁权设立的标准的相关案例,但根据《最高人民法院关于审理城镇房屋租赁合同纠纷案件具体应用法律若干问题的解释》第 5 条规定及上海浙江等地法院的相关解答文件,合同成立时间仍为租赁权设立的一个重要标准,在抵押权与租赁权的纠纷中仍存在以此为标准确定抵押权与租赁权设立先后的可能性。

2. 以不动产租赁合同登记备案为标准

《商品房屋租赁管理办法》第 14 条①规定了不动产租赁合同的登记备案制度,因此不动产租赁合同登记备案也成为租赁权设立的标准之一。《上海市高级人民法院民一庭关于处理房屋租赁纠纷若干法律适用问题的解答》第 30 条②将租赁合同登记作为"买卖不破租赁"要件,即证明以登记备案为租赁关系成立的标志。

3. 以租赁物占有为标准

占有租赁物对于承租人来说是一种最直接、最直观的公示方式。《最高人民法院关于审理城镇房屋租赁合同纠纷案件具体应用法律若干问题的解释》明确规定将承租人已经合法占有租赁房屋作为出租人就同一房屋订立数份租赁合同,在合同均有效的情况下,承租人均主张履行合同的,人民法院确定履行合同的承租人时考量的第一顺位要素,其次才是已经办理登记备案手续的及合同成立在先的。如 L 公司等诉 S 公司合同纠纷案③中,关于租赁权的设立时间,最高人民法院认为租赁权作为物权化的债权,应以租赁人对租赁物实际占有、使用作为设立的时间。

若以不动产租赁合同签订时间为租赁权成立的标准,由于租赁合同及签订时间极易伪造,这就将抵押权人置于不利的被动地位。且仅以签订租赁合同就能主张以债权性质的租赁权对抗不动产抵押权这种物权,不符合物权具有绝对性,债权仅具有相对性,物权优先于债权的原则。《最高人民法院关于审理城镇房屋租赁合同纠纷案件具体应用法律若干问题的解释》第 5 条第 1 款规定,在同一不动产上数个租赁权竞合情况下承租人法律地位认定的问题上,仅以租赁合同表现的承租人不能对抗占有租赁物或登记备案的承租人。

另外,我国现有规定未明确不动产租赁合同的登记备案制度是不动产租赁成立的要件或对抗要件,且我国的不动产租赁市场并不规范和标准化,租赁双方或

---

① 《商品房屋租赁管理办法》第 14 条:房屋租赁合同订立后 30 日内,房屋租赁当事人应当到租赁房屋所在地直辖市、市、县人民政府建设(房地产)主管部门办理房屋租赁登记备案。
房屋租赁当事人可以书面委托他人办理房屋租赁登记备案。
② 《上海市高级人民法院民一庭关于处理房屋租赁纠纷若干法律适用问题的解答(三)》第 30 点:"买卖不破租赁"的适用是否要求租赁合同登记?未经登记的租赁合同,当房屋所有权发生变化时,承租人不能以"买卖不破租赁为由"向新的房屋权利人要求租赁合同继续履行。但是,承租人有证据证明新的房屋权利人知道或者应当知道租赁事实的除外。
③ (2013)执监字第 67 号民事裁定书。

特殊机会投资之道 2

为避税或因其他原因对于申请租赁合同登记备案的主动性和积极性并不高,实际进行备案登记的租赁可谓少数。同时,由于不动产租赁本质上并非物权变动的原因,因此对于抵押登记和租赁合同登记不能在同一登记簿上体现,无论是对抵押权人判断抵押物是否存在租赁还是对承租人判断租赁物是否存在抵押都没有形成更加便利的条件。

因此,有学者主张在以不动产租赁合同签订时间和以不动产租赁合同登记备案时间都存在缺陷和可操作性问题的情况下,确定不动产租赁权顺位时,目前应采用双轨制,先以承租人占有租赁物的时点为准;这个标准不能适用的,再以登记时点为准,也即在承租人未占有租赁物,但房屋租赁进行登记的情形,应通过对比租赁登记和抵押登记的时点先后来排列顺位。在房屋租赁登记完备后且运转良好后,就应转向单轨制,只以登记时点为准。①

在目前的司法实践中,虽然法院对抵押权与租赁权顺位先后的审查具体要素和标准侧重有所不同,但承租人占有不动产的时间是判断不动产租赁权设立的重要标准,进而成为判断不动产租赁权与抵押权的顺位的一个重要审查标准。如上海市高级人民法院主要以房屋租赁合同登记备案于房屋抵押登记之前,或者房屋租赁合同虽未于抵押登记之前登记备案的但承租人已经实际占有使用房屋,来认定租赁权成立于抵押权之前。② 又如江苏省高级人民法院主要以承租人是否占有使用房屋,而不以租赁合同的实际签订或备案登记时间为认定租赁权设立时间的标准。③ 再如,浙江省高级人民法院主要以租赁合同的真实性、签订租赁合同的时间和承租人是否占有房屋三个方面作为认定租赁权设立时间的综合标准。④ (2017)浙民终 707 号民事判决书中,浙江省高级人民法院认为薛某提交的其与 Y 公司于 2010 年 5 月 1 日签订的《厂房租赁合同》的真实性无法确认,故对其据此主张的租赁关系不予认定,理由是:……3. 薛某未提交证据证明其在该租赁合同签订后对案涉厂房实施了有效的占有使用。这体现了占有租赁物这一重要审查标准。

另外,《执行异议和复议规定》第 31 条⑤明确承租人在法院执行中主张租赁权先于法院查封的,必须满足租赁合同签订及房屋的占有使用均在法院查封前的

---

① 常鹏翱:《先抵押后租赁的法律规制——以〈物权法〉第 190 条第 2 句为基点的分析》,载《清华法学》2015 年第 2 期。
② 《上海市高级人民法院关于审理房地产买卖与抵押、租赁交叉纠纷若干问题的意见》。
③ 《江苏省高级人民法院关于审理城镇房屋租赁合同纠纷案件若干问题的意见》。
④ 《浙江省高级人民法院关于执行非住宅房屋时案外人主张租赁权的若干问题解答》。
⑤ 《执行异议和复议规定》第 31 条:承租人请求在租赁期内阻止向受让人移交占有被执行的不动产,在人民法院查封之前已签订合法有效的书面租赁合同并占有使用该不动产的,人民法院应予支持。承租人与被执行人恶意串通,以明显不合理的低价承租被执行的不动产或者伪造交付租金证据的,对其提出的阻止移交占有的请求,人民法院不予支持。

条件。这对于抵押权与租赁权成立先后的司法审查具有指导和借鉴意义。结合《最高人民法院关于审理城镇房屋租赁合同纠纷案件具体应用法律若干问题的解释》第5条规定以及第14条租赁房屋在租赁期间发生所有权变动，承租人请求房屋受让人继续履行原租赁合同的，人民法院应予支持的除外规定，可以确定租赁权的设立时间审查中"承租人实际占有使用房屋"为重要的审查标准，即不动产抵押权与租赁权的顺位判断标准应为抵押权登记时间与不动产租赁合同签署并实际占有使用不动产时间的先后。如 X 公司与 J 公司、吴某等案外人执行异议之诉再审案中，最高人民法院驳回再审申请，认为本案中，诉争房产出租给 X 公司的时间是 2013 年 12 月 16 日，某银行设立抵押权的时间为 2013 年 1 月 28 日。2013 年 12 月 18 日法院对抵押房产采取了执行查封措施……X 公司主张其在 2013 年 12 月 18 日前确已实际占有诉争房屋，其应当承担相应的举证责任。但其提供的证据不足以证明在法院查封诉争房产之前承租人 X 公司或次承租人已实际占有使用诉争房产。不满足最高人民法院《执行异议和复议规定》第31条规定的租赁权阻却执行的两个条件。①

4. 另外，有法院在审判中将承租人是否已支付租金作为审查租赁权设立的标准之一

如沈某诉许某案外人执行异议之诉案②，江苏省南京市中级人民法院认为承租人在债权人设立抵押权之前已经与被执行人签订了合法有效的房屋租赁合同，且已按约支付租金，并实际占有使用租赁物的，应当认定为"先租赁后抵押"。

二、不动产抵押权与租赁权权利冲突核查与风险防范实务建议

鉴于债权人就不动产设立抵押权会存在上述抵押权与租赁权的冲突及权利保护的不确定性，为降低该种风险，债权人可从以下几方面进行冲突核查与风险防范。

（一）及时办理抵押登记

根据前文分析，鉴于《民法典》规定不动产抵押设立以登记为准，对于以不动产设立抵押的，必须按照法律法规规定及时办理抵押登记，确保抵押权的有效设立，在此基础上才能有效对抗设立在后的租赁权，因此，债权人应按照规定及时办妥抵押登记。

（二）开展投前尽调与投后管理

债权人除按规定及时办理抵押登记外，还应全面开展投前尽职调查及投后管

---

① （2016）最高法民申 3536 号民事裁定书。
② （2017）苏 01 民终 3245 号民事判决书。

理工作，核实抵押不动产的实际占有、使用情况，防范第三人主张在先租赁权妨碍抵押权的顺利实现的风险。

（1）落实投前尽职调查抵押物核查工作。通过与抵押人访谈、相关文件检索、向登记机关申请查档等方式，核查抵押物的占有、使用情况，是否存在在先租赁。

如抵押物上存在在先租赁合同、已备案登记的租赁合同或抵押物为承租人占用、使用，即确定拟抵押不动产已出租，则需要对租赁期限、租金金额及租金支付等情况进行详细了解，并视情况留存有效的租赁合同、租金收取凭证证据材料，综合考量租赁情况，合理确定拟抵押物价值。

如抵押物为抵押人自己占有、使用或空置，则需要通过拍照、视频等方式进行证据固定，通过现场勘察抵押物现状、收集物业服务合同、水电费及物业费缴纳凭证等方式核查，并要求抵押人在明确拟抵押不动产不存在租赁的谈话记录上签字或由抵押人就拟抵押不动产未出租出具专门的书面文件。同时可以借鉴公告的作用，办理抵押登记前在拟抵押不动产上张贴公告，对不动产拟抵押的事实进行描述，给予不动产潜在承租人在一定期间内对租赁关系进行反馈与披露，并对整个公告与反馈的情况进行证据固定与留存。抵押人可以综合考虑成本费用等，采取公证方式对前述尽职调查情况及取得证据材料进行公证，以便未来抵押权实现时如果出现第三人主张在先租赁权时得以抗辩。

（2）投后管理中持续跟踪抵押物情况。抵押权存续期间，对抵押物的占有、使用情况进行跟踪了解。抵押权设立时无在先租赁的，则跟踪抵押物使用情况与抵押登记前尽职调查结果是否相一致；如占有、使用人由抵押人变为第三人，则可通过与抵押人进行核实是否为抵押物出租并进行抵押先于租赁的书面确认。抵押权设立时存在在先租赁的，按照尽职调查中的了解的租赁期限进行抵押物管理。抵押期间租赁到期的，如抵押人与承租人续租的，则可与抵押人及承租人书面确认续租的租赁权设立晚于抵押权设立。虽然根据法律规定登记在先的抵押权当然能够对抗设立在后的租赁权，抵押权人并无义务对租赁发生在抵押登记后进行举证。但是为了防止抵押权实现时该等承租人恶意主张在先租赁权妨碍抵押权的实现，抵押权人在抵押权存续期间对抵押物管理中发现抵押物租赁的可采取与抵押人及承租人对租赁的具体情况进行书面确认并进行证据保存的措施。

（三）**权利冲突下的抵押权利维护**

当出现行使抵押权情形时，如存在抵押权与租赁权冲突的问题，那么抵押权人应从抵押权与租赁权设立时间角度出发整理相关材料，并及时就抵押权优先提出权利主张。

一是抵押物无在先租赁的，根据前期尽职调查中掌握的相关证据，主张抵押权设立后抵押财产出租，该租赁关系不得对抗已登记的抵押权。如蔡某与某银行苏州分行等金融借款合同纠纷执行异议案①中，江苏省苏州市中级人民法院根据被执行人向银行申请贷款时委托评估报告载明的待估对象为毛坯房、未进行装修，使用状况为空置确认案涉房屋设定抵押权时处于空置状态，将此作为驳回执行异议的依据之一。

二是如承租人仅签订租赁合同，可就租赁合同真实性、承租人未实际占用、使用租赁物、承租人未实际支付租金等主张租赁权未有效设立，抵押权先于租赁权设立，抵押权优先。如浙江省高级人民法院《关于执行非住宅房屋时案外人主张租赁权的若干问题解答》认为人民法院执行被执行人的房屋时，案外人以其在案涉房屋设定抵押或者被人民法院查封之前已与被执行人签订租赁合同且租赁期限未满为由，主张拍卖不破除租赁，执行机构可根据案外人及当事人提供的证据，重点围绕租赁合同的真实性、租赁合同签订的时间节点、案外人是否占有案涉房屋等问题进行审查。因此，根据各地方法院的司法实践倾向不同提出主张获得司法支持的可能性更大。

三是抵押存续期间租赁到期后承租人续租的，债权人可就续租下的租赁权设立时间应为续租合同签订时间，主张抵押权先于续租中的租赁权。因此，续租只在租赁双方之间保持了债的同一性，对抵押权人无异于新的租赁关系，理应位于抵押权之后②，即适用先抵后租的规定。

三、小结

不动产抵押作为债权人为债务人提供融资活动的有效担保措施，客观上存在抵押权与租赁权并存的情形，但《民法典》等未明确规定租赁权设立的标准，导致抵押权实现存在不确定性。借鉴司法实践，作为债权人除按规定办理抵押登记，确保抵押权的有效设立外，一方面，应在抵押权设立前采取全面的尽职调查手段，查清抵押物是否存在在先租赁。另一方面，应做好抵押物投后管理，掌握抵押物动态，防范第三人恶意主张租赁权先于抵押权。如抵押权实现中与租赁权发生权利冲突，则应结合尽职调查及投后管理中掌握的证据材料，及时提出抵押权优先的权利主张，确保债权及投资安全回收。

---

① （2015）苏民终字第00703号民事判决书。
② 常鹏翱：《物权法的展开与反思》，法律出版社2017年版，第413—441页。

房产租金担保相关问题研究

余焕章

作为实现资产收益的主要来源之一，房产租金是影响资产价值的重要因素，而在资产收购、管理及处置的实践过程中，经常出现以房产租金提供质押担保以及抵押房产对外出租的情形，甚至出现担保物权竞合的复杂情况。本文简要分析了房产租金在质押担保和抵押担保中涉及的常见问题，以期为各类金融活动涉及的资产收购、管理和处置提供一定实践参考意见。

一、质押担保相关问题

质押人以房产租金提供质押担保属于权利质押范畴，其中的质押权利是质押人作为房产出租人对承租人享有的收取租金形式应收账款的权利，适用的法律条款以应收账款质押相关条款为主。

（一）质押权利的范围

《民法典》第440条规定了应收账款质押权利的范围："债务人或者第三人有权处分的下列权利可以出质：……（六）现有的以及将有的应收账款；……"相较于《物权法》（已失效，下同）第223条"债务人或者第三人有权处分的下列权利可以出质：……（六）应收账款；……"，本次《民法典》中把应收账款的质押范围调整为"现有的以及将有的"应收账款，"现有的"应收账款即为已经现实存在的应收账款，此处不作分析，而对于"将有的"应收账款，《民法典》以及最高人民法院发布的《担保制度司法解释》中均没有给出明确定义。

纵观《民法典》全文，除了应收账款质押出现了"将有的应收账款"表述外，在保理合同定义条款①中有使用同样的表述。有学者认为上述两处"将有的"应收账款包括两类，一类是已经存在基础法律关系的将有应收账款，如基于附生

---

① 详见《民法典》第761条。

效条件或生效期限的合同、继续性合同所产生的将有应收账款，债权人自身的给付行为尚未完成但一旦完成即可产生的债权等；另一类是没有基础法律关系的纯粹的将有应收账款，如尚未订立合同的买卖、租赁等所产生的债权，即"纯粹的未来债权"。①也有学者认为，"将有的"应收账款有别于理论上所称之"将来债权"，解释上应比照中国人民银行颁布的《应收账款质押登记办法》（已失效，下同）第2条中"应收账款"的外延范围②，不宜做扩张解释，"将有的"应收账款外延上应包括两项内容：其一，基础合同项下卖方（出质方）义务未履行完毕的预期应收账款，已有确定的应付款方；其二，付款人为不特定人的、将来的公路、桥涵等收费（将来的不动产收益）。③

根据以上分析，笔者认为，基于已生效房产租赁合同应收特定承租人已欠付租金（现有的应收账款）和基于已生效房产租赁合同将来对特定承租人应收房产租金（将有的应收账款）的收取权利，可以作为质押权利提供质押担保；但对基于尚未生效甚至尚未签署的房产租赁合同对将来可能存在的不特定承租人应收的房产租金，应谨慎考虑是否可以用于质押，如果确需质押，应尽可能约定明确的质押房产租金特定化条件，确保将来的房产租金实际产生时可以被认定为被之前已签署生效的质押协议所涵盖。

（二）质权的设立

关于质权设立条件，《民法典》第445条规定："以应收账款出质的，质权自办理出质登记时设立。"可见，不同于动产质押适用的交付设立制度，应收账款质押适用的是登记设立制度。对于具体的登记机关，《民法典》中未予具体明确，而是在《动产和权利担保统一登记办法》（中国人民银行令〔2021〕第7号，以下简称《登记办法》）进行明确。登记办法第4条规定："中国人民银行征信中心（以下简称"征信中心"）是动产和权利担保的登记机构，具体承担服务性登记工作，不开展事前审批性登记，不对登记内容进行实质审查。征信中心建立基于互联网的动产融资统一登记公示系统（以下简称"统一登记系统"）为社会公众

---

① 黄薇主编：《中华人民共和国民法典合同编解读》，中国法制出版社2020年版，第904页。
② 《应收账款质押登记办法》第2条规定："本办法所称应收账款是指权利人因提供一定的货物、服务或设施而获得的要求义务人付款的权利以及依法享有的其他付款请求权，包括现有的和未来的金钱债权，但不包括因票据或其他有价证券而产生的付款请求权，以及法律、行政法规禁止转让的付款请求权。本办法所称的应收账款包括下列权利：（一）销售、出租产生的债权，包括销售货物，供应水、电、气、暖，知识产权的许可使用，出租动产或不动产等；（二）提供医疗、教育、旅游等服务或劳务产生的债权；（三）能源、交通运输、水利、环境保护、市政工程等基础设施和公用事业项目收益权；（四）提供贷款或其他信用活动产生的债权；（五）其他以合同为基础的具有金钱给付内容的债权。"该登记办法已失效，本条款相关内容在《动产和权利担保统一登记办法》（中国人民银行令〔2021〕第7号）第3条重新规定，表述基本一致。
③ 裴亚洲：《民法典应收账款质押规范的解释论》，载《法学论坛》2020年第4期。

提供动产和权利担保登记和查询服务。"同时结合前述《民法典》第 445 条规定，现阶段应收账款质押自在征信中心完成出质登记起设立。

笔者注意到，《登记办法》第 23 条、第 24 条规定了担保权人"应当严格审核确认担保财产的真实性，并在统一登记系统中查询担保财产的权利负担状况"，担保权人、担保人和其他利害关系人"对登记内容的真实性、完整性和合法性负责。因担保权人或担保人名称填写错误，担保财产描述不能够合理识别担保财产等情形导致不能正确公示担保权利的，其法律后果由当事人自行承担"。同时，《登记办法》第 4 条也明确征信中心"不开展事前审批性登记，不对登记内容进行实质审查"，仅"提供动产和权利担保登记和查询服务"。此种情况下，应收账款质押登记中质押权利的信息基本没有公信力，与不动产抵押登记中抵押物信息的强公信力有较大不同。

《担保制度司法解释》第 61 条也就质押应收账款的真实性进行了类似的规定："以现有的应收账款出质，应收账款债务人向质权人确认应收账款的真实性后，又以应收账款不存在或者已经消灭为由主张不承担责任的，人民法院不予支持。以现有的应收账款出质，应收账款债务人未确认应收账款的真实性，质权人以应收账款债务人为被告，请求就应收账款优先受偿，能够举证证明办理出质登记时应收账款真实存在的，人民法院应予支持；质权人不能举证证明办理出质登记时应收账款真实存在，仅以已经办理出质登记为由，请求就应收账款优先受偿的，人民法院不予支持……"该条款根据现有的应收账款在进行质押登记时应收账款债务人是否确认其真实性，区分了两种情形，且强调应收账款债务人向质权人确认应收账款的真实性后，不得以应收账款不存在或者已经消灭为由进行抗辩。但从谨慎角度来看，质权人在获得应收账款债务人确认应收账款真实性后，仍有必要主动取得质押应收账款真实存在的相关佐证材料，避免后续发生诉讼纠纷时处于不利地位；另外，该部分司法解释是对"现有的"应收账款的规定，故若质押权利涉及"将有的"应收账款，在"将有的"应收账款将来实际产生并转变为"现有的"应收账款时，质权人应考虑要求应收账款的债权债务双方对已实际产生的应收账款进行确认。

结合以上分析，当前担保登记制度下，房产租金质押须在征信中心办理质押登记后方才有效设立；同时需注意办理质押登记并不意味着征信中心对质押的房产租金赋予了公信效力，质押租金真实性、合法性的审查义务仍须由质权人承担，其中尤其需要关注在各个阶段质押租金的真实性、完整性。

（三）质权的实现

《民法典》未就应收账款质权的实现进行专门规定，仅在第 446 条①规定适用

---

① 《民法典》第 446 条：权利质权除适用本节规定外，适用本章第一节的有关规定。

动产质押实现的一般性规定，即协议折价，或通过拍卖、变卖对其变现价款进行优先受偿①。但应收账款不同于一般动产，基本不存在公开、活跃的交易市场，在绝大部分情况下通过交易变现实现应收账款质权仅存在理论上的可能。

在《民法典》出台前，《担保法》和《物权法》（已失效）也均未规定权利质权的具体实现方式，但在最高人民法院指导案例53号（判决书文号：（2012）榕民初字第661号）中对类似问题进行了分析。案例中，法院认为涉案质押权利污水处理项目收益权属于应收账款范畴，是将来金钱债权，质权人有权直接向质押权利（案例中为污水处理项目收益权）的债务人直接收取金钱（污水处理费）并对该金钱行使优先受偿权，无需采取折价或拍卖、变卖之方式；另外，考虑到涉案质押权利附有一定负担，即质押人需要依约提供污水处理服务方可收取污水处理收益，法院认为质权人在直接收取污水处理费时应当合理使用权利，为质押人预留必要合理的费用，否则质押人将无法经营，进而影响质权人对污水处理费的收取。

参考上述指导案例，对于同为应收账款范畴的房产租金，在实现以收取房产租金为质押权利的质权时，质权人可向法院请求直接判决向承租人收取租金并在被担保债权范围内行使优先受偿权，提高质权实现效率。同时质权人在实现质权时需要考虑出租人（质押人）收取租金时的附带义务（如修缮房屋、缴纳水电费等）对实现质权的影响。

上述质权实现方式引发了另外一个疑问，即在法院判决质权人有权向承租人收取租金并在被担保债权范围内行使优先受偿权的情况下，若承租人不履行支付租金的义务，质权人是否可以直接向承租人申请执行？根据最高人民法院执行局在《人民法院办理执行案件规范》中的梳理与总结，对于到期债权，只有次债务人在法院指定期限内未就到期债权提出异议，或该到期债权已经生效法律文书确定的情况下，法院才有权裁定对次债务人强制执行；次债务人在指定期限内提出异议的，法院不得对次债务人强制执行，对提出的异议不进行审查；次债务人对债务部分承认，部分有异议的，可以对其承认的部分强制执行。对于未到期的债权，法院可以依法冻结，待债权到期后参照到期债权予以执行。故对于现有的房产租金，只要承租人提出异议，无论异议是否实质上有对抗的效力，质权人均无法通过法院直接对承租人强制执行，除非质押的房产租金已经生效法律文书确权。由此可见，质权人在特定情况下可以通过法院直接对承租人强制执行，但满足条件较为苛刻，实际操作难度较大。

不过，最高人民法院《担保制度司法解释》第61条规定："……以基础设施

---

① 详见《民法典》第436条。

和公用事业项目收益权、提供服务或者劳务产生的债权以及其他将有的应收账款出质,当事人为应收账款设立特定账户,发生法定或者约定的质权实现事由时,质权人请求就该特定账户内的款项优先受偿的,人民法院应予支持;特定账户内的款项不足以清偿债务或者未设立特定账户,质权人请求折价或者拍卖、变卖项目收益权等将有的应收账款,并以所得的价款优先受偿的,人民法院依法予以支持。"该部分规定为受益权、债权等将有的应收账款质权的实现提供了思路和一定程度的便利,即设立特定账户用于存放被质押应收账款的清偿款,发生质权实现情形时直接执行账户内的资金。不过,该部分规定仅解释了以"将有的"应收账款出质的情形,以"现有的"应收账款出质是否适用执行特定账户,还有待相关补充规定和未来司法实践的参考。

《担保制度司法解释》第61条还规定:"……以现有的应收账款出质,应收账款债务人已经向应收账款债权人履行了债务,质权人请求应收账款债务人履行债务的,人民法院不予支持,但是应收账款债务人接到质权人要求向其履行的通知后,仍然向应收账款债权人履行的除外……"该条司法解释主要规定了质权人通知应收账款债务人的效力及必要性。同前述分析,基于该条司法解释,若质押权利涉及将有的租金应收账款,在将有的应收账款将来实际产生转变为现有的应收账款时,质权人应及时通知相关应收账款债务人(承租人),防止其发生错误给付行为。

二、抵押担保相关问题

根据上文分析,房产租金是基于房产租赁形成的付款请求权,属于应收账款范畴,不属于《民法典》规定的抵押财产的范围①。但若出租的房产提供了抵押担保,房产租金作为抵押房产的法定孳息,有可能作为抵押财产用于优先清偿被担保债权。

(一)抵押权效力及于房产租金的条件

《民法典》第412条规定:"债务人不履行到期债务或者发生当事人约定的实现抵押权的情形,致使抵押财产被人民法院依法扣押的,自扣押之日起,抵押权人有权收取该抵押财产的天然孳息或者法定孳息,但是抵押权人未通知应当清偿法定孳息义务人的除外。前款规定的孳息应当先充抵收取孳息的费用。"

根据该条规定,抵押权人有权收取抵押财产法定孳息的前提至少有以下两条:

---

① 《民法典》第395条第1款:债务人或者第三人有权处分的下列财产可以抵押:(一)建筑物和其他土地附着物;(二)建设用地使用权;(三)海域使用权;(四)生产设备、原材料、半成品、产品;(五)正在建造的建筑物、船舶、航空器;(六)交通运输工具;(七)法律、行政法规未禁止抵押的其他财产。

（1）发生债务人不履行到期债务或者当事人约定的实现抵押权的情形；（2）抵押财产已被人民法院依法扣押。

但是该条规定对于以下问题未进行明确：

（1）"扣押"一般是针对动产的执行措施，对于不动产如何适用？（2）条文规定的是抵押人"有权收取"抵押物孳息，对于收取的孳息是否可以优先受偿？（3）"通知应当清偿法定孳息义务人"是否为前置必要条件？

经笔者检索了相关司法判例，各审理法院对上述三个问题的理解较为一致。

首先，就问题1，各审理法院均认为对抵押不动产的查封即符合条文中的"扣押"的要求。其中四川省乐山市中级人民法院（以下简称"乐山中院"）在吴某与某银行股份有限公司乐山分行等执行分配方案异议之诉二审民事判决书（（2020）川11民终185号）中作出了较为充分的论证。乐山中院认为"第一，物权法第197条①并未明确限定抵押财产的范围仅为动产；第二，第197条之所以规定抵押权的效力在特定情形下及于抵押财产自'扣押'之日起所产生的孳息，是基于抵押财产被'扣押'后，抵押权已开始实行，抵押人因抵押物被'扣押'而丧失直接占有权和用益权能，抵押权人已取得了抵押物的以上权能，也应获得该抵押物所生孳息。故该条中的'扣押'是指抵押物被人民法院采取了强制措施，不能由抵押人占有、使用、收益的意思。若将'扣押'仅理解为人民法院对动产的扣押，显然与该条的立法本意相悖，故'扣押'应扩大解释为查封和扣押，抵押财产也应指符合物权法第180条②规定的财产。"基于上述观点，笔者认为条文中的"扣押"不应简单地理解为法院对动产抵押财产的转移和占有，而应扩大理解为限制抵押人对抵押财产的处分，即限制抵押人处分抵押财产的执行措施，包括对不动产的查封。

其次，就问题2，在相关司法判例中，各审理法院意见较为统一，均直接认为抵押财产被扣押后，抵押权效力即及于孳息，换言之，抵押权人可就收取的抵押物孳息优先受偿，未就相关法理展开论证。在未来实践过程中，各审理法院沿用上述审理意见的可能性较大。

最后，就问题3，最高人民法院在某银行股份有限公司深圳分行与深圳市J公司、天津市J公司等金融借款合同纠纷二审民事判决书（（2016）最高法民终543号）中进行了较为详细的分析，认为通知应收账款债务人的行为并非抵押权效力及于孳息的生效要件，而是对抗要件，理由有两点：

（1）抵押权效力及于孳息的立法目的是剥夺抵押人收取孳息的权利，推动抵

---

① 《物权法》第197条与《民法典》第412条内容基本一致。
② 《物权法》第180条与《民法典》第395内容基本一致。

押权的实现,抵押权人是否通知法定孳息的清偿义务人,并不影响该立法目的实现。

(2)法定孳息系由抵押关系当事人之外的第三人负责清偿,通知行为的目的是防止清偿义务人错误给付。若抵押财产被法院扣押后抵押权人怠于通知导致清偿义务人因不知抵押财产被扣押的情况而将法定孳息支付给抵押人,该清偿行为仍有效,即不得对抗清偿义务人。

综合上述分析,具体到房产租金,当实现抵押权的情形发生且抵押房产被法院查封时,抵押权效力及于抵押房产的租金,抵押权人有权收取抵押房产的租金并优先受偿,但抵押权人应注意及时通知承租人,否则承租人在抵押权人通知前向抵押人(出租人)清偿租金的行为仍然有效,抵押权人无法就该部分房产租金主张权利。

(二)抵押权的实现

当抵押权及于抵押房产租金时,其实现方式与以收取房产租金的权利进行质押时质权的实现方式相似,即抵押权人就向承租人收取的抵押房产租金优先受偿,但直接对承租人强制执行的难度较大,此处不再赘述。

三、担保物权竞合问题

在实践中,房产所有人为发挥房产的最大价值,经常在将持有的房产提供抵押担保的同时又提供顺位抵押担保或以前述抵押房产的租金为其他债权提供质押担保,此时则会出现各担保物权竞合的情形,需分析各担保物权的清偿顺序。

(一)数个抵押权竞合

关于数个抵押权的清偿顺序,《民法典》第414条规定:"同一财产向两个以上债权人抵押的,拍卖、变卖抵押财产所得的价款依照下列规定清偿:(一)抵押权已经登记的,按照登记的时间先后确定清偿顺序;……"

根据该款规定,房产租金应优先清偿登记在先的抵押权。但该条款规定的是"同一财产"对数个抵押权的清偿顺序,即房产租金用于清偿抵押权的前提是房产租金属于抵押财产;而依前文分析,只有当实现抵押权的情形发生且抵押房产被法院查封时,抵押权效力才及于抵押房产的租金,房产租金方可作为抵押财产用于清偿抵押权;故若后顺位抵押权先于前顺位抵押权对房产租金发生优先受偿效力(对房产进行查封并通知承租人),则后顺位抵押权较大可能优先于顺位抵押权受偿房产租金。经检索,笔者尚未找到相关司法判例,但笔者认为在房产存在多个顺位抵押权的情况下可能发生前述情形,前顺位抵押权人尤其是一顺位抵押权人需要被给予适当关注。

（二）抵押权与质权竞合

关于抵押权与质权发生竞合时的清偿顺序，《民法典》第415条进行了较为明确的规定："同一财产既设立抵押权又设立质权的，拍卖、变卖该财产所得的价款按照登记、交付的时间先后确定清偿顺序。"根据该条款规定，房产租金应优先清偿租金质权和房产抵押权之中登记在先的担保物权。需要注意的是，在笔者检索到的相关司法判例中，审理法院分析抵押权与质权竞合前提是房产抵押权的效力已经及于房产租金，否则即使房产抵押权登记在先，在抵押权效力及于房产租金前，房产租金仍优先清偿质权。①

另外，根据前述分析，无论是抵押权还是质权，通知承租人是相关担保权人防止承租人错误给付的核心要件，故因优先担保权人未及时通知承租人而导致承租人向劣后担保权人交付租金，优先担保权人可能无法就已交付的租金享有优先受偿权。

四、相关法律风险防范实践建议

鉴于房产租金在资产投资与管理中愈发重要的地位，投资者有必要在尽职调查、方案设计与实施、资产管理等各个阶段防范房产租金相关法律风险。

（一）尽职调查阶段

对于拟收购债权资产项下的房产租金质权，投资者可考虑从以下方面调查：

（1）查询中国人民银行征信中心核实质权设立的有效性，并收集征信中心的登记公示信息进行核对，了解拟质押租金的权利负担状况。

（2）结合质押协议、征信中心的登记公示内容等材料核实质押租金的具体范围；对于已有明确租赁协议的质押租金，还可通过检查租赁协议、走访出租房产现场、与承租人和出租人进行访谈等方式了解质押租金的规模、期限、支付方式、前期支付情况、可能存在的附带义务等信息，确保质押租金真实、准确、合法、有效。

对于拟收购债权资产项下的房产抵押权，投资者可考虑从以下方面调查抵押房产的租金相关信息：

（1）前往不动产登记中心调取抵押房产的登记信息，了解抵押房产的法院查封、其他顺位抵押等其他权利限制情况；另外还应关注借新还旧模式形成的债权项下的抵押权，核实抵押权的顺位。

---

① 参见最高人民法院，某银行股份有限公司深圳分行与深圳市J公司、天津市J公司等金融借款合同纠纷二审民事判决书（（2016）最高法民终543号）；湖南省高级人民法院，某银行股份有限公司长沙分行、湖南S公司等执行异议之诉民事判决书（（2015）湘高法民二初字第19号）。

（2）走访抵押房产现场、与相关人员进行访谈，了解抵押房产的出租情况及可能存在的租金质押情况。

（二）方案设计阶段

（1）房产所有人提供房产抵押的同时酌情要求提供房产租金质押，并要求承租人对应付的房产租金予以书面确认；如房产所有人仅提供租金质押，充分考虑房产抵押现状并充分考虑抵押物查封时对实现租金质权的影响。

（2）明确质押租金的范围，尤其质押权利涉及将有的房产租金时需要考虑设定确切的质押租金特定化条件。

（3）设计有效的投后管控措施，如派驻现场管理人员、设立收取质押租金的特定账户、监管前述特定账户（必要时可以考虑追加该监管账户的质押担保）、共管出租人的各类印鉴等。

（三）资产管理阶段

（1）从谨慎角度出发，可以适当考虑在签署质押协议、办理质押登记及将有的房产租金实际发生等时点尽快通知承租人并进行租金确权。

（2）发生抵押权实现的情形时尽快查封抵押房产，通知承租人，控制房产租金，争取主动权。

（3）对标的房产，尤其是周边租赁市场较为活跃的房产进行动态监控，随时掌握标的房产的租赁情况及对抵押权和质权的影响，适时调整管控措施，标的房产租赁情况变化（如新增承租人、租金水平变更、租赁期限变更、附带义务变更等）时做好对承租人的通知和确权，减少承租人抗辩空间。

不动产抵押预告登记效力的法律问题探析

吴晨鹏

一、问题的提出

当事人在签订不动产抵押协议后，因标的物尚未取得所有权本登记而无法办理抵押登记，但金融机构债权人为保障将来取得抵押权，往往通过与抵押人约定先办理抵押预告登记，待具备办理抵押登记条件后再办理抵押登记。《民法典》第221条在基本沿袭《物权法》第20条的基础上对预告登记的适用范围、效力和失效条件作出了规定，但是对不动产抵押预告登记的效力仍未明确。鉴于此，《担保制度司法解释》第52条，通过法律解释的方式，对不动产抵押预告登记的效力进行了规定。新法新规下，抵押预告登记在一定条件下的优先效力、顺位效力以及破产保护效力得到支持，更为有力地保障了债权人权益。本文通过相关法律条文及案例对不动产抵押预告登记效力问题进行分析讨论，以期对相关实务问题提供解决思路。

二、抵押预告登记的含义、性质及类型

预告登记作为相对于本登记而言的不动产登记，是指债权人为了保全一项请求权，在当事人本登记无法办理时，向不动产登记机构申请临时办理的特殊类型登记。《民法典》第221条规定了预告登记制度："当事人签订买卖房屋的协议或者签订其他不动产物权的协议，为保障将来实现物权，按照约定可以向登记机构申请预告登记。"预告登记可适用于房屋买卖合同之外的其他不动产物权协议，其中就包括不动产抵押协议。基于不动产抵押协议申请的预告登记即抵押预告登记。

从法律属性上看，预告登记不同于不动产物权变动登记，并不具有彰显物权变动结果的法律效力，其仅仅是在物权变动中为保障债权实现的一种公示方式。设立预告登记的目的在于为以物权变动为内容的债权请求权提供担保。王泽鉴教

授认为，预告登记系介于债权与物权之间，兼具两者的性质，可认为系于土地登记簿上公示，以保全对不动产物权之请求权为目的，具有若干物权效力的制度。[①] 基于此，我们认为，预告登记属于为保障物权变动请求权而在不动产登记簿中公示的一种法律手段，且该保障的债权请求权具有一定的物权效力。对于抵押预告登记而言，其所登记的也并非现实的抵押权，而是为保障将来发生的抵押权变动，具备物权效力的请求权。

实务中，抵押预告登记以预购商品房抵押预告登记为典型。在商品房预售中，由于房屋尚未建造完成，没有办理房屋所有权的首次登记，购房者也未取得房屋产权证书，金融债权人因此不具备办理正式抵押登记的条件。在此种情况下，金融机构债权人通常以办理抵押预告登记的形式保障将来实现抵押权。

三、抵押预告登记效力的法律依据及矛盾冲突

学理上一般认为预告登记具有权利保全、顺位保证、破产保护等效力。《民法典》第221条第1款规定，"预告登记后，未经预告登记的权利人同意，处分该不动产的，不发生物权效力"。由此规定可知，预告登记具有防止不动产登记义务人再次处分该不动产，保障权利人将来能够实现不动产物权变动请求权的效力。

但221条在对预告登记担保债权并限制处分效力做出规定外，并未对特殊的抵押预告登记效力问题予以明确。当前金融机构债权人为保障将来债权的实现已广泛应用不动产抵押预告登记，但有关预告登记限制处分效力的规定却难以推及适用。根据该条，预告登记虽不能直接引起物权变动，但未经预告登记权利人同意，物权变动相对于预告登记权利人无效，权利人的处分权由此受到限制。《民法典》第406条规定，"抵押期间，抵押人可以转让抵押财产"，即对于已经办理本登记的抵押权无法阻止抵押人转让抵押物或者在抵押物上再次为他人设定担保。不动产抵押预告登记自然也不具有限制抵押人处分抵押物或者再次设立抵押的效力。第221条效力规定仍以当事人在签订房屋买卖合同后办理的预告登记作为主要规制对象，并未顾及抵押预告登记的特殊性，从而形成制定法上的漏洞。[②]

抵押预告登记作为权利人为确保将来取得抵押权而办理的特殊登记，在抵押权本登记无法阻止抵押人再次处分抵押物的情况下，能否依据《民法典》221条具备限制处分效力具有不确定性。从抵押预告登记设立目的来看，其不在于限制抵押人再次处分抵押物，而是在当办理本登记条件成熟时，预告登记权利人能获

---

① 王泽鉴：《民法物权（一）》，中国政法大学出版社2002年版，第128页。
② 最高人民法院民事审判第二庭：《最高人民法院民法典担保制度司法解释理解与适用》，人民法院出版社2021年版，第454页。

得较其他担保物权人更为优先的顺位，并在一定条件下优先受偿。《担保制度司法解释》第52条第1款，通过法律解释的方式，对不动产抵押预告登记顺位及优先受偿效力进行了规定，"当事人办理抵押预告登记后，预告登记权利人请求就抵押财产优先受偿，经审查存在尚未办理建筑物所有权首次登记、预告登记的财产与办理建筑物所有权首次登记时的财产不一致、抵押预告登记已经失效等情形，导致不具备办理抵押登记条件的，人民法院不予支持；经审查已经办理建筑物所有权首次登记，且不存在预告登记失效等情形的，人民法院应予支持，并应当认定抵押权自预告登记之日起设立"。

此外，在抵押人破产的情况下，抵押权人不再具备办理本登记的条件，鉴于防御破产也是民事权利具有物权效力的重要特征，此时为保障债权人合法利益，赋予抵押预告登记与本登记具有同等效力，债权人在特定条件下可就抵押财产优先受偿。《担保制度司法解释》第52条第2款规定，"当事人办理了抵押预告登记，抵押人破产，经审查抵押财产属于破产财产，预告登记权利人主张就抵押财产优先受偿的，人民法院应当在受理破产申请时抵押财产的价值范围内予以支持，但是在人民法院受理破产申请前一年内，债务人对没有财产担保的债务设立抵押预告登记的除外"。

四、抵押预告登记的效力

（一）抵押预告登记的顺位效力

预告登记的顺位效力又称顺位保证、顺位保全效力，是指经过预告登记的请求权被履行后所获得的物权顺位，并非以本登记完成之时计算，而是溯及至预告登记之时。以办理预告登记的时点确定权利顺位，具有保障债权实现的功能，预告登记权利人虽享有的是债权请求权，但该请求权经过登记后具有优先于其他权利实现的效力。我国《民法典》未对预告登记的顺位效力作出立法规定，但从不动产登记实践以及司法解释规定来看，预告登记实际具有了顺位保全效力。依据《不动产登记暂行条例实施细则》第85条规定，"预告登记后，债权未消灭且自能够进行相应的不动产登记之日起3个月内，当事人申请不动产登记的，不动产登记机构应当按照预告登记事项办理相应的登记"。所谓"按照预告登记事项办理相应的登记"就包含有以预告登记的权利顺位办理本登记的文义。

在不动产抵押预告登记中，鉴于预告登记权利人并不具备限制抵押人处分抵押财产的效力，当出现数个内容不相冲突的不动产变动且登记的情形下，物权变动有效，但此时预告登记的顺位效力也发挥作用。例如在不动产已经办理抵押预告登记，且该预告登记不存在债权消灭或在能够办理本登记之日起超期未办理等失效情形时，不动产所有权人将不动产转让或者办理抵押登记，根据《民法典》

第406条规定，在肯定不动产所有权物权变动有效的基础上，出于保障权利人的物权请求权，需承认预告抵押权人对抵押物仍享有追及权，预告抵押登记设立的抵押权成立在先，顺位在先。在《民法典》未就抵押预告登记顺位效力进行明确的情况下，《担保制度司法解释》第52条以法律解释的方式承认了抵押预告登记的顺位效力，"经审查已经办理建筑物所有权首次登记，且不存在预告登记失效等情形的，人民法院应予支持，并应当认定抵押权自预告登记之日起设立"。

（二）抵押预告登记的优先受偿效力

1. 抵押预告登记优先受偿效力的司法实践争议

当事人在签订抵押合同后仅办理了抵押预告登记，尚未办理正式抵押权登记的情况下，预告抵押登记权利人能否主张行使抵押权，抵押预告登记能否产生优先受偿效力，在《担保制度司法解释》第52条出台前存在司法实践争议：

(1) 反对观点：抵押预告登记不能产生优先受偿的效力

此裁判思路下的典型案例为2014年第9期《最高人民法院公报》所载的G银行诉D公司、陈某保证合同纠纷案①。该案中法院认为，系争房产上设定的抵押预告登记，与抵押权设立登记具有不同的法律性质和法律效力。预告登记权利人在办理房屋抵押权预告登记之前，享有的是当抵押登记条件成就或者约定期限届满对系争房屋办理抵押权登记的请求权，并可排他性地对抗他人针对系争房屋的处分，但并非对系争房屋享有抵押权。上述裁判观点也代表了司法实务中的主流观点，例如在四川眉山中院在G银行、卢某金融借款合同纠纷②，陕西高院G银行与白某、Z公司金融借款合同纠纷③等案例中，法院对抵押预告登记的优先受偿效力不予支持。

(2) 支持观点：抵押预告登记在一定情形下产生优先受偿效力

典型案例如G银行与Z公司、刘某、金某金融借款合同纠纷案④。该案中，浙江高院认为预告登记使得被登记的请求权具有了物权的效力，可以对抗普通债权人，而G银行未对抵押物进行正式抵押登记非基于自身原因导致，故该行有权按照合同约定在抵押担保范围内对该房屋享有优先受偿权。此裁判思路认为抵押预告登记下的请求权具有物权效力，在权利人对抵押权预告登记无法转为抵押登记并无过错的情况下，抵押预告登记权利人对预告登记房屋优先受偿。最高院刘某、G银行第三人撤销之诉⑤也持同样观点。

---

① (2012) 沪二中民六（商）终字第138号民事判决书。
② (2021) 川14民终244号民事判决书。
③ (2019) 陕民申2960号民事判决书。
④ (2016) 浙申1180号民事判决书。
⑤ (2018) 最高法民申1851号民事判决书。

上述两种裁判观点中，否认抵押预告登记的优先受偿效力曾是司法裁判的主流观点。王利明教授认为，一方面，鉴于不动产物权变动的法定性，抵押权的设立应以办理抵押权登记为要件，抵押预告登记并不是抵押权成立的法定公示方法，并不能产生抵押权的效力。另一方面，抵押预告登记所保障的是以将来成立抵押权为内容的合同债权，而债权原则上具有平等性，并不具备优先于其他债权的效力。① 但亦有观点认为，抵押权预告登记虽非正式抵押登记而不产生设立抵押权的法律效果，但第三人可通过抵押权预告登记情况知悉不动产将来可能设立抵押权，故其已具备一定的公示外观，在满足特定条件下，赋予预告登记权利人优先受偿权，并不违反物权公示要求。

（3）《担保制度司法解释》下的裁判观点

抵押预告登记使预告登记权利人获得了在符合条件的情形下办理抵押权登记的请求权，但这种请求权能否产生优先受偿效力在本次《担保制度司法解释》出台前并不明晰。《担保制度司法解释》在兼顾理论与现实情况后采取了相对折中的处理，赋予了抵押预告登记在满足一定条件下的优先受偿效力："当事人办理抵押预告登记后，预告登记权利人请求就抵押财产优先受偿……经审查已经办理建筑物所有权首次登记，且不存在预告登记失效等情形的抵押登记条件的，人民法院应予以支持，并应当认定抵押权自预告登记之日起设立"。即经人民法院审查具备办理抵押登记条件的，预告登记权利人可取得抵押权并在特定条件下优先受偿。最新司法裁判也支持了预告抵押的优先受偿效力。

例如在 H 银行、李某金融借款合同纠纷案②中，法院认为，预告登记失效有两种情形：一是债权消灭；二是能够进行不动产登记而超过三个月的期限未申请登记。本案中因买房人怠于办理房屋权属登记的原因致案涉房屋不具备办理抵押登记的条件，故上诉人抵押预告登记至今有效，且其指向的结果是抵押权的设立。在开发商已为案涉房屋办理完所有权首次登记，上诉人又为案涉房屋设立了抵押预告登记，且上诉人的权利不存在《物权法》第 20 条第 2 款规定的失效情形，加之上诉人对未办理抵押登记并无过错的情况下，本院支持上诉人关于优先受偿权的上诉请求。又如在 G 银行、D 公司等金融借款合同纠纷案③中，法院认为，根据《担保制度司法解释》第 52 条第 1 款相关规定以及有效证据，案涉抵押房屋已经办理了所有权首次登记，抵押权自预告登记之日起设立，原告主张对案涉房屋享有优先受偿权，法院予以支持。

预告登记是相对于正式登记而言，在物权登记条件尚未满足时设立的一项制

---

① 王利明：《论民法典物权编中预告登记的法律效力》，载《清华法学》2019 年第 3 期。
② （2021）辽 02 民终 5459 号民事判决书。
③ （2021）豫 10 民终 1693 号民事判决书。

度。从立法原意上看,进行预告登记的目的在于保证预期物权的实现,使不具备登记条件的不动产交易具有物权效力,体现了对债权人的利益的保障。《民法典》第 221 条第 2 款将预告登记失效情形归为两种:一是债权消灭,二是能够进行不动产登记之日起超过 3 个月的期限未申请办理。在预告抵押人怠于办理房产权属登记,非因预告抵押权利人过错致使未能办理抵押本登记的情况下,若武断地认为预告登记失效,会使设立在不动产上的原权利落空,违背了抵押预告登记维护合法金融债权的设立目的。同时,当债务人找不到或怠于办理房屋产权登记的情况下,能否办理、何时办理抵押权变得遥遥无期,权利人基于抵押预告登记所享有的物权排他权、物权请求权也将成为悬空的权利,亦让不动产处于权利待定状态。赋予抵押预告登记在特定条件下优先受偿效力,进一步增强了预告登记保障债权实现、维护交易秩序的功能。

2. 产生抵押预告登记优先受偿效力的条件及审查要点

根据《担保制度司法解释》第 52 条,预告登记权利人请求就抵押财产优先受偿,具备办理抵押登记的条件包括:(1)已经办理建筑物所有权首次登记;(2)预告登记的财产与办理建筑物所有权首次登记时的财产一致;(3)不存在预告登记失效等情形的。为了更好地理解 52 条中抵押预告登记优先受偿效力的适用条件,本文结合《民法典》有关预告登记的规定及相关司法案例,对该条进行剖析并关注相关要点。

(1)关于"已经办理建筑物所有权首次登记"的理解

一般而言建筑物所有权登记可分为首次登记与转移登记。前者通俗意义上理解为房地产开发商企业在建筑物竣工验收后,对建筑物所有权办理首次登记,又称"大产权证";而后者是指商品房买受者从房地产开发商企业处取得建筑物所有权而办理的转移登记,又称"小产权证"。实践中,有些房地产开发企业为了节约成本,直接申请将建筑物所有权办理在购房人而非自己名下,对于此种情况,商品房买受人从开发商处取得建筑物所有权而办理的登记亦视为首次登记。

(2)关于"预告登记的财产与办理建筑物所有权首次登记时的财产一致"的理解

当事人在办理预告抵押登记时建筑物并未建成,登记机构一般依据规划审批文件确定的编号办理,但如果该编号对应的标的物与办理建筑物所有权首次登记的标的物不一致时,在赋予抵押预告登记优先效力的背景下,容易对第三人的交易安全造成隐患。因此,预告登记权利人请求就抵押财产优先受偿,该抵押财产应与办理建筑物所有权首次登记时的财产一致。①

（3）关于抵押预告登记的失效情形

《民法典》第221条第2款的规定，"预告登记后，债权消灭或者自能够进行不动产登记之日起九十日内未申请登记的，预告登记失效"。据此，预告登记失效情形主要有两种，一是债权消灭，二是能够进行不动产登记之日起超过九十日未申请办理。值得一提的是，在《不动产登记暂行条例实施细则》中预告登记超期失效的时限是3个月，《民法典》更改为90日，使失效时点的确定更加准确可操作。抵押预告登记失效情形中的"债权消灭"一般指主债权合同履行完毕、被解除或撤销、被宣告无效等，《民法典》合同编对此有详细规定，这里不做赘述。本节主要讨论预告登记因逾期未完成本登记而失效的情形。

在不动产所有权预告登记中，其对应的本登记一般指所有权转移登记，在开发商已经办理房屋首次登记后，商品房买受人待具备办理所有权转移登记条件时，应及时与开发商办理房屋所有权转移登记手续，取得不动产权证书；能够进行所有权转移登记之日起90日内未申请办理的，预告登记将面临失效。与所有权预告登记不同，在抵押权预告登记中，除开发商、买受人外，还有第三主体——抵押权人。抵押预告登记对应的本登记是抵押权登记，预告登记权利人即债权人应在具备办理不动产抵押登记条件时，及时将预告登记转为抵押权登记，条件成就之日起90日内未办理的，该抵押预告登记自动失效。而但实践中对"能够进行不动产抵押登记之日"的起算时间也存有争议。

① 客观起算时点

司法实践中一种观点认为：在完成初始登记90日内未办理抵押登记的预告登记面临失效。例如在J银行、H公司、张某金融借款合同纠纷案②中，法院查明，2015年8月，张某为购买H公司住房向J银行申请贷款，并与J银行在案涉房屋上办理了抵押预告登记。2017年6月，该楼盘房屋被初次登记至H公司名下。据此法院认为，涉案房屋自2017年6月即完成了首次登记，具备进行后续不动产登记包括抵押登记的条件，G银行未在此时起90日内通过诉讼等方式要求张某配合办理抵押登记，预告登记失效。但亦有不同的裁判观点，认为办理转移登记后方可将抵押预告登记转为抵押本登记，预告登记失效的起算时间应是办理转移登记的时点。例如刘某、J银行第三人撤销之诉再审纠纷③中，最高院认为，为购买涉案房屋，吴某向J银行借款并与其订立抵押合同，约定以案涉房屋为其借款提供

---

① 最高人民法院民事审判第二庭：《最高人民法院民法典担保制度司法解释理解与适用》，人民法院出版社2021年版，第459页。
② （2021）黔03民终1693号民事判决书。
③ （2018）最高法民申1854号民事判决书。

担保，后吴某与 J 银行办理抵押预告登记。在房屋具备办理产权登记条件后，因吴某怠于办理案涉房屋产权证，致使登记未能及时办理，J 银行对此并无过错，故本案抵押预告登记不符合法律规定的预告登记失效的情形。

上述两种裁判观点的区别在于：在预售商品房的预告抵押登记中是以首次登记还是以转移登记作为"能够办理不动产抵押登记"的起算时点。根据自然资源部《不动产登记暂行条例实施细则》第 78 条第 2 款，"预购商品房办理房屋所有权登记后，当事人应当申请将预购商品房抵押预告登记转为商品房抵押权首次登记"。该条将已经办理房屋所有权登记作为办理不动产抵押登记起算时点，即以转移登记作为办理抵押本登记的前提，从各地实务操作看亦是如此。

② 主观起算时点

确定以转移登记作为办理抵押本登记的前提后，另一个问题在于如何确定"能够进行不动产转移登记"的主观时点。

在 F 市住房公积金管理中心、胡某、H 企业借贷纠纷案①中，终审法院认为，公积金中心、胡某、H 企业三方签订《个人住房公积金贷款抵押担保合同书》后，就案涉房屋办理了预告抵押登记。由于胡某怠于办理所购房屋的产权证，致使办理抵押登记的条件不具备，公积金中心并非房屋买卖合同的当事人，其无权要求办理案涉房屋产权证，胡某的行为是导致抵押登记条件不具备的原因，案涉房屋未能办理正式抵押登记的责任不在公积金中心，故公积金中心的抵押预告登记不存在失效情形，其主张对案涉房屋享有优先受偿权于法有据，予以支持。又如在 N 银行、H 公司、胡某抵押合同纠纷案②中，法院认为，不动产登记中心已于 2018 年 9 月 30 日向 H 公司发出的《不动产首次登记告知通知书》，H 公司申请的涉案房屋首次登记已核准登记。因此，涉案房屋已由开发商办理了所有权首次登记，具备办理登记至买受人胡某名下的产权登记条件。由于胡某未配合 H 公司办理涉案房屋的产权证书及未缴纳相关的税费，导致涉案房屋无法办理登记至胡某名下的产权登记手续，进而导致抵押预告登记无法转为正式抵押登记，侵害了 H 银行应当享有的合法权益。胡某能够履行而怠于履行抵押登记义务，应视为抵押权设立条件已成就。

实践中，能否办理抵押权本登记，往往只有房地产开发企业和房屋买受人知情，作为抵押权人的金融债权人可能对此并不知情。在抵押登记因买受人拒不配合或开发商予以隐瞒等客观无法完成时，如何计算抵押预告登记自动失效时点应考虑债权人是否知情的主观因素。不动产具备物权登记条件却因买受人尚未办理

---

① （2021）辽 04 民终 1834 号民事判决书。
② （2020）粤民终 15545 号民事判决书。

产权证而无法办理抵押本登记,该不动产仍被认定为买受人财产。买受人拒不办理可视为违反抵押合同约定,违背了诚实信用原则。鉴于此,在判断"能够进行不动产抵押本登记"的起算时点时,除了以买受人已经办理了转移登记(小产权证)为客观条件外,还应考虑金融债权人的主观上是否知道或者应当知道能够进行本登记。

(三)抵押预告登记的破产保护效力

实践中还存在办理预告登记后登记义务人破产的情况。预告登记的破产保护效力是指当登记义务人破产后,权利人有权向管理人就预告登记的债权请求继续履行。从预告登记制度保障预先登记权利人的物权期待权,排除在后发生的物权变动的目的来看,已经经过预告登记的物权请求权具有对抗第三人的效力,该种效力也可以对抗破产程序中的普通债权人,从而享有对破产财产的优先受偿权,故预告登记享有破产保护的物权效力。但该种优先受偿的保护效力是否同样适用于抵押预告登记,优先受偿的条件和范围又有哪些?

在抵押预告登记中,预告登记权利人同样取得了具备物权效力的请求权,这使得其与普通破产债权人有所区别,对其的保护也应强于普通债权人。但此种保护能否产生优先受偿效力,在《担保制度司法解释》52条出台前存在争议。有观点认为,抵押预告登记的破产保护效力应当分情况讨论,抵押预告登记权利人的破产债权能否得到救济应当取决于本登记条件是否具备。具体而言,如果本登记条件在破产前已成就,预告登记权利人可以请求破产管理人协助办理本登记,权利人基于不动产物权得到优先受偿;但如果进入破产程序后,本登记条件尚未成就,说明此时抵押权设立"客观不能",权利人不能因此优先受偿,预告登记债权沦为普通债权。但此次司法解释打破了上述观点,认为在抵押人破产的情形下,即便预告登记权利人办理抵押登记的条件未成就,也在特定条件下可就抵押财产优先受偿。

最高院民二庭认为此种规定的理由有二:一是参照《企业破产法》第46条第1款关于破产程序中债权加速到期的规定:"未到期的债权,在破产申请受理时视为到期。"同理,在抵押人破产的情况下,预告登记权利人不再具有办理本登记的条件,无法等待抵押登记条件具备时再主张权利,出于公平考虑,应视为条件已经成就。二是根据最高法《执行异议和复议规定》第30条,"金钱债权执行中,对被查封的办理了受让物权预告登记的不动产,受让人提出停止处分异议的,人民法院应予支持;符合物权登记条件,受让人提出排除执行异议的,应予支持",预告登记可以对抗金钱债权执行。排除强制执行与抵御破产是民事权利具有物权效力的重要特征,既然赋予了预告登记排除强制执行效力,也应赋予其抵御破产效力。

此外，《担保制度司法解释》在赋予预告登记权利人优先受偿权利外也规定了相应的条件：一是抵押财产属于破产财产；二是破产财产的价值范围限于受理破产申请时；三是预告抵押登记非发生在人民法院受理破产申请前一年内。

五、总结与建议

《担保制度司法解释》第 52 条赋予了一定条件下不动产抵押登记的顺位效力、优先效力，体现了对金融机构债权人的保护。实务中，出于担保债权的需要但又不具备办理抵押本登记条件时，可以积极办理不动产的预告抵押登记，待本登记条件成就时，权利人可因此获得较其他担保物权人更为优先的顺位，并在一定条件下优先受偿。为确保发挥抵押预告登记对债权保障的功能，在实践中还需根据办理节点对相关问题予以注意：

因各地房管部门操作模式不同，债权人基于不动产抵押协议申请预告登记时首先应对当地的登记政策加以了解，熟悉当地不动产登记规定和实施细则。例如对于抵押预告登记转为抵押本登记是需依法申请，还是办妥小产权证后自动转为本登记。

在交易磋商中，可在相关合同中对开发商、买受人的义务予以约定，例如，(1) 在对未建成建筑物办理抵押登记时，登记机构一般依据规划审批文件确定的编号办理，可约定开发商的合理注意义务，确保规划编号与首次登记编号相对应。(2) 在预抵押合同中明确约定，不动产在办理首次登记以及单户符合办证条件时，抵押人应在限定期限内书面通知债权人并协助债权人办理抵押本登记。

在交易磋商中，除设立义务外也可约定加重违约责任。如约定无论何种原因导致不动产未在约定期限内取得房产证，抵押人应承担违约责任。违约责任的设定除可督促义务人及时披露信息，积极解决办证存在的问题，协助债权人办理本登记外，也可在诉讼程序中帮助法院认定非权利人原因导致的不及时登记，从而避免预告登记失效。

不动产所有权证的办理是进行抵押本登记的前置条件，及时准确掌握办证信息至关重要。建议密切关注抵押不动产建设及竣工进度，重点关注开发商办理首次登记、买受人办理转移登记情况，必要时督促义务人办理，防范知道或者应当知道能够办理抵押权登记 90 日内未及时办理的风险。

金融债权人也可与不动产登记部门合作，在事先取得抵押人授权的情况下，定期查询不动产登记情况，及时办理本登记。

差额补足的法律性质及风险防范

庄洁蕾

前言

在金融机构的投融资业务中,差额补足是一种常见的交易结构。在债项投资中,差额补足被视为区别于传统担保的增信措施,补足义务人通常无法按照担保要求履行内部决议程序。但是,近年来金融机构在差额补足安排上频现踩雷,例如某信托与 K 公司金融借款纠纷案[①]、某银行与 L 公司金融借款合同纠纷案[②]等。经梳理,金融机构在上述案例中均接受了差额补足的增信措施,法院认为差额补足在法律性质上构成担保,但补足义务人未履行适当的内部决议程序,因此差额补足协议无效,补足义务人无需承担责任,或仅承担部分赔偿责任。

值得注意的是,不同交易结构下的差额补足安排,法院对其法律性质的认定也不同。权益类投资中,差额补足通常不会与某类主债权相挂钩,典型交易结构包括对赌交易中的差额补足,以及对权益类投资收益及本金的差额补足。

因此,金融机构设计交易结构时应妥善安排差额补足增信措施,在满足交易对手需求的同时,确保差额补足合法有效,避免实质性增信措施落空。总体而言,差额补足可以分为两大类:一类是债项投资中对债权的差额补足,本文中统称为担保型差额补足;另一类是权益投资中对投资收益的差额补足,本文中统称为权益型差额补足。本文将从以上分类入手,结合法律规定及司法裁判分析两类差额补足的法律特征及法律性质界定,进而总结交易结构设计中面临的法律风险及防范措施。

[①] 参见(2019)最高法民终 560 号民事判决书。
[②] 参见(2019)最高法民终 1438 号民事判决书。

一、担保型差额补足

《九民纪要》第 91 条提出,"信托合同之外的当事人提供第三方差额补足……人民法院应当认定当事人之间成立保证合同关系",这是首次在司法解释文件层面明确了差额补足的法律性质。但是,《九民纪要》的规定仅针对信托计划的差额补足,其他法律关系下的差额补足如何定性并未解决。2020 年末颁布的《担保制度司法解释》对《九民纪要》进行了扩充和明确,其中第 36 条规定,人民法院应当根据差额补足义务人的意思表示及债权人的请求,判断差额补足属于保证担保或债务加入,若不属于上述两类,补足义务人也应根据合同约定承担义务。据此,基础交易结构为债权债务关系时,对债权人的差额补足可能被认定为保证担保,也可能被认定为债务加入,若都不成立,还可能被认定为除此之外的其他担保措施。经检索涉及差额补足性质认定的司法实践,尚未见将类担保性质的差额补足认定为除保证担保和债务加入以外的其他担保方式,因此第 36 条第 3 款的兜底规定如何理解及适用还有待司法实践揭示。

(一)差额补足构成保证担保

根据《担保制度司法解释》第 36 条的规定,法院判断差额补足构成债务加入或保证担保,主要依据协议文件中补足义务人的意思表示,若补足义务人仅有提供担保的意思表示,或者无法判断是属于债务加入或保证担保的,法院应认定为保证担保。

在某信托与 K 公司金融借款纠纷案①中,一审法院认定 K 公司与某信托签订的《差额补足合同》构成保证担保。《差额补足合同》中约定,Y 公司、Z 公司未按期足额偿还主合同债务、未支付主合同项下任何款项,或发生任何违约事项的,某信托有权不经任何前置程序要求 K 公司承担补足义务。一审法院认为,根据《差额补足合同》上述约定,K 公司是在主合同下债务人未履行时才承担补足责任,其法律性质符合《担保法》第 6 条②关于保证的规定。某信托向最高人民法院提起上诉,并主张《差额补足合同》性质为借款合同。最高人民法院经审查认为,合同中缺乏借款种类、用途、数额、利率等借款合同核心要素,相反的,其中约定了主合同为《信托贷款合同》,差额补足范围为主合同项下的全部债务等,

---

① (2019)最高法民终 560 号民事判决书。
② 《民法典》第 681 条:"保证合同是为保障债权的实现,保证人和债权人约定,当债务人不履行到期债务或者发生当事人约定的情形时,保证人履行债务或者承担责任的合同。"《民法典》的规定较《担保法》更加周延和准确,涵盖了担保法对保证的界定,但系从保证合同的角度进行规范,而《担保法》系从保证法律行为角度进行表述。二者在核心内容方面无实质性差别,因此即使适用《民法典》应不会对本案差额补足性质认定产生影响。

符合保证合同的法律特征，一审法院认定无误。

类似的，在某信托与 H 公司合同纠纷案①中，广东省广州市中级人民法院认定某信托与 H 公司签订的《差额补足协议》构成保证担保。法院认为，协议中明确其目的是"保障乙方债权的实现"，且"主债权为乙方在主合同项下对债务人所拥有的全部债权"，当债务人未履行主合同项下债务时，补足义务人应对主合同项下未清偿的部分承担补足义务。因此，虽然协议中未使用"担保""保证"等字眼，但其约定符合担保的法律特征，故某信托与 H 公司之间成立担保合同法律关系。②

上述均为《民法典》施行前的案例，而在《民法典》及《担保制度司法解释》实施后，法院对差额补足法律性质的论证则更加详细。例如，在 S 公司与 F 投资公司合同纠纷案中，二审法院北京市高级人民法院认为，《差额补足协议》的法律性质应通过对合同条款的系统性理解来确定。鉴于本案协议中约定，S 公司是对主债务人不能履行的差额部分承担责任，且明确约定了 S 公司的追偿权，明显区别于债务加入，因此可以认定本案《差额补足协议》属于保证合同。北京市高级人民法院进一步分析，协议中约定 S 公司履行义务的前提是主债务人"未能"履行债务，"存在明显的履行顺位"，因此其应承担一般保证责任。③

（二）差额补足构成债务加入

当补足义务人具备与债务人就全部或部分债务承担连带清偿责任的意思表示时，法院将认定差额补足构成债务加入。④

债务加入与保证担保的区别主要有以下四点。第一，保证担保的从属性导致其存在随着主合同效力瑕疵而无效的风险。保证担保具有从属性，即当主债务合同无效或被撤销时，保证合同相应无效，但债务加入合同的效力需要独立判断，不受主债务合同效力瑕疵影响。第二，一般保证情形下债权人向保证人主张权利需要满足前置条件。债务加入中，债权人可以直接主张补足义务人的责任，甚至可以不向主债务人追偿、仅向补足义务人追偿。连带责任保证情形下，债权人的权利与债务加入情形没有太大区别，但一旦被认定为一般保证，债权人仅能先向债务人主张权利，债务人无财产可供执行时，才能向一般保证人主张权利。⑤ 第三，保证责任受保证期间限制，未约定保证期间的均为六个月，期限过短不利于

---

① 参见（2021）粤 01 民初 239 号民事判决书。
② 类似的可参见（2018）京民初 226 号民事判决书。
③ 参见（2021）京民终 754 号民事判决书。
④ 《民法典》第 552 条：第三人与债务人约定加入债务并通知债权人，或者第三人向债权人表示愿意加入债务，债权人未在合理期限内明确拒绝的，债权人可以请求第三人在其愿意承担的债务范围内和债务人承担连带责任。
⑤ 参见《民法典》第 687 条。

债权人主张权利。① 第四，保证人对保证合同无效存在过错的，债权人可主张保证人承担部分赔偿责任，但债务加入无效情形下，债权人无权要求债务加入方承担赔偿责任。

因此，差额补足被认定为债务加入更便于债权人主张权利。

在J公司与T公司借款合同纠纷案中，②补足义务人承诺对主合同项下债务承担无限连带责任，故一审法院认定《差额补足协议》构成债务加入。二审中，最高人民法院认为，《差额补足协议》未约定补足义务人提供保证担保，且根据合同文义理解，补足义务人的义务相对于主债务不具备从属性，一审认定为债务加入并无不当。

在某银行与L公司金融借款纠纷案③中，北京市高级人民法院在一审中从三个角度分析了L公司出具函件属于债务加入：第一，主借款合同列明的担保人中不包括L公司，因此各方未将L公司提供的保障视为担保措施；第二，L公司出具的函件中表明，只要出现逾期或者拖欠借款本息的情形，其就承担差额补足责任，根据文义理解更接近独立的债务而非从属性的担保；第三，保证担保作为典型担保方式之一，一般应有保证期间、履行方式等约定，当事人之间无明确的上述约定时不宜认定为保证。

总体而言，法院一般会对差额补足文件的文字表述、关联法律文件的约定以及当事人提交的其他证据材料进行综合审理和判断。若补足义务人在协议中以"无条件的""独立的""无限连带的"或类似表述，承诺其承担非从属性的清偿义务，或明确约定债权人可以直接向补足义务人追偿、无需先向债务人追偿的，法院将更倾向于认定差额补足为债务加入。

（三）担保型差额补足之风险防范

担保型差额补足在实践中可能被认定为保证担保或债务加入，债权人则可能面临未取得适格决议、上市公司义务人未妥善公告、未约定保证期间、被认定为一般保证等影响差额补足效力的风险。

1. 法人主体提供担保型差额补足

某信托与K公司金融借款纠纷案④、某信托与H公司合同纠纷案⑤中，法院认定差额补足构成保证担保，但补足义务人未根据《公司法》第16条（《公司法》

---

① 《民法典》686条：……当事人在保证合同中对保证方式没有约定或者约定不明确的，按照一般保证承担保证责任。
② 参见（2020）最高法民终295号民事判决书。
③ （2019）最高法民终1438号民事判决书。
④ （2019）最高法民终560号民事判决书。
⑤ （2021）粤01民初239号民事判决书。

(2023）第 15 条）的规定履行决议程序，法院认定差额补足合同无效，K 公司、H 公司不承担担保责任。①

类似的，在某银行与 L 公司金融借款纠纷案②中，法院认为与保证责任相比债务加入的负担更重，根据"举轻以明重"的法律解释方法，法院可以类推适用公司对外担保的法律规定来判断债务加入的法律效果。因此，本案中 L 公司对其股东 L 控股的债务进行加入，应参照适用《公司法》第 16 条（《公司法》（2023）第 15 条）的规定由股东大会表决通过，但 L 公司出具函件既未经股东大会亦未经董事会决议，Z 银行作为金融机构应当熟知担保的决议要件，因此不能成为善意相对人，进而 L 公司的差额补足函无效，L 公司无需承担债务。

因此，在担保型差额补足关系下，无论被认定为保证担保或是债务加入，均应严格根据《公司法》及公司章程关于公司对外担保的决议程序规定，取得补足义务人的内部决议文件。否则，义务人无需承担差补责任，且在保证担保情形下债权人需主张并证明义务人也存在过错，法院方可能考虑要求义务人承担部分的赔偿责任，③ 而债务加入情形下义务人将无需承担赔偿责任。

2. 上市公司（或其控股子公司）提供担保型差额补足

值得注意的是，现行法律框架下，上市公司或其控股子公司对外提供担保的生效要件比普通公司法人更严苛。上市公司或其控股子公司提供担保，应经董事会或股东大会决议通过，且应将决议及担保事项予以公告，否则上市公司既不承

---

① 《担保制度司法解释》第 7 条：公司的法定代表人违反公司法关于公司对外担保决议程序的规定，超越权限代表公司与相对人订立担保合同，人民法院应当依照民法典第六十一条和第五百零四条等规定处理：（一）相对人善意的，担保合同对公司发生效力；相对人请求公司承担担保责任的，人民法院应予支持。（二）相对人非善意的，担保合同对公司不发生效力；相对人请求公司承担赔偿责任的，参照适用本解释第十七条的有关规定。法定代表人超越权限提供担保造成公司损失，公司请求法定代表人承担赔偿责任的，人民法院应予支持。第一款所称善意，是指相对人在订立担保合同时不知道且不应当知道法定代表人超越权限。相对人有证据证明已对公司决议进行了合理审查，人民法院应当认定其构成善意，但是公司有证据证明相对人知道或者应当知道决议系伪造、变造的除外。

《担保制度司法解释》已明确用越权代表理论解决公司未经适格决议提供担保的问题，即越权签署的担保合同对公司不发生效力。在《担保制度司法解释》之前的案例，其实也已逐步统一了这一司法裁判路径，如 H 信托与 K 公司借款纠纷案中，法院援引了《合同法》第 50 条的关于越权代表的规定，与《担保制度司法解释》第 7 条第一款基本一致。

② （2019）最高法民终 1438 号民事判决书。

③ 《担保制度司法解释》第 17 条：主合同有效而第三人提供的担保合同无效，人民法院应当区分不同情形确定担保人的赔偿责任：（一）债权人与担保人均有过错的，担保人承担的赔偿责任不应超过债务人不能清偿部分的二分之一；（二）担保人有过错而债权人无过错的，担保人对债务人不能清偿的部分承担赔偿责任；（三）债权人有过错而担保人无过错的，担保人不承担赔偿责任。主合同无效导致第三人提供的担保合同无效，担保人无过错的，不承担赔偿责任；担保人有过错的，其承担的赔偿责任不应超过债务人不能清偿部分的三分之一。

担差额补足协议下的担保责任（或债务加入责任），亦不承担赔偿责任。[1]

3. 债权人的救济

鉴于差额补足可能被认定为保证担保，且通常情况下差额补足协议或函件中不会约定保证期间、保证方式，因此债权人应警惕保证期间经过、保证责任消灭的风险。

具体到差额补足情境下，因协议中未约定保证期间，故保证期间适用法律规定，为主债务到期之日起6个月。因此，建议债权人应于主债务到期之日起6个月内向差额补足义务人主张权利，避免保证期间经过。同理，差额补足协议中一般未明确保证方式，且法院很可能因无法判定保证方式而认为差额补足构成一般保证。[2] 因此，建议债权人按照一般保证标准来维护保证期间，即应于6个月内向债务人提起诉讼、仲裁或申请执行公证债权文书。[3]

二、权益型差额补足

权益型差额补足与担保型差额补足的核心区别在于，权益型差额补足涉及的法律关系中一般不存在确定的债权债务关系，差额补足义务人承担责任不以"债务人"未履行其债务为前提，而是与权益持有人的收益和退出相挂钩。业务实践中，较为常见的权益型差额补足主要包括对信托计划/资管计划/私募基金投资者的差额补足（下文简称"资管类产品的差额补足"）和对赌安排中的差额补足。

（一）资管类产品的差额补足

经检索资管类产品差额补足的相关案例，交易结构一般在投资标的和补足义务人安排方面存在差别。

1. 投资标的为非债权的权益类资产

鉴于权益型差额补足一般不存在确定的主债权，因此投资标的主要为非债权

---

[1] 《担保制度司法解释》第9条：相对人根据上市公司公开披露的关于担保事项已经董事会或者股东大会决议通过的信息，与上市公司订立担保合同，相对人主张担保合同对上市公司发生效力，并由上市公司承担担保责任的，人民法院应予支持。相对人未根据上市公司公开披露的关于担保事项已经董事会或者股东大会决议通过的信息，与上市公司订立担保合同，上市公司主张担保合同对其不发生效力，且不承担担保责任或者赔偿责任的，人民法院应予支持。相对人与上市公司已公开披露的控股子公司订立的担保合同，或者相对人与股票在国务院批准的其他全国性证券交易场所交易的公司订立的担保合同，适用前两款规定。

[2] 《民法典》第686条：……当事人在保证合同中对保证方式没有约定或者约定不明确的，按照一般保证承担保证责任。

[3] 《民法典》第693条：一般保证的债权人未在保证期间对债务人提起诉讼或者申请仲裁的，保证人不再承担保证责任……

的权益类资产，如股权、基金份额、信托受益权等。①

投资标的为股权的交易比较常见，典型结构为资金方委托信托公司设立信托计划（类似结构如基金公司设立私募股权投资基金、证券公司设立资管计划等），由信托计划投资标的公司的股权/股票，标的公司股东/实际控制人/关联方为信托计划或信托受益人的预期收益提供差额补足承诺，并承诺投资期限届满后对股权/股票进行回购，以此保障资金方的本金和收益。此类交易与对赌交易的区别在于，补足义务人的义务仅与投资人预期收益、投资期限相关，投资人本质上实施的是固定收益投资行为，而对赌交易中，补足义务人的义务更多与目标公司的业绩挂钩，投资人本质上实施的是股权投资行为。

司法实践中，此类补足义务人经常提出"差额补足属于担保、未经决议无效"等抗辩，部分案例中法院驳回了上述抗辩。典型案例如 Z 银行与 G 资本投资纠纷案，② 上海金融法院在二审中提出，G 资本的差额补足并无对应的主债权，且差额补足函项下的权利人与义务人之间的债权债务与本案交易中存在的合伙份额回购之债不具有同一性，因此本案之差额补足与具有从属性的担保责任不同，系独立的合同，在不违反法律及行政法规时，合同有效。③

2. 差额补足义务人包括外部第三方或劣后级

此类差额补足常见的结构系由资管产品之外的第三方为资管产品或其权益人的收益提供差额补足，亦有在结构化资管产品中安排由劣后级对优先级进行差额补足。例如，在王某与 G 信托合同纠纷案、④ 杨某与曹某合同纠纷案⑤中，差额补足方为信托计划主体之外的第三方，且均为信托计划投资标的公司的股东；而在 T 娱乐公司等与 G 信托合伙企业份额转让纠纷案⑥中，差额补足方为结构化私募基金中的劣后级有限合伙人。

（二）对赌交易中的差额补足

所谓的对赌，又被称为"估值调整"，主要指的是投资人在对标的公司进行股

---

① 近两年，司法实践存在"穿透司法"的趋势，常有法院突破各种交易结构设计，直接将法律关系拉直为借贷法律关系。对于底层资产全部为债权或包括债权及股权的结构，即便差额补足系对顶层结构中权益人的补足，也很可能被法院认定为担保。因此，对于底层资产包含债权的结构本文不展开讨论。
② 参见（2020）沪民终 567 号民事判决书。本案为 2021 年全国十大商事案例之一。
③ 此类交易结构项下涉及差额补足性质认定的案例参见（2021）京 01 民初 383 号民事判决书、（2020）最高法民终 1294 号民事判决书、（2021）最高法民终 423 号民事判决书。
④ 参见（2021）最高法民终 423 号民事判决书。
⑤ 参见（2020）最高法民终 1294 号民事判决书。
⑥ 参见（2020）京民终 623 号判决书。

权投资时，为解决交易双方对公司未来发展的不确定性、信息不对称等问题，而设计的主要包括股权回购、金钱补偿等方式的交易安排。① 在对赌交易中，对于目标公司股东、实际控制人或其关联方与投资人之间的对赌，法律理论与司法实践观点较为统一，均认为可以适用合同法的相关规定判断其效力。②

而对于目标公司与投资人之间的对赌，司法理论与实践则经历了较大变化。最开始的"海富案"③"邦奥案"④认为公司与股东之间的对赌协议损害公司债权人利益、违反公司资本维持原则无效；《九民纪要》出台后，统一了司法实践对对赌效力的观点分歧，从合同效力和可履行性两个层次审视对赌行为，公司与股东的对赌在合同法层面上判断其效力、一般为有效，但能否实际履行应审查公司是否依法履行了减资程序（对应股权回购）或分红程序（金钱补偿）。

（三）权益型差额补足的风险防范

权益型差额补足可能因资管类产品不同、投资标的不同、补足义务人不同而涉及不同的法律风险，应注意防范以下几类风险。

第一，设计资管类产品差额补足安排时，应注意遵循相应行业的监管规定。

在对资管类产品进行差额补足的相关案例中，差额补足方均会提出相关补承诺违反行业监管规定无效的抗辩。例如，在 Z 银行与 G 资本投资纠纷案⑤中，G 资本抗辩其出具的差额补足承诺函违反《私募投资基金监督管理暂行办法》，即违反私募基金管理人不得对投资者承诺保本保收益的相关规定。⑥ 值得注意的是，部分交易中可能安排劣后级为优先级权益提供差额补足，若此时结构化产品系私募股权投资基金，那么应审慎考量是否违反《关于加强私募投资基金监管的若干规定》，⑦ 法律层面应考虑是否违反《合伙企业法》关于有限合伙企业亏损共担的规定。⑧

第二，投资标的为上市公司非公开发行股票时，建议审慎接受上市公司控股

---

① 参见《九民纪要》中"关于'对赌协议'的效力及履行"相关内容。
② 参见王毓莹：《对赌纠纷裁判的法律适用逻辑与诉讼体系定位》，载《华东政法大学学报》2021年第5期。
③ 参见（2012）民提字第11号[6]案。
④ （2017）最高法民申3671号。
⑤ （2020）沪民终567号民事判决书。
⑥ 《私募投资基金监督管理暂行办法》第15条："私募基金管理人、私募基金销售机构不得向投资者承诺投资本金不受损失或者承诺最低收益。"法院并未支持GD资本的抗辩，法院认为GD资本并非私募基金管理人，其并不适用上述《办法》。
⑦ 《关于加强私募投资基金监管的若干规定》第9条：私募基金管理人及其从业人员从事私募基金业务，不得有下列行为：……（六）私募基金收益不与投资项目的资产、收益、风险等情况挂钩，包括不按照投资标的实际经营业绩或者收益情况向投资者分红、支付收益等；……
⑧ 《合伙企业法》第33条：……合伙协议不得约定将全部利润分配给部分合伙人或者由部分合伙人承担全部亏损。

股东、实际控制人、主要股东提供的差额补足。

在王某与 G 信托合同纠纷案①中，差补方抗辩差额补足协议因违反《上市公司非公开发行股票实施细则》（2020）第 29 条②而无效。法院认为，本案差额补足协议发生在前述条款生效之前，因此抗辩理由不成立。但目前《实施细则》已施行两年有余，若投资标的为上市公司非公开发行股票的，建议严格适用《实施细则》规定，以其他合法有效的增信措施替代控股股东或实际控制人提供的差额补足。

第三，在对赌交易中，建议安排由目标公司的股东、实际控制人或者关联方提供差额补足或回购。

根据《九民纪要》的规定及司法实践趋势，公司股东、实际控制人或者关联方为投资者提供的对赌补偿，若不存在合同无效、被撤销的法定原因，一般能被认定为有效且可直接履行。但对于投资者与目标公司之间的对赌，虽不会直接被认定为无效，但实际履行时却会面临较大障碍，因为公司减资涉及决议、公告等复杂程序，而公司分红则以有可分利润为前提。③ 因此，为确保能实际获取对赌的补偿，建议与目标公司股东或实际控制人实施对赌。

三、结论

根据差额补足的对象或者涉及的基础交易是否为确定的债权债务关系，可以将差额补足分为担保型差额补足及权益型差额补足两大类。

绝大多数债项投资中设计的差额补足，可能因直接保障债权人实现债权或者被穿透结构看交易实质，而被认定为担保型差额补足。金融机构对待担保型差额补足时必须转变观念，提高风险防范意识，将其与传统担保如抵押、质押、保证等同等对待，严格取得补足义务人的有效决议文件及公告文件（若涉及上市公司）。否则，法律规定及司法实践的态度是统一而明确的，差额补足大概率因无适格决议或公告而无效。

在权益型差额补足中，差额补足不与确定的主债权挂钩、不具备从属性，属于独立的债权债务合同，在不违反法律或行政法规时，可查得部分案例认可其效力。鉴于权益型差额补足涉及各类资管产品，分业监管下适用不同的行业监管规

---

① （2021）最高法民终 423 号民事判决书。
② 《上市公司非公开发行股票实施细则》第 29 条：上市公司及其控股股东、实际控制人、主要股东不得向发行对象作出保底收益或变相保底收益承诺，且不得直接或通过利益相关方向发行对象提供财务资助或补偿。
③ 最高人民法院认为，目标公司应先履行减资的债权人保护程序，再承担对赌协议的民事责任。参见最高人民法院民事审判第二庭编：《〈全国法院民商事审判工作会议纪要〉理解与适用》，人民法院出版社 2019 年版，第 117 页。

定,而违反监管规定导致合同无效的案例近年来逐步增加,故差额补足安排应避免触及监管红线。需要注意的是,虽然此类结构下未有明确的主债权,但在法院"穿透式司法"的大趋势下,依然存在被法院认定为借贷行为或融资行为的可能性,届时补足义务人关于"差额补足构成担保"的抗辩将可能得到支持。

当然,所有交易都是全局性的,差额补足仅是其中一环,本文对差额补足进行深度探讨,希望对整体交易的稳定性和安全性有所助益。

差额补足函是否构成保证的判断标准
——以一则典型案例分析切入

吴 桐

金融机构在业务实践中常将差额补足作为增信措施，但司法实践中法院对差额补足的法律性质及法律效力认定差异较大，该等认定对债权人实现自身权利存在重要影响。本文主要围绕上海高院的一则典型案例（（2020）沪民终567号）展开分析。通过案例梳理及比较分析，本文认为差额补足是否构成保证担保需根据保证法律关系的构成要件进行具体判断，并在文末对差额补足安排提出相关建议，以期对业务实践有所帮助。

一、基本案情

2016年2月，G浸辉与B集团等主体签订了《合伙协议》，共同发起设立J有限合伙。后Z财富认缴了J有限合伙的优先级有限合伙份额28亿元，G资本公司认缴劣后级有限合伙份额6000万元。G浸辉系G资本的全资子公司，为J有限合伙的执行事务合伙人。J有限合伙基金的设立是用于收购MPS公司65%的股权，拟通过B集团回购MPS公司股权实现投资退出。

此外，G浸辉、B投资另与优先级有限合伙人Z财富签订了《合伙协议补充协议》，约定Z财富所持有的合伙企业的优先级有限合伙份额均优先于其他任何合伙人获得合伙企业收益的分配。《合伙协议补充协议》还约定，普通合伙人一致确认，均已充分知晓及同意执行事务合伙人与Z财富公司签署《优先级有限合伙份额转让合同》。

2016年4月，G资本公司向Z银行出具《差额补足函》，内容为"致：Z银行股份有限公司，鉴于……4. Z银行通过Z财富公司设立的资管计划，认购基金的优先级有限合伙份额人民币28亿元；……本着友好合作的原则，我司特此同意：

特殊机会投资之道 2

1. 在基金成立满 36 个月之内,我司同意将由 B 集团或我司指定的其他第三方以不少于【人民币 28 亿元 * (1+8.2% * 资管计划存续天数/365)】的目标价格受让基金持有的 JINXINHKLIMITED(J 香港)100%的股权。如果最终该等股权转让价格少于目标价格时,我司同意将对目标价格与股权实际转让价格之间的差额无条件承担全额补足义务。届时,资管计划终止日,如果 MPS 股权没有完全处置,我司同意承担全额差额补足义务;……4. 我司同意出具并履行本补足函符合法律法规规定以及本公司章程及管理规定,且履行了相关必要的内外部审批手续……"G 证券公司系 G 资本公司唯一股东,其向 G 资本公司出具《关于 G 跨境并购基金的回复》,该回复函载明"我司已知悉并认可 G 资本公司对 Z 银行的补足安排"。

2019 年 2 月,G 证券公司发布《关于全资子公司重要事项的公告》称:"……MPS 公司经营陷入困境,J 有限合伙基金未能按原计划实现退出,从而使得基金面临较大风险。J 基金中,两名优先级合伙人的利益相关方各出示一份 G 资本公司盖章的《差额补足函》,主要内容为在优先级合伙人不能实现退出时,由 G 资本公司承担相应的差额补足义务。但目前,该《差额补足函》的有效性存在争议,G 资本公司的实际法律义务尚待判断。目前,公司正在调查评估相关情况及其影响,并积极督促 G 资本公司及其子公司采取境内外追偿等处置措施。"

2019 年 5 月 8 日,J 有限合伙、G 浸辉向法院提起诉讼,请求法院判令 B 集团向其支付因不履行股权回购义务而导致的部分损失 6.88 亿元,及该损失的迟延支付利息 6330.66 万元,合计约 7.51 亿元。

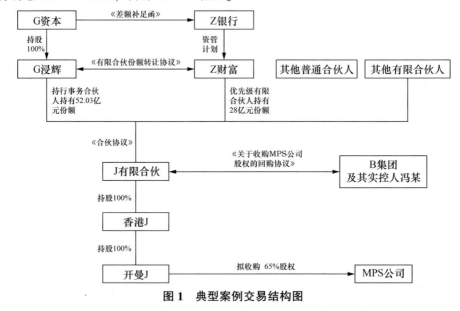

图 1 典型案例交易结构图

2019年6月1日，Z银行对G资本提起诉讼，要求G资本履行相关差额补足义务，诉讼标的额约为人民币34.89亿元。

二、法院判决

上海高院在二审中认为，本案的争议焦点之一为：《差额补足函》的法律性质、效力、补足义务范围如何认定。

关于《差额补足函》的法律性质，上海高院认为，首先，《差额补足函》的致函对象是Z银行，G证券在向G资本出具的《关于G跨境并购基金的回复》中亦明确载明"G资本已知悉并认可G资本对Z银行的补足安排"。故《差额补足函》的权利主体是Z银行，G资本主张《差额补足函》的权利人是J有限合伙基金，依据不足，上海高院不予采信。其次，《回购协议》系由G浸辉公司与B集团公司等签订，Z银行并非《回购协议》项下的债权人。G资本在《差额补足函》中承诺的差额补足义务与B集团公司在《回购协议》中承诺的回购债务并不具有同一性。G资本主张《差额补足函》是《回购协议》的从合同，缺乏相应的事实依据，上海高院不予采信。最后，《九民纪要》第91条规定，信托合同之外的当事人提供第三方差额补足、代为履行到期回购义务、流动性支持等类似承诺文件作为增信措施，其内容符合法律关于保证的规定的，人民法院应当认定当事人之间成立保证合同关系。其内容不符合法律关于保证的规定的，依据承诺文件的具体内容确定相应的权利义务关系，并根据案件事实情况确定相应的民事责任。据此，对于差额补足等增信措施是何种性质，不能一概而论。如果确定符合保证规定的，理应按照保证担保处理。如果属于其他法律性质的，则应当按照差额补足的实际性质认定法律关系确定法律责任。系争《差额补足函》中并无明确的连带责任保证担保表意，也没有担保对象，一审法院将其认定为独立合同并无不当。

关于《差额补足函》的效力，上海高院认为，《差额补足函》系Z银行和G资本的真实意思表示，且不违反法律、法规的强制性规定，应为合法有效。G资本主张Z银行投资行为违法，故基于投资行为取得的《差额补足函》无效，并无相应的事实和法律依据，上海高院不予采信。G资本另主张《差额补足函》系Z银行与G资本员工项某恶意串通所得，损害了G资本的利益，其本身违法而无效，对此主张，G资本并无充足的证据予以佐证，上海高院不予采信。G资本还主张G证券不知晓且不同意G资本对外担保，《差额补足函》属于越权担保，应当认定无效。对此，上海高院认为，正如前述所言，《差额补足函》并非担保，故并不存在越权担保事宜，而根据G证券向G资本出具的《关于G跨境并购基金的回复》的内容，G资本关于G证券不知晓且不同意《差额补足函》的上诉主张，亦与事实不符，上海高院不予采信。

三、案例评析

本案中,《差额补足函》未被认定为担保的主要原因在于:G 资本向 Z 银行履行《差额补足函》项下差额补足义务并不以《回购协议》项下 B 集团的债务未能履行为前提,且两份文件项下的具体债务也并不具有同一性——《差额补足函》的权利人 Z 银行与《回购协议》的权利人 J 合伙企业明显不是同一主体,遑论二者项下的债务为同一债务。由此,《差额补足函》中并无明确的连带责任保证担保表意,也没有担保对象,其并非《回购协议》的从合同,而是一份独立合同,其项下的债权具有独立性。

从债权人的角度来看,本案具有一定的参考意义,如交易因类似情况,即差额补足文件约定的条件无法与相关债权交易文件勾稽且差额补足文件项下的债务与债权交易文件项下的债务不具有同一性,而进入到争议解决程序,债权人可以尝试依据本案的裁判规则向法院主张差额补足文件为独立合同,从而相关义务人应按照差额补足文件约定的内容承担相应责任。

但是,本案中将差额补足认定为独立合同为法院根据具体案情进行的裁判,仅从这一个案件无法推导出所有差额补足均为独立合同,这一判断并不具有完全的普适性。根据笔者的观察,目前司法实践呈现出穿透式裁判、探求交易实质的倾向。比如,笔者注意到,最高院在(2019)最高法民终 560 号判决中也对案涉差额补足文件的性质进行了认定。不同于本案,在该案中,《差额补足合同》被认定为《信托贷款合同》的保证合同。以保证的标准进一步审查《差额补足合同》的效力,法院最终裁判该等《差额补足合同》因未经股东大会决议而无效。该案《差额补足合同》被认定保证合同的原因在于,第一,《差额补足合同》约定的差额补足责任是指"如主债务人无法按照《信托贷款合同》的约定履行支付贷款本金⋯⋯及其他任何应付款项的义务,则债权人有权不经任何前置程序要求差额补足义务人立即向债权人支付主债务人的应付未付债务"。从案涉双方对差额补足的含义界定来看,显然符合保证的定义,即"保证人和债权人约定,当债务人不履行债务时,保证人按照约定履行债务或者承担责任的行为"。第二,《差额补足合同》缺乏借款种类、用途、数额、利率、期限和还款方式等借款合同一般条款,反而约定主合同为《信托贷款合同》,主债务人为《信托贷款合同》的债务人 K 能源公司、K 电力公司,差额补足责任范围为主合同项下的全部债务等约定,均符合保证合同从属性的法律特征。由此可见,无论是从《差额补足合同》的核心条款进行文义解释来看,还是从合同体系解释来看,该合同的性质均符合保证合同的法律特征。差额补足的条件为主债务人无法按照《信托贷款合同》履行义务,差额补足的责任为《信托贷款合同》约定的全部义务。由此,《差额补足合同》

在本案中被认定为《信托贷款合同》的保证合同，并应以保证合同的要求认定其效力。

表1　两案涉及的具体情况对比

对比项		（2020）沪民终567号	（2019）最高法民终560号
差额补足的对象（投资文件）		《合伙协议》和《关于收购MPS公司股权的回购协议》（G资本主张为主债权文件，未获法院认定）	《信托贷款合同》
差额补足文件		《差额补足函》	《差额补足合同》
相关主体	投资文件	B集团及其实控人冯某（债务人） J有限合伙（债权人）	K能源公司（债务人） K电力公司（债务人） 某AMC（债权人）
	差额补足文件	G资本（补足义务人） Z银行（债权人）	K生态公司（补足义务人） 某AMC（债权人）
项下债务	投资文件	判决文书未体现，根据判决文书中其他内容初步推测主要内容为：回购条件触发时，B集团及其实控人冯某收购J有限合伙直接持有的香港J100%股权（间接持有的MPS公司65%股权），回购对价为J有限合伙实际投资用于收购MPS公司65%股权的款项及固定收益。	本金+8.3%/年+1%/年的利息： ● 贷款人同意以其设立的信托计划募集的信托资金向借款人和共同债务人发放贷款。贷款金额不超过5亿元，实际贷款金额以借款借据载明的金额为准。 ● 贷款期限为12个月，自首期信托贷款放款日起计算，具体期限以借款借据中载明的期限为准。贷款利息分为第一部分利息和第二部分利息，第一部分利息按日计为8.3%/年。第一部分利息按照从该期贷款放款日起至该期贷款全部本金清偿完毕之日止的实际天数计收，各期贷款每日应计提的第一部分利息=当日该期贷款本金金额×8.3%/360。对于每一期贷款的第一部分利息而言，贷款结息日为每自然季末月的21日以及该期贷款到期日。第二部分利息的利率为1%/年，借款人及/或共同债务人应于各期贷款放款日起5个工作日内，将各期贷款的第二部分利息一次性支付至贷款人指定的银行账户，各期贷款的第二部分利息=该期贷款本金金额×1%。

(续表)

对比项		(2020) 沪民终 567 号	(2019) 最高法民终 560 号
项下债务	差额补足文件	香港 J 公司股权转让目标价格与实际转让价格之间的差额或在 MPS 公司股权没有完全处置时的全额差额： 在基金成立满 36 个月之内，G 资本同意将由 B 集团或 G 资本指定的其他第三方以不少于 [人民币 28 亿元 * (1+8.2% * 资管计划存续天数/365)] 的目标价格受让基金持有的 J（香港）100% 的股权。如果最终该等股权转让价格少于目标价格时，G 资本同意将对目标价格与股权实际转让价格之间的差额无条件承担全额补足义务。届时，资管计划终止日，如果 MPS 股权没有完全处置，G 资本同意承担全额差额补足义务。G 资本同意并确认 G 资本承担本补足函项下全部补足义务的期间为资管计划存续期间（含起始日，且含终止日）。	《信托贷款合同》约定的全部义务： ● 差额补足义务人为 K 生态公司，债权人为某 AMC，主债务人为 K 能源公司和 K 电力公司。 ● 差额补足义务人为主债务人履行《信托贷款合同》约定的全部义务承担差额补足责任。差额补足责任是指，如主债务人无法按照《信托贷款合同》的约定履行支付贷款本金、利息、复利、罚息、违约金、赔偿金及其他任何应付款项的义务，则债权人有权不经任何前置程序要求差额补足义务人立即向债权人支付主债务人的应付未付债务。差额补足责任的范围包括主合同项下全部债务，包括但不限于全部贷款本金、利息、复利、罚息、违约金……差额补足义务人在主债务人未能完全按照《信托贷款合同》的约定支付任何款项时，差额补足义务人应当立即承担差额补足义务，并承诺不对此提出任何抗辩。

结合两案案情对比，普遍意义上来说，如果交易中存在真实有效的主债权，且相关义务人拟提供增信措施，则从避免不确定性及防范风险的角度来说，一个理想的状态为相关义务人提供的增信措施为标准担保。退一步讲，如果根据实际情况，相关义务人确实无法以保证等方式提供标准担保，而只能采取差额补足等类担保措施，则建议尽量比照设立保证担保的方式来安排差额补足，以免差额补足的性质因不明确无法得到法院支持。具体来说，根据《民法典》及相关司法解释的要求，保证合同的效力部分取决于债权人是否已尽合理审查义务。债权人如未能严格审查担保及类担保增信措施的内容及决议，则存在担保及类担保措施无效风险。在实务中，债权人在接受差额补足、流动性支持、远期收购等增信措施时，如拟实现担保或类担保法律效果，则应当要求义务人按照具体拟实现的法律效果相应出具内容明确的、具备可执行性的承诺文件，并严格审查增信措施的决议内容及决议程序。

若债权人将差额补足文件视为独立合同而进行整体交易，并未按照保证合同效力的判断标准对差额补足的内容及决议进行审查，则在法院因持不同观点而将差额补足认定为保证时，债权人很有可能因实质要件缺失而失掉增信措施，从而对自身债权清偿产生不利后果。

浅议不良资产业务中建设工程价款优先受偿权法律规则

周　霞

建设工程价款优先受偿权是一种法定优先权，基于法律规定直接赋予承包人对建设工程的优先权权利，这种优先权无须登记公示，亦无须转移占有财产，且建设工程价款优先权通常涉及公众利益，金融机构在从事不良资产业务过程中以及在以在建工程或不动产作为项目抵押物时通常难以事先查明该项优先权，但却经常面临建设工程价款优先受偿权的"威胁"。本文拟从建设工程价款优先受偿权的权利主体、权利范围、行使期限、转让、放弃等角度展开分析，以期为业务实践充分衡量建设工程价款优先受偿权的影响提供参考。

一、建设工程价款优先受偿权的权利主体

根据《建设工程司法解释（一）》，与发包人订立建设工程施工合同的承包人，其承建工程的价款就工程折价或者拍卖的价款优先受偿（以下简称建设工程价款优先受偿权）。根据该条规定，承包人是建设工程价款优先受偿权的权利主体，可以就工程折价或者拍卖所得价款享有优先受偿权，但在一项建设工程项目中，通常还涉及勘察人、设计人、监理人、分包人、转包人和实际施工人等，这些主体是否享有建设工程价款优先受偿权，实务中通常会产生误解。

（一）分包人或者转包人是否享有建设工程价款优先受偿权

实务中经常引发争议的问题是，该条的承包人仅仅是指与发包人订立建设工程施工合同的一级承包人或总承包人，还是亦包括分包人或者转包人？分包人/转包人是与一级承包人或总承包人签署分包/转包合同，其与发包人并不存在直接的施工合同关系，因此司法实践认为分包人和转包人一般不享有建设工程价款优先受偿权。但在特定情况下，如果是工程的发包人、总包人、分包人三方共同签订合同，那么总包人、分包人连带享有优先受偿权，此外，实务中大量存在发包人

指定分包人的情形，发包人与承包人签订的施工合同中如果约定由发包人指定特定项目由第三人作为分包人，而且在履行过程中，指定分包人完全代替承包人就特定工程项目履行了合同义务，承包人仅承担配合盖章等手续的义务，则在指定分包人与发包人之间形成了事实合同关系，在此种情形下，指定的分包人享有工程价款优先受偿权。①

施工合同被解除或无效后承包人是否享有建设工程价款优先受偿权？建设工程施工合同处于有效状态时，承包人原则上享有建设工程价款优先受偿权，但一旦承包人与发包人或其债权人发生争议时，发包人或其债权人往往会以施工合同已被解除或无效主张承包人不享有建设工程价款优先受偿权。从建设工程价款优先受偿权的立法目的来看，承包人对建设工程享有建设工程价款优先受偿权是基于承包人的人力、物力、财力已经物化于建筑工程，当建设工程施工合同无效或被解除时，只要工程竣工验收合格，承包人的实际付出与案涉合同效力并直接联系，因此司法实践中，法院一般认为施工合同被解除或无效后，承包人仍享有建设工程价款优先受偿权。在（2019）最高法民申 2351 号民事裁定书中，最高法院认为，《建工司法解释（2004）》第 2 条规定承包人可对建设工程价款优先受偿，主要是因为承包人的人力、物力、财力已经物化于建筑工程中，当建设工程施工合同无效时，只要工程竣工验收合格，承包人的实际付出与案涉合同合法有效，并无不同，此时，肯定承包人对案涉工程价款享有优先受偿权，较为公允。在（2020）最高法民终 774 号民事判决书中，最高法院亦认为，建设工程施工合同无效并不意味着债权消灭，建设工程施工合同的效力亦不影响承包人行使优先受偿权。另外，对于未完工的建设工程，施工合同被解除的，承包人仍享有工程价款优先受偿权。在（2019）最高法民终 347 号民事判决书中，最高法院认为，从《合同法》第 286 条条文表述分析，规定承包人就未付工程款对所承建工程享有优先受偿权，系为保护承包人对工程价款的实际受偿，该规定没有要求承包人优先受偿工程款以工程完工并经竣工验收为先决条件，因此，在合同解除的情形下，承包人也对未完工程享有优先受偿的权利。

（二）实际施工人是否享有建设工程价款优先受偿权

实际施工人是否享有建设工程价款优先受偿权在司法实践中具有较大的争议，司法实践中多数案例支持实际施工人不享有建设工程价款优先受偿权，实际施工人是基于违法分包或转包、挂靠等违法行为而产生，我国法律基于保护工人报酬的立法目的，赋予实际施工人突破合同相对性的权利而直接向发包人主张权利，

---

① 最高人民法院民事审判第一庭编著：《最高人民法院新建设工程施工合同司法解释（一）理解与适用》，人民法院出版社 2021 年版，第 360—362 页。

但若还赋予其优先受偿权，似乎在鼓励违法分包、转包和挂靠等违法行为，加之实际施工人并未经过直接与发包人签署施工合同，亦未获得发包人的认可，赋予实际施工人优先受偿权，对发包人不公平。但即使是在最高人民法院的判决当中，亦有截然相反的观点。在（2021）最高法民申2458号民事裁定书中，最高人民法院认为，建设工程价款的优先受偿权的请求权主体是承包人，《建工司法解释（2004）》第26条仅赋予实际施工人突破合同相对性向发包人主张欠付工程价款的权利，并未规定其可以主张建设工程价款优先受偿权，故实际施工方不享有工程价款优先受偿权。但是在（2019）最高法民申6085号民事裁定书中，最高法院的观点与前述相反，其认为挂靠人因为实际施工行为而比被挂靠人更应当从发包人处得到工程款，被挂靠人实际上只是最终从挂靠人处获得管理费，因此，挂靠人比被挂靠人更符合法律关于承包人的规定，比被挂靠人更应当享有工程价款请求权和优先受偿权，挂靠人既是实际施工人，也是实际承包人，而被挂靠人只是名义承包人，认定挂靠人享有主张工程价款请求权和优先受偿权，更符合法律保护工程价款请求权和设立优先受偿权的目的。

（三）勘察人、设计人和监理人是否享有建设工程价款优先受偿权

勘察人、设计人和监理人一般不是建设工程价款优先受偿权的主体。勘察人和设计人、监理人与发包人签署的勘察合同、设计合同和监理合同一般不认为属于司法解释中规定的施工合同，且勘察合同和设计合同（施工和设计同步进行的工程除外）一般在建设工程开工前已经履行完毕，因此，实践中一般不认为勘察人、设计人和监理人属于建设工程价款优先受偿权的主体。

最后，值得注意的是，《建设工程司法解释（一）》规定装饰装修工程具备折价或者拍卖条件的，装饰装修工程的承包人对该装饰装修工程折价或者拍卖的价款亦享有优先受偿权。因此，不良资产投资人在收购工程款债权时除应注意承包人的优先受偿权之外，还应当注意防范装修工程的承包人行使其对装修工程的优先受偿权。

二、建设工程价款优先受偿权的行使期限

根据《建工司法解释（2018）》规定，承包人行使建设工程价款优先受偿权的期限为6个月，自发包人应当给付建设工程价款之日起算。《建设工程司法解释（一）》对建设工程价款优先受偿权的期限进行了修订，将6个月的期限修改为合理期限，但最长不超过18个月，起算时间点依然是发包人应当给付建设工程价款之日。

（一）建设工程价款优先受偿权行使期限的起算点确定的一般性规则

实践中对于建设工程价款优先受偿权期限的争议焦点主要在于起算时间点，

尽管司法解释明确规定为发包人应当给付建设工程价款之日,但何为应当给付工程款存在很大争议。建设工程合同纠纷案件通常非常复杂,对于施工合同对付款时间有明确约定且合同已经履行完毕的,发包人应当给付建设工程价款之日按照合同约定确定即可。如施工合同未对付款时间约定明确,尤其在工程未竣工的情况下,发包人应当在何时发生付款义务,各个法院的认识不统一,掌握的标准亦不统一,但一般而言建设工程价款优先受偿权起算点并不必然为建设工程竣工之日或者建设工程合同约定的竣工之日。①《建设工程司法解释(一)》第27条可以提供参考,利息从应付工程价款之日开始计付。当事人对付款时间没有约定或者约定不明的,下列时间视为应付款时间:(一)建设工程已实际交付的,为交付之日;(二)建设工程没有交付的,为提交竣工结算文件之日;(三)建设工程未交付,工程价款也未结算的,为当事人起诉之日。在(2019)最高法民终1365号民事判决书中,最高人民法院认为,《建工司法解释(2018)》第22条规定:"承包人行使建设工程价款优先受偿权的期限为六个月,自发包人应当给付建设工程价款之日起算。"《建工司法解释(2004)》第18条规定:"……当事人对付款时间没有约定或者约定不明的,下列时间视为应付款时间:(一)建设工程已实际交付的,为交付之日;……"本案中,首先,根据查明的事实,案涉工程于2017年3月22日已开始使用,故据此认定案涉工程已于2017年3月22日实际投入使用,以此日期作为发包人应付款之日。

实践中,建设工程价款的支付通常采用进度款形式,并在竣工后进行结算,考虑到支付进度款时,施工合同处于履行阶段,且进度款支付的时间较多,因此,司法实践中一般以工程最终竣工结算后所确定的工程总价款的应付时间为建设工程价款优先受偿权的起算点。

(二)合同无效和合同解除后建设工程价款优先受偿权行使期限的起算点

合同无效和合同解除后应如何确认建设工程价款优先受偿权行使起算时点?司法实践中存在一定的争议,按照最高人民法院在《最高人民法院新建设工程施工合同司法解释(一)理解与适用》②中的观点,合同解除后,如果发包人与承包人就合同解除后的工程价款的支付事宜达成合意,应当以该协议约定确定工程价款支付时间作为建设工程价款优先受偿权行使起算时点,但发包人与承包人未能达成合意的,则可参照《建工司法解释(2018)》第22条处理。但部分地方法

---

① 2002年6月27日起施行的《最高人民法院关于建设工程价款优先受偿权问题的批复》第4条规定:建设工程承包人行使优先权的期限为六个月,自建设工程竣工之日或者建设工程合同约定的竣工之日起计算。该条已被《建工司法解释(2018)》吸收,且该纪要已被废止。

② 最高人民法院民事审判第一庭编著:《最高人民法院新建设工程施工合同司法解释(一)理解与适用》,人民法院出版社2021年版,第276页。

院则认为建设工程施工合同解除的情形下,应以合同解除的时间作为优先受偿权行使的起算时间,如江苏省高级人民法院《关于审理建设工程施工合同纠纷案件若干问题的解答》(2018)第 14 条第(2)项规定:"建设工程施工合同解除、终止履行的,自合同实际解除、终止之日起算。"另外,最高人民法院部分案例中亦持有该观点,在(2019)最高人民法院民终 486 号民事判决书中,最高法院认为,本案中承包人优先受偿权的起算时间,应当依照 2011 年全国民事审判工作会议纪要第 4 条规定确定,"承包人请求行使优先受偿权的期限,自建设工程实际竣工之日起计算;如果建设工程合同由于发包人的原因解除或终止履行,承包人行使建设工程价款优先受偿权的期限自合同解除或终止履行之日起计算",因此承包人优先受偿权的起算时间认定为 2015 年 1 月其向法院诉请解除案涉合同之时。

对于建设工程施工合同无效,可以参照建设工程施工合同约定的工程结算价款支付时间确定行使建设工程价款优先受偿权的起算时间。根据《建工司法解释(2018)》第 3 条第 2 款的规定,建设工程施工合同无效,合同无效损失大小无法确定的,合同约定的工程价款支付时间等内容可以作为参照。虽然该规定针对的是建设工程施工合同无效时损失大小的判断,但是,在建设工程结算价款支付时间难以确定的情况下,也可以将合同约定的工程结算价款支付时间作为参照。在(2020)最高法民终 1192 号民事判决书中,最高人民法院认为,关于本案优先受偿权行使期间应否自合同被认定无效的时间起算的问题,建设工程施工合同被确认无效后,由于物化到建设工程中的材料和劳动力已经客观上无法返还,故《建工司法解释(2004)》第 2 条以上述法律规定的折价补偿为基础,确定当事人可参照合同约定请求折价补偿该工程价款,根据该规定,此种折价补偿款项的支付时间,也应以合同约定的工程款支付时间为参照依据,关于应自合同被确认无效始起算建设工程价款优先受偿权的期限的理由不予支持。

(三)质保金返还日期是否可以作为建设工程价款优先受偿权的起算点

质保金返还日期是否可以作为建设工程价款优先受偿权的起算点?建设工程的质保金通常由发包人按照工程价款一定比例予以留置,质保期后再返还至承包人,尽管质保金属于工程款的一部分,但质保金返还日期一般不作为应付工程款的时间,亦不能作为整个案涉建设工程价款优先受偿权行使起算时点。在(2020)最高法民终 1192 号民事判决书中,最高人民法院认为,质量保修金作为建设工程价款的一部分,其对工程的优先受偿权与工程款是一致的,但是质量保修金系建筑工程竣工验收交付使用后,从建设工程款中预留的、用于维修建筑工程的资金,因此,该款项虽然来源于工程款,但是却发挥保证金的作用,质量保修金与工程价款在功能上存在区分,不应该以建设单位返还质量保修金的时间作为应付工程款的时间,亦不能以质量保修金的返还日期作为整个建设工程价款优先受偿权行使起算时点。

（四）建设工程价款优先受偿权行使期限的延长

工程实践中，由于各种原因，发包人和承包人延长工程款应付时间的情况经常发生，工程款应付时间的延长实际上是对承包人优先受偿权的延长，这对发包人的其他债权人必然产生不利影响，因此，司法实践中当事人延长工程款应付时间是否必然导致优先受偿权的期限延长存在较大争议。一方面，确因付款条件不成就，发包人与承包人基于意思自治延长付款期限，除非属于法律规定的合同无效事项，应当受到法律的保护。在（2019）最高法民终250号民事判决书中，最高人民法院认为，因双方于2017年10月18日签订《阳曲县20MW分布式光伏发电项目工程总承包合同之补充协议一》对G公司的最后付款期限作了重新约定，即要求G公司于2017年11月15日前付清工程进度款，优先受偿权起算时间应为2017年11月15日，故承包人2018年3月7日提起本案诉讼时，并未超过六个月的建设工程价款优先受偿权行使期限。在（2020）最高法民终62号民事判决书中，最高人民法院认为，双方于2017年9月11日签订了《总承包结算文件》约定2017年12月12日支付工程款，后双方通过函件形式协商一致将应付工程价款之日变更至2018年9月底，承包人于2018年12月4日起诉主张建设工程价款优先受偿权，其行使优先受偿权期限并未超过6个月。另一方面，有观点认为，若承包人和发包人恶意串通，目的是拖延银行抵押权的行使或损害第三人的利益，抵押权人可以主张撤销，则仍应以原合同约定的付款日期作为应付工程款之日，即行使建设工程价款优先受偿权的起算时间。① 值得注意的是，若建设工程施工合同双方当事人在建设工程价款优先受偿权已经消灭后另行协商延长工程价款支付时间，建设工程价款优先受偿权依然消灭，不能因工程价款支付时间延长而重新延长。在（2019）最高法民申4542号民事裁定书中，最高人民法院认为承包人最迟应于2013年3月28日行使优先受偿权，其在此之前没有主张优先受偿权，自次日即2013年3月29日起该优先受偿权消灭，发包人与承包人于2013年9月25日签订《还款协议书》时，承包人的建设工程价款优先受偿权已经消灭，建设工程施工合同双方当事人在建设工程价款优先受偿权已经消灭后另行协商延长工程价款支付时间，并不能改变建设工程价款优先受偿权已消灭的状态及其后果。

（五）建设工程价款优先受偿权的行使期限是否适用中断和中止

建设工程价款优先受偿权的行使期限是否适用中断和中止？司法实践中，主流观点认为建设工程价款优先受偿权的行使期限属于除斥期间，不适用时效中断

---

① 最高人民法院民事审判第一庭编著：《最高人民法院新建设工程施工合同司法解释（一）理解与适用》，人民法院出版社2021年版，第427页。

和中止，相关法律亦未规定建设工程价款优先受偿权的行使期间可以中止、中断。在（2020）最高法民申 4870 号民事裁定书中，最高人民法院认为，根据《最高人民法院关于建设工程价款优先受偿权问题的批复》第 4 条规定，建设工程承包人行使优先权自工程竣工之日计算，案涉工程于 2014 年 1 月 21 日竣工验收，承包人 2017 年 4 月 13 日向法院诉请优先受偿权明显超过了 6 个月除斥期间。最高人民法院在（2020）最高法民申 4627 号民事裁定书、（2020）最高法民申 4494 号民事裁定书、（2020）最高法民终 144 号民事判决书等中均持有该观点。

三、建设工程价款优先受偿权与其他权利的竞存

实务中建设工程价款优先受偿权与其他权利的竞存现象非常常见，以下主要探讨建设工程价款优先受偿权与一般抵押权、产权调换安置被拆迁人权利/购房消费者权利以及购买价金担保权/超级优先权竞存时的顺位次序。

1. **建设工程价款优先受偿权与一般抵押权竞存**

根据《建设工程司法解释（一）》第 36 条，承包人根据《民法典》第 807 条规定享有的建设工程价款优先受偿权优于抵押权和其他债权。因此，对于建设工程价款优先受偿权与一般抵押权竞存时，建设工程价款优先受偿权优先于一般抵押权。

2. **建设工程价款优先受偿权与产权调换安置被拆迁人权利/购房消费者权利竞存**

购房消费者权利主要来源于《执行异议和复议规定》第 28 条和第 29 条是买受房产未过户，被出卖方债权人执行时，不动产买受人主张实体权利排除执行的相关规定。① 2002 年施行的《最高人民法院关于建设工程价款优先受偿权问题的批复》第 2 条明确规定，消费者交付购买商品房的全部或者大部分款项后，承包人就该商品房享有的工程价款优先受偿权不得对抗买受人。因此，建设工程价款

---

① 《执行异议和复议规定》第 28 条规定，金钱债权执行中，买受人对登记在被执行人名下的不动产提出异议，符合下列情形且其权利能够排除执行的，人民法院应予支持：
（一）在人民法院查封之前已签订合法有效的书面买卖合同；
（二）在人民法院查封之前已合法占有该不动产；
（三）已支付全部价款，或者已按照合同约定支付部分价款且将剩余价款按照人民法院的要求交付执行；
（四）非因买受人自身原因未办理过户登记。
第 29 条规定，金钱债权执行中，买受人对登记在被执行的房地产开发企业名下的商品房提出异议，符合下列情形且其权利能够排除执行的，人民法院应予支持：
（一）在人民法院查封之前已签订合法有效的书面买卖合同；
（二）所购商品房系用于居住且买受人名下无其他用于居住的房屋；
（三）已支付的价款超过合同约定总价款的百分之五十。

优先受偿权一般劣后于购房消费者权利。该批复自2021年被废止，但《执行异议和复议规定》关于购房消费者权利排除强制执行的规定依然有效，购房消费者权利的优先效力依然存在，而此前已经形成的建设工程价款优先受偿权一般劣后于购房消费者权利的司法实践依然存在，因此，《最高人民法院关于建设工程价款优先受偿权问题的批复》被废止后，建设工程价款优先受偿权依然很可能劣后于购房消费者权利。

产权调换安置被拆迁人权利主要来源于《最高人民法院关于审理商品房买卖合同纠纷案件适用法律若干问题的解释》（2003）第7条①，根据该条规定，产权调换安置被拆迁人权利优先于购房消费者权利，因此建设工程价款优先受偿权必然劣后于产权调换安置被拆迁人权利，在（2020）最高法民申747号等民事裁决书中，最高人民法院亦支持了该观点。但是，2021年修订的《最高人民法院关于审理商品房买卖合同纠纷案件适用法律若干问题的解释》删除了原来的第7条规定，产权调换安置被拆迁人权利的优先地位法律依据不复存在，但若被拆迁人在特定情况下认定为购房消费者，其权利依然可以优先于建设工程价款优先受偿权，若被拆迁人无法被认定为购房消费者，法院是否会改变以往形成的司法实践，需要法院进一步在审判实践中明确。

3. 建设工程价款优先受偿权与购买价金担保权/超级优先权竞存

购买价金担保权/超级优先权来源于《民法典》第416条规定，动产抵押担保的主债权是抵押物的价款，标的物交付后10日内办理抵押登记的，该抵押权人优先于抵押物买受人的其他担保物权人受偿。从法理上分析，超级优先权是一种抵押权，是需要通过约定才能设定的担保物权，且必须在宽限期内办理登记方才享有。而工程价款优先受偿权是一项法定优先权，由于建筑材料、工人劳务等已经物化到工程上，承包人对工程款以涉案工程折价或拍卖价款享有优先受偿权，建设工程价款优先受偿权是法律特设的，不需要其他方式设定，这种权利的行使不需要再另行履行程序先予以确定再予以行使。根据建设工程价款优先受偿权优先于一般抵押权的原理，建设工程价款优先受偿权似乎应优先于超级优先权，至于司法实践如何认定建设工程价款优先受偿权与超级优先权的顺位次序，仍待进一步明确，金融机构在遇到二者竞存的情形时，应当保持警惕，通过约定的方式事先处理好二者顺位问题。

---

① 《最高人民法院关于审理商品房买卖合同纠纷案件适用法律若干问题的解释》（2003）第7条第1款：拆迁人与被拆迁人按照所有权调换形式订立拆迁补偿安置协议，明确约定拆迁人以位置、用途特定的房屋对被拆迁人予以补偿安置，如果拆迁人将该补偿安置房屋另行出卖给第三人，被拆迁人请求优先取得补偿安置房屋的，应予支持。

四、建设工程价款优先受偿权的行使方式

实践中,承包人行使建设工程价款优先受偿权的方式一般包括发函催告和诉讼/仲裁两种,建设工程价款优先受偿权的行使是否必须通过诉讼/仲裁方式进行,承包人是否可以通过发函催告的方式行使建设工程价款优先受偿权,进而固定和延续其权利,司法实践中具有一定的争议,法律亦缺乏相关明确规定。在(2021)最高法民申2026号民事裁定书中,最高人民法院认为,在案证据证明,2008年1月8日、2008年11月1日、2010年8月30日、2010年10月26日、2012年10月24日、2014年10月23日、2016年10月20日中冶天工先后向龙鑫能源发出工程催款函,并在催款函中主张了该项优先受偿权。因此认定承包人在法定期限内行使了优先权。这种观点的主要依据在于《合同法》第286条规定:"发包人未按照约定支付价款的,承包人可以催告发包人在合理期限内支付价款,发包人逾期不支付的,除按照建设工程的性质不宜折价、拍卖的以外,承包人可以与发包人协议将该工程折价,也可以申请人民法院将该工程依法拍卖。建设工程的价款就该工程折价或者拍卖的价款优先受偿。"从该法条规定内容看,并未规定建设工程价款优先受偿权必须以何种方式行使,因此只要承包人在法定期间内向发包人主张过优先受偿的权利,即可认定其已经行使了优先权。但部分法院存在不同的观点,例如,江苏省高级人民法院2018年审判委员会会议纪要明确规定,承包人通过提起诉讼或申请仲裁的方式主张建设工程价款优先受偿权的,属于行使建设工程价款优先受偿权的有效方式,承包人通过发函形式主张建设工程价款优先受偿权的,不认可其行使的效力。

五、建设工程价款优先受偿权的范围

建设工程价款优先受偿权作为一种法定优先权,其立法初衷在于保护建筑工人的合法利益,因此,其效力范围不同于一般的抵押权等担保权利。根据《建设工程司法解释(一)》第40条规定,承包人建设工程价款优先受偿的范围依照国务院有关行政主管部门关于建设工程价款范围的规定确定,承包人就逾期支付建设工程价款的利息、违约金、损害赔偿金等主张优先受偿的,人民法院不予支持。因此,全部工程价款均可得到优先受偿,包括但不限于人工费、材料费、施工机具使用费、企业管理费、利润和税金等等,但是工程价款的利息、违约金、损害赔偿金不在优先受偿的范围之内。

那么工程质量保证金是否可以优先受偿?最高人民法院的观点基本上认可工程保证金可以优先受偿,因工程质保金来源于工程款,故属于工程价款的范畴,理应属于建设工程价款优先受偿的范围。最高人民法院在(2020)最高法民申1318号民

事裁定书中则认为，工程质量保证金属于建设工程价款优先受偿权的范围。在《最高人民法院新建设工程施工合同司法解释（一）理解与适用》一书中，最高人民法院亦持有该观点。但在（2019）最高法民终277号民事判决书中，最高人民法院的观点似乎与前述案例相反，一审法院认为200万元保证金均不属于工程价款组成部分，承包人主张对该部分款项主张优先受偿权于法无据，最高人民法院在二审中支持了一审法院的观点。同样，部分法院认为工程保证金不属于优先受偿的范围，例如，四川省高级人民法院《关于审理建设工程施工合同纠纷案件若干疑难问题的解答（2015）》明确规定，承包人、实际施工人支付的履约保证金、工程质量保证金等不属于优先受偿范围。

实现建设工程价款优先受偿权费用是否可以优先受偿？主流观点认为，实现建设工程价款优先受偿权费用并不属于工程价款的一部分，国务院有关行政主管部门关于建设工程价款范围的规定均未将实现建设工程价款优先受偿权的费用作为建设工程价款的一部分，其次，将承包人的利润纳入保护范围，利益的天平已经倾向于承包人一方，而建设工程价款优先受偿权对于抵押权人等第三人、交易安全、社会关系稳定等均具有较大影响，不宜将其保护范围再扩大。①

最后，值得注意的是，建设工程价款优先受偿权仅及于该建设工程或者建筑物，不包括该建设工程或者建筑物所占用的土地。在（2019）最高法执监470号民事裁定书中，最高人民法院认为，建设工程的价款是施工人投入或者物化到建设工程中的价值体现，法律保护建设工程价款优先受偿权的主要目的是优先保护建设工程劳动者的工资及其他劳动报酬，维护劳动者的合法权益，而劳动者投入建设工程中的价值及材料成本并未转化到该工程占用范围内的土地使用权中，因此建设工程价款优先受偿权不应当及于土地使用权，在对涉案房地产进行整体拍卖后，拍卖款应当由建设工程价款优先受偿权人以及土地使用权抵押权人分别优先受偿。

六、建设工程价款优先受偿权的转让

建设工程价款债权转让后，建设工程价款优先受偿权是否随之一并转让，司法实践中存在较大的争议。反对的观点认为，《担保法》及《物权法》均未规定建设工程价款优先受偿权属于担保物权，建设工程价款优先受偿权系专属于承包人自身的权利，该工程价款债权转让的，建设工程价款优先受偿权不能随之转让。例如，《河北省高级人民法院建设工程施工合同案件审理指南》（冀高法〔2018〕44号）规定，建设工程价款优先受偿权与建设工程价款请求权具有人身依附性，

---

① 最高人民法院民事审判第一庭编著：《最高人民法院新建设工程施工合同司法解释（一）理解与适用》，人民法院出版社2021年版，第418页。

承包人将建设工程价款债权转让，建设工程价款的优先受偿权消灭（2023年河北高院出台新规，作出完全相反规定，认可建设工程价款的优先受偿权随建设工程价款债权转让而转让）。

支持的观点认为，建设工程价款优先受偿权作为法定优先权，属于一种担保权利，附属于工程价款，建设工程价款债权转让后，建设工程价款优先受偿权一并转让。在（2021）最高法民申33号民事裁定书中，最高人民法院认为《建工司法解释（2018）》第17条规定："与发包人订立建设工程施工合同的承包人，根据《合同法》第286条规定请求其承建工程的价款就工程折价或者拍卖的价款优先受偿的，人民法院应予支持。"该条虽然规定由承包人主张优先受偿权，但是并不能得出建设工程价款优先受偿权具有人身专属性，建设工程价款主债权转让的，建设工程价款优先受偿权一并转让，工程价款债权受让人取得相关工程款债权优先受偿权并不违反法律规定。

总体而言，司法实践中倾向于支持建设工程价款优先受偿权可以随工程价款债权转让而转让的法院和案例居多，例如山东、江苏、广东省高级人民法院出台了司法文件明确支持建设工程价款优先受偿权随工程款债权一并转让。

此外，在工程价款债权实现之前，其所对应的建筑物或建设工程即被发包人转让，建设工程价款优先受偿权是否会受到影响？支持的观点的认为，抵押权具有追及效力，优先受偿权既然优于抵押权和其他债权，依照"举轻以明重"的类推解释方法，优先受偿权人也能享有追及权，发包人将涉案工程对外转让不影响承包人行使建设工程价款优先受偿权。在（2020）最高法民终724号民事判决书中，最高人民法院认为，案涉工程发包人将该工程（商业中心）已过户到另一公司名下，但是并不影响承包人优先受偿权的行使。反对的观点则认为，承包人的建筑工程优先受偿权只存在属于发包人所有的建设工程上，如建设工程转让后，承包人该项目优先受偿权即被阻断或不复存在，即不具备追及效力。此外，还存在第三种观点，即建设工程价款优先受偿权仅具有有限追及力，其主要理由在于建设工程价款优先受偿权缺乏登记公示程序，第三人无从知晓房产上是否存在承包人权利，因此，建设工程价款优先受偿权是否可以追及转让后的建筑物，应当视受让人是否具有善意进行认定。[①]

七、建设工程价款优先受偿权的放弃

实务中，发包人仅凭自身资金实力无法完成工程建设，发包人通常会向金融

---

① 万挺，冯小光，张闻：《论附着建设工程价款优先受偿权建筑物转让规则》，载《法律适用》2018年21期。

机构寻求融资，而基于建设工程价款优先受偿权优先于抵押权，金融机构通常要求承包人放弃建设工程价款优先受偿权。根据《建设工程司法解释（一）》第42条，发包人与承包人约定放弃或者限制建设工程价款优先受偿权，损害建筑工人利益，发包人根据该约定主张承包人不享有建设工程价款优先受偿权的，人民法院不予支持。司法实践中，法院对《建设工程司法解释（一）》第42条理解认为，只要当事人真实意思表示，且不违反法律法规强制性规定，承包人与发包人有权约定放弃或者限制建设工程价款优先受偿权，① 因此，金融机构通过要求承包人放弃建设工程价款优先受偿权的做法原则上是有效的，但司法实践中，承包人放弃建设工程价款优先受偿权亦存在一些限制，金融机构应保持警惕。

（一）放弃建设工程价款优先受偿权的行为不得损害建筑工人利益

建筑工人的利益因承包人放弃建设工程价款优先受偿权而受到损害的，这种放弃行为一般无效，承包人仍享有建设工程价款优先受偿权。司法实践中，到底如何认定建筑工人利益因承包人放弃建设工程价款优先受偿权而受到损害存在较大分歧和争议。通常而言，建筑工人利益主要是指建筑工人的工资，这也是《建设工程司法解释（一）》第42条的主要目的，如果承包人放弃建设工程价款优先受偿权导致其工程款无法回收，进而使其资产负债状况恶化导致无法支付建筑工人的工资，则放弃建设工程价款优先受偿权的行为违背了这一立法目的。司法实践在判断承包人放弃建设工程价款优先受偿权是否损害建筑工人的利益时，要看承包人这一行为是否影响其整体的清偿能力，要将承包人整体的资产负债情况以及现金流情况是否因此恶化到影响建筑工人工资支付的程度作为主要的考察因素。② 在（2019）最高法民终1951号民事判决书中，最高人民法院基本上持有了该观点，其认为若承包人放弃其建设工程价款优先受偿权，则其责任财产必然减少，从而对其偿债能力造成更加恶劣影响，损害建筑工人利益，因此，承包人的放弃建设工程价款优先受偿权行为无效。但实践中，法院在审判中是否严格把握这一标准尺度存在不确定性，法院是否会因为承包人拖欠建筑工人工资而直接判决放弃行为无效？司法实践中似乎存在这类观点，例如，在（2020）黔民终967号民事判决书中，贵州省高级人民法院认为，发包人获取贷款后，其自认并未将全部的贷款支付给承包人，发包人逾期支付工程进度款的行为客观存在，现承包人未清偿完毕涉案工程建筑工人工资，因此，若允许承包人放弃其建设工程价款优先受偿权，则其责任财产必然减少，必然造成整体的清偿能力恶化影响正常支付建筑工人工资，从而导致侵犯建筑工人利益。在（2020）兵民终60号民事判决

---

① （2019）最高法民终588号民事判决书。
② 最高人民法院民事审判第一庭编著：《最高人民法院新建设工程施工合同司法解释（一）理解与适用》，人民法院出版社2021年版，第437页。

书中，新疆维吾尔自治区高级人民法院认为本案中发包人欠付承包人工程款，工程款中包含建筑工人的利益，因此，关于承包人放弃建设工程价款优先受偿权的约定无效。在（2020）粤13民再14号民事判决书中，法院认为，承包人可以在法律规定范围内对自己享有的建设工程价款优先受偿权进行处分，但该处分行为不得损害建筑工人的利益，本案中，2015年2月涉案工程施工工人两次聚众讨薪，2019年6月涉案工程款执行到位后工人工资才得到完全给付，在工人工资未得到有效保护的情况下，承包人出具《承诺书》放弃对涉案建设工程价款优先受偿权将损害建筑工人利益，故该《承诺书》无效。

由损害建筑工人利益引发的另一个问题则是，承包人放弃或限制建设工程价款优先受偿权损害建筑工人利益时，其放弃或限制行为是全部无效还是仅在欠付劳动报酬金额范围无效？一种观点认为基于保护建筑工人劳动报酬的立法目的，仅能在欠付范围内否认承包人放弃或限制行为的效力；另一种观点则认为，为更好地保护建筑工人利益实现立法目的，且法律并未明确规定仅能在欠付范围内否认承包人放弃或限制行为的效力，因此应当整体否认放弃或限制行为的效力。司法实践中，欠付建筑工人劳动报酬的金额一般会少于建设工程款金额，但法院似乎并未考虑建筑工人劳动报酬小于建设工程价款优先受偿权所对应金额这一因素，而是直接整体上否认承包人放弃或限制行为。

（二）承包人直接向发包人的债权人做出的放弃建设工程价款优先受偿权承诺是否有效

承包人直接向发包人的债权人做出的放弃建设工程价款优先受偿权承诺是否有效？这一争议来源于《建设工程司法解释（一）》第42条规定"发包人与承包人约定放弃或者限制建设工程价款优先受偿权"。实务中，承包人放弃建设工程价款优先受偿权的承诺通常是直接向发包人的债权人——金融机构直接做出，而不是向发包人做出放弃承诺，因此在司法审判中，承包人往往会以此主张放弃承诺无效。司法实践一般认为接受承诺的对象是否为发包人不是判断放弃行为效力的重要因素，主要应结合承包人是否已经处分了自己的优先受偿权以及是否存在其他无效原因。在（2019）粤民终1956号民事判决书中，广东省高级人民法院认为，本案承包人是向金融机构出具《放弃优先受偿权声明书》，并非向发包人出具，如果认定《放弃优先受偿权声明书》无效，损害的不仅仅是发包人的利益，而且将直接损害到第三人金融机构的利益。在（2019）最高法民终1951号民事判决书中亦持有该观点。但司法实践中亦存在相反的观点，在（2019）最高法民申3850号民事裁定书中，最高人民法院在认定承包人放弃优先受偿权的承诺无效时考虑了这一因素，其认为发包人向金融机构作出放弃优先受偿权的承诺，并非"发包人与承包人约定放弃或者限制建设工程价款优先受偿权"的情形。

（三）发包人的其他债权人是否可以主张承包人已经丧失建设工程价款优先

受偿权

承包人放弃建设工程价款优先受偿权后，发包人的其他债权人是否同样可以主张承包人已经丧失建设工程价款优先受偿权？司法实践中，承包人放弃建设工程价款优先受偿权的承诺具有相对性，不具有绝对性，第三人不得据此主张权利或提出抗辩。在（2019）最高法民终978号民事判决书中，最高人民法院认为，《承诺函》是承包人针对特定抵押权人某金融机构作出的，故其承诺放弃建设工程价款优先受偿权的意思表示，是对建设工程价款优先受偿权的相对放弃而非绝对放弃，因该种权利放弃的意思表示不及于发包人的其他债权人，而且此种放弃的意思表示仅应视为对法律规定建设工程价款优先于抵押权受偿顺位的一种放弃，而非法定权利本身的放弃。

（四）承包人放弃建设工程价款优先受偿权的承诺是否可以附条件

承包人放弃建设工程价款优先受偿权的承诺是否可以附条件？司法实践中，法院一般认为承包人放弃建设工程价款优先受偿权的承诺可以附条件，在所附条件不成立时，承包人的放弃承诺不生效。实务中，承包人向金融机构作出的放弃承诺通常会隐含贷款用途等条件，若该条件未满足，法院一般认为承包人作出的放弃承诺不生效。在（2019）最高法民终978号民事判决书中，最高人民法院认为，从《承诺函》的内容看，承包人放弃该项目工程价款优先受偿权是因已知项目建设资金来源已全部落实，结合2013年4月18日发包人致承包人的承诺函，其中发包人明确承诺保证本次贷款只用于承包人承建的项目工程进度款和结算款，但实际上并未实现本次贷款全部用于承包人承建的项目建设资金的条件，故主张其向债权人金融机构出具《承诺函》放弃其对案涉工程价款优先于金融机构抵押权的受偿顺位的所附条件未成就，具有一定合理性。在（2019）最高法民终1951号民事判决书中，最高人民法院认为，发包人与金融机构签订的《房地产开发项目贷款合同》已明确约定，合同项下贷款的具体用途为工程项目建设需要，结合该事实及《承诺书》相关内容可知，作为案涉工程项目的承包人，承包人以该款项用于案涉工程项目建设为前提而放弃建设工程价款优先受偿权具有合理性，故认定《承诺书》附生效条件且所附条件为"金融机构依约发放贷款给工程项目建设"。

（五）发包人债权受让方是否可以向承包人主张其已经放弃相关建设工程价款优先受偿权

发包人债权人向第三人转让其对发包人的债权后，受让方是否依然可以向承包人主张承包人已经放弃其建设工程价款优先受偿权？根据合同法的一般法律原理分析，承包人放弃建设工程价款优先受偿权的承诺是针对特定债权，可以理解为是债权人在特定债权之上享有的一种附属权益，当债权发生转让时，这种附属权益应当一并转让，因此，受让人应当可以向承包人主张其已经放弃其建设工程价款优先受偿权。在司法实践中，法院似乎支持了这一观点，例如，在（2019）最高法民终588号民事判决书中，承包人向发包人的债权人做出放弃建设工程价款优先受偿权的承诺，受让人从发包人的债权人处受让债权之后，向承包人主张其已放弃建设工程价款优先受偿权获得了法院的支持。值得注意的是，该案中承包人并未以债权发生转让而提出抗辩，因此，司法实践对于承包人以债权转让为由而抗辩其已放弃建设工程价款优先受偿权的主张是否会支持，仍具有不确定性，金融机构仍需保持警惕。

八、建议

不良资产投资者在不动产抵押或者债权收购/处置的过程中往往会遇到建设工程价款优先受偿权问题，在不同类型的业务中，投资者需要关注建设工程价款优先受偿权角度亦有不同，具体而言：

（1）当不良资产投资者拟以建设工程或不动产作为其享有债权的抵押物时，投资者应当事前调查抵押物上是否存在建设工程价款优先受偿权，若是，则应当注意其抵押权将劣后于建设工程价款优先受偿权，否则应取得承包人放弃建设工程价款优先受偿权的承诺，为避免后续争议，建议由承包人向发包人和投资者共同出具无条件的、内容明确的放弃建设工程价款优先受偿权的书面承诺，并调查承包人就抵押物是否欠付建筑工人工资，若存在欠付建筑工人工资的情形，则应当注意该等承诺效力不稳定性的风险。

（2）当不良资产投资者从发包人的债权人处所收购债权附属抵押物上已经存在建设工程价款优先受偿权，为使得抵押权优先于建设工程价款优先受偿权，投资者可以考虑从建设工程价款优先受偿权的主体方面、行使期限方面主张建设工程价款优先受偿权不存在或失效。若承包人已就所收购债权做出放弃建设工程价款优先受偿权承诺，投资者通常可以承继，但为避免司法实践的不确定性，在建设工程价款优先受偿权仍处于有效期限内的情形下，建议投资者重新取得承包人放弃建设工程价款优先受偿权的书面承诺。

（3）当不良资产投资者收购的债权为建设工程款债权，投资者应当注意司法实践对于投资者是否可以取得建设工程价款优先受偿权具有一定的不确定性，建议投资者在商业上考虑无法取得工程价款优先受偿权的情形，即使投资者取得了建设工程价款优先受偿权，由于建设工程价款优先受偿权的范围有限，投资者仍需考虑该建设工程价款优先受偿权覆盖所收购债权的范围。此外，投资者还应事先调查该工程上是否存在产权调换安置被拆迁人权利/购房消费者权利以及购买价金担保权/超级优先权等其他可能优先于建设工程价款优先受偿权的其他权利。

四

权益投资

关于市场化债转股业务的几点思考

刘利斐

在社会资产负债率高企、经济下行压力逐渐增大的情况下，债转股这一工具再次被中央所重视。"市场化债转股"这一概念在 2016 年 9 月 22 日国务院《关于积极稳妥降低企业杠杆率的意见》（以下简称《降杠杆意见》）中首次提出，并通过附件《关于市场化银行债权转股权的指导意见》（以下简称《债转股指导意见》）进一步明确了原则、实施主体与实施方式等规则。

两年有余的实施过程中，国家积极稳妥降低企业杠杆率工作部际联席会议办公室（以下简称"降杠杆办公室"）协调相关机构遵循市场化、法治化、有序开展、统筹协调的原则，给予实施机构和其他市场主体充分的尝试空间。随着相关法规、政策的不断完善，市场参与主体的逐渐增加和案例的丰富，"市场化债转股"业务的快速发展机遇期已经到来。

笔者有幸参与到市场化债转股业务的一线当中，并在实践中形成了一些经验与想法，借此文分享，希望能起到抛砖引玉的作用。

一、积极开展市场化债转股业务的价值

（一）市场化债转股业务开展的背景

尽管对非金融企业杠杆率、国企杠杆率具体口径和近年来的增长或降低幅度有所争议，但较为统一的共识是整个企业负债率自 2008 年金融危机以来快速、大幅提高。且随着经济内外部困难的加剧，分母资产端的贬值已经是确定性事件。此时，即使分子端负债企稳或略有降低，杠杆率也未见得能根本好转。

在此背景下，国家重拾债转股这一工具，以期助力中国经济稳步转型。尽管债转股作为一个交易和资产处置方式在市场上每日被反复使用，但上一次由中央层面推动万亿级别的债转股还是 1999 年，这场被事后称为"政策性债转股"的运

动与四大资产管理公司的出生密切相关。① 不同的是，上一次债转股政策性更强，运用起来更多被视为不良资产的处置手段；而本次债转股则更加强调市场化，债转股工具既可以作为一种投资手段，也可以作为处置措施综合运用。

（二）市场化债转股空间广阔，处于较好投资窗口期

根据国家发展改革委相关负责人在 2018 年 12 月 4 日召开的全国市场化债转股政策宣讲和项目对接会上提供的数据：目前市场化债转股签约项目总数达到了 226 个，资金到位金额 4582 亿元②，资金到位项目数 142 个，资金到位率是 25%。已签约的企业主要是地方国有企业，地方国有企业签约数是 130 个，资金到位金额是 2291 亿元。2018 年，市场化债转股签约项目总金额 1711 亿元，参与债转股的民营企业显著增加，签约金额达到了 250 亿元。③

另外，根据中共中央办公厅、国务院办公厅印发的《关于加强国有企业资产负债约束的指导意见》，国有企业平均资产负债率到 2020 年年末要比 2017 年年末降低 2 个百分点左右。2017 年全国国有企业（不含金融企业）的资产总额为 183.5 万亿元，负债总额 118.5 万亿元。如果要实现目标，在资产不变的情况下，负债需要降低 3.67 万亿元，其中一部分一定是通过市场化债转股实现的。

与此同时，2018 年无论是一级还是二级市场，不良资产估值已经回归谨慎。只要我们大胆假设、小心求证，股权投资中蕴藏着大量投资机遇。

（三）市场化债转股为资产管理公司重要的合规投资方式

自资产管理公司全面回归主责主业后，投资工具受到了明显的限制，虽然不良资产也是大类投资品种，其中模式多种多样，但在面对一些优质项目时也难免捉襟见肘。资产管理公司作为市场化债转股业务的实施机构，具有先行先试的政策优势，如何充分利用有限的合规投资工具开展业务值得我们深入研究并在实践中运用。

债转股法律关系非常简单，因此应用起来也很灵活，在遵循现有法规、政策的基础上具备发展成为能够与不良资产并行的大类投资品种。

（四）符合资产管理公司回归主责主业的监管要求和政策导向

由于行业缺乏自律等原因，目前资产管理公司面临较大的合规压力甚至是生存危机。如何将业务健康发展与国家的大政方针融为一体，从"有为"再做到

---

① 如此看来中国似乎阶段性就需要进行大规模的债转股，以弥补经济快速发展后资本缺失的困局，造成这一局面的原因也许是银行主导中国企业融资或者中国资产市场"欠发达"。
② 根据国家发展改革委《对十三届全国人大四次会议第 6025 号建议的答复》，截至 2021 年 6 月末，市场化债转股累计签约 3.08 万亿元，累计落地 1.69 万亿元。
③ 《市场化债转股已签约项目 226 个》，https://www.gov.cn/xinwen/2018-12/10/content_5347305.htm，最后访问时间：2019 年 2 月。

"有位"至关重要。

市场化债转股定位高举高打，不仅仅是希望通过债转股实现企业杠杆率的降低和财务费用的减少，更是希望通过债转股业务的开展完善公司治理结构、推进供给侧改革，加速国有企业混合所有制改革。《降杠杆意见》中还明确提出"鼓励国有企业通过出让股份、增资扩股、合资合作等方式引入民营资本"，意指现有资源实现更加有效的配置。但从目前各家实施机构开展市场化债转股业务的情况来看，远没有达到预设目标，其中大有文章可做，市场也翘首企盼着相关案例的出现。

（五）资产管理公司在市场化债转股业务中具有优势

参与市场化债转股业务的实施机构主要为银行系金融资产投资公司、金融资产管理公司、保险资产管理机构、国有资本投资运营公司等主体。

目前，五家大型商业银行已经全部成立独立的全资债转股实施机构，受益于本次定向降准释放的市场化债转股专项资金，银行系实施机构资金最为充沛。但长期看，如果目前的五家金融资产投资公司（以下简称"AIC"）作为银行全资子公司不断利用银行资金转化为实业公司股权，即便有法人隔离，仍然有违分业经营之虞，且存在利用居民和企业存款开展实业投资的问题。其他实施机构因为除了债转股工具外仍有很多便捷的股权投资方式，因此并没有特别的动力在市场化债转股上进行额外的创新。

而四大资产管理公司作为上一轮债转股业务的主要参与方积累了大量的案例和经验，如果能够加以利用，将首先占有经验和人才优势。同时，正如前文所述，从积极性上讲，资产管理公司理应在投资工具受限时珍惜市场化债转股这一"天赐良机"，并在符合监管规则的前提下大胆创新。

二、市场化债转股业务法规和政策分析

自《降杠杆意见》出台以来，国家发展改革委、中国人民银行、财政部、银保监会、证监会等国家机关也发布了相应的法规和政策性文件，有些是对原有规则的细化，有些则是在进一步总结实践经验后对规则的调整，下面就与业务开展密切相关的重点介绍如下。

（一）何谓市场化债转股

债转股，一般指债权人将对债务人的债权，转化为对债务人或相关企业股权。转股完成后，原债权及从权利消灭，债权人成为转股企业的股东，享有股东权利，

履行股东义务，承担经营风险。① 市场化债转股从法律关系上应与债转股同义，前面定语的使用主要为强调本次债转股中市场化、法治化的特点，并与之前的"政策性债转股"②相区别。

此外，相关文件中明确将以股抵债和发股还债的方式也认定市场化债转股③，不过收债转股模式则表述为鼓励开展，同时要求以发股还债模式开展市场化债转股时应在协议中明确偿还的具体债务。

（二）市场化债转股业务中债权的范围

实际上，在《降杠杆意见》和《债转股指导意见》中市场化债转股的完整表述是市场化银行债权转股权，明确转股债权范围以银行对企业发放贷款形成的债权为主，适当考虑其他类型债权，但当时并未细化其他类型债权的范围。其后，在《关于市场化银行债权转股权实施中有关具体政策问题的通知》（以下简称《具体政策问题的通知》）中才进一步说明其他类型债权包括但不限于财务公司贷款债权、委托贷款债权、融资租赁债权、经营性债权等，但不包括民间借贷形成的债权。笔者认为之所以将民间借贷排除在外，主要还是在于民间借贷真实、合法、有效性确认起来较难。

具体到债权质量类型上，《具体政策问题的通知》第6条规定，实施机构可以以市场化债转股为目的收购各种质量分级类型的债权，包括银行正常类、关注类和不良类贷款。

此外，银行系实施机构收购的债权范围还有特殊要求。根据《具体政策问题的通知》第5条的规定，银行所属实施机构开展市场化债转股所收购的债权或所偿还的债务范围原则上限于银行贷款，适当考虑其他类型银行债权和非银行金融机构债权。实践中，个别银行的金融资产投资公司会有更为严格的要求，仅认定银行债权为市场化债转股业务的债权范围。

（三）市场化债转股实施主体

市场化债转股业务的实施主体分为实施机构和其他实施主体④。在《降杠杆意见》中关于通过实施机构开展市场化债转股的表述为"鼓励金融资产管理公司、保险资产管理机构、国有资本投资运营公司等多种类型实施机构参与开展市场化

---

① 何遐祥：《债转股业务法律实践研究》，载微信公众号东方法律人，https://mp.weixin.qq.com/s/VC4L5A1sWmXrorBjdeK-rw，最后访问时间：2019年2月。不过由于此次市场化债转股不仅仅是处置方式，因此略作调整。

② 实际上《关于实施债权转股权若干问题的意见》中并没有对1999年的债转股称为政策性债转股，虽然文件中提出本次债转股是政策性很强的工作，但也强调在金融资产管理公司评审中要防止行政干预。

③ 《关于市场化银行债权转股权实施中有关具体政策问题的通知》。

④ 实施主体这一概念为笔者为便于与实施机构区分而确立的概念，并非文件中明确的用语。

债转股；支持银行充分利用现有符合条件的所属机构，或允许申请设立符合规定的新机构开展市场化债转股；鼓励实施机构引入社会资本，发展混合所有制，增强资本实力"。

随着市场化债转股工作的不断深入，降杠杆办公室又于2018年11月19日发布了《关于鼓励相关机构参与市场化债转股的通知》，通知中明确提出鼓励私募股权投资基金，银行、信托公司、证券公司、基金管理公司发行的资产管理产品参与市场化债转股，但公募资管产品除另有规定外不得投资非上市企业股权。此外，一些省市也在实施细则中提出支持地方资产管理公司和地方国有资本运营公司开展市场化债转股业务。

总的来说，市场化债转股业务实施主体越发丰富，实施机构并不会形成政策性垄断。

（四）市场化债转股对象企业的标准，是否必须为经营不善的企业

《债转股指导意见》中提出了转股企业应当具备的条件和三个鼓励、四个禁止的要求，具体如下：

表1 转股企业标准

应当具备的条件	发展前景较好，具有可行的企业改革计划和脱困安排
	主要生产装备、产品、能力符合国家产业发展方向，技术先进，产品有市场，环保和安全生产达标
	信用状况较好，无故意违约、转移资产等不良信用记录
三个鼓励	因行业周期性波动导致困难但仍有望逆转的企业
	因高负债而财务负担过重的成长型企业，特别是战略性新兴产业领域的成长型企业
	高负债居于产能过剩行业前列的关键性企业以及关系国家安全的战略性企业
四个禁止	扭亏无望、已失去生存发展前景的"僵尸企业"
	有恶意逃废债行为的企业
	债权债务关系复杂且不明晰的企业
	有可能助长过剩产能扩张和增加库存的企业

在政策性债转股时由于收购债权为银行不良资产，因此转股对象往往为亏损或者经营不善的企业[①]。而市场化债转股中，由于开展目的、收购债权来源的不同，导致转股对象也更加丰富。

---

① 实际从《关于实施债权转股权若干问题的意见》可以看出，虽然1999年那轮债转股的政策性较强，但文件中对于被选企业的也是有一定标准的。

在 2018 年 12 月 4 日南京召开的全国市场化债转股政策宣讲和项目对接会上，国家发展改革委财金司相关负责人也表示，当前资产负债率高、债务压力大的各类企业要有紧迫感，应积极通过引入实施机构开展债转股缓解债务压力和改善经营，目前无虞的企业也要抓紧优化资产负债表结构和业务结构，通过债转股等方式增加股权性融资，降低债务水平，做强做优主业，切实提高企业应对外部环境变化的能力，增强发展的韧劲。

由此可见，对象企业不仅包括经济中的"坏孩子"，也鼓励"好孩子"根据需求开展债转股。

（五）市场化债转股项目是否需要前置审批

本次债转股的主要特点就是坚持市场化和法治化，因此《降杠杆意见》和《债转股指导意见》明确政府的责任主要是提供政策支持和指导，规范和监管，各级政府及所属部门不干预债转股市场主体具体事务，不得确定具体转股企业，不得强行要求银行开展债转股，不得指定转股债权，不得干预债转股定价和条件设定。同样，债转股的风险也由各相关市场主体自己承担，政府不承担损失的兜底责任，政府不提供免费的午餐。因此，从出发点上，市场化债转股并不是要搞成审批制（部分项目之所以要求发展改革委复函主要是证监会的要求和交易方案的特殊性所致）。

但在业务开展初期，为了保障市场化债转股的健康发展并从中总结经验，且由于实施机构也比较有限，降杠杆办公室在 2016 年 12 月制定的《关于做好市场化银行债权转股权相关工作的通知》第 4 条中规定了比较严格的信息报送机制，要求实施机构分别在项目开始和完成时报送项目信息，在协议签订、资金注入和完成市场化债转股的全部法律程序等关键节点后的 7 个工作日内报送项目进展信息。同时明确了项目叫停机制，如果部际联席会议成员部门在监督、指导过程中发现相关主体有不符合《债转股指导意见》精神和违反相关规定情形的，应根据部门职责予以纠正、暂停或终止项目，已达成债转股协议的可予以撤销。

随着市场化债转股实施主体和项目数量的增加，降杠杆办公室也优化了信息报送方式和规则。市场化债转股信息报送平台已经于 2018 年 7 月上线，根据《关于做好市场化债转股项目信息报送平台上线相关工作的通知》的要求，各实施机构应在债转股相关协议签署后 5 个工作日内，通过"报送平台"系统填报项目信息。同时，根据《具体政策问题的通知》第 9 条的规定，对于现行政策要求不明确，或者调整现行政策的市场化债转股创新模式，应报送部际联席会议办公室并经部际联席会议办公室会同相关部门研究反馈后再行开展。从调整后的规定来看，一般市场化债转股业务信息的报送要求已经放宽，且线下报送将会逐渐取消。但在债转股业务创新时，遇到法规、政策不明确等情况，应在实际开展前与部际联席会议办公室及时进行沟通。

（六）市场化债转股业务开展的合规底线

结合本次市场化债转股开展的目的和原则，笔者认为在业务开展时应该遵循以下合规底线：

（1）债转股的债权来源为存量债务，通过债转股业务可以达到降杠杆的作用；

（2）防止出现无条件回购或者不合理转嫁风险给政府或者其他主体的情形。

总之，本次市场化债转股与政策性债转股不同，更加强调市场化、法治化原则，要求转股对象企业市场化选择、转股资产市场化定价、资金市场化筹集、股权市场化管理和退出。同时，降杠杆办公室会同有关部门也在不断总结实践经验，完善和调整市场化债转股法规和政策。因此，作为实施机构在不断学习现有规则的同时还要加强与其他债转股业务主体和监管部门的沟通交流，共同促进市场化债转股业务的健康发展。

三、投资案例与业务模式探讨

（一）从某黄金项目看市场化债转股项目

1. 案例介绍

某黄金项目的重大无先例创新体现在首次将市场化债转股与优质资产的注入相结合[①]，具体实施步骤如下：

表 2 某债转股项目具体实施步骤

步骤	内容
收购债权	收购某黄金行业上市公司子公司冶炼厂的债权。
债转股	（1）**收债形式**：收购对冶炼厂享有的债权，通过以债权增资形式转为对冶炼厂的股权，实现债转股； （2）**增资形式**：其他投资人对冶炼厂增资，资金用于清偿冶炼厂的债务，实现债转股。
上市公司发行股份购买资产	上市公司启动重大资产重组，发行股份收购冶炼厂增资部分股权及内蒙古矿业股权，换股完成后投资方持有上市公司股票。
持有及退出	解禁后可减持退出。根据《上市公司重大资产重组管理办法》，如持有冶炼厂权益时间超过 12 个月则自取得上市公司股票后限售期为 12 个月，否则为 36 个月。

根据《上市公司重大资产重组管理办法》的相关规定，上市公司发行股份的

[①] 实际上这也是证监会的要求，能够为资本市场带来增量资产。同时，这一要求也符合投资人增厚上市公司 EPS 的需求。在随后的案例中，如中国动力重大资产重组中也配套注入了相关资产。

特殊机会投资之道 2

价格不得低于市场参考价的90%；市场参考价为定价基准日前20个交易日、60个交易日或者120个交易日的公司股票交易均价之一；该项目发行股份购买资产阶段的定价基准日为上市公司首次召开董事会审议发行股份购买资产方案的决议公告日。最后，经各方协商一致选择了交易均价最低值的90%（即6.68元/股），锁定了投资成本。

同时，项目方案中还创设了调价机制。可调价期间内，出现下述情形的，上市公司董事会有权在上市公司股东大会审议通过本次交易后召开会议审议是否对重组发行价格进行一次调整，发行价格调整为调价基准日前20日、60日、120日上市公司股票交易均价90%的孰低值，且不得低于上市公司每股净资产。

（1）向下调整

① 上证综指（000001.SH）在任一交易日前的连续30个交易日中有至少20个交易日较公司本次交易首次董事会前一交易日收盘指数跌幅超过10%，且上市公司股价在任一交易日前的连续30个交易日中有至少20个交易日较公司本次交易首次董事会确定的股份发行价格跌幅超过10%；或 ② 中信黄金指数（CI005213.WI）在任一交易日前的连续30个交易日中有至少20个交易日较公司本次交易首次董事会前一交易日收盘指数跌幅超过10%，且上市公司股价在任一交易日前的连续30个交易日中有至少20个交易日较公司本次交易首次董事会确定的股份发行价格跌幅超过10%。

（2）向上调整

① 上证综指（000001.SH）在任一交易日前的连续30个交易日中有至少20个交易日较公司本次交易首次董事会前一交易日收盘指数涨幅超过10%，且上市公司股价在任一交易日前的连续30个交易日中有至少20个交易日较公司本次交易首次董事会确定的股份发行价格涨幅超过10%；或 ② 中信黄金指数（CI005213.WI）在任一交易日前的连续30个交易日中有至少20个交易日较公司本次交易首次董事会前一交易日收盘指数涨幅超过10%，且上市公司股价在任一交易日前的连续30个交易日中有至少20个交易日较公司本次交易首次董事会确定的股份发行价格涨幅超过10%。

2. 应当注意的问题

（1）交易方案中的保障措施

实践中，为了防止收购债权后无法转为子公司股权，以及转为子公司股权后资产无法转为上市公司股票以至于无法实现交易目的之风险，上市公司大股东会提供相应的保障措施。在一些案例中，上市公司也会直接提供相关保障措施，如中国铝业在公告中的表述为"如标的公司在公司负责经营期间发生破产、解散清算或其他形式的致使标的公司现状发生重大改变的事件，或后续重组无法实现，投资者有权要求公司协助转让其持有的标的股权（公司对标的股权享有优先购买权），转让所得如少于标的股权的出资金额及合理的利息之和，差额由公司予以弥补"。①

(2) 限售期与减持

由于市场化债转股业务的经济资本占用较多，因此在进行方案设计时应当考虑到限售和减持期限的问题。首先，提前与交易相关方协商一致，尽量安排子公司持股满12个月后将资产装入上市公司，避免锁定3年的限制。其次，根据《上市公司股东、董监高减持规定》和两个交易所发布的实施细则合理评估退出期限，提前协商退出安排。

(3) 国有资产审批和评估备案

如市场化债转股交易中涉及企业国有资产交易行为则需要根据《企业国有资产交易监督管理办法》的规定履行批准和评估备案程序。

（二）业务模式探讨

正如前文所述，债转股的法律关系简单，因此可以灵活使用作为资产管理公司的投资方式。但在开展债转股业务创新时应坚守合规以及股本收益大于债务融资预期收益两个标准进行判断。

1. 通过市场化债转股业务化解上市公司大股东的债务问题

2018年的股票质押融资危机中，许多经营情况较好的上市公司大股东出现了债务危机，或者在2019年面临较大的债务兑付压力。如果上述问题处理不当，大股东风险将延伸至上市公司，以至于影响国家经济运行的稳定。此时即存在不良资产和市场化债转股的业务机会，在协助化解大股东债务问题的同时，可以考虑按照约定的价格将部分债权转为上市公司股权。当然，此时需要遵守上市公司协议转让的规则，一般单个受让方的受让比例不低于公司股份总数的5%，受让价格的下限比照大宗交易的规定执行。而大宗交易规则规定，有价格涨跌幅限制证券的协议大宗交易的成交价格，在该证券当日涨跌幅限制价格范围内确定，即交易价格的9折②。

2. 与银行类实施机构合作成立基金开展债转股业务

与银行类实施机构合作可以在符合债权洁净转让、真实出售合规要求③的同

---

① 《中国铝业关于拟引入第三方投资者对所属部分企业实施增资的进展公告》，发布于2017年12月5日。

② 不同交易所的规则有细微差异，仍需结合实际规则约定。

③ 根据《关于规范金融资产管理公司不良资产收购业务的通知》（银监办发〔2016〕56号）关于资产公司收购银行业金融机构不良资产要严格遵守真实性、洁净性和整体性原则和《债转股指导意见》中关于债转股业务的债权洁净转让、真实出售、有效实现风险隔离的要求，笔者认为与实施机构开展合作则不违反上述规定，但仍有待论证。

时，借助银行资金成本低、债权来源丰富的优势完成市场化债转股业务的多元化发展。目前，即使是五大行的债转股子公司，其权限也仅有 10 亿元，面对大量的投放任务有动力寻求合作伙伴一起完成债转股业务。同时，一些大型银行的债转股子公司面临内控风险偏好低，但业务部门又希望获得股权收益的困难。如何在基金层面通过优先劣后安排，短期分红的让渡和超额收益的再分配实现各家在风险与收益间各取所需值得我们一起摸索前行。

3. 通过市场化债转股业务开展 Pre-IPO 投资

需要注意的是，如退出方式构成借壳上市，则取得的上市公司股份自股份发行结束之日起 24 个月内不得转让，因此经济资本考核的压力较大。可以考虑在交易方案中明确资产上市后提高分红比例实现资金成本的对冲。

4. 债转股工具的运用

《具体政策问题的通知》第 7 条和第 8 条提出，"符合条件的上市公司、非上市公众公司可以向实施机构发行普通股、优先股或可转换债券等方式募集资金偿还债务""允许以试点方式开展非上市非公众股份公司银行债权转为优先股"。上述工具的创新是债转股业务开展的又一有利因素，尽管优先股政策征求意见后尚未公布，上市公司非公开发行普通股全部用于偿还存量债务的安排仍无法实现，定向可转债作为市场化债转股业务子公司注入上市公司的支付工具最后没有获批，但市场上已经有一些创新案例的出现。比如，农银金融资产投资有限公司在特变电工新能源项目中具有优先股特点的交易方案，中航动力利用定向可转债作为资产注入的支付工具（最后未成为债转股业务中特定投资人的支付方式）。上述新交易工具的应用需要我们持续关注监管动向，同时不断在实践中碰撞才能最终落地。

此外，债转股虽然法律关系简单，但实际运用起来并不容易。由于股类投资的不确定性较强，因此往往需要综合运用业绩对赌、分红、分阶段债转股和公司治理机制重构等方法实现交易目的。监管机构也支持在债转股业务中综合利用各类手段，比如《具体政策问题的通知》第 1 条中明确提出"各实施机构可根据对象企业降低杠杆率的目标，设计股债结合、以股为主的综合性降杠杆方案，并允许有条件、分阶段实现转股"。

四、关于进一步推进资产管理公司债转股业务开展的思考

（一）鼓励"走出去"，加强与实施机构的多样化合作

市场化债转股业务中实施主体众多、各有优势，各家机构是合作、竞争的统一关系，如果 AMC 不能更加积极主动的展业，在"等、靠、要"中先发优势将逐渐消耗殆尽。

笔者在展业过程中发现不同类型的实施机构风格迥异，甚至在同类型之中也

存在差异。比如部分银行类实施机构因为定向降准后资金充裕的原因在2018年度考核时主要考核债转股投放规模的指标，比如2019年部分银行类实施机构明确下达了百亿规模的民营企业债转股业务投放要求。同时，实施机构也在进行内部改革以促进市场化债转股业务的发展，比如中国国新在原有业务开展中并没有统一的主体，因此集团、国新央企运营（广州）投资基金（有限合伙）、中国国有资本风险投资基金股份有限公司都参与到市场化债转股业务之中，但在2019年年初工作会上已经在商议成立专门的债转股实施机构以统一集团力量更好的开展业务。

同时，监管部门明确提出鼓励商业银行单独或联合或与其他社会资本发起设立金融资产投资公司，允许外资依法依规投资入股金融资产投资公司、金融资产管理公司开展市场化债转股。如果能够结合自身优势寻找合适的合作伙伴一同成立机构开展市场化债转股业务，在借力发展业务的同时还能实现节约经济资本的目的。但选择谁、怎么做都是需要主动"走出去"才能"引进来"的。

不进则退，政策性债转股时AMC占据垄断优势兴许可以化被动为主动，但本轮债转股业务中谁走得多、谁想得多才能得到最多，含着金钥匙出生却不去找门开是AMC都不想要的结果。

（二）充分利用市场化债转股优惠政策

本次债转股虽然也有相关配套政策，且实践中也存在一些绿色通道，但不同于政策性债转股"送上门"的长期便宜资金、优惠的财税支持和处置时法院的特殊政策，许多"实惠"需要靠自己对政策的长期关注和不断争取。比如说：《债转股指导意见》中提出的"支持符合条件的实施机构发行专项用于市场化债转股的金融债券"；《2018年降低企业杠杆率工作要点》提出的"鼓励依法合规以优先股方式开展市场化债转股，探索以试点方式开展非上市非公众股份公司债转优先股"[1]和资本市场的适当扶持政策；财政部在《关于落实降低企业杠杆率税收支持政策的通知》提及的优惠税收政策；一些地方政府在落实《债转股指导意见》的实施细则中明确的地方优惠政策，以及根据《关于发挥政府出资产业投资基金引导作用推进市场化银行债权转股权相关工作的通知》制定的地方产业投资基金支持。对于这些政策的了解和优惠的争取都有利于AMC推进债转股业务。

（三）严守合规底线，业务创新加强与监管机构的互动

长期稳健发展是金融机构的根本，创新时也应坚守合规底线。建议资产管理公司要求各业务单位单独论述项目的合规性以及如何达到降杠杆等市场化债转股业务开展的目的。如果涉及业务模式无先例可循或者法规、政策不明确的创新，应说明与相关监管机构的沟通情况。

---

[1] 虽然优先股政策在2018年征求了意见，但最后没有实施。

公司资本公积相关法律规则解析

徐瑞阳

资本公积是公司收到的投资者超出公司注册资本中所占份额的投资,以及直接计入所有者权益的利得和损失等。其实质是公司在经营过程中因资本(股本)溢价、资产计价变化等原因形成的与公司经营收益无关的资金,是公司的"准资本"。由于我国采用法定注册资本制,资本公积无法直接体现为注册资本或者作为单独的工商登记事项,有关资本公积的相关规定主要体现在会计制度准则中,其他法律法规规定较少,但实践中,有关资本公积的运用具有特殊性。鉴于此,本文拟结合实务操作对资本公积的运用规则进行梳理分析。

根据《企业会计准则第 30 号——财务报表列报》(2014 年修订)相关规定,资本公积与实收资本(或股本)、盈余公积、未分配利润等同属于所有者权益。在财务报表上,资本公积科目分别以"资本溢价(股本溢价)""其他资本公积"进行明细核算。在来源上,资本公积包括资本(或股本)溢价、接受捐赠资产、拨款转入、外币资本折算差额等。① 在归属上,资本公积属于公司的后备资金,由公司所有,其主要用途是转增资本。而且,资本公积不属于公司登记事项②,也不体现股东的股权比例,不能作为股东行使股东权利、参与企业财务经营决策、进

---

① 根据《企业会计制度》(财会〔2000〕25 号)第 82 条的规定,资本公积项目主要包括:(一)资本(或股本)溢价,是指企业投资者投入的资金超过其在注册资本中所占份额的部分;(二)接受非现金资产捐赠准备,是指企业因接受非现金资产捐赠而增加的资本公积;(三)接受现金捐赠,是指企业因接受现金捐赠而增加的资本公积;(四)股权投资准备,是指企业对被投资单位的长期股权投资采用权益法核算时,因被投资单位接受捐赠等原因增加的资本公积,企业按其持股比例计算而增加的资本公积;(五)拨款转入,是指企业收到国家拨入的专门用于技术改造、技术研究等的拨款项目完成后,按规定转入资本公积的部分。企业应按转入金额入账;(六)外币资本折算差额,是指企业接受外币投资因所采用的汇率不同而产生的资本折算差额;(七)其他资本公积,是指除上述各项资本公积以外所形成的资本公积,以及从资本公积各准备项目转入的金额。债权人豁免的债务也在本项目核算。

② 参见《中华人民共和国市场主体登记管理条例》第 8 条。

行利润分配的依据。

作为公司的后备资金，法律对资本公积的用途有明确规定。本次公司法修订扩大了资本公积的用途，《公司法》第214条规定："公司的公积金用于弥补公司的亏损、扩大公司生产经营或者转为增加公司注册资本。公积金弥补公司亏损，应当先使用任意公积金和法定公积金；仍不能弥补的，可以按照规定使用资本公积金。"因此，资本公积能用于：（1）扩大公司生产经营；（3）转为增加公司资本；（3）弥补公司的亏损。

一、非经法定程序不得任意取回资本公积

（一）不得直接或变相取回资本公积

1. 公司法未明确将资本公积纳入公司资本范畴。根据《公司法》第4条规定，有限责任公司的股东以其认缴的出资额为限对公司承担责任。但是，没有进一步规定出资的具体范围除注册资本外是否还包括资本公积。理论研究中对资本公积是否属于公司法上出资也有不同认识。但是，对资本公积是否属于出资的理解直接影响到公司法中有关股东抽逃出资、减资等规范的理解与适用。如《公司法》第53条规定，股东不得抽逃出资；第105条规定，不得任意抽回股本。[①] 如果资本公积不属于出资，那么当股东任意取回资本公积的行为损害公司或其他股东利益时，就无法根据股东抽逃出资的相关规定追究行为人的法律责任。

2. 虽然法律规定不甚明确，但相关司法案例均对股东任意直接或变相取回资本公积的行为持否定态度。如在（2017）陕01民初1079号案中，法院认为：抽逃出资并不限于抽逃注册资本中已经实缴的出资，在公司增资的情况下，股东抽逃尚未经工商部门登记但已成为公司法人财产的出资（资本公积）同样属于抽逃出资的范畴，亦在公司法禁止之列。[②] 该案后经陕西省高院二审、最高人民法院再审，均支持了一审法院的判决。此外，最高人民法院在（2013）民提字第226号、（2013）民申字第326号案中持相同观点。而且，股东之间及股东与公司之间有关资本公积取回的协议无效，在（2019）苏民终1446号案中，法院认为：案涉承诺书内容为H公司向Z公司返还大于注册资金的投资款部分，违反了公司法资本维持原则，损害了H公司及其债权人的合法权益，应属无效，故Z公司依据该承

[①] 《公司法》第35条规定：公司成立后，股东不得抽逃出资。第91条规定：发起人、认股人缴纳股款或者交付抵作股款的出资后，除未按期募足股份、发起人未按期召开创立大会或者创立大会决议不设立公司的情形外，不得抽回其股本。

[②] 参见西安市中级人民法院（（2017）陕01民初1079号）民事判决书、陕西省高级人民法院（（2018）陕民终796号）民事判决书、最高人民法院（（2019）最高法民申4967号）裁定书。

诺书要求 H 公司及其他股东向其返还资金,不应得到支持。[1]

不仅如此,抽逃出资的股东通常以制作虚假财务会计报表虚增利润进行分配、通过虚构债权债务关系将出资转出、利用关联交易将出资转出等更为隐蔽的方式进行抽逃出资。[2] 该等行为均为相关判例所禁止。如在最高人民法院(2013)民提字第 226 号案中,法院认定股东实际出资大于应缴出资形成的资本溢价,性质上属于公司的资本公积金,不构成股东对公司的借款,股东以此作为借款债权而与公司以物抵债的,构成变相抽逃出资。法院认为:J 投资公司董事会决议用本案的房产抵顶林某多投入的出资本息,实质是将林某本属于资本公积金的出资转变为公司对林金培的借款,并采用以物抵债的形式予以返还,导致林某变相抽逃出资,违反了公司资本充实原则,与公司法和国务院上述通知的规定相抵触,故董事会决议对林某借款债权的确认及以物抵债决定均应认定为无效。虽然公司法没有明确将资本公积列为法定出资范围,但是,如果允许股东任意取回资本公积,在实质上也会破坏公司资本维持原则。

(二)任意取回资本公积的法律责任

根据公司及公司法相关规定,股东抽逃资本公积的法律责任包括:向公司返还抽逃出资本金和利息、在抽逃出资的本息范围内对公司债务不能清偿部分向公司债权人承担补充赔偿责任、向公司其他股东承担违约责任等。[3] 如在(2019)最高法民申 2605 号案中,Y 公司向 L 公司增资 2 亿元,持有 L 公司 40% 股权,其中 2000 万元进入注册资本,1.8 亿元进入资本公积金;但是,Y 公司于出资后 3 日内将其中 1.5 亿元资本公积转回;L 公司起诉 Y 公司要求其返回对应款项及利息。法院判决该 1.5 亿元资本公积金本应属于 L 公司资产,无正当理由转出到 Y 公司实际控制之下,Y 公司应予以返还。可见,股东出资形成资本公积后不得转出,否则,标的公司有权要求出资人返还相应款项。而且,如果公司有多个股东时,抽逃出资的股东还需按照公司章程及相关出资协议向其他股东承担违约责任。

(三)其他裁判案例及规则

1. 如果公司章程未将股东额外出资明确约定为借款,则应认定为资本公积。在(2017)晋民终 144 号民事判决书及(2017)皖 1823 民初 901 号案中,法院认为:如果公司股东并未提供证据证明公司成立时在章程中对出资的性质为借款以

---

[1] 参见江苏省高级人民法院(2019)苏民终 1446 号民事判决书。
[2] 最高人民法院《公司法司法解释(三)》第 12 条规定:公司成立后,公司、股东或者公司债权人以相关股东的行为符合下列情形之一且损害公司权益为由,请求认定该股东抽逃出资的,人民法院应予支持:(一)制作虚假财务会计报表虚增利润进行分配;(二)通过虚构债权债务关系将其出资转出;(三)利用关联交易将出资转出;(四)其他未经法定程序将出资抽回的行为。
[3] 参见《公司法》第 21 条、第 23 条,《公司法司法解释(三)》第 14 条等。

及借款期限、借款利息等有特别约定,在此情况下,根据财政部的规定,股东的额外出资应为资本公积金,而非借款债权。① 在（2019）苏民终1446号案中,法院认为:实践中,投资人投资额大于注册资本的情况较为常见,相关差额款项的性质取决于各方投资人的一致意见。涉案纠纷中,投资人已经在《联合开发协议书》和股东会决议中确定3.5亿元均为投资款性质,该部分出资虽然没有作为注册资本进行工商登记,但作为公积金不得随意撤回。因此,在公司成立或者对标的公司进行增资的情况下,应要求公司发起人、股东在出资协议、公司章程中对高于公司注册资本部分的款项是否属于资本公积作出明确约定。

2. 公司因接受赠与而增加的资本公积金属于公司所有。在（2009）民二终字第75号案中,法院认为:公司因接受赠与而增加的资本公积金属于公司所有,是公司的资产,股东不能主张该资本公积金中与自己持股比例相对应的部分归属于自己。即便是在公司相关增资协议或增资扩股协议已被解除的情况下,相关股东就因其溢价出资而形成的公司资本公积部分,相关股东亦不得向公司主张返还。

3. 对赌交易中,不得以资本公积进行业绩补偿或支付股权回购价款

（1）就业绩补偿而言,利用资本公积金补偿投资人等同于将公司（将来的）注册资本的一部分直接返还给投资人,这种行为等同于变相抽逃出资,其结果依然是弱化了公司资本对债权人的担保功能,从而危害债权人的利益,这在法理与上述使用资本公积金弥补公司亏损的结果是一致的。发生争议时,法院可以按照《公司法》第53条"公司成立后,股东不得抽逃出资"来否决使用资本公积金补偿投资人的合同效力。

（2）就股权回购而言,虽然公司股权回购行为中有股权作为交易的标的,但使用资本公积金回购投资人持有的公司股权同样是将公司（将来的）注册资本退回给了投资人,这与直接利用资本公积金补偿投资人本质相同,等同于变相抽逃出资。因此资本公积金也不能用于股权回购。

（四）资本公积的取回路径

1. 公司清算后取回

公司资本公积金属于公司资本范畴,股东对其享有的系股东权益,而非所有权。根据《企业会计准则》第26条规定,企业的所有者权益,又称股东权益,是指企业资产扣除负债后由所有者享有的剩余权益。② 它是公司股东对公司总资产中扣除负债所余下的部分（公司净资产）享有的经济利益,有别于所有权。因此,对已计入公司资本公积金的投资款,股东可以在公司清算后按照出资比例向公司

---

① 参见山西省高级人民法院（（2017）晋民终144号）民事判决书、安徽省泾县人民法院（（2017）皖1823民初901号）民事判决书。

② 参见《企业会计准则》（2006）第26条。

主张所有者权益。

公司清算的原因一般包括股东决议解散、因行政命令解散及破产清算。其中，破产清算的原因是公司资产不足以清偿全部债务或明显缺乏清偿能力，此时，负债大于资产，所有者权益为负，不涉及资本公积的分配。因而，只有在股东决议解散、行政命令解散时才可能涉及资本公积的处理。根据《公司法》规定公司财产在分别支付清算费用、职工的工资、社会保险费用和法定补偿金，缴纳所欠税款，清偿公司债务后的剩余财产才可以向股东分配。公司账面上的资本公积与盈余公积、实收资本一同按股东的出资或持有股份比例进行分配。① 并且，清算中取得的收益仍需缴纳所得税。

2. 先转增为注册资本再减资

如前述第一（三）中先转增资本再减资获得法律及司法实践的认可，也可以通过该方式达到取回资本公积的目的。此时，需按照公司法有关减资的规定，适当履行相应的减资程序，包括：形成股东会决议并修改公司章程（国有独资公司减资由国有授权投资的机构或者国家授权的部门作出决定）、编制资产负债表及财产清单、通知并公告债权人、变更登记等程序。②

二、资本公积金转增注册资本相关规则

（一）资本公积转增条件

资本公积转增股本属于公司增资事项，需符合公司法有关增资的规定；当公司为上市公司时，还需符合《证券法》、有关证券监管规定对上市公司增发新股的要求。

1. 程序条件

增资主体为非上市公司的情况下，公司需按照公司法及公司章程规定履行相关程序要件。其中，有限责任公司须经代表三分之二以上表决权的股东通过，形成股东会决议，并修改公司章程；特殊的，国有独资公司不设股东会的，需报国有资产监督管理机构及同级人民政府批准。非上市公司股份有限公司需履行相应的决策审批程序。

2. 实质条件

前述主要为公司增资的程序性条件，当增资主体为上市公司的情况下，还需满足相应实质要件，主要包括：具备健全且运行良好的组织机构；具有完整的业务体系和直接面向市场独立经营的能力；交易所主板上市公司配股、增发的，应当最近三个会计年度盈利；增发还应当满足最近三个会计年度加权平均净资产收

---

① 参见《公司法》第236条。
② 参见《公司法》第224条、第172条。

益率平均不低于6%；资金符合使用要求；不存在不得发行的情形。①

（二）应属于可转增范围

会计制度规则对可以转增的资本公积作了明确规定，包括资本（股本）溢价、接受现金捐赠、拨款转入、外币资本折算差额和其他资本公积等。而公司接受捐赠的非现金资产准备、股权投资准备和关联交易价差不得用于转增资本或股本。原因在于，可转增项目属于已确定或已实现的企业现金流入，可以用于转增注册资本。不可转增项目在会计核算上属于准备项目，一般并不产生或尚未实现现金流入，需要以公允价值确定其价值，但是，由于受相关资产市场不活跃、交易信息不对称等因素的影响，公允价值较难取得。因此，这些资本公积入账价值具有不确定性，为确保转增的资本公积体现其经济价值，避免虚增资本，在相关资产处置被处置变现，实现企业现金流入前，不得用于转增资本。

（三）原股东无需重新出资

公司以资本公积转增注册资本时，公司原股东无重新增加出资的义务，公司债权人不得要求原股东在未出资范围内承担出资责任。在（2019）川0182民初2407号判决书中，K公司虽经工商变更登记，其注册资本增至10000000元，但其增加注册资本的方式系以公司资本公积金转增注册资本，并非股东增加注资，T公司并无义务以重新增加出资的方式增加注册资本。L公司要求T公司在未出资范围内承担支付责任的请求，并无事实和法律依据，法院不予支持。② 原因在于资本公积转增股本仅导致公司股本结构的变化，公司对其债权人的责任财产范围没有变化，对债权人没有实质影响。

（四）可不按原持股比例分配

公司法仅规定有限责任公司增资时原股东有权优先按照原出资比例认缴出资，也允许股东之间就认购新股的比例进行约定。③ 因此，公司原股东也可以根据约定少认缴、多认缴、不认缴。但是，在资本公积转增股本的情况下，公司原股东无需再认缴出资，公司法也没有对新增股本在原股东之间的分配作出明确规定，实践中，公司转增的股本一般按原股东持股数量同比例增加。那么，在资本公积转增股本的情况下，是否可以不按原持股比例进行分配？

相关司法案例表明，在股东有明确约定的情况下，可以不按持股比例进行分配。在（2019）最高法民申1763号案中，"二审判决认定F中心、H中心投入资金与HR公司发起人股东让渡本次资本公积金转增股份互为因果，发起人股东同

---

① 参见《上市公司证券发行注册管理办法》第9—12条。
② 参见四川省彭州市人民法院（（2019）川0182民初2407号）民事判决书。
③ 《公司法》第227条规定：有限责任公司增加注册资本时，股东在同等条件下有权优先按照实缴的出资比例认缴出资。但是，全体股东约定不按照出资比例优先认缴出资的除外。

意公司实施资本公积金转增股份与其同意放弃资本公积金转增股份具有一致性和整体性,三再审申请人已放弃其按持股比例获得的转增股份,并无不当。"

三、公司破产重整中的资本公积

(一)资本公积转增股本进行债务纾困

近年来,上市公司破产重整案中常采用资本公积转增股本用于偿债的方式对上市公司进行纾困。具体操作路径为:首先,上市公司进行资本公积转增股本;其次,通过特定交易步骤进行偿债,根据实际交易安排的不同,包括不向原股东分配,将新增股份支付给债权人用于清偿上市公司对其债务;或者先分配给上市公司原股东,原股东对转增股份进行处置用于清偿债务;或者将转增股份支付给重组投资人等。

(二)破产重整中资本公积金转增股本可以不除权

1. 除权原因分析

根据交易所股票交易规则,① 上市公司正常经营情况下的资本转增股本进行除权。原因在于,资本公积金转增股本会引起上市公司股东权益和公司股份内在价值变动,从而对股价产生实质影响。在公司资产、负债不变的情况下,转增使公司股本增加,每份股票对应的公司净资产减少、对应的股东权益也被稀释,结果是每份股票的内在价值减少,因此需要通过除权下调股票价格以调整市场价格基准。但是,需注意,并非所有的转增情况都必须除权,实践中,破产重整中的资本公积转增股本可以不除权。

2. 不予除权的考量因素

深交所和上交所股票上市交易规则均规定:"证券发行人认为有必要调整上述计算公式时,可以向本所提出调整申请并说明理由。经本所同意的,证券发行人应当向市场公布该次除权(息)适用的除权(息)参考价计算公式。"② 根据此规定,可以根据破产重整实际情况申请调整除权公式的适用,达到不除权或少除权的目的。相关监管规定及交易规则未对不予除权的具体条件作出明确规定,目前只能从交易所对个案的答复中对不除权的条件及具体操作要求进行归纳,以作为后续案件的参考。根据上交所《关于上市公司破产重整中资本公积转增股本除权事项答记者问》对CQGT破产重整案中转增股份不除权的答复,是否除权的判断

---

① 如《上海证券交易所交易规则》第4.3.1条、《深圳证券交易所交易规则》第4.4.1条分别规定,上市证券发生权益分派、公积金转增股本、配股等情况,本所在权益登记日(B股为最后交易日)次一交易日对该证券作除权除息处理,本所另有规定的除外。

② 参见《上海证券交易所交易规则》第4.3.2条、《深圳证券交易所交易规则》第4.4.2条。

标准、考量因素至少包括以下方面：

第一，除权无法合理反映重整后企业价值。破产重整中，新进股东往往通过债务减免、资产注入等方式支付对价，实质增厚了公司的权益，按照一般除权参考价格计算公式得到的除权参考价格，对重整后企业价值的反映可能不尽合理。因此可以申请调整除权计算公式。

第二，充分考虑具体重整方案对股份内在价值和股东权益的实际影响。公司破产重整方案各异，对股份内在价值、股东权益稀释的影响也不尽一致，在对除权参考价格计算公式进行调整时，应当充分考虑这些因素。例如，对于原股东未支付对价取得股份，其相对应的权益被稀释的，仍应按现行除权参考价格的计算公式进行除权。

第三，需要关注合规风险。向交易申请调整除权参考价格计算公式时，应当充分说明调整理由和规则依据，并聘请财务顾问等中介服务机构就其合规性、合理性发表明确意见，充分提示风险，保障投资者的合法权益。[①]

四、结论

公司资本公积在实践中的运用有一定特殊性，在相关交易中需注意以下方面：

（1）在股权投资中，应当在对公司出资协议或增资协议、公司章程等交易文件中对超出注册资本的部分资金属于对公司的出资还是借款作出明确约定，避免纠纷。而且，一旦将其作为出资应注意不得任意取回，避免被公司、其他股东或公司债权人追索。

（2）此外，资本公积转增股本、公司清算时，也可以根据事先约定不按原持股比例将新增股本和剩余资本公积在股东之间进行分配。

（3）在向公司主张债权时，注意核实其股东是否存在通过取回资本公积进行抽逃出资的行为，如有，可要求该股东在抽逃的范围内对公司债务承担连带责任。

（4）在涉及破产重整相关业务时，可以发挥资本公积对标的公司股权结构及股东权益的调整作用，争取最优方案，充分保障作为债权人、投资人的权益。

---

① 参见上海证券交易所《关于上市公司破产重整中资本公积转增股本除权事项答记者问》，http://www.sse.com.cn/aboutus/mediacenter/hotandd/c/c_20171222_4438665.shtml，2020年10月17日访问。

股东债权居次受偿问题研究

史肖建

近年来，商业银行投贷联动、信托公司股债结合等交易方式逐渐增多，这种交易模式可以充分发挥股权投资和债权投资的各自优势，获取固定回报的同时博取超额收益，保留担保措施的同时加大对投资对象的控制，提高投资安全性，最大化投资人利益。虽然股债结合投资方式优势明显，但也面临一定的风险隐患。本文从股东债权居次受偿理论出发，结合国内司法实践，对开展股债结合投资的股东债权居次受偿风险及必要的风险控制措施进行分析，供投资实践中参考。

一、股东债权居次受偿理论概述

（一）问题的提出

关联企业有利于优化资源配置、降低交易成本、规避经营风险、提高企业竞争力，随着企业规模的扩张和产业链条的延伸，关联企业已经成为一种重要的企业组织形式，广泛存在于大型企业集团和上市公司中。关联企业是典型的经济地位与法律地位相分离的产物，即经济彼此混同但分别是独立法人。关联企业中控制性企业通常表现为双重身份，在基于投资成为从属企业股东的同时又基于业务往来关系成为从属企业的债权人。控制企业通过从属企业股东会可以根据从属企业前景的好坏而增减对从属企业的股权投资和债权投资，从属企业前景较好时，可以增加股权投资以分享从属企业成长的利润；从属企业前景较差时，以债权替代出资降低风险，甚至为自己的债权提供更有利的条件，如让从属企业为自己提供担保、即将破产前获得清偿等，最大限度地避免损失。而一般债权人都不可能具有这些优势条件。在这种情况下，从属企业破产后，债权如何实现公平分配、如何保障其他债权人的合法权益就是必须面对的问题。次级债权制度①就是为了解决这些问题而设立的。

（二）衡平居次原则

衡平居次原则，系由美国法院在1938年受理的"泰勒诉标准煤气和电力公司（下称"标准气电"）②"一案中确立，其实质是在从属公司破产时，根据控制股东是否有不公正行为，而决定其债权是否应劣后于其他债权人或优先股股东权益之后受偿的制度安排。适用衡平居次原则也是公平原则的体现，控制公司对从属公司的支配地位，客观上要求其承担更多的责任。通过破产程序中对债权次序的重新安排，使控制公司返还其基于不公平地位所获得的利益，是对原来不公平局面的矫正，追求的是更根本层次上的结果公平。

在深石公司破产重整中，美国最高法院经审理认为，标准气电在设立深石公司时没有足额出资，且标准气电基本掌握着深石公司的经营利益，遂判决标准气电公司对深石公司的债权劣后于其他普通债权人的债权居次受偿。该原则后以成文法的形式规定在美国破产法中。

通常，美国法院按照"实质重于形式"的原则，重点审查该股东对其所控制的从属公司是否存在"不公正行为"，如果法院认定控制公司利用其控制地位从事不公正的行为取得对从属公司债权，损害从属公司其他债权人利益时，法院可以认定其债权劣后受偿。不公正行为主要包括：

1. 从属公司资本明显不足，指控制公司设立从属公司时存在出资瑕疵，没有足额缴纳认缴出资或出资后又抽逃出资。这种情况下，控制公司对从属公司的债权应作为资本补足来处理，不应当允许其对从属公司主张债权。

2. 控制公司管理违反受信义务，实质是控制权的滥用，如果滥用控制权出于欺诈目的，可以直接适用揭开公司面纱理论，追究母公司的责任。但如果这种控

---

① 张堃：《我国引入次级债权制度之初探》，载《河南工业大学学报（社会科学版）》2011年第4期。"次级债权制度又称为衡平居次原则、深石原则，其实质是指在母子公司场合下，若子公司公司资本不足，且同时存在子公司为母公司的利益而不按常规经营情形，在子公司破产时，母公司对子公司债权地位应居于子公司优先股东权益之后的制度安排。"

② Taylor et al. v. Standard Gas & Electric Co. et al., 306 U. S. 307, 618（1939）."泰勒诉标准煤气和电力公司案"对关联企业控制权滥用的规制具有里程碑式的意义，著名的"深石原则"即发源于此，本案中，深石公司是标准煤气和电力公司的子公司，法院在设立深石公司重整计划时发现，母公司对其享有大量到期债权，并作为普通债权进行了登记。虽然其在后来的重整计划法院审理中作出了一定程度让步，但招致深石公司优先股东们的不满，泰勒作为其中一员向联邦最高法院提起上诉。联邦最高法院认为深石公司虽然具有独立的法人地位，但其成立之初即资本不足，公司经营活动完全受控于标准气电公司，有证据表明深石公司被操控签订了多个极为不利的协议，因此法院最终判决被告标准气电公司对深石公司的债权次于深石公司的优先股股东，该判例被称为"深石原则"或"衡平居次原则"。

制权的滥用仅限于同从属公司形成了不适当的债权,则应适用衡平居次原则,使母公司债权劣后于普通债权。诚信义务包括忠诚和注意两个方面。忠诚义务禁止不讲信用和自我交易,注意义务要求控制公司在经营时要与任何一个谨慎的人在同等情形下对其所经营的事项给予的注意一样多。

3. 控制公司与从属公司资产混同或不当转移,资产混同是指母子公司之间存在财产上的非独立性,母公司可以任意支配子公司财产或者向子公司提供财产。资产混同打破了母子公司之间的界限,由此产生出母公司对子公司的责任。控制公司为了降低从属公司的资产,常有通过某些不当交易行为,向其他成员公司输送从属公司资产的行为,这将导致公司资本的减少,债权人的利益受到很大威胁。

4. 控制公司滥用从属公司独立人格。控制公司常常无视从属公司人格的独立存在,将自己的经营决策权强加给从属公司,从属公司很多情况下只是控制公司的一种经营手段。这种情况下,从属公司的人格实际上已经被忽视,控制公司与从属公司在经济联系上已经无法进行区分。此时,法律自然不必将两公司视为独立法人,而应视从属公司人格被忽视的程度,决定否认控制公司对从属公司的债权,或者将其债权进行劣后清偿。

在美国,一般的共识认为,衡平居次原则的适用不具有惩罚性质,它仅是为填补债权人或者投资人所遭受的损害,并且只是在必要范围内所采取的措施。"必要的范围",是指控制公司的不正当行为对从属公司或者从属公司其他债权人所造成的损害之内。确定这样的范围,是因为交易本身就意味着一定的风险,因而任何债权人在做出决策时就应当有承担风险的准备。如果过度地保护债权人,将其本应承担的风险不恰当地缩小,结果就与维护正常交易的目的相违背,所以如果对控制公司过多地给予惩罚,只会不利于交易和限制经济的发展。因而,适用衡平居次原则的理想做法是将控制公司的行为予以适当区分。①

实践中适用衡平居次原则应满足一定的条件。主要包括以下几个要件。(1) 时间要件。从债权形成的时间角度讲,如控制股东在没成为控制企业之前公平合理取得破产企业的债权,则这部分债权不应当适用衡平居次原则。(2) 主体要件。除了控制股东外,美国的法院多数肯定关联企业中内部子公司之间的不正当债权也应当居次于普通债权。(3) 行为要件。只有在控制企业存在滥用控制权而为不正当行为,并且损害了普通债权人利益,才宜将控制企业的债权次于从属公司的其他债权人。(4) 因果关系。即控制企业据以取得债权的不正当行为与对从属公司普通债权人所造成的损害之间应由因果关系。②

---

① 孙向齐:《我国破产法引入衡平居次原则的思考》,载《政治与法律》2008 年第 9 期。
② 张堃:《我国引入次级债权制度之初探》,载《河南工业大学学报》2011 年 12 月。

（三）自动居次原则

自动居次原则，即母公司对子公司之债权应一律次于子公司其他债权人。母公司贷款给子公司，是以发展整个关系企业之利益为目的，因而，母公司的贷款具有投资性质，既如此，当子公司破产时，母公司当然不能与其他债权人一样平等分配，而在顺序上应次于其他债权人。在衡平居次原则下，控制公司仅就其不公平行为所引起的债权劣后受偿，在自动居次原则下，不论控制公司是否有不公平行为，其对子公司的债权一律居于其他债权人之后。该原则有其偏激性，实践中未得到普遍的支持，遭到许多学者的反对，反对理由有：第一，从经济角度看，母公司是对子公司最有效率的贷款者，通常愿意提供条件优惠的贷款以防止子公司破产，按照自动居次原则，母公司则不愿意贷款给子公司，结果将是子公司破产风险增加并危及子公司其他债权人；第二，控制公司内如有其他少数股东并未参与从属公司的不公平行为，若一律采取居次规则，对少数股东是不公平的。①

德国法上采用一种"自动居次"的规则：其一，股东对公司的借款原则上禁止要求担保；其二，公司破产前1年所偿还的任何股东借贷，均可被撤销；其三，凡是持有相当比例（10%以上）的股东对公司的借贷，只要在破产申请之前尚未归还，在破产开始后都自动成为后顺位债权。②

二、国内司法实践情况

（一）文本规定

早年破产程序中股东债权问题即引起过司法实践关注，司法机构一直在效力位阶较低的法律文本中进行尝试。1995年《最高人民法院关于破产债权能否与未到位的注册资金抵销问题的复函》中初次提及股东债权问题，确认在破产程序中股东未缴出资与股东享有债权不得抵销。2003年最高人民法院在发布的《关于审理公司纠纷案件的若干规定（征求意见稿）》第52条中限定"控制公司"滥用法人人格时债权居次，但未能生效。

2008年《公司法司法解释（二）》第14条规定，债权人补充申报的债权不能全额清偿的，可以主张股东以其在剩余财产分配中已经取得的财产予以清偿。该条款可以理解为间接确定了股东债权劣后于普通债权的序位安排。

2013年《破产法司法解释（二）》第46条规定：债务人的股东主张以下列债务与债务人对其负有的债务抵销，债务人管理人提出异议的，人民法院应予支持：（一）债务人股东因欠缴债务人的出资或者抽逃出资对债务人所负的债务；

---

① 孙向齐：《我国破产法引入衡平居次原则的思考》，载《政治与法律》2008年第9期。
② 许德风：《论破产债权的顺序》，载《当代法学》2013年第2期。

(二) 债务人股东滥用股东权利或者关联关系损害公司利益对债务人所负的债务。根据该规定,股东因不公正行为形成对债务人的债权不同于普通债权,股东主张抵销的权利受到限制,间接肯定了股东债权居次受偿。

2018 年《最高人民法院关于印发〈全国法院破产审判工作会议纪要〉的通知》(以下简称《破产会议纪要》) 第 39 条规定,关联企业成员之间不当利用关联关系形成的债权,应当劣后于其他普通债权顺序清偿,且该劣后债权人不得就其他关联企业成员提供的特定财产优先受偿。该规定即借鉴了衡平居次规则,将原则适用对象扩展到关联企业,且对关联企业债权优先受偿权进行了限制,对司法实务有一定的指导意义。

(二) 典型案例

截至 2018 年 7 月,经在中国裁判文书网检索,发现股东债权相关案例有 3 例,下面进行简要分析。

1. S 公司诉 K 公司执行分配方案异议案①

2010 年 6 月,松江法院判决 R 公司应当向 S 公司支付货款及相应利息损失,后 S 公司申请追加 R 公司股东 K 公司等为被执行人,在各自出资不实范围内向 S 公司承担责任,并扣划到 R 公司股东款项共计 696,505.68 元(包括 K 公司出资不足的 45 万元)。2012 年 7 月,K 公司提起两个诉讼要求 R 公司 8 名股东在各自出资不实范围内对 R 公司欠付 K 公司借款及利息、房屋租金及违约金等承担连带清偿责任。2013 年 2 月,松江法院执行局确定执行款 696,505.68 元在先行偿还三案诉讼费用后,余款再按 31.825% 同比例分配,今后继续执行到款项再行分配处理。S 公司后向松江法院提交《执行分配方案异议书》,认为 K 公司不能就其因出资不到位而被扣划的款项参与分配。

法院认为,公司法律明确规定有限责任公司的股东以其认缴的出资额为限对公司承担责任。K 公司因出资不实而被扣划的 45 万元应首先补足 R 公司责任资产向作为公司外部的债权人原告 S 公司进行清偿。K 公司以其对 R 公司也享有债权要求参与其自身被扣划款项的分配,对公司外部债权人是不公平的,也与公司股东以其出资对公司承担责任的法律原则相悖。696,505.68 元执行款中的 45 万元应先由原告受偿,余款再按比例进行分配。

本案法院借鉴了美国"衡平居次原则",确认出资不实股东因向公司外部债权人承担出资不实的股东责任并被扣划款项后,出资不实的股东对公司的债权劣后于公司外部债权人受偿。

---

① 《最高法院 3 月 31 日召开新闻通气会公布 4 个典型案例》,http://www.court.gov.cn/fabu-xiangqing-14000.html,2018 年 7 月 2 日访问。

2. 陈某与 X 公司、孙某、Y 公司等确认合同无效纠纷案①

Y 公司在 2014 年之前拖欠股东陈某投资款、借款，且 Y 公司对陈某等人的债务是真实的；2014 年 6 月底陈某等人较早知道 Y 公司出现债务问题，同 Y 公司代表人协商，公司与股东陈某签署了公司的应收账款的质押合同。

最高人民法院再审认为案涉质押合同是在 Y 公司因涉及其他诉讼、公司账户已经冻结、无法正常收支的情况下，由李某代表 Y 公司与陈某等人进行协商，通过签署案涉质押合同进行重新分配，由陈某等人对外收取应收账款、收款后再进行结算、协商，确定对陈某等人应偿还的数额，多出的款项再留给公司。由此可见，案涉质押合同不是 Y 公司出于正常经营需要的情况下设定的担保行为。原审判决认定陈某等人与 Y 公司签订案涉质押合同的目的在于改变 Y 公司已有债权人的清偿顺序，使 Y 公司规避法院对应收账款的保全和执行，转移 Y 公司资产，并不缺乏证据证明。因案涉质押合同客观上导致 Y 公司的其他债权人无法对相关应收债权进行执行并获得公平受偿，明显损害了 Y 公司其他债权人的利益，原审判决依据《合同法》第 52 条第 2 项的规定认定案涉质押合同无效，适用法律并无不当。

当公司出现债务危机，银行账户被司法查封冻结时，作为股东债权人与公司签署应收账款质押合同等于转移公司资产，导致公司的其他债权人无法对相关应收债权进行执行并获得公平受偿，明显损害了公司其他债权人的利益，因此应收账款质押合同无效。根据该案，对股东债权因不公正行为设定的担保措施也可以适用衡平居次原则而归于无效。

3. HF 公司与雷某、X 公司等执行分配方案异议纠纷案②

HJ 公司系中外合作经营企业，HF 公司是其股东。HF 公司于本案中所申请执行的债权系根据其与 F 公司、S 公司之间签订的《合作开发滨江西路 130 号商住楼合同书》及《合作经营 HJ 公司补充合同》等共同成立 HJ 公司开发房地产而取得的投资收益。

法院认为，HJ 公司成立于 1994 年，根据《中华人民共和国中外合作经营企业法实施细则》（1995 年 8 月 7 日国务院批准，1995 年 9 月 4 日对外贸易经济合作部发布）第 45 条第 2 款关于"合作企业的亏损未弥补前，外国合作者不得先行回收投资"的规定，HF 公司所主张的本案债权应在 HJ 公司弥补亏损、偿还公司债务后再行分配。参与本次执行分配的其他债权均为 HJ 公司所负的债务，HJ 公司应首先予以清偿后，再分配 HF 公司的投资收益。因此，HF 公司不应参与本次执

---

① （2017）最高法民申 2564 号民事裁定书。
② （2016）粤民申 3392 号民事裁定书。

行分配。

该案中，HF公司主张其债权来源是征拆补偿，并非投资收益所得，但未获法院支持。根据该案，中外合作经营企业股东投资收益债权的清偿顺序应在其他申请执行债权之后。虽然中外合作经营企业不是依据公司法设立的，但该案理论依据也是衡平居次原则，拓展了衡平居次原则适用的主体范围。

三、股债结合投资及风险控制

根据前文股东债权居次受偿理论和司法实践分析，股债结合投资面临的问题及风险主要包括：股东债权或关联方债权劣后于其他债权人受偿、股东债权的担保措施被认定为无效、股东债权还款后被撤销等。还需指出的是，这些风险仅是理论上可能的风险，实践中适用衡平居次原则应满足前述适用衡平居次原则的条件。从这些条件出发，可能的风险控制措施包括：

1. 做好尽职调查，防范客户破产风险

尽职调查应全面调查投资对象的负债和或有负债情况，对负债率高和负债情况不明的投资对象应慎用股债结合交易模式，防范投资对象破产后陷入股东债权居次受偿的境地。该类投资对象应更多考虑采用破产重整等方式介入，以规避相关风险。

2. 合理设定持股比例和投资顺序，避免被认定为控制方

根据衡平居次理论，如果债权人仅是债务人小股东，如持股在33%以下，较小的持股比例很难对公司重大决策造成实质影响，因此很难认定其对债务人有控制能力，适用衡平居次原则的依据不足。同时进行股权和债权投资时，在不影响投资风控措施时，可以考虑先进行债权投资，再进行股权投资，消除利用股东控制不当形成债权的嫌疑。

3. 合理设计监管措施，避免不正当行为

股债结合投资往往会设定证章照监管及资金监管措施，以加强对债务人的监督和控制，但应努力避免相关措施被认定存在不公正行为。如采用增资的方式取得股权，应实缴出资；如采用股权转让的方式取得股权，应关注债务人股权出资情况，核实是否存在瑕疵出资、出资不实的情况，若债务人存在出资瑕疵，受让方需与转让方对补足出资承担连带责任。经营管理中应尊重投资对象的独立法人地位，避免资产混同和不当转移财产，减少关联交易，进行关联交易时应确保交易定价公允并符合商业原则、行业和市场惯例，不得损害其他债权人的合法权益。

四、小结

本文对股债结合投资面临的股东债权居次受偿风险及风险控制措施进行了简要分析，应当指出，股东债权居次受偿理论在我国司法实践中还没有明确的适用规则，实践应用也较少，相关规则还有待在实践中补充完善。随着科创板开板和国家鼓励科创企业的一系列政策措施推出，股债结合投资方式必将更多应用于战略性新兴产业和科技企业，投资人宜用其所长、避其所短，与优秀企业共享收益、共担风险、共同成长，为国家经济高质量发展贡献力量。

五

争议解决与司法执行

浅析债权追索类案件诉讼请求的确定

刘　麟

起诉是判决的前提，诉讼请求适当与否是诉讼成败的第一步。本文以债权追索类案件为切入点，检索了部分判例，分析了诉讼请求失当的具体原因，旨在理清此类案件确定诉讼请求的思维路径。

一、诉讼请求的法律要件

（一）诉讼请求应当具体明确

提起诉讼应当有具体的诉讼请求。[1] 根据"不告不理"原则，民事诉讼围绕当事人的诉讼请求展开，法院的审理和裁判内容亦不能超出当事人的诉讼请求。[2] 诉讼请求不具体，就会导致诉讼目的不明确，整个诉讼失去方向。

司法实践中，债权追索类案件诉讼请求一般为请求给付主债权、利息、违约金、复利、罚息以及实现债权的费用等。通过检索司法判例，以下几方面内容的缺失通常会被法院认定为"诉讼请求不具体不明确"：一是计算的起止点不明确；二是计算方法、计算过程不明确；三是计算的具体数额不明确。[3]

（二）诉讼请求应当有事实依据

案例一：[4] 2013年5月10日，谢某某与叶某某等四人签订的《股东协议书》。协议签订后，谢某某以银行汇款方式向叶某某转账300万元。谢某某诉至法院，请求叶某某返还300万元。谢某某向原审法院提交了如下证据：一是其于2013年6月9日、13日分两次向叶某某支付合计300万元的银行转账凭证，二是公安机关

---

[1] 参见《民事诉讼法》（2023年修正，下同）第122条第3项。
[2] 参见《民事诉讼法》第211条第11项。
[3] 具体案例可参见（2018）鲁09民终1534号、（2016）粤17民终1113号判决书。
[4] （2017）最高法民申1805号。

调取的叶某某的收到 300 万元后分别向两个案外人各转账 100 万元，另将 80 万元转账支付至叶某某另一张银行卡内的银行流水记录。叶某某向原审法院提交了《股东协议书》原件。原审庭审中《股东协议书》中的另两位合伙人出庭作证，两人对合伙关系的存在表示认可。再审过程中，谢某某向法院提交了与叶某某之间的通话录音。

本案中呈现了诉讼请求无事实依据的三种情形：

一是事实证据不符合证据要求。根据《民事诉讼法》第 74 条"人民法院对视听资料，应当辨别真伪，并结合本案的其他证据，审查确定能否作为认定事实的根据"。本案中，谢某某再审所提交的通话录音，没有其他证据佐证，其不能单独成为推翻原判的证据。另外，通话录音系在再审过程中提交，根据《民事诉讼法》第 207 条第 1 项规定的"新的证据"，是指原审庭审结束后新发现的证据，但在本案再审中谢某某未证明通话录音系在原审庭审后发现，故法院认为其不属于法律规定的新证据。

二是事实证据未达到证明标准。根据《民间借贷司法解释》第 15 条第 2 款"人民法院应当结合借贷金额、款项交付、当事人的经济能力、当地或者当事人之间的交易方式、交易习惯、当事人财产变动情况以及证人证言等事实和因素，综合判断查证借贷事实是否发生"。本案中，谢某某仅提供了银行转账凭证和通话录音，但对借款期限、借款利息等证明借款关系的主要内容，均未提交证据证明。但叶某某提交的《股东协议书》存在于 300 万元支付之前，且有合伙人出庭对合伙关系的存在表示认可，叶某某的提交证据的证明力强于谢某某所提交证据的证明力。因此，法院认定谢某某提交的证据未能达到证据的证明标准。

三是根据举证责任分配原则，承担无法举证的不利后果。本案中，叶某某向原审提交了《股东协议书》并有原审中合伙人对合伙关系确认的情况下，谢某某应当进一步举证证明案涉款项属于借款，其对主张借贷关系的成立仍应承担举证责任。在不能进一步举证的情形下，谢某某理应承担举证不能的不利后果。

（三）诉讼请求应当有法律依据

诉讼请求确属于法无据的情况毋庸赘言。但在司法实践中，还存在一些特殊情况，通常表现为朴素的生活经验与法律认定不相一致。

案例二：① 2015 年 10 月 28 日，朱某某、何某江与李某某、何某华签订《质押协议》，协议约定：永雄厂原由何某江、朱某某等共同投资合作经营，后朱某某退出，永雄厂由何某江一人继续经营。何某江尚欠朱某某退伙款 80 万元及逾期付款违约金未偿还。现何某江不再经营永雄厂，其存放在永雄厂的机械设备交由李某

---

① （2016）粤 06 民终 9405 号。

某以顺轩电磁线厂（投资经营人为何某华）名义转移到吴屋村2号厂房经营使用。为担保债务的履行，经何某江和朱某某协商一致，何某江将上述机械设备质押给朱某某作为清偿欠款的担保物。朱某某接受该质押财产并委托李某某、何某华代表其保管和使用该质押财产。何某江如不能按期还款给朱某某，即视为80万元债务到期。朱某某可以对质押机械设备行使质押权，出质人何某江和代管人李某某、何某华应当配合。因何某江未如约还款，朱某某诉至法院，请求：何某江偿还分伙款80万元，确认其对质押财产享有优先受偿权。

本案中，朱某某对机器设备是否享有优先受偿权在于质权是否成立。根据《物权法》第212条①"质权自出质人交付质押财产时设立"，质权成立的关键在于质押财产是否交付。从本案看，质押财产未脱离何某江的控制范围，该交付方式属于《物权法》第27条②规定的占有改定，但占有改定这种交付方式不具有物权变动的公示效果，故占有改定不构成质权设立的有效交付。因此法院认为，何某江未交付质押财产，朱某某主张的质权未设立，其请求对机器设备享有优先受偿权亦不应予以支持。

二、诉讼请求失当的具体原因

当事人有权在法律规定的范围内处分自己的民事权利和诉讼权利。③ 但在具体案件中，当事人在法律规定的多大范围内有权处分自己的权利？在起诉阶段"具体"的诉讼请求的内涵和外延是什么？

《民事诉讼法》在"起诉和受理"一节并未明确规定"具体的诉讼请求"的内涵，但在"当事人"一节似乎可以找到答案。第55条规定："当事人一方或者双方为二人以上，其诉讼标的是共同的，或者诉讼标的是同一种类、人民法院认为可以合并审理并经当事人同意的，为共同诉讼"。可见，当事人在某一诉讼中的诉讼请求仅限于某一诉讼标的。因"诉讼标的"是"诉讼法律关系"的组成部分，故某一诉讼中当事人的诉讼请求不应超出同一法律关系。

司法实践中，因当事人对"法律关系""诉讼标的"理解的偏差，导致诉讼请求失当的案件不在少数，既浪费了司法资源，又增加了当事人的诉讼成本。

（一）诉讼请求因混淆不同法律关系而不被支持

案例三：④ 2011年12月23日，雅美公司召开股东会，决定公司解散并成立清算组，清算负责人为程某某，成员为姜某某等7人。2011年12月28日，公司召

---

① 对应的《民法典》第429条。
② 对应的《民法典》第228条。
③ 参见《民事诉讼法》第13条。
④ （2013）庆商初字第40号、（2015）黑高商终字第97号、（2016）最高法民申1195号。

特殊机会投资之道 2

开清算小组会议，表决通过了清算财产分配方案（姜某某未同意），并经职工或股东签字确认。2012年6月12日，该公司清算组又制定了第二轮分配方案，该方案也经过了职工或股东签字确认。第一轮分配时，清算组决定扣除姜某某擅自转移债权的金额、未缴的房屋租金、欠公司款项，社保费，姜某某第一轮分配实际应发1169212.93元。第二轮分配款由于该公司职工和股东有表决意见，暂未给付。2012年6月20日，雅美公司申请注销登记。姜某某于2013年3月22日以清算责任纠纷为由向一审法院提起诉讼，要求程某某等七人向姜某某返还其应分得雅美公司清算剩余资产8486589.15元。一审法院认为清算行为符合公司法要求，并未对姜某某的利益造成损害，驳回姜某某诉讼请求。姜某某上诉，二审法院认为，姜某某诉讼请求是对雅美公司股东会决议的异议，故本案不属于清算责任纠纷。原审判决虽认定事实基本清楚，但法律适用不当。故撤销一审判决，驳回姜某某起诉。姜某某向最高人民法院申请再审。

再审法院认为：姜某某起诉原雅美公司清算组成员和其他股东，主张清算组成员和其他股东侵犯了其合法权益，并非为了保护公司债权人或公司利益。故其诉讼请求不属于"清算责任纠纷"。因原雅美公司解散决定、清算分配方案和清算报告已经该公司股东会认可，且清算组系依据上述决议进行的财产分配。故姜某某的诉讼请求应属于"公司决议纠纷"。

确定诉讼请求首先应当明确争议的事实属于何种法律关系，再查找具体的法律依据，进而确定诉讼请求。具体到本案，姜某某应当首先辨明其权利主张涉及公司决议法律关系，应依据《公司法》第22条以"公司决议纠纷"为由提出诉讼请求，而非以《公司法》第189条为依据提起"清算责任纠纷"。

（二）诉讼请求因超出案件法律关系而不被支持

案例四：① 某资产公司与某小额贷公司签订的《债权转让协议》约定：某资产公司以8000万元购买某小额贷公司持有的12户不良资产总金额为10600万元的债权。同日，双方签订《委托清收协议》，约定，某资产公司委托某小额贷公司对该债权进行清收，清收总金额为9520万元；同时约定，某小额贷公司需每季度末月26日向某资产公司支付190万元，直至2017年9月26日向某资产公司支付8190万元。因某小额贷公司违约，某资产公司以合同纠纷为由提起诉讼，其诉讼请求为：依据《债权转让协议》，请求某小额贷公司返还相应款项。某小额贷公司主张双方虽名为债权转让合同及委托合同关系，但实为借贷合同关系。

根据《民间借贷司法解释》第23条第1款，"当事人以签订买卖合同作为民间借贷合同的担保，借款到期后借款人不能还款，出借人请求履行买卖合同的，

---

① （2019）吉民终86号。

人民法院应当按照民间借贷法律关系审理。当事人根据法庭审理情况变更诉讼请求的,人民法院应当准许"。

法院认为,本案应属于借贷纠纷,在庭审中多次释明某资产公司是否坚持主张双方之间系债权转让合同关系,是否变更诉讼请求,某资产公司均表示坚持起诉状中的诉讼请求,导致法院无法按照双方之间真实的法律关系(借贷关系)进行审理,使案件主要事实无法查清,故法院裁定驳回某资产公司起诉。

(三)诉讼请求因无诉的利益而不被支持

案例五:[1] 浙江省永嘉县人民法院于 2018 年 4 月 19 日作出裁定,认可东岸公司和解协议,并终止东岸公司和解程序。该和解方案中记载"亚太公司拟提供偿债资金用于全额清偿东岸公司所负债务,故和解债权清偿率为 100%"。浙江省永嘉县人民法院于 2018 年 10 月 15 日作出裁定,对债权人、债务人均无异议的张某某等 4 位债权人的 6 笔债权予以确认,其中张某某申报两笔普通债权,确认债权金额合计为 247514.3 元。之后,亚太公司按约定将偿还张某某债务的资金足额汇入东岸公司管理人账户,张某某领取了部分款项,余款因张某某未提供领受分配款账号,故而提存在管理人账户。张某某因不服对其他债权人的债权金额的认定,向二审法院提起上诉。

本案中,张某某申报的两笔债权在东岸公司的和解方案中得到足额获偿,并且也实际领取了部分款项。法院认为,张某某对其他债权人的债权金额的认定有异议,与其不存在直接利益关系,其在本案中无诉的利益,不具有原告资格,故驳回其上诉请求。

司法实践中,当事人起诉或上诉应当具有诉的利益,只有法院认为对诉讼请求具有审判的必要性时,诉讼方可启动。所以,在当事人无诉的利益之情形下,法院会驳回其启动诉讼程序的请求。此举不仅为克制诉权的滥用,亦是诉讼的本质要求。

(四)诉讼请求因属重复起诉而不被支持

案例六:[2] 重庆市云阳县人民法院(2014)云法民初字第 01851 号民事判决支持了贾某某的请求偿还债权的部分诉讼请求,但没有支持其提出的利息请求。贾某某已经向法院申请强制执行该判决。之后,贾某某现就利息问题重新提起诉讼。法院以其诉讼属于重复诉讼为由,驳回起诉。

本案中,法院认为重庆市云阳法院 01851 号民事判决已就贾某某提出的利息请求进行了审理。贾某某就利息再次提起诉讼,后诉与前诉的当事人、诉讼标的均相同,诉讼请求亦存在重叠,且后诉的诉讼请求实质上否定了前诉生效裁判的

---

[1] (2019)浙 03 民终 2096 号。
[2] (2018)渝 02 民终 34 号。

结果，符合重复诉讼的构成要件。

"一事不再理"是民事诉讼的基本原则，也是既判力理论的基本要求。《民诉法司法解释》第247条从诉讼当事人、诉讼标的、诉讼请求三方面明确界定了重复诉讼的构成要件。禁止重复诉讼，一方面是为防止法院对同一案件做出矛盾的判决，影响司法权威和法律适用的统一性，另一方面也是减少司法成本，维护社会生活稳定的必然要求。①

三、诉讼请求确定的思维路径

（一）参照案由规定明确诉讼请求

当事人请求相对人履行义务或承担赔偿责任，首先应当明确所争议的法律关系的内容和性质。最高法院2020年修订颁布的《民事案件案由规定》区分案由的标准正是当事人所主张的民事法律关系的性质。因此，《民事案件案由规定》是当事人确立诉讼请求的重要参照。

《民事案件案由规定》确定了11个一级案由，54个二级案由，473个三级案由和391个四级案由，表述方式原则上确定为"法律关系性质"+"纠纷"的形式。②

法院立案时应当根据当事人诉争的法律关系性质确定案件案由。虽然当事人在起诉状中是否选择了案件的案由，不是法院是否受理案件的审查条件，③ 但如当事人在法院立案前根据法律关系的性质将其诉讼请求确定为某一案由，即意味着当事人在案件审理前准确框定了其诉讼请求涉及的法律关系，这样既便于查找具体法律依据举证质证，也便于法官快速掌握案件情况明确审理依据。

《民事案件案由规定》要求法院在确定案由时，首先应适用案由规定列出的第四级案由，第四级案由没有规定的，适用相应的第三级案由，第三级案由没有规定的，适用相应的第二级案由，第二级案由没有规定的，适用相应的第一级案由。④ 可见，第四级案由的民事法律关系最具体。当事人在确定案由时，也应当优先选择第四级案由。

（二）运用请求权思维验证诉讼请求

当事人可以运用请求权思维，根据客观情况及利益最优化的原则验证诉讼请求。在可以提起多个诉讼请求的情况下，要考虑这些诉讼请求是竞合还是聚合关系，进而确定能否一并提起，还是只能择一提起。在出现多个可以适用的法律规范时，要寻找请求权据以提出的规范依据，根据特别规定优于一般规定、新的规

---

① 参见江伟、肖建国主编：《民事诉讼法学》，中国人民大学出版社2015年版，第24页。
② 参见《最高人民法院关于印发修改后的〈民事案件案由规定〉的通知》（法〔2020〕347号）。
③ 同上。
④ 同上。

定优于旧的规定、具体规定优于原则性规定等法律适用规则准确适用法律。在出现法律漏洞时，要根据类推适用、价值补充等方法填补漏洞。①

在《九民纪要》中，最高法院认为在审理民商事案件时，法官应当坚持请求权基础思维。在当事人之间可能存在多重法律关系时，要根据当事人的诉讼请求确定法律关系的性质。②

（三）依照证据规则修正诉讼请求

对于已经掌握的证据材料，当事人还应当按照民事诉讼及民事证据相关司法解释的规定，依照证据规则，推演论证现有证据的证明效力，如证据能否作为独立证据使用，证据是否能够达到证明标准，根据证明责任分配的规定是否应当承担进一步举证的责任。

当事人诉讼请求所依据的事实真实、准确，不存在虚构欺诈，并且当事人已将证据和法律依据进行了合理合法匹配，无疑会让法官在案件审理中产生较为强烈的内心确信，诉讼请求得到支持的可能性也就大大增加了。

（四）根据法庭审理情况及时变更诉讼请求

《民事诉讼证据规定》（2019修正）第53条"诉讼过程中，当事人主张的法律关系的性质或者民事行为效力与人民法院根据案件事实作出的认定不一致的，人民法院应当将法律关系性质或者民事行为效力作为焦点问题进行审理。存在前款情形，当事人根据法庭审理情况变更诉讼请求的，人民法院应当准许并可以根据案件的具体情况重新指定举证期限。"

因此，在诉讼过程中，当事人应当充分利用法院将法律关系性质或者民事行为效力作为焦点问题的时机，及时更正诉讼请求，防止因固执己见拖延诉讼进程，遭受不必要的损失。

四、小结

确定诉讼请求是诉讼追索债权的第一步。当事人的诉讼请求框定了法官审理和裁判的范围。在债权追索案件中，债权人依据何种法律规定，凭借何种证据提出何种诉讼请求，是诉讼成败的关键。本文通过分析部分案件诉讼请求失当的具体原因，理清了此类案件确定诉讼请求的思维路径，主要有参照案由规定明确诉讼请求，运用请求权思维验证诉讼请求，依照证据规则修正诉讼请求，借助法官释明更正诉讼请求几个步骤。希望能对债权追索类案件诉讼请求的确定提供一些借鉴和帮助。

---

① 刘贵祥：《在全国法院民商事审判工作会议上的讲话》，2019年7月3日。
② 《全国民商事审判工作会议纪要》引言部分。

司法确认调解协议程序的规则与实践

周 霞

司法确认调解协议制度自施行以来，已经成为金融纠纷多元解决机制中的重要部分，构建了非诉与诉讼有机衔接的矛盾纠纷多元化解格局，实现矛盾纠纷的源头化解。司法确认调解协议程序因其便捷高效等优势，已成为金融机构追偿和处置债权的重要手段之一。

一、司法确认调解协议制度的概述

司法确认调解协议是指经依法设立的调解组织调解，当事人达成调解协议后共同向人民法院申请司法确认，法院裁定调解协议有效后，当事人违反调解协议的，另一方有权向法院申请执行。

司法确认调解协议制度初见端倪在 2004 年最高法院出台的《关于人民法院民事调解工作若干问题的规定》中关于委托调解机制的规定，2009 年最高法院颁布《最高人民法院关于建立健全诉讼与非诉讼相衔接的矛盾纠纷解决机制的若干意见》首次通过司法政策的形式确认了非诉调解协议司法确认程序，2011 年《人民调解法》通过法律形式正式确认了司法确认调解协议制度，同年最高法院颁布《最高人民法院关于人民调解协议司法确认程序的若干规定》对司法确认调解协议程序的操作进行了详细规定，2012 年《民事诉讼法》正式吸纳司法确认调解协议制度，并已发展成为一种非讼的特别程序。

经过十多年的发展，司法确认调解协议制度已逐步完善，调解主体从人民调解委员会拓展至其他调解组织，法律依据已形成法律、司法解释/政策和地方司法文件三个阶层体系。基于司法确认调解协议制度的天然优势，适用范围越来越广，一是程序简单，司法确认程序是一种特别程序，程序简易。二是审理期限短，法定期限一般为 30 天，但实操中，法院在审理很多案件过程中，最快可以当天或第二天出具确认调解协议有效的裁定,值得注意的是,虽然司法确认调解协议案件审理期限短,但债权人与债务人在和解过程中,如债权人不能获得法院的诉前保全支持,债权人需要注意债务人利用调解时机转移财产。三是费用成本低,法院审理司法确认调解协议案件一般不收取费用,人民调解委员会组织调解也可能不收取费用或费用较低。值得注意的是,如当事人在商事调解中心等专业调解机构进行调解,需要根据调解组织的规定缴纳费用。

实践中,债权人可能会在民事调解与司法确认调解协议两种方案中进行选择,民事调解制度的出发点和主要目标是诉讼,司法确认调解协议制度的出发点和主要目标就是当事人之间的和解,二者存在共同之处,也存在较多的差异,债权人需要根据具体情况选择方案。

表1 民事调解和司法确认调解协议比较

项目	民事调解	司法确认调解协议
结案方式	均以调解方式终结	
文书效力	均具有强制执行效力	
发生阶段	诉讼中	诉讼前
结案期限	较长	较短
费用	较高	较低
程序	按照一般诉讼处理	程序简单
管辖法院	裁判法院通常是协议管辖法院或被告所在地法院;执行法院为财产所在地或裁定法院	裁判法院为调解组织所在地法院(裁定法院)等;执行法院为调解组织所在地法院(裁定法院)或财产所在地法院

二、司法确认调解协议的司法实践

通过威科先行数据库进行检索,已公开的确认调解协议效力司法确认案件裁定书共152864件(截至2023年12月),2019、2020、2021年三年案件数量均呈增长趋势,公开案件分别为18454、26113、71382件,说明司法确认调解协议制度的运用越来越广泛。2022和2023年案件因未完全公开,暂无法统计。

从公开案件地域分布来看,公开案件最多的前十大省和自治区为广东、重庆、山东、湖北、云南、河南、贵州、湖南、新疆和安徽。

另外,公开案例最少的省、自治区和直辖市包括青海、西藏、海南、广西、福建、北京、河北和浙江,公开案件数量不足千件。从地域分布而言,北京、福

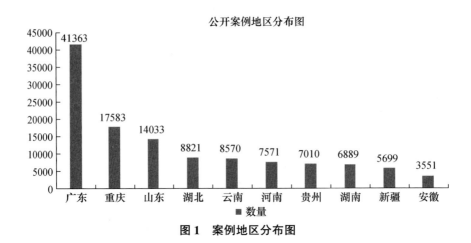

图 1　案例地区分布图

建、浙江等发达地区的公开案件很少，说明虽然这三个地区经济发达，司法实践一般较为前沿，但司法确认调解协议制度在这三个地区可能尚未获得较大范围的普及。

从审理法院级别来看，公开案例的主要审理法院为基层法院。

从公开案件主体分布来看，申请人为银行机构的案件共11638件（截至2023年12月），银行是适用司法确认调解协议制度的重要主体之一，司法确认调解协议制度已经成为助力化解银行贷款纠纷，实现债权回收的重要手段之一。

其他非银行金融机构适用司法确认调解协议制度的案例不多，但对于从事债权投资的其他非银行金融机构都可以适用司法确认调解协议制度，提高回收效率，减少成本，如金融资产管理公司收购银行资产包后，可以运用司法确认调解协议制度实现债权的批量重组和回收。

三、司法确认调解协议的操作实践

司法确认调解协议的操作简单，程序期限时间短。双方当事人产生争议后，可以共同在相关调解组织进行调解，达成调解协议后，共同向法院申请司法确认，如法院在审理过程中认为调解协议存在瑕疵，当事人可以重新回到调解组织对调解协议进行修改并重新签署，重新签署调解协议后，双方当事人可以再次回到法院申请司法确认调解协议，如法院认为调解协议合法有效可执行，满足司法确认的法定条件，法院将裁定调解协议有效。后续，如一方当事人违反调解协议的约定，另一方当事人可以向作出调解协议有效裁定的法院或其他相关法院申请强制执行。

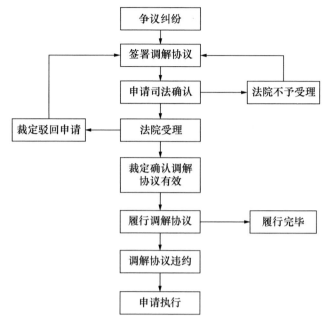

图 2 司法确认调解协议程序

（一）调解主体

根据《民事诉讼法》第 201 条规定，可以进行民商事纠纷调解的主体为经依法设立的调解组织，如法院特邀调解组织、人民调解委员会。随着多元纠纷解决机制的推广以及法律问题的复杂性和专业性，更专业性和职业性的调解组织出现，如商事调解组织和行业调解组织，这类调解组织的操作规则更加市场化，具有一定的营利性，也已成为多元纠纷解决机制的重要角色之一。

值得注意的是，《民事诉讼法》并未将调解主体扩及至调解员个人。司法实践中，如各方可以邀请权威调解员进行调解，但如有意向法院申请司法确认调解协议效力，应通过调解组织进行调解，避免司法确认申请过程中遇到阻碍。

（二）管辖法院

司法确认调解协议程序中的管辖法院主要涉及司法确认的管辖法院以及执行管辖法院。

1. 司法确认的管辖法院

司法确认管辖法院在不同法律法规文件中均有规定，详见如下：

表 2　管辖法院相关规定

序号	法律文书	管辖规定
1	《关于建立健全诉讼与非诉讼相衔接的矛盾纠纷解决机制的若干意见》（法发〔2009〕45号）	当事人可以在书面调解协议中选择当事人住所地、调解协议履行地、调解协议签订地、标的物所在地基层人民法院管辖，但不得违反法律对专属管辖的规定。当事人没有约定的，除《中华人民共和国民事诉讼法》第34条规定的情形外，由当事人住所地或者调解协议履行地的基层人民法院管辖。经人民法院委派或委托有关机关或者组织调解达成的调解协议的申请确认案件，由委派或委托人民法院管辖。
2	《最高人民法院关于人民调解协议司法确认程序的若干规定》（法释〔2011〕5号）	第2条　当事人申请确认调解协议的，由主持调解的人民调解委员会所在地基层人民法院或者它派出的法庭管辖。 人民法院在立案前委派人民调解委员会调解并达成调解协议，当事人申请司法确认的，由委派的人民法院管辖。
3	《民事诉讼法》（2023）	第205条　经依法设立的调解组织调解达成调解协议，申请司法确认的，由双方当事人自调解协议生效之日起三十日内，共同向下列人民法院提出： （一）人民法院邀请调解组织开展先行调解的，向作出邀请的人民法院提出； （二）调解组织自行开展调解的，向当事人住所地、标的物所在地、调解组织所在地的基层人民法院提出；调解协议所涉纠纷应当由中级人民法院管辖的，向相应的中级人民法院提出。

总体而言，司法确认管辖法院依调解发起主体的不同而所有区分。第一类为法院邀请调解组织开展的调解，调解协议的司法确认管辖法院为作出邀请的法院。法院邀请调解组织进行调解的情形一般适用于法院诉前调解。因此，在法院邀请调解组织开展调解的情形下，当事人在调解协议中可能不能另行约定管辖法院，只能选择作出邀请的法院。

第二类为调解组织根据当事人申请自行开展调解的案件，调解协议的司法确认管辖法院包括当事人住所地、标的物所在地、调解组织所在地的法院。从上述规定来看，调解协议可以约定选择当事人住所地、标的物所在地、调解组织所在地的法院进行管辖。

法院级别则根据调解协议所涉纠纷进行确定，如所涉金额较大，则可能由中院进行司法确认，如涉及专属管辖，则由专门法院管辖。

2. 司法确认调解协议案件的执行管辖

司法实践中,调解协议有效裁定的执行管辖法院主要分为作出司法确认裁定的法院和标的财产所在地法院两类。

第一类是作出司法确认裁定的法院。根据《最高人民法院关于人民调解协议司法确认程序的若干规定》(法释〔2011〕5号)第9条,执行管辖法院为作出司法确认裁定的法院。

相较于一般诉讼案件或赋强公证债权文书案件的执行管辖而言,司法确认调解协议案件的执行管辖法院的连结点包括调解组织所在地法院,而当前法律暂未对当事人选择调解组织(法院邀请调解除外)进行限制,当事人可以通过选择调解组织的方式达成选择适当的执行管辖法院。

第二类是标的财产所在地法院。根据《民事诉讼法》第235条,民事判决、裁定由一审法院或被执行财产所在地法院执行。司法确认裁定同样可以适用《民事诉讼法》第235条,确认调解协议案件的执行法院可以是被执行财产所在地法院。

(三)司法确认的申请

当事人申请司法确认调解协议,在调解组织主持下达成的调解协议生效后30日内可以共同向法院申请司法确认,向法院提交的申请材料包括调解协议、调解组织主持调解的证明、与调解协议相关的财产权利证明,以及当事人的身份、住所、联系方式等基本信息等。

1. 调解协议

调解协议是法院司法确认的对象,是核心申请材料。根据《人民调解法》,调解协议自各方当事人签名、盖章或者按指印,人民调解员签名并加盖人民调解委员会印章之日起生效。因此在人民调解委员会组织下签署的调解协议生效需要人民调解员签名并加盖人民调解委员会印章,相比一般调解/和解协议的生效要件更加严格。对于其他商事调解组织主持下的调解协议是否应由调解员签名并加盖调解组织印章,需要事先了解法院的意向,但基于经验判断,既然调解协议是调解组织的主持下达成,由调解员签名并加盖调解组织的印章是合乎情理的操作。

2. 调解组织主持调解的证明

司法确认调解协议制度的基本要求是调解协议必须经由调解组织的调解而达成,系法院非诉调解组织调解工作的支持和保障,同时也可以防止当事人恶意串通,制造虚假调解协议。

3. 与调解协议相关的财产权利证明

如调解协议涉及抵质押担保,应及时办理抵质押登记,并在申请司法确认时,将相关财产权利证明文件一并向法院提交。

(四) 司法确认的审查

司法确认调解协议程序中法院的审查主要涉及两个方面，第一阶段是案件受理阶段的审查，第二阶段是调解协议的审查阶段。至于案件的审查方式，司法实践普遍采用的方式是形式审查和有限实体审查相结合的方式，法院也可以通过书面或到庭相结合的方式审查。

1. 案件受理审查

根据《民诉法司法解释》，特定情形下，法院对司法确认调解协议的申请可能会裁定不予受理：(1) 不属于人民法院受理范围的；(2) 不属于收到申请的人民法院管辖的；(3) 申请确认婚姻关系、亲子关系、收养关系等身份关系无效、有效或者解除的；(4) 涉及适用其他特别程序、公示催告程序、破产程序审理的；(5) 调解协议内容涉及物权、知识产权确权的。

对于金融机构而言，其中涉及破产程序和调解协议涉及物权确权的案件值得关注。

如债务人已经进入破产程序，根据破产法相关规定，所有案件应中止审理并由破产法院集中管辖，尽管司法确认调解协议属于非诉程序，但一般仍由破产法院集中管辖。

如调解协议内容涉及物权确权，法院一般不予受理。物权确权之争是指因物权的归属、内容发生争议的，利害关系人要求法院确认其物权的情况，物权确认之诉是确认之诉的一种形式，属于诉讼程序，涉及当事人的重大利益，一般涉及复杂的法律关系，不适宜适用司法确认这类比较简易的非诉程序处理。[①]

实务中，债权人可能会在调解协议中增加以物抵债的内容，并希望通过司法确认调解协议程序达到以物抵债的效果。如债权人希望申请法院对含有抵债内容的调解协议进行司法确认，可能需要提前与法院做好沟通。司法实践中，法院面对这种情形时，一般认为当事人可以直接办理物权登记，无需再行司法确认，因此，对调解协议进行司法确认非常慎重。如最高法院在《关于房地产调控政策下人民法院严格审查各类虚假诉讼的紧急通知》(2013) 中明确规定，当事人在人民法院调解组织等主持下达成包含以房抵债内容的调解协议，并共同申请司法确认的，应当加大审查确认力度，慎重出具确认调解协议有效的裁定。江苏高院在《关于以物抵债若干法律适用问题的审理纪要》(2014) 中明确规定，当事人双方持人民调解组织主持达成的以物抵债调解协议，向人民法院申请司法确认的，经审查，当事人尚未完成物权转移手续的，人民法院应裁定驳回申请。

[①] 最高人民法院民法典贯彻实施工作领导小组办公室编著：《最高人民法院新民事诉讼法司法解释理解与适用（下）》，人民法院出版社，第772页。

2. 调解协议有效与否的审查

通常，法院审查调解协议内容是否有效时采用形式审查和实质审查相结合的方式，对于与双方当事人具有利害关系的事实，尤其是涉及利益让与的事实和条款，法院可能会进行重点审查，法院可能会通知双方到场接收询问和核实，了解双方是否理解调解协议的内容以及后果，以及是否真实愿意由法院通过司法确认程序赋予调解协议具有强制执行的效力。

具体而言，形式审查的内容一般包括调解协议司法确认的司法管辖，申请期限是否届满，是否涉及其他特别程序，调解协议的内容是否涉及物权确认以及是否属于不予受理的范围等。

实质审查的重点内容主要涉及调解协议的自愿性和合法性，包括当事人的民事行为能力和自愿性；代理人的代理权限；协议内容是否违反法律强制性规定和公序良俗，是否损害国家利益、社会公共利益以及他人合法利益等；调解协议的内容是否明确和具有可执行性等。

（五）司法确认的法律后果

调解协议司法确认程序是赋予调解协议具有强制执行效力的一种程序，调解协议经当事人申请和法院司法确认后，法院一般以裁定的形式进行司法确认。一是如经审查调解协议合法有效，法院裁定调解协议有效，二是如经审查调解协议不符合法律规定或司法确认条件，法院裁定驳回申请。当事人取得法院作出的确认调解协议有效的裁定后，如当事人一方后续出现违约，另一方可以直接向法院申请强制执行调解协议。

通常而言，司法确认程序是一种特别程序，也是一种非诉程序，当事人收到确认裁定书或驳回申请裁定书后，一般不得上诉。但司法确认裁定确存在错误的，当事人有异议的，应当自收到裁定之日起 15 日内提出；利害关系人有异议的，自知道或者应当知道其民事权益受到侵害之日起 6 个月内提出。

四、司法确认调解协议制度的实践运用

司法确认调解协议制度对于解决纠纷的明显优势，实践中金融机构除按照传统的调解协议+司法确认流程外，还可以综合运用诉前保全，刚柔并济打好法律工具组合拳，通过"诉前保全+诉前调解+司法确认"的路径，综合解决债权纠纷。

调解协议司法确认过程中融入诉前保全的基本操作步骤是，债权人首先根据《民事诉讼法》第 104 条的诉前保全制度向法院申请对债务人财产或抵押物进行诉前保全，在与法院沟通诉前保全的同时，向法院提出诉前调解以及司法确认的方案。如法院同意诉前保全，则可以进行第二步诉前调解，诉前调解可以通过商事调解组织、人民调解委员会或法院特邀调解的方式进行。如债权人和债务人达成

特殊机会投资之道 2

调解协议，则进行第三步即向法院申请司法确认调解协议，如调解不成，债权人在诉前保全后 30 日内正式提起诉讼。

"诉前保全+诉前调解+司法确认"程序是以诉讼为出发点，每道程序无缝衔接，环环相扣，既给债务人施加了压力，也给债权人吃了定心丸，充分利用诉前保全的 30 天起诉期，以保全促调解，以调解化纠纷，从源头上解决执行难的问题，还能减少诉讼成本。随着互联网的发展，一些调解中心和法院推出相关智能化平台，调解和司法确认流程均可以线上操作完成，实现民商事案件繁简分流，进一步推动了"诉前保全+诉前调解+司法确认"模式的运用，高效妥善化解矛盾，实现债权回收。

不良资产处置过程中，对于大额金融债权，如未办理强制执行公证，债权人可与债务人及担保人签署调解协议，并经司法确认，可快速取得具有强制性执行效力的法律文书，一旦债务人再次违约，债权可快速进入执行程序。值得注意的是，调解协议的签署主体应尽可能包括担保人，便于后续直接执行担保物或担保人财产。对于小额批量金融债权，债务人易于接受调解协议，债权人可充分利用在线调解和在线司法确认平台，批量处置，减少工作量和诉累，降低处置成本。

浅析刑民交叉对民事案件的若干影响

王勤原

所谓"刑民交叉"的说法，其含义是不太清晰的，这个说法几乎是约定俗成。① 本文所述刑民交叉，主要是指民事案件的事实与刑事案件的事实相牵连。在该类刑民交叉中，金融机构所扮演的角色可能存在以下两种情形：第一种情形为，金融机构同时作为民事案件的当事人和刑事案件的当事人，举例而言，金融机构被借款人诈骗时，其既作为刑事案件的受害人，同时作为民事案件的原告或被告；第二种情形为，金融机构系民事案件的当事人，但不是刑事案件的当事人，举例而言，金融机构作为申请人向法院申请强制执行借款人财产，但因借款人涉及非法集资罪，法院中止对借款人财产的执行。

刑民交叉案件历来是司法实践中的一大难点，原因之一在于，原本并行的刑事诉讼程序和民事诉讼程序，在刑民交叉案件中相互干预（往往是刑事案件对民事案件的干预较多），使得刑事诉讼程序和民事诉讼程序中的事实认定、程序进展、法律适用等相互交织在一起，进而形成更为复杂的局面。本文着重探讨的是，刑民交叉中刑事案件对民事案件可能造成的影响。

一、刑民交叉案件审理原则的变迁

在刑民交叉案件中，针对刑事案件和民事案件的审理顺序，历来存在着"先刑后民""刑民并行""先民后刑"等诸多观点，相关法律法规也随着司法实践的发展发生了调整。

"先刑后民"原则最早见于《关于及时查处在经济纠纷案件中发现的经济犯罪的通知》（法〔研〕发〔1985〕17号，已失效），明确法院在审理经济纠纷案件中，如发现有经济犯罪，应当移送公安或检察机关。1998年，最高法院对"先

---

① 参见周光权：《"刑民交叉"案件的判断逻辑》，载《中国刑事法杂志》2020年第3期。

刑后民"原则进行调整,出台《关于在审理经济纠纷案件中涉及经济犯罪嫌疑若干问题的规定》(法释〔2020〕17号,以下简称《审理经济纠纷若干规定》),提出"同一事实下先刑后民,不同事实下刑民并行"原则。① 根据《审理经济纠纷若干规定》,不同事实下的刑民交叉案件,应当分别审理;同一事实下的刑民交叉案件,仍旧遵循先刑后民的审理原则。

随着社会实践的发展,民间借贷、非法集资等领域涉及的刑民交叉案件较为突出。2014年,最高人民法院、最高人民检察院、公安部联合发布《关于办理非法集资刑事案件适用法律若干问题的意见》(公通字〔2014〕16号,以下简称《非法集资意见》),明确对于非法集资刑事案件,有关单位或者个人就同一事实向人民法院提起民事诉讼或者申请执行涉案财物的,人民法院不予受理;最高人民法院在《民间借贷规定》中明确,在民间借贷民事纠纷案件中,如民间借贷行为本身涉嫌非法集资等犯罪的应当驳回起诉,如民间借贷纠纷案件虽有关联但不是同一事实的涉嫌非法集资等犯罪的线索、材料的,人民法院应当继续审理民间借贷纠纷案件。

在2019年公布的《九民纪要》中,最高人民法院重申,同一当事人因不同事实分别发生民商事纠纷和涉嫌刑事犯罪,民商事案件与刑事案件应当分别审理。

从上述法律规定的变化可以看出,刑民交叉中对民事案件的审理态度,从原来的"先刑后民"逐渐转向"不属同一事实的应当分别审理、属于同一事实的不予受理"② 的模式。但是,传统司法实务中的常见做法仍是"先刑后民"。刑民交叉案件本身复杂,有的还涉及众多自然人,因此,"审判实务中出现了不少因公安或检察机关来函不区分情形而全案移送的判例"。③ "先刑后民"导致的最直接影响,是民事案件久拖不决,在民事审判程序前再添加刑事侦查、公诉、审判程序,使得民事案件的解决需花费极大的时间成本,对于金融机构而言,资金成本随着时间的延长而不断累积,成为难以承受之痛。

二、刑民交叉对民事案件的常见影响

(一)对民事案件审理程序的影响

刑民交叉对民事案件最常见的影响,就是影响民事案件的审理。实践中较为常见的是,法院以案件涉及刑事犯罪为由,裁定驳回起诉或中止审理。

---

① 《关于在审理经济纠纷案件中涉及经济犯罪嫌疑若干问题的规定》第1条:同一自然人、法人或非法人组织因不同的法律事实,分别涉及经济纠纷和经济犯罪嫌疑的,经济纠纷案件和经济犯罪嫌疑案件应当分开审理。
② 张爱珍、潘琳:《民刑交叉案件的程序及实体处理规则》,载《人民司法》2020年第19期。
③ 同上。

1. 裁定驳回起诉

裁定驳回起诉的主要法律依据，系前文所述《审理经济纠纷若干规定》《非法集资意见》《民间借贷规定》等规定，在刑事案件和民事案件系属于"同一事实"的情况下，裁定驳回民事案件起诉。因此，是否裁定驳回民事案件起诉的核心问题，在于如何认定"同一事实"。最高人民法院曾在"梅某与李某、某担保有限公司等借款合同纠纷"[①]一案中认为，"对'同一事实'的认定，并非是指民事法律规范和刑事法律规范作出规定的要件事实，而应是自然意义上的事实本身"。然而，社会实践的复杂性导致难以对个案的自然事实进行统一归纳，司法实践中对"自然意义上的事实"认定仍有赖于法院的判断，《九民纪要》也仅从排除法的逻辑，列举了5种常见的不属于"同一事实"的情形。

根据北京市天同律师事务所统计，在2011年至2017年最高人民法院及各省级法院的247起涉及刑民交叉案件中，一审法院裁定驳回起诉的比例占到70%。而其中，法院从刑民责任主体同一角度严格认定驳回起诉条件的案件数量占据绝对优势。[②] 故而，从案件的形式外观上判断，如刑事案件的当事人和民事案件的当事人完全一致，即刑事案件中的受害人作为原告将刑事案件中的犯罪嫌疑人作为被告提起民事诉讼，则该类民事案件可能被法院认为属于"同一事实"而裁定驳回起诉。

裁定驳回起诉，意味着当事人不得再以同一事由向法院再行提起民事诉讼，只能通过刑事诉讼程序解决纠纷。在实践中，部分金融机构不希望走刑事诉讼的路径，除了"刑事被害人通过被退赔实现权利救济的可能性并不大"[③]外，还可能存在以下两个因素：一是实践中对刑事赔偿范围是否包含利息等收益存在争议；二是能否对未弥补损失提起民事诉讼存在争议。

根据《最高人民法院关于刑事裁判涉财产部分执行的若干规定》（法释〔2014〕13号，以下简称《刑事财产执行规定》）第10条，对于被害人的损失，应当按照刑事裁判认定的实际损失予以发还或者赔偿。最高人民法院执行局负责人认为，退赔"仅是对被害人被非法侵占、处置财产的等价赔偿，而不包括其他损失的赔偿"。[④] 有法官认为，从目前《刑事财产执行规定》看，责令退赔制度的

---

① （2015）民申字第1778号民事裁定书。
② 刑民交叉课题组：《金融机构刑民交叉案例专项研究系列之一——案例大数据研究报告》，https://mp.weixin.qq.com/s/J99_ggPlO5ajZhofn7lnzQ，2022年7月9日访问。
③ 邢会丽：《论刑民交叉案件中刑事退赔程序与民事执行程序的竞合》，载《法律适用》2019年第21期。
④ 《规范刑事裁判涉财产部分的执行 维护刑罚的严肃性和当事人合法权益——最高人民法院执行局负责人就〈关于刑事裁判涉财产部分执行的若干规定〉答记者问》，载《人民法院报》2014年11月6日第3版。

特殊机会投资之道 2

退赔范围仅指本金，并不包含利息和折旧等。① 结合司法实务操作可知，退赔被害人的损失应仅指本金损失、原物损失，而不包括被害人利息、折旧等损失。② 因此，基于利息等收益能否得到赔偿的不确定性，金融机构仅仅通过刑事程序追偿，可能导致利息无法收回的后果。

根据《最高人民法院关于适用刑法第六十四条有关问题的批复》（法〔2013〕229 号，以下简称《刑法第六十四条批复》），被告人非法占有、处置被害人财产的，应当依法予以追缴或者责令退赔。被害人提起附带民事诉讼，或者另行提起民事诉讼请求返还被非法占有、处置的财产的，人民法院不予受理。在刑事判决中已经明确追缴或退赔的情况下，只要发现被告人存在财产未追缴的，司法机关就可以进行追缴，此时，被害人再行提起民事诉讼，可能导致重复判决。但是，"追缴原物或者退赔本金后仍不能弥补损失，被害人向人民法院民事审判庭另行提起民事诉讼的，人民法院是否受理，仍有分歧意见"。③ 实践中有的法院倾向于不予受理，如《四川省高级人民法院关于审理民间借贷纠纷案件若干问题的指导意见》规定"在刑事判决未涉及追赃或者虽涉及追赃但出借人未获全部退赔的情况下，对出借人起诉要求借款人承担民事责任的，人民法院不应受理"。《九民纪要》也指出，受害人的民事权利保护应当通过刑事追赃、退赔的方式解决。但是，最高人民法院曾在"A 银行股份有限公司青岛分行与 B 银行股份有限公司等合同纠纷"④ 一案中认为，"至于被害人可能面临的双重受偿问题，可通过执行程序中协调刑事退赔责任与民事责任等方式加以解决，不能以刑事案件尚未审结或执结为由，否定民事诉讼程序正常推进的必要性"。

2. 裁定中止审理

中止审理主要针对刑民交叉案件中，刑事案件和民事案件并非基于"同一事实"，但刑事案件事实和民事案件事实相关联的情形。法院裁定中止审理的主要依据是《民事诉讼法》第 153 条第 5 项，"有下列情形之一的，中止诉讼：……（五）本案必须以另一案的审理结果为依据，而另一案尚未审结的"。《九民纪要》重申了上述规定，并指出如果民商事案件不是必须以相关的刑事案件的审理结果为依据，则民商事案件应当继续审理。但是，上述审理原则的模糊性，导致司法

---

① 参见邢会丽：《论刑民交叉案件中刑事退赔程序与民事执行程序的竞合》，载《法律适用》2019 年第 21 期。
② 转引自王真、林立芳、吴陶钧：《刑民交叉中刑事追缴、退赔与民事诉讼的冲突与协调》，https://mp.weixin.qq.com/s/mIDX11wBNKjxWaDEunfd4w，2022 年 7 月 19 日访问。
③ 黄应生：《〈关于适用刑法第六十四条有关问题的批复〉的解读》，载《人民司法》2014 年 5 月。
④ （2018）最高法民终 778 号民事判决书。

实践中，只要民事案件与刑事案件有交叉，部分法院一律采取中止审理的方式，尤其是在非法集资等涉及大量自然人的案件中，法院更是倾向于中止民事案件审理。

中止民事案件审理，意味着原本可预期的民事审理期限，需要额外叠加刑事侦查、公诉、审判程序，甚至存在"一审因等待刑事案件的查处结果中止审理多年，至二审诉讼时间已长达12年之久"的情形。[①] 对于金融机构而言，一旦进入诉讼确权环节，往往希望可以快速取得裁判，进而启动下一步的处置工作，但额外叠加的刑事程序，使得债权人不得不被动持有债权，这不仅导致金融机构的资金成本因时间的延长而不断累积，也加大了处置难度。特别是在债务人的主要资产被担保的情况下，金融机构的债权金额会随着时间的延长而不断增加，原本足以覆盖金融机构债权的担保物，可能在几年后便无法覆盖担保债权，进而导致被害人或普通债权人无法通过执行担保物获得赔偿。因此，拖延被刑事查封的担保物的执行，最终不一定有利于对被害人的赔偿，反而可能适得其反，对各方而言都不是一个最优的选择。

（二）对民事合同效力的影响

在认定民事合同效力时，首先需要区分是刑民交叉属于同一事实还是刑民案件相关联。在刑民案件相关联的情况下，刑事案件的认定并不会影响民事合同的效力，民事合同的效力应当根据民事相关法律规范予以认定。

在刑民交叉属于同一事实的情形下，刑民交叉对合同效力的影响，主要体现在对主合同的影响，对主合同效力的评判，会进一步决定担保合同的效力。对于主合同的效力，司法实践中主要有三种观点。（1）民事合同因触犯刑法而无效，安徽省高级人民法院[②]、江苏省高级人民法院[③]和浙江省高级人民法院[④]持该观点。（2）民事合同属于可撤销合同，撤销权由合同相对方行使。四川省宜宾市中级人民法院在"宜宾市A有限公司与四川宜宾J商业银行股份有限公司金融借款合同纠纷"[⑤] 一案中指出，合同并不因一方当事人缔约时的诈骗行为构成犯罪而当然无效。涉诈骗合同属于合同法上的可撤销合同，可撤销权在合同相对方。（3）应以合同相对人是否参与犯罪来区分，如参与犯罪的，则合同无效，相反则合同有

---

① （2017）最高法民终313号民事判决书。
② 《安徽省高级人民法院关于办理非法集资刑事案件若干问题的意见》第6条。
③ 《江苏省高级人民法院关于民间借贷中刑民交叉问题的纪要》第5项。
④ 《浙江省高级人民法院、浙江省人民检察院、浙江省公安厅关于当前办理集资类刑事案件适用法律若干问题的会议纪要（三）》第10条。
⑤ （2019）川15民终1648号民事判决书。

效。陕西省高级人民法院[1]持该观点。

根据《担保制度司法解释》，主合同无效则担保合同无效。实践中，部分担保人为了免于承担担保责任，存在主动通过向公安机关报案等形式，由刑事程序认定借款合同构成非法集资等犯罪，通过认定主合同无效来实现"脱保"免责的情形，内蒙古自治区公安厅曾专门对上述情形进行了提示。[2]

（三）对民事执行程序的影响

刑民交叉对民事执行程序的影响，主要体现在刑事查封等措施可能会阻碍民事执行程序的推进。根据《公安机关办理刑事案件适用查封、冻结措施有关规定》(以下简称《刑事案件查封规定》)，公安机关可以对涉案财物采取保全措施。在实践中，一旦债务人的财产被刑事查封，部分法院会中止民事执行程序，最高人民法院曾在"北京市D有限责任公司、青海省N有限公司建设工程施工合同纠纷"[3]一案中认为，由于非法集资、非法吸收公众存款类犯罪涉及人数众多，又往往与民商事纠纷存在交叉，统一协调处理更有利于保护权利人的合法权益。况且在审理刑事案件过程中，还可能会出现享有其他优先受偿权的权利人，故中止对案涉大厦的执行符合立法本意。该种观点有利于公平清偿，但若仅从个体清偿角度而言，该种做法使得享有担保物权的债权人难以快速实现担保物权，只能等待刑事程序的终结，尤其在经济下行的情形下，这种等待可能导致担保物价值的大幅贬损，最终难以满足刑民交叉案件中各方的清偿需求。

另外，刑民交叉还对民事案件的分配顺位造成影响。在普通民事案件中，除非债务人破产，否则应根据债权人申请执行的顺位进行财产分配（财产上有担保的则优先偿还担保权人）。但在刑民交叉案件中，根据《刑事财产执行规定》，被执行人在执行中同时承担刑事责任、民事责任，其财产不足以支付的，按照下列顺序执行：（1）人身损害赔偿中的医疗费用；（2）享有优先受偿权的债权；(3) 退赔被害人的损失；(4) 其他民事债务；(5) 罚金；(6) 没收财产。从上述规定可以看出，一是在人身损害赔偿中的医疗费用支付后，才能对担保权人进行清偿；二是普通债权人的受偿顺位，劣后于刑事案件中的被害人，对于受害人较多的涉众案件，普通债权人的清偿率可能受到一定影响。

实践中，部分地方出于维稳的因素考虑，特别是在地方重要企业陷入资金困境且存在大量自然人债权人时，公安机关有时以非法集资或集资诈骗的名义进行刑事立案，进而查封企业财产；公安机关在查封犯罪嫌疑人财产时，对犯罪嫌疑

---

[1] 《陕西省高级人民法院民二庭关于公司纠纷、企业改制、不良资产处置及刑民交叉等民商事疑难问题的处理意见》第5条。

[2] 《内蒙古自治区公安厅关于对内蒙古自治区政协十二届三次会议第0166号提案的答复》。

[3] （2020）最高法执复1号执行裁定书。

人的所有财产进行查封或有针对性地对抵押财产进行查封，使得抵押权人（尤其是金融机构）无法处分企业财产，在一定程度上实现保全企业财产的目的。但该等财产保全措施，在较大程度上阻碍了民事执行程序的推进，债权人实现自身权益的进程被迫按下"暂停键"。

三、刑民交叉中民事案件的处理思路

在刑民交叉中，民事案件受到刑事案件的影响较大，部分法院采取的驳回起诉、中止审理、中止执行等程序会影响民事案件债权人的确权与受偿。在处理刑民交叉中的民事案件时，债权人或可注意以下几点：

（一）多维度考虑诉的选择

在发生纠纷时，如何选择诉讼策略至关重要，特别是在民事案件涉及刑民交叉的情况下，不同策略的选择对最终能否实现受偿有着重大影响，可能需要考虑以下因素：

1. 注重区分刑民交叉案件是否属于"同一事实"

"同一事实"是区分刑民交叉案件是否应当分别审理的关键因素，如刑事案件和民事案件不属于"同一事实"的，刑事程序通常不会影响民事案件的受理。《九民纪要》明确列举了5种不属于"同一事实"的情形，刘贵祥法官将上述情形概括为以下三类。（1）就行为主体而言，不同主体实施的行为不属于同一事实。实践中主要表现为法定代表人等自然人犯罪或借用法人名义实施犯罪，但法人不构成犯罪等情况。（2）就行为相对人而言，民事诉讼的被告是犯罪嫌疑人之外的其他主体，不属于同一事实。实践中主要表现为债务人涉嫌犯罪，但债权人请求担保人承担民事责任等情况。（3）就要件事实而言，民事案件争议事实与刑事犯罪要件事实无关，不属于同一事实。实践中主要表现为，汇票出票人签发空头汇票构成犯罪，但后续背书转让等民事行为并非上述犯罪构成要件等情况。[①]

在遇到相应刑民交叉案件时，参照上述标准对是否属于"同一事实"加以辨别，如不希望民事诉讼程序受到刑事程序干扰的，应当尽量论证不构成"同一事实"，避免民事案件被驳回起诉等情形。如已经起诉的，在知悉案件可能因涉及刑民交叉被驳回起诉的情况下，或可根据实际情况，酌情考虑采取撤回起诉等方法，保留继续通过民事诉讼追索的权利，待时机成熟再行起诉。

2. 充分考量被害人身份的利弊

一般而言，是否成为刑民交叉案件中的刑事被害人，由公安机关来决定，但

[①] 参照最高人民法院民事审判第二庭：《〈全国法院民商事审判工作会议纪要〉理解与适用》，人民法院出版社2019年版，第80页。

在特定情况下，债权人主观上是否认同被害人身份对刑民交叉案件的走向也有一定的影响。此时，须根据债权人自身债权的特点，充分衡量被害人身份的利弊。

取得被害人身份的有利之处在于，就犯罪嫌疑人的财产，被害人的分配顺位优先于无担保权的普通债权人；但其弊端在于，被害人一般无法主张利息等本金之外的收益，另外就是，如成为被害人，则其与犯罪嫌疑人之间的合同可能因此而无效，进而导致担保合同等从合同无效。

（二）积极行使执行程序中的权利

民事案件的执行虽然在刑民交叉中可能遇到重重障碍，但这并不意味着债权人只能坐以待毙，债权人或可考虑以下方法维护权益。

（1）核查刑事查封或中止审理的依据。根据《刑事案件查封规定》，严禁在立案之前查封、冻结财物。如遇到公安机关采取刑事查封冻结措施的，首先需要核实公安机关是否已经立案，如未立案而采取刑事保全措施的，需及时向公安机关提出异议，如有必要则向上级公安机关复议或向检察院申诉。对于法院中止执行的情形，需核实法院是否接到公安机关或检察院关于被申请执行的财物属于涉案财物的文件，如无该等文件，则应通过执行异议的方式向法院主张自身的合法权益。

（2）梳理相关证据证明民事查封财产与刑事案件无关。如有证据证明该等被保全财产与刑事案件无关或不属于犯罪嫌疑人财产的，应当积极向公安机关主张，必要时向上级公安机关复议或向检察院申诉。特别是被保全财产涉及抵押物时，可结合实际情况向公安机关、执行法院提供能够证明查扣财产的"权属状况和争议问题"的相关证据，尽可能争取在充分考量各方利益情况下妥善协商解决，推动抵押物处置。

（3）及时办理轮候查封等保全手续。根据公安机关相关规定，保全财产被依法解除查封、冻结后，按照时间顺序登记在先的轮候查封、冻结自动生效。为确保刑事措施解除后，可以取得查封、冻结的优先顺位，应尽量在相关财产被刑事查封、冻结后，及时办理轮候手续。

（4）对特殊财产申请执行。如抵押质押财产涉及汽车、船艇、债券、股票、基金份额等财产的，当快速处置可以实现价值最大化时，可根据《关于进一步规范刑事诉讼涉案财物处置工作的意见》（中办发〔2015〕7号），以上述财产易贬值、市场价格波动大等为由①，申请依法出售、变现或者先行变卖、拍卖。

---

① 《关于进一步规范刑事诉讼涉案财物处置工作的意见》第7条：完善涉案财物先行处置程序。对易损毁、灭失、变质等不宜长期保存的物品，易贬值的汽车、船艇等物品，或者市场价格波动大的债券、股票、基金份额等财产，有效期即将届满的汇票、本票、支票等，经权利人同意或者申请，并经县级以上公安机关、国家安全机关、人民检察院或者人民法院主要负责人批准，可以依法出售、变现或者先行变卖、拍卖。所得款项统一存入各单位唯一合规账户。

（三）善用地方法院的特殊规定

刑民交叉案件的处理在实践中本身就存在争议，各地方法院的做法也存在着差异，因此，当民事案件涉及刑民交叉时，尤为需要关注法院所在地的特殊规定，并利用地方规定中对自身有利的条款积极主张权利。

以涉及刑民交叉的民事案件执行为例，江西省高级人民法院出台《关于审理金融债权纠纷案件的若干意见》，其中第16条规定，除重大、复杂刑事案件外，公安、检察机关在刑事立案后累计一年仍未向人民法院依法提起公诉的，人民法院依法恢复诉讼、恢复执行。再如浙江省高级人民法院、人民检察院、公安厅联合发布的《关于当前办理集资类刑事案件适用法律若干问题的会议纪要（三）》第11条第4项明确，对于案件既涉及非法集资犯罪、又涉及行为人以自有财产提供担保向他人合法融资的，在有确凿证据证明担保财产不属于非法集资犯罪所得，如担保财产系在非法集资犯罪行为发生前购置等情况下，应当允许合法融资行为的债权人依法实现担保物权。

不良资产处置之实现担保物权特别程序实务要点

周 霞

2012年《民事诉讼法》将实现担保物权案件纳入特别程序，正式确立了担保物权实现的非讼程序，相比于普通诉讼程序，通过特别程序实现担保物权既可以简化流程，还可以节省时间成本。部分地区法院不收取诉讼费用，或者仅收取少量费用。自2012年以来，实现担保物权案件特别程序受到了广大金融机构的关注，经过多年司法实践，实现担保物权特别程序日趋成熟和完善，很多金融机构已将实现担保物权特别程序作为债权清收的重要途径之一。

一、什么是实现担保物权特别程序

实现担保物权特别程序是指当事人在满足实现担保物权条件时，可以未经普通诉讼程序而直接向法院申请拍卖、变卖担保物，并将拍卖或变卖款清偿所担保债权的特别程序。法院根据当事人申请作出准许拍卖、变卖担保物的裁定后，当事人可以直接依据该裁定向执行法院申请执行。

实现担保物权特别程序相比普通诉讼程序更加简易，实行一审终审，法院应当在立案之日或公告日起30日内审结，有特殊情况需要延长的，由法院院长批准。

二、实现担保物权特别程序的申请主体有哪些

根据《民诉法司法解释》第359条规定，抵押权人、质权人、留置权人有权提起实现担保物权特别程序。同时，为避免担保权人怠于行使担保权，导致债务人承担过多的罚息和违约金或者导致担保物贬值或损毁，抵押人、出质人、财产被留置的债务人或者所有权人也有权主动向法院申请实现担保物权。

此外，同一财产上设立多个担保物权，登记在先的担保物权尚未实现的，不影响后顺位的担保物权人向法院申请实现担保物权。[1] 但是，该申请人仍仅能在先顺位抵押权人优先受偿范围之外的部分享有优先受偿权。司法实践中，部分法院

---

[1] （2022）浙0482民特9号。

以申请人未提供证据证实第一权利顺序抵押人的债权已经受偿完毕为由裁定驳回申请,① 这种做法与司法解释规定是存在矛盾的。

司法实践对建设工程款优先受偿权是否属于法定担保物权存在争议,《民事诉讼法》及其司法解释未明确规定承包人有权提起实现担保物权特别程序,因此,建设工程款优先受偿权的承包人提起的实现担保物权特别程序可能会被法院驳回。

三、实现担保物权的程序问题

根据《民诉法司法解释》,实现担保物权特别程序的主要流程如下:

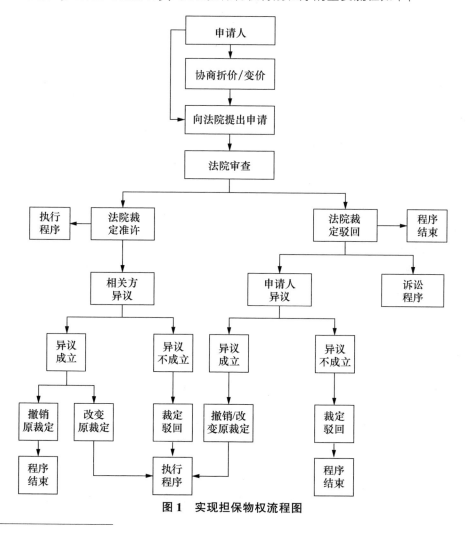

图 1 实现担保物权流程图

---

① （2022）豫 0327 民特 1 号。

(一)实现担保物权特别程序是否应以当事人的协商折价或变价失败为前提

根据《民法典》规定,抵押权人可以与抵押人协议以抵押财产折价或者拍卖、变卖抵押财产所得价款优先受偿,但协商并非实现担保物权特别程序的前置条件。

(二)实现担保物权特别程序的管辖权如何确定

申请实现担保物权案件由担保财产所在地或者担保物权登记地基层法院管辖,一般由审判员一人独任审查,若担保财产标的额超过基层法院管辖范围的,则应当组成合议庭进行审查。

具体而言,实现抵押权案件由抵押财产所在地或者抵押权登记地(二者通常一致)基层法院管辖。对于质权而言,需分情况讨论,实现票据、仓单、提单等有权利凭证的权利质权案件,由权利凭证持有人住所地法院管辖;无权利凭证的权利质权,由出质登记地法院管辖。实现担保物权案件属于海事法院等专门法院管辖的,由专门法院管辖。

同一债权的担保物有多个且所在地不同的,申请人可以分别向有管辖权的法院申请实现担保物权,司法实践中,部分地区允许申请人选择其中一个有管辖权的法院实现全部担保物权。①

值得注意的是,由于实现担保物权特别程序是一种非讼程序,一般不适用于约定管辖、级别管辖和管辖权异议制度,法院受理案件后经审查认为不属于本院管辖的,通常会裁定驳回实现担保物权的申请。② 例如,担保合同中约定了仲裁管辖,由于仲裁排斥法院管辖,法院可能会以无管辖权驳回申请。③

(三)实现担保物权特别程序是否适用公告送达

司法实践中,实现担保物权特别程序是否适用公告送达存在争议。通常而言,实现担保物权案件属于非讼程序,是在当事人没有实质性争议的前提下快速实现担保物权的程序。法院受理实现担保物权案件后发现被申请人下落不明的,对事实清楚、债权债务关系明确、登记手续和权利凭证齐备的案件,经审查符合法律规定的,可以直接作出准予实现担保物权的裁定。若在被申请人下落不明的情况下,法院难以判断当事人之间是否存在实质性争议,而且实现担保物权案件不能通过审判监督程序予以救济,因此,很多法院认为实现担保物权案件一般不应适

---

① 《重庆市高级人民法院关于办理实现担保物权案件若干问题的解答》(渝高法〔2015〕164号)第5条。
② 《重庆市高级人民法院关于办理实现担保物权案件若干问题的解答》(渝高法〔2015〕164号)第8条;《浙江省高级人民法院关于审理实现担保物权案件若干问题的解答》(2020)第1条。
③ 《重庆市高级人民法院关于办理实现担保物权案件若干问题的解答》(渝高法〔2015〕164号)第4条。

用公告送达。① 但司法实践中，部分法院在审查过程中使用了公告送达的方式。②

（四）实现担保物权特别程序中能否申请财产保全

法院受理实现担保物权申请后，申请人可以对担保财产提出保全申请，法院将按照诉讼保全的相关规定办理。为争取后续担保财产的处置权，债权人在申请实现担保物权时一般会申请对担保财产进行保全。

（五）实现担保物权特别程序的救济途径有哪些

实现担保物权特别程序实行一审终审，当事人不能提起上诉或再审等，第三人一般也不能提起第三人撤销之诉。③ 但是，当事人、利害关系人认为裁定有错误的，可以向作出裁定的法院提出异议，异议成立或者部分成立的，法院将作出新的判决、裁定撤销或者改变原判决、裁定。当事人对法院裁定有异议的，应当自收到裁定之日起 15 日内提出，利害关系人对法院裁定有异议的，自知道或者应当知道其民事权益受到侵害之日起 6 个月内提出。

此外，在实现担保物权裁定进入执行程序后，相关方一般仍有权提起执行异议和执行异议之诉。

对于申请人而言，在法院裁定不准予拍卖、变卖担保财产的情况下，申请人的诉讼权利不会受到影响，申请人依然可以就债权或担保合同提起诉讼程序。值得注意的是，在法院受理实现担保物权案件后，被申请人就相关权益争议提起诉讼的，法院可能会裁定驳回实现担保物权申请。④

四、法院审查标准和内容

实现担保物权程序是一种非讼程序，程序简易且快捷，法院一般是对案件进行审查，而不是审理，且法院的审查标准和范围比普通诉讼程序简单很多。

（一）法院审查标准

司法实践中，法院在实现担保物权程序中对案件进行形式审查还是实质审查存在争议，不同法院把握的尺度存在一定的差异。根据《民诉法司法解释》，当事人对实现担保物权无实质性争议且实现担保物权条件成就的，法院裁定准许拍卖、变卖担保财产；当事人对实现担保物权有部分实质性争议的，法院可以就无争议

---

① 《重庆市高级人民法院关于办理实现担保物权案件若干问题的解答》（渝高法〔2015〕164 号）第 7 条；《浙江省高级人民法院关于审理实现担保物权案件若干问题的解答》（2020）第 4 条；（2019）湘 0104 民特 37 号民事裁定书；（2022）湘 0702 民特 12 号民事裁定书。
② （2019）湘 0104 民特 37 号民事裁定书。
③ 最高人民法院民法典贯彻实施工作领导小组办公室编：《最高人民法院新民事诉讼法司法解释理解与适用（下）》，人民法院出版社 2022 年版，第 824 页。
④ 《重庆市高级人民法院关于办理实现担保物权案件若干问题的解答》（渝高法〔2015〕164 号）第 15 条；（2022）浙 0122 民特 2 号民事裁定书。

部分裁定准许拍卖、变卖担保财产;① 当事人对实现担保物权有实质性争议的，法院裁定驳回申请，并告知申请人向法院提起诉讼。

由此，《民诉法司法解释》更倾向于法院对实现担保物权案件形式审查，法院经审查足以认定实现担保物权案件存在实质性争议，法院则可以裁定驳回申请。实践中，为防止被申请人滥用异议权利，除非案件明显存在民事权益争议，被申请人对所提出的异议，一般应提供初步证据，作为法院综合审查判断的依据，被申请人没有明确依据、仅笼统表示异议的情形，显然不足以构成"实质性争议"，不宜简单地据此驳回申请。②

法院对案件进行形式审查，并不意味着法院仅做书面审查，法院可以询问申请人、被申请人、利害关系人，必要时可以依职权调查相关事实。此外，法院还可能启动听证程序，通知申请人、被申请人及相关利害关系人到庭接受询问。

（二）法院审查内容

根据《民诉法司法解释》第369条，法院应当就主合同的效力、期限、履行情况，担保物权是否有效设立、担保财产的范围、被担保的债权范围、被担保的债权是否已届清偿期等担保物权实现的条件，以及是否损害他人合法权益等内容进行审查，这是法院审查范围中最核心、最主要的内容，具体而言，着重审查以下方面：

一是合同效力，法院主要审查主合同和担保合同成立和合同效力是否存在争议。例如，债权债务关系是否真实、主合同的签字非债务人本人所签等。

二是担保效力，主要涉及担保物权的设立和效力，如抵押人对登记事实、质押人对质押物是否移转占有等是否存在争议。司法实践中，很多被申请人提出担保合同未经公司内部决议而无效的抗辩，法院基本上会认定这一主张构成实现担保物权有实质性争议，进而裁定驳回申请。

三是担保实现条件和范围，主要涉及债权金额、担保财产的范围、诉讼时效以及担保物权的实现条件是否满足。就债权金额和担保财产范围而言，对于没有实质争议部分，法院依然会裁定准许拍卖或变卖担保物。司法实践中，部分法院以利息、违约金和还款金额存在异议，而直接认定双方对实现担保物权有实质性争议，进而裁定驳回申请，这种做法与司法解释的规定存在一定的背离。③

四是是否损害他人合法权益，审查过程中法院还会审查是否可能涉及损害案外人的权益，若准许拍卖、变卖担保物会损害案外人权益，法院应裁定驳回申请。例如，司法实践中，被申请人可能抗辩实现担保物权可能会损害购房者的合法权

---

① （2021）京0105民特监7号、（2022）川0115民特4号。
② 《浙江省高级人民法院关于审理实现担保物权案件若干问题的解答》（2020）第6条。
③ （2022）湘1103民特13号。

益,福建省古田县人民法院在此类案件中基于购房者权利优先和维稳考虑,裁定驳回申请。[①]

混合共同担保情形下,被担保的债权既有物的担保又有人的担保,当事人对实现担保物权的顺序有约定的,法院一般要求申请人证明其已向顺位在先的担保主张实现债权,且债权未得到全额受偿,否则,法院可能认定实现担保物权的申请违反担保顺位约定,将裁定不予受理。对于实现担保物权的顺序没有约定或者约定不明的,法院一般受理实现担保物权申请。此外,混合共同担保并无实现担保顺序约定的,申请人在申请实现担保物权程序时,也可以同步起诉其他担保人主张实现担保权利,但为避免申请人重复受偿,应当对两个程序的裁判及执行应依法做好衔接。

五、实务建议

实务中,基于时间成本和程序简单考虑,金融机构对于债权债务关系清晰且争议较小的案件,可以优先考虑通过实现担保物权特别程序实现债权回收,但应注意一下:

一是金融机构在提起特别程序之前应尽量与债务人协商并确定债务人的地址,避免法院因无法送达且不采取公告方式送达而驳回申请。

二是金融机构在提起特别程序之前准备好完整的证据,例如证明担保物权存在的材料,包括主合同、担保合同、抵押登记证明或者他项权利证书,权利质权的权利凭证或者质权出质登记证明等;证明实现担保物权条件成就的材料;担保财产现状的说明等。

三是确保实现担保物权的条件满足,尤其是金融机构宣告提前到期的债权,应当准备足够的证据。对于债权金额,应当向法院提供清晰明了的计算方式以及合同依据。

四是提起实现担保物权特别程序不应当影响诉讼保全,金融机构应当在提起特别程序的同时尽快申请财产保全,以此取得后续对担保财产处置的主动权。

---

① (2015)古民特字第1号。

债权人视角下关于公证债权文书执行受理条件的案例研究

刘亚馨

一、前言

对于债权人而言，债权文书赋强公证制度的主要作用在于后续可以不经诉讼或仲裁直接向法院申请进入强制执行程序，从而更有效率地实现债权。债权人向法院申请执行公证债权文书后，法院裁定受理相关申请执行案件是公证债权文书在司法层面得以执行的先决条件。2018年10月1日起施行的《公证债权文书执行规定》第5条在《民事诉讼法》及相关司法解释的基础上对于公证债权文书执行案件的受理条件进行了明确，从反面列举了债权人申请执行公证债权文书时法院应当裁定不予受理或驳回执行申请的5种情形。其中前4项具体情形如下：一是债权文书属于不得经公证赋予强制执行效力的文书；二是公证债权文书未载明债务人接受强制执行的承诺；三是公证证词载明的权利义务主体或者给付内容不明确；四是债权人未提交执行证书。第5项为兜底情形，即其他不符合受理条件的情形。

实践中，法院一般会依职权根据上述规定进行主动审查，如发现不符合受理条件的将裁定不予受理，如已受理的将裁定驳回执行申请；此外，如案件受理后被执行人认为存在不符合受理条件的情形，亦可能向法院提出执行异议并要求法院驳回债权人的执行申请。本文对于《公证债权文书执行规定》施行至今在相关裁判文书中引用该规定第5条进行说理或裁判的案例进行梳理，从第5条列举的5项条件出发，逐一分析当前司法实践中公证债权文书执行案件在何种情况下可能被法院裁定不予受理或驳回申请，并就司法实践中存在的主要争议和不同的裁判思路进行研究，以期为债权人进一步做好债权文书的赋强及申请执行工作提供参考和建议。

二、关于公证债权文书执行受理条件的案例研究

本文检索的范围为 2018 年 10 月 1 日至 2021 年 9 月 17 日期间发布的合计 440 余份相关裁判文书（以下简称检索案例）。① 因《公证债权文书执行规定》第 5 条前 4 项具体情形被裁定不予受理或驳回申请的检索案例中各项情形的占比如下：

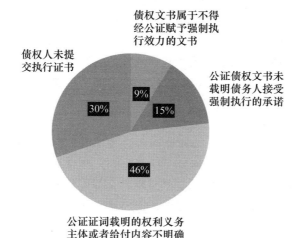

图 1　公证债权文书执行申请不予受理或驳回情形汇总

从以上数据来看，实践中因"公证证词载明的权利义务主体或者给付内容不明确"和"债权人未提交执行证书"两项具体原因被法院裁定不予受理或驳回申请的案例相对较多。下面将结合检索案例就《公证债权文书执行规定》第 5 条规定的各项情形进行逐一分析：

（一）债权文书是否属于不得经公证赋予强制执行效力的文书

根据《公证程序规则》及《办理具有强制执行效力债权文书公证及出具执行证书的指导意见》等相关规定，可赋强债权文书需具备三个要件：一是债权文书以给付为内容，债权债务关系明确；二是债务人、担保人承诺接受强制执行；三是不履行或不完全履行义务时的核实方式约定明确。如债权文书本身不符合以上要件要求，即使后续办理了赋强公证，法院仍有可能对于相应的申请执行案件作出不予受理或驳回申请的裁定。

1. 特定类型的债权文书

《最高人民法院、司法部、中国银监会关于充分发挥公证书的强制执行效力服

---

① 包含对申请执行案件以及相关执行异议、复议等案件作出的裁判文书。

务银行金融债权风险防控的通知》（司发通〔2017〕76号）等规范中对于银行业金融机构可赋强债权文书的具体类型进行了列举，包括授信合同、委托贷款合同、融资租赁合同等在内的各类融资合同、债务重组合同以及各类担保合同等均被列为可赋强债权文书。检索案例中，多数法院对于上述特定类型债权文书的可赋强属性并无异议，但亦有个别法院持不同观点。如（2019）豫06执80号及81号案件中，河南省鹤壁市中级人民法院认为债权债务双方签订的《融资租赁合同（回租)》涉及合同效力、租赁物的购买及交付、租金及租赁保证金的支付、质量瑕疵和索赔、租赁物的所有权属、租赁物的占有、使用及收益以及违约和救济等多方面的约定，不具备债权人和债务人之间债权债务关系明确的条件，驳回了债权人的执行申请。再如（2019）豫06执56号案件中，河南省鹤壁市中级人民法院认为《委托贷款借款合同》涉及三方之间的委托代理关系和借款关系，法律关系复杂，且相关执行证书系在借款未到期情况下依据加速到期条款作出，不符合债权债务关系明确的条件，因此属于不得赋强的债权文书；相关《股权质押合同》内容涉及物权问题，亦不得赋强；相关《保证合同》约定的债务属于从债务，在主合同不得赋强的情况下依附于主债务的从债务合同同样不得赋强。由此可见，特定类型债权文书的可赋强属性虽在规范层面得到了认可，但并不代表在司法实践中属于特定类型债权文书的执行案件都一概能够得到顺利推进，法院对于规范本身的把握和理解仍存在差异之处。

2. 非特定类型的债权文书

除上述特定类型的债权文书外，实践中亦存在诸多其他形式的债权文书，其是否属于可赋强债权文书一般由法院基于可赋强债权文书需具备的相关要件进行自由裁量，实践中尚无统一的裁判标准，尤其是对于"债权债务关系明确"这一要件的把握尺度不一。有研究认为，《公证债权文书执行规定》出台至今，司法机关对于"债权债务关系明确"的把握标准整体上是较为宽松的，例如在被执行人以当事人之间法律关系复杂、给付并非确定数额等为由主张《债券远期回购协议》《股权收益权转让协议》形式的债权文书不满足"债权债务关系明确"要件的情况下，部分法院认为根据协议的相关条款足以确定债务人应承担的给付义务，因此认可了相关协议的可赋强属性；[①] 检索案例中亦有法院对于《应收债权转让及回购合同》《股票质押式回购交易业务协议》等权利义务关系较为复杂的合同的可赋强属性予以认可。[②] 但是，仍有部分法院在关于非特定类型债权文书可赋强属性的判断上采取较为保守的态度，检索案例中有法院直接以申请执行的债权文书

[①] 参见孔浩：《金融业务中的赋强公证制度》，https://mp.weixin.qq.com/s/WQrGLtJ34XfbYoiFostQQA，2021年10月10日访问。

[②] （2020）沪74执异57号、（2020）沪执复128号、（2020）粤03执异840号。

不在特定类型之列为由驳回了债权人的执行申请，如（2020）川18执212号裁定书中，在未明确相关主合同是否办理公证及公证效力的情况下，四川省雅安市中级人民法院认为案涉《委托担保合同》《保证反担保合同》《股权质押反担保合同》不在相关规范列举的公证机构赋予执行效力的债权文书范围内，因而属于不得赋强的债权文书。另外，在（2020）苏1012执监1号案件中，江苏省扬州市江都县初级人民法院以"让与担保"模式下相关协议的性质及债务人应当承担的债务并不明确且当事人之间权利义务及法律关系复杂等为由最终驳回了当事人的执行申请。在该案的复议案件中，中级人民法院以"让与担保"模式下相关协议约定的交易行为不具有真实性以及包含办理过户登记的物权行为等为由再次驳回。

（二）公证债权文书是否载明债务人接受强制执行的承诺

司法实践中与该项受理条件相关的主要争议在于，虽然债权文书办理了赋强公证，但被公证的债权文书中存在争议解决方式为诉讼或仲裁的相关条款，此种情况下是否仍可视为债务人作出了接受强制执行、放弃诉讼权利的承诺。实践中较为常见有以下两种情况：

1. 债权文书中仅约定诉讼条款而未载明债务人接受强制执行的承诺

在（2020）川7101执194号及（2020）川7101执196号等案件中，银行与被执行人签订的《个人借款合同》中并无被执行人自愿接受强制执行的合同条款，而是约定了以诉讼为争议解决方式的相关条款，同时该条还约定"如本条约定与其他条款约定冲突的，应以本条约定为准"；其后双方办理公证手续时由公证处在借款合同中加盖了以"借款方不履行或不适当履行给付义务愿意接受依法强制执行"等为内容的条形章，并据此在公证书中赋予强制执行效力。成都铁路运输法院认为，公证处加盖相关条形章并非签订合同时双方当事人的合意，且与合同约定的采用诉讼方式解决争议的约定亦不符，合同当事人应遵守诉讼条款中"如本条约定与其他条款约定冲突的，应以本条约定为准"的相关约定，因此驳回了银行的执行申请。

另外，在（2020）黑01执异454号案件中，黑龙江省哈尔滨市中级人民法院认为，虽然原《债务履行协议》约定争议解决的方式为强制执行公证债权文书优先并办理了相关公证手续，但后续签订的《补充协议》中仅约定了争议解决方式为诉讼而未载明强制执行公证相关内容，同时约定《补充协议》与《债务履行协议》不一致的以《补充协议》为准，且未与相关担保主体就《补充协议》签订担保合同并进行公证，由此驳回了债权人的执行申请。

2. 债权文书中同时约定诉讼条款及债务人接受强制执行的承诺

在（2019）粤01执异816号案件中，广东省广州市中级人民法院认为，在协议中约定争议解决方式为诉讼的情况下，不符合申请执行公证债权文书的受理条件；① 在该案的复议案件中，高级人民法院认为，协议中其实存在债务人承诺自愿接受强制执行和争议解决方式为诉讼两种相互矛盾的表述，虽然仅从协议看确实存在意思表示不明确的问题，但债务人后续配合办理了强制执行公证且公证书中亦载明了债务人接受强制执行的承诺，可视为债务人作出了明示的、接受强制执行的意思表示，进而撤销了原中级法院的执行裁定并发回重新审查。②

由此可见，债权文书中的诉讼或仲裁条款在一定情况下可能会影响法院对于债务人是否作出接受强制执行承诺的判断，尤其是在债权文书中仅存在诉讼或仲裁条款而无债务人明确承诺的情况下，不能一概认为配合办理赋强公证即意味着债务人放弃了诉讼权利，否则可能面临后续无法推进执行程序的风险。

（三）公证证词是否明确载明权利义务主体及给付内容

根据《公证程序规则》，公证证词是公证书应包括的主要内容之一，同时公证证词证明的文书是公证书的组成部分。在《公证债权文书执行规定》出台前，其他法律、法规及规范性文件一般要求给付内容应在经公证的债权文书中列明，而《公证债权文书执行规定》首次提出权利义务主体及给付内容应在公证书的公证证词部分载明。实践中比较常见的争议在于，在公证证词仅载明合同签订的事实或仅描述相关合同对于当事人权利义务有明确约定的情况下，能否认定为符合"公证证词明确载明权利义务主体及给付内容"这一要件。

1. 公证书中仅载明合同签订的事实

检索案例中有部分中级人民法院认为，在公证书的公证证词部分仅证明当事人签订合同的事实或当事人签约行为真实、合法，而未列明权利义务的主体及权利义务具体内容的，属于执行内容不明确，不符合受理条件。③ 与此类似的还有，某中级人民法院认为，公证书结论部分仅载明自相关合同生效之日起该公证书具有强制执行效力并可在债务人违约时申请强制执行的，亦属于给付内容不明确的情形，并驳回了执行申请。④

2. 公证证词中仅描述相关合同对于当事人权利义务有明确约定

一般情况下，被公证的债权文书中会对于当事人权利义务有较为具体、明确的约定，基于上述背景，部分公证机构出具的公证书中在公证证词部分不会再对

---

① 类似观点亦可见（2019）豫 1303 执 3758 号等。
② 类似观点亦可见（2019）皖 15 执复 30 号等。
③ 参见（2019）闽 08 执 473 号、（2019）闽 08 执 503 号、（2019）闽 08 执 590 号、（2019）浙 07 执异 8 号、（2019）皖 13 执复 54 号、（2019）川 0421 执 335 号、（2020）川 0421 执 546 号、（2020）辽 04 执 465 号等。
④ 参见（2019）吉 02 执 232 号、（2019）吉 02 执 233 号、（2019）吉 02 执 238 号、（2019）吉 02 执 293 号、（2020）吉 02 执 155 号等。

给付内容进行详细描述,而仅是较为笼统地对相关债权文书中已有约定这一情况进行简单概括。司法实践中对于此种方式是否可视为"明确载明给付义务"存在不同观点。如某高级人民法院认为,公证证词并非公证债权文书本身或独立存在的证明文件,其与债权文书等内容共同构成了据以执行的依据,因此对公证证词的解读应结合债权文书内容进行,即使公证证词未按合同内容对各项权利义务再次进行详细表述,但其载明的内容已能明确指向相关合同进而足以确定给付义务,因此不应认为属于给付不明的情况;① 部分中级人民法院亦认为,公证书中已将相关合同附置于公证词前,合同文本内容清楚且经公证已具有强制执行效力,另外执行证书中对权利义务主体、被公证债权文书、给付内容、债务履行情况等均已进行明确,不存在债务给付内容不清楚的情形。② 但是,亦有其他法院认为此种方式下债务人的给付内容未能在公证证词中得到体现,不符合受理条件。③

在前述两种情况下,实践中有当事人进一步提出,公证机构作出公证书的日期系在《公证债权文书执行规定》施行之前,当时的法律、法规及规范性文件并未明确要求在公证证词中体现给付内容,因此应依公证书作出时点的相关规范判断其效力。对此,检索案例中某初级人民法院认为,《公证债权文书执行规定》第 25 条规定,本规定自 2018 年 10 月 1 日起施行。本规定施行前最高人民法院公布的司法解释与本规定不一致的,以本规定为准。因此,即使公证书的作出时点在先,相关案件仍然应当依照《公证债权文书执行规定》进行审查;④ 但亦有部分中级人民法院认为,根据"法不溯及既往"原则,只要公证书及执行证书内容不违反作出时点有效的规范文件要求即可,不宜以嗣后施行的《公证债权文书执行规定》为由否定其效力。⑤

(四)债权人是否提交执行证书

债务人不履行或者不适当履行经公证的具有强制执行效力的债权文书的,公证机构应当对履约情况进行核实后,依照有关规定出具执行证书。司法实践中较为常见的一种不予受理或驳回执行申请的情形即是债权人未提交公证机构出具的执行证书;除此之外,根据《公证程序规则》第 61 条及第 63 条,当事人认为公证书有错误的,可以在收到公证书之日起一年内向出具该公证书的公证机构提出复查;经复查有公证书的基本内容违法或者与事实不符等情况的,公证机构应当作出撤销公证书的处理决定。实践中有公证机构在已经出具执行证书的情况下经复查后对于执行证书作出撤销处理,在该种情况下,法院一般亦会驳回债权人的

---

① (2020)川执复 228 号。
② (2019)川 06 执异 28 号、(2019)川 06 执异 29 号、(2020)川 04 执复 19 号等。
③ (2020)沪 0115 执 16256 号、(2020)沪 0115 执 18756 号、(2020)沪 0115 执 19048 号等。
④ (2020)冀 0104 执 1325 号之二等。
⑤ (2019)川 32 执复 5 号、(2019)晋 01 执复 11 号、(2019)晋 01 执复 41 号等。

执行申请。①

（五）是否存在其他不符合受理条件的情形

实践中较为典型的法院认为其他不符合受理条件的情形包括被申请执行人住所地及财产不在法院辖区、被申请执行人已死亡等。②

三、实践建议

从以上检索案例来看，司法实践中经公证的债权文书在某些情形下存在被执行法院裁定不予受理或驳回申请的风险，作为债权人有必要对于债权文书及公证机构出具的公证书、执行证书的形式及内容进行审慎核查，结合规范及实务案例不断完善相关工作，在最大程度上避免相关风险。

（一）关于债权文书

根据检索案例，被现行规范明确认可的特定类型债权文书的可赋强属性在司法实践中得到认可的概率较高，但仍有个别法院存在不同观点；对于权利义务较为复杂的非特定类型债权文书的可赋强属性，部分法院持较为保守的态度。另外，如债权文书中仅存在诉讼或仲裁条款而未明确载明债务人接受强制执行的承诺，即使经过公证，一定情况下亦存在公证效力不被法院认可的风险。

1. 在债权文书中应以具体金额或相关条件、计算公式等形式明确给付内容

从规范层面来看，对于可赋强债权文书的要求之一是"债权债务关系明确"，作为债权人应在债权文书中以明确、具体的方式描述债务方应承担债务的具体内容，在债务方未履行或未完全履行债务时能够根据事先约定的条款确定债务方的给付内容。如债务本身并非合同签署时可以确定的固定金额或需要根据违约时的情况计算具体金额的，应通过事先设置相关条件或计算公式对于给付内容进行明确，尽量避免"赔偿金额为债权人实际损失及预期可获得的收益"等笼统或概括性的表述；另外，在实践中有部分公证机构对于附条件豁免部分债务的债务重组协议是否符合"债权债务关系明确"的要求存在不同观点，建议在办理该种类型协议的赋强公证前与当地公证机构充分沟通，防范相关风险。

2. 在债权文书中应妥善安排赋强公证条款与诉讼或仲裁条款的关系

在债权文书中应避免仅约定诉讼或仲裁条款而无债务人接受强制执行承诺的情形，在公证书已作出且欠缺债务人接受强制执行承诺条款的情况下，建议及时与债务人及公证机构联系并对于相关内容进行修改或补充，同时建议将此种修改

---

① （2019）苏执复75号、（2018）京0113执恢457号、（2019）京0101执2976号之一、（2019）京0101执10796号之二等。

② （2019）内0626执777号、（2019）新0102执2110号、（2020）京0109执1214号之一、（2020）鲁0117执414号、（2021）川0105执8421号、（2021）豫0922执587号等。

或补充通过承诺书或者补充协议等方式在债权文书的附件中载明，不宜以载入公证机构询问笔录或由公证机构加盖债务人承诺章等形式代替。如有必要同时约定诉讼或仲裁条款的，建议在赋强公证条款中明确该条款优先于诉讼或仲裁条款适用，在最大程度上避免诉讼或仲裁条款阻却后续强制执行程序的风险。

（二）关于公证书

根据检索案例，如公证证词未载明具体给付内容而是简单地对于合同签订事实予以确认或仅描述相关合同对于当事人权利义务有明确约定的，司法实践中有可能被法院判定为不符合受理条件的情形；另外，对于《公证债权文书执行规定》的该项要求能否适用于其施行之前已作出的公证书的问题，司法实践中亦存在不同观点，部分法院仍按照《公证债权文书执行规定》的要求对于之前作出的公证书进行审查。

债权人应做好与公证机构的沟通工作并要求公证机构在公证证词部分参照合同具体条款对于权利义务主体及给付内容进行明确描述；同时，对于在《公证债权文书执行规定》施行之前已作出的公证书，如其中公证证词部分未明确给付内容的，为在最大程度上避免风险，建议债权人及时与公证机构联系并要求其更正证词表述或另行出具符合要求的补正公证书。

（三）关于执行证书

债务方发生违约情况时，债权人应及时申请公证机构对于债务履行情况进行核实并取得其出具的执行证书，与公证债权文书等材料一并提交至执行法院；如发生公证机构不予出具执行证书或执行证书被撤销的情形，应及时诉讼保全。同时应注意公证机构出具执行证书前还需要对于债权人履行合同义务的事实和证据进行审查，因此建议在前期妥善留存己方的履约证明材料，以便配合后续公证机构的相关工作。

四、结语

通过以上案例研究可以看出，并非所有经过公证的债权文书都能顺利进入执行程序，如果法院认为存在《公证债权文书执行规定》第 5 条规定的不符合受理条件的情形，相关申请执行案件仍会面临被法院裁定不予受理或驳回申请的风险，且司法实践中不同法院关于各项执行受理条件的理解和把握尺度可能存在差异，作为债权人有必要更为谨慎地对于债权文书以及公证机构出具的各项材料进行审查，关注执行案件受理环节可能存在的主要风险，并有针对性地完善相关工作。同时还应注意，即使公证债权文书执行案件经法院受理后进入执行阶段，后续债务人仍可能以相关案件不符合受理条件为由提出执行异议，或者以实体或公证程序方面的问题为由提起诉讼或不予执行的申请，债权人亦应做好相应准备，采取适当方式维护自身合法权益。

不予执行公证债权文书申请的审查程序可参照执行异议审查程序
——以一则借款合同纠纷执行审查案①为例

王勤原

一、基本案情

1. 2018年5月25日,山西省高级人民法院依据已经发生法律效力的北京市中信公证处(2018)京中信执字00735号执行证书作出(2018)晋执26号执行通知书。执行申请人为A财富管理有限公司(以下简称"A公司"),被执行人为B房地产开发有限公司、C房地产开发有限公司(以下简称"C公司")、D房地产开发有限责任公司、孙某、马某。

2. 在执行过程中,C公司不服(2018)晋执26号执行裁定,向山西省高级人民法院提出异议。山西高院受理后,依法组成合议庭进行审查,并于2019年1月21日举行了听证。

3. C公司诉称:(1)C公司已向实际债权人E建设开发有限公司归还1.5亿元,A公司提供的《公证债权书》确定的债权金额确有错误。(2)本案虽是以执行异议立案,但实际是申请不予执行公证债权文书。

4. A公司辩称:(1)根据《公证债权文书执行规定》第11条、② 第12

---

① (2019)最高法执复58号。
② 《公证债权文书执行规定》第11条:因民间借贷形成的公证债权文书,文书中载明的利率超过人民法院依照法律、司法解释规定应予支持的上限,对超过的利息部分不纳入执行范围;载明的利率未超过人民法院依照法律、司法解释规定应予支持的上限,被执行人主张实际超过的,可以依照本规定第二十二条第一款规定提起诉讼。

条,① 该案不符合不予执行的情形。(2) 执行裁定送达时间是 2018 年 5 月 25 日,已超过申请不予执行须在 15 日内提出书面申请的法定期间。(3) 根据上述规定第 22 条、第 24 条,② 申请不予执行应通过另行提起诉讼的方式解决。

5. 山西省高级人民法院审理认为:(1) C 公司明确表示不主张执行异议,亦未提交书面执行异议申请。(2) 根据 C 公司在听证中陈述的请求和事实理由,其并非对执行行为或执行标的提出异议,而是对本案的执行依据公证债权文书提出的不予执行申请,不符合《民事诉讼法》第 225 条③或者第 227 条④规定的执行异议案件的受理条件。(3) 执行异议审查程序与不予执行公证债权文书审查或审理程序是不同的法律程序。二者从法律依据、受理条件、审查事项、审理期限、救济途径等方面均有不同,无法在执行异议程序中解决不予执行公证债权文书之诉请。(4) 被执行人若认为公证机构具有严重违反法定公证程序的情形,可依照《公证债权文书执行规定》第 12 条的规定,申请不予执行公证债权文书。被执行人若以公证债权文书的内容与事实不符或者违反法律强制性规定等实体事由申请不予执行的,可依照《公证债权文书执行规定》第 22 条第 1 款之规定提起诉讼。综上,C 公司的申请不符合法律规定,山西高院不予支持。依据《执行异议和复

---

① 《公证债权文书执行规定》第 12 条:有下列情形之一的,被执行人可以依照民事诉讼法第二百三十八条第二款规定申请不予执行公证债权文书:(一) 被执行人未到场且未委托代理人到场办理公证的;(二) 无民事行为能力人或者限制民事行为能力人没有监护人代为办理公证的;(三) 公证员为本人、近亲属办理公证,或者办理与本人、近亲属有利害关系的公证的;(四) 公证员办理该项公证有贪污受贿、徇私舞弊行为,已经由生效刑事法律文书等确认的;(五) 其他严重违反法定公证程序的情形。被执行人以公证债权文书的内容与事实不符或者违反法律强制性规定等实体事由申请不予执行的,人民法院应当告知其依照本规定第二十二条第一款规定提起诉讼。

② 《公证债权文书执行规定》第 24 条:有下列情形之一的,债权人、利害关系人可以就公证债权文书涉及的民事权利义务争议直接向有管辖权的人民法院提起诉讼:(一) 公证债权文书载明的民事权利义务关系与事实不符;(二) 经公证的债权文书具有法律规定的无效、可撤销等情形。债权人提起诉讼,诉讼案件受理后又申请执行公证债权文书的,人民法院不予受理。进入执行程序后债权人又提起诉讼的,诉讼案件受理后,人民法院可以裁定终结公证债权文书的执行;债权人请求继续执行其未提出争议部分的,人民法院可以准许。利害关系人提起诉讼,不影响人民法院对公证债权文书的执行。利害关系人提供充分、有效的担保,请求停止相应处分措施的,人民法院可以准许;债权人提供充分、有效的担保,请求继续执行的,应当继续执行。

③ 《民事诉讼法》(2021 年修正)第 232 条:当事人、利害关系人认为执行行为违反法律规定的,可以向负责执行的人民法院提出书面异议。当事人、利害关系人提出书面异议的,人民法院应当自收到书面异议之日起十五日内审查,理由成立的,裁定撤销或者改正;理由不成立的,裁定驳回。当事人、利害关系人对裁定不服的,可以自裁定送达之日起十日内向上一级人民法院申请复议。

④ 《民事诉讼法》(2021 年修正)第 234 条:执行过程中,案外人对执行标的提出书面异议的,人民法院应当自收到书面异议之日起十五日内审查,理由成立的,裁定中止对该标的的执行;理由不成立的,裁定驳回。案外人、当事人对裁定不服,认为原判决、裁定错误的,依照审判监督程序办理;与原判决、裁定无关的,可以自裁定送达之日起十五日内向人民法院提起诉讼。

议规定》第 2 条之规定，裁定驳回 C 公司的申请（山西省高级人民法院（2019）晋执异 7 号执行裁定）。

6. C 公司不服上述裁定，向最高人民法院申请复议称：（1）山西省高级人民法院因其内部立案错误导致本案审查错误。被执行人向山西高院递交的系不予执行申请书，立案内勤称执行局系统没有不予执行的选项，便要求提交一份执行异议申请书。被执行人要求立不予执行案件，并在材料移交表中签字确认其留下的为不予执行申请书而非执行异议申请书。（2）山西省高级人民法院认定事实错误。申请执行人申请执行的本金金额为 9.5 亿元，但 E 建设开发有限公司认可其已经收到被执行人支付的 1.5 亿元，故申请执行人申请执行的本金金额存在根本错误。（3）公证程序错误。未经公证的债权文书在履行过程中，债权人申请公证机关赋予强制执行效力的，公证机关必须征求债务人意见，但本案北京市中信公证处并未征得债务人的同意且债权人未亲自到场，故该公证书的出具存在程序违法。综上，C 公司请求撤销山西高院（2019）晋执异 7 号执行裁定，并裁定不予执行山西省高级人民法院（2018）晋执 26 号执行裁定。

二、法院裁定

最高人民法院经审查认为，本案争议焦点是人民法院对当事人提出的不予执行公证债权文书申请，应当通过什么程序审查。

《公证债权文书执行规定》明确了对当事人提出的不予执行公证债权文书申请的两种不同救济程序。

第一，被执行人以公证债权文书的内容与事实不符或者违反法律强制性规定等实体事由申请不予执行的，人民法院应当告知其依照该司法解释第 22 条第 1 款规定提起诉讼。

第二，被执行人以严重违反法定公证程序为由申请不予执行的，执行法院可以直接审查，经审查认为理由成立的，裁定不予执行；理由不成立的，裁定驳回不予执行申请。公证债权文书被裁定不予执行的，当事人可以就该公证债权文书涉及的民事权利义务争议向人民法院提起诉讼；公证债权文书被裁定部分不予执行的，当事人可以就该部分争议提起诉讼。当事人不服驳回不予执行申请裁定的，可以自裁定送达之日起 10 日内向上一级人民法院申请复议。

针对本案当事人提出的不予执行申请，执行法院应当根据其不同理由作出不同程序指引。针对其提出的公证债权文书的内容与事实不符或者违反法律强制性规定等实体事由，应当告知其提起诉讼。针对其提出的程序严重违法事由，执行法院应当依法予以审查。

对于执行法院审查不予执行公证债权文书的程序,《公证债权文书执行规定》第15条作了原则性规定,即人民法院审查不予执行公证债权文书案件,案情复杂、争议较大的,应当进行听证。必要时可以向公证机构调阅公证案卷,要求公证机构作出书面说明,或者通知公证员到庭说明情况。该程序规定不同于诉讼程序,本质上属于执行审查程序,可以参照执行异议案件审查程序办理。

对此,《最高人民法院关于执行案件立案、结案若干问题的意见》第9条明确规定,"下列案件,人民法院应当按照执行异议案件予以立案:……(六)被执行人对仲裁裁决或者公证机关赋予强制执行效力的公证债权文书申请不予执行的;……"因此,如果当事人提出了程序严重违法事由并请求不予执行公证债权文书的,执行法院应当按照执行异议案件予以立案审查。

山西高院未审查及区分当事人提出的程序事由及实体事由,一概认为无法在执行异议程序中解决不予执行公证债权文书诉请,将对不予执行公证债权文书的审查程序与执行异议案件审查程序完全割裂,不完全符合现行规定精神。

综上所述,山西省高级人民法院应当参照执行异议案件审查程序,对被执行人提出的不予执行公证债权文书申请中是否有程序严重违法事由、程序严重违法事由是否成立及申请执行人的答辩事由等依法进行审查。

三、实践启示

公证债权文书有着无需经仲裁或诉讼,可直接向法院申请强制执行的特点,这赋予其节省诉讼成本,高效便捷的功能,有鉴于此,金融机构在其部分业务中会选择公证债权文书的模式,以达到提升效率,降低成本的目的。但是,当金融机构申请法院强制执行时,被申请人往往会以各种理由申请法院不予执行公证债权文书。

从《公证债权文书执行规定》可以看出,被申请人阻碍公证债权文书强制执行的理由主要有两种,一种是实体事由,即公证债权文书的内容与事实不符或者违反法律强制性规定;另一种是程序事由,即严重违反法定公证程序。对于这两种事由,法院对应不同的审查程序。第一种事由涉及当事人之间的实体权利义务,因此法律规定由诉讼的方式予以解决,被申请人可以在执行程序终结前,向执行法院提起诉讼,要求不予执行公证债权文书。第二种事由意味着当事人对各自的权利义务并未提出异议,而是对公证程序的合法有效性提出质疑,因该种事由系程序性事由,最高法院认为执行法院应当按照执行异议案件予以立案审查。但需注意的是,无论以上述哪种事由申请法院对公证债权文书不予执行的,均无法暂停执行程序,除非被申请人提供足额的担保。

特殊机会投资之道 2

从结果上来看,如通过第一种事由起诉的,当事人同时就公证债权文书涉及的民事权利义务争议提出诉讼请求的,人民法院可以在判决中一并作出裁判。如通过第二种事由申请不予执行的,如公证债权文书被裁定不予执行的,当事人可以就该公证债权文书涉及的民事权利义务争议向人民法院提起诉讼;公证债权文书被裁定部分不予执行的,当事人可以就该部分争议提起诉讼。当事人不服驳回不予执行申请裁定的,可以自裁定送达之日起 10 日内向上一级人民法院申请复议。

执行管辖规则与实践运用

周 霞

实践中，债务人在执行程序中往往会抓住任何可能的救命稻草阻却执行，其首选之一是执行管辖权异议。若债务人提出的执行管辖权异议成立，法院将撤销执行案件，债权人可能会错失执行债务人财产的良机，债权回收将受到不利影响。因此，如何认定执行管辖连结点以及如何应对被执行人提出的管辖权异议是债权人需要理解和面对的首要问题，本文将结合法律规定和司法案例梳理和研究执行管辖的一般规则、判断执行管辖连结点以及执行管辖权异议等规则及实务操作经验，以便债权人在实践中加以运用。

一、执行管辖的一般规则

《民事诉讼法》第235条根据执行依据的类型确定了执行管辖的一般性原则，民事判决、裁定，以及刑事判决、裁定中财产部分的执行，由第一审法院或者与第一审法院同级的被执行财产所在地法院管辖，其他法律文书的执行由被执行人住所地或者被执行的财产所在地法院管辖。各类执行依据的管辖法院情况如下：

表1 法律文书对应的执行管辖规则

序号	执行依据	地域管辖	级别管辖
1	民事判决、裁定	一审法院或被执行财产所在地法院	与一审法院同级别
2	法院调解书	一审法院或被执行财产所在地法院	与一审法院同级别
3	实现担保物权裁定	作出裁定法院或者与被执行财产所在地法院	与裁定法院同级别
4	支付令	作出支付令法院或者与被执行财产所在地法院	与作出支付令法院同级别

（续表）

序号	执行依据	地域管辖	级别管辖
5	公证债权文书	被执行人住所地或者被执行财产所在地的法院	参照一审级别管辖
6	国内商事仲裁裁定	被执行人住所地或者被执行财产所在地的法院	中级法院或指定基层法院管辖
7	国内商事仲裁调解书	被执行人住所地或者被执行财产所在地的法院	中级法院或指定基层法院管辖

从上述可知，民事判决、裁定由一审法院或被执行财产所在地法院负责执行，其中调解书、支付令、实现担保物权裁定等包括在民事判决、裁定范围之内，其他法律文书由被执行人住所地或者被执行财产所在地法院负责执行，主要包括公证债权文书、国内商事仲裁裁定、国内商事仲裁调解书等。

二、执行管辖法院的具体判断

从上文执行管辖的一般规则来看，执行管辖法院主要包括三类，作出执行依据的法院、被执行人所在地法院和被执行财产所在地法院。对于被执行人住所地法院和被执行财产所在地法院的判断，往往会因被执行人性质和财产种类的不同而作出不同的认定。

（一）被执行人住所地判断

被执行人住所地判定因公民、法人或者其他组织而有所不同。根据《民事诉讼法》规定，公民的住所地是指公民的户籍所在地，法人或者其他组织的住所地是指法人或者其他组织的主要办事机构所在地，法人或者其他组织的主要办事机构所在地不能确定的，法人或者其他组织的注册地或者登记地为住所地。

表2 住所地判断因素

	公民住所地	法人或其他组织住所地
第一判断因素	经常居住地	主要办事机构所在地
次位判断因素	户籍地	注册地或者登记地

《民事诉讼法》中法人住所地与公司登记规定中住所地并不完全相同。在诉讼和执行中，根据法人住所地确定地域管辖连结点时，应当首选法人的主要办事机构所在地，只有在主要办事机构所在地无法确定时，才将登记地确定为其住所，进而确定地域管辖连结点。

司法实践中，公司设立时在登记机关所作的登记具有对外公示效力，将产生公信力，善意的公众基于对登记机关就法人登记事项所作的公示而产生的信赖利益应受保护，因此，法院也会直接将法人在市场监管登记部门登记的住所作为确定民事诉讼地域管辖连结点。①

申请执行过程中，当事人对法人主要办事机构所在地通常会存在争议。法院在判断主要办事机构所在地时，可能会结合办公地址、经营地址、通信地址、决策机构地址等。②

（二）财产所在地判断

考虑到方便执行，实践中以被执行人财产所在地作为地域管辖连结点的情况相对更多，财产所在地的认定因财产性质的不同而存在差异，相比住所地认定更加复杂。

表3 财产住所地判断因素

序号	财产类型	财产所在地③
1	不动产	不动产所在地
2	动产	实际存放地
3	车辆、船舶、航空器等特定动产	登记簿记载的所在地或实际存放地、停泊地
4	存款	开户行的所在地
5	股权或股份	标的公司住所地、主要营业地、主要办事机构所在地
6	股权分红等投资收益	标的公司住所地、主要营业地、主要办事机构所在地
7	商标权、专利权等知识产权	以知识产权人的住所地、主要营业地、主要办事机构所在地
8	到期债权	被执行人住所地

1. 不动产所在地

不动产所在地主要依据不动产登记地进行确认，对于未进行登记的不动产，一般由其所在地法院管辖。

---

① （2020）最高法知民辖终291号裁定书。
② （2021）京执复53号执行裁定书。
③ 《民事诉讼法》《最高人民法院关于适用〈中华人民共和国民事诉讼法〉的解释》《北京市法院执行工作规范》《上海市高级人民法院关于选择财产所在地法院作为执行管辖法院有关问题的解答》《北京法院执行办案规范——机动车辆、船舶的执行》等规定。

2. 车辆、船舶、航空器等特定动产所在地

被执行的财产为车辆、船舶、航空器等特定动产，以登记簿记载的所在地为财产所在地，由实际存放地、停泊地法院执行更为方便的，也可以以实际存放地、停泊地为财产所在地。值得注意的是，根据《海事诉讼特别程序法》及其司法解释，对于属于海事法院及其上级法院专属管辖的船舶，若地方法院为执行生效法律文书需要扣押和拍卖该船舶的，应当委托船籍港所在地或者船舶所在地的海事法院执行。

3. 存款所在地

申请执行人申请执行被执行人在金融机构的存款的，一般以开户行的所在地为财产所在地，不以被执行人所在地法院作为管辖法院。

4. 股权、股份和分红等投资收益所在地

股权、股份和分红等投资权益，以投资权益所涉及的法人、其他组织的住所地、主要营业地、主要办事机构所在地为财产所在地。其中，若以上市公司股票作为被执行人财产的，根据《最高人民法院执行局关于法院能否以公司证券登记结算地为财产所在地获得管辖权问题的复函》（〔2010〕执监字第16号），由于股权与其发行公司具有最密切的联系，应当将股权的发行公司住所地认定为该类财产所在地。证券登记结算机构是为证券交易提供集中登记、存管与结算服务的机构，但证券登记结算机构存管的仅是股权凭证，不能将股权凭证所在地视为股权所在地，股票质押登记地也不能视为股权所在地。因此，执行上市公司股票，应当以上市公司的住所地、主要营业地、主要办事机构所在地为财产所在地。

在（2018）湘执复171号执行裁定书中，湖南高院认为，已执行的被执行人杨丽杰名下的乐视网股票因杨丽杰与方正证券之间的股票质押回购交易，而由方正证券予以托管，长沙天心区法院为方正证券营业部所在地法院，天心区法院执行由方正证券托管的乐视网股票具有方便和快速的地域优势，故方正证券营业部所在地可确定为本案被执行财产所在地，天心区法院对本案具有执行管辖权。因此，司法实践中，由托管证券公司的营业部所在地法院执行更为方便的，也可以以托管证券公司的营业部所在地为财产所在地。《上海市高级人民法院关于选择财产所在地法院作为执行管辖法院有关问题的解答》对此亦有明确规定。

5. 到期债权所在地

以被执行人对第三人享有的到期债权作为执行财产时，应当由被执行人住所地所在法院管辖。根据《最高人民法院关于人民法院执行工作若干问题的规定（试行）》（以下简称《执行工作规定》），在执行被执行人对第三人享有的到期债权过程中，被执行人并未发生改变，因此不能发生执行管辖的变化，仍应当以被执行人住所地作为管辖连结点。

三、执行管辖连结点创设

当前尚未出台统一的强制执行法，各地法院对强制执行规定的理解和适用存在一定的差异，执行实践中把握尺度存在差异。执行管辖不同于诉讼管辖，执行管辖是一种法定管辖，不能通过协议方式约定管辖法院，亦不能通过不提管辖权异议、放弃管辖异议等默认方式，使得无执行管辖权的法院获得案件执行权力。执行实践中，债权人为使得更加公正的法院或执行实践利于自身的法院管辖执行案件，往往可以通过以下方式实现将执行管辖引导至目标法院。

（一）选择管辖

《执行工作规定》规定，两个以上人民法院都有管辖权的，当事人可以向其中一个人民法院申请执行。一项债权中，可能会同时包含债务人、保证人、动产抵押、不动产抵押、质押物等因素，金融机构取得胜诉判决后，可以前述任一当事人为被执行人或任一财产为执行财产，则执行案件会有多个管辖连结点，申请执行人可以在债务人住所地法院、保证人住所地法院或担保物所在地法院之间选择一家合适的法院申请执行。在（2017）最高法执复12号、17号执行裁定书中，最高法院认为，本案被执行人之一（保证人）的住所地在四川省成都市，除保证人之外的其他被执行人的住所地均在福建省，虽然保证人是申请执行人的员工，但并不足以否定担保关系的存在，不能排除据此对保证人进行执行的可能，故应当认定四川是被执行人住所地之一，但如果参照相关司法解释关于主合同和担保合同纠纷诉讼应根据主合同确定管辖的规定，则在执行程序中以保证人的住所地作为确定地域管辖的连结点，确属不合理，同时，目前相关司法解释并未限制以保证人的住所地因素行使执行管辖权，是否应做此种限缩解释，有待今后司法解释进一步确定，故目前不能绝对排除四川高院对本案的管辖权，该院作为非主要的被执行人住所地法院管辖本案，并不违反执行程序方面的现行法律规定。

（二）事先创设管辖连结点

根据执行管辖的一般规则，由一审法院或被执行人住所地法院或被执行财产所在地法院管辖执行。因此，债权人可以通过以下两种方式事先创设管辖连结点。

（1）约定诉讼管辖法院

对于债权人放贷后将通过诉讼救济回收债权的，金融机构可以在协议中约定合适的诉讼管辖法院，取得胜诉判决后，则可直接向一审法院申请执行。相对于其他方案，约定诉讼管辖法院是事先创设执行管辖连结点的优选方案。

（2）创设财产所在地

对于债权人放贷后通过非诉程序回收债权的，例如赋强公证和实现担保物权特别程序等，被执行财产所在地可以作为管辖连结点。实践中，专业的债权人通常会要求债务人在指定银行存入一定存款，并由债权人进行封闭管理。在后续的强制执行程序中，债权人可以直接向存款银行所在地法院申请执行。一些金融机构在办理公证债权文书的项目中会使用这种方式创设执行管辖连结点。

通常而言，通过增加财产所在地方式创设管辖连结点，执行财产并不是被执行人的主要财产，实践中被执行人通常会以此提出管辖异议。主流执行实践是支持这种方式的，在（2017）最高法执复12号、17号执行裁定书中，最高法院认为，债务人在某银行成都分行营业部所开立的账户中有少量存款（分别为1797.78元、623.98元）可供执行，故不能否定四川是被执行财产所在地之一，上述账户存款与本案巨额执行标的相比，也极不成比例，从目前查明的财产情况来看，可供执行的绝大多数财产在福建省内，因此可以说，本案由福建省相关法院执行更为适当，但是，根据目前的通行理解，部分财产所在地或者部分被执行人住所地法院，可以取得执行案件全案管辖权，且目前相关司法解释未将被执行的财产所在地限定为主要财产所在地，是否应做此种限缩解释，有待今后司法解释进一步确定，故目前不能绝对排除四川高院对本案的管辖权，该院作为非主要的被执行财产所在地法院管辖本案，并不违反执行程序方面的现行法律规定。此外，北京高院在（2019）京执复243号和（2021）京执复204号等执行裁定书中、河南高院在（2016）豫执复190号执行裁定书中均支持前述创设管辖连结点的行为。

但是，执行实践中，亦有法院认为非主要执行财产所在地法院不具有管辖权。在（2018）鲁14执复191号执行裁定书中，山东省德州市中院认为，被执行人住所地在山东省禹城市，关于被执行的财产，根据本案查明的事实，被执行人持有的主要财产481.8299万股股权所在地为山东省禹城市。虽然被执行人在德州市德城区所在银行开设有账户，但是总数750余元的账户资金与涉案股权价值相比差别巨大，执行经济、迅速及时是人民法院强制执行程序的原则之一，也是相关法律和司法解释规定申请执行人可以向被执行的财产所在地人民法院申请执行的应有之意，依据本院查明的事实，综合考量上述银行帐户中的可用余额、涉案的执行标的、被执行人主要财产所在地是禹城市，本案由禹城市人民法院执行是上述执行原则的体现，综上，无论是从被执行人住所地还是被执行的财产所在地方面衡量，本案的执行均应由山东省禹城市人民法院管辖（该案原由德州市德城区法院立案执行）。

因此，实践中，执行管辖连结点创设是很多金融机构将执行案件引导至有利于自己的法院。但金融机构在实施执行管辖连接点创设行为之前，首先应当了解当地法院是否支持选择非主要被执行人执行的管辖、创设财产所在地等管辖连结点创设行为。其次，若债权人希望通过开设银行账户方式创设执行管辖连结点，应当确保账户中存有足够的资金，以免账户内金额与主要被执行财产价值严重不成比例,同时尽量保证账户的使用频率。

四、执行管辖权争议与异议

执行管辖权争议与执行管辖权异议存在差异,二者在争议主体和解决程序方面存在较大的差异。

(一)执行管辖权争议

执行管辖权争议通常发生在法院之间,根据《执行工作规定》,法院之间因执行管辖权发生争议的,由双方协商解决;协商不成的,报请双方共同的上级法院指定管辖。对于两家法院对执行案件具有执行管辖权的,且当事人向两个以上法院申请执行的,由最先立案的法院管辖。因此,执行管辖权争议是法院之间的争议,对当事人执行程序推进的影响并不大。

(二)执行管辖权异议

鉴于执行管辖权是执行案件的首要问题,那么执行管辖权异议也是执行案件的常有之事,亦是被执行人尝试撤销执行案件的重要方式之一。当事人提出执行管辖权异议,在主体、期限、受理法院等程序方面必须满足法律规定。

1. 执行管辖权异议的提出主体

根据最高人民法院《关于适用〈中华人民共和国民事诉讼法〉执行程序若干问题的解释》(以下简称《执行程序司法解释》),有权提出管辖权异议的主体是执行案件的当事人,一般是指被执行人。

但是,对于执行案件的利害关系人是否有权提出执行管辖权异议?利害关系人并不是执行案件的当事人,而是案外人,《执行程序司法解释》并未将利害关系人纳入提出执行管辖权异议主体的范围之内,但是《关于执行案件立案、结案若干问题的意见》(以下简称《执行立案、结案意见》)规定,当事人、利害关系人不服人民法院针对本意见第9条第(1)项(管辖权异议)作出的裁定,向上一级人民法院申请复议的,人民法院应当按照执行复议案件予以立案。根据《执行立案、结案意见》,利害关系人无权提出执行管辖权异议,但是有权就执行管辖权异议的裁定向上一级法院提出复议。在(2019)京执复7号执行裁定书中,北京高院认为,南京环强公司系金谷公司申请执行江滨公司、石立岩、张兴明、马宝根、薛宽宏公证债权文书一案的案外人,不具有提出管辖权异议的主体资格。

2. 执行管辖权异议的提出期限

根据《执行程序司法解释》,执行管辖权异议应当在当事人收到执行通知之日10日内提出。前述10日为法定期限,若被执行人超出前述法定期限后再提出管辖权异议，执行法院一般不会支持该异议。①

3. 执行管辖权异议的救济

通常情况下，执行管辖权异议的受理法院为受理执行案件的法院。但是指定管辖中，指定行为不属于执行行为，而是执行管理，被执行人一般不能就指定管辖行为提出异议。在（2019）最高法执复138号执行裁定书中，最高法院认为指定管辖系其行使管理职责，并非具体执行行为，被执行人对指定执行提出异议，不属于执行异议审查的范围。

若执行管辖权异议成立，法院将撤销执行案件，并告知当事人向有管辖权的法院申请执行；若执行管辖权异议不成立，法院将裁定驳回。当事人对管辖权异议裁定不服的，可以在规定期限内向上一级法院申请复议。

值得注意的是，执行管辖权异议和复议期间，法院不应停止执行。若法院以被执行人提出执行管辖权异议或复议为由停止执行，申请执行人应立即与法院沟通继续推进执行。

五、小结

执行实践中，被执行人通过管辖权异议撤销执行案件的情况并不少见。因此，债权人在申请执行之前，应当首先判断执行管辖连结点，确保受理执行案件的法院具有执行管辖权。

其次，实务中，不同执行法院对执行规则的理解可能存在差异，相较于申请执行时的被动选择管辖法院，通过事先创设执行管辖权连结点，可以创设选择执行管辖法院的更多选项，但在创设执行管辖权连结点之前，应做好尽职调查，了解目标法院执行实践情况以及对创设执行管辖权连结点的司法态度，有针对性的创设执行管辖权连结点。

最后，若被执行人提出管辖权异议，申请执行人应及时向法院作出回应，从管辖权异议的期限、主体、范围等方面提出抗辩。

---

① （2020）新执复76号执行裁定书、（2019）粤执复400号执行裁定书。

执行程序中查封财产的处置权移送与债权清偿顺序

周 霞

执行程序中,司法查封债务人财产是债权人获得清偿的重要保障,债务人同一财产被多个法院查封,存在多个顺位不同的债权人,且该财产涉及的案件先后进入执行程序,应当由哪一法院处置查封财产?各个债权对查封财产变卖或拍卖后所得价款的清偿顺序又是怎样?

一、首封法院、轮候查封法院与优先债权法院对查封财产的处置权

对于执行程序中的查封财产,由首先查封、扣押或冻结的法院进行处置并主持具体分配,是查封财产处置权归属的总体原则,例外情形下,若查封财产为非争议标的,首封法院对查封财产的处置权会被移送至轮候查封法院。

移送执行的主要法律依据为《最高人民法院关于首先查封法院与优先债权执行法院处分查封财产有关问题的批复》(以下简称《批复》)第1条以及《最高人民法院关于人民法院办理财产保全案件若干问题的规定(2020修正)》(以下简称《保全规定》)第21条,该两条规定明确了两种移送执行的情形。

(一)《批复》第1条

《批复》第1条规定,执行过程中,应当由首先查封、扣押、冻结(以下简称查封)法院负责处分查封财产,但已进入其他法院执行程序的债权对查封财产有顺位在先的担保物权、优先权(该债权以下简称优先债权),自首先查封之日起已超过60日,且首先查封法院就该查封财产尚未发布拍卖公告或者进入变卖程序的,优先债权执行法院可以要求将该查封财产移送执行。

《批复》第1条适用于轮候查封法院债权优先于首封法院债权的情形,在满足以下两个条件时,轮候查封法院有权商请首封法院移送执行:

(1)商请法院的债权为优先于首封法院的债权,且该优先债权已进入执行

程序。

适用《批复》第1条的首要条件是商请法院的债权优先于首封法院的债权，包括首封法院的债权为普通债权，商请法院的债权为优先债权，以及首封法院的债权为优先债权，但商请法院的债权为优先顺位在先的债权两种情形。其次，商请法院的优先债权应当已进入执行程序，若优先债权仅取得生效裁判文书但尚未进入执行程序，轮候查封法院不能商请移送执行。

（2）首封法院自查封之日起已超过60日，且尚未就查封财产发布拍卖公告或进入变卖程序。

60日期限的计算起始日为财产查封之日，该查封既包括诉讼保全程序中的查封，也包括执行程序中的查封。① 即无论首封法院是否已进入执行程序，只要自首封法院查封之日起已超过60日仍未就查封财产发布拍卖公告或进入变卖程序，轮候查封法院则有权商请首封法院移送执行。

（二）《保全规定》第21条

《保全规定》第21条规定，保全法院在首先采取查封、扣押、冻结措施后超过一年未对被保全财产进行处分的，除被保全财产系争议标的外，在先轮候查封、扣押、冻结的执行法院可以商请保全法院将被保全财产移送执行。但司法解释另有特别规定的，适用其规定。

《保全规定》第21条适用于首封法院为保全法院尚未进入执行程序的情形，在满足以下2个条件时，轮候查封法院有权商请首封法院移送执行：

（1）首封法院尚未进入执行程序，且在先轮候查封法院已进入执行程序

《保全规定》第21条适用于首封法院为保全法院的情形，意味着移送执行以首封法院的债权尚未进入执行程序为前提。

值得注意的是，该前提条件外含两种情形，一是《保全规定》第21条不区分首封法院和轮候查封法院债权之间的优先受偿顺序，但若轮候查封法院债权优先于首封法院债权，一般适用《批复》第1条；二是若有多家轮候查封法院商请移送执行，首封法院应当向查封顺位在先的轮候查封法院移送。

（2）首封法院自采取查封措施后超过1年未对查封财产进行处分

1年期限的计算起始日为查封之日，该查封是指保全程序中的查封。

法院对查封财产的处置权小结如下图：

---

① 最高人民法院执行局负责人就《关于首先查封法院与优先债权执行法院处分查封财产有关问题的批复》答记者问，http://www.gov.cn/xinwen/2016-04/13/content_5063537.htm，2022年8月10日最后访问。

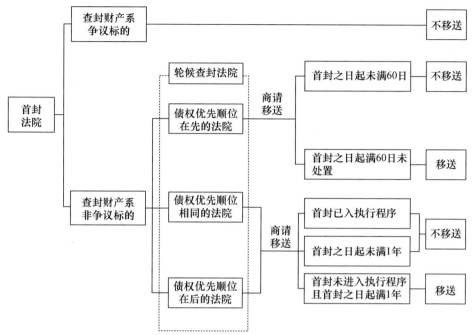

图 1 首封法院、轮候查封法院与优先债权法院对查封财产的处置

二、执行程序中的首封法院、轮候查封法院债权的清偿顺序

取得查封财产处置权的法院有权处置查封财产并主持分配，但其债权并不一定因此优先受偿。无论哪家法院取得查封财产处置权，执行中的清偿原则是优先债权优先于普通债权清偿款，受偿顺位在前的优先债权优先于受偿顺位在后的优先债权获得清偿款，但债权受偿顺位相同债权的清偿顺序，则需要视情况而定。①

（一）首封法院和轮候查封法院均为普通债权法院时，查封财产的处置款如何在两者之间进行清偿

在被执行人财产足以清偿全部债权的情况下，根据《执行工作规定》第55条，申请执行人按照执行法院采取执行措施的先后顺序受偿，首封普通债权应当优先受偿，剩余部分由在先轮候查封普通债权受偿，在先轮候查封普通债权受偿后仍有剩余的，由在后轮候查封普通债权继续受偿。对于首封债权受偿后的剩余款项，首封法院应当向该剩余款项处置前已知的轮候查封法院告知相关处置情况，

---

① 一份生效法律文书确定金钱给付内容的多个债权人对同一被执行人申请执行，执行的财产不足清偿全部债务的，各债权人对执行标的物均无担保物权的，按照各债权比例受偿。

并将剩余处置款移交给轮候查封法院，轮候查封法院案件尚在诉讼程序中的，应由首封处置法院予以留存。①

在被执行人财产不足以清偿全部债权的情况下，需要区分被执行人的性质。若被执行人为企业法人，被执行人通过执转破进入破产程序的②，则按照破产法相关规定清偿，通常是按照一定比例同等受偿，首封普通债权无权就查封财产的处置款项优先获得清偿。若被执行人未能进入破产程序，在扣除执行费用及清偿优先受偿的债权后，普通债权按照财产保全和执行中查封、扣押、冻结财产的先后顺序清偿，首封普通债权应就查封财产的处置款项优先获得清偿。若被执行人为公民或其他组织（非企业法人）的，轮候查封普通债权人在满足申请参与分配条件的③，可以参与分配。参与执行分配中，执行所得价款扣除执行费用，并清偿优先债权后，普通债权原则上按照其占全部申请参与分配债权数额的比例受偿。因此，首封普通债权有权就查封财产的处置款项优先获得清偿，首封普通债权和轮候查封普通债权之间按照数额比例受偿。

（二）首封法院移送执行至轮候查封法院之后，如何保障首封债权的清偿

首封法院将查封财产移送至轮候查封法院处置后，轮候查封法院应当将处置款按照前述清偿顺序在首封债权和轮候查封债权之间进行分配。若首封债权尚未取得判决文书，轮候查封法院一般会按照清偿顺序为首封债权预留相应的份额。

首封法院根据《批复》第1条规定向轮候查封的优先债权法院移送执行的，若首封债权尚未经生效法律文书确认，轮候查封法院应当按照首封债权的清偿顺位，预留相应份额。

首封法院根据《保全规定》第21条规定向轮候查封法院移送执行的，若首封债权尚未经生效法律文书确认，最高法院层面并未要求轮候法院为首封债权预留份额，但按照法定清偿顺序为首封债权预留份额符合执行程序中的清偿顺序原则和法理基础。司法实践中，若轮候查封法院不为首封债权预留份额，首封法院可能不会配合移送执行。部分地方法院已明确规定轮候查封法院应当按照首封债权的清偿顺位预留相应份额。福建高院在《关于首先查封与轮候查封均为普通债权

---

① 《最高人民法院关于正确处理轮候查封效力相关问题的通知》（法〔2022〕107号）。

② 执转破应当满足以下三个条件：（1）被执行人为企业法人；（2）被执行人或者有关被执行人的任何一个执行案件的申请执行人书面同意将执行案件移送破产审查；（3）被执行人不能清偿到期债务，并且资产不足以清偿全部债务或者明显缺乏清偿能力。参见《最高人民法院关于执行案件移送破产审查若干问题的指导意见》第2条。

③ 申请参与分配应当满足以下条件：（1）被执行人为公民或其他组织；（2）被执行人财产不足以清偿全部债权；（3）申请参与分配的债权应已取得执行依据；（4）申请参与分配应在执行程序开始后，执行终结前提出。但对人民法院查封、扣押、冻结的财产有优先权、担保物权的债权人，可以直接申请参与分配，主张优先受偿权。参见《民诉法司法解释》第506条。

的法院之间协调移送处置权处理意见》（闽高法〔2018〕167号）第8条规定，首先查封为财产保全尚未进入执行程序的案件，已进入执行程序的在先轮候查封法院有权商请首封法院移送处置权，除被保全财产系争议标的外，审判部门原则上应当同意进行处置，移送处置的财产变价后，首封债权数额尚未经生效法律文书确认的，应当按照首先查封债权的清偿顺位，依法预留相应份额。

执行程序中的首封债权和轮候查封债权的清偿顺序小结如下图：

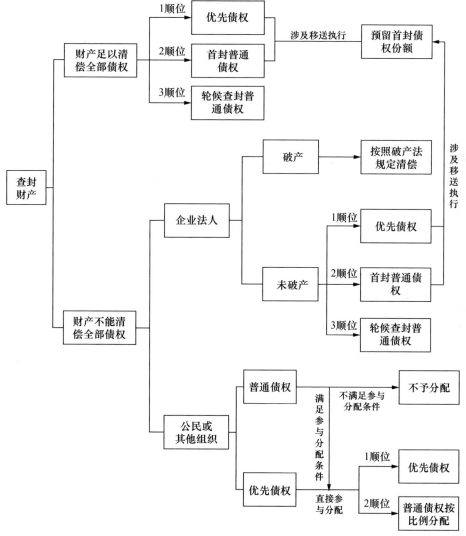

图2　查封债权的清偿顺序图

三、实务建议

执行程序中，法律和司法实践往往倾向于保护优先债权人和行动迅速的债权人，通过诉讼主张债权的债权人（包括普通债权人和优先债权人）应当注意把握以下原则：

一是查封从速。首封债权人往往可以取得处置查封财产的主动权，在满足相关条件后，首封债权的清偿顺序亦可以优先，债权人无法申请首封的，亦应当快速申请轮候查封。

二是处置从速。首封债权人在取得生效判决文书后，应尽快申请执行，并尽快处置查封财产，避免其他轮候查封法院要求移送执行。首封债权人面对轮候查封法院的移送商请时，应当充分调查轮候查封法院是否满足商请移送的要求，及时抗辩，如首封法院移送执行，首封债权人应积极主张其首封债权的清偿顺序或者要求轮候查封法院预留相应份额。

三是轮候查封债权商请移送从速。轮候查封债权人一旦发现首封法院超过相关期限仍未处置查封财产，应立即申请移送执行，避免其他在先轮候查封法院或优先债权法院取得查封财产处置权。

四是普通债权人利用执转破程序受偿。执行程序中的轮候查封普通债权人在债务人（企业法人）清偿在先债权后可能无法获得清偿，该类普通债权人可以利用执转破程序，在破产程序中获得清偿。

行为保全适用分析

程明皓

在实践中，面对相对人的侵权或违约行为，行为保全可紧急避免侵害行为的发生，或责令行使相应措施停止侵害。司法工具的适用取决于申请门槛和使用效果两大方面，也即平衡"能不能用"和"好不好用"。行为保全涉及的领域较为广泛，本文结合新法新规，从金融机构债权人视角围绕上述两个主要问题对行为保全进行分析。

一、行为保全的应用场景及意义

金融机构在项目管理中常遇到相对人不当处置资产、规避项目监管或其他侵害金融机构利益的行为，实践中面临以下场景：

情景一：A 银行向债务人 B 贷款，后发现债务人 B 有无偿转移自身财产的行为。

情景二：A 机构向公司 B 进行投资，约定证章照监管，但发现公司 B 相关人员私刻公章，并以此签订协议、签发公司文件等。

情景三：A 机构为公司 B 股东，但难以参与公司事项，且难以获得公司知情权。A 机构知晓公司 B 召开的股东会程序瑕疵可撤销，执行该决议损害自身利益，甚至可能公司 B 拟进行工商注销。

上述事项属于侵害债权人或股东利益的行为，虽相应有债权人撤销权、私刻公章罪和确认公司决议效力等请求权或法律救济途径，但相关侵害事项往往事发突然且损害不可逆，如果仅依据审判程序解决诉请，则存在判决生效后客观恢复不能、无法对抗善意相对人的问题。

在我国实行两级审判制度的司法体系下，诉讼过程往往耗时较长，对迫在眉睫的侵害事项如果未及时干预，造成的损害可能难以通过司法裁判填平。

此时可运用行为保全这一争讼快速反应机制，即在诉讼前或进入诉讼后，通过法院干预，责令当事人一方作出一定行为或者禁止作出一定行为，确保当事人在诉讼过程中的权益不受进一步侵害，能在诉讼或判决发生法律效力前给当事人救济，可较为有效地解决侵害与生效裁判时间错配的问题。正如在最高人民法院2022年工作报告中提出，要适用行为保全，"不让权利人赢了官司输了市场"。

二、行为保全适用

（一）什么是行为保全

1. 让被申请人作出或禁止作出一定行为

行为保全包括责令被申请人作出一定行为。例如公司纠纷中，要求失权原控制人交出公司公章、营业执照，买卖合同纠纷中，强制被申请人立即交付货物或资料[①]；相邻纠纷案件中，强制被申请人立即拆除危险建筑。

行为保全还包括禁止申请人作出一定行为。例如金钱之债纠纷中，禁止支付保函、禁止减损财产价值；公司纠纷中，禁止股东行使权利、禁止实施股东决议、禁止公司工商注销；侵害知识产权纠纷、侵害人格权纠纷中，责令停止实施侵权行为。

2. 诉前与诉中行为保全

提起诉讼后，依申请或法院依职权进行的保全为诉讼行为保全。

若因情况紧急，不立即申请保全措施将会导致利害关系人的合法权益遭受难以弥补的损害，则可以适用诉前保全，即在向法院提起诉讼或法院受理诉讼前，可向法院申请实施行为保全。与诉讼保全相比，诉前保全更强调损害的不可弥补性和紧迫性，避免仅通过终局裁判无法获得完全救济。

对紧急情况下的诉讼行为保全，保全法院应在48小时内作出裁定。诉前行为保全默认为是在紧急情况下提起的，适用48小时的时限。行为保全裁定后立即执行。

（二）行为保全适用领域：从特殊扩展到一般

行为保全适用最初运用在海事和知识产权诉讼领域[②]。行为保全在知识产权领域，已成为一种成熟的司法手段，这也与知产侵权侵害具有持续性、损失难以弥补且禁止要求可操作性强有直接关系。

[①] 参见（2021）粤72行保7号裁定书。
[②] 我国2000年7月起在《海事诉讼特别程序法》中引入海事强制令，2001年起在知识产权相关法律中引入临时措施。

在上述运用基础上，行为保全逐渐在民商事领域探索扩展。① 2024年3月1日，最高院颁布《最高人民法院关于规范和加强办理诉前保全案件工作的意见》（以下简称《诉前保全工作意见》），其中对适用相对复杂的诉前行为保全进行了明确规定。

从司法规定来看，金融机构主要涉及的民商事领域在行为保全方面刚结束探索阶段，尚未形成广泛成熟的运用。但近期颁布的《诉前保全工作意见》体现出法院对行为保全的积极态度。过去由于商事领域的行为保全不存在系统性规定，法院在审查行为保全时难免采取较为保守、谨慎的态度。随着《诉前保全工作意见》的出台，诉前行为保全有据可依，也间接有利于诉讼行为保全的参照适用，行为保全在民商事领域可预见会逐渐崭露锋芒。

（三）金融机构对行为保全主要适用领域

金融机构主要涉及的诉争为民商事案件。根据最高院总结②和实务经验，一般民商事案件中常见的行为保全情形，可主要归纳为以下几种：

1. 金钱债务纠纷：禁止债务人为恶意逃债实施的转让财产、转让权利。

2. 股东争议、企业经营纠纷：扣押、查封公章、营业执照（前述行为实际属于对企业经营行为进行监管的行为保全请求），强制公司召开或禁止召开股东会，禁止实施股东决定，禁止变更法定代表人，禁止注销公司工商登记。

3. 其他。比如租赁合同纠纷：强制出租人立即交付关键设备；强制承租人立即停止损害建筑物行为或立即退出建筑物；又比如特定物、特殊物买卖纠纷：对特定物、特殊物（如饲养物、种植物）实施监管。

4. 仲裁程序：基于前面提到的某些原因而需要法院采取行为保全。

三、行为保全的效果

（一）行为保全的执行

对于紧急情况下行为保全，法院应在48小时内作出裁定，并立即进入执行。对非紧急情况下的行为保全，法律并未做出具体时限要求，人民法院应根据案件具体情况及时作出裁定。

诉前行为保全是在紧急情况下提起的，法律规定法院接受申请后，必须在48小时内作出裁定，裁定采取保全措施的，应当立即进入执行。

---

① 2012年修正的《民事诉讼法》增设行为保全制度，将行为保全与财产保全纳入同一条款，一并规定其条件。2015年施行的《民事诉讼法司法解释（2015）》对增设担保措施、完善担保规定等方面做出细化，但仍存在规定体系混乱与实施规范存在空白等问题。

② 参见最高人民法院研究室、最高人民法院民事诉讼法修改研究小组办公室编著：《〈中华人民共和国民事诉讼法〉修改条文适用解答》，人民法院出版社2012年。

法院裁定行为保全后，由法院哪个部门进行执行尚未明确，不过《诉前保全工作意见》明确，法院应有序衔接诉前保全的立案、执行部门工作，确保采取诉前保全措施后立即开始执行。保全主要以罚款、拘留和追究刑事责任等方式，实现间接执行。

根据《民事诉讼法》第114条，拒不执行行为保全的被申请人，或单位的主要负责人或者直接责任人员可能被予以罚款、拘留，构成犯罪的，依法追究刑事责任。如不遵守行为保全的，每日处以100万元罚款。①

（二）实践注意要点

行为保全目前规定为间接执行，法院一般将保全裁定送达被执行人后，后续没有针对被执行人行为本身的动作。为了加强行为保全的执行效果，建议申请人与法院进行沟通，通过法院向相关人员与单位发送协助执行文件，并尝试通过其他可能的措施，保障行为保全执行及时有效。如发现公司不当变更工商登记行为，可以尝试沟通法院，争取向工商登记部门发送协执，避免相关变动产生不可逆的后果。涉及物权问题时，争取法院向不动产所属区域的自然资源确权登记事务中心送达协助执行通知书，停止侵权的持续进行。

四、行为保全的实践

（一）行为保全的启动

诉中行为保全在诉讼过程中向审理法院提起。

利害关系人因情况紧急，不立即申请保全将会使其合法权益受到难以弥补的损害的，可以提起诉前行为保全。"情况紧急"是根据申请人权益受到侵害的紧迫性、对未来生效判决影响的紧迫性等因素具体判断。《诉前保全工作意见》明确了何为情况紧急：

（1）申请人的人身权益正在或者即将面临被非法侵害的危险；
（2）申请人的财产权益正在或者即将面临被非法侵害的危险；
（3）被申请人的行为会导致侵权行为难以控制且可能增加申请人损害；
（4）申请人的权益正在或者即将造成难以弥补的损害的其他情形。

诉讼行为保全实践中参照上述标准进行审查，并不要求一定证明胜诉可能性。

（二）行为保全的管辖

1. 诉前保全

诉前行为保全可向被保全财产（证据）所在地、被申请人住所地或者对案件有管辖权的人民法院提起。

---

① 参见（2019）最高法知民终732、733、734号之二判决书。

2. 诉讼保全

诉讼行为保全必须是在法院受理案件后启动申请毋庸置疑，管辖已经确定并在审理过程中，因此诉讼行为保全应由受理本案的人民法院管辖。另外可能需要明确的是，根据《民诉法司法解释》第161条，一审判决后，在上诉期内若发生转移财产等紧急情况，由一审法院依申请或依职权采取保全，并及时报送二审法院。判决生效后进入执行前，债权人因对方当事人转移财产等紧急情况的，可以向执行法院申请。

（三）是否需要提供担保

根据《民诉法司法解释》第152条，申请诉前行为保全的应当提供担保，担保数额由法院根据案件的具体情况而定。行为保全不同于财产保全，非以财产标的额确定保全数额。

《诉前保全工作意见》补充：存在（1）因婚姻家庭纠纷申请诉前行为保全，（2）因人格权正在或者即将受到侵害申请行为保全或（3）其他事由的，法院可酌情确定担保数额。

诉讼中保全的，是否需要担保以及担保数额，由法院根据案件的具体情况决定。

（四）保全的范围

行为保全中保全范围可以涵盖本案诉讼请求，或者将来提起的诉讼请求，或者仲裁请求所提出的行为范围。例如在股权转让纠纷时提出保全请求，禁止被告处分股权。

（五）保全的有效期限

根据《民事诉讼法》第104条，诉前保全若不在采取保全措施后30日内依法提起诉讼或者申请仲裁，法院应当解除保全。

（六）保全的适用条件

《诉前保全工作意见》在《知识产权行为保全规定》基础上规定了法院审查诉前行为保全综合考虑的因素，诉讼行为保全也参照适用：

1. 申请人的请求是否具有事实基础和法律依据；
2. 不采取诉前行为保全措施是否会使申请人的合法权益受到难以弥补的损害；
3. 不采取诉前行为保全措施对申请人造成的损害是否超过采取行为保全措施对被申请人造成的损害；
4. 采取诉前行为保全措施对国家利益、社会公共利益可能产生的影响；
5. 其他应当考量的因素。

（七）保全的举证责任与证明标准

申请人对其申请符合法律规定的条件负有提供初步证据的证明责任，证明标准以达到优势盖然性为原则,也即证明主张事实存在的可能性大于不存在的可能性。不过法院会平衡胜诉可能性和采取保全措施对被申请人造成的损失等调整证明标准。

(八)行为保全、财产保全与证据保全的选择

民事诉讼上严格意义上的保全包括财产保全和行为保全,宽泛意义上还可包括证据保全。根据现行规定,申请人可同时申请财产保全、行为保全与证据保全。

财产保全执行方式更明确,且执行本身产生法律效果。因此在抵押物私售等可采用财产保全的场景时,可考虑优先通过财产保全实现止损的诉请。

在执行效果上,证据保全可通过查封和扣押、复制、鉴定、录音录像和拍照等方式固定证据,执行人员也可动用技术手段调取证据,执行效果当场可得。

债权人应根据具体情形选择适当的保全措施。

五、行为保全的救济

民事诉讼法规定了提供担保、申请复议和赔偿损失等三个方面救济路径。关于保全担保不再赘述,以下对其余两个救济方式进行说明。

1. 申请复议

根据《民事诉讼法》,当事人对保全的裁定不服的,可以自收到裁定书之日起五日内申请复议一次,复议期间不停止裁定的执行。行为保全裁定属于"立即执行"类裁定,不可上诉。

2. 损害赔偿

若行为保全申请有主观恶意应赔偿,被申请人也可提出损害赔偿要求。根据《民事诉讼法》第108条,保全申请有错误的,申请人应当赔偿被申请人因保全所遭受的损失。因保全错误导致的损害赔偿责任纠纷属于侵权责任纠纷,因此法院按照侵权成立责任要件判断请求是否成立,具体为以下四个方面:

(1)申请人申请保全;
(2)申请人的保全申请有错误;
(3)被申请人遭受实际损失;
(4)申请保全行为与损失之间具有因果关系。

对第(2)点来说,不以申请人败诉或者部分败诉认定为保全错误。最高院认为,不能从字面理解申请人败诉或部分败诉为"申请有错误",应综合考虑申请人对事实的认识水平、对法律知识的掌握程度以及对诉讼结果的判断能力,来判断当事人是否存在主观过错。一般经过法院裁判,若申请人明知自身不存在相关请

求权，但仍提起保全的，属于主观恶意①，符合"申请有错误"的要件。

　　随着市场的发展，金融机构在经营活动中面临的风险增加。行为保全适用规则愈加明晰，可与各种诉讼相配合，通过司法强制力及时叫停相对人的侵害行为。行为保全在新规下适用明晰，但细分领域的适用案例较少，部分法院可能尚未熟练运用这一保全手段，需要金融机构"起早赶集"，结合具体案件需求与法院沟通申请。

---

① 参见（2021）鲁 0681 民初 3547 号判决书。

不良资产处置之第三方债权保全与执行

周 霞

诉讼执行程序中，发现债务人存在对第三方债权，债权人如何从第三方债权中获得回款？债权人可以提起代位权诉讼，但诉讼程序时间较长，债务人可能转移第三方债权。为避免债权人希望落空，有何法律工具可以帮助债权人从第三方债权中快速回款。根据规定，债务人对第三人享有的债权属于法院可以保全和执行的财产，因此第三方债权保全和执行制度可以作为债权人快速实现目的的优选方案之一，并已逐渐为金融机构债权人所关注，成为实现债权回收的有益补充。

一、债权保全与执行制度的适用场景及优势

债权保全与执行是指债权人在执行程序中向法院申请保全和执行债务人对第三方享有的债权，经15日异议期后，如次债务人既无异议也不履行清偿义务，法院可以裁定强制执行次债务人。

债权保全与执行的适用场景一般包括三种，一是债权人对债务人的债权拟提起诉讼或诉讼过程中，债权人可以申请法院对第三方债权进行诉前保全或诉讼保全，待后续进入执行程序后，申请执行第三方债权；二是债权人已取得生效法律文书即将进入执行程序的阶段，发现债务人对第三方享有债权，债权人可以在进入执行过程后申请保全和执行第三方债权；三是债权人已经进入执行程序，发现债务人对第三方享有债权，债权人可以直接申请保全和执行第三方债权。值得注意的是，法院对债权执行适用设置了前提，被执行人有银行存款或者其他能够执行且方便执行的财产，法院原则上会优先执行该类财产，如其他方便执行的财产执行完毕或者无法执行，法院才会受理执行第三方债权。

债权保全与执行制度的优势是相对于代位权诉讼制度而言的，主要优势体现如下：

一是时间成本低。经债权人申请，执行法院向次债务人送达债权保全和履行到期债务通知，经 15 日异议期后，如果次债务人未提出异议，也不履行清偿义务，法院可以直接裁定强制执行次债务人。也就是说，债权保全和执行不需要以债务人与次债务人取得生效判决为前提，债权人只需要等待 15 日，即可进入对次债务人的执行程序。代位权诉讼程序下，债权债务关系需要经法院审理判决后才能对次债务人进行强制执行，程序时间具有不确定性。

二是经济成本低。执行程序中，执行法院已经按照标的收取执行费用，对债权保全与执行不需要另行额外收取费用，但代位权诉讼中，诉讼法院需要另外收取诉讼费，取得生效判决后，执行法院还需就债权执行收取的执行费用。

三是程序简单。债权保全与执行的程序操作简单，不需要经过法院审理、质证和判决等流程，执行法院可以根据债权人的申请与证明材料，直接裁定保全并要求次债务人限期履行，如 15 日内次债务人无异议且不履行，执行法院可以直接裁定执行次债务人。

二、债权保全和执行的适用范围

根据《民事诉讼法》相关规定，法院可以保全和执行债务人对第三人享有的债权（以下简称第三方债权）。可保全的第三方债权包括到期债权、未到期债权、经生效判决确认的债权、未经生效判决确认的债权或者金额存在争议的债权，可执行的第三方债权则不包括未到期债权和存在争议部分的金额。

（一）争议焦点一：未到期债权的保全和执行。

诉讼程序中，《民诉法司法解释》第 159 条规定法院有权依债权人申请保全债务人已到期债权，未明确规定未到期债权的保全。《最高人民法院关于依法制裁规避执行行为的若干意见》（法〔2011〕195 号）（以下简称《依法制裁规避执行行为的意见》）和《最高人民法院关于认真贯彻实施民事诉讼法及相关司法解释有关规定的通知》（法〔2017〕369 号）规定，对被执行人的未到期债权，执行法院可以依法冻结，待债权到期后参照到期债权予以执行，债务未到期不影响对该债权的保全。最高法院的该两份文件主要针对执行程序，但不影响法院在诉讼程序中对未到期债权采取保全措施。在（2015）执复字第 36 号裁定书中，最高法院认为，对到期债权保全的效果仅是要求他人不得向债务人作出清偿行为，并不涉及对债权债务关系的实体认定，也不会对他人财产权利等造成限制，因此，即便债权未到期，或者他人对债权数额存有争议，也不影响人民法院对相关债权依法采取保全措施。在（2023）新 02 执复 9 号裁定书中，新疆维吾尔自治区克拉玛依市中级人民法院认为债务人对次债务人享有债权时，不论该债权是否已经到期，债权人均可申请人民法院依法予以保全，次债务人未经人民法院的允许，不得擅自向债务人履行。

值得注意的是,《最高人民法院新民事诉讼法司法解释理解与适用》① 一书认为,法院在采取保全措施时只能保全已到期的他人的部分债权,对未到期债权原则上不得保全。这一观点与现行的一些规定和司法案例存在矛盾,值得债权人特别注意。

另外,个别法院规定不能保全和执行一些特定类型的债权,例如山东高院规定不能保全和执行尚未最终结算的建设工程进度款。

对于未到期的债权,法院不能强制执行,只能在执行程序中予以冻结,待债权到期后,法院可以直接执行。

(二) 争议焦点二:经生效判决确认债权和未经生效判决确认债权的保全与执行。

目前法律没有规定法院保全和执行的第三方债权必须是经过生效判决书确认,《民诉法司法解释》第 499 条规定,对生效法律文书确定的到期债权,第三人予以否认的,人民法院不予支持。从该规定来看,法律实际上是允许非经生效法律文书确定债权的保全与执行。

(三) 争议焦点三:金额存在争议债权的保全与执行。

从前述(2015)执复字第 36 号案例来看,最高法院认为债权数额的争议不影响法院对相关债权采取保全措施。另外根据《执行工作规定》第三人对债务部分承认、部分有异议的,可以对其承认的部分强制执行。

三、债权保全和执行的操作流程

债权保全和执行的程序主要如下:

对于未到期债权,法院只能裁定对未到期债权进行保全冻结,不能直接强制执行,第三方仅以该债务未到期为由提出异议不影响法院对该债权的保全。法院一旦裁定冻结第三方未到期债权,债务人不得收取债权以及对该债权进行处分,次债务人也不得向债务人进行清偿。待债权到期后,执行法院可以参照到期债权予以执行。

对于到期债权,法院应作出冻结裁定,并向次债务人发出履行到期债务通知,且该通知必须直接送达次债务人。对于到期且经生效法律文书确认的债权,执行法院一般书面通知被执行人在限期内向有管辖权的法院申请执行其对次债务人享

---

① 最高人民法院民法典贯彻实施工作领导小组办公室编著:《最高人民法院新民事诉讼法司法解释理解与适用》,人民法院出版社 2022 年版。

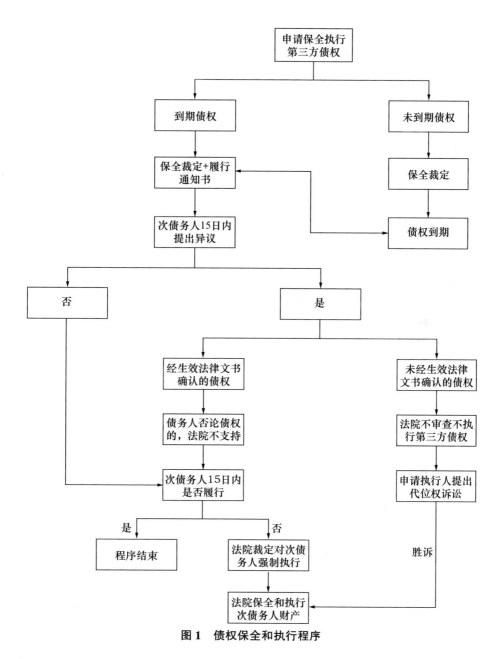

图 1 债权保全和执行程序

有的债权,限期届满后被执行人仍怠于申请执行的,执行法院可以执行该第三方债权。

对于已经进入执行程序的第三方债权,债权人的执行法院可以请求第三方债权的执行法院协助扣留相应的执行款物。例如,山东高院明确规定,到期债权执行法院可以依申请执行人申请发出冻结裁定和协助执行通知书,请求生效法律文书执行法院协助扣留相应的执行案款。北京和天津地区法院在实践中也采取类型执行方式。

通常而言,法院对第三方债权的保全和执行应作出冻结裁定,并发出履行到期债务通知,一般不能仅以协助执行通知代替冻结裁定和履行到期债务通知。(2015)执复字第36号案例中,最高人民法院认为,福建高院在对案涉债权实施保全措施时,未依法作出裁定,而是向国开行福建分行直接发出协助执行通知,冻结其应支付给蓝海公司的购房款,程序上确有不当。另外,部分法院(如江西高院)明确规定,考虑到冻结债权的裁定涉及对当事人之外的第三人设定义务,非概括性财产冻结裁定效力能所及,因此法院应当作出针对到期债权的特定裁定,不得以概括性冻结财产裁定代替。

法院在裁定保全债权的同时,会向次债务人发出履行通知书,要求次债务人在15日向申请执行人履行债务,如有异议,应在15日内向法院提出。实践中,大部分次债务人会在此阶段提出异议,一旦债务人提出异议,对于未经法律文书确认的债权,法院一般不再继续执行第三方债权的程序,申请执行人一般只能通过代位权诉讼的方式向第三方主张权利。

在15日的异议期内,次债务人的角色最多是协助执行人,法院对第三方债权的保全和执行实质是针对债权债务关系,法院不能保全和执行次债务人的财产,也不能直接将次债务人追加为被执行人。法院作出保全裁定的法律后果是,次债务人不得向债务人清偿,不得放弃或者延缓债权,也不能处分债权。如果次债务人擅自向债务人履行的,法院可以向债务人追回;如果无法追回的,次债务人应在已履行财产的范围内与债务人承担连带清偿责任,且法院有权追究次债务人妨害执行的责任。

如果次债务人在收到履行通知后的15日内既不提出异议也不履行债务,法院可以进入第三阶段即强制执行阶段。此时,法院将作出执行裁定书,可以强制执行次债务人的其他财产,次债务人的角色转换为被执行人,法院不仅可以强制执行债权本身,也可以在债权金额的范围内强制执行次债务人的其他财产。

四、债权保全与执行的现实障碍

债权保全与执行制度并非适用于所有场景,适用过程中也会遇到现实障碍,其中最大的障碍在于,对于未经生效法律文书确认的债权,次债务人只要在15日异议期内提出异议,执行法院应停止执行。

(一)次债务人在法定期限内提出异议

如前所述执行程序中,次债务人对法院执行债权有异议的,应当在收到履行通知后的 15 日内向执行法院提出，如果次债务人在收到履行通知后的 15 日内既不提出异议也不履行债务，法院可以裁定对次债务人进行强制执行。

一是对于未经生效法律文书确认的债权，次债务人依法提出异议，法院对该异议不予审查，也不予执行。法院不审查不执行的原因在于：法院执行被执行人对第三人的到期债权涉及被执行人与第三人之间的实体法律关系，在未经审判程序等法定程序确定相关实体权利义务关系的情况下，执行程序对第三人直接执行需要严格的前提条件，其核心是第三人认可到期债权。

二是对于经生效法律文书确认的到期债权，被执行人与第三人之间的实体争议已经法律程序予以确定，就不再适用前述"不审查不执行"规则。如果次债务人否认债权，执行法院将不予支持，将继续执行。如果次债务人提出已经部分履行或履行完毕，执行法院仍可能会适用不审查不执行原则，如在（2020）最高法执监 52 号裁定书，最高法院认为，申诉人并未否认生效判决确定的债权，但提出该债权已经履行完毕等方面的异议主张债权已经消灭，法院应当不审查，亦不得强制执行。但是，在（2019）最高法执监 330 号裁定书中，最高法院观点相反，次债务人对生效法律文书确定的到期债权提出异议，主张该到期债权已经部分抵消，执行法院对该异议进行审查后确定不支持次债务人的异议，最高法院支持了执行法院的执行行为。根据《执行异议和复议规定》第 7 条规定，被执行人以债权消灭、丧失强制执行效力等执行依据生效之后的实体事由提出排除执行异议的，人民法院应当参照民事诉讼法第 225 条①（执行异议）规定进行审查，本人倾向认为法院应当就次债务人提出的异议进行审查。

（二）次债务人超出法定期限提出异议

次债务人在收到履行到期债务通知书后未在法定期限内提出异议，并不发生承认债务存在的实体法效力，如法院强制执行开始后，次债务人仍可以提出异议，但此时次债务人提出的异议不同于 15 日法定期限内的异议，法院不能适用"不审查不执行"规则，法院应当按照执行行为异议程序进行审查，如果法院驳回次债务人异议，次债务人不能提起执行异议之诉，只能通过执行复议等执行监督程序进行救济。②

此外，利害关系人也可以对第三方债权的保全和执行提出异议，该异议是按照案外人执行异议程序处理，法院应当对案外人异议进行审查，本文不再详述。

---

① 《民事诉讼法》（2023）第 236 条。
② 《最高人民法院执行工作办公室关于第三人收到履行到期债务通知书后未在法定期限内提出异议并不发生承认债务存在的实体法效力问题的复函》（〔2005〕执他字第 19 号）。

(三) 次债务人异议的法律后果

次债务人提出的异议被法院支持后，主要产生两种法律后果，一是法院不再执行第三方债权，此时债权人在执行程序中不再享有其他救济方式，但可以针对次债务人提起代位权诉讼。二是法院是否应当撤销债权冻结。

次债务人异议成立是否可以起到解除债权冻结的效果，目前法律和司法解释暂无规定，各地方法院的规定和司法实践存在一些差异。

表 1　地方法院关于解除冻结的规定

法院	态度	相关司法实践
北京高院	撤销冻结	《北京法院执行办案规范》（2018）
江西高院	不撤销冻结	《江西省高级人民法院执行局民事执行实务疑难问题解答》（第14期）
山东高院	不撤销冻结	《山东省高级人民法院执行局执行疑难法律问题审查参考（二）》

基于各地司法实践的差异，在执行第三方债权的过程中，如次债务人提出异议，且法院不予执行债权，申请执行人应尽快提起代位权诉讼，并以此与法院沟通保留债权保全措施，避免债权被处分。如法院坚持要求解除保全措施，申请执行人应当在提起代位权诉讼的同时，向法院申请债权保全措施。

五、债权保全与执行制度同代位权诉讼的衔接

代位权是指因债务人怠于行使其债权或者与该债权有关的从权利，影响债权人的到期债权实现的，债权人可以向人民法院请求以自己的名义代位行使债务人对相对人的权利。第三方债权执行与代位权诉讼都可以实现冻结和执行债权，并达到次债务人直接向债权人清偿的目标，二者在适用场景方面有所差异，但可以进行衔接，防止债务人逃避执行。

一是债权人对债务人的到期债权未进入诉讼程序。此时债权人仅能适用代位权诉讼制度。

二是债权人对债务人的到期债权正在诉讼过程中。此时债权人仅能适用代位权诉讼制度。

三是债权人对债务人的到期债权已经取得生效法律文书，此时债权人可以直接适用代位权诉讼制度，也可以视紧急程度待债权人对债务人的债权进入执行程序后申请保全和执行第三方债权。如因次债务人异议导致无法执行第三方债权，则再行提起代位权诉讼。

四是债权人对债务人的到期债权已经进入执行程序，且债务人无法其他方便

执行的财产，债权人可以优先申请执行第三方债权，如次债务人提出异议导致无法执行第三方债权，债权人可以立即提起代位权诉讼。债权人也可以考虑申请执行第三方债权与代位权诉讼同时进行，利用执行第三方债权的 15 日异议期和代位权诉讼立案之间时间差，如次债务人未提出异议且法院直接裁定强制执行次债务人，或者次债务人主动履行，债权人可以中止或撤回代位权诉讼。如次债务人提出异议导致无法执行第三方债权，则继续代位权诉讼。

产能指标财产保全及变价处置法律问题探析

王勤原

近年来,国家开展"三去一降一补"的供给侧结构性改革,国务院颁布《关于化解产能严重过剩矛盾的指导意见》,明确严禁建设新增钢铁、水泥、电解铝等产能项目。钢铁、水泥、电解铝、焦化等产能过剩企业(以下统称"产能企业")无法新增产能,产能指标作为产能企业扩大生产的必备资源,其稀缺性逐渐凸显。

产能企业作为生产型企业,其财产一般为产房、生产设备、产成品等,当上述财产均被抵押或执行的情况下,债权人能否就债务人所享有的产能指标向法院申请财产保全进而变价处置,实践中存在一定争议。本文梳理了当前产能指标管理规制的制度文件和司法机关关于财产保全和处置变价的法律法规和司法判例,以期拓展涉及产能企业类债权的责任财产范围,为涉及产能企业类债权清收提供一定帮助。

一、产能指标交易制度及现状

2015年至2021年期间,工信部相继出台了《部分产能严重过剩行业产能置换实施办法》《工业和信息化部关于电解铝企业通过兼并重组等方式实施产能置换有关事项的通知》《钢铁行业产能置换实施办法》《水泥玻璃行业产能置换实施办法》等文件,明确钢铁、水泥、电解铝等产能可以进行置换,并就置换范围、流程等规定予以细化。钢铁、水泥、电解铝等产能企业扩大生产,只能通过置换的方式从其他企业换取产能。

在内蒙古工业和信息化厅门户网站,笔者以"产能置换"为关键词进行搜索,查询到的产能置换公示信息多达1578条[①],可见产能指标交易市场已经相当活跃,

---

① gxt.nmg.gov.cn,2023年4月27日访问。

产能指标已经成为可流通可变价的财产。

在阿里资产、京东拍卖等平台，钢铁产能指标、水泥产能指标、电解铝产能指标、平板玻璃产能指标和焦化产能指标（五类指标以下合称"产能指标"），已经成为一种拍卖变卖的重要资产。如 2023 年 4 月 14 日在阿里资产平台挂牌的新疆嘉润资源控股有限公司 2.5 万吨电解铝产能指标[1]，起拍价为 1.35 亿元，其价值可见一斑。

二、产能指标的财产保全

产能指标纠纷案件具有一定的区域性，主要原因在于钢铁、水泥、电解铝、平板玻璃、焦化等行业存在一定的地域聚集性，从案件检索结果看，产能指标纠纷案件主要集中在四川、云南、河北、江苏、山东、青海、山西等省份。

（一）产能企业所有的产能指标的财产保全

根据《最高人民法院关于人民法院民事执行中查封、扣押、冻结财产的规定》，人民法院保全的范围包括被执行人占有的动产、登记在被执行人名下的不动产、特定动产及其他财产权。对于产能指标是否属于可保全的财产范围，理论上存在一定的争议，但在司法实践中，多数法院仍支持产能指标可以诉讼保全的观点。

如最高法院在（2022）最高法执监 23 号裁定书中，认可法院查封被执行人 110 万吨焦化产能指标的行为。河北省高院（钢铁产能指标）[2]、山西省高院（电解铝产能指标）[3]、四川省高院（水泥产能指标）[4]、江苏省高院（钢铁产能指标）[5] 等地方高院均曾在裁判中认可法院对产能指标的保全行为，理由为产能指标系可交易的财产，法律并不禁止对该类财产采取保全措施。

（二）产能企业已置换产能指标的财产保全

根据产能置换的相关规定，产能指标一般通过产能指标交易的方式进行置换，但电解铝产能还可以通过兼并重组和同一实际控制人企业集团内部产能转移（以下简称内部转移）两种方式置换，并且内部转移方式置换的电解铝产能还可以跨省置换。实践中，电解铝企业多通过内部转移或兼并重组的方式置换电解铝产能

---

[1] https://sf-item.taobao.com/sf_item/706849625514.htm?spm=a2129.27076131.puimod-pc-search-list_2004318340.5&pmid=3471182630_1740706103979&pmtk=20140647.0.0.0.27064540.puimod-pc-search-navbar_5143927030-search_index_input.1&path=27064540%2C27076131&scm=20140647.julang.pm.sem&track_id=d8a1afbc-dca6-41e3-b5c4-9b894097cec9，2023 年 4 月 27 日访问。
[2] （2019）冀执复 431 号裁定书。
[3] （2021）晋执复 149 号裁定书。
[4] （2020）川执复 250 号裁定书。
[5] （2019）苏执复 152 号裁定书。

指标，尤其在内部转移系无偿划转的情况下，转出方的债权人是否可以直接向法院申请保全受让方接受的无偿划转的产能指标？

湖南省长沙市中院曾审理过一起典型的内部转移电解铝指标的案件，① A 公司系从事铝业生产的公司，D 公司系 A 公司的债权人，D 公司向法院申请强制执行 A 公司财产。在执行过程中，A 公司的股东另设 B 公司，并将 A 公司的电解铝产能指标无偿内部转移至 B 公司，再由交易对手 C 公司以一定对价收购 B 公司的全部股权。D 公司向法院申请冻结 A 公司置换至 B 公司的电解铝产能指标，并就该产能指标予以强制执行。长沙中院认为，A 公司通过内部转让方式将产能指标转移至 B 公司，且 B 公司未支付任何对价，因此已经置换至 B 公司的产能指标仍属于 A 公司的财产权利，可以对上述指标予以强制执行。

因此，实践中债务人通过内部无偿转移产能指标方式转让财产时，债权人应当及时向法院申请保全被置换的产能指标，以防止该产能指标被再次转让给第三人。

三、产能指标的变价处置

在依法对产能指标采取财产保全措施后，能否通过司法程序变价处置，关系到债权人的债权能否得到清偿。

（一）产能指标能否变价处置

工信部在其网站公布《〈水泥玻璃行业产能置换实施办法〉解读》② 并提出，当遇到人民法院拟启动变价程序对水泥熟料、平板玻璃产能进行强制置换时，被执行人所属的省级工业和信息化主管部门配合人民法院，就水泥熟料、平板玻璃产能能否置换出具意见。可见，工信部并未否定法院对产能指标开展强制执行的可行性。

从司法案例来看，多数法院认为产能指标可以变价处置。如最高法院在（2022）最高法执监 23 号裁定书中，认可下级法院作出的拍卖焦化产能指标的行为。再如，河北省高院在（2020）冀执复 313 号裁定书中认为，钢铁产能指标是具有经济价值的财产性权利，法律未禁止人民法院在执行程序中对其进行强制性处分。

但也有部分法院对产能指标能否变价处置问题态度不明确。如北京高院在（2020）京执异 18 号裁定书中认为，案涉电解铝产能指标并非一般意义上的动产、

---

① （2019）湘 01 执复 6 号裁定书。
② https://wap.miit.gov.cn/jgsj/ycls/gzdt/art/2021/art_373beb5789a54dccbc1bd69659ecbe16.html，2023 年 4 月 27 日访问。

不动产及其他财产权,其是否可以作为被执行人的财产予以处置及其市场价值尚不确定……对于电解铝产能指标的处置需要考虑相关政策。

另外需要注意的是,钢铁产能指标的司法处置在2020年之后予以暂缓,从河南省高院在(2021)豫执复435号裁定书中的论述可知,最高法院下发《最高人民法院关于暂缓对钢铁产能进行变价处置的通知》(以下简称《暂缓钢铁产能变价处置的通知》),人民法院对已查封尚未开始司法拍卖的钢铁产能,暂缓进行。目前已有法院根据该通知暂缓对钢铁产能指标的强制执行,如河北省廊坊市安次区人民法院在(2020)冀1002执恢3号之二裁定书中,裁定中止钢铁产能指标拍卖程序。

(二)产能指标是否需要和产能设备一并处置

产能只有通过产能设备才能转化为真实的产品,二者具有一定的捆绑性,在工信部相关产能置换的规定中,也明确必须先拆除产能设备,才能进行产能置换。[①] 部分地方更是在地方规定中明确二者需整体处置,如《吕梁市焦化产能置换及项目备案管理办法》第8条明确,法院查封的焦化产能处置,对已建成投产的焦化项目,产能和资产要整体拍卖不能分割处置;对已淘汰的焦化产能及已置换未利用的焦化产能可通过拍卖程序依法处置。因此,实践中产生了产能指标和产能设备是否需要一起处置的争议。

在(2019)最高法执复109号裁定书中,最高法院认为地方规定不足以否定司法拍卖的效力,但最终以生产设备和产能指标并不属于同一被执行人,法院单独处置不违背地方规定驳回了被执行人的异议。在(2022)最高法执监23号裁定书中,最高法院同样认为地方规定不足以否定司法拍卖的效力;拍卖的多项财产在使用上不可分,或者分别拍卖可能严重减损其价值的,应当合并拍卖。案涉焦化产能与相关的焦炉分别为不同的财产类型,不存在使用上不可分的情形,单独拍卖并无不当。因此,虽然部分地方法规规定了产能置换须先拆除产能设备,抑或产能指标和产能设备须整体拍卖,但最高法院目前倾向于认为从法规效力位阶层面看,地方相关法规尚不能成为司法机关对产能指标和产能设备一并处置的裁判依据。

四、结语

产能指标在化解过剩产能和保护生态环境的背景下被赋予财产属性,且其财产价值已经得到市场检验,多数法院在司法实践中亦认可产能指标的财产属性,

---

① 《钢铁行业产能置换实施办法》第12条:建设项目投产前产能出让方须拆除用于置换的退出设备,使其不具备恢复生产条件……

支持债权人对债务人所有的产能指标采取诉讼保全和变价处置诉请。因此，对持有产能指标的钢铁、水泥、电解铝、平板玻璃、焦化等企业债务人，债权人应当关注以下事项：

一是做好财产线索挖掘，及时对产能指标申请保全。基于当前的特殊政策背景，致使产能指标具有稀缺性，交易市场比较活跃且具有较大价值，债权人积极做好钢铁、水泥、电解铝、平板玻璃、焦化等企业债务人产能指标财产的挖掘工作，尽早采取诉讼保全措施。

二是关注产能指标的可置换性以及置换现状。债权人关注工信部及地方政府的产能置换文件，辨别债务人持有的产能指标是否为可置换的产能指标。对于可以置换的产能指标，一方面该资产具有较好的流通性，另一方面该资产被债务人置换的风险也相对较高。对于具备可置换性的产能指标，债权人应当做好资产状况的持续性关注和跟踪，尽快采取保全措施，防止资产转移。对于债务人已经依据相关规定实施产能置换的，应当根据实际情况继续向法院申请追索相关置换财产。另外，根据《关于暂停钢铁产能置换工作的通知》（工信厅原函〔2024〕327号）的要求，目前钢铁产能置换已经被监管部门暂停。

三是关注司法机关产能指标的保全实施情况。对于产能指标的司法保全的协助执行单位，实践中有不同的做法，部分法院送达给工信部门，部分法院送达给发展改革委；当产能指标处于置换过程中时，部分法院送达给出让地工信部门，部分法院送达给转入地工信部门。鉴于实践中的操作和地方规定的不一致，债权人应当和法院充分沟通，确保送达单位准确，并取得送达回执，实现保全效果。

四是妥善确定产能指标的变价处置方案。实践中，生产设备已被案外人查封或产能设备短时间内难以处置的情况较为普遍，如将产能指标和产能设备一并处置的，将大大延缓产能指标的处置效率。债权人应当结合产能设备的估值情况及可变价性，权衡经济效益和事件成本，妥善确定是否向法院申请将产能指标和产能设备一并变价。产能设备短时间内难以处置，且司法机关拟将产能指标和产能设备一并变价的，债权人可以向法院提出执行异议，争取产能指标单独变价处置。

不良资产业务中执行和解法律实务要点

周 霞

随着不良资产行业的发展,对于已经取得生效裁判文书确认的不良债权,执行和解已经成为债务重组的重要手段。申请执行人与被执行人之间通过执行和解达成债务重组,既可以缓解被执行人的偿债压力,也可以保障申请执行人在被执行人违约时直接恢复原判决的执行。在现行法律框架下,如何安排执行和解协议以达到债务重组的效果,如何把握住执行和解的法律风险点,避免申请执行人的权益在执行和解中弱化,甚至申请执行人无法回收原债权。本文拟总结和研究执行和解要点和程序,并为利用执行和解进行债务重组提供参考。

一、执行和解、执行外和解与执行前和解

执行和解是指当事人在执行程序中申请执行人、被执行人与第三人自愿达成和解,并共同或一方将各方认可的书面和解协议提交至法院,若和解协议以口头形式达成,执行人员将和解协议内容记入笔录,并由各方当事人签名或者盖章。执行和解亦被称为"庭内执行和解"。

执行外和解是指在执行程序中被执行人根据当事人自行达成但未提交人民法院的和解协议,或者一方当事人提交至人民法院但其他当事人不予认可的和解协议,因此当事人既不向法院提交执行外和解协议,法院亦不会将和解协议内容记入笔录当中,执行外和解亦被称为"庭外执行和解"。

执行前和解是指当事人在执行程序开始之前便达成和解协议。

三种和解方式有何异同以及如何在三种和解方式中取舍,实务中经常面临选择的难题。

(一)执行和解与执行外和解的异同与取舍

执行和解和执行外和解既存在共同点,也存在区别,实践中经常被当事人混

消。无论是执行和解协议还是执行外和解协议，二者均发生在执行程序当中，且均不具有强制执行力，当被执行人违反和解协议约定时，申请执行人均不能直接向法院申请强制执行和解协议。

尽管如此，二者的区别也非常明显。首先，法院会协调执行和解程序，执行和解协议应当提交至法院，执行外和解协议无须提交至法院。其次，执行和解协议的内容一般会记入法院笔录中或者附卷，并由当事人签名或盖章，而执行外和解不会涉及笔录程序。最后，二者产生的法律效果不一样。

(1) 执行和解协议的法律效果

申请执行人与被执行人达成执行和解协议后，对执行程序一般会产生以下法律效果：

首先，双方达成执行和解协议后，法院一般会中止或终结执行程序。①

其次，被执行人违反执行和解协议的约定，或者出现其他法定事由时，申请执行人可以向法院申请恢复执行原判决，也可以就执行和解协议向执行法院提起诉讼。

最后，若执行和解协议中约定了相关担保措施，且执行和解中的担保人向法院承诺在被执行人不履行执行和解协议时自愿接受直接强制执行的，申请执行人在申请恢复执行原判决后，法院可以直接强制执行担保财产或保证人财产。

(2) 执行外和解协议的法律效果

申请执行人与被执行人达成执行外和解协议后，除法律规定的特定情形外，对执行程序本身一般不会产生影响。

首先，双方达成执行外和解协议后，由于法院并未知悉执行外和解，法院可以继续执行程序，强制执行被执行人的财产。但是，若执行外和解协议已经履行完毕或者就执行外和解协议的履行期限和条件存在争议或正在履行执行外和解协议，②被执行人可以提出异议，被执行人依然可能可以达到中止或终结执行的效果。③

---

① 根据《执行和解规定》，双方当事人达成执行和解后，法院一般会裁定中止执行。《民诉法司法解释》第464条规定，申请执行人与被执行人达成和解协议后请求中止执行或者撤回执行申请的，人民法院可以裁定中止执行或者终结执行。《最高人民法院关于进一步规范近期执行工作相关问题的通知》(以下简称《规范近期执行工作的通知》)规定，对于执行和解协议需要长期履行的，法院可以终结执行。

② 《执行和解规定》第19条：执行过程中，被执行人根据当事人自行达成但未提交人民法院的和解协议，或者一方当事人提交人民法院但其他当事人不予认可的和解协议，依照民事诉讼法第二百二十五条规定提出异议的，人民法院按照下列情形，分别处理：(一)和解协议履行完毕的，裁定终结原生效法律文书的执行；(二)和解协议约定的履行期限尚未届至或者履行条件尚未成就的，裁定中止执行，但符合民法典第五百七十八条规定情形的除外；(三)被执行人一方正在按照和解协议约定履行义务的，裁定中止执行；(四)被执行人不履行和解协议的，裁定驳回异议；(五)和解协议不成立、未生效或者无效的，裁定驳回异议。

③ 参见(2021)豫执复298号民事裁定书。河南高院认为，申请执行人与被执行人签订《执行和解协议》(执行外和解)，且被执行人已经按照和解协议约定履行义务，依据上述司法解释(《执行和解规定》第19条)的规定，本案应当中止执行。

其次，被执行人违反执行外和解协议后，由于执行程序仍在持续，不存在恢复执行原判决的情况。

最后，由于法院并未参与执行外和解，担保人不会向法院承诺在被执行人不履行执行和解协议时自愿接受直接强制执行的，法院无法直接强制执行担保财产或保证人财产。

综上，执行和解协议与执行外和解协议的比较如下：

表1 执行和解协议与执行外和解协议的对比

	执行和解协议	执行外和解协议
签署时间	执行程序中	执行程序中
协议强制执行效力	无	无
法院参与	是	否
中止/终结执行程序	是	否
救济方式	诉讼/申请恢复执行原判决	诉讼
担保强制执行效力	是	否

实务中，执行和解目的在于以时间换能力，通常都会要求被执行人或第三人提供额外的增信措施。对于执行外和解协议中的担保措施，法院在恢复或继续执行原判决时无法强制执行担保财产或保证人财产，只能在执行外和解协议纠纷诉讼的执行程序中强制执行担保物，申请执行人将花费较大的时间和费用成本。

基于以上，对于申请执行人而言，执行和解显然优于执行外和解，实践中不建议申请执行人私下与被执行人达成执行外和解协议，应当在法院的组织下达成执行和解协议。

（二）执行和解与执行前和解的异同与取舍

当事人在签署执行前和解协议时，执行程序尚未开始，因此，执行前和解协议并不能对抗执行程序，但是，实践中申请执行人在签署执行前和解协议之后依然申请执行原判决，被执行人可能以执行前和解协议为由提出执行异议。

被执行人违反执行前和解协议的约定，申请执行人可以选择申请执行判决，也可以选择提起执行前和解协议纠纷诉讼，但是对于执行前和解协议中的担保措施，法院不能强制执行担保财产或保证人财产。因此，实务中不建议申请执行人在执行程序之前签署和解协议，应当在执行时效期间内尽快申请执行判决，以在执行程序中达成执行和解协议。

值得注意的是，当事人签署执行前和解协议和执行外和解协议之后，且部分履行的，当被执行人出现违约情形时，实践中申请执行人在申请执行原判决过程中是否存在障碍存在一定的争议,申请执行人应谨慎对待执行前和解协议和执行外和解协议的签订和履行。

二、执行和解后司法查封和担保措施的处理

根据《民事诉讼法司法解释》,申请执行人和被执行人达成执行和解后,申请执行人可以向法院申请中止执行或撤回执行申请,法院可能会依据实际情况中止执行或终结执行,但无论是中止执行程序还是终结执行程序,均不影响申请执行人因被执行人违反执行和解协议而申请恢复执行原判决。但是,在法院中止或终结执行的情况下,司法查封和担保措施是否必须解除?

(1) 执行和解后司法查封措施解除与否

首先,执行和解协议达成后,若申请执行人申请撤回执行申请,则可能导致法院终结执行程序,法院进而可能依职权解除被执行人财产的司法查封措施。其法律依据为《最高人民法院关于人民法院民事执行中查封、扣押、冻结财产的规定》,申请执行人撤回执行申请,人民法院应当作出解除查封、扣押、冻结裁定。尽管法律明确规定,但司法实践中依然存在争议,在(2021)沪执复4号执行裁定书中,上海高院认为终结执行后不应解除对被执行人财产的冻结措施。另外在(2020)鲁执复233号裁定书中,山东高院则认为,因申请执行人撤回本案执行申请,法院对本案终结执行,根据《最高人民法院关于人民法院民事执行中查封、扣押、冻结财产的规定》规定,应当解除对被执行人财产的查封。

其次,对于执行和解协议达成后,且法院裁定中止执行,法院一般因申请执行人的申请而解除司法查封措施。其法律依据为《执行和解规定》,中止执行后申请执行人申请解除查封、扣押、冻结的,人民法院可以准许。

最后,对于法院因执行和解协议需长期履行而作出终结执行裁定的,法院并不会当然解除司法查封措施,一般会尊重当事人的意愿。其法律依据为《规范近期执行工作的通知》,在终结执行内增加"和解长期履行"作为终结执行的一种情形,对因长期履行的执行和解协议而终结执行的案件,在报结时可以不作必须解除强制执行措施的要求。司法实践亦是如此,例如(2020)苏执异90号执行裁定书中江苏高院明确法院应尊重当事人在执行和解协议的意愿,一般不会强制解除司法查封措施。①

---

① 参见(2020)苏执异90号执行裁定书。江苏高院以当事人已达成执行和解协议且履行期限较长为由作出(2018)苏执44号执行裁定书终结该案的执行,江苏高院在后续的执行异议之诉中认为,执行和解协议约定根据被执行人的还款情况分批申请解除查封,本案因当事人达成执行和解协议而终结执行,当事人在执行和解协议中对是否申请解除查封具体事宜自愿达成协议,因此,在双方当事人达成执行和解后并申请中止执行,法院一般不会强制解除司法查封措施。

综上，双方达成执行和解协议后,案件终结方式和司法查封措施解除情况汇总如下：

表2 案件终结与保全措施解除汇总

	中止执行申请	撤回执行申请	长期履行的执行和解协议
结案方式	中止执行	终结执行	终结执行(和解长期履行)
司法查封	以申请执行人的申请而定	解除(存在争议)	不必须解除

实务中，申请执行人在执行和解之前,应当结合商业目的,在执行和解协议中就司法查封措施解除与否做好相关安排；达成执行和解后,建议申请执行人向法院提出中止执行的申请,而非撤回执行申请,以确保司法查封措施在申请执行人的预期当中。若无特殊商业安排,建议与法院事先做好沟通,执行和解后依然保留司法查封措施,并应根据实际情况在司法查封期限届满后及时续期。

（2）执行和解后原担保措施解除与否

既然双方当事人达成执行和解后司法查封措施并不当然解除,那么原担保措施是否必须解除？双方达成执行和解协议后,在执行和解协议履行完毕之前,原判决实际上并未执行完毕,申请执行人依然有权申请执行原判决,因此,申请执行人可以不解除原担保措施。申请执行人一旦解除担保措施,例如注销抵押登记和质押登记,被执行人可以自由转让担保财产,或向其他债权人提供担保,在恢复执行原判决时,则申请执行人在强制执行担保物过程中可能面临障碍,并丧失优先受偿权。

实践中建议申请执行人与被执行人达成执行和解协议后,继续保留原担保措施,以便于恢复执行原判决后直接强制执行原担保物。

三、执行和解协议中的担保条款

第三人或被执行人以其他财产为执行和解协议提供担保是双方当事人达成执行和解协议的核心内容。执行和解协议本身是不具有强制执行力的民事合同,其担保条款仅仅是一般的民事担保,担保对象为申请执行人。法院强制执行的是生效法律文书,而不是当事人之间达成的执行和解协议,因此,执行和解协议中的担保条款并不具有强制执行效力。

实践中,申请执行人通常希望法院在恢复执行原判决时可以直接执行担保物或保证人财产,根据《执行和解规定》,执行和解协议中约定担保条款,且担保人向人民法院承诺在被执行人不履行执行和解协议时自愿接受直接强制执行的,恢复执行原生效法律文书后,人民法院可以依申请执行人申请及担保条款的约定,直接裁定执行担保财产或者保证人的财产。因此,当担保人向执行法院提供担保承诺(特别注意:承诺对象为执行法院,并非申请执行人),承诺在被执行人不履行执行和解协议时自愿接受直接强制执行,则可以理解为是对生效法律文书确定的义务提供担保或保证,担保人是在生效法律文书确定的权利义务之外自愿加入到强制执行程序中,法院在恢复执行原判决时可以直接执行担保财产或保证人财产。若执行和解协议中仅约定担保条款,担保人未向法院承诺在被执行人不履行执行和解协议时自愿接受直接强制执行,则法院在恢复执行原判决时不能直接执行担保财产或保证人财产。[①]

值得注意的是,实践中申请执行人在申请恢复执行原判决时,往往会向法院申请追加担保人为被执行人[②],但司法实践中法院大多会以担保人作出的承诺为承担担保责任而非代被执行人履行义务的承诺为由,不符合《最高人民法院关于民事执行中变更、追加当事人若干问题的规定》第24条,[③]不同意追加担保人为被执行人。

担保人在执行和解中向法院提交的担保书或承诺虽不同于民事担保,但一般仍需满足民事担保的形式要件,例如,该担保应当满足公司章程和法律规定的决议程序,若担保措施为财产担保,还应当办理登记等担保物权公示手续,否则可能导致财产担保不成立或不享有优先受偿权,如需办理公示登记,考虑到申请执行人可以选择起诉被执行人或申请恢复执行原判决,建议将担保物同时登记在执行和解协议和原判决书之下。值得注意的是,实践中,部分申请执行人可能会将原判决中的担保物作为执行和解中的担保物,但在恢复执行原判决后,法院本来即可直接执行原担保物,因此,以原担保物再次作为执行和解中的担保物,并不会增加被执行人的履约能力,反而在担保登记注销与再登记操作上容易出现衔接问题,导致申请执行人丧失优先受偿权,不建议采用原判决确认的担保措施作为执行和解程序中的执行担保。

此外,执行和解中担保人向法院提交的担保书是否属于《最高人民法院关于执行担保若干问题的规定》中规定的执行担保?司法实践中,有一些裁决认为担保人在执行和解中向法院提交担保书,承诺在被执行人不履行执行和解协议时自愿接受直接强制执行的,构成执行担保,以(2019)最高法执监77号执行裁定书为代表的裁决书持该观点。但是,《最高人民法院关于执行担保若干问题的规定》中的执行担保期限和暂缓执行期限最多为一年,而《执行和解规定》对执行和解中的担保期限并无

[①] (2019)最高法执监77号执行裁定书。
[②] 法院可以对被执行人施加限制高消费、列入失信被执行人名单、限制出境等等措施,而不一般不对执行担保人施加前述措施,因此对于保护申请执行人权益而言,追加为案件的被执行人措施更优于追加为案件的执行担保人措施。
[③] 《最高人民法院关于民事执行中变更、追加当事人若干问题的规定》第24条:执行过程中,第三人向执行法院书面承诺自愿代被执行人履行生效法律文书确定的债务,申请执行人申请变更、追加该第三人为被执行人,在承诺范围内承担责任的,人民法院应予支持。

特别规定,实践中执行和解期限和担保期限可以超过一年。建议申请执行人在执行和解前与法院就担保期限做好充分沟通,在取得法院的认可后,在执行和解协议和担保书中明确规定担保期限。

四、执行和解协议的救济措施

对于执行和解协议,申请执行人通常可以采取两种救济措施,一是向法院申请恢复执行原判决,申请执行人将按照原判决获得清偿,除被执行人违约事由之外,若执行和解协议是因申请执行人受欺诈、胁迫与被执行人而达成,或者被执行人以执行和解协议无效或者应予撤销为由提起诉讼,申请执行人均有权申请恢复执行原判决。

二是就执行和解协议向执行法院起诉被执行人,要求被执行人承担违约责任,执行法院受理后可以裁定终结原生效法律文书的执行,申请执行人就执行和解协议诉讼取得胜诉判决后,再行申请执行关于执行和解协议的判决。

申请执行人在上述两种方案中抉择时,一般应当考虑以下因素,一是原判决确认债权减去被执行人已履行部分后的剩余债权金额与法院可能判决被执行人在执行和解协议项下的违约责任,二者孰大;二是原判决中的担保与执行和解中担保孰优;三是新诉讼相关的费用和时间成本与原判决恢复执行孰优以及其他应当考虑的因素。

司法实践中执行和解协议救济的基本路径如下:

实践中,发生前述三种情形后申请执行人并不会当然就可以申请恢复执行原判决。申请执行人应在申请执行时效期间两年内申请恢复执行原判决,该期间从执行和解协议约定最后履行期限之日起算且适用诉讼时效的中止和中断的规则,否则法院不会恢复执行原判决。

此外,根据《执行和解规定》,有下列情形之一的,法院裁定不予恢复执行:执行和解协议履行完毕后申请恢复执行的;执行和解协议约定的履行期限尚未届至或者履行条件尚未成就的,但符合《民法典》第578条规定情形的除外;被执行人一方正在按照执行和解协议约定履行义务的;其他不符合恢复执行条件的情形。司法实践中,若被执行人延迟履行执行和解协议,申请执行人予以接受,且未及时申请恢复执行原判决的,则可能视为双方对履行期限或履行条件的变更,若被执行人继续按此履约,申请执行人可能不得再以迟延履行为由请求恢复对原判决的执行。[①] 若被执行人违反执行和解协议后又部分履行义务,则一般构成执行时效期间的中断,申请恢复执行期间重新计算,但申请执行人申请恢复执行原判决仍应当满足法定的申请

---

① (2021)最高法执监55号执行裁定书。

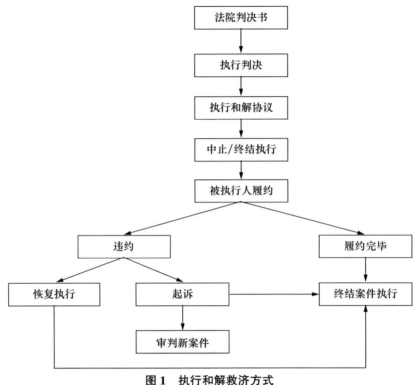

图 1　执行和解救济方式

执行时效期间两年。[①]

五、利用执行和解进行债务重组的注意事项

不良资产业务中,对于已经裁判文书确认的债权或已经进入执行程序的债权,投资人从原债权人受让该债权后可以通过执行和解程序对受让债权进行重组,若债务人违约,投资人既可以选择诉讼,也可以直接申请恢复执行原判决,因而,利用执行和解进行债务重组的模式在不良资产业务中较为普遍。但投资人在执行和解的过程中仍存在较多的法律风险,必须谨慎投资,并做好充分的准备:

第一,投资人在收购债权之前,应做好尽职调查,确保原申请执行人未与债务人私下签署执行前和解协议或执行外和解协议,避免原当事方的"抽屉协议"成为后续执行原判决过程中的抗辩事由。

第二,投资人收购债权后应及时变更申请执行人,在法院主持下签署执行和解

---

① (2019)最高法执监 305 号执行裁定书。

协议或双方共同向法院提交执行和解协议,做好相关笔录,且执行和解协议的内容应当经法院的审查认可,不建议投资人签署执行外和解协议或执行前和解协议。实践中,债务重组相关条款较一般的执行和解协议更加复杂,可能会给法院在恢复执行原判决的审查中造成困难,因而,部分法院不愿意接受过于复杂的执行和解协议。为确保执行和解协议的合法、有效和可执行性,投资人应当事先与法院做好沟通,确保法院接受执行和解协议的相关内容。值得注意的是,疫情以来很多法院已开展线上办理诉讼业务,根据《人民法院在线诉讼规则》,人民法院开展在线诉讼,应当征得当事人同意。

第三,利用执行和解重组债务的模式中,通常会涉及担保措施。建议该担保不仅应在执行和解协议中约定,还应当由担保人向法院提交担保书或承诺书,承诺在被执行人不履行执行和解协议时自愿接受直接强制执行。在办理担保登记时,若登记机关允许,建议将执行和解协议和裁判文书同时登记为主合同。若执行和解中的担保涉及第三人保证承诺,建议事先与法院沟通,尽量将该承诺描述为代为履行义务或债务加入的承诺,以便在恢复执行原判决时可以申请追加该第三人为被执行人。① 同时,不建议申请执行人同意以原判决项下的担保措施为执行和解提供担保。

第四,双方当事人达成执行和解协议后,但原判决确认的义务并未履行完毕,建议继续保留原判决所确认的担保措施,便于后续恢复执行原判决时法院可以直接强制执行原担保物。

第五,双方当事人达成执行和解协议后,若无特殊商业安排,建议申请执行人向法院提出中止执行申请,而非撤回执行申请,法院以此作出中止执行或对长期履行的执行和解协议作出终结执行的裁定,由此,申请执行人与法院事先做好充分沟通,确保保留原有的司法查封措施,并及时做好司法查封续期工作。

第六,被执行人出现违反执行和解协议等事由的,申请执行人在选择诉讼或者申请恢复执行原判决时,应当综合考虑回收债权的金额、回收时间和效率以及担保措施优劣等情形。同时,若申请执行人选择申请恢复执行原判决,应当在两年执行时效期间内提出恢复执行申请。

---

① 陆紫微:《AMC危机企业救助项目法律实务研究(下)——债务重组篇》,http://www.360doc.com/content/18/0320/11/40635959 738680550.shtml,2022年8月18日最后访问。

民事执行程序中以物抵债裁定规则研究

周 霞

民事执行程序中，申请执行人往往通过司法拍卖、变卖方式处置债务人财产，当市场估值低于评估价值时，债务人的财产往往出现流拍或变卖失败，在债务人无其他财产可供执行时，申请执行人为推进执行程序以及债权回收，往往会被动选择以物抵债。若债务人财产实际真实价值高于市场估值或评估价值时，申请执行人可能会主动选择以物抵债。无论是主动选择还是被动选择，以物抵债往往是民事执行程序中的债权执行的重要手段之一。

民事执行程序中的以物抵债有两种形式，一种是协议抵债，另一种是裁定抵债。两种抵债方式既可以发生在拍卖、变卖之前，也可以发生在流拍、变卖失败之后。但二者存在很大区别：

一是物权变动效力不同。法院作出抵债裁定后，自债权人收到抵债裁定之日起发生物权变动效力，即债权人收到裁定书时享有对物的所有权，① 其他债权人不能再执行该抵债财产，亦不能成为破产财产，但未办理过户登记的情况下，仍适用第三人善意取得制度。② 而协议抵债必须在办理物权变动登记时（主要针对不动产）才具有物权变动效力。

二是破产撤销风险不同。裁定抵债不受破产撤销权影响，而协议抵债后，若在破产撤销期内债务人进入破产程序，存在被破产管理人撤销或解除抵债协议的可能性。③

三是物权变动登记要求不同。裁定抵债中，债权人可凭法院协助执行通知书、

---

① 《最高人民法院关于适用〈中华人民共和国民事诉讼法〉的解释》第491条。
② 最高人民法院民法典贯彻实施工作领导小组主编：《中华人民共和国民法典物权编理解与适用（上）》，人民法院出版社2020年版，第164页，及（2015）民申字第419号民事裁定书。
③ （2021）宁民终292号民事判决书；庄洁蕾：《破产法中个别清偿例外规则实践研究——以破产法司法解释二第15条为研究对象》，载微信公众号东方法律人。

抵债裁定书以及完税凭证等文件办理过户，但协议抵债中，通常还需要债务人的配合。

因此，实践中，如债权人拟实施以物抵债，通过法院裁定抵债往往是债权人的首选，本文将围绕着裁定抵债展开讨论分析。

一、裁定抵债的基本路径

执行法院裁定以物抵债的主要法律依据有《民诉法司法解释》、《最高人民法院关于人民法院网络司法拍卖若干问题的规定》（以下简称《网络司法拍卖规定》）和《最高人民法院关于人民法院民事执行中拍卖、变卖财产的规定》（以下简称《拍卖、变卖财产规定》）等，其中《拍卖、变卖财产规定》适用于一般司法拍卖，《网络司法拍卖规定》适用于网络司法拍卖，属于司法拍卖特殊规定。

根据《拍卖、变卖财产规定》和《网络司法拍卖规定》，法院对查封、扣押、冻结的财产进行变价处理时，应当首先采取拍卖的方式，在所有拍卖方式当中，网络司法拍卖是法院的首选。因此，裁定抵债伴随着司法拍卖、变卖程序，其基本流程如下：

通常而言，一般司法拍卖中，不动产变价处置通常最多进行 3 次拍卖和 1 次变卖，动产通常最多进行 2 次拍卖。网络司法拍卖中，通常最多进行 2 次拍卖以及 1 次变卖。经各方同意，法院也可以不经拍卖直接进入变卖程序。

执行程序中的裁定抵债既可能发生在拍卖、变卖之前，也可能发生在流拍之后。根据《民诉法司法解释》第 489 条，财产处置未经拍卖、变卖，若经申请执行人和被执行人同意，且不损害其他债权人合法权益和社会公共利益，可以实施以物抵债。每次流拍后或变卖失败后，申请执行人或其他执行债权人均可以申请裁定抵债，或者经抵债受让人同意后，法院可以主动裁定抵债。未经申请执行人或其他执行债权人同意，法院不得强行裁定抵债。

一般司法拍卖中的动产二拍流拍、不动产三拍流拍后或网络司法拍卖二拍流拍后，无人抵债的，通常会进入变卖程序，变卖失败后，法院通常会解除查封、冻结，将该财产退还被执行人，但对该财产可以采取其他执行措施的除外。"其他执行措施"通常包括强制管理，以及执行法院根据市场价格变化，重新启动评估、拍卖程序等。此外，法院可以在征得申请执行人同意后，将该财产交申请执行人管理或者重新启动评估、拍卖程序，而非必须立即解除查封、扣押、冻结措施。[①]

（一）未经司法拍卖、变卖程序的裁定抵债

未经拍卖、变卖的裁定抵债是裁定抵债中的特殊情形。目前，对于司法拍卖

[①] 《山东省高级人民法院执行疑难法律问题解答（二）》第 15 条、（2021）晋执复 230 号执行裁定书。

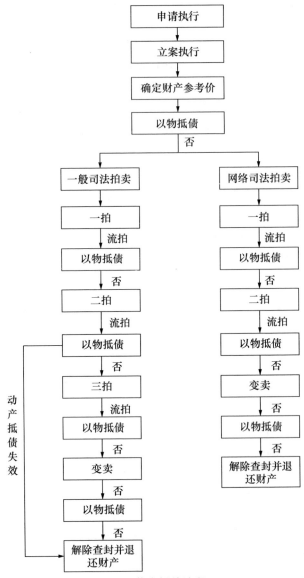

图 1 裁定抵债流程

之前的以物抵债法院是否应当作出抵债裁定存在一定争议，相关司法解释未给出明确的规定。司法实践中确实存在未经司法拍卖、变卖程序的裁定抵债，很多当事人也因此提出执行异议。(2020) 最高法执复 160 号执行裁定书中，最高法院明确认可未经司法拍卖、变卖程序，经申请执行人和被执行人同意，且不损害其他债权人合法权益和社会公共利益时，法院可以作出抵债裁定。另外，(2016) 最高法执监 172 号裁定书从反面认可未经司法拍卖、变卖程序的裁定抵债。最高法院认为成都中院对案涉房产未经拍卖直接作价以房抵债，必须依照《民诉法司法解释》第 489 条的规定，因此，考察成都中院的以房抵债裁定是否符合法律规定，重点要审查的问题是该以房抵债裁定作出前是否经当事人双方的同意，并最终认定以房抵债裁定未经当事人双方事前同意，撤销抵债裁定。①

对于希望抵债且已经取得执行依据的债权人而言，可以考虑通过未经拍卖、变卖程序的裁定抵债的方式进行以物抵债，既可以节省司法程序时间，还可以获得稳定的物权。但是实践中未经拍卖、变卖程序的裁定抵债并非易事，首先需要取得被执行人的同意，其次应避免损害其他债权人利益和社会公共利益，最重要的是取得法院的支持，这必然要求保障抵债价格的公允性和执行程序中债权的清偿顺位利益。

（二）流拍和变卖失败后的裁定抵债

如前所述，每次流拍后或变卖失败后，申请执行人或其他执行债权人均可以申请裁定抵债，或者经抵债受让人同意后法院可以主动裁定抵债。但网拍一拍流拍后，申请执行人是否可以申请抵债存在争议。

不支持的观点认为，《网络司法拍卖规定》未给予法院裁定抵债的空间，而是要求法院在流拍后 30 日内在同一网络司法拍卖平台再次拍卖，若法院在网络司法拍卖一拍流拍即裁定抵债将违反司法解释的强制规定。（2020）甘执复 285 号裁定书中，甘肃高院采纳了这一观点。

支持的观点认为，《网络司法拍卖规定》对一拍流拍后是否可以抵债未明确规定，但仍可以适用关于一般性司法拍卖规定的《拍卖、变卖财产规定》中关于一拍流拍后的抵债规定。② 司法实践中，存在网络司法拍卖一拍后法院直接裁定抵债的情形，例如在（2018）渝 02 执 384-6 号民事裁定书中，重庆二中院在第一次网络司法拍卖后，将流拍的财产按照第一次拍卖保留价抵债给申请执行人，并作出抵债裁定。在（2019）云执复 47 号民事裁定书中，云南高院认为，关于网络司法拍卖第一次流拍后是否必须进行第二次拍卖的问题，《网络司法拍卖规定》第 26 条并未规定第一次流拍后，禁止以物抵债，必须再次拍卖。而《拍卖、变卖财产规定》第 19 条第 1 款规定允许一拍流拍后抵债，法院依据申请执行人申请以第一次流拍价格作出以物抵债裁定并不违反上述法律规定。

---

① 值得注意的是，根据《最高人民法院关于执行和解若干问题的规定》第 6 条，如果该以物抵债构成执行和解中的抵债，法院不得作出抵债裁定。另外，根据《最高人民法院关于冻结、拍卖上市公司国有股和社会法人股若干问题的规定》第 8 条，法院在执行上市公司股份时，必须进行拍卖，不得直接将股权执行给债权人。

② 谢蕾：《关于民事执行中以物抵债相关问题的思考》，载人民法院报，2022 年 4 月 21 日。

特殊机会投资之道 2

此外，涉及财产处置的执行期限一般较长，债权人在流拍后或变卖失败后申请裁定抵债，应当充分考虑执行期限的因素。根据规定，法院一般应当在 6 个月内执行完毕（不包括执行中止期限），经院长批准后可以延长执行期限。执行实践中，财产处置历经评估程序、三次拍卖程序和一次变价程序后，法院很难在 6 个月内执行完毕。以下为司法拍卖涉及流程的期限：

表 1 司法拍卖流程期限

流程	一般司法拍卖		网络司法拍卖	
	不动产	动产	不动产	动产
立案执行	7 日内			
评估	30 日内（可延长 2 次，每次不超过 15 日）			
启动拍卖	确定参考价后 10 日内			
一拍公告期	15 日	7 日	30 日	15 日
以物抵债	裁定抵债			
二拍启动	60 日内		30 日内	
二拍公告期	15 日	7 日	15 日	7 日
以物抵债	裁定抵债			
三拍启动	60 日内	N/A	N/A	N/A
三拍公告期	15 日	N/A	N/A	N/A
以物抵债	裁定抵债		N/A	
发出变卖公告	7 日内	N/A	15 日内（公告期 15 日）	15 日内（公告期 7 日）
变卖期	60 日	N/A	60 日	60 日
以物抵债	裁定抵债			

以上期限不包括当事人异议期限或中止执行期限，若考虑当事人异议期限和中止执行期限，执行期限将会更长。若被执行人濒临破产而执行期限过长，申请执行人应当注意，被执行人在执行程序被其他债权人申请破产的风险，导致执行程序中的财产被纳入被执行人破产财产。申请执行人应充分考虑执行期限与破产风险对债权清偿的影响，适时申请裁定抵债，并充分利用好未经拍卖、变卖程序的抵债规则，避免执行财产被纳入破产财产。

二、抵债财产的受让主体

执行法院裁定抵债财产的受让主体一般为执行程序中的债权人，包括申请执行人或其他执行债权人，那么多位债权人申请抵债时如何确定抵债人，案外人是否可以向法院申请裁定抵债？此外，裁定抵债的受让主体在购买资格方面是否与一般商业交易存在差异？

（一）多位债权人申请抵债时抵债人的确定

若当事人认为执行程序中的评估价格过低，或者市场价值存在低估时，或者市场上无人购买被处置财产而该财产又具有较高价值，债权人往往具有较强的抵债意愿。若多位债权人同时申请抵债时，法院该如何确定抵债人？通常而言，最终抵债人应当按以下原则确定：

一是多位债权人申请裁定抵债时，清偿顺位在先的债权人优先抵债。根据《拍卖、变卖财产规定》第 16 条规定，有两个以上执行债权人申请以拍卖财产抵债的，由法定受偿顺位在先的债权人优先承受，受偿顺位相同的，以抽签方式决定承受人。

二是裁定抵债不能改变债务清偿顺序。通常而言，担保物权优先于普通债权清偿，在先查封的普通债权优先于轮后查封的普通债权清偿。以物抵债本身系债务清偿的方式之一，通常不能改变原本的债务清偿顺序，若清偿顺位在后的债权抵债，则其应当在抵债财产价额的范围内补足金额，以满足清偿顺序在先债权人的债权清偿。在（2018）最高法执监 848、847、845 号裁定书中，最高法院明确指出，执行法院裁定将全部涉案财产抵债给 S 公司，实质上是将查封顺位在后的债权受偿顺序提前，影响了在先轮候的债权人的合法权益。

三是接受抵债的债权人应补足债权金额与抵债财产价额之间的差额。根据《拍卖、变卖财产规定》第 16 条规定，以物抵债的承受人应受清偿的债权额低于抵债财产的价额的，应当在法院指定的期间内补交差额。因此，以物抵债的债权人的债权金额低于抵债财产价额的，应当及时补交差额部分，以保证裁定抵债金额的公允性。这一规则既适用于多位债权人申请抵债的情形，也适用于只有一位债权人抵债的情形。

四是不损害其他债权人利益应是裁定抵债的重要原则。无论是多位债权人还是仅一位债权人申请裁定抵债，法院确定裁定抵债前是否应当取得被执行人和其他债权人同意？司法实践中，为避免其他债权人利益受损，部分法院在流拍后的裁定抵债之时要求取得其他债权人的同意，这做法并无明确法律依据。通常而言，流拍后法院裁定抵债既不需要取得被执行人的同意，亦不需要其他债权人同意。例如，（2020）粤执复 477 号执行裁定书认为，现行法律、司法解释等并未规定以物抵债一律须经全体债权人同意，司法拍卖流拍后，部分债权人不同意以物抵债并不妨碍法院向其他债权人裁定抵债。

（二）法院是否可以向案外人裁定抵债

通常而言，执行程序中案外人向法院申请裁定抵债的情况一般包括两种情形，一种案外人与债务人和抵债财产无任何利害关系，另一种案外人是虽为债权人但未取得执行依据，例如抵债财产之上的优先受偿权人和普通债权人。

根据《拍卖、变卖财产规定》第 16 条，裁定抵债的受让主体包括申请执行人和其他执行债权人，而案外人未参与到执行程序当中，既不是申请执行人，也不是其他执行债权人，因而不能申请裁定抵债。在（2019）最高法执监 298 号执行裁定书中，最高法院持有上述观点，即接受抵债的主体应为申请执行人或者其他执行债权人，而非案外人，执行法院不能直接裁定将案涉财产过户给案外人。在该执行裁定书中，接受抵债的案外人与债务人和抵债财产无任何利害关系，且实际上是受执行债权人的委托接受抵债财产。

第二种情形中，案外人是被执行人的债权人或者是抵债财产的优先受偿权人，但尚未取得执行依据。这种情形需要结合该案外人是否可以参与到执行程序，是否可以被认定为"其他执行债权人"等情形进行分析，例如抵押权人可以根据《民事诉讼法司法解释》第 506 条①直接参与分配，可能会被法院认定为其他执行债权人，因此，理论上案外抵押权人有权申请裁定抵债。②

根据《最高人民法院关于在执行工作中进一步强化善意文明执行理念的意见》，财产经拍卖后流拍且执行债权人不接受抵债，第三人可以以流拍价购买该财产。因此，即使案外人不能裁定抵债，其依然可以流拍价格购买抵债财产，其所付出对价或受偿债权与裁定抵债一般不会存在差异。若法院作出拍卖成交裁定，财产所有权转移时点与裁定抵债并无实质差异，自拍卖成交裁定送达买受人或者承受人时起转移。鉴于司法实践对于案外人申请裁定抵债可能会引起争议，案外第三人可以考虑通过竞买或购买方式取得被执行财产。

（三）抵债受让人的资格要求

根据《拍卖、变卖财产规定》第 12 条，法律、行政法规对买受人的资格或者条件有特殊规定的，竞买人应当具备规定的资格或者条件。因此，裁定抵债作为拍卖、变卖程序的一部分，受让人应当受法律、行政法规资格要求的限制，但是对于地方法规和部门规章规定的资格裁定抵债的受让人在受让抵债时是否应当受到法律规定资质要求的限制，尤其在房产拍卖中，抵债受让人是否应受当地限购政策约束一直存在争议。

2021 年最高法院颁布《关于人民法院司法拍卖房产竞买人资格若干问题的规定》明确规定，法院组织的司法拍卖房产活动，受房产所在地限购政策约束的竞

---

① 《民事诉讼法司法解释》第 506 条，对人民法院查封、扣押、冻结的财产有优先权、担保物权的债权人，可以直接申请参与分配，主张优先受偿权。

② 曹凤国：《民事强制执行法草案为何拒绝未取得执行依据的抵押权人申请以物抵债？》，载微信公众号执行国语。

买人不能参与竞拍。对于金融机构而言,该规定严重限制了其通过以物抵债方式获得债权清偿。

实践中,债权人为解决竞买资格限制,可能会将债权转让至具有竞买资质的第三方,由第三方参与执行程序并申请裁定抵债。

三、抵债财产的定价与争议

根据《最高人民法院关于人民法院确定财产处置参考价若干问题的规定》(以下简称《财产处置参考价规定》),法院在处置财产过程中,常见的定价方式包括当事人议价、定向询价①、网络询价②、委托评估等,通常法院应当依据前述顺序确定处置财产参考价。但《网络司法拍卖规定》和《拍卖、变卖财产规定》二者均有类似规定,起拍价由法院参照评估价确定,未作评估的,参照市价确定,并征询当事人意见,因此,实践中一般司法拍卖和网络司法拍卖的财产定价依据主要为评估价格和市场价格。以下以评估价为例确定司法拍卖各个环节抵债价格的情况(不包括未经拍卖而直接变卖的情况):

表 2 裁定抵债价格的确定

程序	价格	
	一般司法拍卖	网络拍卖
评估价格	A	
一拍最低价	A	A * 70%
一拍流拍后抵债最低价	A	一拍流拍价
二拍最低价	A * 80%	A * 70% * 80%
二拍流拍后抵债最低价	A * 80%	二拍流拍价
三拍最低价	A * 80% * 80%	N/A
三拍流拍后抵债最低价	A * 80% * 80%	N/A
变卖价	三拍保留价	二拍保留价
变卖失败后抵债最低价	三拍保留价	二拍保留价

法院拍卖、变卖以及裁定以物抵债过程中,争议最大的往往是财产定价,但财产定价涉及的行为并非都属于法院执行行为,因此当事人、利害关系人并不能就财产定价涉及的全部问题提出执行异议,对于财产定价涉及的非执行行为,当

---

① 《财产处置参考价规定》第 5 条:当事人议价不能或者不成,且财产有计税基准价、政府定价或者政府指导价的,人民法院应当向确定参考价时财产所在地的有关机构进行定向询价。

② 《财产处置参考价规定》第 10 条:采取网络询价方式确定参考价的,人民法院应当同时向名单库中的全部司法网络询价平台发出网络询价委托书。网络询价委托书应当载明财产名称、物理特征、规格数量、目的要求、完成期限以及其他需要明确的内容等。

事人、利害关系人所提出的异议不属于执行异议，亦不由法院直接处理。

（一）财产评估的异议

1. 关于评估报告的执行异议

根据《财产处置参考价规定》第22条，当事人、利害关系人仅能针对网络询价报告或者评估报告提出执行异议，不能对当事人议价或者定向询价提出异议，且仅能就以下四个方面的问题提出执行异议：（1）财产基本信息错误；（2）超出财产范围或者遗漏财产；（3）评估机构或者评估人员不具备相应评估资质；（4）评估程序严重违法。当事人、利害关系人一般应收到报告后5日内提出书面异议。前述四项行为属于法院的执行行为，当事人、利害关系人可以提出执行异议，又被称为"程序异议"。

前述四项执行异议往往发生在当事人收到评估报告之时，随着司法拍卖的推进，前述四项可能不再是当事人针对评估报告提出执行异议的重点，评估价格的有效期会成为双方争议的另一焦点。总体而言，裁定抵债应当保证评估价格的有效性，鉴于评估价格仅仅是司法拍卖确定的保留价，并不一定是成交价，因此评估报告有效期届满，并不意味着就必须重新评估。

根据《财产处置参考价规定》，司法网络询价平台、评估机构应当确定网络询价或者委托评估结果的有效期，有效期最长不得超过一年。法院应当在有效期内启动拍卖、变卖财产，即发布一拍拍卖公告或者直接进入变卖程序，且拍卖、变卖时未超过有效期六个月，则无需重新确定参考价。此外，评估报告仅是启动拍卖时确定保留价的参考，第二次拍卖是根据前次拍卖的竞价情况决定保留价，因此不会受评估报告有效期的影响。①

执行实践中，评估后的标的物市场价值发生较大变化的可能性确实存在。如果标的物的市场价值变化发生于拍卖之前，则该标的物的市场价值可以经过拍卖的充分竞价程序得到检验；如果标的物的市场价值变化发生于流拍之后，不存在通过竞价程序校验标的物市场价值的可能性，再以最后一次拍卖时所定的保留价裁定以物抵债则会显失公平，此时就属于《拍卖、变卖财产规定》中所谓依法不能交付执行债权人抵债的情形，一般应当重新启动评估。②

2. 关于评估技术方面的异议程序

根据《财产处置参考价规定》第23条，当事人、利害关系人收到评估报告后5日内可以对评估报告的参照标准、计算方法或者评估结果等提出书面异议，其处理流程如下：

---

① （2016）最高法执复20号执行裁定书、（2021）京执复52号执行裁定书。
② （2016）最高法执监191号执行裁定书。

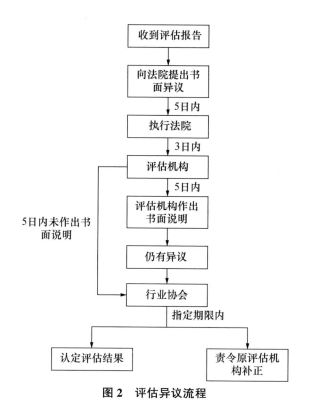

图 2　评估异议流程

如上流程图，当事人、利害关系人收到评估报告后 5 日内对评估报告的参照标准、计算方法或者评估结果等提出书面异议的，法院应当在 3 日内交评估机构予以书面说明。评估机构在 5 日内未作说明或者当事人、利害关系人对作出的说明仍有异议的，法院将交由相关行业协会在指定期限内组织专业技术评审，并根据专业技术评审出具的结论认定评估结果或者责令原评估机构予以补正。

因前述事项涉及评估定价的具体事项，不属于法院执行行为，前述异议不能成为执行异议，最终处理方亦不是法院，而是评估机构或行业协议，该异议程序又被称为"实体异议"。

司法实践中，当事人经常以评估价格过低或过高为由提起执行异议，该等属于对评估结果等提出的异议，不属于对执行行为的异议，法院一般不会审查受理。①

若当事人、利害关系人提出书面异议的范围同时涉及第 22、23 条规定的事项，一般处理方式如下：

---

① （2020）最高法执复 122 号执行裁定书、（2019）最高法执监 391 号执行裁定书。

（1）实体异议同时涉及程序异议中的财产基本信息错误，或超出财产范围或者遗漏财产问题的，一般适用第23条规定的实体异议程序。

（2）实体异议同时涉及程序异议中的评估机构或者评估人员不具备相应评估资质，或评估程序严重违法问题的，一般适用第22条规定的执行异议程序（程序异议）。若异议成立，法院应通知评估机构3日内将法院委托评估时移交的材料退回，另行委托下一顺序的评估机构重新进行评估，异议不成立的，则继续按照第23条规定的异议程序处理。

3. 法院不予受理的异议

根据《财产处置参考价规定》第24条，当事人和利害关系人一般不能对以下事宜提出异议，法院一般亦不会受理：

（1）当事人、利害关系人未在规定的期限内（收到网络询价报告或者评估报告后5日内）提出的异议；

（2）对网络询价平台、评估机构、行业协会按照《财产处置参考价规定》第22条、第23条所作的补正说明、专业技术评审结论提出的异议。

（3）对当事人议价或者定向询价提出的异议。

因此，当事人对网络询价平台、评估机构、行业协会就财产处置参考价作出的最终结论一般不能再行提出异议。

4. 抵债财产定价中的执行监督程序

执行监督程序通常是当事人最后的救济途径，在程序异议、实体异议以及法院不予受理的异议等程序的处理结果确实存在错误的，当事人和利害关系人可以通过执行监督程序进行救济。根据《财产处置参考价规定》第25条，针对议价中存在欺诈、胁迫，恶意串通损害第三人利益，有关机构出具虚假定向询价结果，依照第22条、第23条作出的处理结果确有错误这四种情形，当事人或利害关系人在发布一拍拍卖公告或者直接进入变卖程序之前提出异议的，法院应当按照执行监督程序进行审查处理。①

总体而言，当事人、利害关系人针对评估报告提出异议的情形及适用程序如下：

（二）裁定抵债的税费承担

法院拍卖、变卖债务人财产以及裁定抵债中的定价不得不考虑税费的影响，

---

① 执行监督程序与执行异议程序不同，提出执行异议是法律赋予当事人、利害关系人的法定权利，其对违法执行行为提出异议进而申请复议，只要符合法定条件，执行法院和上一级法院就必须进行审查处理，并作出裁定；执行监督是人民法院内部的一种监督、指导和纠错制度，一般解释为宪法赋予公民的申诉权，而非执行救济权，因此种申诉行为并不必然产生相应的程序法上的效果，向上级法院反映情况后，是否会得到处理，以及在多大程度上得到处理，均由人民法院审查确定。

| 五 | 争议解决与司法执行

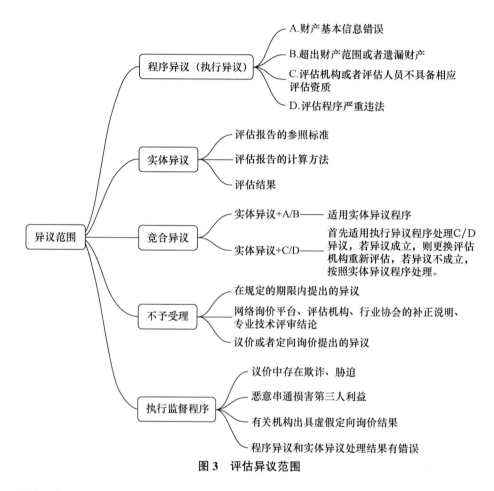

图 3　评估异议范围

税费承担可能会成为竞买人或抵债主体是否接受被处置财产的主要因素之一。由于债务人在执行程序中往往无能力且无动力缴纳税费，法律规定本应由被执行人承担的费用是否应当由抵债主体承担在司法实践中引起了争议。

1. 裁定抵债税费的处理原则

2020 年之前，尤其是《网络司法拍卖规定》颁发之前，法院在司法拍卖中往往采取"一脚踢"模式，要求买受人承担全部税费。《网络司法拍卖规定》出台后，因网络司法拍卖本身形成的税费，依照相关法律、行政法规的规定由相应主体承担；没有规定或者规定不明的，法院则根据法律原则和案件实际情况确定税费承担的相关主体、数额。2020 年 10 月 19 日发布的《对十三届全国人大三次会议第 8471 号建议的答复》明确答复，最高人民法院将进一步要求各级法院严格落实司法解释关于税费依法由相应主体承担的规定，严格禁止在拍卖公告中要求买受人概括承担全部税费。

因此，司法拍卖中的税费承担原则应当遵守税收法定原则，按照法律规定由相应主体承担，但规定不明确的可以由法院确定承担主体。裁定抵债作为司法拍卖的延伸，理应适用该原则，例如《关于进一步优化不动产司法拍卖涉税事项办理的意见》（湘税发〔2021〕54号）规定，不动产司法拍卖流拍后，申请执行人或者其他执行债权人接受不动产抵债的，视同买受人，被执行人视同出卖方，交易税费由买卖双方依法各自负担。根据该原则，房地产抵债中应由被执行人承担的土地增值税、增值税等在办理过户时依然应由被执行人承担。

2. 抵债财产过户涉及税费承担的实践

实践中，交易环节和过户涉及的相关税费一般应在办理过户登记之前缴纳，例如房地产抵债涉及的土地增值税、增值税等，否则登记机关可能不会办理过户登记。

（1）拍卖公告确定税费承担主体

法院一般在拍卖公告等公开文件中会明确强调税费的承担主体。法院确定的税费承担方式一般两种，一种是由买受人全部承担，另一种是按照法律规定承担税费，或者按照法律规定承担税费但由买受人垫付。

第一种方式实际上不符合现行法律规定，但竞买人在明知该等公告的情况下依然参与竞买，即便该公告内容不符合法律规定，竞买人极可能依然应承担相关税费。例如，广东高院和北京高院①认为，竞买人参与竞买的行为视为其自愿接受拍卖公告规定的相关条件并承担相应费用，竞买人在竞买成功后，如果再以税费不应由其承担为由撤销该项执行行为，实质上是在事后更改该次司法拍卖的条件，对其他未参加竞买的潜在竞买人或其他未成功竞得案涉房产的竞买人而言均有失公平，也不利于司法拍卖的稳定。因此，若法院在拍卖公告中要求由买受人承担全部税费，利害关系人或竞买人应当即时向法院提出异议，避免竞买成功后承担高额税费。

第二种税费承担方式中，若拍卖公告明确要求买受人垫付被执行人应缴纳的税费，竞买人应充分了解法院是否可以退还垫付税费或者向被执行人追偿的可行性。若拍卖公告仅说明按照法律规定由各方承担税费，未明确税费垫付问题，竞买人应在竞买前与登记机关沟通，被执行人未缴纳税费的情况下是否会影响办理过户登记并提前做好相关规划，实践中部分地方登记机关在被执行人未缴纳税费的情况下可以办理过户登记，部分地方登记机关则不允许办理过户登记，例如湖南②。

---

① （2021）粤执复298号执行裁定书和（2022）京执监49号执行裁定书。
② 《关于进一步优化不动产司法拍卖涉税事项办理的意见》（湘税发〔2021〕54号）第6条规定：税务机关在不动产司法拍卖缴纳交易环节税费后，应当积极协助法院办理相关过户手续，不得以被执行人欠缴非交易环节的税款为由拒绝协助办理相关手续。

（2）拍卖公告是否适用于以物抵债

实践中拍卖公告规定的税费承担方式是否适用于流拍后的裁定抵债存在争议。例如，广东高院[①]认为拍卖公告规定的税费承担方式适用于流拍后的裁定抵债，其理由在于，竞买人既然接受以物抵债，则应当接受以该次变卖保留价作为抵债财产的抵偿价值，这一抵偿价值实质包含了以物抵债的税费负担方式继承拍卖、变卖的税费负担方式。黑龙江高院[②]则认为拍卖公告规定的税费承担方式不适用于流拍后的裁定抵债，其理由在于，因拍卖财产无人竞买，法院以此作出的以物抵债裁定，性质不同于拍卖、变卖。

鉴于司法实践中的争议，债权人若申请法院裁定抵债，应当在抵债前调查抵债所涉及的税费，与法院充分沟通税费的承担主体及承担方式，并提前在抵债金额方面做好规划。若债权人确需承担高额税费，则可以结合商业安排考虑取得抵债裁定后不办理过户登记，待抵债财产再次转让后，由受让人负责处理税费事宜。

四、小结

执行程序中裁定抵债因其物权变动效力稳定、抵债裁定被撤销的难度较大等优势，广受债权人的青睐。申请执行人申请裁定抵债应提前做好规划，以便顺利实现裁定抵债。

首先，债权人申请裁定抵债的机会较多，但不同阶段裁定抵债的价格存在差异，随着执行程序期限的推进，抵债价格会越来越低，但抵债竞争亦会更加激烈，被执行人破产的风险逐步加大，抵债申请人应做好策略安排，在执行程序期限与抵债价格之间做好权衡。

其次，债务人和利害关系人在拍卖、变卖程序中有权针对网络司法询价和评估报告提出异议，为节省程序时间，在可行的情况下，债权人可向法院申请尽量通过当事人议价和定向询价方式确定财产处置参考价，但仍应注意价格的公允性，保证债权原本的清偿顺位，不得损害其他债权人的利益。

再次，抵债受让人应提前对裁定抵债的税费做好调查和沟通，确保税费在抵债规划之内或者有后续补偿或追偿的可行性。

最后，债权人申请裁定抵债仍应当满足法律规定的资格要求，为避免裁定抵债存在障碍，在确保对债权或抵债财产控制力的前提下，债权人可以考虑通过债权转让或其他合法形式取得抵债财产。

---

① （2020）粤执复577号执行裁定书。
② （2018）黑执复86号执行裁定书。

浅析案外人权利救济制度及救济路径选择

刘　麟

2012年民事诉讼法修订，增设了第三人撤销之诉制度，执行异议、第三人撤销之诉、案外人申请再审和执行异议之诉构成了我国案外人权利救济制度体系。最高人民法院也陆续对上述制度的司法适用做了进一步规定和明确，虽然解决了司法实践中的一些问题，但因法律规定、司法解释和司法文件规定的交叉杂糅，反而导致案外人权利救济路径的模糊化。本文以案外人权利救济制度的法律规定为切入点，梳理了实践中的问题和解决方案，对案外人权利救济的路径选择提出了一些建议。

一、案外人权利救济的法律规定

民事诉讼法从审判和执行两个维度规定了案外人救济制度，即分别规定了裁判错误和执行错误[①]时，案外人如何寻求权利救济。

（一）裁判错误时的权利救济

《民事诉讼法》及其《民诉法司法解释》规定，遗漏的必要共同诉讼人因不可归责于本人的原因未参加原审诉讼时，可以作为案外人对原案申请再审。案外第三人因不可归责于本人的原因未参加原审诉讼时，可以对原案提起撤销之诉。

1. 遗漏的必要共同诉讼人作为案外人申请再审

就必要共同诉讼人而言，其被原审遗漏时，这类"当事人"就被动成为"案外人"。必要共同诉讼人未参加原审诉讼，原审争议的权利义务关系就难以确

[①] 为表述便利，本文将因不可归责于本人的原因未参加原审诉讼且认为原判错误，称之为"裁判错误"，将执行行为错误或执行依据错误，称之为"执行错误"。

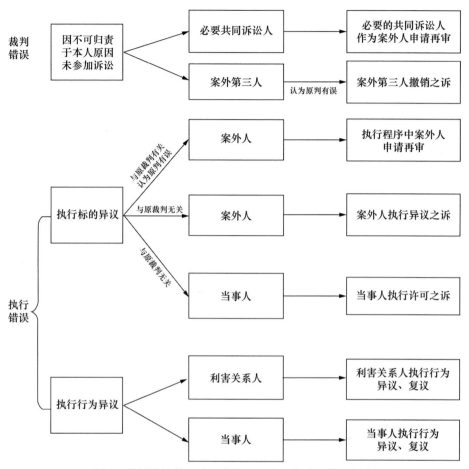

图1　民诉法及其司法解释关于案外人权利救济的规定

定①，因此《民诉法司法解释》第420条规定必要共同诉讼人因不能归责于本人的事由未参加诉讼，可以作为"案外人"申请再审。

2. 案外第三人撤销之诉

第三人是相对于诉讼中原告、被告而言的一类诉讼主体，包括有独立请求权第三人和无独立请求权第三人。有独立请求权第三人参加诉讼，实际是将两个诉讼，即原来当事人之间的本诉和第三人与本诉当事人之间的诉讼合并审理②。无独立请求权第三人参加诉讼，实际是将一个已经开始的诉讼和一个今后可能发生的

---

① 全国人大常委会法制工作委员会民法室编著：《中华人民共和国民事诉讼法解读》，中国法制出版社2007年版，第112页。

② 同上书，第138页。

潜在诉讼的合并审理。① 因此第三人不是原案诉讼必须的诉讼主体，其既可以是"当事人"也可以是"案外人"。虽然第三人是否参加诉讼不影响原审的程序正当性，但因未参加诉讼且裁判结果有误直接损害第三人利益时，原审就可能存在实体上的瑕疵，案外第三人撤销之诉就有了增设的必要。

2012年《民事诉讼法》新增了案外第三人撤销之诉，第三人因不能归责于本人的事由未参加诉讼，但有证据证明发生法律效力的裁判有误，可以向作出该裁判的法院提起诉讼。② 准确地讲，这里的"第三人"应当是"案外第三人"，第三人撤销之诉应当称之为"案外第三人撤销之诉"。司法实践中由于习惯将"案外第三人"简称为"第三人"，一定程度上导致了"第三人"和"案外人"两个概念的混用和混淆。

（二）执行错误时的权利救济

执行程序中，案外人可以通过执行异议主张救济。对于执行行为异议，《民事诉讼法》规定的是"异议+复议"的救济模式。而对于执行标的异议，《民事诉讼法》规定的是"异议+诉讼"的救济模式。

1. 执行行为异议

《民事诉讼法》第236条规定，当事人、利害关系人认为执行行为违反法律规定的，可以向负责执行的人民法院提出书面异议。当事人、利害关系人提出书面异议的，人民法院应当自收到书面异议之日起15日内审查，理由成立的，裁定撤销或者改正；理由不成立的，裁定驳回。当事人、利害关系人对裁定不服的，可以自裁定送达之日起10日内向上一级人民法院申请复议。这里的"当事人"是指生效法律文书载明的诉讼主体，"利害关系人"是指当事人以外，对法院的执行行为主张程序性权益和不能排除执行的实体性权益的人，如果主张的是能够排除执行实体性权益，则其身份是案外人。③ 因此，"利害关系人"是对法院执行行为提出异议的一类主体。

2. 执行标的异议及后续救济

《民事诉讼法》第238条规定，案外人可以在案件执行过程中提出执行标的异议，该异议被驳回后，案外人可依据不同情形，分别通过执行程序中案外人申请再审、案外人执行异议之诉寻求权利救济。这里的"案外人"包含原审"遗漏的必要

---

① 全国人大常委会法制工作委员会民法室编著：《中华人民共和国民事诉讼法解读》，中国法制出版社2007年版，第139页。
② 《民事诉讼法》第59条。
③ 刘贵祥、范向阳：《〈关于人民法院办理执行异议和复议案件若干问题的规定〉的理解与适用》，载《人民司法》2015年第11期。

共同诉讼人""第三人"和"利害关系人"等在内的、生效法律文书没有载明的主体。①

（1）执行程序中案外人申请再审

"执行过程中，案外人、当事人不服驳回执行异议裁定，认为原裁判错误的，可以申请再审"。②

为进一步保护案外人诉讼权利，2008年《最高人民法院关于适用〈中华人民共和国民事诉讼法〉审判监督程序若干问题的解释》第5条③对执行程序中案外人申请再审的时间条件作了扩大解释，将申请再审的时间提前到了裁判生效后2年内，而不再局限于执行程序中。

民诉解释则又规定，案外人申请再审应当以提出执行异议为前置条件④，执行程序中案外人申请再审的时间条件又回归到了民诉法划定的界限内，审判监督司法解释第5条实质上已被废止，实践中也不再适用。

（2）案外人执行异议之诉

"执行过程中，案外人对执行标的提出书面异议被驳回。案外人、当事人不服，与原裁判无关的，可以向人民法院提起诉讼。"⑤

案外人执行异议之诉是案件执行阶段的异议之诉，司法实践中通常将其称之为"执行异议之诉"，站在案外人救济的角度，故本文将其称之为"案外人执行异议之诉"。需要说明的是，案外人不服被法院驳回的执行异议裁定，可以提起执行异议之诉。当事人不服被法院认可的执行异议裁定，可以提起执行许可之诉。⑥

二、案外人权利救济制度适用上的竞合及解决方案

《民事诉讼法》及其《民诉法司法解释》从裁判和执行两个维度规定了案外人救济制度，但即使案件进入"执行阶段"，案外人也可以"未参加原审诉讼"为由主张裁判错误而寻求救济。又因执行程序中"案外人"可以包含"遗漏的必要共同诉讼人""第三人"，因此两个维度下的救济制度会发生适用上的竞合。

---

① 江伟主编、傅郁林副主编：《民事诉讼法》（第三版），北京大学出版社2015年版，第471页。
② 《民事诉讼法》第238条。
③ 第5条第1款："案外人对原判决、裁定、调解书确定的执行标的物主张权利，且无法提起新的诉讼解决争议的，可以在判决、裁定、调解书发生法律效力后二年内，或者自知道或应当知道利益被损害之日起三个月内，向作出原判决、裁定、调解书的人民法院的上一级人民法院申请再审。"根据《关于修改〈最高人民法院关于人民法院民事调解工作若干问题的规定〉等十九件民事诉讼类司法解释的决定》（法释〔2022〕20号），该条被删除。
④ 《民诉法司法解释》（2022修正，下同）第421条。
⑤ 《民事诉讼法》第238条。
⑥ 江伟主编、傅郁林副主编：《民事诉讼法》（第三版），北京大学出版社2015年版，第474页。

（一）程序适用的竞合

1. 案外第三人撤销之诉与原案再审的竞合

当案外第三人提起撤销之诉后，若原案又因法院、检察院提起、原案当事人申请被裁定再审时，由于两程序是对同一权利的同质救济，就会发生两种救济程序适用上的竞合。

2. 案外第三人撤销之诉与执行程序中案外人申请再审的竞合

在案件执行阶段，案外第三人执行异议被法院驳回后，该案外人既可以"案外第三人"身份并以裁判错误为由提起案外第三人撤销之诉，又可以"案外人"身份并以执行依据错误为由提起执行程序中的案外人申请再审，此时也会发生两种救济程序适用上的竞合。

3. 案外人执行标的异议与利害关系人执行行为异议的竞合

当事人以外的人同时以"案外人"身份提起执行标的异议，以"利害关系人"身份提起执行行为异议时，就会发生"执行异议竞合"。具体而言，包括两种类型，一类是"基础权利及目的竞合"，即案外人提出执行标的异议和执行行为异议，所依据的基础权利都是实体权利，目的也都是请求法院停止对标的物的执行，但其形式上表现为既对执行标的又对执行行为提出异议。另一类是"主体竞合"，即当事人以外的人既以实体权利为基础提出案外人异议，又提出与实体权利无关的执行行为异议，目的分别是阻止标的物的执行和纠正违法行为，但其形式上也表现为既对执行标的又对执行行为提出异议。①

（二）解决方案

对上述程序适用上的竞合问题，《民诉法司法解释》给出了解决方案。

1. 案外第三人撤销之诉与原案再审竞合的解决方案

根据《民诉法司法解释》，第三人撤销之诉案件审理期间，生效裁判被裁定再审的，受理第三人撤销之诉的法院应当裁定将第三人的诉讼请求并入再审程序。但有证据证明原审当事人之间恶意串通损害第三人合法权益的，法院应当先行审理第三人撤销之诉案件，裁定中止再审诉讼。②

2. 案外第三人撤销之诉与执行程序中案外人申请再审竞合的解决方案

根据民诉解释，案外人提起第三人撤销之诉后，又在执行程序中提起执行异议时，案外人不服驳回执行异议裁定，申请对原判再审的，法院不予受理。同理，案外人对法院驳回其执行异议裁定不服，认为原判申请再审后，又提起第三人撤

---

① 刘贵祥、范向阳：《〈关于人民法院办理执行异议和复议案件若干问题的规定〉的理解与适用》，载《人民司法》2015 年 11 期。

② 《民诉法司法解释》第 301 条。

销之诉的，法院不予受理。①

《九民纪要》进一步肯定了这种解决方案。当案外人既有申请再审的权利，又符合第三人撤销之诉的条件时，案外人不享有程序选择权，只能按照启动程序的先后，选择相应的救济程序。②

3. 案外人执行标的异议与利害关系人执行行为异议竞合的解决方案

《执行异议和复议规定》以"基础权利+目的"的区分标准，即看异议的基础是不是实体权利，其目的是不是要阻止执行，对两种情形下的竞合问题给出了解决方案。③

"基础权利及目的竞合"情形下，按照实体异议吸收程序异议的解决办法，法院只对实体异议进行审查，执行行为异议因没有审查的必要而不再审查。

"主体竞合"情形下，因为其实质上是同一异议主体分别作为案外人和利害关系人提出两类不同性质的异议，应当分别适用不同的审查程序，分别作出裁定。

三、案外人权利救济的路径梳理

从诉讼进程角度看，我国民诉法对执行程序中的部分案外人权利提供了双重救济路径，导致了救济程序适用的竞合。当存在两种可以选择的救济路径时，案外权利人如何选择救济路径对权利实现最为有利，救济路径的系统梳理和利弊权衡就显得很有必要。

（一）裁判错误时的救济路径

1. 案外人是原审遗漏的必要共同诉讼人

该案外人可依据《民诉法司法解释》第420条提起案外人申请再审。在案件执行阶段，还可依据《民事诉讼法》第238条提起案外人申请再审。

依据《民诉法司法解释》第420条提起案外人申请再审：案外人只限于《民事诉讼法》第211条第8项之原因申请再审，即因不可归责于本人的原因未参加诉讼。按照第一审程序再审的，应当追加其为当事人，作出新的判决、裁定；按照第二审程序再审，经调解不能达成协议的，应当撤销原判决、裁定，发回重审，重审时应追加其为当事人。④

依据《民事诉讼法》第238条提起案外人申请再审：执行过程中，案外人对驳回执行异议的裁定不服，申请再审的，按照《民诉法司法解释》第420条第2

---

① 《民诉法司法解释》第303条。
② 《九民纪要》第122条。
③ 刘贵祥，范向阳：《〈关于人民法院办理执行异议和复议案件若干问题的规定〉的理解与适用》，载《人民司法》2015年第11期。
④ 《民诉法司法解释》第420条第2款。

款处理。①

综上，原审遗漏的必要共同诉讼人作为案外人，无论是依据《民诉法司法解释》第420条申请再审，还是依据《民事诉讼法》第238条申请再审，虽然二者在管辖法院及申请再审审限的起算点上存在差别，②但两种救济路径在审理程序和对其审级利益保护方面是一致的。

2. 案外人是案外第三人

该案外人可依据《民事诉讼法》第59条提起第三人撤销之诉。在案件执行阶段，还可依据《民事诉讼法》第238条提起案外人申请再审。但该案外人对两种救济路径不享有程序选择权，只能按照启动程序的先后，选择相应的救济程序③。

需要特别注意的是，该案外第三人通过《民事诉讼法》第238条提起案外人申请再审，审理范围会受到限制，即法院仅审理原判对其民事权益造成损害的内容，并且因为该救济程序为再审程序，该案外人亦不能通过上诉进一步主张权利。但该外人通过第三人撤销之诉主张权利救济，则不受上述限制，对裁判不服的，亦可以提起上诉。④

因此，当案外人是案外第三人时，应当优先选择第三人撤销之诉主张权利，不建议选择《民事诉讼法》第238条申请再审。

（二）执行错误时的救济路径

1. 执行异议

对于执行行为异议，民诉法规定的是"异议+复议"的救济模式。从法律规定上看，法律给予当事人及利害关系人的救济仅仅是程序性救济，不涉及实体性问题的重新认定。

而对于执行标的异议，民诉法规定的是"异议+诉讼"的救济模式。异议被驳回后，无论异议理由与原判是否相关，均可以通过独立的诉讼程序对争议问题进行实体性审理。

根据《执行异议和复议规定》，只有案外人既基于实体权利提起执行标的异议，又基于与实体权利无关的事由提起执行行为异议时，法院才会对两项异议分别审查，否则，法院会以执行行为异议没有审查的必要而不再审查。

因此，案外人拟同时提起执行标的异议和执行行为异议时，要依据上述标准作出预先判断，当执行标的异议和执行行为异议不符合法院同时审查的标准时，从节约成本的角度，案外权利人应着力从执行标的异议的层面做相应准备，即使

---

① 《民诉法司法解释》第422条第1款。
② 《九民纪要》第121条。
③ 《九民纪要》第122条。
④ 《民诉法司法解释》第301条。

执行标的异议被驳回，还可以通过后续诉讼进一步主张权利。

2. 执行标的异议被驳后的救济

（1）原裁判无误时的救济路径

案外人执行标的异议被裁定驳回，且其主张救济的依据与原裁判无关的，可通过案外人执行异议之诉寻求权利救济。

《执行异议和复议规定》对案外人执行异议的裁判标准进行了详细规定，《九民纪要》又对《执行异议和复议规定》未予明确或需要补充说明的问题予以了进一步规定。鉴于本文旨在理清案外人救济的路径，故对案外人执行异议之诉的具体法律适用问题不再展开论述。

（2）原裁判错误时的救济路径

此情况下的救济路径已在前文一并做了相关梳理，此处不再赘述。

四、案外人权利救济制度的完善和不足

通过上文可知，民诉法对执行程序中的部分案外人提供了双重救济路径。但在实践中，部分案外人权利无法得到救济的问题也比较突出，暴露了我国案外人权利救济制度在路径铺设方面用力不均、厚此薄彼的问题。

（一）制度的进一步完善

《九民纪要》对第三人撤销之诉的启动主体进行了扩大解释，将其扩大到了部分特殊案外债权人：一是法律明确给予特殊保护的债权，如建设工程价款优先受偿权、船舶优先权；二是因债务人与他人的权利义务被生效裁判文书确定，导致债权人本来可以对某些行为享有撤销权而不能行使的；三是债权人有证据证明，裁判文书主文确定的债权内容部分或者全部虚假的。[①] 显然，这是对部分特殊案外债权人敞开了一扇救济的大门。

（二）制度的遗憾和不足

虽然《九民纪要》对第三人做了扩大解释，但这种突破程度十分有限，除上述几种特殊情形的案外债权人外，其他大部分案外债权人依然无法在现行法律规定中找到救济路径。

在第三人撤销之诉制度增设前，学界普遍认为我国案外人权利救济制度存在的主要问题是再审制度没有向案外人完全开放，[②] 因此主张增设"案外人撤销之诉"，既替代"案外人申请再审"，又扩大"案外人"主体范围，统筹解决现有的制度缺陷。然而，随着2012年《民事诉讼法》的颁布，学界的期待变成了"案外第三人撤

---

① 《九民纪要》第120条。

② 张卫平：《民事诉讼法》（第五版），法律出版社2019年版，第410页。

特殊机会投资之道 2

销之诉",虽然对"案外第三人"开辟了救济路径,但它显然无法替代"案外人申请再审",甚至还造成了两种救济制度适用上的竞合。这也成为当前民事诉讼立法的一个遗憾。

  案外债权人权利无法得到救济的问题在司法实践中依然较为突出,学界和实务界对民事诉讼立法进一步完善的呼声也十分强烈。可以期待,在不远的将来,现有遗憾和不足应该会通过立法或司法解释逐步予以弥补和完善。

执行异议之诉对金融机构债权实现影响的实证研究

杨美美

在金融交易中，金融机构向融资人提供借款时一般需要融资人提供担保，以房地产提供抵押是较为常见的担保措施，但债权上设定了足值的抵押担保是否就意味着债权人能高枕无忧？笔者通过检索梳理最高人民法院2018年至2020年审理的执行异议之诉案件，发现在涉及金融机构的有关执行异议之诉案件中，金融机构在处置担保物实现债权及相关权益的过程中，案外人就担保物提出异议并最终被最高院判定异议成立的案件占较大比重。本文拟对最高人民法院2018年至2020年审理的2535件执行异议之诉案件进行数据分析和实证研究，从而厘清执行异议之诉中排除金融机构债权执行的常见民事权益类型，为金融机构风险防范提供思路。

一、执行异议之诉相关法律规范基本情况

执行异议之诉分为案外人执行异议之诉、申请执行人执行异议之诉、执行分配方案异议之诉。案外人执行异议之诉、申请执行人执行异议之诉作为最常见的两种执行异议之诉由执行异议引发。《民事诉讼法》第234条规定的执行异议是针对执行标的提出的实体性异议，实体性异议是执行异议之诉的前置程序，执行异议之诉是实体性异议的诉讼救济措施，二者属于民事诉讼法安排的程序衔接。案外人提出的实体性执行异议未被法院支持，案外人有权就此提起案外人执行异议之诉，诉请阻却执行；如案外人提出的实体性执行异议获得法院支持，则申请执行人有权就此提出申请执行人执行异议之诉，诉请继续执行（见图1）。执行分配方案异议之诉发生于参与分配过程中，通常由债权人或者被执行人提起

(见图 2)。①

图 1　申请执行人执行异议之诉、案外人执行异议之诉形成路径

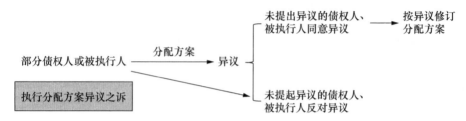

图 2　执行分配方案异议之诉形成路径

我国关于执行异议之诉的专门法律规范相对简单，主要集中于民事诉讼法及其司法解释中的相关规定，以及《执行程序司法解释》中的相关规定②。2019 年 11 月 8 日最高人民法院印发的《九民纪要》第 119 条至第 127 条专门规定了关于案外人救济案件的审理，其中包括案外人依据另案生效裁判对非金钱债权/金钱债权的执行提起执行异议之诉、商品房消费者权利与抵押权的关系、案外人系商品房消费者之外的一般买受人的案件审理思路。此外，为正确审理执行异议之诉案件，最高人民法院起草了《关于审理执行异议之诉案件适用法律问题的解释（一）》，于 2019 年 11 月 29 日向社会公开征求意见。

值得注意的是 2015 年出台的《执行异议和复议规定》理论上仅应适用于执行异议和复议程序③，是法院对执行异议进行形式审查的法律依据，不应作为执行

---

① 参见杨美美：《执行异议之诉相关法律问题分析与实践》，载于微信公众号"东方法律人"，http://www.360doc.com/content/17/1023/08/40635959_697333718.shtml，2020 年 7 月 1 日最后访问。

② 2008 年 4 月 1 日施行的我国《民事诉讼法》第 204 条首次规定了执行异议之诉程序，我国现行《民事诉讼法》第 238 条沿袭了此规定。《民诉法司法解释》第 302 条至第 314 条及《执行程序司法解释》第 14 条至第 18 条对执行异议之诉的程序设计作出了较为详细的规定，是在实操层面对执行异议之诉制度的具体落实。

③ 最高人民法院民事审判第二庭编：《〈全国法院民商事审判工作会议纪要〉理解与适用》，人民法院出版社 2019 年版，第 600 页。

异议之诉的审理依据。但过往的审判实践中,直接以《执行异议和复议规定》作为执行异议之诉审理依据的案件仍较为常见,其中法院依据《执行异议和复议规定》第 28 条、第 29 条进行裁判的案件比比皆是。如今《九民纪要》明确人民法院在审理执行异议之诉时,可参照适用《执行异议和复议规定》第 28 条、第 29 条。

二、涉金融机构的执行异议之诉案件情况

(一)总体审理情况

笔者通过检索最高人民法院 2018 年 1 月 1 日至 2020 年 7 月 31 日审理的全部 2535 件执行异议之诉案件①,其中案外人执行异议之诉 1469 件,申请执行人执行异议之诉 1048 件、执行分配方案异议之诉 18 件。涉及金融机构案件共计 1027 件,约占比 40.51%,该 1027 件案件中排除撤诉、发回重审、指令下级法院审理、最高院提审尚未审结的案件外,经最高院二审或再审审结的案件共计 781 件,其中金融机构败诉案件 542 件,约占比 69.39%(见图 3 及表 1)。涉及的金融机构主要包括银行、信托、资产管理公司(见图 4)。

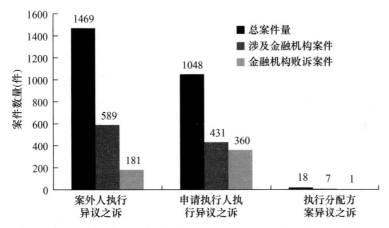

图 3 最高院 2018—2020 年涉金融机构执行异议之诉案件审理情况

---

① 案件数据来源于威科先行法律数据库,http://law.wkinfo.com.cn,2020 年 8 月 3 日访问,图表数据来源后同。

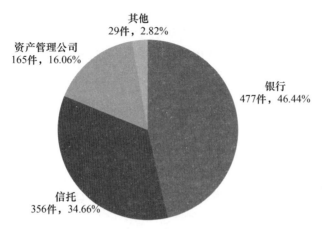

图 4　最高院 2018—2020 年涉金融机构执行异议之诉案件各类机构占比情况

（二）三类案由审理情况

通过数据检索，笔者发现在执行异议之诉 3 类案由中，案外人执行异议之诉占比最大，其次是申请执行人执行异议之诉。金融机构作为当事人的执行异议之诉案件的常见诉因是金融机构系另案债权或担保物权对应执行标的的申请执行人，案外人主张对另案执行标的享有民事权益提出执行异议，异议被驳回后案外人遂提起案外人执行异议之诉，列金融机构为被告；或者法院裁定异议成立中止执行，金融机构不服遂提起申请执行人执行异议之诉。值得注意的是金融机构败诉或者换言之案外人异议被支持的占比，在案外人执行异议之诉中达 49.18%，在申请执行人执行异议之诉中高达 88.45%（见表 1）。

表 1　最高院 2018—2020 年执行异议之诉三类案件审理情况

最高院 2018—2020 年案外人执行异议之诉				
年份	总案件量	涉及金融机构	再审/二审审结	支持异议
2018	591	178	166	117
2019	775	363	154	57
2020	103	48	48	7
合计	1469	589	368	181
2018	612	308	302	292
2019	359	88	70	44
2020	77	35	35	24
合计	1048	431	407	360

(续表)

最高院 2018—2020 年执行分配方案异议之诉				
年份	总案件量	涉及金融机构	再审/二审审结	支持异议
2018	8	3	3	1
2019	8	3	2	0
2020	2	1	1	0
合计	18	7	6	1

（三）涉及民事权益类型情况

经检索 2018 年 1 月 1 日至 2020 年 7 月 31 日最高人民法院审理的金融机构作为当事人的执行异议之诉案件，发现当事人提出的排除金融机构债权执行案件的执行标的种类繁多，但绝大部分都与不动产相关，涉及的民事权益类型主要包括商品房消费者权益、一般房屋买受人权益、以房抵工程款承包人权益、合作开发建设人权益、房屋承租人权益、拆迁安置权利人权益、借名买房人权益、一房多卖买受人权益等（见图5）。其他权益类型包括保证金专户权利人权益、存单质押权利人权益、隐名股东权益等，笔者下文将以前述民事权益类型中较为常见的 6 种涉房权益类型作为研究对象进行简要梳理和分析。

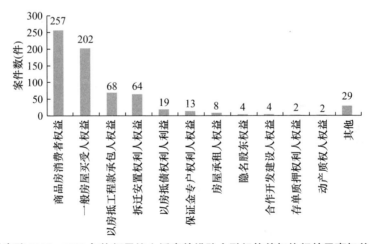

图 5　最高院 2018—2020 年执行异议之诉案件排除金融机构债权执行的民事权益类型占比

三、排除金融机构债权执行的常见民事权益类型

1. 商品房消费者权益

经检索，2018 年 1 月 1 日至 2020 年 7 月 31 日最高院共审结涉及金融机构的商品房消费者权益类执行异议之诉案件共计 257 件，其中异议被支持的多达 237 件。

案涉房产虽已为金融债权办理抵押担保，但因案外人满足《执行异议和复议规定》第 29 条规定的 3 项条件，被法院认定案外人的商品房消费者物权期待利益足以排除金融机构担保物权的执行。

案例一　某信托与 D 房地产公司、白某申请执行人执行异议之诉二审案[①]

最高院终审后认为，白某与 D 房地产公司签署了合法有效的商品房买卖合同，白某也已经支付了案涉房屋的全部价款。且白某举示了重庆市巴南不动产登记中心出具的《重庆市个人住房登记信息查询证明》，亦证明了自己名下除购买的用于居住的案涉商品房外无其他用于居住的房屋。一审法院根据《执行异议和复议规定》第 29 条之规定，认定白某对案涉房屋享有足以排除强制执行的民事权益，并无不当。

商品房消费者物权期待权保护，是指在执行程序中，基于对消费者生存权的维护，赋予商品房消费者对房屋的物权期待权以排除执行的效力。[②]《最高人民法院关于建设工程价款优先受偿权问题的批复》第 1 条、第 2 条规定商品房消费者物权期待权优先于建筑工程承包人工程款优先权，建筑工程承包人工程款优先权优先于抵押权人的优先受偿权，抵押权人的优先受偿权优先于一般金钱债权。《执行异议和复议规定》第 29 条进一步细化了这一制度，明确商品房消费者物权期待权的三个构成要件：① 在人民法院查封之前已签订合法有效的书面买卖合同；② 所购商品房系用于居住且买受人名下无其他用于居住的房屋；③ 已支付的价款超过合同约定总价款的百分之五十。此外，最高院《九民纪要》第 125 条规定人民法院在审理执行异议之诉案件时，可参照适用《执行异议和复议规定》第 29 条，且进一步明确：

（1）关于买受人名下无其他用于居住的房屋，可以理解为在案涉房屋同一设区的市或者县级市范围内商品房消费者名下没有用于居住的房屋。商品房消费者名下虽然已有 1 套房屋，但购买的房屋在面积上仍然属于满足基本居住需要的，可以理解为符合该规定的精神。

（2）关于已支付的价款超过合同约定总价款的百分之五十，如果商品房消费者支付的价款接近百分之五十，且已按照合同约定将剩余价款支付给申请执行人或者按照人民法院的要求交付执行的，可以理解为符合该规定的精神。

[①]（2019）最高法民终第 162 号民事判决书。
[②] 江必新、刘贵祥主编：《最高人民法院〈关于人民法院办理执行异议和复议案件若干问题规定〉理解与适用》，人民法院出版社 2015 年版，第 431 页。

2. 一般房屋买受人权益

经检索，2018 年 1 月 1 日至 2020 年 7 月 31 日最高院共审结涉及金融机构的一般房屋买受人权益类执行异议之诉案件共计 202 件，其中异议被支持的多达 138 件。法院以案外人是否满足《执行异议和复议规定》第 28 条规定的 4 项条件，作为判定异议是否成立的标准。

案例二　某银行天水路支行、邹某执行异议之诉二审案①

最高院终审认为，邹某提供的证据能够证明在人民法院查封之前其已与 J 公司签订了合法有效的书面买卖合同、合法占有该不动产、已支付全部价款及非因买受人自身原因未办理过户登记，依照《执行异议和复议规定》第 28 条的规定，应当认定邹某就执行标的享有足以排除强制执行的民事权益。

一般房屋买受人物权期待权保护，是指在执行程序中，赋予对没有办理房屋过户登记无过错的房屋买受人的物权期待权以排除执行的效力。② 该制度首见于《最高人民法院关于人民法院民事执行中查封、扣押、冻结财产的规定》第 15 条③，《执行异议和复议规定》第 28 条进一步细化这一制度，明确一般房屋买受人物权期待权的四个构成要件：① 在人民法院查封之前已签订合法有效的书面买卖合同；② 在人民法院查封之前已合法占有该不动产；③ 已支付全部价款，或者已按照合同约定支付部分价款且将剩余价款按照人民法院的要求交付执行；④ 非因买受人自身原因未办理过户登记。《九民纪要》第 127 条规定人民法院在审理执行异议之诉案件时，可参照适用《执行异议和复议规定》第 28 条，且对该条规定中的第 4 个条件进一步明确：一般而言，买受人只要有向房屋登记机构递交过户登记材料，或向出卖人提出了办理过户登记的请求等积极行为的，可以认为符合该条件。买受人无上述积极行为，其未办理过户登记有合理的客观理由的，亦可认定符合该条件。

3. 以房抵工程款承包人权益

实践中大量存在以工程款债权为基础达成的以房抵工程款协议，承包人与分包人约定以建成房屋顶抵分包人应向承包人支付的工程款。这类案件在最高院的

---

① 2019 最高法民终第（228）号民事判决书。
② 范向阳主编：《执行异议之诉的规则与裁判》，人民法院出版社 2019 年版，第 285 页。
③ 《最高人民法院关于人民法院民事执行中查封、扣押、冻结财产的规定》第 15 条：被执行人将其所有的需要办理过户登记的财产出卖给第三人，第三人已经支付部分或者全部价款并实际占有该财产，但尚未办理产权过户登记手续的，人民法院可以查封、扣押、冻结；第三人已经支付全部价款并实际占有，但未办理过户登记手续的，如果第三人对此没有过错，人民法院不得查封、扣押、冻结。

司法审判中目前尚未形成统一的裁判观点。经检索，2018 年 1 月 1 日至 2020 年 7 月 31 日最高院共审结涉及金融机构的以房抵工程款执行异议之诉案件共计 68 件，其中异议被支持的为 33 件。

最高院一种观点认为，根据《民法典》第 807 条以及相关司法解释的规定，工程款优先受偿权是对建设工程变价款分配顺序上的优先，而非对抵债房产使用价值的优先，优先权人可以在执行程序中直接申请参与分配，并不享有排除对执行标的强制执行的权利，如司某诉某 AMC 吉林省分公司、杜军等人案外人执行异议之诉案[①]。

最高院另一种观点认为，可根据案件具体情况参照适用《最高人民法院关于人民法院民事执行中查封、扣押、冻结财产的规定》第 17 条或《执行异议和复议规定》第 28 条、第 29 的规定审理该类案件。

案例三　　韩某诉某银行股份有限公司陕西省分行案外人执行异议之诉[②]

《最高人民法院关于建设工程价款优先受偿权问题的批复》第 1 条就是《执行异议和复议规定》第 27 条规定的"但法律、司法解释另有规定的除外"中的司法解释，上述两条规定并不矛盾，因为前者是后者的但书内容。《民法典》807 条规定："……建设工程的价款就该工程折价或者拍卖的价款优先受偿。"《最高人民法院关于建设工程价款优先受偿权问题的批复》第 1 条规定："人民法院审理房地产纠纷案件和办理执行案件中，应当依照《中华人民共和国合同法》第二百八十六条的规定，认定建设工程的承包人的优先受偿权优于抵押权和其他债权。"[③] 故本案某行陕西分行对诉争房屋虽然享有抵押权，但其享有的抵押权不得优先于建设工程款优先受偿权。韩某的"以房抵工程款"符合《最高人民法院关于建设工程价款优先受偿权问题的批复》第 1 条规定的情形下，即使某行陕西分行在案涉商品房上设定有抵押权，韩某也享有足以排除强制执行的民事权利。

4. 拆迁安置权利人权益

最高人民法院《关于审理商品房买卖合同纠纷案件适用法律若干问题的解释》第 7 条第 1 款规定，拆迁人与被拆迁人按照所有权调换形式订立拆迁补偿安置协议，明确约定拆迁人以位置、用途特定的房屋对被拆迁人予以补偿安置，如果拆迁人将该补偿安置房屋另行出卖给第三人，被拆迁人请求优先取得补偿安置房屋的，应予支持。根据该条规定，拆迁人与被拆迁人虽然尚未办理房屋产权登记手

[①] （2018）最高法民申 403 号民事裁定书。
[②] （2018）最高法民申第 4773 号民事裁定书。
[③] 《民法典》第 807 条延续了这一规定。

续，但在人民法院查封之前已经签订合法有效的拆迁补偿安置协议，并且就特定房屋已作出明确约定，被拆迁人即对该补偿安置房屋享有优先权，该优先权足以对抗申请执行人就该房屋提出的强制执行请求。① 经检索，2018年1月1日至2020年7月31日最高院共审结涉及金融机构的拆迁安置权利人权益执行异议之诉案件共计64件，其中异议被支持的达61件。值得注意的是，最高人民法院《关于审理商品房买卖合同纠纷案件适用法律若干问题的解释》已于2020年12月被修订，原第7条第1款关于拆迁安置权利人优先性的规定已删除，但司法实践中，法院依然倾向于保护拆迁安置权利人。

| 案例四 | 某银行股份有限公司呼和浩特分行、某经济开发区某工业园管理委员会申请执行人执行异议之诉② |

最高院再审认为，某管委会属于被拆迁人，其腾退原房产并约定取得金和泰广场写字楼1365.93平方米房产。J公司履行拆迁人对某管委会的产权调换义务，与某管委会签订商品房买卖合同，确定了拆迁安置房产的位置。J公司对拆迁安置房产另行设定抵押权影响某管委会债权的优先效力，二审判决参照《执行异议和复议规定》第28条规定及商品房买卖合同司法解释7条第1款的精神，认定某管委会对案涉房产享有的权利可以排除强制执行，并无不当。

5. 以房抵债权利人权益

以房抵债实质上属于以物抵债。在《九民纪要》出台前，基于以房抵债协议提起的执行异议之诉中，案外人是否享有对案涉房屋排除强制执行的民事权益，不能一概而论，理论上应根据以房抵债的性质及相关司法解释的规定进行判断。③ 关于以物抵债的性质，目前理论上存在代物清偿、债的更新和新债清偿三种学说。

值得注意的是检索有关案例，不难发现《九民纪要》出台前以以房抵债提起的执行异议之诉案件的裁判观点莫衷一是，问题在于一是当事人订立的以房抵债协议意思表示模糊，法官很难判断协议双方的合意到底是代物清偿、债的更新还是新债清偿；二是我国法律对三种性质的以物抵债没有作出明确的规定，导致法律适用不统一。有观点认为以物抵债根本就不适用《执行异议和复议规定》第28、第29条的规定。④ 故此，审判实践中，大部分法官在事实认定中有意回避对

---

① 王毓莹、翟如意：《执行异议之诉中排除执行的民事权利类型化研究》，载于《人民司法》2019年第28期。
② （2018）最高法民申第723号民事裁定书。
③ 范向阳主编：《执行异议之诉的规则与裁判》，人民法院出版社2019年版，第309页。
④ 最高人民法院民事审判第二庭编：《〈全国法院民商审判工作会议纪要〉理解与适用》，人民法院出版社2019年版，第304页。

以房抵债协议的性质认定,而径行以案外人行为是否符合《执行异议和复议规定》第 28、第 29 条规定的要件作为依据,判断案外人对以房抵债之房屋是否享有排除执行的民事权益,如某银行陕西省分行与朱某等人申请执行人执行异议之诉系列案件①。经检索,2018 年 1 月 1 日至 2020 年 7 月 31 日排除按照《执行异议和复议规定》第 28、第 29 条审结的案件,最高院共审结涉及金融机构的以房抵债权利人权益执行异议之诉案件共计 19 件,其中异议被支持的高达 13 件。

《九民纪要》对以物抵债协议效力做出了比较清晰的界定,其中第 44 条、第 45 条关于以物抵债协议效力的规定可以归纳为四种情形。一是债务履行期限届满后达成以物抵债协议,但抵债物未交付的:该情形下债权人请求债务人交付抵债物的,经审查协议不存在恶意损害第三人合法权益等情形、不是虚假诉讼的,无其他无效事由的,人民法院依法予以支持。二是债务履行期限届满后达成以物抵债协议,抵债物已交付的:该情形《九民纪要》并未规定。因抵债房屋已完成交付,即办理完毕过户登记,债权人直接享有抵债物的所有权。三是债务履行期限届满前达成以物抵债协议,抵债物未交付的:该情形抵债物尚未交付债权人,债权人请求交付的,人民法院不予支持,当事人仅得请求根据原债权债务关系处理。四是债务履行期限届满前达成以物抵债协议,抵债物已交付的:该情形债权人不能请求确认财产归其所有,但可构成让与担保,就标的物具有优先受偿权,依让与担保规则保护。

6. 合作开发人主张其与房地产开发建设登记人的合作开发协议所指向的执行标的具有排他性的民事权益

合作开发房地产是当前房地产市场常见的经济现象。合作开发双方中一般由一方提供建设项目用地、项目的规划审批手续等,该方日后成为该项目的开发建设登记人,另一方则以人民币出资,承担项目设计蓝图内所有的建安费用,双方约定项目开发达到一定条件时,房地产开发建设登记人将项目过户给金钱出资方,由金钱出资方独自建设、经营、销售,收益归金钱出资方所有。在过户前,房地产开发建设登记人因与金融机构借款纠纷被法院强制执行其名下房地产,合作开发的金钱出资方则以双方签署的合作开发协议约定房地产项目归其所有为名,提起执行异议。经检索,2018 年 1 月 1 日至 2020 年 7 月 31 日最高院共审结涉及金融机构的合作开发建设人权益执行异议之诉案件共计 4 件,其中异议被支持的仅 1 件。

最高院主流观点认为合作开发人与房地产开发建设登记人之间形成了一方出

---

① 该系列案件中,法官就回避了对案中以房抵债事实的性质认定,最终以朱某等人已在法院查封之前签订合法有效的书面买卖合同、所购房屋用于居住且其名下无其他用于居住房屋、已支付的价款已超过合同约定总价款的 50% 为由,判定其享有对案涉房屋排除强制执行的民事权益。参见最高人民法院 (2018) 最高法民申第 4874 号民事裁定书等。

资、一方出名的隐名合作开发房地产合同关系，由于该种合作开发模式下，隐名一方的权益仅体现为合同约定的权利，而该种约定因不具备物权法规定的物权取得的要件而不能产生物权取得的法律效果，仅在合同双方当事人之间发生法律效力，而不应当产生对外效力。如刘某与某银行股份有限公司楚雄州分行、楚雄海弘房地产开发有限公司等案外人执行异议之诉①。

但另一种观点认为，《最高人民法院关于审理涉及国有土地使用权合同纠纷案件适用法律问题的解释》第22条规定："合作开发房地产合同约定提供资金的当事人不承担经营风险，只分配固定数量房屋的，应当认定为房屋买卖合同。"应将《合作开发协议》认定为房屋买卖合同，再参照适用《执行异议和复议规定》第28条具体判断合作开发人权益是否足以排除执行。

案例五　陈某与某县某小额贷款有限公司等案外人执行异议之诉②

最高院再审认为，某小额贷款有限公司为实现金钱债权申请强制执行，陈某针对执行标的碧山大厦B栋提起案外人执行异议之诉，二审判决适用《执行异议和复议规定》第28条之规定进行审理并无不当。陈某出资并主管建造案涉房屋，可以视为按照合同约定支付了全部购房款，而且对该房屋形成了合法占有。诉讼发生时碧山大厦尚未办理竣工验收手续和房产证，未能办理产权登记并非由于陈某自身的原因。二审判决认定陈某的主张符合《执行异议和复议规定》第28条规定的情形，对碧山大厦B栋享有排除强制执行的权利，适用法律并无不当。

四、法律风险防范及相关建议

在金融机构作为债权人的金融借款合同纠纷中，有些金融机构因在投前尽调、投后管理方面疏忽，导致执行案件被案外人推入执行异议之诉程序，只能应诉并承担诉讼结果，故金融机构有必要在交易过程中提前预防有关法律风险。

（一）尽职调查应全面审慎

（1）审慎选择交易对手并对其全面尽调，避免与资信情况不良的企业进行交易，并建议债权人尽可能与债务人、担保人书面约定在债权清偿完毕前其不得对外担保或负债，或者对外担保、负债需经债权方书面同意。

（2）在资产收购前的买方尽调过程中，尽调人员不仅要对资产的权利外观（登记权利人）进行核实确认，更需要进一步通过实地调查或外围信息搜集等形式

---

① （2019）最高法民申第4341号民事裁定书。
② （2019）最高法民申第4301号民事裁定书。

特殊机会投资之道 2

了解资产的实际占有使用情况，关注资产可能存在被第三人主张权利的瑕疵或风险，并在充分考虑该等风险的基础上进行合理估值、合理报价。

（3）对担保物尽职调查务必全面，应注意担保物上是否存在排除债权未来执行的法定情形，如商品房消费者物权期待权、一般房屋买受人物权期待权、物权预告登记人物权期待权等。对房地产类担保物，应重点尽调是否存在未支付完毕的工程建设款、拆迁安置款，是否存在联合开发建设情形等。并在具体项目计算抵押率时将相关价值扣除，审慎判断商业风险。

（4）建议关注抵押物租赁情况，是否存在在人民法院查封之前案外人已签订合法有效的书面租赁合同并占有使用该不动产的情形。租赁权虽不具有排除执行的效果[①]，但承租人有权请求在租赁期内阻止向受让人移交占有被执行的不动产，将对债权人处置抵押物造成影响。

（二）投后管理应妥善扎实

（1）在项目投后管理过程中，业务人员应加强对抵押物、债务人及保证人资产的监管，应定期实地走访查看抵押物状态，避免资产已被侵占、被出卖、出租或设定其他权利限制而相应收益并未对应用于清偿债权，进而影响债权的实现。

（2）如条件允许，建议监管债务人、担保人的证、章、照，避免其与案外人倒签房屋买卖合同，从而避免案外人获得商品房消费者物权期待权、一般房屋买受人物权期待权阻却执行，影响债权的实现。

（3）如存在解押销售还款安排，作为抵押权人解除抵押时，应当注意将同意解押销售的不动产的合理价位及价款支付方式、监管账户等信息，通过在抵押权人同意销售证明上载明等方式让买受人充分知晓，约束其将抵押物销售回款支付至债权人指定账户，避免抵押物解押后抵押物销售价款又发生流失，影响债权清偿。

（4）应就自身债权及时、妥善办理相关担保物登记手续，担保物登记事项如发生变更，应在登记事项发生变更之日后及时办理完毕变更登记手续，避免因登记瑕疵行为影响债权人顺利实现优先受偿。

（三）诉讼中的有关注意事项

（1）金融借款纠纷进入到诉讼程序后，应尽快向法院申请对抵押物进行保全查封，避免债务人在未查封前与他人再行签订房屋买卖合同，使案外人获得商品

[①] 《执行异议和复议规定》第31条："承租人请求在租赁期内阻止向受让人移交占有被执行的不动产，在人民法院查封之前已签订合法有效的书面租赁合同并占有使用该不动产的，人民法院应予支持。承租人与被执行人恶意串通，以明显不合理的低价承租被执行的不动产或者伪造交付租金证据的，对其提出的阻止移交占有的请求，人民法院不予支持。"经检索，2018年1月1日至2020年7月31日最高院共审结涉及金融机构的承租人权益执行异议之诉案件共计7件，其中异议被支持的0件。

房消费者物权期待权或者一般房屋买受人物权期待权，从而影响抵押权实现。

（2）案外人提出的执行异议被法院裁定中止执行的，应结合案外人提供的证据材料及项目实际情况，从程序、实体两个方面进行研判，充分利用诉讼执行中的救济程序维护自身权益，并就是否提起申请人执行异议之诉、如何提起等问题审慎论证并制定合理的诉讼方案，采取切实有效的诉讼策略。

支付令运用指南

程明皓

支付令作为一种督促程序，可应用于到期债权，实现不经庭审快速进入执行的效果，申请费用仅为财产案件诉讼费的 1/3。由于支付令的效果雷厉显著，法律对其应用也设定限制：支付令仅限于金钱债权，且只能实现对债务人的追偿效果，若债务人对债权提出实质性异议则自动转为诉讼程序。

一、什么是支付令

支付令是《民事诉讼法》规定的一种督促程序，适用于给付关系明确的金钱纠纷，如逾期借贷、尚未支付对价的买卖合同和劳务欠款纠纷等。债权逾期后，债权人向法院申请支付令。若债务人不在法定期间内提出实质性异议，债权人可直接依据支付令申请进入执行程序，实现"赶紧还钱"的效果。

截至 2025 年 2 月 10 日，在威科先行网站可检索到 16 万余条支付令的法院裁定，其中存在大量银行对自然人债务人申请支付令的案例，体现出支付令在解决无争议债权方面实践运用较广。

二、支付令的适用优势

（一）进入执行快

相比于小额诉讼、简易程序而言，支付令程序通常比诉讼程序更加迅速，因为它主要基于书面审理，无需经过完整的庭审过程，这使得从申请到执行的时间大为缩短。

债权人向法院提出申请后，法院应当在 5 日内通知债权人是否受理，受理后经审查事实清晰，债权债务关系明确、合法的，应当在受理之日起 15 日内向债务人发出支付令。债务人自收到支付令之日起 15 日内未清偿债务，或者未向法院提起书面异议的，债权人可申请对债务人进行强制执行，与判决书、调解书和裁定书等一样属于执行依据。

（二）诉讼成本低

依据《诉讼费用交纳办法》，提起支付令申请时，申请人只需支付财产案件受理费的 1/3。此外，如果支付令最终未能生效并需要转入正式诉讼程序，申请人此时也仅需补缴剩余的受理费用。

（三）诉讼管辖便

支付令案件由债务人住所地的基层人民法院管辖，且基层人民法院受理支付令案件，不受债权金额的限制。[1]

如果债务人的住所地与经常居住地不一致，则由经常居住地的基层人民法院管辖。如果共同债务人的住所地或经常居住地不在同一基层人民法院辖区内，债权人可以选择向其中任何一个有管辖权的人民法院申请支付令；如果债权人向两个以上有管辖权的人民法院申请支付令，由最先立案的人民法院管辖。

三、支付令的适用范围

支付令无需经过诉讼程序，因此其适用有严格条件。

（一）仅适用于给付金钱、有价证券的债权

支付令的适用场景，仅限于给付金钱或者汇票、本票、支票、股票、债券、国库券及可转让的存款单等有价证券的债权债务纠纷。

一方已履行完毕自身义务，要求另一方支付金钱、存款单或有价证券的纠纷，均适用支付令。在金融机构业务过程中，可以适用支付令的场景如：个人贷款等还款主体为债务人的借贷债权、要求买受方支付对价的资产转让纠纷、股东借款纠纷、要求回购方支付回购价款和其他要求义务方支付金钱的纠纷等。

（二）债权已确定且不存在其他纠纷

法院对支付令的申请请求仅书面审理，不经开庭双方质证与辩论程序，因此需要请求给付的金钱或者有价证券已到期且数额确定，并有明确的事实和证据。也即"现在应马上给钱""该给多少钱"都已无争议。若提供的协议或其他材料没有约定逾期给付利息、违约金或赔偿金，而债权人坚持要求给付利息或者违约金、赔偿金的，法院也不会受理支付令的申请。

此外，债权人应与债务人之间不存在对待给付，换言之债务人对债权人无权利要求，且双方没有其他债务纠纷。在金融机构业务中，下述情况因存在纠纷而

---

[1] 《民事诉讼法》第 23 条：债权人申请支付令，适用民事诉讼法第二十二条规定，由债务人住所地基层人民法院管辖。

难以申请支付令：

1. 对金额（如逾期利息）、债权关系（如是否承担担保责任）等存在争议的债权；

2. 申请支付令方对被申请方仍负有义务，如尚未履行资产交付义务的。

因此对于大额、复杂纠纷，由于双方对违约金和罚息数额等往往存在分歧，适用支付令存在困难。

（三）可能适用于连带保证

结合实践和法律规定，支付令一般不适用于一般保证人，但可能适用于连带保证人。此外，支付令不能实现抵押权，抵押权可以通过实现担保物权的方式解决。

从法律规定[1]来看，没有正向肯定支付令可适用于保证人：若仅对主债务人提起支付令，对担保人没有效力；如果对债务人申请支付令后，债权人就担保关系单独提起诉讼的，则对债务人的支付令失效。

那么能否对担保人单独提起支付令，或者同时对债务人和担保人发出支付令呢？对此法律没有明确规定。一方面，司法态度一般认为不得对担保人适用支付令。[2] 这是因为担保责任涉及主债务人和担保人之间的责任分配，支付令作为一种非诉讼程序，无法处理这些复杂性，不符合法律规定的"债权已确定且不存在其他纠纷"的要求。

但是另一方面，对于连带保证人，因可向债务人与保证人同时主张债务，实现连带保证无需前置程序，在法理上应属于无纠纷的债务。经过检索有部分法院案例[3]可对连带保证人一并申请支付令并进入执行。如浙江省法院基本支持对债务人和连带保证人同时申请支付令。如果保证人保证责任已经确权或确定，有案例也支持单独向保证人提出支付令[4]。

因此，保证人能否适用支付令，判断标准为"债权已确定且不存在其他纠纷"。可尝试对债务人和连带保证人同时申请支付令，若法院不支持则缩减被申请主体，或支付令仅对债务人生效。

---

[1] 《民事诉讼法司法解释》第434条：对设有担保的债务的主债务人发出的支付令，对担保人没有拘束力。债权人就担保关系单独提起诉讼的，支付令自人民法院受理案件之日起失效。

[2] 最高人民法院民法典贯彻实施工作领导小组办公室编著：《最高人民法院新民事诉讼法司法解释理解与适用（下）》，人民法院出版社2022年版，第979页。

[3] （2024）浙1002民督第188号、（2014）米民督字第00016号、（2014）郴北督字第48号、北京市大兴法院（2018）京0115民督第5号、第6号和第12号支付令、山东省郓城法院（2019）鲁1725民督第1号支付令等。

[4] 参见山东省泰安市泰山区人民法院（2017）鲁0902民督第542号支付令。

（四）未申请诉前保全

支付令不适于诉前保全，已经进行诉前保全的无法申请支付令。因为在法律制度设计上，诉前保全则是一种诉讼程序，目的是在正式诉讼前保护债权人的利益，防止债务人转移财产。而支付令是一种非诉讼程序，目的为快速解决纠纷。法律程序上的差异意味着一旦债权人选择了诉前保全，就不能再申请支付令，反之亦然。

（五）债务人在境内有明确住址

支付令需送达债务人，因此申请支付令要求债务人在我国境内且未下落不明，债务人拒绝接收的，人民法院可以留置送达，但不能公告送达。

四、支付令的失效与程序转化

（一）支付令失效条件

有以下情形的，法院会裁定终结督促程序，已经发出的支付令自动失效。

1. 债务人在15日内提出书面异议（口头异议无效），且异议内容涉及支付令可能存在不予受理、裁定驳回申请和终结督促程序情形的，或使法院对是否符合发出支付令条件产生合理怀疑的。

需要说明的是：（1）债务人对债务本身没有异议，只是提出缺乏清偿能力、延缓债务清偿期限、变更债务清偿方式等异议的，不影响支付令的效力；（2）债权人基于同一债权债务关系，在同一支付令申请中向债务人提出多项支付请求，债务人仅就其中一项或者几项请求提出异议的，不影响其他各项请求的效力。

2. 法院受理支付令申请后，债权人就同一债权债务关系又提起诉讼，包括对担保关系单独提起诉讼的，支付令失效。

3. 法院发出支付令之日起30日内无法送达债务人，支付令失效。

4. 债务人收到支付令前，债权人撤回申请，支付令失效。

（二）支付令失效后转入诉讼

支付令失效的，自动转入诉讼程序，由受理支付令的法院管辖。支付令失效后转入诉讼程序的，由于之前按照财产案件受理费的1/3缴纳费用，需补交剩余2/3的诉讼费。若申请人不同意进入诉讼，支付令申请方应当自收到终结督促程序裁定之日起7日内向受理申请的法院提出。在前述情形下，不影响申请人向其他有管辖权的法院提起诉讼。

按照现行规定（流程可参考图1），若债权存在协议管辖，向债务人所在法院申请支付令，并在支付令失效后进入执行或诉讼，或可成为一种灵活选择管辖的方式。

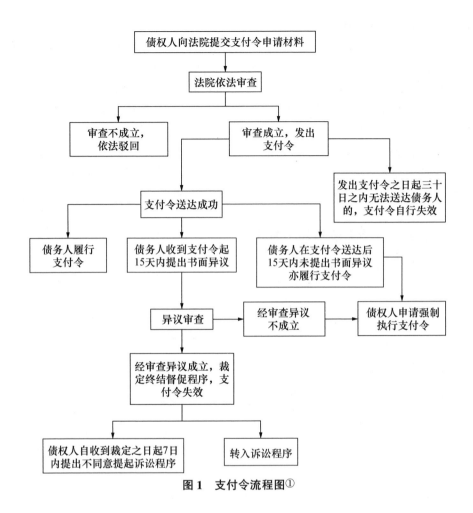

图1 支付令流程图[1]

五、实务注意事项

（一）支付令的适用选择

支付令具有快捷便利的优势，但是在制度设计上与传统诉讼存在差异，在实务中应注意其特点：

1. 支付令适用于给付关系明确的金钱债权，如关系清晰的借贷之债（个人贷款等）、资产转让后要求给付对价之债和要求回购方支付回购价款等债权。

2. 支付令程序简洁，难以解决复杂法律问题，大额纠纷可能因为法律和商业

---

[1] 京法网事，https://mp.weixin.qq.com/s/k8pxFGSoNsXcDJomRHVdMg，2024年12月15日访问。

关系较为复杂而在实践中使用受限。

3. 不同于诉讼程序，在申请支付令前与保全互斥，如果有诉讼保全需求谨慎选择支付令。

4. 如果主要偿债主体是一般保证人，建议选择直接进入诉讼；如果偿债主体是债务人和连带保证人，可尝试同时提出支付令，如果法院不支持对连带保证人申请支付令，依据商业情况选择（1）继续根据支付令仅对债务人进入执行，或（2）及时对债务人和保证人同时另案诉讼。

5. 支付令失效后自动进入诉讼流程，若选择不进入诉讼，应及时书面向法院说明。

6. 支付令管辖为债务人住所地，无论金额大小均为基层人民法院，支付令时效后诉讼程序自动转入前述法院，申请时注意管辖特殊性。

（二）收到支付令的防御方法

如果作为收到支付令的一方，应高度重视并及时作出反应，以避免直接进入执行：

1. 应当在收到支付令之日起 15 日内向法院提出书面异议，口头异议无效。

2. 在书面异议中，债务人应当针对债权债务关系的成立及履行提出异议，注意仅提出缺乏清偿能力、延缓债务清偿期限、变更债务清偿方式等异议的，不影响支付令的效力。

3. 在书面异议中，还可以提出与支付令申请方存在其他债权债务关系。

总结来看，支付令作为一种督促程序，具有执行快、成本低和管辖上的便利性，机构债权人在日常债权追偿中既可以将其作为快速进入执行的利器，也可以结合其制度设计特点配合其他催收方式形成组合拳。

金融机构债权追偿之参与分配制度

周 霞

参与分配制度是执行程序中的一项重要制度，执行程序开始以后，未参加执行程序的其他债权人可以向法院申请加入已开始的执行程序，要求共同分配执行财产，保障其债权获得清偿。通过参与分配制度，执行程序推进不及时的债权人可以按照法律规定分配执行财产，避免权益受到损害。

一、参与分配的概述

参与分配制度旨在解决执行程序中被执行人的财产不能清偿全部债权人的问题，债权人通过向法院申请参与分配，可以参与到其他债权人执行程序中与其他债权人共同分配执行回款，无须再次经历繁琐的执行立案、评估、异议、司法拍卖等环节，提高了债权追偿效率。申请参与分配的优先债权人可以优先获得分配，普通债权人则可以根据被执行人的性质按照查封顺序获得分配（被执行人为法人），或者按照债权比例获得分配（被执行人为公民或其他组织）。

目前法律对参与分配制度的规定较少，《民诉法司法解释》第506条①和《执行程序司法解释》第17条②作出了原则性的规定。司法实践和学理上对参与分配有广义和狭义之分，二者最重要的区别之一在于适用主体和分配顺序上的差异。

狭义的参与分配则特指被执行人为公民或者其他组织时，在其财产不能清偿所有债权的情况下，普通债权人申请加入执行程序参与分配，并按债权比例公平

---

① 被执行人为公民或者其他组织，在执行程序开始后，被执行人的其他已经取得执行依据的债权人发现被执行人的财产不能清偿所有债权的，可以向人民法院申请参与分配。对人民法院查封、扣押、冻结的财产有优先权、担保物权的债权人，可以直接申请参与分配，主张优先受偿权。

② 多个债权人对同一被执行人申请执行或者对执行财产申请参与分配的，执行法院应当制作财产分配方案，并送达各债权人和被执行人。债权人或者被执行人对分配方案有异议的，应当自收到分配方案之日起十五日内向执行法院提出书面异议。

清偿，适用的法律依据为《民诉法司法解释》第 506 条。因此，狭义的参与分配仅针对被执行人为公民或其他组织且参与分配人为普通债权人的情形。

广义的参与分配是指不管被执行人是否为企业法人，只要涉及多个债权人对其财产申请分配的，则执行法院应按《执行程序司法解释》第 17 条的规定启动分配程序，多个债权人对同一被执行人申请执行或者对执行财产申请参与分配的，执行法院应当制作财产分配方案，并送达各债权人和被执行人。债权人或者被执行人对分配方案有异议的，应当自收到分配方案之日起 15 日内向执行法院提出书面异议。广义的参与分配是泛指法院分配执行款，涵盖普通债权和优先债权等。

无论是狭义还是广义的参与分配，无论是优先债权人还是普通债权人，参与分配制度都是帮助债权人从其他债权人的执行程序中分享执行财产并快速回现的路径之一。司法实践中，债权人已经广泛利用参与分配制度追偿债权，根据威科先行的公开数据，截至 2024 年 3 月涉及执行分配方案的裁判文书共计 2 万余份，其中执行分配方案异议之诉裁判文书为 1.4 万余份，当事一方为金融机构的裁判文书为 1.2 万余份，占比 60%以上，可见参与分配是金融机构追偿债权的手段之一。

二、参与分配制度在金融债权追偿过程中的运用

金融机构之所以适用参与分配制度进行债权追偿，是因为其他债权人已经将同一被执行人推进到执行程序，并执行特定财产，若此时金融机构不参与执行财产的分配，可能无法就其债权获得受偿。对于追偿进度较慢的金融机构而言，参与分配制度可以保障其债权获得适当的清偿。但是，金融机构债权适用参与分配需要满足一定的条件，相对而言，普通债权的适用条件比优先债权更为严格。

（一）参与分配制度适用的被执行人范围主体

根据《民诉法司法解释》第 506 条规定，被执行人为公民或者其他组织，在执行程序开始后，被执行人的其他已经取得执行依据的债权人发现被执行人的财产不能清偿所有债权的，可以向人民法院申请参与分配。因此，一些观点认为参与分配制度仅仅适用于被执行人为公民或其他组织的案件，基于民法相关规定，司法实践普遍倾向于其他组织是指非法人组织，不包括有限公司等企业法人。但《民诉法司法解释》第 506 条第 2 款，即对人民法院查封、扣押、冻结的财产有优先权、担保物权的债权人，可以直接申请参与分配，主张优先受偿，该款以及《执行程序司法解释》第 17 条并没有限定为参与分配程序中的被执行人必须为公民或其他组织，此外，法律也并未限制被执行人为企业法人的案件中不能适用参与分配程序，由此引申出了前述的狭义参与分配和广义参与分配之争。

随着司法案例不断增多，司法态度也逐步明朗，参与分配制度既适用于被执

行人为公民或其他组织的案件，也适用于被执行人为企业法人的案件，采用广义参与分配这一概念。

最高法院于 2023 年 9 月 15 日作出的（2023）最高法执复 21 号裁定认为，有多个债权人对同一被执行人申请执行或者对执行财产申请参与分配的，执行法院应制作分配方案，并不区分被执行人是法人或者是公民、其他组织。区别在于，被执行人为公民或者其他组织的，分配方案应按债权比例平等清偿，被执行人为法人的，则一般按照查封顺序、结合优先受偿权等因素作出分配。

最高法院于 2020 年 6 月作出的（2019）最高法执复 14 号裁定认为，参与分配有广义和狭义两种概念，《民诉法司法解释》第 508 条（现为第 506 条）的规定针对的正是狭义参与分配，但不能据此否定《执行程序司法解释》第 25 条（现为第 17 条）规定的广义参与分配程序之适用，只是根据《民诉法司法解释》的相关规定，被执行人为企业法人的，不得对其采取按债权比例清偿的狭义参与分配程序。类似的案例还有（2022）最高法执监 215 号、（2019）最高法民再 146 号、（2020）京民终 324 号、（2021）豫执复 191 号等案例。

最高法院的主流观点区分了狭义和广义参与分配的概念，不论被执行人是法人还是非法人案件，均适用参与分配程序，执行法院都应制作分配方案。但是最高法院也有两则相反案例，在（2019）最高法执监 410 号（2019 年 12 月）和（2020）最高法民申 2511 号（2020 年 10 月）两份裁判中，最高法院否认了被执行人为企业法人时适用参与分配的空间，该两份裁定书的特殊情况是申请执行人均为优先债权，申请参与分配的主体均为普通债权人，优先债权人无法全额清偿的情况下，普通债权人自然没有参与分配之必要，因此法院不予适用参与分配制度。

目前司法实践中仍有部分法院以各种理由坚持认为参与分配仅适用于被执行人为公民或其他组织的情形，不适用于企业法人，申请参与分配的主体应提前与执行法院沟通，必要时通过执行监督等程序予以救济。

（二）参与分配申请人是否应当取得执行依据

案外人申请参与分配是否应当取得执行依据，将视案外人债权的性质而有所区别。

（1）案外人为优先债权，无论案外人是否取得执行依据，均可以申请参与分配，并可以优先分配，其法律依据为《民诉法司法解释》第 506 条第 2 款。

（2）案外人为普通债权，如已取得执行依据，无论其是否进入执行程序，均可以申请参与分配。被执行人为公民或其他组织的，按照债权比例受偿；被执行人为法人的，按照财产保全或执行措施顺序受偿。案外人正处于诉讼过程中且采取了财产保全措施的，如被执行人为法人，仍可以申请参与分配，执行法院按照保全措施顺序预留相关的份额，如被执行人为公民或其他组织，因分配方式是按照债权比例分配，因此最高法院层面暂无明确规定是否适用参与分配，但一些地方法院如江苏高院允许诉讼中的普通债权人申请参与分配，且法院应当按照诉讼中的请求债权数额预留相应份额[①]。如案外人尚未提起诉讼，既未采取财产保全措施，也未取得执行依据，可能无法申请参与分配。

（三）参与分配制度是否以被执行人不能清偿所有债权为前提

根据《民诉法司法解释》第506条第1款的规定，参与分配程序的适用前提是被执行人不能清偿所有债权，但从广义的参与分配角度而言，参与分配程序并不以被执行人财产不能清偿所有债权为前提。当被执行人为法人时，如被执行人的财产不能清偿所有债权，一般会走执转破程序，如无法走执转破程序，则在清偿优先债权后，普通债权按照财产保全和执行措施的顺序清偿即可，因此无需考虑被执行人财产是否能清偿所有债权人。当被执行人为公民或其他组织时，因无法适用破产程序，在适用参与分配程序时，其目的在于保障被执行人不具备破产资格情形债权的平等受偿，因此要求被执行人财产不能清偿所有债权。

司法实践中，争议的焦点在于如何判断被执行人财产不能清偿所有债权。根据最高法院的观点，执行法院应该从宽把握"被执行人的财产不能清偿所有债权"的要求，保障普通债权人申请参与分配的权利。山东高院和江苏高院出台了相关指导意见，"被执行人的财产不能清偿所有债权"主要包括执行法院通过查控系统调查被执行人财产不足以清偿所有已知债权、被执行人无其他财产可供执行、被执行人被终结本次执行、被执行人其他财产价值较小或难以处置变现以及其他情形，并不要求实际执行到位。在（2022）京执复208号案件中，北京高院对"被执行人的财产不能清偿所有债权"尺度的把握较为宽松，北京高院认为，截至2105号房产和2106号房产参与分配申请截止日，AX证券公司申请执行的（2021）京03执恢349号案中仅有AX证券公司享有质押权的19732700股东方园林股票正在处置，该股票系上市公司无限售流通股，有明确的市场交易价格，参照上述参与分配申请截止日该股票的市场交易价格及该股票的后续处置情况，该股票最终的处置价款很可能无法清偿AX证券公司的全部债权；因此，AX证券公司申请参与分配2105号房产和2106号房产的拍卖价款，符合上述司法解释规定的条件，其提出的参与分配申请应当得到支持。

此外，"被执行人的财产不能清偿所有债权"的举证责任一般不由申请人承担，申请人一般也没有能力去证明。《民诉法司法解释》第507条规定申请参与分配，申请人应当提交申请书。申请书应当写明参与分配和被执行人不能清偿所有

[①] 《江苏省高级人民法院关于正确理解和适用参与分配制度的指导意见（2020）》第6条。

债权的事实、理由,并附有执行依据。因此《民诉法司法解释》仅要求申请人在申请书中写明被执行人不能清偿所有债权的事实,而不要求申请人承担举证责任。最高法院在(2017)最高法执监325号案件中亦采纳了该观点。

(四) 申请参与分配的期限限制

根据《民诉法司法解释》第507条规定,参与分配申请应当在执行程序开始后、被执行人的财产执行终结前提出。根据《最高人民法院关于执行案件立案、结案若干问题的意见》,执行终结包括终结本次执行程序和终结执行程序,法律并未规定第507条中的"被执行的财产执行终结"是指何种情形。各地法院对"被执行的财产执行终结"时点的理解会存在一些差异,根据执行财产的差异,主要有以下处理方式①:

表1 参与分配申请截止日

序号	执行财产类型	申请参与分配的截止日
1	待分配财产为货币类财产	(1) 当次分配方案已发送任一相关当事人的前一日;或 (2) 执行案款发放的前一日;或 (3) 实际支付之日。
2	非货币类财产且通过拍卖或者变卖方式已经处置变现	(1) 当次分配方案已发送任一相关当事人的前一日;或 (2) 执行案款发放的前一日;或 (3) 动产交付的前一日;或 (4) 过户裁定依法送达相关权属登记机关的前一日。
3	以物抵债	(1) 抵债裁定送达之日;或 (2) 动产交付的前一日;或 (3) 过户裁定依法送达相关权属登记机关的前一日。

最高法院在(2020)最高法执监105号案件中,认为案涉不动产裁定过户发生所有权的转移,但并不意味着执行程序终结,变成价款后下一步清偿分配,也是执行的一个阶段;分配的目的就是从价款中受偿,不能说不动产所有权转移,执行就终结了,只要执行价款还在,执行程序就不能终结,即在被执行人财产未分配处置完毕之前,债权人可以申请参与分配。北京高院在(2022)京执复211号案件中认为,北京三中院以案涉财产拍卖裁定送达买受人的时点作为申请参与分配的截止日,并不违反强制性规定且符合北京市司法惯例。

值得注意的是,对于参与分配申请主体为优先债权人的,如抵押权人和建设

---

① 《江苏省高级人民法院关于正确理解和适用参与分配制度的指导意见(2020)》第8条、《重庆市高级人民法院关于执行工作适用法律若干问题的解答(一)(2016)》第5条、《广东省高级人民法院执行局关于执行案件法律适用疑难问题的解答意见》(2016)第5条。

工程款债权人,考虑到其债权优先受偿权是法定优先权,如执行法院在执行程序未通知优先债权人,即使已经过参与分配的截止时间,优先债权人仍可以申请法院撤销之前的相关执行裁定,支持优先债权。①

(五)申请参与分配程序中的分配顺序

参与分配程序中,分配顺序的总体原则是优先债权优先于普通债权分配,例如购房消费者的价款返还债权优先于建工债权,建工债权优先于担保物权,担保物权优先于普通债权。

参与分配程序中的债权均是普通债权,分配顺序采取二元制结构,区分被执行人为公民或其他组织和企业法人两种情形。如被执行人为公民或其他组织,被执行人财产不足以清偿所有债权时,按照普通债权的比例分配,但是各地法院对于部分债权人可能会适当考虑提高分配比例,例如江苏和重庆等高院规定,出现债权人提供线索查控、首先查封、行使撤销权诉讼或执行异议之诉或悬赏执行方式取得财产等情形的,债权人可以适当提高分配比例。

如被执行人为企业法人,普通债权按照财产保全和执行中查封、扣押、冻结财产的先后顺序清偿。

2022年公布的《强制执行法(草案)》对现有规定进行了改变,普通债权一律按照查封先后顺序受偿,但《强制执行法》暂未正式通过施行,不排除后续对现行分配制度的根本性变革。

三、参与分配方案后的救济路径

债权人对法院的分配方案存在异议,一般有两种救济途径,一是执行行为异议,二是执行分配方案异议及分配方案异议之诉。法院对各方有异议的部分一般会暂停分配。执行行为异议一般是针对程序问题,即法院的执行行为,执行分配方案异议一般是针对实体问题。

参与分配程序中的程序性问题一般包括是否适用参与分配程序、债权人申请参与分配是否逾期、分配方案的送达是否合法、不准债权人参与分配的行为、分配方案数额计算错误以及其他程序性事项,② 实体性问题一般包括分配方案中债权的分配数额、债权人的分配顺位、纳入分配方案的债权是否已履行、其他与分配方案有关的实体事项。执行分配异议之诉的结果一般有两种,一是撤销原分配方案,二是驳回当事人诉讼请求。如法院撤销原分配方案,执行法院应当重新制作

---

① (2023)最高法执监148号民事裁定书。
② 《重庆市高级人民法院关于执行工作适用法律若干问题的解答(一)(2016)》第5条和《江苏省高级人民法院关于正确理解和适用参与分配制度的指导意见(2020)》第22条。

分配方案。

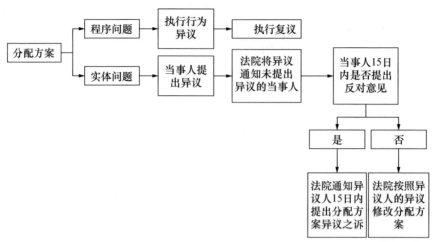

图1 参与分配方案异议流程

从上图可知，执行分配方案异议之诉相较于执行行为异议具有相当的优势，执行分配方案异议之诉可以适用普通诉讼程序，可以一审、二审或者再审。少数案例中有观点认为狭义参与分配程序和广义参与分配程序适用的救济途径所有区别，最高法院在（2019）最高法执监265号案例中认为，鉴于狭义参与分配程序仅适用于《民诉法司法解释》第506条，其分配方案异议通过分配方案异议和分配方案异议之诉解决，但广义参与分配程序不同于《民诉法司法解释》第506条规定的参与分配程序中作出的财产分配方案，其分配方案异议通过执行异议和执行异议之诉解决。

司法实践的主流观点还是执行分配方案异议之诉适用于被执行人为法人的情形，如最高法院在（2022）最高法执监215号、（2019）最高法民再146号等裁定书中明确认为，《民诉法司法解释》第513条（2022年司法解释第511条）并未限制被执行人为企业法人时申请执行人提起执行分配方案异议之诉的诉权，对于执行法院作出的执行分配方案，债权人有异议时应当赋予其提起异议之诉的权利，以维护其合法权益。此外实践中法院受理并审理被执行人为企业法人的执行分配方案异议之诉是大量存在的，例如，（2022）最高法民申422号、（2022）最高法民终129号、（2021）最高法民终722号、（2020）最高法民申2581号、（2019）最高法民再146号、（2021）鲁民终1977号（山东高院）、（2020）京民终324号（北京高院）、（2020）渝民终222号（重庆高院）等执行分配方案异议之诉中，被执行人均是企业法人。广东、山东等地方高院更是明确规定被执行人是法人时需要对多个债权进行财产分配的，人民法院可以制作分配方案，当事人可以提出分配方案异议、提起分配方案异议之诉。① 此外,《执行程序司法解释》第 18 条规定的分配方案异议之诉同第 17 条一样,并未将分配方案异议之诉的案件限制为被执行人为公民或其他组织的范围。因此,从广义和狭义参与分配的采纳角度而言,广义参与分配异议也可以适用执行分配方案异议之诉进行解决。

四、小结

不论是广义还是狭义的参与分配程序都是快速实现债权回收的捷径,也是保障债权正当回收的法律手段,金融机构既要关注被执行人的执行情况,及时申请参与分配,也要快速推动资产处置,适当躲避其他债权人申请参与分配。一是如金融机构为优先债权人,不论是否取得生效判决,应时刻关注担保物被执行的情况,及时申请参与分配;二是如金融机构为普通债权人,争取快速进行诉讼确权并取得首封债权人地位,确保在执行分配中掌握主动权。最后,即使金融机构为轮候查封的普通债权人,如被执行人为非法人,金融机构应充分利用《民诉法司法解释》第 506 条规定,申请参与分配并按照债权比例受偿,如被执行人为法人,则可以综合考虑受偿金额申请执转破。

---

① 《广东省高级人民法院执行局关于执行程序法律适用若干问题的参考意见》(2017)第 3 条、《山东省高级人民法院执行疑难法律问题解答(二)》(2020)第 19 条。

调查令的实践运用

程明皓

调查令若适用得当，在民事诉讼或执行程序中，是获得关键证据和执行线索的有力法宝。不过调查令具有较强的地域性，适用时应查询当地制度规定，做好具体沟通。

一、问题的提出

在诉讼中，法律事实以证据的方式呈现；进入执行后，成功执行以财产为前提，因此若债权人希望通过司法手段实现债权，搜集证据与掌握被执行方财产线索是制胜法门。

但是，"取证难"是一个不新鲜却棘手的问题。民事诉讼中的证据主要依靠原被告自己举证，但证据却往往是"找不到""要不着"。从司法实践来说，要求证据掌握方作出配合司法行为通常需要辅以强制力作为保障，此时，当事人或律师通过向法院申请调查令，持调查令向指定义务人调取证据的制度宛如及时雨，自然在实务中得到广泛适用。

调查令对程序和实体都具有重要影响，但其上位法规范寥寥，在各地自行制定实施细则的背景下，不同地区的具体规定存在差异。同时，被调查方可能存在自身管理证据与配合调查令义务的冲突。

对金融机构来说，调查令可帮助其在追偿债权的诉讼程序中掌握更多证据与财产线索。同时，管理资产的金融机构也可能作为被调查人，面临向持令人出示管理资料的义务。因此厘清调查令的制度规定与操作要求，掌握应对调查令取证手段，是金融债权人的必要命题。

二、何为调查令

（一）调查令的属性

调查令又称为律师调查令，指在诉讼程序中，代理律师往往无法自行收集到银行流水、账号注册信息、不动产信息等相关证据，律师可以向法院申请开具调查令，并持调查令到被调查单位获取证据。在实践中，调查令在各地已得到广泛运用，对解决诉讼与执行中搜证难题起到了重要的正向作用。

对于调查令的属性，从最高人民法院相关文件解释来看，调查令的权利来源或属于法院对律师的授权①，或属于法院对律师赋予的调查权②。

（二）调查令的发展

调查令制度起始于20世纪90年代末，上海基层法院启动改革，为律师签发调查令。2001年上海市高级人民法院颁布《关于上海法院在民事诉讼中正式实施调查令的函》《上海法院调查令实施规则》，为律师取证提供制度依据。2004年北京市高级人民法院颁布《关于委托调查制度的若干意见》，开始在执行程序中探索调查令。2006年，最高人民法院发布《关于认真贯彻律师法依法保障律师在诉讼中执业权利的通知》，鼓励各地法院积极探索和试行调查令。此后，浙江省、江苏省、新疆维吾尔自治区、哈尔滨市等陆续开始尝试调查令制度。

目前各地高级人民法院陆续出台相关实施规范（见本文附表），或制定统一的实施规则覆盖审判和执行程序，或针对两个程序分别制定不同的实施办法，推动该制度的规范运行。在实务中，调查令已成为一种常见的律师搜集证据的方式，对保障律师取证权利和提高审查工作效率起到重要作用。

但各地对调查令的使用存在较大差异，仍可搜索到2024年不少法院"首次开具调查令"的新闻。

三、调查令的调查内容

（一）可调查客体

持令调查收集的证据包括由协助调查人保管并与案件事实直接相关的书证、视听资料、电子数据、鉴定意见和勘验笔录等，一般不包括证人证言和物证，但

---

① 《最高人民法院关于全面加强知识产权审判工作为建设创新型国家提供司法保障的意见》（法发〔2007〕1号）第18条：探索试行调查令制度，对于属于国家有关部门保存而当事人无法自行取得的证据和当事人确属因客观原因不能自行收集的其他证据，可以探索由法院授权当事人的代理律师进行调查取证。

② 《最高人民法院关于依法制裁规避执行行为的若干意见》（法〔2011〕195号）第2条：……探索尝试以调查令、委托调查函等方赋予代理律师法律规定范围内的财产调查权。

特殊机会投资之道 2

部分地区（如浙江）规定证人出庭确有困难或者障碍，且相关机关已经依法制作形成证人证言笔录材料的除外。

也有地区对调查范围进行了详细的规定，总结来看可调查的内容如下：

（1）股权结构、经营资质、公司规章制度、股东会、董事会会议记录、股东名单、出资情况、行政许可、行政处罚、个体工商户个人基本信息等工商档案，涉及商业机密、个人隐私的除外；

（2）不动产自然状况、设定抵押、交易等相关登记信息、国土规划材料、建设工程施工合同、结算单、竣工验收手续等；

（3）不动产、机动车辆及其交强险和商业保险、船舶、航空器、股权、注册商标专用权、专利权、著作权等经法定登记机构登记的财产情况、抵押或质押登记情况及其变动；

（4）自然人或企业征信记录、银行开户信息、股票、理财、债券、基金份额、信托受益权、保险金请求权、保单现金价值、住房公积金、拆迁补偿安置等财产情况；

（5）支付宝、财付通、余额宝、QQ、微信、微博等互联网平台的财产情况及其变动或者交易明细；

（6）债务人、被执行人的债权情况，作为债权人的其他刑事、民事、行政案件审理、执行情况；

（7）自然人户籍资料（含配偶及同户籍人口基本信息）、流动人口登记信息；

（8）根据纳税人信息汇总的行业性、区域性等综合涉税信息、纳税信用级别A级纳税人名单以及定期定额户的定额，以及纳税人的税收违法行为信息；

（9）抵押权人、质权人提交符合规定资料后请求税务机关提供纳税人欠税有关情况的查询；

（10）自然人婚姻登记、配偶基本信息、离婚协议等情况，涉及个人隐私除外；

（11）自然人收养登记的相关信息；

（12）自然人签订劳动合同、缴纳社会保险费、社保账户等相关信息；企业缴纳社会保险费的相关信息；

（13）治安案件报警记录、询问笔录、行政处罚案件调查笔录等相关信息，涉及国家秘密、商业秘密、个人隐私的除外；

（14）自然人出入境信息；

（15）债务人、被执行人出口退税、各类补贴等情况及其变动或者交易明细；

（16）其他与待证事实或财产线索具有关联性及调查收集必要性的信息。

（二）诉讼中的可调查内容

若可申请获取调查令，持令获取的证据可在诉讼与执行中发挥重要作用。

对债权人撤销权、代位权等诉讼，由于债权人主张标的是债务人的交易活动，证据天然地集中于被告与相对人方，往往需要借助调查令获得诉讼的关键性证据。债权人若主张债务人无偿或不合理价格处置资产，往往需要借助调查令的帮助，在不动产中心调取物权变动合同、在银行调取资金流水或者要求其他掌握证据的相关方出示证据。

对保全程序来说，财产保全既可以为胜诉判决的执行提供保障，也可以因限制处分财产为进入和解提供基础，更可以通过财产保全相较其他债权获得一定优先地位。而在诉前及诉讼保全中，法院一般不会像执行阶段一样进行财产模糊查询及大数据网络查控。因此申请调查令同时配合其他检索方式，可以挖掘资产线索获得保全主动权。

对执行程序来说，若法院通过网络执行查控系统无法有效查询到被执行人的财产，往往会因本执行人无财产可供执行而"终本"，因此申请执行人自行寻找资产线索，是避免空有胜诉判决而无实益的保障。此时申请执行程序中的调查令，查找被执行人名下的动产与不动产信息，掌握银行账户资金情况，显得尤为重要。

（三）金融机构的调查令实践

通过在威科先行进行裁判文书检索，截至2025年2月28日，案由为民事、原告为银行或资产管理公司且涉及调查令的裁判文书为18293份，包括执行裁定书和法院颁发的调查令，可认为调查令在金融诉讼中运用较为广泛。其中判决书为375份，体现出调查令在诉讼过程中实体上的作用。

在调查内容上，银行等金融机构在债权追偿诉讼、债权人撤销之诉中均运用调查令，对被告的婚姻或继承情况、银行流水情况、不动产信息、涉诉情况等进行调查。调查令所调取证据作用主要为两方面，一方面是获得被告身份信息，另一方面是调查关键证据从而完善证据链条。比较有特色的是银行在无法获取被告财务情况下，或者诉讼涉及某关键会计信息时，可申请调查出具审计报告的审计机构，获取审计报告或者原始会计凭证[①]。此外，银行若知晓被告某行为被公证，可向公证处申请调查公证资料[②]。总结来看，金融机构的调查令适用目前主要服务于证明事实，即"缺什么补什么"，在根据案情提出拟证事实后，判断证明自身主张所需的证据，再向证据可能存在的机构发出调查令。

四、调查令的适用条件

各地对调查令的具体适用规定，见于各省最高院或其他法院的调查令实行细

---

① 参见（2004）沪一中民三（商）初字第248号判决书。
② 参见（2021）浙0683民初6189号判决书。

特殊机会投资之道 2

则,截至 2024 年 5 月 10 日,检索到 18 个省级行政单位的法院颁布对调查令的相关具体规定,部分地区虽未颁布具体规定但已在实务中实行调查令制度。各地对调查令的总体思想较为一致,但具体到适用细节时差异性较大。

(一) 适用时间

在司法程序方面,大部分地区支持在民事诉讼和执行阶段适用调查令,部分地区(如浙江省)明确破产阶段也可使用调查令。但是在民事诉讼程序中也可能存在具体限制,如广州市中院规定只能在一审普通程序中适用调查令,比广东省高院除再审外的程序适用的规定更为严格。

对再审阶段的调查令规定各地差异较大,整个再审阶段,以及细分到再审审查阶段和再审审理阶段是否适用存在几种类型:

(1) 再审审查阶段不适用调查令:如广东省。

(2) 再审审查阶段谨慎适用调查令:如江西省规定,除非出现可推翻原裁判的关键新证据,否则一般不适用再审审查阶段的律师调查令。

(3) 再审审理阶段可适用调查令:如广东省。

(4) 再审各阶段不能适用调查令:如辽宁省。

在审判程序方面,律师调查令的申请一般由代理律师在案件受理后举证期限届满前提出。在执行阶段,律师调查令的申请一般由代理律师在执行终结前提出。不过具体的期限以各地具体规定为准。

需要注意的是,在立案阶段不一定可获得律师调查令。如重庆市与上海市明确规定应在案件受理后申请调查令。

部分地区可在立案阶段适用调查令,如江西省在调查令制度中明确立案阶段可颁布调查令,江苏省与浙江省对立案阶段的调查令相关事项单独制定规则进行规范。因此如在立案时,因缺乏相对方身份信息而无法立案,在部分地区可通过立案时调查令解决该难题。

(二) 申请要求

1. 申请前提

调查令的申请首要前提为律师调查不能。具体来说,律师因客观原因不能自行调取材料、正常的调查取证途径无法自行调查取证时,可向法院申请调查令。对公开信息当事人不能申请调查令。

2. 申请主体

申请调查令的律师一般规定为当事人或申请执行人的代理律师。没有委托代理律师的,可以就调查取证事宜单独委托律师向人民法院申请调查令。

注意实习律师可能难以成为持令主体。

3. 调查内容要求

调查内容应属于律师无法自行搜集、与案件诉请相关且调查内容与被调查主体清晰的证据。被调查单位如有总部、分部等关联单位的，应注意细化到具体单位机构。

实操中，申请书的申请调查内容如果仅载明"查案件相关资料"，对需要申请调取的证据材料具体内容、准确的保管单位等申请内容不明确的，人民法院不予受理。所以在"当事人确定这份材料一定有，但不清楚保存在哪个单位"的情况下，如果调查令申请书仅模糊地载明"请求法院向有关单位调取＊＊材料"，法院一般不会开具调查令。

在调查前，一定注意确认调查资料属于被调查单位，如被调查单位开具为银行总行，但该业务范围不属于总行则不能查询。

4. 申请书要求

一般申请书需明确的内容为：

（1）诉讼案件的案号；

（2）申请律师调查令的当事人姓名（名称）、身份证号码（统一社会信用代码）；

（3）申请调查令的代理律师姓名、律师执业证号和律师事务所名称及随行人员身份信息；

（4）配合调查单位的名称；

（5）需要调查收集的证据材料的名称、种类，与待证事实的关系，执行案件中还应载明被执行人财产线索等内容；

（6）无法自行调查取证的理由；

（7）其他需要说明的事项。

（三）颁发主体

经法院审查认为可以签发的，立案阶段的调查令，一般由负责登记立案工作的审判长或法官签发；审理阶段的调查令一般经合议庭评议后由审判长签发或由适用简易程序案件的独任法官签发；执行阶段的调查令一般由执行局长或指定的法官签发。

五、调查令的使用

（一）使用限制

调查令的有效期限由人民法院根据案件具体情况确定，一般不超过15个工作日，目前最长规定为30个工作日。许多法院也规定调查令确有必要的过期后可重新申请一次。

（二）被调查单位的配合方式

配合调查单位应当根据调查令指定的调查内容及时提供有关证据材料。当场提供确有困难的，一般应当在收到调查令之日起规定期限内提供。配合调查单位应在调查令回执上注明相关证据材料的名称、页数等，并由经办人签名、加盖骑缝章。不能按时提供或无证据材料提供的，应当在调查令回执中注明原因。

对调查令中指定调查内容以外的其他材料，配合调查单位有权拒绝提供。

对调查令调查内容有异议的，配合调查单位可以就有关情况进行书面说明并将书面材料封存交由调查律师转交或者邮寄至签发调查令的人民法院。

（三）对被调查人的约束

目前发布的调查令制度中，小部分对被调查人的不配合责任进行了明确规定。如湖南省高院规定无正当理由拒不协助调查的，代理律师应当及时向签发法院报告情况，由签发法院根据情节轻重，依照《中华人民共和国民事诉讼法》第117条规定，对单位予以罚款，对主要负责人或者直接责任人员予以罚款、拘留或向有关机关提出予以纪律处分的司法建议。

陕西省通过最高院、最高检与省教育厅等17个单位联合发文制定调查令细则的方式，为调查令制度的顺利实施提供保障。

（四）调查证据的使用

经过律师调查令调查收集的证据仍需经法定程序质证或审查，且调查后证据应全部提交法院，律师不能隐瞒调查发现的对自己不利的证据。

（五）拒绝开具调查令的后果

若法院以拟调查内容与本案无关联或申请内容不清晰等原因拒绝开具调查令的，一般而言申请方可请求法院依职权调查，但除此外目前无其他救济方式。

六、作为配合调查方的义务与救济

金融机构面对调查令而言存在双重身份，一方面在涉及自身诉讼中可申请调查令调取证据，另一方面可能作为证据管理者成为调查令的配合调查单位。

（一）配合调查方的义务

作为配合调查方，应当查询当地调查令制度，严格按照规定处理。如果可提供的资料，应根据调查令指定的调查内容及时提供有关证据，当场提供证据有困难的，应当在收到律师调查令之日规定时限内提供。提供的证据如为复印件或复制品的，一般应当在证据材料上注明与原件核对无异并签名或盖章。被调取的证据可由代理律师转交签发法院，如果资料涉密也可密封另行签发至法院。

如果涉及保密信息的，需要分保密等级进行讨论。一般来说，涉及国家秘密的属于调查令的适用排除事项，可根据《中华人民共和国保守国家秘密法》等依法依规进行拒绝。调查内容涉及个人隐私、商业秘密的，部分法院规定也属于适用排除事项（如广东省），但多数法院并未进行明确。因此，若配合调查单位认为调查内容属于行业制度或内部规定的保密信息的，若当地法院制度规定不属于调查令调查事项的，可在回函内明确写明拒绝理由；若没有明确制度规定的，最好及时与法院沟通实际情况，请法院依职权调取，另有规定的按照规定方式配合。

因故不能提供、无证据提供或因其他原因拒绝提供指定证据的，配合单位应当在律师调查令回执中注明原因。建议配合调查方在不提供证据时除填写回执外，另行向法院进行反馈和说明。

（二）不配合责任

根据各地调查令制度和司法实践，如果配合调查单位无正当理由不配合调查，可能按民事诉讼法 117 条接受罚款、拘留惩罚，或者法院可向监察机关或配合调查单位上级通报及提出司法建议。

对于部分机构来说，被调查内容可能与内部制度管理要求存在冲突，如部分银行在内部管理上严格限制向外界提供客户账户信息。但是该内部规定不能成为合理的拒绝调查的理由。如 2023 年 4 月，张家港市人民法院对某银行拒绝提供银行流水明细的情况罚款 20 万元，后该银行向法院邮寄了调查材料，但对罚款不认同，并向苏州市中级人民法院提出复议，苏州中院经复议后维持该罚款决定。

（三）配合调查人的救济

目前对配合调查人无明确救济方式。调查令具有公权力性质，但被调查人权益防护力度较薄弱。被调查人不仅可能是案件的相关方或具有利益关系的第三人，更多时候可能是关键证据的持有者或管理机构，对证据的安全和保密负有责任。比如部分银行机构不接受律师调查令，可能面临法律风险，但如果接受，则可能违反内部规定。

另外，如果律师滥用权利侵害被调查方的利益，被调查方损失难以向法院主张。这些情况也一定程度上降低了被调查方配合取证的意愿，进而影响了取证的效率和成功率。

总结来看，调查令在诉讼与执行程序中可发挥搜集关键证据、掌握资产线索的重要作用。但该尚方宝剑的适用目前仍处于实践探索阶段，没有统一的制度设计，其实际适用可能受到一定限制。在司法程序中可积极使用调查令，同时应在查询适用规则的基础上，与法院和被调查方做好充分沟通，以最大程度发挥调查令的作用。

附表1 各地高级人民法院调查令相关实施规范

序号	法规名称	生效日期	发文机关	省份
1	安徽省高级人民法院关于民事诉讼调查令的实施办法（试行）	2013.09.01	安徽省高级人民法院	安徽省
2	关于在民事诉讼中推行律师调查令的意见（2020年修订）	2020.12.22	重庆市高级人民法院	重庆市
3	重庆市高级人民法院执行案件委托调查令实施规则（试行）	2016.09.14	重庆市高级人民法院	重庆市
4	关于在民事诉讼中试行律师调查令的意见	2016.07.01	重庆市高级人民法院	重庆市
5	广东省高级人民法院、广东省司法厅关于在民事诉讼中实行律师调查令的规定（2020）	2020.04.29	广东省高级人民法院，广东省司法厅	广东省
6	关于在民事诉讼中实行律师调查令的规定	2020.04.16	广东省高级人民法院，广东省司法厅	广东省
7	关于适用律师调查令若干问题的解答	2020.04.12	广东省高级人民法院	广东省
8	关于执行程序中适用律师调查令的若干规定（试行）	2018.11.16	河源市中级人民法院	广东省
9	广州市中级人民法院关于民事诉讼律师调查令的实施办法（试行）	2017.10.20	广州市中级人民法院	广东省
10	贵州省高级人民法院、贵州省司法厅关于在执行程序中使用律师调查令的若干规定（试行）	2019.12.12	贵州省高级人民法院，贵州省司法厅	贵州省
11	关于在执行程序中使用律师调查令的若干规定（试行）	2018.07.19	贵州省高级人民法院	贵州省
12	关于执行程序中适用律师调查令的若干规定（试行）	2018.09.30	河北省高级人民法院，河北省司法厅	河北省
13	关于在民事诉讼和民事执行中实行律师调查令的若干规定	2019.04.19	河南省高级人民法院，河南省司法厅，河南省律师协会	河南省
14	关于在民事审判程序和执行程序中实行律师调查令的若干规定（试行）	2019.12.30	湖北省高级人民法院，湖北省人民检察院，湖北省公安厅，湖北省司法厅	湖北省
15	湖南省高级人民法院关于在民事审判和执行程序中实行律师调查令的工作规程（试行）	2018.10.01	湖南省高级人民法院	湖南省

| 五 | 争议解决与司法执行 |

(续表)

序号	法规名称	生效日期	发文机关	省份
16	关于执行实施案件使用调查令的若干规定（试行）	2018.04.26	益阳市中级人民法院，益阳市司法局，益阳市律师协会	湖南省
17	郴州市中级人民法院关于实施执行工作调查令的若干规定	2018.03.16	郴州市中级人民法院	湖南省
18	关于在民事诉讼中使用调查令的规定（试行）	2019.10.24	江苏省高级人民法院，江苏省司法厅，江苏省律师协会	江苏省
19	江苏省高级人民法院关于执行案件使用调查令的实施意见（试行）	2017.10.31	江苏省高级人民法院	江苏省
20	关于执行实施案件使用调查令的若干规定（试行）	2017.07.18	南京市中级人民法院，南京市司法局，南京市律师协会	江苏省
21	江西省高级人民法院 江西省司法厅关于印发在民事诉讼中实行律师调查令的办法（试行）的通知	2021.10.18	江西省高级人民法院，江西省司法厅	江西省
22	辽宁省高级人民法院关于在民事诉讼中实行律师调查令的若干指导意见（试行）	2018.11.12	辽宁省高级人民法院	辽宁省
23	呼和浩特铁路运输法院关于在执行程序中使用律师调查令的若干规定（试行）	2018.09.27	呼和浩特铁路运输法院	内蒙古自治区
24	关于在民事审判和执行程序中实行律师调查令的若干规定（试行）	2021.09.13	枣庄市中级人民法院	山东省
25	洪洞县人民法院关于执行案件使用调查令的实施意见（试行）	2017.08.29	洪洞县人民法院	山西省
26	陕西省高级人民法院关于进一步规范民事执行程序中适用律师调查令的实施细则（试行）	2023.05.31	陕西省高级人民法院	陕西省
27	关于在民事诉讼中实行律师调查令制度的暂行规定	2020.03.30	陕西省高级人民法院，陕西省人民检察院，陕西省教育厅等	陕西省

(续表)

序号	法规名称	生效日期	发文机关	省份
28	上海市高级人民法院关于在执行程序中使用调查令的若干规定（试行）	2004.03.26	上海市高级人民法院	上海市
29	关于在民事审判与执行阶段适用调查令的办法（试行）	2019.12.06	四川省高级人民法院，四川省发展和改革委员会，四川省公安厅，四川省民政厅，四川省司法厅，四川省人力资源和社会保障厅等	四川省
30	天津市高级人民法院关于在民事诉讼中实行律师调查令的若干规定（试行）	2017.12.06	天津市高级人民法院	天津市
31	新疆维吾尔自治区高级人民法院关于民事诉讼证据调查令的若干规定（试行）	2008.12.31	新疆维吾尔自治区高级人民法院	新疆维吾尔自治区
32	浙江省高级人民法院关于规范律师调查令制度的办法	2020.12.08	浙江省高级人民法院	浙江省
33	宁波市海曙区人民法院关于在民事诉讼立、审、执阶段适用调查令的实施意见	2015.04.27	宁波市海曙区人民法院	浙江省